中國國家圖書館編

# 國家圖書館藏敦煌遺書

第一百十七册　北敦一三九四二號——北敦一三九八二號

北京圖書館出版社

**圖書在版編目(CIP)數據**

國家圖書館藏敦煌遺書·第一百十七册/中國國家圖書館編;任繼愈主編.—北京:北京圖書館出版社,2009.9

ISBN 978-7-5013-3679-1

Ⅰ.國…　Ⅱ.①中…②任…　Ⅲ.敦煌學—文獻　Ⅳ.K870.6

中國版本圖書館 CIP 數據核字(2009)第 062890 號

ISBN 978-7-5013-3679-1

9 787501 336791 >

**書　　名**　國家圖書館藏敦煌遺書·第一百十七册
**著　　者**　中國國家圖書館編　任繼愈主編
**責任編輯**　徐　蜀　孫　彦
**封面設計**　李　璀

---

**出　　版**　北京圖書館出版社　(100034　北京西城區文津街 7 號)
**發　　行**　010-66139745　66151313　66175620　66126153
　　66174391(傳真)　66126156(門市部)
**E-mail**　btsfxb@nlc.gov.cn(郵購)
**Website**　www.nlcpress.com → 投稿中心
**經　　銷**　新華書店
**印　　刷**　北京文津閣印務有限責任公司

---

**開　　本**　八開
**印　　張**　60.25
**版　　次**　2009 年 9 月第 1 版第 1 次印刷
**印　　數**　1-250 册(套)

---

**書　　號**　ISBN 978-7-5013-3679-1/K·1642
**定　　價**　990.00 圓

## 編輯委員會

主　編　任繼愈
常務副主編　方廣錩
副　主　編　李際寧　張志清
編委（按姓氏筆畫排列）　王克芬　王姿怡　吳玉梅　周春華　陳　穎　黄　霞（常務）　黄　建　程佳羽　劉玉芬

## 出版委員會

主　任　詹福瑞
副主任　陳　力
委　員（按姓氏筆畫排列）　李　健　姜　紅　郭又陵　徐　蜀　孫　彦

## 攝製人員（按姓氏筆畫排列）

于向洋　王富生　王遂新　谷韶軍　張　軍　張紅兵　張　陽　曹　宏　郭春紅　楊　勇　嚴　平

## 原件修整人員（按姓氏筆畫排列）

朱振彬　杜偉生　李　英　胡玉清　胡秀菊　張　平　劉建明

# 目錄

BD13942 號背　現代護首　　（1–1）

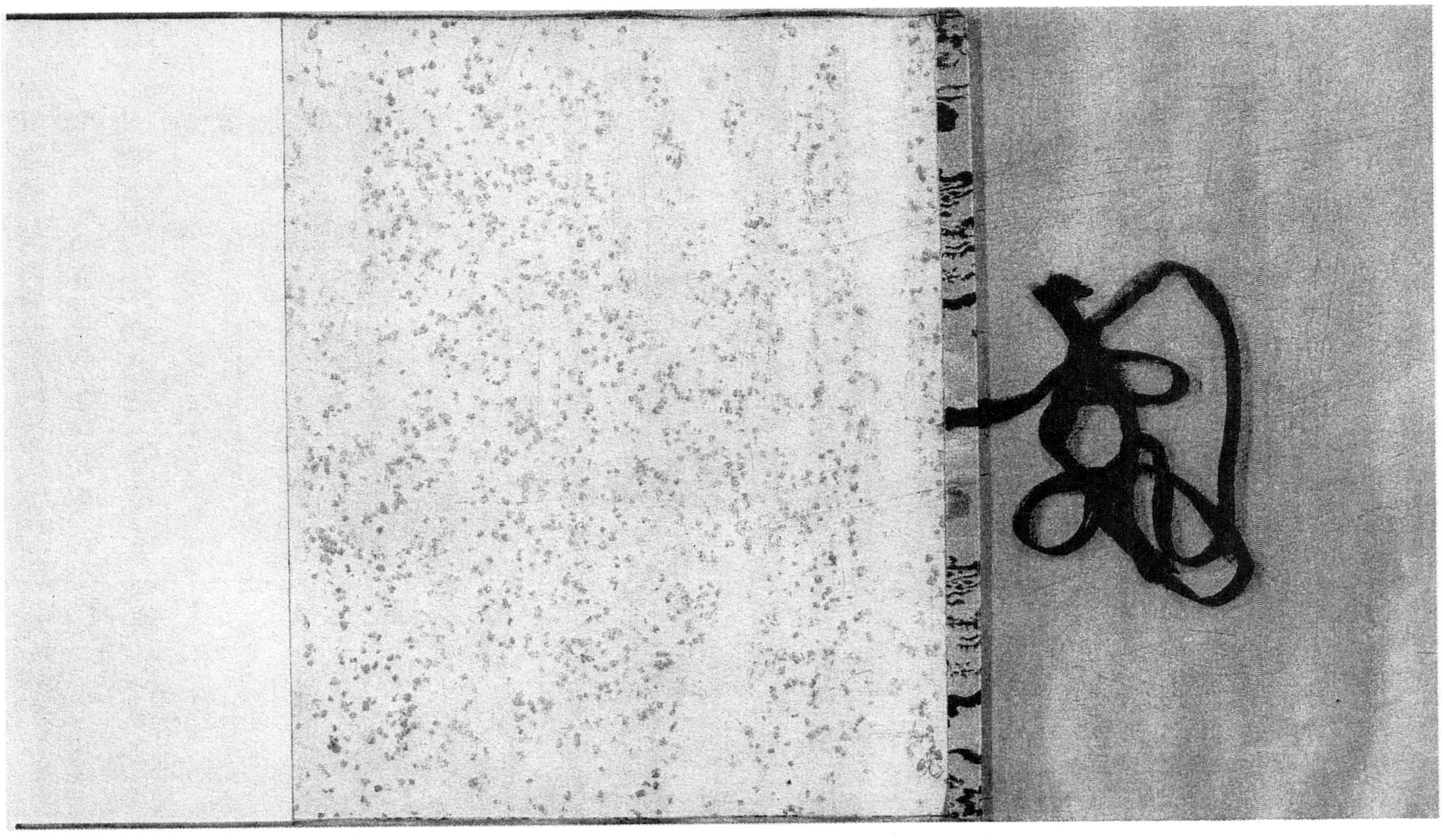

BD13942 號　大般若波羅蜜多經卷一四三　　（21–1）

大般若波羅蜜多經卷…
初分校量功德品第卅之卌…
復次憍尸迦若善男子善女人等為…
菩提心者說身界若常若無常說觸界身識
界及身觸身觸為緣所生諸受若常若無常
說身界若樂若苦說觸界身識界及身觸身
觸為緣所生諸受若樂若苦說身界若我若
無我說觸界身識界及身觸身觸為緣所生
諸受若我若無我說身界若淨若不淨說觸
界身識界及身觸身觸為緣所生諸受若淨
若不淨若有能依如是等法脩行淨戒是行
淨戒波羅蜜多復作是說行淨戒者應求身
界若常若無常應求觸界乃至身觸為緣所
生諸受若常若無常應求身界若樂若苦應
求觸界乃至身觸為緣所生諸受若樂若苦
應求身界若我若無我應求觸界乃至身觸
為緣所生諸受若我若無我應求身界若淨



界若常若無常應求觸界乃至身觸為緣所
生諸受若常若無常應求身界若樂若苦應
求觸界乃至身觸為緣所生諸受若樂若苦
應求身界若我若無我應求觸界乃至身觸
為緣所生諸受若我若無我應求身界若淨
若不淨應求觸界乃至身觸為緣所生諸受
若淨若不淨若有能求如是等法脩行淨戒
是行淨戒波羅蜜多憍尸迦若善男子善女
人等是求身界若常若無常求觸界乃至
身觸為緣所生諸受若常若無常求身界若
樂若苦求觸界乃至身觸為緣所生諸受若
樂若苦求身界若我若無我求觸界乃至身
觸為緣所生諸受若我若無我求身界若淨
若不淨求觸界乃至身觸為緣所生諸受若
淨若不淨依此等法行淨戒者我說名為行
有所得相似淨戒波羅蜜多憍尸迦如前所
說當知皆是說有所得相似淨戒波羅蜜多
復次憍尸迦若善男子善女人等為發無上
菩提心者說意界若常若無常說法界意識
界及意觸意觸為緣所生諸受若常若無常
說意界若樂若苦說法界意識界及意觸意
觸為緣所生諸受若樂若苦說意界若我若
無我說法界意識界及意觸意觸為緣所生
諸受若我若無我說意界若淨若不淨說法
界意識界及意觸意觸為緣所生諸受若淨
若不淨若有能依如是等法脩行淨戒是行
淨戒波羅蜜多復作是說行淨戒者應求意
界若常若無常應求法界乃至意觸為緣所

諸受若我若無我說意界若淨若不淨說法
界意識界及意觸意觸為緣所生諸受若淨
若不淨若有能依如是等法脩行淨戒是行
淨戒波羅蜜多復作是說行淨戒者應求意
界若常若無常應求法界乃至意觸為緣所
生諸受若常若無常應求意界若樂若苦應
求法界乃至意觸為緣所生諸受若樂若苦
應求意界若我若無我應求法界乃至意觸
為緣所生諸受若我若無我應求意界若淨
若不淨應求法界乃至意觸為緣所生諸受
若淨若不淨若有能求如是等法脩行淨戒
是行淨戒波羅蜜多憍尸迦若善男子善女
人等如是求意界若常若無常求法界乃至
意觸為緣所生諸受若常若無常求意界若
樂若苦求法界乃至意觸為緣所生諸受若
樂若苦求意界若我若無我求法界乃至意
觸為緣所生諸受若我若無我求意界若淨
若不淨求法界乃至意觸為緣所生諸受若
淨若不淨依此等法行淨戒者我說名為行
有所得相似淨戒波羅蜜多憍尸迦如前所
說當知皆是說有所得相似淨戒波羅蜜多
復次憍尸迦若善男子善女人等為發無上
菩提心者說地界若常若無常說水火風空
識界若常若無常說地界若樂若苦說水火
風空識界若樂若苦說地界若我若無我說
水火風空識界若我若無我說地界若淨若
不淨說水火風空識界若淨若不淨若有能
依如是等法脩行淨戒是行淨戒波羅蜜多
復作是說行淨戒者應地界若常若無常

BD13942號　大般若波羅蜜多經卷一四三　（21-4）

風空識界若樂若苦說地界若我若無我說
水火風空識界若我若無我說地界若淨若
不淨說水火風空識界若淨若不淨若有能
依如是等法脩行淨戒是行淨戒波羅蜜多
復作是說行淨戒者應地界若常若無常
應求水火風空識界若常若無常應求地界
若樂若苦應求水火風空識界若樂若苦應
求地界若我若無我應求水火風空識界若
我若無我應求地界若淨若不淨應求水火
風空識界若淨若不淨若有能求如是等法
脩行淨戒是行淨戒波羅蜜多憍尸迦若善
男子善女人等如是求地界若常若無常求
水火風空識界若常若無常求地界若樂若
苦求水火風空識界若樂若苦求地界若我
若無我求水火風空識界若我若無我求地
界若淨若不淨求水火風空識界若淨若不
淨依此等法行淨戒者我說名為行有所得
相似淨戒波羅蜜多憍尸迦如前所說當知
皆是說有所得相似淨戒波羅蜜多
復次憍尸迦若善男子善女人等為發無上
菩提心者說無明若常若無常說行識名色
六處觸受愛取有生老死愁歎苦憂惱若常
若無常說無明若樂若苦說行識名色六處
觸受愛取有生老死愁歎苦憂惱若樂若苦
說無明若我若無我說行識名色六處觸受
愛取有生老死愁歎苦憂惱若我若無我說
無明若淨若不淨說行識名色六處觸受愛
取有生老死愁歎苦憂惱若淨若不淨若有
能依如是等法脩行淨戒是行淨戒波羅蜜

BD13942號　大般若波羅蜜多經卷一四三　（21-5）

觸受愛取有生老死愁歎若憂惱若樂若苦
說無明若我若無我說行識名色六處觸受
愛取有生老死愁歎若憂惱若我若無我說
無明若淨若不淨說行識名色六處觸受愛
取有生老死愁歎若憂惱若淨若不淨若有
能依如是等法脩行淨戒是行淨戒波羅蜜
多復作是說行淨戒者應求無明若常若無
常應求行乃至老死愁歎若憂惱若常若無
常應求無明若樂若苦應求行乃至老死愁
歎若憂惱若樂若苦應求無明若我若無我
應求行乃至老死愁歎若憂惱若我若無我
應求無明若淨若不淨應求行乃至老死愁
歎若憂惱若淨若不淨若有能依如是等法
脩行淨戒是行淨戒波羅蜜多憍尸迦若善
男子善女人等如是求無明若常若無常求
行乃至老死愁歎若憂惱若常若無常求無
明若樂若苦求行乃至老死愁歎若憂惱若
樂若苦求無明若我若無我求行乃至老死
愁歎若憂惱若我若無我求無明若淨若不
淨求行乃至老死愁歎若憂惱若淨若不淨
依此等法行淨戒者我說名為行有所得相
似淨戒波羅蜜多憍尸迦如前所說當知皆
是說有所得相似淨戒波羅蜜多
復次憍尸迦若善男子善女人等為發無上
菩提心者說布施波羅蜜多若常若無常說
淨戒安忍精進靜慮般若波羅蜜多若常若
無常說布施波羅蜜多若樂若苦說淨戒安
忍精進靜慮般若波羅蜜多若樂若苦說布
施波羅蜜多若我若無我說淨戒安忍精進
靜慮般若波羅蜜多若

BD13942號　大般若波羅蜜多經卷一四三　（21–6）

菩提心者說布施波羅蜜多若常若無常說
淨戒安忍精進靜慮般若波羅蜜多若常若
無常說布施波羅蜜多若樂若苦說淨戒安
忍精進靜慮般若波羅蜜多若樂若苦說布
施波羅蜜多若我若無我說淨戒安忍精進
靜慮般若波羅蜜多若我若無我說布施波
羅蜜多若淨若不淨說淨戒安忍精進靜慮
般若波羅蜜多若淨若不淨若有能依如是
等法脩行淨戒是行淨戒波羅蜜多復作是
說行淨戒者應求布施波羅蜜多若常若無
常應求淨戒乃至般若波羅蜜多若常若無
常應求布施波羅蜜多若樂若苦應求淨戒
乃至般若波羅蜜多若樂若苦應求布施波
羅蜜多若我若無我應求淨戒乃至般若波
羅蜜多若我若無我應求布施波羅蜜多若
淨若不淨應求淨戒乃至般若波羅蜜多若
淨若不淨若有能求如是等法脩行淨戒是行
淨戒波羅蜜多憍尸迦若善男子善女人等
如是求布施波羅蜜多若常若無常求淨戒
乃至般若波羅蜜多若常若無常求布施波
羅蜜多若樂若苦求淨戒乃至般若波羅蜜
多若樂若苦求布施波羅蜜多若我若無我
求淨戒乃至般若波羅蜜多若我若無我求
布施波羅蜜多若淨若不淨求淨戒乃至般若
波羅蜜多若淨若不淨依此等法行淨戒者
我說名為行有所得相似淨戒波羅蜜多憍
尸迦如前所說當知皆是說有所得相似淨
戒波羅蜜多
復次憍尸迦若善男子善女人等為發無上

BD13942號　大般若波羅蜜多經卷一四三　（21–7）

……淨戒波羅蜜多……
我說名為行有所得相似淨戒波羅蜜多憍
尸迦如前所說當知皆是說有所得相似淨
戒波羅蜜多
復次憍尸迦若善男子善女人等為發無上
菩提心者說內空若常若無常說外空內外
空空空大空勝義空有為空無為空畢竟空
無際空散空無變異空本性空自相空共相
空一切法空不可得空無性空自性空無性
自性空若常若無常說內空若樂若苦說外
空內外空空空大空勝義空有為空無為空
畢竟空無際空散空無變異空本性空自相
空共相空一切法空不可得空無性空自性
空無性自性空若樂若苦說內空若我若無
我說外空內外空空空大空勝義空有為空
無為空畢竟空無際空散空無變異空本性
空自相空共相空一切法空不可得空無性
空自性空無性自性空若我若無我說內空
若淨若不淨說外空內外空空空大空勝義
空有為空無為空畢竟空無際空散空無變
異空本性空自相空共相空一切法空不可
得空無性空自性空無性自性空若淨若不
淨若有能依如是等法修行淨戒是行淨戒
波羅蜜多復作是說行淨戒者應求內空若
常若無常應求外空乃至無性自性空若常
若無常應求內空若樂若苦應求外空乃至
無性自性空若樂若苦應求內空若我若無
我應求外空乃至無性自性空若我若無我
應求內空若淨若不淨應求外空乃至無性
自性空若淨若不淨……

BD13942 號　大般若波羅蜜多經卷一四三　（21–8）

……應求外空乃至無性自性空若常
若無常應求內空若樂若苦應求外空乃至
無性自性空若樂若苦應求內空若我若無
我應求外空乃至無性自性空若我若無我
應求內空若淨若不淨應求外空乃至無性
自性空若淨若不淨若有能求如是等法修
行淨戒是行淨戒波羅蜜多憍尸迦若善男
子善女人等如是求內空若常若無常求外
空乃至無性自性空若常若無常求內空若
樂若苦求外空乃至無性自性空若樂若苦
求內空若我若無我求外空乃至無性自性
空若我若無我求內空若淨若不淨求外空
乃至無性自性空若淨若不淨依此等法行
淨戒者我說名為行有所得相似淨戒波羅
蜜多憍尸迦如前所說當知皆是說有所得
相似淨戒波羅蜜多
復次憍尸迦若善男子善女人等為發無上
菩提心者說真如若常若無常說法界法性
不虛妄性不變異性平等性離生性法定法
住實際虛空界不思議界若常若無常說真
如若樂若苦說法界法性不虛妄性不變異
性平等性離生性法定法住實際虛空界不
思議界若樂若苦說真如若我若無我說法
界法性不虛妄性不變異性平等性離生性
法定法住實際虛空界不思議界若我若無
我說真如若淨若不淨說法界法性不虛妄
性不變異性平等性離生性法定法住實際
虛空界不思議界若淨若不淨若有能依如
是等法修行淨戒是行淨戒波羅蜜多復作

BD13942 號　大般若波羅蜜多經卷一四三　（21–9）

我説真如若淨若不淨説法界法性不虛妄
性不變異性平等性離生性法定法住實際
虛空界不思議界若淨若不淨若有能依如
是等法脩行淨戒是行淨戒波羅多復作
是説行持戒者應求真如若常若無常　應求
法界乃至不思議界若常若無常應求真如
若樂若苦應求法界乃至不思議界若樂若
苦應求真如若我若無我應求法界乃至　不
思議界若我若無我應求真如若淨若不淨
應求法界乃至不思議界若淨若不淨若有
能求如是等法脩行淨戒是行淨戒波羅蜜
多憍尸迦若善男子善女人等如是求真如
若常若無常求法界乃至不思議界若常若無
常求真如若樂若苦求法界乃至不思議界
若樂若苦求真若我若無我求法界乃至
不思議界若我若無我求真如若淨若不淨
求法界乃至不思議界若淨若不淨依此等
法行淨戒者我説名為行有所得相似淨戒
波羅蜜多憍尸迦如前所説當知皆是説有
所得相似淨戒波羅蜜多
復次憍尸迦若善男子善女人等為發無上
菩提心者説苦聖諦若常若無常説集滅道
聖諦若常若無常説苦聖諦若樂若苦説集
滅道聖諦若樂若苦説苦聖諦若我若無我
説集滅道諦若我若無我説苦聖諦若淨
若不淨説集滅道聖諦若淨若不淨若有能
依如是等法脩行淨戒是行淨戒波羅蜜多
復作是説行淨戒者應求苦聖諦若常若無
常應求集滅道聖諦若常若無常應求苦聖

BD13942號　大般若波羅蜜多經卷一四三

(21-10)

説集滅道諦若我若無我説苦聖諦若淨
若不淨説集滅道聖諦若淨若不淨若有能
依如是等法脩行淨戒是行淨戒波羅蜜多
復作是説行淨戒者應求苦聖諦若常若無
常應求集滅道聖諦若常若無常應求苦聖
諦若樂若苦應求集滅道聖諦若樂若苦應
求苦聖諦若我若無我應求集滅道聖諦若
我若無我應求苦聖諦若淨若不淨應求集
滅道聖諦若淨若不淨若有能求如是等法
脩行淨戒是行淨戒波羅蜜多憍尸迦若善
男子善女人等如是求苦聖諦若常若無常
求集滅道聖諦若常若無常求苦聖諦若樂
若苦求集滅道聖諦若樂若苦求苦聖諦若
我若無我求集滅道聖諦若我若無我求苦
聖諦若淨若不淨求集滅道聖諦若淨若不
淨依此等法行淨戒者我説名為行有所得
相似淨戒波羅蜜多憍尸迦如前所説當知
皆是説有所得相似淨戒波羅蜜多
復次憍尸迦若善男子善女人等為發無上
菩提心者説四靜慮若常若無常説四無量
四無色定若常若無常説四靜慮若樂若苦
説四無量四無色定若樂若苦説四靜慮　若
我若無我説四無量四無色定若我若無我
説四靜慮若淨若不淨説四無量四無色定
若淨若不淨若有能求如是等法脩行　淨戒
是行淨戒波羅蜜多復作是説行淨戒者　應
求四靜慮若常若無常應求四量四無　色
定若常若無常應求四靜慮若樂若苦應求
四無量四無色定若樂若苦應求四靜慮若

BD13942號　大般若波羅蜜多經卷一四三

(21-11)

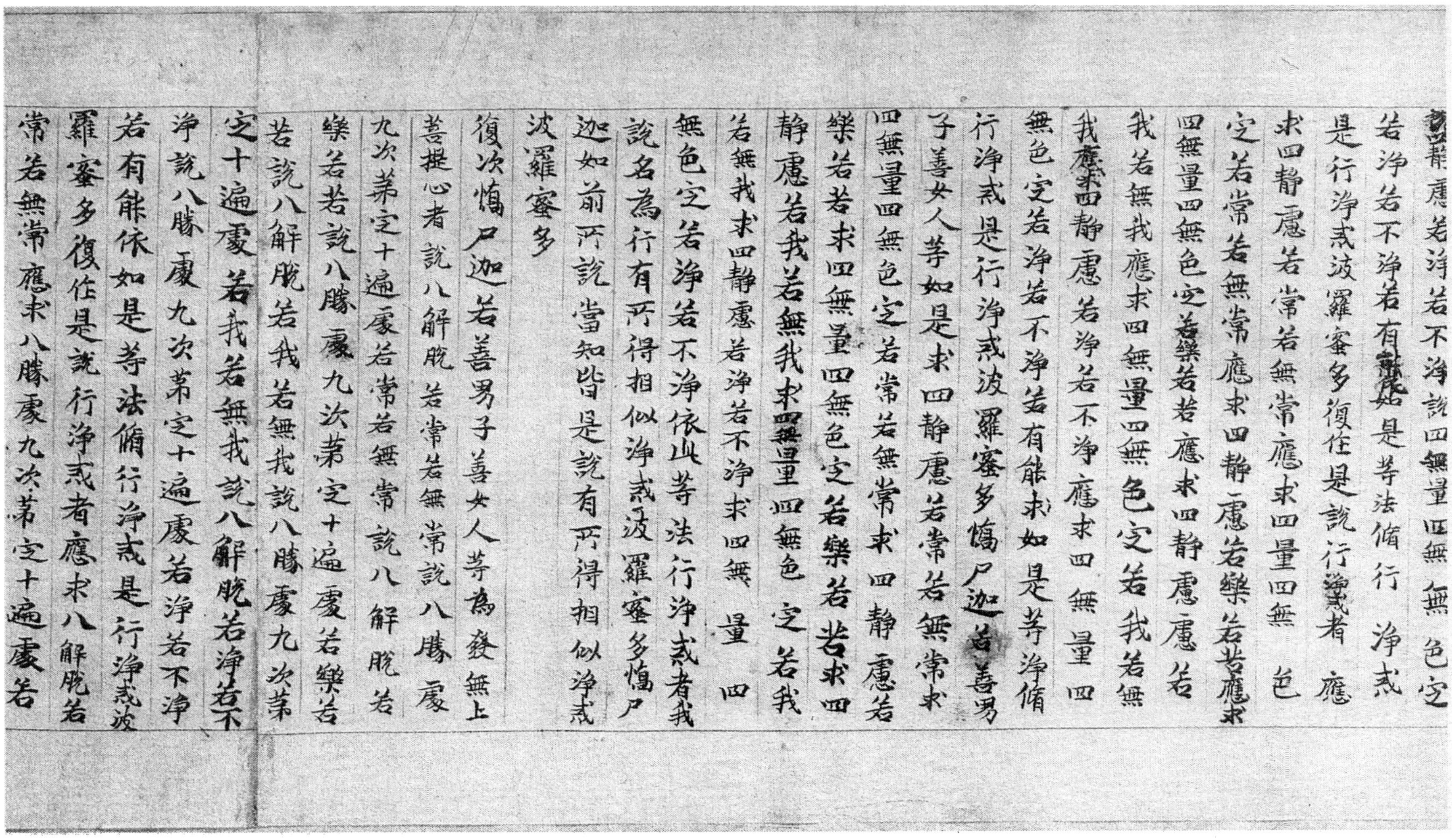

靜慮若淨若不淨說四無量四無無色定
若淨若不淨若有能依如是等法脩行淨戒
是行淨戒波羅蜜多復作是說行淨戒者應
求四靜慮若常若無常應求四量四無色
定若常若無常應求四靜慮若樂若苦應求
四無量四無色定若樂若苦應求四靜慮若
我若無我應求四無量四無色定若我若無
我應求四靜慮若淨若不淨應求四無量四
無色定若淨若不淨若有能求如是等淨脩
行淨戒是行淨戒波羅蜜多憍尸迦若善男
子善女人等如是求四靜慮若常若無常求
四無量四無色定若常若無常求四靜慮若
樂若苦求四無量四無色定若樂若苦求四
靜慮若我若無我求四無量四無色定若我
若無我求四靜慮若淨若不淨求四無量四
無色定若淨若不淨依此等法行淨戒者我
說名為行有所得相似淨戒波羅蜜多憍尸
迦如前所說當知皆是說有所得相似淨戒
波羅蜜多
復次憍尸迦若善男子善女人等為發無上
菩提心者說八解脫若常若無常說八勝處
九次第定十遍處若常若無常說八解脫若
樂若苦說八勝處九次第定十遍處若樂若
苦說八解脫若我若無我說八勝處九次第
定十遍處若我若無我說八解脫若淨若不
淨說八勝處九次第定十遍處若淨若不淨
若有能依如是等法脩行淨戒是行淨戒波
羅蜜多復作是說行淨戒者應求八解脫若
常若無常應求八勝處九次第定十遍處若

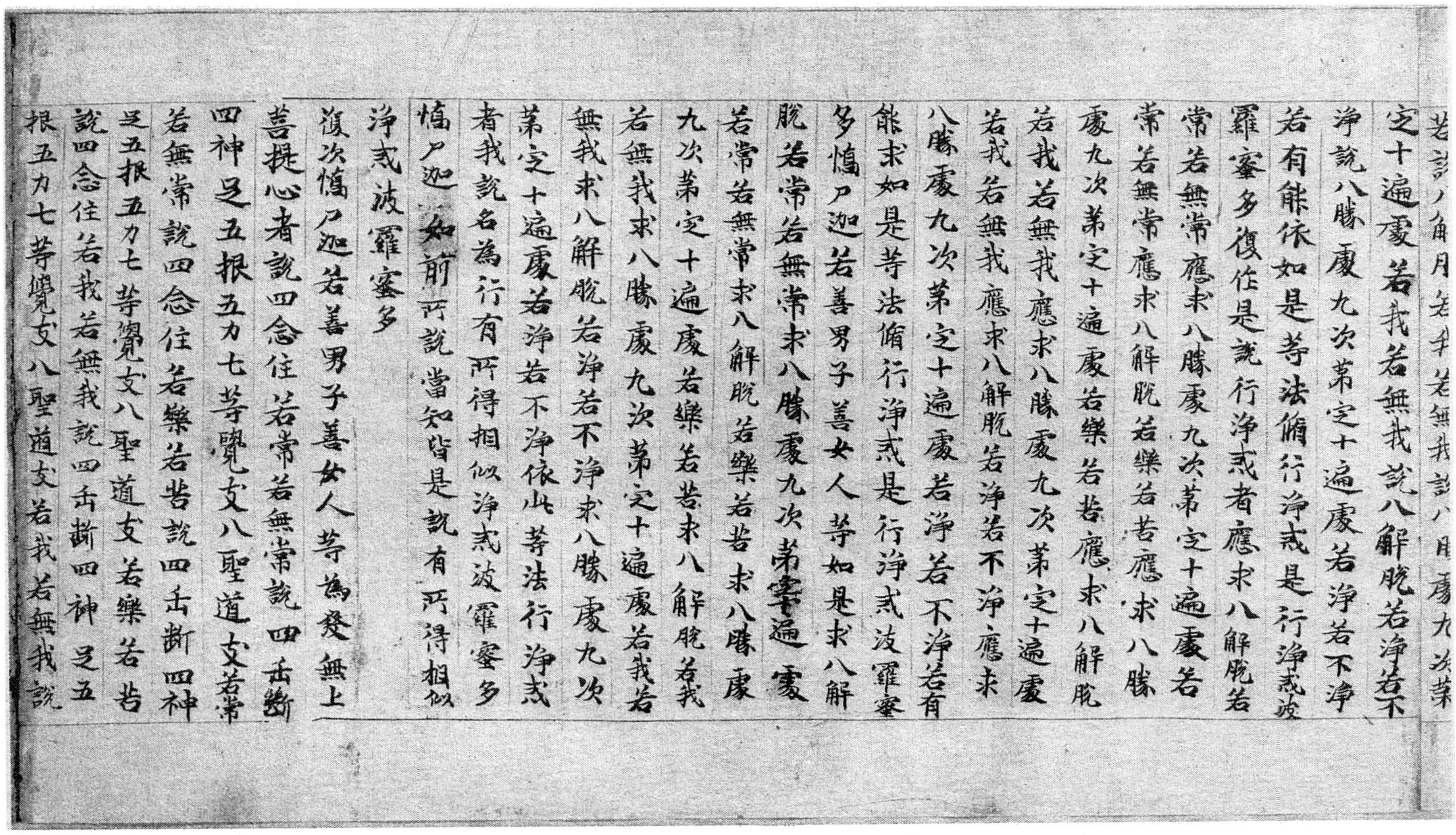

若說八解脫若我若無我說八勝處九次第
定十遍處若我若無我說八解脫若淨若不
淨說八勝處九次第定十遍處若淨若不淨
若有能依如是等法脩行淨戒是行淨戒波
羅蜜多復作是說行淨戒者應求八解脫若
常若無常應求八勝處九次第定十遍處若
常若無常應求八解脫若樂若苦應求八勝
處九次第定十遍處若樂若苦應求八解脫
若我若無我應求八勝處九次第定十遍處
若我若無我應求八解脫若淨若不淨應求
八勝處九次第定十遍處若淨若不淨若有
能求如是等法脩行淨戒是行淨戒波羅蜜
多憍尸迦若善男子善女人等如是求八解
脫若常若無常求八勝處九次第定十遍處
若常若無常求八解脫若樂若苦求八勝處
九次第定十遍處若樂若苦求八解脫若我
若無我求八勝處九次第定十遍處若我若
無我求八解脫若淨若不淨求八勝處九次
第定十遍處若淨若不淨依此等法行淨戒
者我說名為行有所得相似淨戒波羅蜜多
憍尸迦如前所說當知皆是說有所得相似
淨戒波羅蜜多
復次憍尸迦若善男子善女人等為發無上
菩提心者說四念住若常若無常說四正斷
四神足五根五力七等覺支八聖道支若常
若無常說四念住若樂若苦說四正斷四神
足五根五力七等覺支八聖道支若樂若苦
說四念住若我若無我說四正斷四神足五
根五力七等覺支八聖道支若我若無我說

菩提心者說四念住若常若無常說四正斷
四神足五根五力七等覺支八聖道支若常
若無常說四念住若樂若苦說四正斷四神
足五根五力七等覺支八聖道支若樂若苦
說四念住若我若無我說四正斷四神足五
根五力七等覺支八聖道支若我若無我說
四念住若淨若不淨說四正斷四神足 五根
五力七等覺支八聖道支若淨若不淨若有
能依如是等法脩行淨戒是行淨戒波羅蜜
多復作是說行淨戒者應求四念住若常若
無常應求四正斷乃至八聖道支若常若無
常應求四念住若樂若苦應求四正斷乃至
八聖道支若樂若苦應求四念住若我若無
我應求四正斷乃至八聖道支若我若無我
應求四念住若淨若不淨應求四正斷乃至
八聖道支若淨若不淨若有能求如是等法
脩行淨戒是行淨戒波羅蜜多憍尸迦若善
男子善女人等如是求四念住若常若無常
求四正斷乃至八聖道支若常若無常求四
念住若樂若苦求四正斷乃至八聖道支若
樂若苦求四念住若我若無我求四正斷乃
至八聖道支若我若無我求四念住若淨若
不淨求四正斷乃至八聖道支若淨若不 淨
依此等法行淨戒者我說名為行有所得相
似淨戒波羅蜜多憍尸迦如前所說當知皆
是說有所得相似淨戒波羅蜜多
復次憍尸迦若善男子善女人等為發無上
菩提心者說空解脫門若常若無常說 無相
無願解脫門若常若無常說空解脫門 若樂

BD13942號　大般若波羅蜜多經卷一四三

（21–14）

似淨戒波羅蜜多憍尸迦如前所說當知皆
是說有所得相似淨戒波羅蜜多
復次憍尸迦若善男子善女人等為發無上
菩提心者說空解脫門若常若無常說 無相
無願解脫門若常若無常說空解脫門 若樂
若苦說無相無願解脫門若樂若苦說空解
脫門若我若無我說無相無願解脫門若我
若無我說空解脫門若淨若不淨說無相無
願解脫門若淨若不淨若有能依如是等法
脩行淨戒是行淨戒波羅蜜多復作是說行
淨戒者應求空解脫門若常若無常應求無
相無願解脫門若常若無常應求空解脫門
若樂若苦應求無相無願解脫門若樂若苦
應求空解脫門若我若無我應求無相 無願
解脫門若我若無我應求空解脫門若淨
若不淨應求無相無願解脫門若淨若不淨若
有能求如是等法脩行淨戒是行淨戒波羅
蜜多憍尸迦若善男子善女人等如是求空
解脫門若常若無常求無相無願解脫門若
常若無常求空解脫門若樂若苦求無相無
願解脫門若樂若苦求空解脫門若我若無
我求無相無願解脫門若我若無我求空解
脫門若淨若不淨求無相無願解脫門若淨
若不淨依此等法行淨戒者我說名為行有
所得相似淨戒波羅蜜多憍尸迦如前所說
當知皆是說有所得相似淨戒波羅蜜多
復次憍尸迦若善男子善女人等為發無上
菩提心者說五眼若常若無常說六神通若
常若無常說五眼若樂若苦說六神通若樂

BD13942號　大般若波羅蜜多經卷一四三

（21–15）

若不淨依此等法行淨戒者我說名為行有
所得相似淨戒波羅蜜多憍尸迦如前所說
當知皆是說有所得相似淨戒波羅蜜多
復次憍尸迦若善男子善女人等為發無上
菩提心者說五眼若常若無常說六神通若
常若無常說五眼若樂若苦說六神通若樂
若苦說五眼若我若無我說六神通若我若
無我說五眼若淨若不淨說六神通若淨若
不淨若有能依如是等法修行淨戒是行淨
戒波羅蜜多復作是說行淨戒者應求五眼
若常若無常應求六神通若常若無常應求
五眼若樂若苦應求六神通若樂若苦應求
五眼若我若無我應求六神通若我若無我
應求五眼若淨若不淨應求六神通若淨
若淨若有能求如是等法修行淨戒是行淨
戒波羅蜜多憍尸迦若善男子善女人等如
是求五眼若常若無常求六神通若常若無
常求五眼若樂若苦求六神通若樂若苦求
五眼若我若無我求六神通若樂若苦求
五眼若淨若不淨求六神通若淨若不淨依
此等法行淨戒者我說名為行有所得相似
淨戒波羅蜜多憍尸迦如前所說當知皆是
說有所得相似淨戒波羅蜜多
復次憍尸迦若善男子善女人等為發無上
菩提心者說佛十力若常若無常說四無所
畏四無礙解大慈大悲大喜大捨十八佛不
共法若常若無常說佛十力若樂若苦說四
無所畏四無礙解大慈大悲大喜大捨十八

BD13942號　大般若波羅蜜多經卷一四三　　（21–16）

菩提心者說佛十力若常若無常說四無所
畏四無礙解大慈大悲大喜大捨十八佛不
共法若常若無常說佛十力若樂若苦說四
無所畏四無礙解大慈大悲大喜大捨十八
佛不共法若樂若苦說佛十力若我若無我
說四無所畏四無礙解大慈大悲大喜大捨
十八佛不共法若我若無我說佛十力若淨
若不淨說四無所畏四無礙解大慈大悲大
喜大捨十八佛不共法若淨若不淨若有能
依如是等法修行淨戒是行淨戒波羅蜜多
復作是說行淨者應求佛十力若常若無
常應求四無所畏乃至十八佛不共法若常
若無常應求佛十力若樂若苦應求四無所
畏乃至十八佛不共法若樂若苦應求佛十
力若我若無我應求四无所畏乃至十八佛
不共法若我若無我應求佛十力若淨若不
淨應求四無所畏乃至十八佛不共法若淨
若不淨若有能求如是等法修行淨戒是行
淨戒波羅蜜多憍尸迦若善男子善女人等
如是求佛十力若常若無常求四無所畏乃
至十八佛不共法若常若無常求佛十力若
樂若苦求四無所畏乃至十八佛不共法若
樂若苦求佛十力若我若無我求四無所畏
乃至十八佛不共法若我若無我求佛十力
若淨若不淨求四无所畏乃至十八佛不共
法若淨若不淨依此等法行淨戒者我說名
為行有所得相似淨戒波羅蜜多憍尸迦如
前所說當知皆是說有所得相似淨戒波羅

BD13942號　大般若波羅蜜多經卷一四三　　（21–17）

乃至十八佛不共法若我若無我求十
若淨若不淨求四无所畏乃至十八佛不共
法若淨若不淨依此等法行淨戒者我說名
為行有所得相似淨戒波羅蜜多憍尸迦如
前所說當知皆是說有所得相似淨戒波羅
蜜多
復次憍尸迦若善男子善女人等為發無上
菩提心者說無忘失法若常若無常說恒住
捨性若常若無常說無忘失法若樂若苦說
恒住捨性若樂若苦說無忘失法若我若無
我說恒住捨性若我若無我說無忘失法若
淨若不淨說恒住捨性若淨若不淨若有能
依如是等法脩行淨戒是行淨戒波羅蜜多
復作是說行淨戒者應求無忘失法若常若
無常應求恒住捨性若常若無常應求無忘
失法若樂若苦應求恒住捨性若樂若苦應
求無忘失法若我若無我應求恒住捨性若
我若無我應求無忘失法若淨若不淨應求
恒住捨性若淨若不淨若有能求如是等法
脩行淨戒是行淨戒波羅蜜多憍尸迦若善
男子善女人等如是求無忘失法若常若無
常求恒住捨性若常若無常求無忘失　法若
樂若苦求恒住捨性若樂若苦求無忘失法
若我若無我求恒住捨性若我若无我求无
忘失法若淨若不淨求恒住捨性若淨若不
淨依此等法行淨戒者我說名為行有所得
相似淨戒波羅蜜多憍尸迦如前所說當知
皆是說有所得相似淨戒波羅蜜多
復次憍尸迦若善男子善女人等為發無上

BD13942號　大般若波羅蜜多經卷一四三

（21–18）

忘失法若淨若不淨求恒住捨性若淨若不
淨依此等法行淨戒者我說名為行有所得
相似淨戒波羅蜜多憍尸迦如前所說當知
皆是說有所得相似淨戒波羅蜜多
復次憍尸迦若善男子善女人等為發無上
菩提心者說一切智若常若無常說道相智
一切相智若常若無常說一切智若樂若苦
說道相智一切相智若樂若苦說一切智若
我若無我說道相智一切相智若我若無我
說一切智若淨若不淨說道相智一切相智
若淨若不淨若有能依如是等法脩行淨戒
是行淨戒波羅蜜多復作是說行淨戒者
應求一切智若常若無常應求道相知一切相
智若常若無常應求一切智若樂若苦應
求道相智一切相智若樂若苦應求一切智若
我若無我應求道相智一切相智若我若無
我應求一切智若淨若不淨應求道相智一
切相智若淨若不淨若有能求如是等法脩
行淨戒是行淨戒波羅蜜多憍尸迦若善男
子善女人等如是求一切智若常若無常求
道相智一切相智若常若無常求一切智若
樂若苦求道相智一切相智若樂若苦求一
切智若我若無我求道相智一切相智若我
若無我求一切智若淨若不淨求道相智一
切相智若淨若不淨依此等法行淨戒者
我說名為行有所得相似淨戒波羅蜜多
憍尸迦如前所說當知皆是說有所得相
似淨戒波羅蜜多

BD13942號　大般若波羅蜜多經卷一四三

（21–19）

若無我求一切智若淨若不淨求道相智一
切相智若淨若不淨依此等法行淨戒者
我說名為行有所得相似淨戒波羅蜜多
憍尸迦如前所說當知皆是說有所得相
似淨戒波羅蜜多
復次憍尸迦若善男子善女人等為發無上
菩提心者說一切陀羅尼門若常若無常說
一切三摩地門若常若無常說一切陀羅尼
門若樂若苦說一切三摩地門若樂若苦說
一切陀羅尼門若我若無我說一切三摩地
門若我若無我說一切陀羅尼門若淨若不
淨說一切三摩地門若淨若不淨若有能依
如是等法脩行淨戒是行淨戒波羅蜜多復
作是說行淨戒者應求一切陀羅尼門若常
若無常應求一切三摩地門若常若無常應
求一切陀羅尼門若樂若苦應求一切三摩
地門若樂若苦應求一切陀羅尼門若我若
無我應求一切三摩地門若我若無我應求
一切陀羅尼門若淨若不淨應求一切三摩
地門若淨若不淨若有能求如是等法脩行
淨戒是行淨戒波羅蜜多憍尸迦若善男子
善女人等如是求一切陀羅尼門若常若無
常求一切三摩地門若常若無常求一切陀
羅尼門若樂若苦求一切三摩地門若樂若
苦求一切陀羅尼門若我若無我求一切三
摩地門若我若無我求一切陀羅尼門若淨
若不淨求一切三摩地門若淨若不淨依此
等法行淨戒者我說名為行有所得相似淨

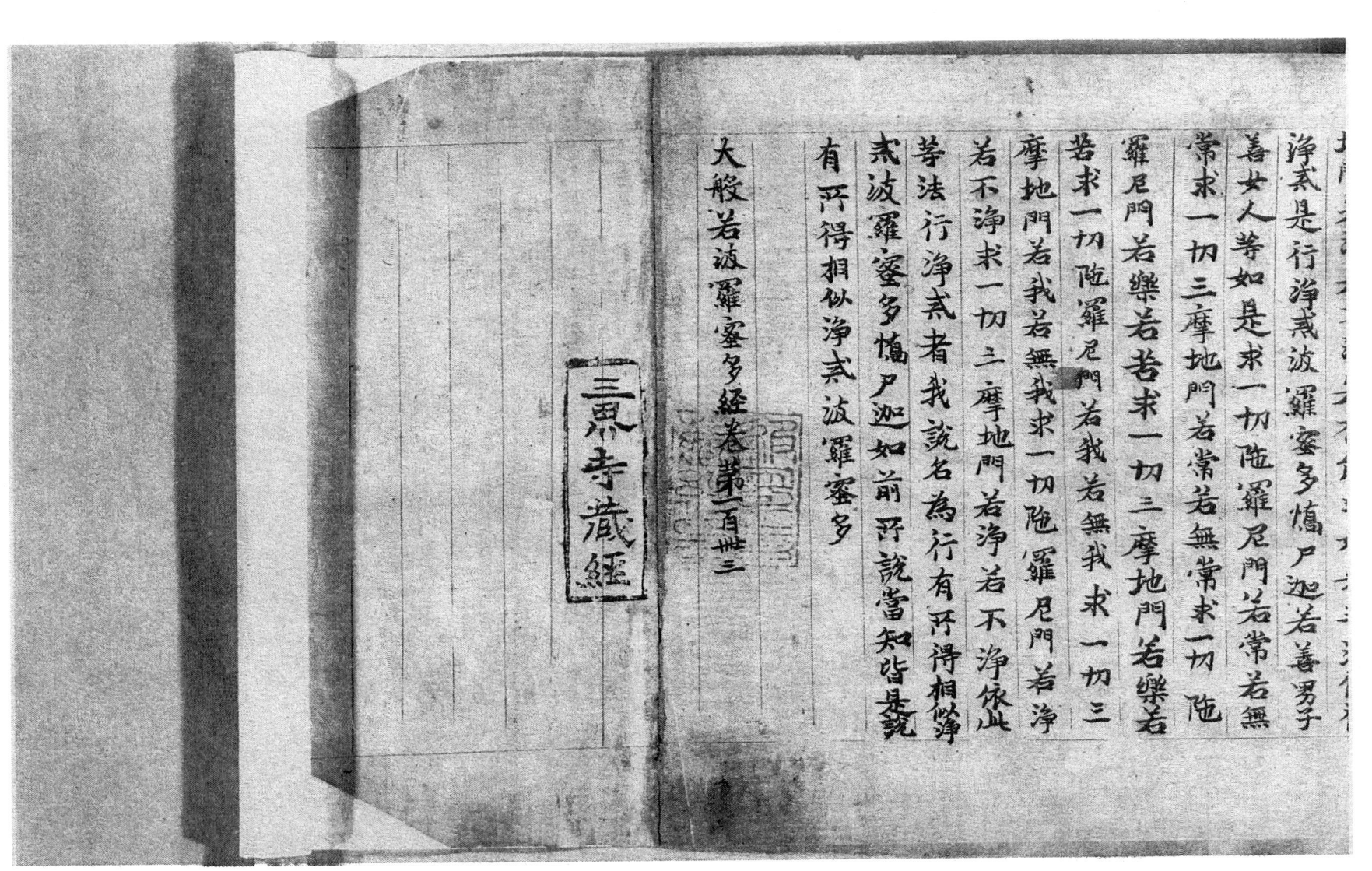

BD13942號　大般若波羅蜜多經卷一四三　（21–20）

淨戒是行淨戒波羅蜜多憍尸迦若善男子
善女人等如是求一切陀羅尼門若常若無
常求一切三摩地門若常若無常求一切陀
羅尼門若樂若苦求一切三摩地門若樂若
苦求一切陀羅尼門若我若無我求一切三
摩地門若我若無我求一切陀羅尼門若淨
若不淨求一切三摩地門若淨若不淨依此
等法行淨戒者我說名為行有所得相似淨
戒波羅蜜多憍尸迦如前所說當知皆是說
有所得相似淨戒波羅蜜多

大般若波羅蜜多經卷第一百卌三



BD13942號　大般若波羅蜜多經卷一四三　（21–21）

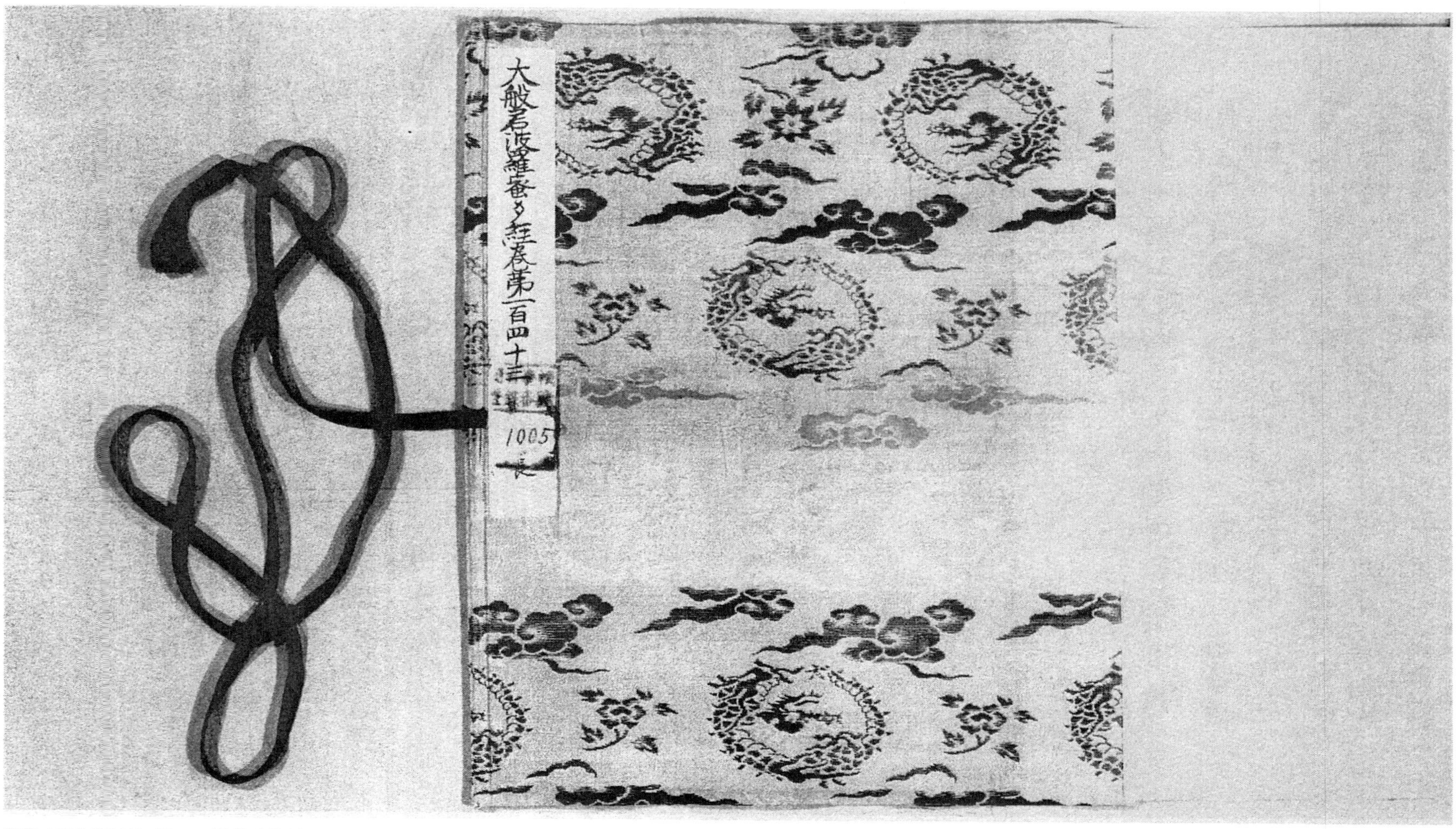


BD13943 號背　現代護首　　　　　　　　　　　　　　　　　　　　　　（1–1）

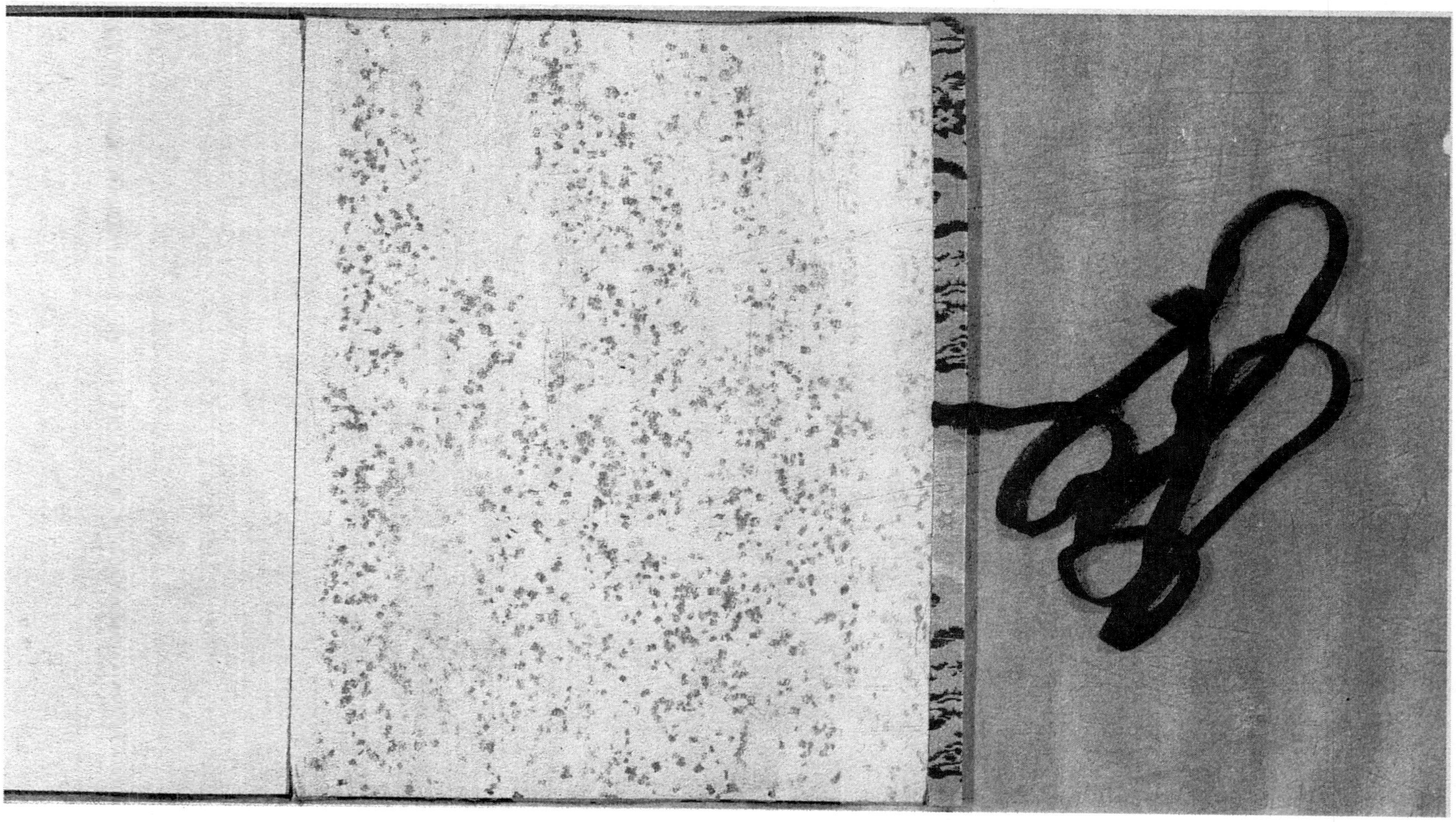

BD13943 號　大般若波羅蜜多經卷一四三　　　　　　　　　　　　　　　　（23–1）

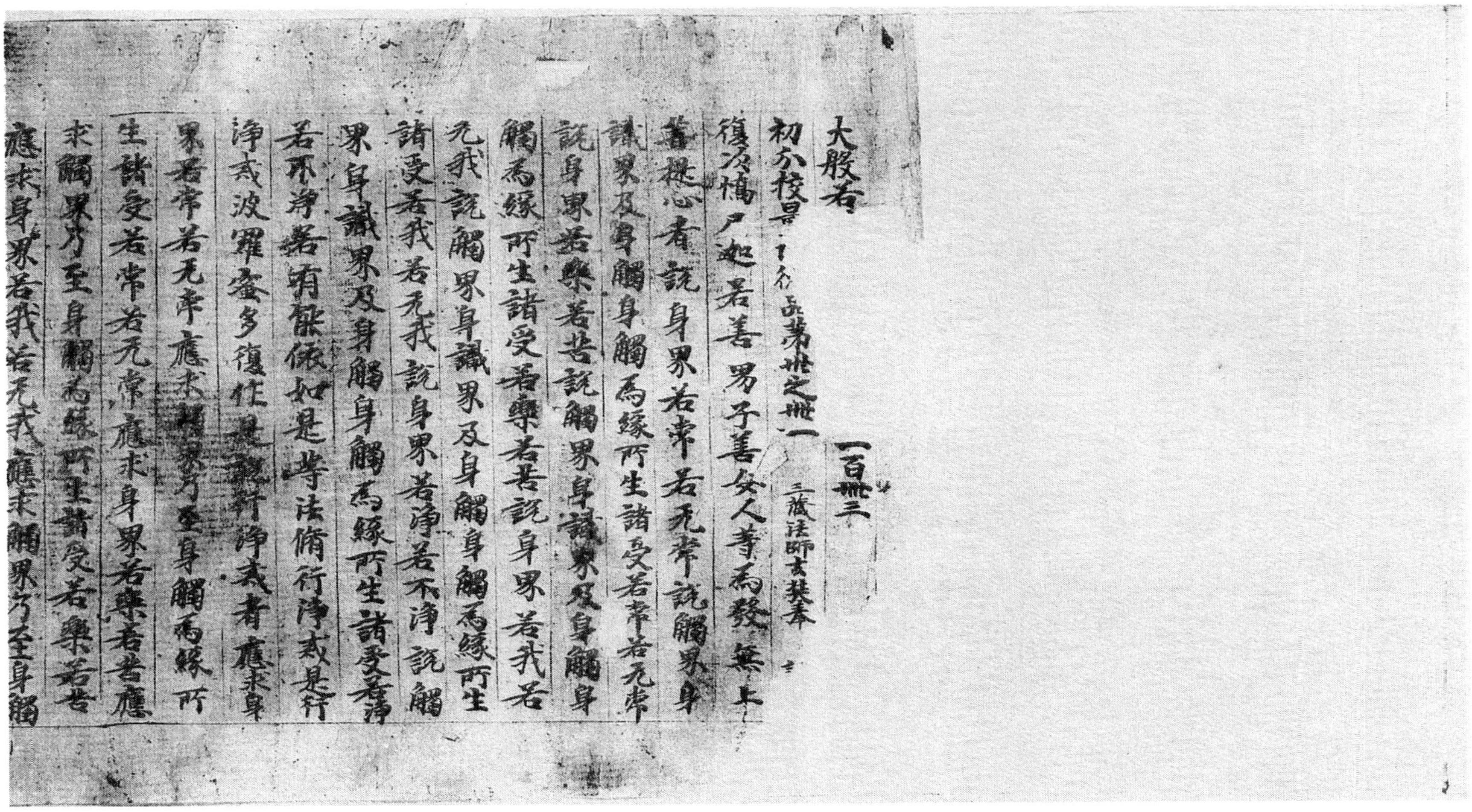

大般若 一百卌三
初分校量功德品第卅之卌一 三藏法師玄奘奉 詔
復次憍尸迦若善男子善女人等爲發無上
菩提心者說身界若常若无常說觸界身
識界及身觸身觸爲緣所生諸受若常若无常
說身界若樂若苦說觸界身識界及身觸身
觸爲緣所生諸受若樂若苦說身界若我若
无我說觸界身識界及身觸身觸爲緣所生
諸受若我若无我說身界若淨若不淨說觸
界身識界及身觸身觸爲緣所生諸受若淨
若不淨若有能依如是等法脩行淨戒是行
淨戒波羅蜜多復作是說行淨戒者應求身
界若常若无常應求觸界乃至身觸爲緣所
生諸受若常若无常應求身界若樂若苦應
求觸界乃至身觸爲緣所生諸受若樂若苦
應求身界若我若无我應求觸界乃至身觸

BD13943號　大般若波羅蜜多經卷一四三　（23–2）

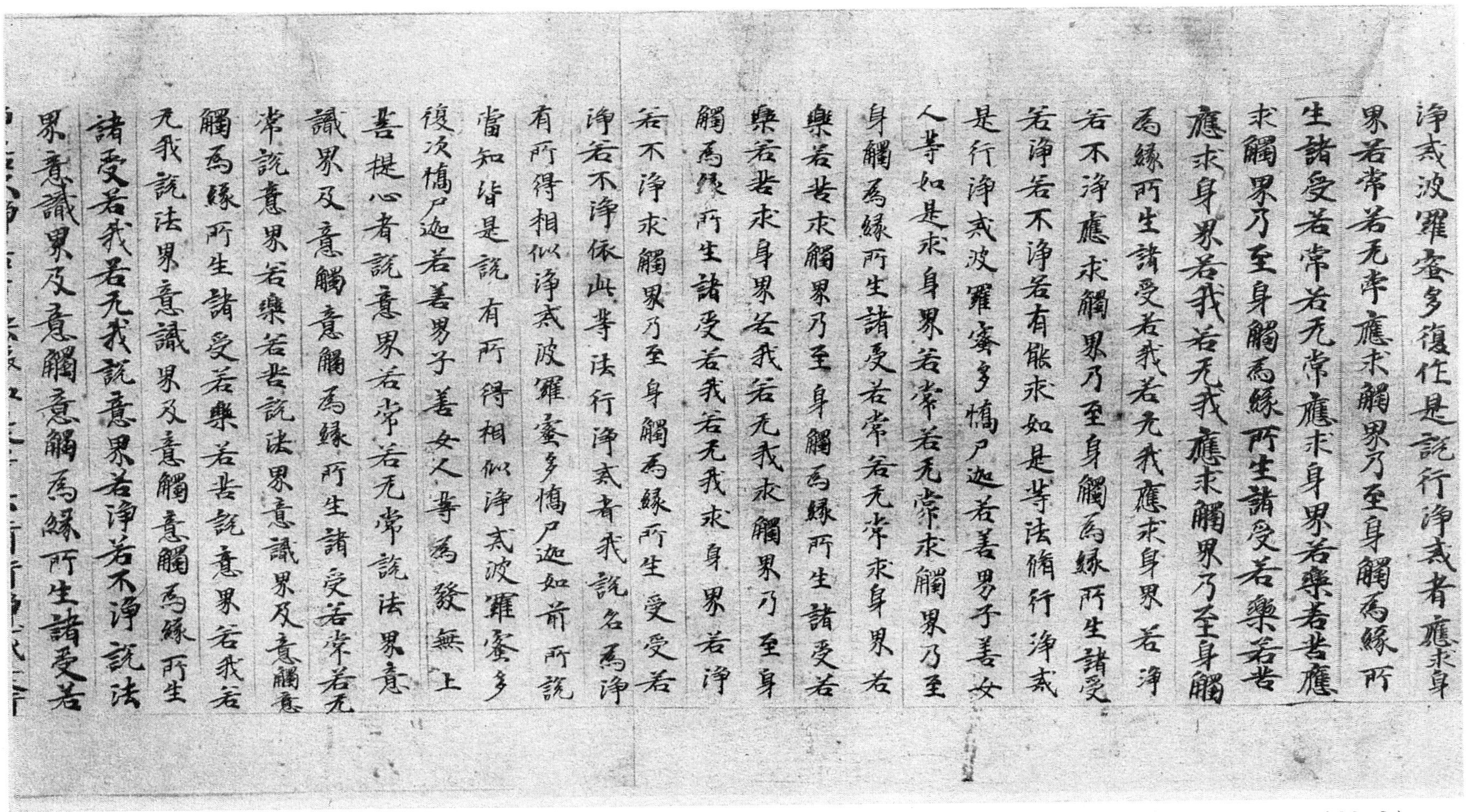

淨戒波羅蜜多復作是說行淨戒者應求身
界若常若无常應求觸界乃至身觸爲緣所
生諸受若常若无常應求身界若樂若苦應
求觸界乃至身觸爲緣所生諸受若樂若苦
應求身界若我若无我應求觸界乃至身觸
爲緣所生諸受若我若无我應求身界若淨
若不淨應求觸界乃至身觸爲緣所生諸受
若淨若不淨若有能求如是等法脩行淨戒
是行淨戒波羅蜜多憍尸迦若善男子善女
人等如是求身界若常若无常求觸界乃至
身觸爲緣所生諸受若常若无常求身界若
樂若苦求觸界乃至身觸爲緣所生諸受若
樂若苦求身界若我若无我求觸界乃至身
觸爲緣所生諸受若我若无我求身界若淨
若不淨求觸界乃至身觸爲緣所生受受若
淨若不淨依此等法行淨戒者我說名爲淨
有所得相似淨戒波羅蜜多憍尸迦如前所說
當知皆是說有所得相似淨戒波羅蜜多
復次憍尸迦若善男子善女人等爲發無上
菩提心者說意界若常若无常說法界意
識界及意觸意觸爲緣所生諸受若常若无
常說意界若樂若苦說法界意識界及意觸意
觸爲緣所生諸受若樂若苦說意界若我若
无我說法界意識界及意觸意觸爲緣所生
諸受若我若无我說意界若淨若不淨說法
界意識界及意觸意觸爲緣所生諸受若

BD13943號　大般若波羅蜜多經卷一四三　（23–3）

常說意界若樂若苦說意[illegible]
觸為緣所生諸受若樂若苦說意界若我若
无我說法界意識界及意觸意觸為緣所生
諸受若我若无我說意界若淨若不淨說法
界意識界及意觸意觸為緣所生諸受若
淨若不淨若有能依如是等法脩行淨戒是行
淨戒波羅蜜多復作是說行淨戒者應求意
界若常若无常應求法界乃至意觸為緣
所生諸受若常若无常應求意界若樂若苦應
求法界乃至意觸為緣所生諸受若樂若苦應
求意界若我若无我應求法界乃至意觸為
緣所生諸受若我若无我應求意界若淨
若不淨應求法界乃至意觸為緣所生諸受
若淨若不淨若有能求如是等法脩行淨戒
是行淨戒波羅蜜多憍尸迦若善男子善女
人等如是求意界若常若无常求法界乃至
意觸為緣所生諸受若常若无常求意界若
樂若苦求法界乃至意觸為緣所生諸受若
樂若苦求意界若我若无我求法界乃至意
觸為緣所生諸受若我若无我求意界若淨
若不淨求法界乃至意觸為緣所生諸受若
淨若不淨依此等法行淨戒者我說名為行
有所得相似淨戒波羅蜜多憍尸迦如前所
說當知皆是說有所得相似淨戒波羅蜜多
復次憍尸迦若善男子善女人等為發无上菩
提心者說地界若常若无常說水火風空識
界若常若无常說地界若樂若苦說水火

BD13943 號　大般若波羅蜜多經卷一四三

(23-4)

淨若不淨依此等法行淨戒者我說名為行
有所得相似淨戒波羅蜜多憍尸迦如前所
說當知皆是說有所得相似淨戒波羅蜜多
復次憍尸迦若善男子善女人等為發无上菩
提心者說地界若常若无常說水火風空識
界若常若无常說地界若樂若苦說水火
風空識界若樂若苦說地界若我若无我說
水火風空識界若我若无我說地界若淨若
不淨說水火風空識界若淨若不淨若有能
依如是等法脩行淨戒是行淨戒波羅蜜多
復作是說行淨戒者應求地界若常若无常
應求水火風空識界若常若无常應求地界
若樂若苦應求水火風空識界若樂若苦
應求地界若我若无我應求水火風空識界
若我若无我應求地界若淨若不淨應求水火
風空識界若淨若不淨若有能求如是等法
脩行淨戒是行淨戒波羅蜜多憍尸迦若善
男子善女人等如是求地界若常若无常求
水火風空識界若常若无常求地界若樂若
苦求水火風空識界若樂若苦求地界若我
若无我求水火風空識界若我若无我求地
界若淨若不淨求水火風空識界若淨若不淨
依此等法行淨戒者我說名為行有所得
相似淨戒波羅蜜多憍尸迦如前所說當知
皆是說有所得相似淨戒波羅蜜多
復次憍尸迦若善男子善女人等為發无上
菩提心者說无明若常若无常說行識名色

BD13943 號　大般若波羅蜜多經卷一四三

(23-5)

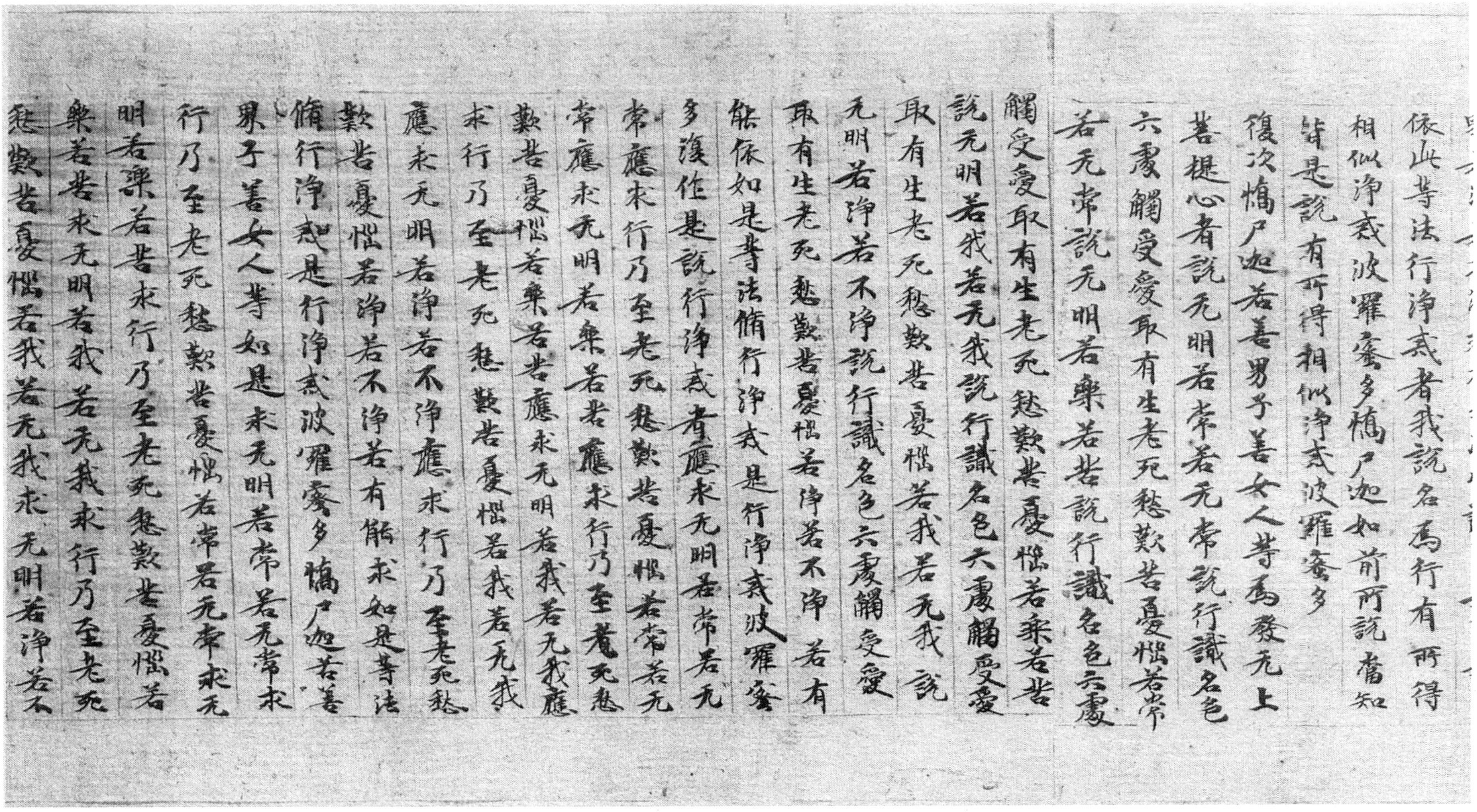
依此等法行淨戒者我說名爲行有所得
相似淨戒波羅蜜多憍尸迦如前所說當知
皆是說有所得相似淨戒波羅蜜多
復次憍尸迦若善男子善女人等爲發无上
菩提心者說无明若常若无常說行識名色
六處觸受愛取有生老死愁歎苦憂惱若常
若无常說无明若樂若苦說行識名色六處
觸受愛取有生老死愁歎苦憂惱若樂若苦
說无明若我若无我說行識名色六處觸受愛
取有生老死愁歎苦憂惱若我若无我說
无明若淨若不淨說行識名色六處觸受愛
取有生老死愁歎苦憂惱若淨若不淨若有
能依如是等法脩行淨戒是行淨戒波羅蜜
多復作是說行淨戒者應求无明若常若无
常應求行乃至老死愁歎苦憂惱若常若无
常應求无明若樂若苦應求行乃至老死愁
歎苦憂惱若樂若苦應求无明若我若无我應
求行乃至老死愁歎苦憂惱若我若无我
應求无明若淨若不淨應求行乃至老死愁
歎苦憂惱若淨若不淨若有能求如是等法
脩行淨戒是行淨戒波羅蜜多憍尸迦若善
男子善女人等如是求无明若常若无常求
行乃至老死愁歎苦憂惱若常若无常求无
明若樂若苦求行乃至老死愁歎苦憂惱若
樂若苦求无明若我若无我求行乃至老死
愁歎苦憂惱若我若无我求无明若淨若不

BD13943號　大般若波羅蜜多經卷一四三　（23–6）

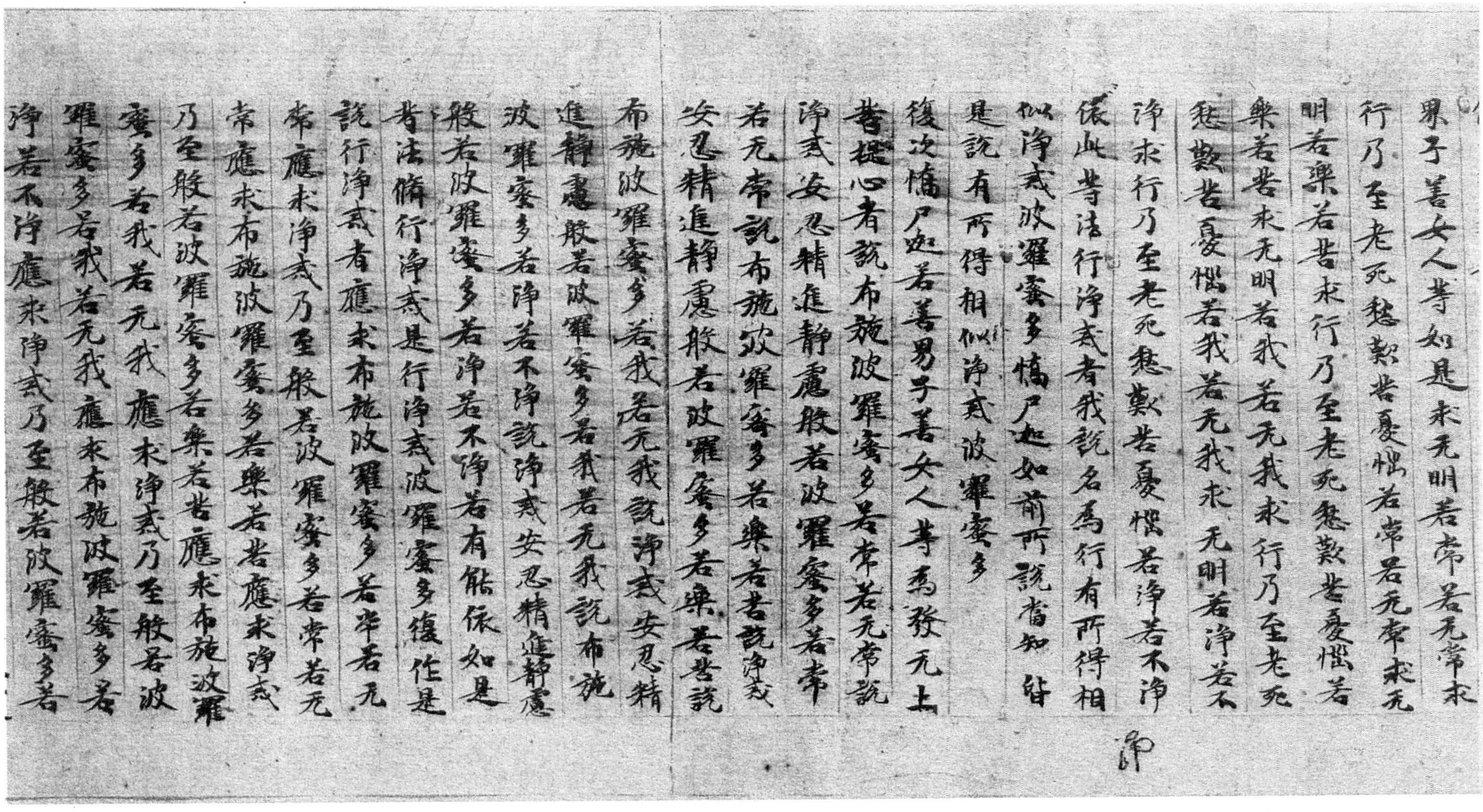
男子善女人等如是求无明若常若无常求
行乃至老死愁歎苦憂惱若常若无常求无
明若樂若苦求行乃至老死愁歎苦憂惱若
樂若苦求无明若我若无我求行乃至老死
愁歎苦憂惱若我若无我求无明若淨若不
淨求行乃至老死愁歎苦憂惱若淨若不淨
依此等法行淨戒者我說名爲行有所得相
似淨戒波羅蜜多憍尸迦如前所說當知皆
是說有所得相似淨戒波羅蜜多
復次憍尸迦若善男子善女人等爲發无上
菩提心者說布施波羅蜜多若常若无常說
淨戒安忍精進靜慮般若波羅蜜多若常
若无常說布施波羅蜜多若樂若苦說淨戒
安忍精進靜慮般若波羅蜜多若樂若苦說
布施波羅蜜多若我若无我說淨戒安忍精
進靜慮般若波羅蜜多若我若无我說布施
波羅蜜多若淨若不淨說淨戒安忍精進靜慮
般若波羅蜜多若淨若不淨若有能依如是
等法脩行淨戒是行淨戒波羅蜜多復作是
說行淨戒者應求布施波羅蜜多若常若无
常應求淨戒乃至般若波羅蜜多若常若无
常應求布施波羅蜜多若樂若苦應求淨戒
乃至般若波羅蜜多若樂若苦應求布施波羅
蜜多若我若无我應求淨戒乃至般若波
羅蜜多若我若无我應求布施波羅蜜多若
淨若不淨應求淨戒乃至般若波羅蜜多若

BD13943號　大般若波羅蜜多經卷一四三　（23–7）

常應求布施波羅蜜多若樂若苦應求淨戒
乃至般若波羅蜜多若樂若苦應求布施波羅
蜜多若我若无我應求淨戒乃至般若波
羅蜜多若我若无我應求布施波羅蜜多若
淨若不淨應求淨戒乃至般若波羅蜜多若
淨若不淨若有能求如是等法脩行淨戒是
行淨戒波羅蜜多憍尸迦若善男子善女人等
如是求布施波羅蜜多若常若无常求淨戒
乃至般若波羅蜜多若常若无常求布施波
羅蜜多若樂若苦求淨戒乃至般若波羅蜜
多若樂若苦求布施波羅蜜多若我若无我
求淨戒乃至般若波羅蜜多若我若无我求
布施波羅蜜多若淨若不淨求淨戒乃至般
若波羅蜜多若淨若不淨依此等法行淨戒
者我說名為行有所得相似淨戒波羅蜜多
憍尸迦如前所說當知皆是說有所得相似
淨戒波羅蜜多
復次憍尸迦若善男子善女人等為發无上
菩提心者說內空若常若无常說外空內空
外空空空大空勝義空有為空无為空畢竟
空无際空散空无變異空本性空自性空共空
空一切法空不可得空无性空自性空无性自性
空若常若无常說內空若樂若苦說外空
內空空空大空勝義空有為空无為空畢
竟空无際空散空无變異空本性空自性
空共相空一切法空不可得空无性空自性空

BD13943號　大般若波羅蜜多經卷一四三　（23-8）

空若常若无常說內空若樂若苦說外空
內空空空大空勝義空有為空无為空畢
竟空无際空散空无變異空本性空自性
空共相空一切法空不可得空无性空自性空
无性自性空若樂若苦說內空若我若无我
說外空內外空空空大空勝義空有為空
无為空畢竟空无際空散空无變異空本
性空自性空共相空一切法空不可得空无性空
自性空无性空自性空若我若无我說內空若
淨若不淨說外空內外空空空大空勝義空
有為空无為空畢竟空无際空散空无變異
空本性空自性空共相空一切法空不可得空
无性空自性空无性自性空若淨若不淨若
有能依如是等法脩行淨戒是行淨戒
波羅蜜多復作是說行淨戒者應求內
空若常若无常應求外空乃至无性自性空若常
若无常應求外空若淨若不淨應求內空乃至
无性自性空若樂若苦應求內空若我若无
我應求外空乃至无性自性空若我若无我
應求內空若淨若不淨應求外空乃至无性
自性空若淨若不淨若有能求如是等法脩
行淨戒是行淨戒波羅蜜多憍尸迦若善男
子善女人等如是求內空若常若无常求外
空乃至无性自性空若常若无常求內空若
樂若苦求外空乃至无性自性空若樂若苦求
內空若我若无我求外空乃至无性自性空

BD13943號　大般若波羅蜜多經卷一四三　（23-9）

空乃至无性自性空若常若无常求内空若
樂若苦求外空乃至无性自性空若樂若苦求
内空若我若无我求外空乃至无性自性空
若我若无我求内空若淨若不淨求外空乃
至无性自性空若淨若不淨依此等法行淨
戒者我說名爲行有所得相似淨戒波羅
蜜多憍尸迦如前所說當知皆是說有所
得相似淨戒波羅蜜多
復次憍尸迦若善男子善女人等爲發无上菩
提心者說真如若常若无常說法界法性
不虛妄性不變異性平等性離生性法定法
住實際虛空界不思議界若常若无常說
真如若樂若苦說法界法性不虛妄性不變
異性平等性離生性法定法住實際虛空界不
思議界若樂若苦說真如若我若无我說法
界法性不虛妄性不變異性平等性離生性
法定法住實際虛空界不思議界若我若无
我說真如若淨若不淨說法界法性不虛妄
性不變異性平等性離生性法定法住實際
虛空界不思議界若淨若不淨若有能依
如是等法脩行淨戒是行淨戒波羅蜜多
復作是說行淨戒者應求真如若常若无常
應求法界乃至不思議界若常若无常應求真
如若樂若苦應求法界乃至不思議界若樂若
苦應求真如若我若无我應求法界乃至不
思議界若我若无我應求真如若淨若不淨

BD13943號　大般若波羅蜜多經卷一四三　（23–10）

復作是說行淨戒者應求真如若常若无常
應求法界乃至不思議界若常若无常應求真
如若樂若苦應求法界乃至不思議界若樂若
苦應求真如若我若无我應求法界乃至不
思議界若我若无我應求真如若淨若不淨
應求法界乃至不思議界若淨若不淨若有
能求如是等法脩行淨戒是行淨戒波羅蜜
多憍尸迦若善男子善女人等如是求真如若
常若无常求法界乃至不思議界若常若无常
求真如若樂若苦求法界乃至不思議界
若樂若苦求真如若我若无我求法界乃至
不思議界若我若无我求真如若淨若不淨
求法界乃至不思議界若淨若不淨依此等
法行淨戒者我說名爲行有所得相似淨戒波
羅蜜多憍尸迦如前所說當知皆是說有所
得相似淨戒波羅蜜多
復次憍尸迦若善男子善女人等爲發无上菩
提心者說苦聖諦若常若无常說集滅道
聖諦若常若无常說苦聖諦若樂
若苦說集滅道聖諦若樂若苦說苦聖諦
若我若无我說集滅道聖諦若我若无我說苦
聖諦若淨若不淨說集滅道聖諦若淨若不淨若有
能依如是等法脩行淨戒是行淨戒波羅蜜多
復作是說行淨戒者應求苦聖諦若常若无
常應求集滅道聖諦若常若无常應求苦聖
諦若樂若苦應求集滅道聖諦若樂若苦應求

BD13943號　大般若波羅蜜多經卷一四三　（23–11）

聖諦若淨若不淨說集滅道聖諦若淨若不淨若有
能依如是等法脩行淨戒是行淨戒波羅蜜多
復作是說行淨戒者應求苦聖諦若常若无
常應求集滅道聖諦若常若无常應求苦聖
諦若樂若苦應求集滅道聖諦若樂若苦應求
苦聖諦若我若无我應求集滅道聖諦若
我若无我應求苦聖諦若淨若不淨應求集
滅道聖諦若淨若不淨若有能求如是等法脩
行淨戒是行淨戒波羅蜜多憍尸迦若善男
子善女人等如是求苦聖諦若常若无常
求集滅道聖諦若常若无常求苦聖諦若樂
若苦求集滅道聖諦若樂若苦求苦聖諦若
我若无我求集滅道聖諦若我若无我求苦
聖諦若淨若不淨求集滅道聖諦若淨若不
淨依此等法行淨戒者我說名為行有所得
相似淨戒波羅蜜多憍尸迦如前所說當知皆
是說有所得相似淨戒波羅蜜多
復次憍尸迦若善男子善女人等為發无上菩
提心者說四靜慮若常若无常說四无量四无
色定若常若无常說四靜慮若樂若苦說四
无量四无色定若樂若苦說四靜慮若
我若无我說四无量四无色定若我若无我
說四靜慮若淨若不淨說四无量四无色定若
淨若不淨若有能依如是等法脩行淨戒是
行淨戒波羅蜜多復作是說行淨戒者應
求四靜慮若常若无常應求四无量四无色
定若常若无常應求四靜慮若樂若苦應

BD13943號　大般若波羅蜜多經卷一四三　（23–12）

淨若不淨若有能依如是等法脩行淨戒是
行淨戒波羅蜜多復作是說行淨戒者應
求四靜慮若常若无常應求四无量四无色
定若常若无常應求四靜慮若樂若苦應
求四无量四无色定若樂若苦應求四靜慮若
我若无我應求四无量四无色定若我若无
我應求四靜慮若淨若不淨應求四无量四
无色定若淨若不淨若有能求如是等法脩
行淨戒是行淨戒波羅蜜多憍尸迦若善男子
善女人等如是求四靜慮若常若无常求四
无量四无色定若常若无常求四靜慮若
樂若苦求四无量四无色定若樂若苦求四靜
慮若我若无我求四无量四无色定若我若
无我求四靜慮若淨若不淨求四无量四
无色定若淨若不淨依此等法行淨戒者我
說名為行有所得相似淨戒波羅蜜多憍尸
迦如前所說當知皆是說有所得相似淨戒
波羅蜜多
復次憍尸迦若善男子善女人等為發无上
菩提心者說八解脫若常若无常說八勝處
九次第定十遍處若常若无常說八解脫若樂
若苦說八勝處九次第定十遍處若樂若
苦說八解脫若我若无我說八勝處九次第
定十遍處若我若无我說八解脫若淨若不
淨說八勝處九次第定十遍處若淨若不淨
若有能依如是等法脩行淨戒是行淨戒波
羅蜜多復作是說行淨戒者應求八解脫若
常若无常應求八勝處九次第定十遍處

BD13943號　大般若波羅蜜多經卷一四三　（23–13）

定十遍處若我若無我說八解脫若淨若不
淨說八勝處九次第定十遍處若淨若不淨
若有能依如是等法修行淨戒是行淨戒波
羅蜜多復作是說行淨戒者應求八解脫若
常若無常應求八勝處九次第定十遍處
若常若無常應求八解脫若樂若苦應求
八勝處九次第定十遍處若樂若苦應求八解
脫若我若無我應求八勝處九次第定十遍處
若我若無我應求八解脫若淨若不淨應求
八勝處九次第定十遍處若淨若不淨若有
能求如是等法修行淨戒是行戒波羅蜜
多憍尸迦若善男子善女人等如是求八解
脫若常若無常求八勝處九次第定十遍處
若常若無常求八解脫若樂若苦求八勝處
九次第定十遍處若樂若苦求八解脫若我
若無我求八勝處九次第定十遍處若我若
無我求八解脫若淨若不淨求八勝處九次
第定十遍處若淨若不淨依此等法行淨戒
者我說名為行有所得相似淨戒波羅蜜多
憍尸迦如前所說當知皆是說有所得相似
淨戒波羅蜜多
復次憍尸迦若善男子善女人等為發無上
菩提心者說四念住若常若無常說四正斷
四神足五根五力七等覺支八聖道支若常
若無常說四念住若樂若苦說四正斷四神
足五根五力七等覺支八聖道支若樂若苦

BD13943號　大般若波羅蜜多經卷一四三　（23–14）

淨戒波羅蜜多
復次憍尸迦若善男子善女人等為發無上
菩提心者說四念住若常若無常說四正斷
四神足五根五力七等覺支八聖道支若常
若無常說四念住若樂若苦說四正斷四神
足五根五力七等覺支八聖道支若樂若苦
說四念住若我若無我說四正斷四神足五
根五力七等覺支八聖道支若我若無我說
四念住若淨若不淨說四正斷四神足五根五
力七等覺支八聖道支若淨若不淨若有
能依如是等法修行淨戒是行淨戒波羅蜜
多復作是說行淨戒者應求四念住若常若
無常應求四正斷乃至八聖道支若常若無
常應求四念住若樂若苦應求四正斷乃至
八聖道支若樂若苦應求四念住若我若無
我應求四正斷乃至八聖道支若我若無我
應求四念住若淨若不淨應求四正斷乃至
八聖道支若淨若不淨若有能求如是等法
修行淨戒是行淨戒波羅蜜多憍尸迦若善
男子善女人等如是求四念住若常若無常
求四正斷乃至八聖道支若常若無常求四
念住若樂若苦求四正斷乃至八聖道支若
樂若苦求四念住若我若無我求四正斷乃
至八聖道支若我若無我求四念住若淨若
不淨求四正斷乃至八聖道支若淨若不淨依
此等法行淨戒者我說名為行有所得相似

BD13943號　大般若波羅蜜多經卷一四三　（23–15）

樂若苦求四念住若我若无我求四正斷乃
至八聖道支若我若无我求四念住若淨若
不淨求四正斷乃至八聖道支若淨若不淨依
此等法行淨戒者我說名為行有所得相似
淨戒波羅蜜多憍尸迦如前所說當知皆是
說有所得相似淨戒波羅蜜多
復次憍尸迦若善男子善女人等為發无上
菩提心者說空解脫門若常若无常說无相
无願解脫門若常若无常說空解脫門若樂
若苦說无相无願解脫門若樂若苦說空解
脫門若我若无我說无相无願解脫門若我
若无我說空解脫門若淨若不淨說无相无
願解脫門若淨若不淨若有能依如是等法
脩行淨戒是行淨戒波羅蜜多復作是說行
淨戒者應求空解脫門若常若无常應求无
相无願解脫門若常若无常應求空解脫門
若樂若苦應求无相无願解脫門若樂若苦
應求空解脫門若我若无我應求无相无願
解脫門若我若无我應求空解脫門若淨若
不淨應求无相无願解脫門若淨若不淨若
有能求如是等法脩行淨戒是行淨戒波羅
蜜多憍尸迦若善男子善女人等如是求空
解脫門若常若无常求无相无願解脫門若
常若无常求空解脫門若樂若苦求无相无
願解脫門若樂若苦求空解脫門若我若无
我求无相无願解脫門若我若无我求空解
[illegible]

BD13943 號　大般若波羅蜜多經卷一四三

（23–16）

蜜多憍尸迦若善男子善女人等如是求空
解脫門若常若无常求无相无願解脫門若
常若无常求空解脫門若樂若苦求无相无
願解脫門若樂若苦求空解脫門若我若无
我求无相无願解脫門若我若无我求空解
脫門若淨若不淨求无相无願解脫門若淨
若不淨依此等法行淨戒者我說名為行有
所得相似淨戒波羅蜜多憍尸迦如前所說
當知皆是說有所得相似淨戒波羅蜜多
復次憍尸迦若善男子善女人等為發无上
菩提心者說五眼若常若无常說六神通
若常若无常說五眼若樂若苦說六神通若
樂若苦說五眼若我若无我說六神通若我
若无我說五眼若淨若不淨說六神通若淨若
不淨若有能依如是等法脩行淨戒是行淨
戒波羅蜜多復作是說行淨戒者應求五眼若
常若无常應求六神通若常若无常應求
五眼若樂若苦應求六神通若樂若苦應求
五眼若我若无我應求六神通若我若无我
應求五眼若淨若不淨應求六神通若淨若
不淨若有能求如是等法脩行淨戒是行淨
戒波羅蜜多憍尸迦若善男子善女人等如是
求五眼若常若无常求六神通若常若无
常求五眼若樂若苦求六神通若樂若苦求
五眼若我若无我求六神通若我若无我求
五眼若淨若不淨求六神通若淨若不淨依
此等法行淨戒者我說名為行有所得相似

BD13943 號　大般若波羅蜜多經卷一四三

（23–17）

求五眼若常若无常求六神通若常若无
常求五眼若樂若苦求六神通若樂若苦求
五眼若我若无我求六神通若我若无我求
五眼若淨若不淨求六神通若淨若不淨依
此等法行淨戒者我說名為行有所得相似
淨戒波羅蜜多憍尸迦如前所說當知皆是
說有所得相似淨戒波羅蜜多
復次憍尸迦若善男子善女人等　為發无上
菩提心者說佛十力若常若无常說四无所
畏四无礙解大慈大悲大喜大捨十八佛不
共法若常若无常說佛十力若樂若苦說四
无所畏四无礙解大慈大悲大喜大捨十八
佛不共法若樂若苦說佛十力若我若无我
說四无所畏四无礙解大慈大悲大喜大捨十
八佛不共法若我若无我說佛十力若淨
若不淨說四无所畏四无礙解大慈大悲大
喜大捨十八佛不共法若淨若不淨若有能
依如是等法脩行淨戒是行淨戒波羅蜜多
復作是說行淨戒者應求佛十力若常若
无常應求四无所畏乃至十八佛不共法若常
若无常應求佛十力若樂若苦應求四无所
畏乃至十八佛不共法若樂若苦應求佛十
力若我若无我應求四无所畏乃至十八佛
不共法若我若无我應求佛十力若淨若不
淨應求四无所畏乃至十八佛不共法　若淨
若不淨若有能求如是等法脩　行淨戒是

BD13943號　大般若波羅蜜多經卷一四三　（23–18）

力若我若无我應求四无所畏乃至十八佛
不共法若我若无我應求佛十力若淨若不
淨應求四无所畏乃至十八佛不共法　若淨
若不淨若有能求如是等法脩　行淨戒是
行淨戒波羅蜜多憍尸迦若善男子善女人等
如是求佛十力若常若无常求四无所畏乃至
十八佛不共法若常若无常求佛十力　若樂
若苦求四无所畏乃至十八佛不共法若樂若
苦求佛十力若我若无我求四无所畏乃至十
八佛不共法若我若无我求佛十力　若
淨若不淨求四无所畏乃至十八佛不共
法若淨若不淨依此　等法行淨戒者我說
名為行有所得相似淨戒波羅蜜多憍尸迦
如前所說當知皆是說有所得相似淨戒波
羅蜜多
復次憍尸迦若善男子善女人等　為發无
上菩提心者說无忘失法若常若无常說恒
住捨性若常若无常說无忘失法若樂若苦
說恒住捨性若樂若苦說无忘失法若我若无
我說恒住捨性若我若无我說无忘失法　若淨若
不淨說恒住捨性若淨若不淨若有能依如是等
法脩行淨戒是行淨戒波羅蜜多復作是說行
淨戒者應求无忘失法若常若无常應求恒住
捨性若常若无常應求无忘失法若樂若苦應
求恒住捨性若樂若苦應求无忘失法若我若无我
應求恒住捨性若我若无我應求无忘失法若淨若

BD13943號　大般若波羅蜜多經卷一四三　（23–19）

淨戒者應求无忘失法若常若无常應求恒住
捨性若常若无常應求无忘失法若樂若苦應
求恒住捨性若樂若苦應求无忘失法若我若无我
應求恒住捨性若我若无我應求无忘失法若淨若
不淨應求恒住捨性若淨若不淨若有能求如是等
法脩行淨戒是行淨戒波羅蜜多憍尸迦若善男
子善女人等如是求无忘失法若常若无常求恒
住捨性若常若无常求无忘失法若樂若苦求
恒住捨性若樂若苦求无忘失法若我若无我
求恒住捨性若我若无我求无忘失法若淨若
不淨求恒住捨性若淨若不淨依此等法行淨
戒者我說名為行有所得相似淨戒波羅蜜多
憍尸迦如前所說當知皆是說有所得相似淨戒波羅
蜜多復次憍尸迦若善男子善女人等為發无上
菩提心者說一切智智若常若无常說道相智
一切相智若常若无常說一切智若樂若苦說
道相智一切相智若樂若苦說一切智若
我若无我說道相智一切相智若我若无我
說一切智若淨若不淨說道相智一切相智
若淨若不淨若有能依如是等法脩行淨戒
是行淨戒波羅蜜多復作是說行淨戒者應
求一切智智若常若无常應求道相智一切相
智若常若无常應求一切智若樂若苦應求
道相智一切相智若樂若苦應求一切智若
我若无我應求道相智一切相智若我若无
我應求一切智若淨若不淨應求道相智一

BD13943號　大般若波羅蜜多經卷一四三

（23–20）

求一切智智若常若无常應求道相智一切相
智若常若无常應求一切智若樂若苦應求
道相智一切相智若樂若苦應求一切智若
我若无我應求道相智一切相智若我若无
我應求一切智若淨若不淨應求道相智一
切相智若淨若不淨若有能求如是等法脩
行淨戒是行淨戒波羅蜜多憍尸迦若善男
子善女人等如是求一切智若常若无常求
道相智一切相智若常若无常求一切智若
樂若苦求道相智一切相智若樂若苦求一
切智若我若无我求道相智一切相智若
若无我求一切智若淨若不淨求道相智
一切相智若淨若不淨依此等法行淨戒者
我說名為行有所得相似淨戒波羅蜜多
憍尸迦如前所說當知皆是說有所得相似
淨戒波羅蜜多
復次憍尸迦若善男子善女人等為發無上
菩提心者說一切陀羅尼門若常若无常說
一切三摩地門若常若无常說一切陀羅尼
門若樂若苦說一切三摩地門若樂若苦說
一切陀羅尼門若我若无我說一切三摩地
門若我若无我說一切陀羅尼門若淨若不
淨說一切三摩地門若淨若不淨若有能依
如是等法脩行淨戒是行淨戒波羅蜜多
復作是說行淨戒者應求一切陀羅尼門若
常若无常應求一切三摩地門若常若无常

BD13943號　大般若波羅蜜多經卷一四三

（23–21）

淨說一切三摩地門若淨若不淨若有能依
如是等法說行淨戒是行淨戒波羅蜜多
復依是說行淨戒者應求一切陁羅尼門若
常若无常應求一切三摩地門若常若无常
求一切陁羅尼門若樂若苦應求一切三摩
地門若樂若苦應求一切陁羅尼門若我若
无我應求一切三摩地門若我若无我應求
一切陁羅尼門若淨若不淨應求一切三摩
地門若淨若不淨若有能求如是等法脩行
淨戒是行淨戒波羅蜜多憍尸迦若善男
子善女人等如是求一切陁羅尼門若常若无
常求一切三摩地門若常若无常求一切陁羅
尼門若樂若苦求一切三摩地門若樂若
苦求一切陁羅尼門若我若无我求一切三
摩地門若我若无我求一切陁羅尼門若淨
若不淨求一切三摩地門若淨若不淨依此
等法行淨戒者我說名為行有所得相似淨
戒波羅蜜多憍尸迦如前所說當知皆是說
有所得相似淨戒波羅蜜多

大般若波羅蜜多經卷第一百卌三

勘了

BD13943 號　大般若波羅蜜多經卷一四三　（23–22）

苦求一切陁羅尼門若
摩地門若我若无我求一切陁羅尼門若淨
若不淨求一切三摩地門若淨若不淨依此
等法行淨戒者我說名為行有所得相似淨
戒波羅蜜多憍尸迦如前所說當知皆是說
有所得相似淨戒波羅蜜多

大般若波羅蜜多經卷第一百卌三

勘了

BD13943 號　大般若波羅蜜多經卷一四三　（23–23）

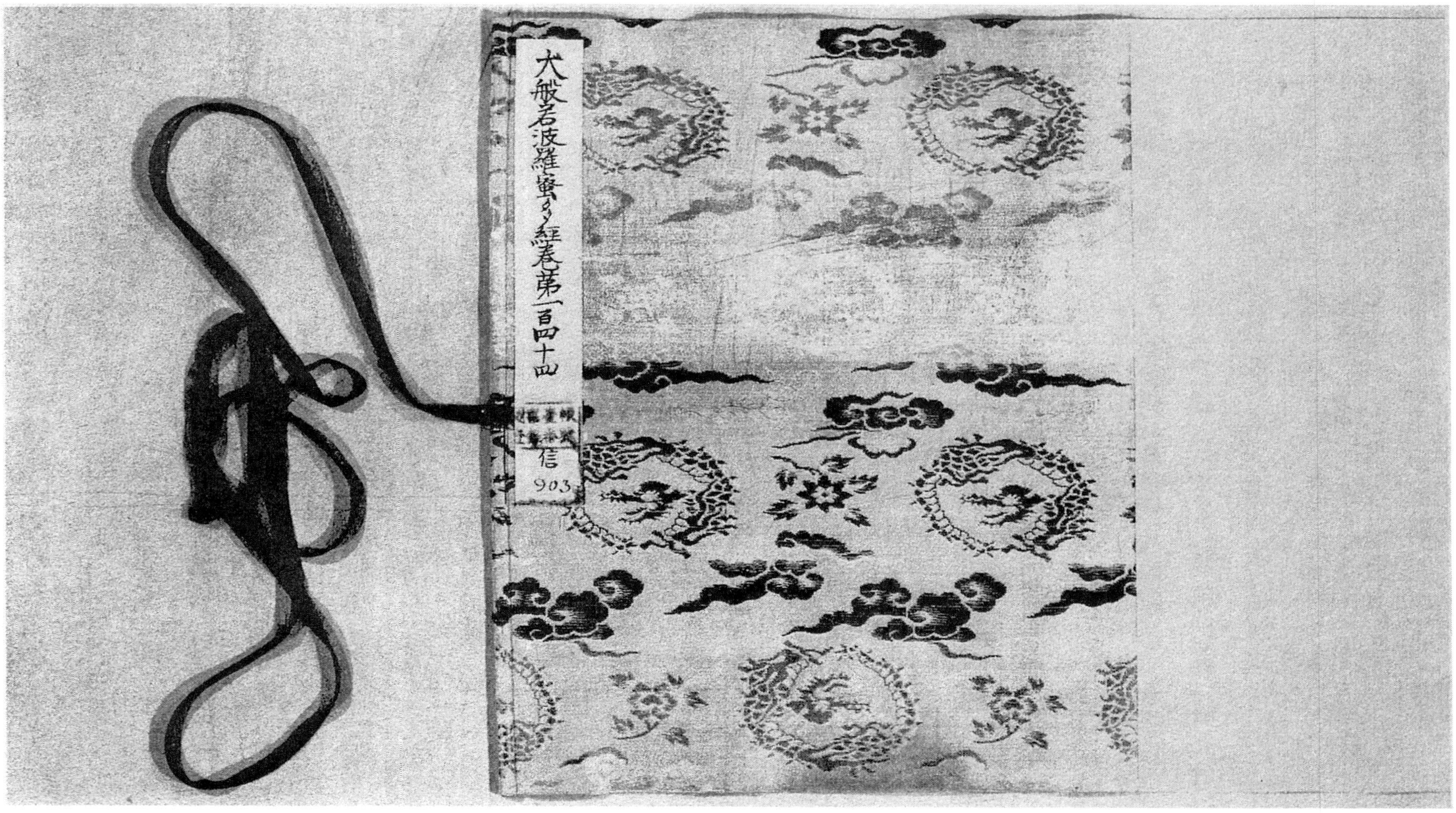


BD13944 號背　現代護首　　（1–1）

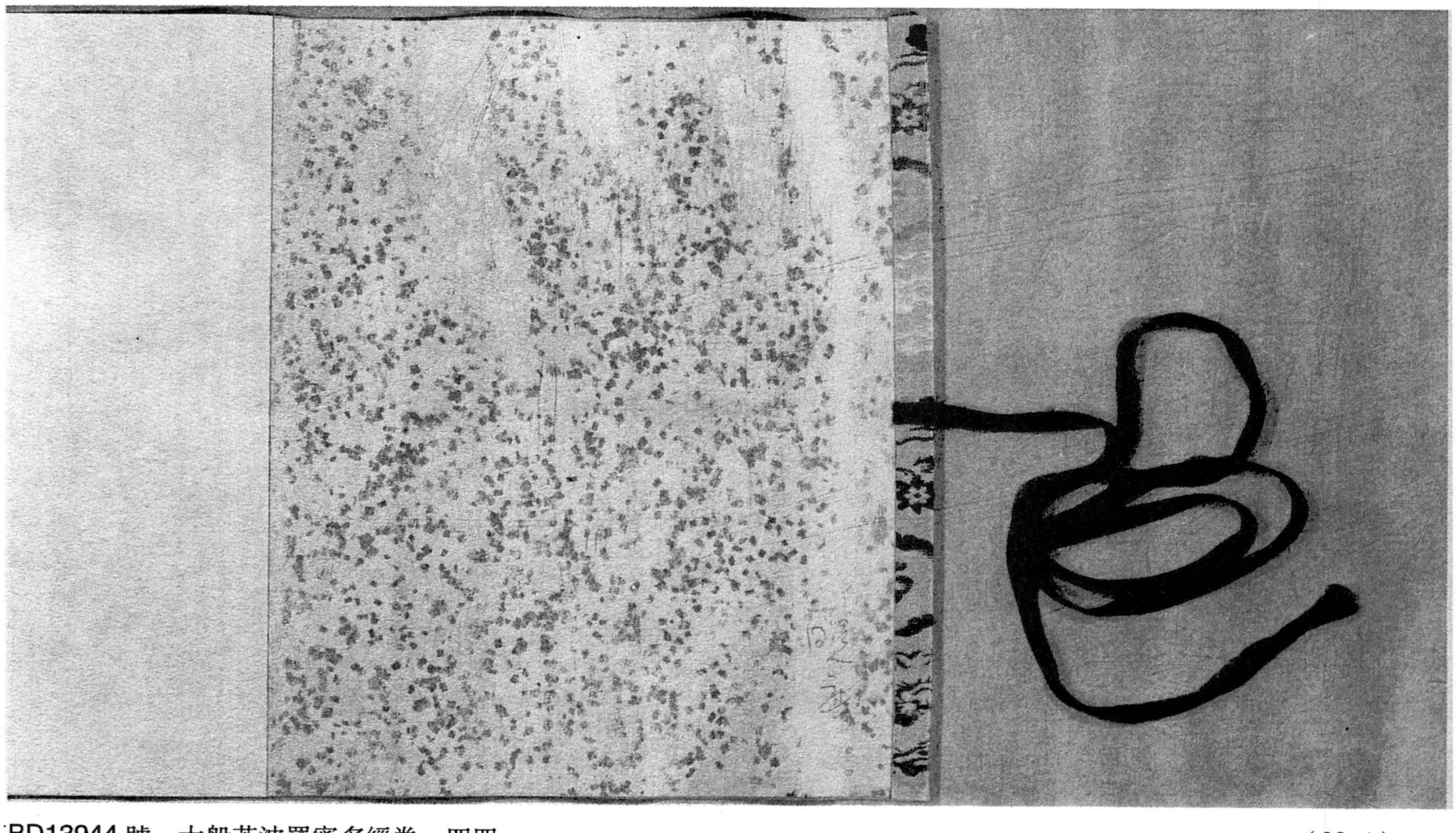

BD13944 號　大般若波羅蜜多經卷一四四　　（22–1）

大般若波羅蜜多經卷第一百卌四
初分校量功德品第卅之卌二
三藏法師玄奘奉　詔譯
復次憍尸迦若善男子善女人等為發無上
菩提心者說預流向預流果若常若無常說
一來向一來果不還向不還果阿羅漢向阿
羅漢果若常若無常說預流向預流果若樂
若苦說一來向一來果不還向不還果阿羅
漢向阿羅漢果若樂若苦說預流向預流果
若我若無我說一來向一來果不還向不還
果阿羅漢向阿羅漢果若我若無我說預流
向預流果若淨若不淨說一來向一來果不
還向不還果阿羅漢向阿羅漢果若淨若不
淨若有能依如是等法脩行淨戒是行淨戒
波羅蜜多復作是說行淨戒者應求預流向
預流果若常若無常應求一來向乃至阿羅

BD13944 號　大般若波羅蜜多經卷一四四　（22–2）

果阿羅漢向阿羅漢果若我若無我說預流
向預流果若淨若不淨說一來向一來果不
還向不還果阿羅漢向阿羅漢果若淨若不
淨若有能依如是等法脩行淨戒是行淨戒
波羅蜜多復作是說行淨戒者應求預流向
預流果若常若無常應求一來向乃至阿羅
漢果若常若無常應求預流向預流果若樂
若苦應求一來向乃至阿羅漢果若樂若苦
應求預流向預流果若我若無我應求一來
向乃至阿羅漢果若我若無我應求預流向
預流果若淨若不淨應求一來向乃至阿羅
漢果若淨若不淨若有能求如是等法脩行
淨戒是行淨戒波羅蜜多憍尸迦若善男子
善女人等如是求預流向預流果若常若無
常求一來向乃至阿羅漢果若常若無常求
預流向預流果若樂若苦求一來向乃至阿
羅漢果若樂若苦求預流向預流果若我若
無我求一來向乃至阿羅漢果若我若無我
求預流向預流果若淨若不淨求一來向乃
至阿羅漢果若淨若不淨依此等法行淨戒
者我說名為行有所得相似淨戒波羅蜜多
憍尸迦如前所說當知皆是說有所得相似
淨戒波羅蜜多
復次憍尸迦若善男子善女人等為發無上
菩提心者說一切獨覺菩提若常若無常說
一切獨覺菩提若樂若苦說一切獨覺菩提
若我若無我說一切獨覺菩提若淨若不淨
若有能依如是等法脩行淨戒是行淨戒波
羅蜜[illegible]

BD13944 號　大般若波羅蜜多經卷一四四　（22–3）

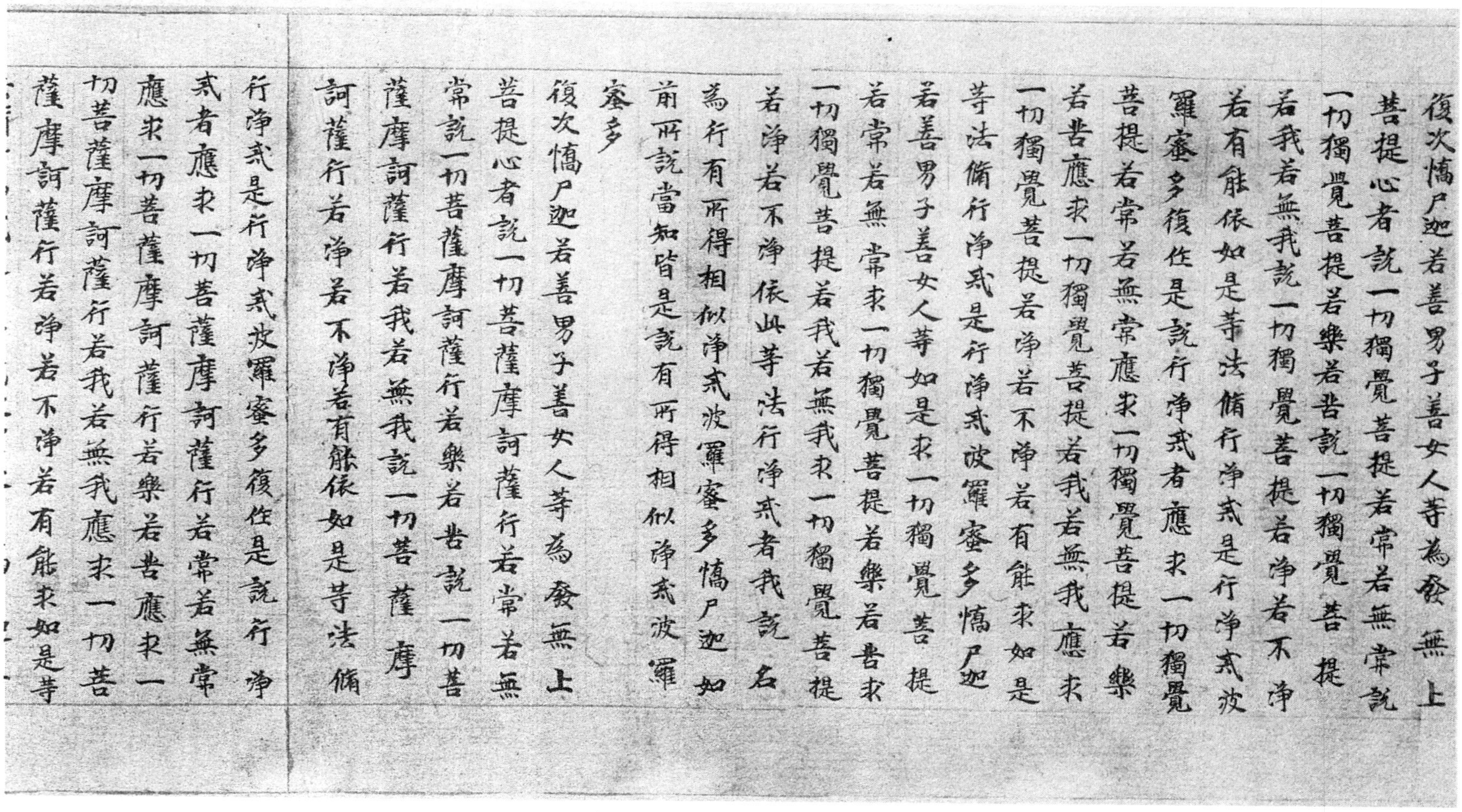
復次憍尸迦若善男子善女人等為發無上
菩提心者說一切獨覺菩提若常若無常說
一切獨覺菩提若樂若苦說一切獨覺菩提
若我若無我說一切獨覺菩提若淨若不淨
若有能依如是等法脩行淨戒是行淨戒波
羅蜜多復作是說行淨戒者應求一切獨覺
菩提若常若無常應求一切獨覺菩提若樂
若苦應求一切獨覺菩提若我若無我應求
一切獨覺菩提若淨若不淨若有能求如是
等法脩行淨戒是行淨戒波羅蜜多憍尸迦
若善男子善女人等如是求一切獨覺菩提
若常若無常求一切獨覺菩提若樂若苦求
一切獨覺菩提若我若無我求一切獨覺菩提
若淨若不淨依此等法行淨戒者我說名
為行有所得相似淨戒波羅蜜多憍尸迦如
前所說當知皆是說有所得相似淨戒波羅
蜜多
復次憍尸迦若善男子善女人等為發無上
菩提心者說一切菩薩摩訶薩行若常若無
常說一切菩薩摩訶薩行若樂若苦說一切菩
薩摩訶薩行若我若無我說一切菩薩摩
訶薩行若淨若不淨若有能依如是等法脩
行淨戒是行淨戒波羅蜜多復作是說行淨
戒者應求一切菩薩摩訶薩行若常若無常
應求一切菩薩摩訶薩行若樂若苦應求一
切菩薩摩訶薩行若我若無我應求一切菩
薩摩訶薩行若淨若不淨若有能求如是等

BD13944 號　大般若波羅蜜多經卷一四四

（22–4）

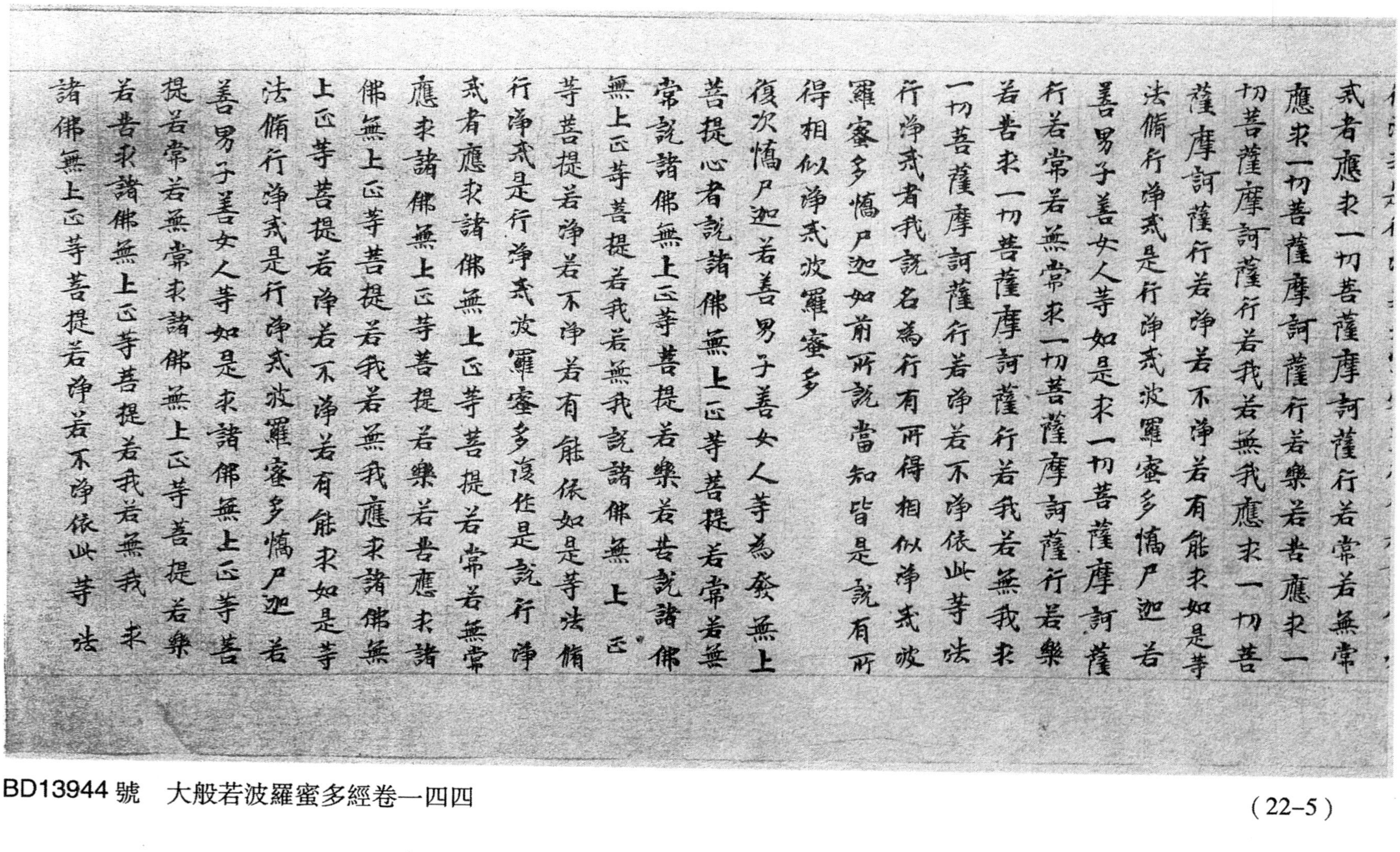
戒者應求一切菩薩摩訶薩行若常若無常
應求一切菩薩摩訶薩行若樂若苦應求一
切菩薩摩訶薩行若我若無我應求一切菩
薩摩訶薩行若淨若不淨若有能求如是等
法脩行淨戒是行淨戒波羅蜜多憍尸迦若
善男子善女人等如是求一切菩薩摩訶薩
行若常若無常求一切菩薩摩訶薩行若樂
若苦求一切菩薩摩訶薩行若我若無我求
一切菩薩摩訶薩行若淨若不淨依此等法
行淨戒者我說名為行有所得相似淨戒波
羅蜜多憍尸迦如前所說當知皆是說有所
得相似淨戒波羅蜜多
復次憍尸迦若善男子善女人等為發無上
菩提心者說諸佛無上正等菩提若常若無
常說諸佛無上正等菩提若樂若苦說諸佛
無上正等菩提若我若無我說諸佛無上正
等菩提若淨若不淨若有能依如是等法脩
行淨戒是行淨戒波羅蜜多復作是說行淨
戒者應求諸佛無上正等菩提若常若無常
應求諸佛無上正等菩提若樂若苦應求諸
佛無上正等菩提若我若無我應求諸佛無
上正等菩提若淨若不淨若有能求如是等
法脩行淨戒是行淨戒波羅蜜多憍尸迦若
善男子善女人等如是求諸佛無上正等菩
提若常若無常求諸佛無上正等菩提若樂
若苦求諸佛無上正等菩提若我若無我求
諸佛無上正等菩提若淨若不淨依此等法

BD13944 號　大般若波羅蜜多經卷一四四

（22–5）

法脩行淨戒是行淨戒波羅蜜多憍尸迦若
善男子善女人等如是求諸佛無上正等菩
提若常若無常求諸佛無上正等菩提若樂
若苦求諸佛無上正等菩提若我若無我求
諸佛無上正等菩提若淨若不淨依此等法
行淨戒者我說名為行有所得相似淨戒波
羅蜜多憍尸迦如前所說當知皆是說有所
得相似淨戒波羅蜜多
時天帝釋復白佛言世尊云何諸善男子善
女人等說有所得布施波羅蜜多名說相似
布施波羅蜜多佛言憍尸迦若善男子善女
人等為發無上菩提心者說色若常若無常
說受想行識若常若無常說色若樂若苦說
受想行識若樂若苦說色若我若無我說受
想行識若我若無我說色若淨若不淨說受
想行識若淨若不淨若有能依如是等法脩
行布施是行布施波羅蜜多復作是說行布
施者應求色若常若無常應求受想行識若
常若無常應求色若樂若苦應求受想行識
若樂若苦應求色若我若無我應求受想行
識若我若無我應求色若淨若不淨應求受
想行識若淨若不淨若有能求如是等法脩
行布施是行布施波羅蜜多憍尸迦善若男
子善女人等如是求色若常若無常求受想
行識若常若無常求色若樂若苦求受想行
識若樂若苦求色若我若無我求受想行識
若我若無我求色若淨若不淨求受想行識



子善女人等如是求色若常若無常求受想
行識若常若無常求色若樂若苦求受想行
識若樂若苦求色若我若無我求受想行識
若我若無我求色若淨若不淨求受想行識
若淨若不淨依此等法行布施者我說名為
行有所得相似布施波羅蜜多憍尸迦如前
所說當知皆是說有所得相似布施波羅蜜
多
復次憍尸迦若善男子善女人等為發無上
菩提心者說眼處若常若無常說耳鼻舌身
意處若常若無常說眼處若樂若苦說耳鼻
舌身意處若樂若苦說眼處若我若無我說耳
鼻舌身意處若我若無我說眼處若淨若
不淨說耳鼻舌身意處若淨若不淨若有能
依如是等法脩行布施是行布施波羅蜜多
復作是說行布施者應求眼處若常若無常
應求耳鼻舌身意處若常若無常應求眼處
若樂若苦應求耳鼻舌身意處若樂若苦應
求眼處若我若無我應求耳鼻舌身意處若
我若無我應求眼處若淨若不淨應求耳鼻
舌身意處若淨若不淨若有能求如是等法
脩行布施是行布施波羅蜜多憍尸迦若善
男子善女人等如是求眼處若常若無常求
耳鼻舌身意處若常若無常求眼處若樂若
苦求耳鼻舌身意處若樂若苦求眼處若我
若無我求耳鼻舌身意處若我若無我求眼
處若淨若不淨求耳鼻舌身意處若淨若不

耳鼻舌身意處若常若無常求眼處若樂若
苦求耳鼻舌身意處若樂若苦求眼處若我
若無我求耳鼻舌身意處若我若無我求眼
處若淨若不淨求耳鼻舌身意處若淨若不
淨依此等法行布施者我說名為行有所得
相似布施波羅蜜多憍尸迦如前所說當知
皆是說有所得相似布施波羅蜜多
復次憍尸迦若善男子善女人等為發無上
菩提心者說色處若常若無常說聲香味觸
法處若常若無常說色處若樂若苦說聲香
味觸法處若樂若苦說色處若我若無我說
聲香味觸法處若我若無我說色處若淨若
不淨說聲香味觸法處若淨若不淨若有能
依如是等法脩行布施是行布施波羅蜜多
復作是說行布施者應求色處若常若無常
應求聲香味觸法處若常若無常應求色
處若樂若苦應求聲香味觸法處若樂若苦應
求色處若我若無我應求聲香味觸法處若
我若無我應求色處若淨若不淨應求聲香
味觸法處若淨若不淨若有能求如是等法
脩行布施是行布施波羅蜜多憍尸迦若善
男子善女人等如是求色處若常若無常求
聲香味觸法處若常若無常求色處若樂若
苦求聲香味觸法處若樂若苦求色處若我若
無我求聲香味觸法處若我若無我求色
處若淨若不淨求聲香味觸法處若淨若不
淨依此等法行布施者我說名為行有所得



聲香味觸法處若常若無常求色處若樂若
苦求聲香味觸法處若樂若苦求色處若我若
無我求聲香味觸法處若我若無我求色
處若淨若不淨求聲香味觸法處若淨若不
淨依此等法行布施者我說名為行有所得
相似布施波羅蜜多憍尸迦如前所說當知
皆是說有所得相似布施波羅蜜多
復次憍尸迦若善男子善女人等為發無上
菩提心者說眼界若常若無常說色界眼識
界及眼觸眼觸為緣所生諸受若常若無常
說眼界若樂若苦說色界眼識界及眼觸眼
觸為緣所生諸受若樂若苦說眼界若我若
無我說色界眼識界及眼觸眼觸為緣所生
諸受若我若無我說眼界若淨若不淨說色
界眼識界及眼觸眼觸為緣所生諸受若淨若
不淨若有能依如是等法脩行布施是行布
施波羅蜜多復作是說行布施者應求眼
界若常若無常應求色界乃至眼觸為緣所
生諸受若常若無常應求眼界若樂若苦應
求色界乃至眼觸為緣所生諸受若樂若苦
應求眼界若我若無我應求色界乃至眼觸
為緣所生諸受若我若無我應求眼界若淨
若不淨應求色界乃至眼觸為緣所生諸受
若淨若不淨若有能求如是等法脩行布施
是行布施波羅蜜多憍尸迦若善男子善女
人等如是求眼界若常若無常求色界乃至
眼觸為緣所生諸受若常若無常求眼界若
樂若苦求色界乃至眼觸為緣所生諸受若

若淨若不淨若有能求如是等法修行布施
是行布施波羅蜜多憍尸迦若善男子善女
人等如是求眼界若常若無常求色界乃至
眼觸為緣所生諸受若常若無常求眼界若
樂若苦求色界乃至眼觸為緣所生諸受若
樂若苦求眼界若我若無我求色界乃至眼
觸為緣所生諸受若我若無我求眼界若淨
若不淨求色界乃至眼觸為緣所生諸受若
淨若不淨依此等法行布施者我說名為行
有所得相似布施波羅蜜多憍尸迦如前所
說當知皆是說有所得相似布施波羅蜜多
復次憍尸迦若善男子善女人等為發無上
菩提心者說耳界若常若無常說聲界耳識
界及耳觸耳觸為緣所生諸受若常若無常
說耳界若樂若苦說聲界耳識界及耳觸耳
觸為緣所生諸受若樂若苦說耳界若我若
無我說聲界耳識界及耳觸耳觸為緣所生
諸受若我若無我說耳界若淨若不淨說聲
界耳識界及耳觸耳觸為緣所生諸受若淨
若不淨若有能依如是等法修行布施是行
布施波羅蜜多復作是說行布施者應求耳
界若常若無常應求聲界乃至耳觸為緣所
生諸受若常若無常應求耳界若樂若苦應
求聲界乃至耳觸為緣所生諸受若樂若苦
應求耳界若我若無我應求聲界乃至耳觸
為緣所生諸受若我若無我應求耳界若淨
若不淨應求聲界乃至耳觸為緣所生諸受

BD13944 號　大般若波羅蜜多經卷一四四　（22–10）

求聲界乃至耳觸為緣所生諸受若樂若苦
應求耳界若我若無我應求聲界乃至耳觸
為緣所生諸受若我若無我應求耳界若淨
若不淨應求聲界乃至耳觸為緣所生諸受
若淨若不淨若有能求如是等法修行布施
是行布施波羅蜜多憍尸迦若善男子善女
人等如是求耳界若常若無常求聲界乃至
耳觸為緣所生諸受若常若無常求耳界若
樂若苦求聲界乃至耳觸為緣所生諸受若
樂若苦求耳界若我若無我求聲界乃至耳
觸為緣所生諸受若我若無我求耳界若淨
若不淨求聲界乃至耳觸為緣所生諸受若淨
若不淨依此等法行布施者我說名為行
有所得相似布施波羅蜜多憍尸迦如前所
說當知皆是說有所得相似布施波羅蜜多
復次憍尸迦若善男子善女人等為發無上
菩提心者說鼻界若常若無常說香界鼻識
界及鼻觸鼻觸為緣所生諸受若常若無常
說鼻界若樂若苦說香界鼻識界及鼻觸鼻
觸為緣所生諸受若樂若苦說鼻界若我若
無我說香界鼻識界及鼻觸鼻觸為緣所生
諸受若我若無我說鼻界若淨若不淨說香
界鼻識界及鼻觸鼻觸為緣所生諸受若淨
若不淨若有能依如是等法修行布施是行布
施波羅蜜多復作是說行布施者應求鼻界
若常若無常應求香界乃至鼻觸為緣所生
諸受若常若無常應求鼻界若樂若苦應求

BD13944 號　大般若波羅蜜多經卷一四四　（22–11）

界鼻識界及鼻觸鼻觸為緣所生諸受若淨
若不淨若有能依如是等法脩行布施是行布
施波羅蜜多復作是說行布施者應求鼻界
若常若無常應求香界乃至鼻觸為緣所生
諸受若常若無常應求鼻界若樂若苦應求
香界乃至鼻觸為緣所生諸受若樂若苦應
求鼻界若我若無我應求香界乃至鼻觸為
緣所生諸受若我若無我應求鼻界若淨若
不淨應求香界乃至鼻觸為緣所生諸受若
淨若不淨若有能求如是等法脩行布施是
行布施波羅蜜多憍尸迦若善男子善女人
等如是求鼻界若常若無常求香界乃至鼻
觸為緣所生諸受若常若無常求鼻界若樂
若苦求香界乃至鼻觸為緣所生諸受若樂
若苦求鼻界若我若無我求香界乃至鼻觸
為緣所生諸受若我若無我求鼻界若淨若
不淨求香界乃至鼻觸為緣所生諸受若淨
若不淨依此等法行布施者我說名為行有
所得相似布施波羅蜜多憍尸迦如前所說
當知皆是說有所得相似布施波羅蜜多
復次憍尸迦若善男子善女人等為發無上
菩提心者說舌界若常若無常說味界舌識
界及舌觸舌觸為緣所生諸受若常若無常
說舌界若樂若苦說味界舌識界及舌觸舌
觸為緣所生諸受若樂若苦說舌界若我若
無我說味界舌識界及舌觸舌觸為緣所生
諸受若我若無我說舌界若淨若不淨說味

BD13944 號　大般若波羅蜜多經卷一四四

(22–12)

界及舌觸舌觸為緣所生諸受若常若無常
說舌界若樂若苦說味界舌識界及舌觸舌
觸為緣所生諸受若樂若苦說舌界若我若
無我說味界舌識界及舌觸舌觸為緣所生
諸受若我若無我說舌界若淨若不淨說味
界舌識界及舌觸舌觸為緣所生諸受若淨
若不淨若有能依是等法脩行布施是行
布施波羅蜜多復作是說行布施者應求舌
界若常若無常應求味界乃至舌觸為緣
所生諸受若常若無常應求舌界若樂若苦應
求味界乃至舌觸為緣所生諸受若樂若苦
應求舌界若我若無我應求舌界乃至舌觸
為緣所生諸受若我若無我應求舌界若淨
若不淨應求味界乃至舌觸為緣所生諸受
若淨若不淨若有能求如是等法脩行布施
是行布施波羅蜜多憍尸迦若善男子善女
人等如是求舌界若常若無常求味界乃至
舌觸為緣所生諸受若常若無常求舌界若
樂若苦求味界乃至舌觸為緣所生諸受若
樂若苦求舌界若我若無我求味界乃至舌
觸為緣所生諸受若我若無我求舌界若淨
若不淨求味界乃至舌觸為緣所生諸受若
淨若不淨依此等法行布施者我說名為行
有所得相似布施波羅蜜多憍尸迦如前所
說當知皆是說有所得相似布施波羅蜜多
復次憍尸迦若善男子善女人等為發無上
菩提心者說身界若常若無常說觸界身

BD13944 號　大般若波羅蜜多經卷一四四

(22–13)

淨若不淨依此等法行布施者我說名為行
有所得相似布施波羅蜜多憍尸迦如前所
說當知皆是說有所得相似布施波羅蜜多
復次憍尸迦若善男子善女人等為發無上
菩提心者說身界若常若無常說觸界身
識界及身觸身觸為緣所生諸受若常若無常
說身界若樂若苦說觸界身識界及身觸身
觸為緣所生諸受若樂若苦說身界若我若
無我說觸界身識界及身觸身觸為緣所
生諸受若我若無我說身界若淨若不淨說
觸界身識界及身觸身觸為緣所生諸受若淨
若不淨若有能依如是等法脩行布施是行
布施波羅蜜多復作是說行布施者應求身
界若常若無常應求觸界乃至身觸為緣所
生諸受若常若無常應求身界若樂若苦應
求觸界乃至身觸為緣所生諸受若樂若苦
應求身界若我若無我應求觸界乃至身觸
為緣所生諸受若我若無我應求身界若淨
若不淨應求觸界乃至身觸為緣所生諸受
若淨若不淨若有能求如是等法脩行布施
是行布施波羅蜜多憍尸迦若善男子善女
人等如是求身界若常若無常求觸界乃至
身觸為緣所生諸受若常若無常求身界若
樂若苦求觸界乃至身觸為緣所生諸受若
樂若苦求身界若我若無我求觸界乃至身
觸為緣所生諸受若我若無我求身界若淨
若不淨求觸界乃至身觸為緣所生諸受　若

BD13944 號　大般若波羅蜜多經卷一四四　　（22–14）

樂若苦求觸界乃至身觸為緣所生諸受若
樂若苦求身界若我若無我求觸界乃至身
觸為緣所生諸受若我若無我求身界若淨
若不淨求觸界乃至身觸為緣所生諸受　若
淨若不淨依此等法行布施者我說名為行
有所得相似布施波羅蜜多憍尸迦如前所
說當知皆是說有所得相似布施波羅蜜多
復次憍尸迦若善男子善女人等為發無上
菩提心者說意界若常若無常說法界意識
界及意觸意觸為緣所生諸受若常若無常
說意界若樂若苦說法界意識界及意觸意
觸為緣所生諸受若樂若苦說意界若我若
無我說法界意識界及意觸意觸為緣所生
諸受若我若無我說意界若淨若不淨說法
界意識界及意觸意觸為緣所生諸受若淨
若不淨若有能依如是等法脩行布施是行
布施波羅蜜多復作是說行布施者應求意
界若常若無常應求法界乃至意觸為緣所
生諸受若常若無常應求意界若樂若苦應
求法界乃至意觸為緣所生諸受若樂若苦
應求意界若我若無我應求法界乃至意觸
為緣所生諸受若我若無我應求意界若淨
若不淨應求法界乃至意觸為緣所生諸受
若淨若不淨若有能求如是等法脩行布施
是行布施波羅蜜多憍尸迦若善男子善女
人等如是求意界若常若無常求法界乃至
意觸為緣所生諸受若常若無常求意界若

BD13944 號　大般若波羅蜜多經卷一四四　　（22–15）

應求法界乃至意觸為緣所生諸受
若淨若不淨若有能求如是等法脩行布施
是行布施波羅蜜多憍尸迦若善男子善女
人等如是求意界若常若無常求法界乃至
意觸為緣所生諸受若常若無常求意界若
樂若苦求法界乃至意觸為緣所生諸受若
樂若苦求意界若我若無我求法界乃至意
觸為緣所生諸受若我若無我求意界若淨
若不淨求法界乃至意觸為緣所生諸受若
淨若不淨依此等法行布施者我說名為行
有所得相似布施波羅蜜多憍尸迦如前所
說當知皆是說有所得相似布施波羅蜜多
復次憍尸迦若善男子善女人等為發無上
菩提心者說地界若常若無常說水火風空
識界若常若無常說地界若樂若苦說水火
風空識界若樂若苦說地界若我若無我說
水火風空識界若我若無我說地界若淨若
不淨說水火風空識界若淨若不淨若有能
依如是等法脩行布施是行布施波羅蜜多
復作是說行布施者應求地界若常若無常
應求水火風空識界若常若無常應求地界
若樂若苦應求水火風空識界若樂若苦應
求地界若我若無我應求水火風空識界若
我若無我應求地界若淨若不淨應求水火
風空識界若淨若不淨若有能求如是等法
脩行布施是行布施波羅蜜多憍尸迦若善
男子善女人等如是求地界若常若無常求
水火風空識界若常若無常求地界若樂若

BD13944 號　大般若波羅蜜多經卷一四四　（22–16）

求地界若我若無我應求水火風空識界若
我若無我應求地界若淨若不淨應求水火
風空識界若淨若不淨若有能求如是等法
脩行布施是行布施波羅蜜多憍尸迦若善
男子善女人等如是求地界若常若無常求
水火風空識界若常若無常求地界若樂若
苦求水火風空識界若樂若苦求地界若我
若無我求水火風空識界若我若無我求地
界若淨若不淨求水火風空識界若淨若不
淨依此等法行布施者我說名為行有所得
相似布施波羅蜜多憍尸迦如前所說當知
皆是說有所得相似布施波羅蜜多
復次憍尸迦若善男子善女人等為發無上
菩提心者說無明若常若無常說行識名色
六處觸受愛取有生老死愁歎苦憂惱若常
若無常說無明若樂若苦說行識名色六處
觸受愛取有生老死愁歎苦憂惱若樂若苦
說無明若我若無我說行識名色六處觸受
愛取有生老死愁歎苦憂惱若我若無我說
無明若淨若不淨說行識名色六處觸受愛
取有生老死愁歎苦憂惱若淨若不淨若有
能依如是等法脩行布施是行布施波羅蜜
多復作是說行布施者應求無明若常若無
常應求行乃至老死愁歎苦憂惱若常若無
常應求無明若樂若苦應求行乃至老死愁
歎苦憂惱若樂若苦應求無明若我若無我
應求行乃至老死愁歎苦憂惱若我若無我
應求無明若淨若不淨應求行乃至老死愁

BD13944 號　大般若波羅蜜多經卷一四四　（22–17）

常應求行乃至老死愁歎苦憂惱若常若無
常應求無明若樂若苦應求行乃至老死愁
歎苦憂惱若樂若苦應求無明若我若無我
應求行乃至老死愁歎苦憂惱若我若無我
應求無明若淨若不淨應求行乃至老死愁
歎苦憂惱若淨若不淨若有能求如是等法
脩行布施是行布施波羅蜜多憍尸迦若善
男子善女人等如是求無明若常若無常求
行乃至老死愁歎苦憂惱若常若無常求無
明若樂若苦求行乃至老死愁歎苦憂惱若
樂若苦求無明若我若無我求行乃至老死
愁歎苦憂惱若我若無我求無明若淨若不
淨求行乃至老死愁歎苦憂惱若淨若不淨
依此等法行布施者我說名為行有所得相
似布施波羅蜜多憍尸迦如前所說當知皆
是說有所得相似布施波羅蜜多
復次憍尸迦若善男子善女人等為發無上
菩提心者說布施波羅蜜多若常若無常說
淨戒安忍精進靜慮般若波羅蜜多若常若
無常說布施波羅蜜多若樂若苦說淨戒安
忍精進靜慮般若波羅蜜多若樂若苦說布
施波羅蜜多若我若無我說淨戒安忍精進
靜慮般若波羅蜜多若我若無我說布施波
羅蜜多若淨若不淨說淨戒安忍精進靜慮
般若波羅蜜多若淨若不淨若有能依如是
等法脩行布施是行布施波羅蜜多復作是
說行布施者應求布施波羅蜜多若常若無
常應求淨戒乃至般若波羅蜜多若常若無

BD13944 號　大般若波羅蜜多經卷一四四　（22–18）

羅蜜多若淨若不淨說淨戒安忍精進靜慮
般若波羅蜜多若淨若不淨若有能依如是
等法脩行布施是行布施波羅蜜多復作是
說行布施者應求布施波羅蜜多若常若無
常應求淨戒乃至般若波羅蜜多若常若無
常應求布施波羅蜜多若樂若苦應求淨戒
乃至般若波羅蜜多若樂若苦應求布施波
羅蜜多若我若無我應求淨戒乃至般若波
羅蜜多若我若無我應求布施波羅蜜多若
淨若不淨應求淨戒乃至般若波羅蜜多若
淨若不淨若有能求如是等法脩行布施是
行布施波羅蜜多憍尸迦若善男子善女人
等如是求布施波羅蜜多若常若無常求淨
戒乃至般若波羅蜜多若常若無常求布施
波羅蜜多若樂若苦求淨戒乃至般若波羅
蜜多若樂若苦求布施波羅蜜多若我若無
我求淨戒乃至般若波羅蜜多若我若無我
求布施波羅蜜多若淨若不淨求淨戒乃
至般若波羅蜜多若淨若不淨依此等法行布
施者我說名為行有所得相似布施波羅蜜
多憍尸迦如前所說當知皆是說有所得相
似布施波羅蜜多
復次憍尸迦若善男子善女人等為發無上
菩提心者說內空若常若無常說外空內外
空空空大空勝義空有為空無為空畢竟空
無際空散空無變異空本性空自相空共相
空一切法空不可得空無性空自性空無性

BD13944 號　大般若波羅蜜多經卷一四四　（22–19）

似布施波羅蜜多
復次憍尸迦若善男子善女人等為發無上
菩提心者說内空若常若無常說外空内外
空空空大空勝義空有為空無為空畢竟空
無際空散空無變異空本性空自相空共相
空一切法空不可得空無性空自性空無性
自性空若常若無常說内空若樂若苦說外
空内外空空空大空勝義空有為空無為空
畢竟空無際空散空無變異空本性空自相
空共相空一切法空不可得空無性空自性
空無性自性空若樂若苦說内空若我若無
我說外空内外空空空大空勝義空有為空
無為空畢竟空無際空散空無變異空本性
空自相空共相空一切法空不可得空無性
空自性空無性自性空若我若無我說内空
若淨若不淨說外空内外空空空大空勝義
空有為空無為空畢竟空無際空散空無變
異空本性空自相空共相空一切法空不可
得空無性空自性空無性自性空若淨若不
淨若有能依如是等法脩行布施是行布施
波羅蜜多復作是說行布施者應求内空若
常若無常應求外空乃至無性自性空若常
若無常應求内空若樂若苦應求外空乃至
無性自性空若樂若苦應求内空若我若無
我應求外空乃至無性自性空若我若無我
應求内空若淨若不淨應求外空乃至無性
自性空若淨若不淨若有能求如是等法



我說外空内外空空空大空勝義空有為空
無為空畢竟空無際空散空無變異空本性
空自相空共相空一切法空不可得空無性
空自性空無性自性空若我若無我說内空
若淨若不淨說外空内外空空空大空勝義
空有為空無為空畢竟空無際空散空無變
異空本性空自相空共相空一切法空不可
得空無性空自性空無性自性空若淨若不
淨若有能依如是等法脩行布施是行布施
波羅蜜多復作是說行布施者應求内空若
常若無常應求外空乃至無性自性空若常
若無常應求内空若樂若苦應求外空乃至
無性自性空若樂若苦應求内空若我若無
我應求外空乃至無性自性空若我若無我
應求内空若淨若不淨應求外空乃至無性
自性空若淨若不淨若有能求如是等法
脩行布施是行布施波羅蜜多性憍尸迦若善
男子善女人等如是求内空若常若無常求外
空乃至無性自性空若常若無常求内空若
樂若苦求外空乃至無性自性空若樂若苦
求内空若我若無我求外空乃至無性自性
空若我若無我求内空若淨若不淨求外空
乃至無性自性空若淨若不淨依此等法行
布施者我說名為行有所得相似布施波羅
蜜多憍尸迦如前所說當知皆是說有所得
相似布施波羅蜜多

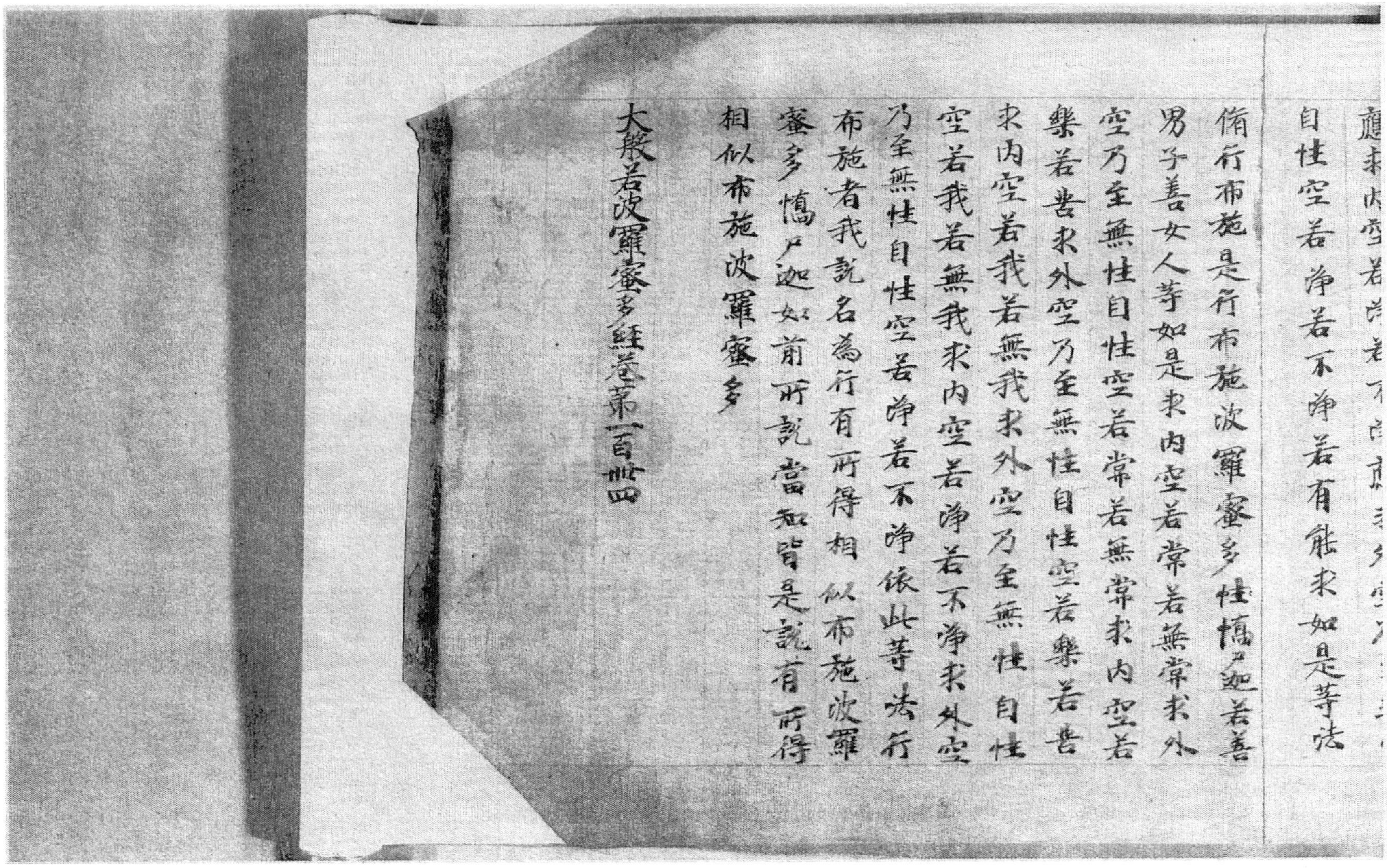


BD13944 號　大般若波羅蜜多經卷一四四　（22–22）

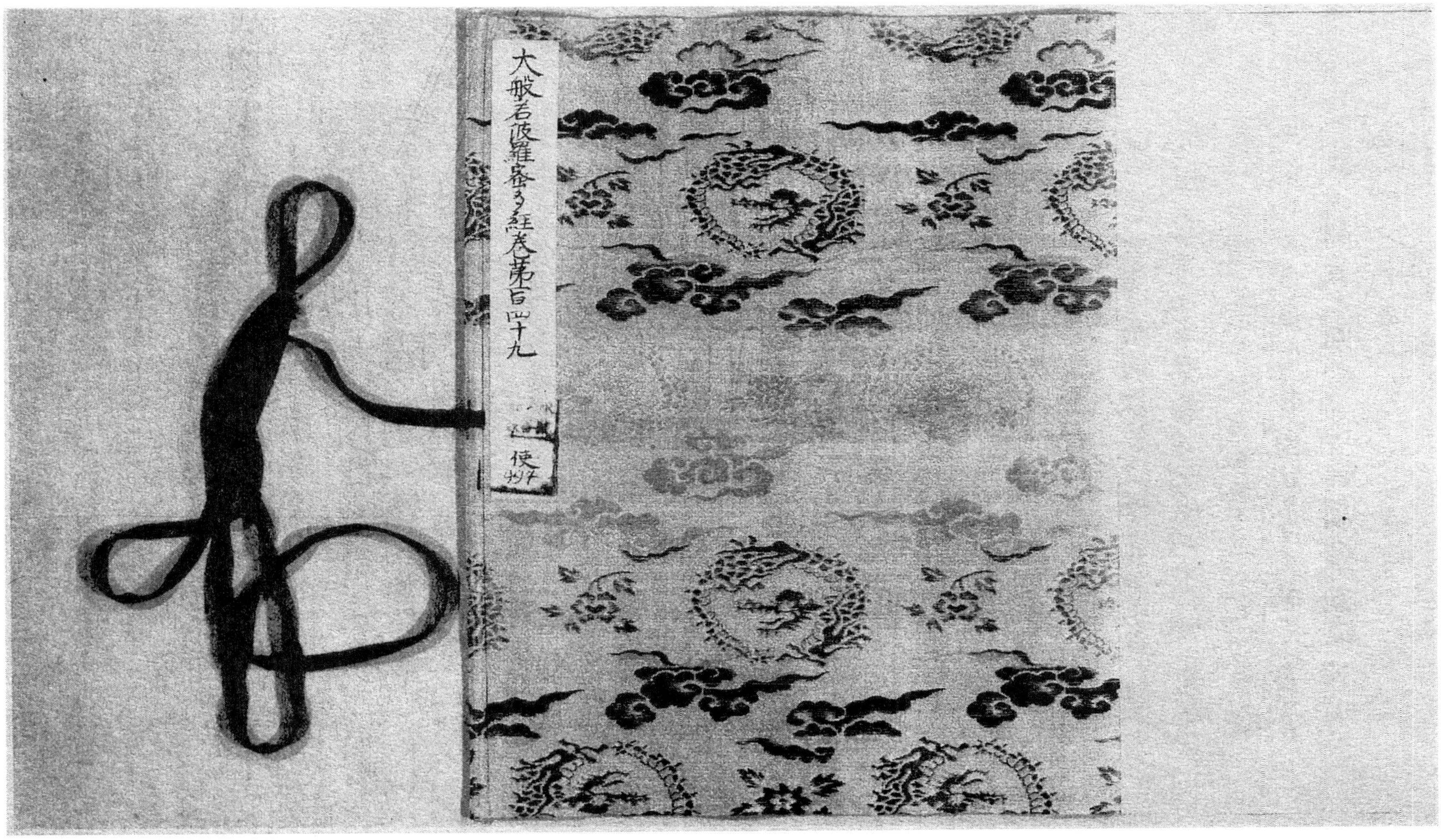


BD13945 號背　現代護首　（1–1）

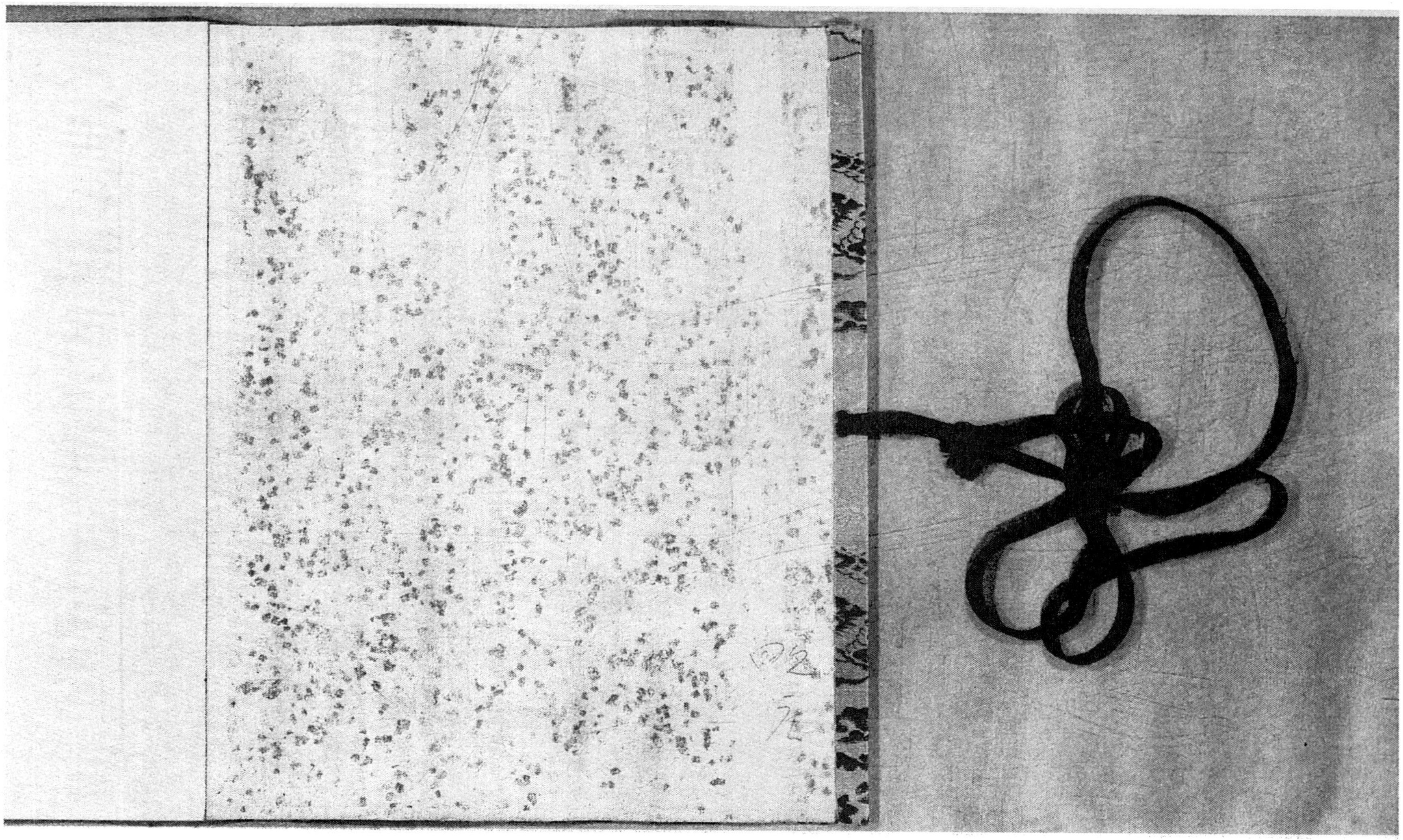

BD13945 號　大般若波羅蜜多經卷一四九

（20–1）

大般若波羅蜜多經卷第一百卌九

初分校量功德品第卌之卌七　三藏法師玄奘奉　詔譯

復次憍尸迦若善男子善女等為發无上
菩提心者宣說般若波羅蜜多作如是言汝
善男子應脩般若波羅蜜多不應觀一切獨
覺菩提若常若无常何以故一切獨覺菩
提一切獨覺菩提自性空是一切獨覺菩提
自性即非自性若非自性即是般若波羅蜜
多於此般若波羅蜜多一切獨覺菩提不可
得彼常无常亦不可得所以者何此中尚无一
切獨覺菩提可得何況有彼常與无常汝若
能脩如是般若是脩般若波羅蜜多復作是
言汝善男子應脩般若波羅蜜多不應觀一
切獨覺菩提若樂若苦何以故一切獨覺菩
提一切獨覺菩提自性空是一切獨覺菩提
自性即非自性若非自性即是般若波羅蜜
多於此般若波羅蜜多一切獨覺菩提不可
得彼樂與苦亦不可得所以者何此中尚无一

BD13945 號　大般若波羅蜜多經卷一四九

（20–2）

提一切獨覺菩提自性空是一切獨覺菩提
自性即非自性若非自性即是般若波羅蜜
多於此般若波羅蜜多一切獨覺菩提不可
得彼樂與苦亦不可得所以者何此中尚无一
切獨覺菩提可得何况有彼樂之與苦汝若
能脩如是般若是脩般若波羅蜜多復作是言
汝善男子應脩般若波羅蜜多不應觀一切獨
覺菩提若我若无我何以故一切獨覺菩提
一切獨覺菩提自性空是一切獨覺菩提自
性即非自性若非自性即是般若波羅蜜多
於此般若波羅蜜多一切獨覺菩提不可得
彼我无我亦不可得所以者何此中尚无一
切獨覺菩提可得何况有彼我與无我汝若
能脩如是般若是脩般若波羅蜜多復作是
言汝善男子應脩般若波羅蜜多不應觀一
切獨覺菩提若淨若不淨何以故一切獨覺
菩提一切獨覺菩提自性空是一切獨覺菩
提自性即非自性若非自性即是般若波羅
蜜多於此般若波羅蜜多一切獨覺菩提不
可得彼淨不淨亦不可得所以者何此中尚
无一切獨覺菩提可得何况有彼淨與不淨
汝若能脩如是般若是脩般若波羅蜜多憍
尸迦是善男子善女人等作此等說是為宣
說真正般若波羅蜜多
復次憍尸迦若善男子善女人等為發无上
菩提心者宣說般若波羅蜜多作如是言汝
善男子應脩般若波羅蜜多不應觀一切菩
薩摩訶薩行若常若无常何以故一切菩薩

BD13945 號　大般若波羅蜜多經卷一四九　（20–3）

尸迦是善男子善女人等作此等說是為宣
說真正般若波羅蜜多
復次憍尸迦若善男子善女人等為發无上
菩提心者宣說般若波羅蜜多作如是言汝
善男子應脩般若波羅蜜多不應觀一切菩
薩摩訶薩行若常若无常何以故一切菩薩
摩訶薩行一切菩薩摩訶薩行自性空是
一切菩薩摩訶薩行自性即非自性若非自
性即是般若波羅蜜多於此般若波羅蜜多
一切菩薩摩訶薩行不可得彼常无常亦不
可得所以者何此中尚无一切菩薩摩訶薩行
可得何况有彼常與无常汝若能脩如是般
若是脩般若波羅蜜多復作是言汝善男子
應脩般若波羅蜜多不應觀一切菩薩摩訶
薩行若樂若苦何以故一切菩薩摩訶薩行
一切菩薩摩訶薩行自性空是一切菩薩摩
訶薩行自性即非自性若非自性即是般若波
羅蜜多於此般若波羅蜜多一切菩薩摩訶
薩行不可得彼樂與苦亦不可得所以者何
此中尚无一切菩薩摩訶薩行可得何况有
彼樂之與苦汝若能脩如是般若是脩般若
波羅蜜多復作是言汝善男子應脩般若波
羅蜜多不應觀一切菩薩摩訶薩行若我若
无我何以故一切菩薩摩訶薩行一切菩薩
摩訶薩行自性空是一切菩薩摩訶薩行自
性即非自性若非自性即是般若波羅蜜多
於此般若波羅蜜多一切菩薩摩訶薩行不
可得彼我无我亦不可得所以者何此中尚

BD13945 號　大般若波羅蜜多經卷一四九　（20–4）

无我何以故一切菩薩摩訶薩行一切菩薩
摩訶薩行自性空是一切菩薩摩訶薩行自
性即非自性若非自性即是般若波羅蜜多
於此般若波羅蜜多一切菩薩摩訶薩行不
可得彼我无我亦不可得所以者何此中尚
无一切菩薩摩訶薩行可得何況有彼我與
无我汝若能脩如是般若是脩般若波羅蜜
多復作是言汝善男子應脩般若波羅蜜多
不應觀一切菩薩摩訶薩行若淨若不淨何
以故一切菩薩摩訶薩行一切菩薩摩訶薩
行自性空是一切菩薩摩訶薩行自性即非
自性若非自性即是般若波羅蜜多於此般
若波羅蜜多一切菩薩摩訶薩行不可得彼
淨不淨亦不可得所以者何此中尚无一切
菩薩摩訶薩行可得何況有彼淨與不淨汝
若能脩如是般若是脩般若波羅蜜多憍尸
迦是善男子善女人等作此等說是為宣說
真正般若波羅蜜多
復次憍尸迦若善男子善女人等為發无上
菩提心者宣說般若波羅蜜多作如是言汝
善男子應脩般若波羅蜜多不應觀諸佛
无上正等菩提若常若无常何以故諸佛
无上正等菩提諸佛无上正等菩提自性空
是諸佛无上正等菩提自性即非自性若非
自性即是般若波羅蜜多於此般若波羅蜜
多諸佛无上正等菩提不可得彼常无常亦
不可得所以者何此中尚无諸佛无上正等
菩提可得何況有彼常與无常汝若能脩如

BD13945 號　大般若波羅蜜多經卷一四九　（20–5）

是諸佛无上正等菩提自性即非自性若非
自性即是般若波羅蜜多於此般若波羅蜜
多諸佛无上正等菩提不可得彼常无常亦
不可得所以者何此中尚无諸佛无上正等
菩提可得何況有彼常與无常汝若能脩如
是般若是脩般若波羅蜜多復作是言汝善
男子應脩般若波羅蜜多不應觀諸佛无上
正等菩提若樂若苦何以故諸佛无上正等
菩提諸佛无上正等菩提自性空是諸佛无
上正等菩提自性即非自性若非自性即是
般若波羅蜜多於此般若波羅蜜多諸佛无
上正等菩提不可得彼樂與苦亦不可得所
以者何此中尚无諸佛无上正等菩提可得
何況有彼樂之與苦汝若能脩如是般若是
脩般若波羅蜜多復作是言汝善男子應脩
般若波羅蜜多不應觀諸佛无上正等菩提
若我若无我何以故諸佛无上正等等菩提諸
佛无上正等菩提自性空是諸佛无上正等
菩提自性即非自性若非自性即是般若波
羅蜜多於此般若波羅蜜多諸佛无上正等
菩提不可得彼我无我亦不可得所以者何
此中尚无諸佛无上正等菩提可得何況有
彼我與无我汝若能脩如是般若是脩般若
波羅蜜多復作是言汝善男子應脩般若波
羅蜜多不應觀諸佛无上正等菩得若淨若
不淨何以故諸諸佛无上正等菩提諸佛无上
正等菩提自性空是諸佛无上正等菩提自
性即非自性若非自性即是般若波羅蜜多

BD13945 號　大般若波羅蜜多經卷一四九　（20–6）

羅蜜多不應觀諸佛无上正等菩提若淨若
不淨何以故諸諸佛无上正等菩提諸佛无上
正等菩提自性空是諸佛无上正等菩提自
性即非自性若非自性即是般若波羅蜜多
於此般若波羅蜜多諸佛无上正等菩提不
可得彼淨不淨亦不可得所以者何此中尚
无諸佛无上正等菩提可得何況有彼淨與
不淨汝若能修如是般若是修般若波羅蜜
多憍尸迦是善男子善女人等作此等說是
為宣說真正般若波羅蜜多
時天帝釋復白佛言世尊云何諸善男子善
女人等說无所得靜慮波羅蜜多名說真
正靜慮波羅蜜多佛言憍尸迦若善男子善
女人等為發无上菩提心者宣說靜慮波羅
蜜多作如是言汝善男子應修靜慮波羅蜜
多不應觀色若常若无常不應觀受想行識
若常若无常何以故色色自性空受想行識
受想行識自性空是色自性即非自性是受
想行識自性亦非自性若非自性即是靜慮
波羅蜜多於此靜慮波羅蜜多色不可得彼
常无常亦不可得受想行識皆不可得彼常
无常亦不可得所以者何此中尚无色等可
得何況有彼常與无常汝若能修如是靜慮
是修靜慮波羅蜜多復作是言汝善男子應
修靜慮波羅蜜多不應觀色若樂若苦不應
觀受想行識若樂若苦何以故色色自性空
受想行識受想行識自性空是色自性即非

BD13945號　大般若波羅蜜多經卷一四九　（20–7）

是修靜慮波羅蜜多復作是言汝善男子應
修靜慮波羅蜜多不應觀色若樂若苦不應
觀受想行識若樂若苦何以故色色自性空
受想行識受想行識自性空是色自性即非
自性是受想行識自性亦非自性若非自性
即是靜慮波羅蜜多於此靜慮波羅蜜多色
不可得彼樂與苦亦不可得受想行識皆不
可得彼樂與苦亦不可得所以者何此中尚无
色等可得何況有彼樂之與苦汝若能修如
是靜慮是修靜慮波羅蜜多復作是言汝善
男子應修靜慮波羅蜜多不應觀色若我
若无我不應觀受想行識若我若无我何以
故色色自性空受想行識受想行識自性空
是色自性即非自性是受想行識自性亦非
自性若非自性即是靜慮波羅蜜多於此靜
慮波羅蜜多色不可得彼我无我亦不可得
受想行識皆不可得彼我无我亦不可得所
以者何此中尚无色等可得何況有彼我與
无我汝若能修如是靜慮是修靜慮波羅蜜
多復作是言汝善男子應修靜慮波羅蜜多不
應觀色若淨若不淨不應觀受想行識若淨
若不淨何以故色色自性空受想行識受
想行識自性空是色自性即非自性是受想
行識自性亦非自性若非自性即是靜慮波
羅蜜多於此靜慮波羅蜜多色不可得彼淨
不淨亦不可得受想行識皆不可得彼淨不
淨亦不可得所以者何此中尚无色等可得

BD13945號　大般若波羅蜜多經卷一四九　（20–8）

行識自性亦非自性若非自性即是靜慮波
羅蜜多於此靜慮波羅蜜多色不可得彼淨
不淨亦不可得受想行識皆不可得彼淨不
淨亦不可得所以者何此中尚无色等可得
何況有彼淨與不淨汝若能脩如是靜慮是
脩靜慮波羅蜜多憍尸迦是善男子善女人
等作此等說是為宣說真正靜慮波羅蜜
多復次憍尸迦若善男子善女人等為發无
上菩提心者宣說靜慮波羅蜜多作如是言
汝善男子應脩靜慮波羅蜜多不應觀眼處
若常若无常不應觀耳鼻舌身意處若常
若无常何以故眼處眼處自性空耳鼻舌身意
處耳鼻舌身意處自性空是眼處自性即
非自性是耳鼻舌身意處自性亦非自性若
非自性即是靜慮波羅蜜多於此靜慮波羅
蜜多眼處不可得彼常无常亦不可得耳鼻
舌身意處皆不可得彼常无常亦不可得所
以者何此中尚无眼處等可得何況有彼常
與无常汝若能脩如是靜慮是脩靜慮波羅
蜜多復作是言汝善男子應脩靜慮波羅蜜
多不應觀眼處若樂若苦不應觀耳鼻舌身
意處若樂若苦何以故眼處眼處自性空耳
鼻舌身意處耳鼻舌身意處自性空是眼處
自性即非自性是耳鼻舌身意處自性亦非
自性若非自性即是靜慮波羅蜜多於此靜
慮波羅蜜多眼處不可得彼樂與苦亦不可得
耳鼻舌身意處皆不可得彼樂與苦亦不可

BD13945 號　大般若波羅蜜多經卷一四九　（20–9）

鼻舌身意處耳鼻舌身意處自性空是眼處
自性即非自性是耳鼻舌身意處自性亦非
自性若非自性即是靜慮波羅蜜多於此靜
慮波羅蜜多眼處不可得彼樂與苦亦不可得
耳鼻舌身意處皆不可得彼樂與苦亦不可
得所以者何此中尚无眼處等可得何況有彼
樂之與苦汝若能脩如是靜慮是脩靜慮
波羅蜜多復作是言汝善男子應脩靜慮波
羅蜜多不應觀眼處若我若无我不應觀耳
鼻舌身意處若我若无我何以故眼處眼處
自性空耳鼻舌身意處耳鼻舌身意處自性
空是眼處自性即非自性是耳鼻舌身意處
自性亦非自性若非自性即是靜慮波羅蜜
多於此靜慮波羅蜜多眼處不可得彼我无我
亦不可得耳鼻舌身意處皆不可得彼我无
我亦不可得所以者何此中尚无眼處等可
得何況有彼我與无我汝若能脩如是靜慮
是脩靜慮波羅蜜多復作是言汝善男子應
脩靜慮波羅蜜多不應觀眼處若淨若不淨
不應觀耳鼻舌身意處若淨若不淨何以故
眼處眼處自性空耳鼻舌身意處耳鼻舌身
意處自性空是眼處自性即非自性是耳鼻
舌身意處自性亦非自性若非自性即是靜
慮波羅蜜多於此靜慮波羅蜜多眼處不可
得彼淨不淨亦不可得耳鼻舌身意處皆不
可得彼淨不淨亦不可得所以者何此中尚无
眼處等可得何況有彼淨與不淨汝若能脩
如是靜慮是脩靜慮波羅蜜多憍尸迦是善

BD13945 號　大般若波羅蜜多經卷一四九　（20–10）

慮波羅蜜多於此靜慮波羅蜜多眼處不可
得彼淨不淨亦不可得耳鼻舌身意處皆不
可得彼淨不淨亦不可得所以者何此中尚无
眼處等可得何况有彼淨與不淨汝若能脩
如是靜慮是脩靜慮波羅蜜多憍尸迦是善
男子善女人等作此等說是為宣說真正靜
慮波羅蜜多
復次憍尸迦若善男子善女人等為發无上
菩提心者宣說靜慮波羅蜜多作如是言汝
善男子應脩靜慮波羅蜜多不應觀色處
若常若无常不應觀聲香味觸法處若常若
无常何以故色處色處自性空聲香味觸法
處聲香味觸法處自性空是色處自性即非
自性是聲香味觸法處自性亦非自性若非
自性即是靜慮波羅蜜多於此靜慮波羅蜜
多色處不可得彼常无常亦不可得聲香味
觸法處皆不可得彼常无常亦不可得所以
者何此中尚无色處等可得何况有彼常與
无常汝若能脩如是靜慮是脩靜慮波羅蜜
多復作是言汝善男子應脩靜慮波羅蜜多
不應觀色處若樂若苦不應觀聲香味觸法
處若樂若苦何以故色處色處自性空聲香
味觸法處聲香味觸法處自性空是色處自
性即非自性是聲香味觸法處自性亦非自性
若非自性即是靜慮波羅蜜多於此靜慮波羅
蜜多色處不可得彼樂與苦亦不可得聲香味
觸法處皆不可得彼樂與苦亦不可得所以者
何此中尚无色處等可得何况有波樂之

BD13945 號　大般若波羅蜜多經卷一四九　（20–11）

若非自性即是靜慮波羅蜜多於此靜慮波羅
蜜多色處不可得彼樂與苦亦不可得聲香味
觸法處皆不可得彼樂與苦亦不可得所以者
何此中尚无色處等可得何况有波樂之
與苦汝若能脩如是靜慮是脩靜慮波羅蜜
多復作是言汝善男子應脩靜慮波羅蜜多
不應觀色處若我若无我不應觀聲香味觸
法處若我若无我何以故色處色處自性空
聲香味觸法處聲香味觸法處自性空是色
處自性即非自性是聲香味觸法處自性亦
非自性若非自性即是靜慮波羅蜜多於此
靜慮波羅蜜多色處不可得彼我无我亦不
可得聲香味觸法處皆不可得彼我无我亦
不可得所以者何此中尚无色處等可得何
况有彼我與无我汝若能脩如是靜處是
脩靜處波羅蜜多復作是言汝善男子應脩
靜慮波羅蜜多不應觀色處若淨若不淨不
應觀聲香味觸法處若淨若不淨何以故色
處色處自性空聲香味觸法處聲香味觸法
處自性空是色處自性即非自性是聲香味
觸法處自性亦非自性若非自性即是靜慮
波羅蜜多於此靜慮波羅蜜多色處不可得
彼淨不淨亦不可得聲香味觸法處皆不可
得彼淨不淨亦不可得所以者何此中尚无色
處等可得何况有彼淨與不淨汝若能脩如是
靜慮是脩靜慮波羅蜜多憍尸迦是善男子
善女人等作此等說是為宣說真正靜慮波

BD13945 號　大般若波羅蜜多經卷一四九　（20–12）

彼淨不淨亦不可得聲香味觸法處皆不可
得彼淨不淨亦不可得所以者何此中尚无色
處等可得何況有彼淨與不淨汝若能修如是
靜慮是修靜慮波羅蜜多憍尸迦是善男子
善女人等作此等說是為宣說真正靜慮波
羅蜜多復次憍尸迦若善男子善女人等為
發无上菩提心者宣說靜慮波羅蜜多作如
是言汝善男子應修靜慮波羅蜜多不應觀
眼界若常若无常不應觀色界眼識界及眼
觸眼觸為緣所生諸受若常若无常何以故
眼界眼界自性空色界眼識界及眼觸眼觸
為緣所生諸受色界乃至眼觸為緣所生諸
受自性空是眼界自性即非自性是色界乃
至眼觸為緣所生諸受自性亦非自性若非
自性即是靜慮波羅蜜多於此靜慮波羅
蜜多眼界不可得彼常无常亦不可得色界乃
至眼觸為緣所生諸受皆不可得彼常无常
亦不可得所以者何此中尚无眼界等可得
何況有彼常與无常汝若能修如是靜慮是
修靜慮波羅蜜多復作是言汝善男子應修
靜慮波羅蜜多不應觀眼界若樂若苦不應
觀色界眼識界及眼觸眼觸為緣所生諸受
若樂若苦何以故眼界眼界自性空色界眼
識界及眼觸眼觸為緣所生諸受色界乃至
眼觸為緣所生諸受自性空是眼界自性即
非自性是色界乃至眼觸為緣所生諸受自
性亦非自性若非自性即是靜慮波羅蜜多
於此靜慮波羅蜜多眼界不可得彼樂與苦亦

BD13945 號　大般若波羅蜜多經卷一四九

（20–13）

若樂若苦何以故眼界眼界自性空色界眼
識界及眼觸眼觸為緣所生諸受色界乃至
眼觸為緣所生諸受自性空是眼界自性即
非自性是色界乃至眼觸為緣所生諸受自
性亦非自性若非自性即是靜慮波羅蜜多
於此靜慮波羅蜜多眼界不可得彼樂與苦亦
不可得色界乃至眼觸為緣所生諸受皆不
可得彼樂與苦亦不可得所以者何此中尚
无眼界等可得何況有彼樂之與苦汝若能
修如是靜慮是修靜慮波羅蜜多復作是言
汝善男子應修靜慮波羅蜜多不應觀眼
界若我若无我不應觀色界眼識界及眼觸
眼觸為緣所生諸受若我若无我何以故眼
界眼界自性空色界眼識界及眼觸眼觸為
緣所生諸受色界乃至眼觸為緣所生諸受
自性空是眼界自性即非自性是色界乃至
眼觸為緣所生諸受自性亦非自性若非自
性即是靜慮波羅蜜多於此靜慮波羅蜜多
眼界不可得彼我无我亦不可得色界乃至
眼觸為緣所生諸受皆不可得彼我无我亦
不可得所以者何此中尚无眼界等可得何
況有彼我與无我汝若能修如是靜慮是修
靜慮波羅蜜多復作是言汝善男子應修靜
慮波羅蜜多不應觀眼界若淨若不淨不應
觀色界眼識界及眼觸眼觸為緣所生諸受
若淨若不淨何以故眼界眼界自性空色界
眼識界及眼觸眼觸為緣所生諸受色界乃
至眼觸為緣所生諸受自性空是眼界自性
即非自性是色界乃至眼觸為緣所生諸受

BD13945 號　大般若波羅蜜多經卷一四九

（20–14）

慮波羅蜜多不應觀眼界若淨若不淨不應
觀色界眼識界及眼觸眼觸為緣所生諸受
若淨若不淨何以故眼界眼界自性空色界
眼識界及眼觸眼觸為緣所生諸受色界乃
至眼觸為緣所生諸受自性空是眼界自性
即非自性是色界乃至眼觸為緣所生諸受
自性亦非自性若非自性即是靜慮波羅蜜
多於此靜慮波羅蜜多眼界不可得彼淨不
淨亦不可得色界乃至眼觸為緣所生諸受
皆不可得彼淨不淨亦不可得所以者何此
中尚无眼界等可得何況有彼淨與不淨汝
若能脩如是靜慮是脩靜慮波羅蜜多憍尸
迦是善男子善女人等作此等說是為宣說
真正靜慮波羅蜜多
復次憍尸迦若善男子善女人等為發无上
菩提心者宣說靜慮波羅蜜多作如是言汝
善男子應脩靜慮波羅蜜多不應觀耳界若
常若无常不應觀聲界耳識界及耳觸耳觸
為緣所生諸受若常若无常何以故耳界耳
界自性空聲界耳識界及耳觸耳觸為緣所
生諸受聲界乃至耳觸為緣所生諸受自
性空是耳界自性即非自性是聲界乃至
耳觸為緣所生諸受自性亦非自性若非自
性即是靜慮波羅蜜多於此靜慮波羅蜜多
耳界不可得彼常无常亦不可得聲界乃至
耳觸為緣所生諸受皆不可得彼常无常亦
不可得所以者何此中尚无耳界等可得何
況有彼常與无常汝若能脩如是靜慮是脩



性即是靜慮波羅蜜多於此靜慮波羅蜜多
耳界不可得彼常无常亦不可得聲界乃至
耳觸為緣所生諸受皆不可得彼常无常亦
不可得所以者何此中尚无耳界等可得何
況有彼常與无常汝若能脩如是靜慮是脩
靜慮波羅蜜多復作是言汝善男子應脩靜
慮波羅蜜多不應觀耳界若樂若苦不應觀
聲界耳識界及耳觸耳觸為緣所生諸受若
樂若苦何以故耳界耳界自性空聲界耳識
界及耳觸耳觸為緣所生諸受聲界乃至耳
觸為緣所生諸受自性空是耳界自生即非
自性是聲界乃至耳觸為緣所生諸受自性
亦非自性若非自性即是靜慮波羅蜜多於
此靜慮波羅蜜多耳界不可得彼樂與苦亦
不可得聲界乃至耳觸為緣所生諸受皆不
可得彼樂與苦亦不可得所以者何此中尚
无耳界等可得何況有彼樂之與苦汝若能
脩如是靜慮是脩靜慮波羅蜜多復作是言
汝善男子應脩靜慮波羅蜜多不應觀耳界
若我若无我不應觀聲界耳識界及耳觸耳
觸為緣所生諸受若我若无我何以故耳界
耳界自性空聲界耳識界及耳觸耳觸為緣
所生諸受聲界乃至耳觸為緣所生諸受自
性空是耳界自性即非自性是聲界乃至耳
觸為緣所生諸受自性亦非自性若非自性
即是靜慮波羅蜜多於此靜慮波羅蜜多耳
界不可得彼我无我亦不可得聲界乃至耳
觸為緣所生諸受皆不可得彼我无我亦不

性空是耳界自性即非自性是聲界乃至耳
觸為緣所生諸受自性亦非自性 若非自性
即是靜慮波羅蜜多於此靜慮波羅蜜多耳
界不可得彼我无我亦不可得聲界乃至耳
觸為緣所生諸受皆不可得彼我无我亦不
可得所以者何此中尚无耳界等可得何況
有彼我與无我汝若能脩如是靜慮是脩靜
慮波羅蜜多復作是言汝善男子應脩靜慮
波羅蜜多不應觀耳界若淨若不淨不應觀
聲界耳識界及耳觸耳觸為緣所生諸受若
淨若不淨何以故耳 界耳界自性空聲界耳
識界及耳觸耳觸為緣所生諸受聲界乃至
耳觸為緣所生諸受自性空是耳界自性即
非自性是聲界乃至耳觸為緣所生諸受自
性亦非自性若非自性即是靜慮波羅蜜多
於此靜慮波羅蜜多耳界不可得彼淨不淨
亦不可得聲界乃至耳觸為緣所生諸受皆
不可得彼淨不淨亦不可得所以者何此中尚
无耳界等可得何況有彼淨與不淨汝 若
能脩如是靜慮是脩靜慮波羅蜜多憍尸迦
是善男子善女人等作此等說是為宣說真
正靜慮波羅蜜多
復次憍尸迦 若善男子善女人等為發无上
菩提心者宣說靜慮波羅蜜多作如是言 汝
善男子應脩靜慮波羅蜜多不應觀鼻界若
常若无常不應觀香界鼻識界及鼻觸鼻觸
為緣所生諸受若常若无常何以故鼻界鼻
界自性空香界鼻識界及鼻觸鼻觸為緣所

BD13945 號　大般若波羅蜜多經卷一四九　（20–17）

菩提心者宣說靜慮波羅蜜多作如是言 汝
善男子應脩靜慮波羅蜜多不應觀鼻界若
常若无常不應觀香界鼻識界及鼻觸鼻觸
為緣所生諸受若常若无常何以故鼻界鼻
界自性空香界鼻識界及鼻觸鼻觸為緣所
生諸受香界乃至鼻觸為緣所生諸受自性
空是鼻界自性即非自性是 香界乃至鼻觸
為緣所生諸受自性亦非自性 若非自性即
是靜慮波羅蜜多於此靜慮波羅蜜多鼻界
不可得彼常无常亦不可得香界乃至鼻觸
為緣所生諸受皆不可得彼常无常亦 不可
得所以者何此中尚无鼻界等可得何況有
彼常與无常汝若能脩如是靜慮是脩靜慮
波羅蜜多復作是言汝善男子應脩靜慮波
羅蜜多不應觀鼻界若樂若苦不應觀香界
鼻識界及鼻觸鼻觸為緣所生諸受若樂若
苦何以故 鼻界鼻界自性空香界鼻識界及
鼻觸鼻觸為緣所生諸受香界乃至鼻觸為
緣所諸受自性空是鼻界自性即非 自性
是香界乃至鼻觸為緣所生諸受自性 亦非
自性若非自性即是靜慮波羅蜜多於此靜
慮波羅蜜多鼻界不可得彼樂與苦亦不可得
香界乃至鼻觸為緣所生諸受皆不可得彼
樂與苦亦不可得所以者何此中尚 无 鼻 界
等可得何況有彼樂之與苦汝若能脩 如
是靜慮是脩靜慮波羅蜜多復作是言汝善
男子 應脩靜慮波羅蜜多不應觀鼻界若我
若无我不應觀香界鼻識界及鼻觸鼻觸為

BD13945 號　大般若波羅蜜多經卷一四九　（20–18）

樂與苦亦不可得所以者何此中尚无鼻界
等可得何况有彼樂之與苦汝若能脩如
是靜慮是脩靜慮波羅蜜多復作是言汝善
男子應脩靜慮波羅蜜多不應觀鼻界若我
若无我不應觀香界鼻識界及鼻觸鼻觸爲
緣所生諸受若我若无我何以故鼻界鼻界
自性空香界鼻識界及鼻觸鼻觸爲緣所生諸
受香界乃至鼻觸爲緣所生諸受自性空是鼻
界自性即非自性是香界乃至鼻觸爲緣所
生諸受自性亦非自性若非自性即是靜慮
波羅蜜多於此靜慮波羅蜜多鼻界不可得
彼我无我亦不可得香界乃至鼻觸爲緣所
生諸受皆不可得彼我无我亦不可得所以
者何此中尚无鼻界等可得何况有彼我與
无我汝若能脩如是靜慮是脩靜慮波羅蜜
多復作是言汝善男子應脩靜慮波羅蜜多
不應觀鼻界若淨若不淨不應觀香界鼻識
界及鼻觸鼻觸爲緣所生諸受若淨若不淨何
以故鼻界鼻界自性空香界鼻識界及鼻
觸鼻觸爲緣所生諸受香界乃至鼻觸爲緣
所生諸受自性空是鼻界自性即非自性是
香界乃至鼻觸爲緣所生諸受自性亦非自
性若非自性即是靜慮波羅蜜多於此靜慮
波羅蜜多鼻界不可得彼淨不淨亦不可得
香界乃至鼻觸爲緣所生諸受皆不可得彼
淨不淨亦不可得所以以者何此中尚无鼻界
等可得何况有彼淨與不淨汝若能脩如是
靜慮是脩靜慮波羅蜜多憍尸迦是善男子

BD13945號　大般若波羅蜜多經卷一四九　（20–19）

淨不淨亦不可得所以以者何此中尚无鼻界
等可得何况有彼淨與不淨汝若能脩如是
靜慮是脩靜慮波羅蜜多憍尸迦是善男子
善女人等作此等說是爲宣說真正靜慮波
羅蜜多

大般若波羅蜜多經卷第一百卌九

BD13945號　大般若波羅蜜多經卷一四九　（20–20）

BD13946 號背　現代護首

（1–1）

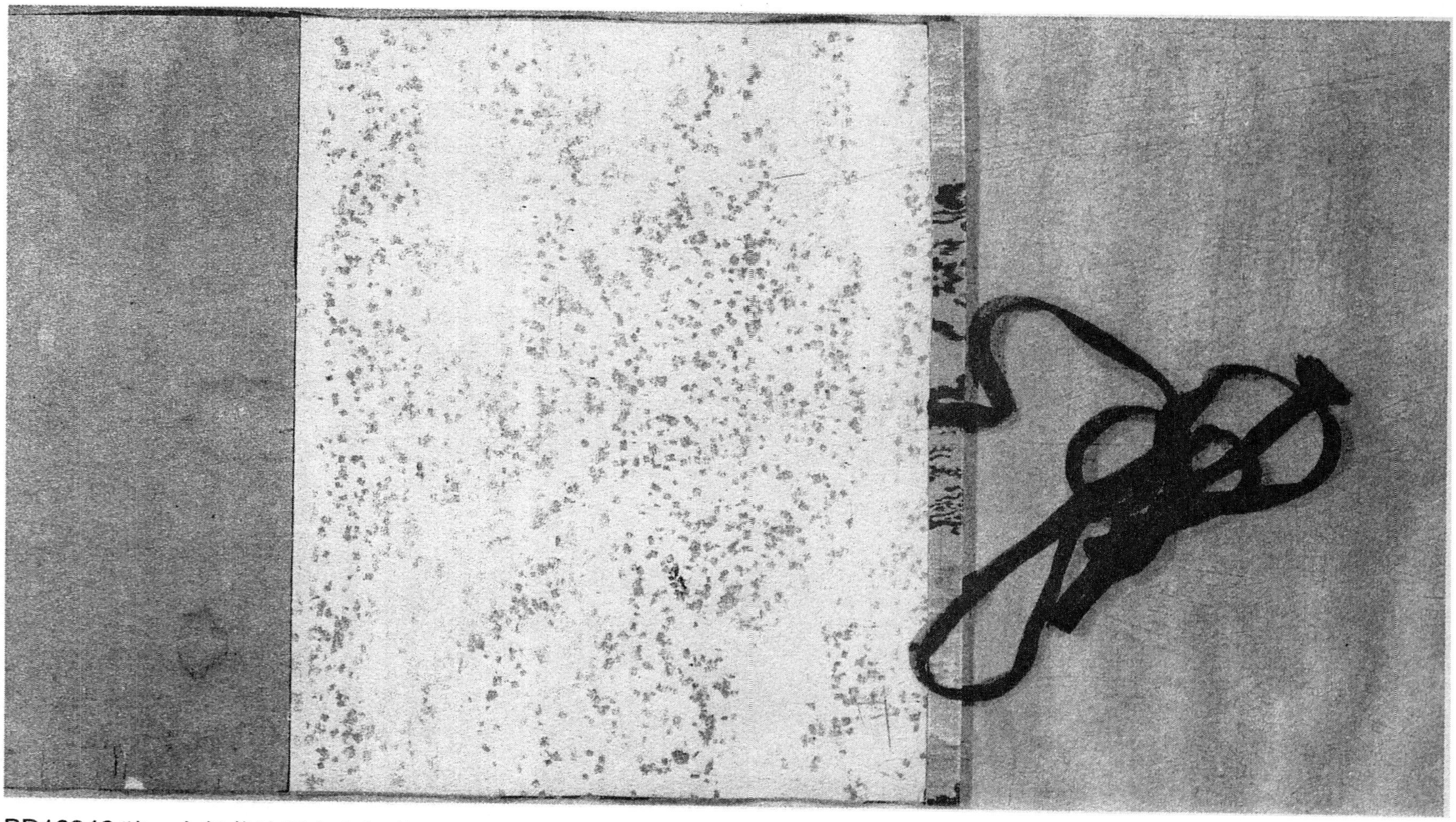

BD13946 號　大般若波羅蜜多經卷一五一

（23–1）

大般若波羅蜜多經卷第一百五十一
初分校量功德品第卅之卌九　三藏法師玄奘奉　詔譯
復次憍尸迦若善男子善女人等爲發無上
菩提心者宣說靜慮波羅蜜多作如是言汝
善男子應脩靜慮波羅蜜多不應觀苦聖諦
若常若無常不應觀集滅聖諦若常若無
常何以故苦聖諦苦聖諦自性空集滅道聖
諦集滅道聖諦自性空是苦聖諦自性即非
自性是集滅道聖諦自性亦非自性若非自
性即是靜慮波羅蜜多於此靜慮波羅蜜多
苦聖諦不可得彼常無常亦不可得集滅道
聖諦皆不可得彼常無常亦不可得所以者
何此中尚無苦聖諦等可得何況有彼常與
無常汝若能脩如是靜慮是脩靜慮波羅蜜
多復作是言汝善男子應脩靜慮波羅蜜多
不應觀苦聖諦若樂若苦不應觀集滅道聖
諦若樂若苦何以故苦聖諦苦聖諦自性空

BD13946號　大般若波羅蜜多經卷一五一　（23–2）

何此中尚無苦聖諦等可得何況有彼常與
無常汝若能脩如是靜慮是脩靜慮波羅蜜
多復作是言汝善男子應脩靜慮波羅蜜多
不應觀苦聖諦若樂若苦不應觀集滅道聖
諦若樂若苦何以故苦聖諦苦聖諦自性空
集滅道聖諦集滅道聖諦自性空是苦聖諦
自性即非自性是集滅道聖諦自性亦非自
性若非自性即是靜慮波羅蜜多於此靜慮
波羅蜜多苦聖諦不可得彼樂與苦亦不可
得集滅道聖諦皆不可得彼樂與苦亦不可
得所以者何此中尚無苦聖諦等可得何況
有彼樂之與苦汝若能脩如是靜慮是脩靜
慮波羅蜜多復作是言汝善男子應脩靜慮
波羅蜜多不應觀苦聖諦若我若無我不應
觀集滅道聖諦若我若無我何以故苦聖諦
苦聖諦自性空集滅道聖諦集滅道聖諦自
性空是苦聖諦自性即非自性是集滅道聖
諦自性亦非自性若非自性即是靜慮波羅
蜜多於此靜慮波羅蜜多苦聖諦不可得彼
我無我亦不可得集滅道聖諦皆不可得彼
我無我亦不可得所以者何此中尚無苦聖
諦等可得何況有彼我与無我汝若能脩如
是靜慮是脩靜慮波羅蜜多復作是言汝善
男子應脩靜慮波羅蜜多不應觀苦聖諦若
淨若不淨不應觀集滅道聖諦若淨若不淨
何以故苦聖諦苦聖諦自性空集滅道聖諦

BD13946號　大般若波羅蜜多經卷一五一　（23–3）

諦等可得何況有彼我与無我汝若能脩如
是靜慮是脩靜慮波羅蜜多復作是言汝善
男子應脩靜慮波羅蜜多不應觀苦聖諦若
淨若不淨不應觀集滅道聖諦若淨若不淨
何以故苦聖諦苦聖諦自性空集滅道聖諦
集滅道聖諦自性空是苦聖諦自性即非自
性是集滅道聖諦自性亦非自性若非自性
即是靜慮波羅蜜多於此靜慮波羅蜜多苦
聖諦不可得彼淨不淨亦不可得集滅道聖
諦皆不可得彼淨不淨亦不可得所以者何
此中尚無苦聖諦等可得何況有彼淨與不
淨汝若能脩如是靜慮是脩靜慮波羅蜜多
憍尸迦是善男子善女人等作此等說是為
宣說真正靜慮波羅蜜多
復次憍尸迦若善男子善女人等為發無上
菩提心者宣說靜慮波羅蜜多作如是言汝
善男子應脩靜慮波羅蜜多不應觀四靜慮
若常若無常不應觀四無量四無色定若常
若無常何以故四靜慮四靜慮自性空四無
量四無色定四無量四無色定自性空是四
靜慮自性即非自性是四無量四無色定自
性亦非自性若非自性即是靜慮波羅蜜多
於此靜慮波羅蜜多四靜慮不可得彼常無
常亦不可得四無量四無色定皆不可得彼
常無常亦不可得所以者何此中尚無四靜
慮等可得何況有彼常與無常汝若能脩如

BD13946 號　大般若波羅蜜多經卷一五一　　（23–4）

性亦非自性若非自性即是靜慮波羅蜜多
於此靜慮波羅蜜多四靜慮不可得彼常無
常亦不可得四無量四無色定皆不可得彼
常無常亦不可得所以者何此中尚無四靜
慮等可得何況有彼常與無常汝若能脩如
是靜慮是脩靜慮波羅蜜多復作是言汝善
男子應脩靜慮波羅蜜多不應觀四靜慮若
樂若苦不應觀四無量四無色定若樂若苦
何以故四靜慮四靜慮自性空四无量四无
色定四无量四无色定自性空是四靜慮自
性即非自性是四无量四无色定自性亦非
自性若非自性即是靜慮波羅蜜多於此靜
慮波羅蜜多四靜慮不可得彼樂與苦亦不
可得四无量四无色定皆不可得彼樂与苦
亦不可得所以者何此中尚无四靜慮等可
得何況有彼樂之與苦汝若能脩如是靜慮
是脩靜慮波羅蜜多復作是言汝善男子應
脩靜慮波羅蜜多不應觀四靜慮若我若无
我不應觀四无量四无色定若我若无我何
以故四靜慮四靜慮自性空四无量四无色
定四无量四无色定自性空是四靜慮自性
即非自性是四无量四无色定自性亦非自
性若非自性即是靜慮波羅蜜多於此靜慮
波羅蜜多四靜慮不可得彼我无我亦不可
得四无量四无色定皆不可得彼我無我亦
不可得所以者何此中尚无四靜慮等可得

BD13946 號　大般若波羅蜜多經卷一五一　　（23–5）

住若非自住即是靜慮波羅蜜多於此靜慮
波羅蜜多四靜慮不可得彼我无我亦不可
得四无量四无色定皆不可得彼我無我亦
不可得所以者何此中尚无四靜慮等可得
何況有彼我与无我汝若能脩如是靜慮是
脩靜慮波羅蜜多復作是言汝善男子應脩
靜慮波羅蜜多不應觀四靜慮若淨若不淨
不應觀四无量四无色定若淨若不淨何以
故四靜慮四靜慮自住空四无量四无色定
四无量四无色定自住空是四靜慮自住即
非自住是四无量四无色定自住亦非自住
若非自住即是靜慮波羅蜜多於此靜慮波
羅蜜多四靜慮不可得彼淨不淨亦不可得
四无量四无色定皆不可彼淨不淨亦不
可得所以者何此中尚无四靜慮等可得何
況有彼淨與不淨汝若能脩如是靜慮是脩
靜慮波羅蜜多憍尸迦是善男子善女人等
作此等說是爲宣說真正靜慮波羅蜜多
復次憍尸迦若善男子善女人等爲發无上
菩提心者宣說靜慮波羅蜜多作如是言汝
善男子應脩靜慮波羅蜜多不應觀八解脫
若常若无常不應觀八勝處九次第定十遍
處若常若无常何以故八解脫八解脫自住
空八勝處九次第定十遍處八勝處九次第
定十遍處自住空是八解脫自住即非自住
是八勝處九次第定十遍處自住亦非自住

BD13946號　大般若波羅蜜多經卷一五一　（23–6）

若常若无常不應觀八勝處九次第定十遍
處若常若无常何以故八解脫八解脫自住
空八勝處九次第定十遍處八勝處九次第
定十遍處自住空是八解脫自住即非自住
是八勝處九次第定十遍處自住亦非自住
若非自住即是靜慮波羅蜜多於此靜慮波
羅蜜多八解脫不可得彼常无常亦不可得
八勝處九次第定十遍處皆不可得彼常无
常亦不可得所以者何此中尚无八解脫等
可得何況有彼常與无常汝若能脩如是靜
慮是脩靜慮波羅蜜多復作是言汝善男子
應脩靜慮波羅蜜多不應觀八解脫若樂若
苦不應觀八勝處九次第定十遍處若樂若
苦何以故八解脫八解脫自住空八勝處九
次第定十遍處八勝處九次第定十遍處自
住空是八解脫自住即非自住是八勝處九
次第定十遍處自住亦非自住若非自住即
是靜處波羅蜜多於此靜慮波羅蜜多八解
脫不可得彼樂與苦亦不可得八勝處九次
第定十遍處皆不可得彼樂與苦亦不可得
所以者何此中尚无八解脫等可得何況有
彼樂之與苦汝若能脩如是靜慮是脩靜慮
波羅蜜多復作是言汝善男子應脩靜慮波
羅蜜多不應觀八解脫若我若无我不應觀
八勝處九次第定十遍處若我若无我何以
故八解脫八解脫自住空八勝處九次第定

BD13946號　大般若波羅蜜多經卷一五一　（23–7）

[illegible]之與[illegible]汝若能修如是靜慮是修靜慮
波羅蜜多復作是言汝善男子應修靜慮波
羅蜜多不應觀八解脫若我若无我不應觀
八勝處九次第定十遍處若我若无我何以
故八解脫八解脫自性空八勝處九次第定
十遍處八勝處九次第定十遍處自性空是
八解脫自性即非自性是八勝處九次第定
十遍處自性亦非自性若非自性即是靜慮
波羅蜜多於此靜慮波羅蜜多八解脫不可
得彼我无我亦不可得八勝處九次第定十
遍處皆不可得彼我无我亦不可得所以者
何此中尚无八解脫等可得何況有彼我與
无我汝若能修如是靜慮是修靜慮波羅蜜
多復作是言汝善男子應修靜慮波羅蜜多
不應觀八解脫若淨若不淨不應觀八勝處
九次第定十遍處若淨若不淨何以故八解
脫八解脫自性空八勝處九次第定十遍處
八勝處九次第定十遍處自性空是八解脫
自性即非自性是八勝處九次第定十遍處
自性亦非自性若非自性即是靜慮波羅蜜
多於此靜慮波羅蜜多八解脫不可得彼淨
不淨亦不可得八勝處九次第定十遍處皆
不可得彼淨與不淨亦不可得所以者何此
中尚无八解脫等可得何況有彼淨與不淨
汝若能修如是靜慮是修靜慮波羅蜜多憍
尸迦是善男子善女人等作此等說是為宣
說真正靜慮波羅蜜多

BD13946號　大般若波羅蜜多經卷一五一

（23–8）

不可得彼淨與不淨亦不可得所以者何此
中尚无八解脫等可得何況有彼淨與不淨
汝若能修如是靜慮是修靜慮波羅蜜多憍
尸迦是善男子善女人等作此等說是為宣
說真正靜慮波羅蜜多
復次憍尸迦若善男子善女人等為發无上
菩提心者宣說靜慮波羅蜜多作如是言汝
善男子應修靜慮波羅蜜多不應觀四念住
若常若无常不應觀四正斷四神足五根五
力七等覺支八聖道支若常若无常何以故
四念住四念住自性空四正斷四神足五根
五力七等覺支八聖道支四正斷乃至八聖
道支自性空是四念住自性即非自性是四
正斷乃至八聖道支自性亦非自性若非自
性即是靜慮波羅蜜多於此靜慮波羅蜜多
四念住不可得彼常无常亦不可得四正斷
乃至八聖道支皆不可得彼常无常亦不可
得所以者何此中尚无四念住等可得何況
有彼常與无常汝若能修如是靜慮是修靜
慮波羅蜜多復作是言汝善男子應修靜慮
波羅蜜多不應觀四念住若樂若苦不應觀
四正斷四神足五根五力七等覺支八聖道
支若樂若苦何以故四念住四念住自性空
四正斷四神足五根五力七等覺支八聖道
支四正斷乃至八聖道支自性空是四念住
自性即非自性是四正斷乃至八聖道支自

BD13946號　大般若波羅蜜多經卷一五一

（23–9）

四正斷四神足五根五力七等覺支八聖道
支若樂若苦何以故四念住四念住自性空
四正斷四神足五根五力七等覺支八聖道
支四正斷乃至八聖道支自性空是四念住
自性即非自性是四正斷乃至八聖道支自
性亦非自性若非自性即是靜慮波羅蜜多
於此靜慮波羅蜜多四念住不可得彼樂與
苦亦不可得四正斷乃至八聖道支皆不可
得彼樂與苦亦不可得所以者何此中尚无
四念住等可得何况有彼樂之與苦汝若能
脩如是靜慮是脩靜慮波羅蜜多復作是言
汝善男子應脩靜慮波羅蜜多不應觀四念
住若我若无我不應觀四正斷四神足五根
五力七等覺支八聖道支若我若无我何以
故四念住四念住自性空四正斷四神足五
根五力七等覺支八聖道支四正斷乃至八
聖道支自性空是四念住自性即非自性是
四正斷乃至八聖道支自性亦非自性若非
自性即是靜慮波羅蜜多於此靜慮波羅蜜
多四念住不可得彼我无我亦不可得四正
斷乃至八聖道支皆不可得彼我无我亦不
可得所以者何此中尚无四念住等可得何
况有彼我與无我汝若能脩如是靜慮是脩
靜慮波羅蜜多復作是言汝善男子應脩靜
慮波羅蜜多不應觀四念住若淨若不淨不
應觀四正斷四神足五根五力七等覺支八

BD13946號　大般若波羅蜜多經卷一五一　　（23–10）

可得所以者何此中尚无四念住等可得何
况有彼我與无我汝若能脩如是靜慮是脩
靜慮波羅蜜多復作是言汝善男子應脩靜
慮波羅蜜多不應觀四念住若淨若不淨不
應觀四正斷四神足五根五力七等覺支八
聖道支若淨若不淨何以故四念住四念住
自性空四正斷四神足五根五力七等覺支
八聖道支四正斷乃至八聖道支自性空是
四念住自性即非自性是四正斷乃至八聖
道支自性亦非自性若非自性即是靜慮波
羅蜜多於此靜慮波羅蜜多四念住不可得
彼淨不淨亦不可得四正斷乃至八聖道支
皆不可得彼淨不淨亦不可得所以者何此
中尚无四念住等可得何况有彼淨與不淨
汝若能脩如是靜慮是脩靜慮波羅蜜多憍
尸迦是善男子善女人等作此等說是爲宣
說真正靜慮波羅蜜多
復次憍尸迦若善男子善女人等爲發无上
菩提心者宣說靜慮波羅蜜多作如是言汝
善男子應脩靜慮波羅蜜多不應觀空解脫
門若常若无常不應觀无相无願解脫門若
常若无常何以故空解脫門空解脫門自性
空无相无願解脫門无相无願解脫門自性
空是空解脫門自性即非自性是无相无願
解脫門自性亦非自性若非自性即是靜慮
波羅蜜多於此靜慮波羅蜜多空解脫門不

BD13946號　大般若波羅蜜多經卷一五一　　（23–11）

空无相无願解脫門无相无願解脫門自性
空是空解脫門自性即非自性是无相无願
解脫門自性亦非自性若非自性即是靜慮
波羅蜜多於此靜慮波羅蜜多空解脫門不
可得彼常无常亦不可得无相无願解脫門
皆不可得彼常无常亦不可得所以者何此
中尚無空解脫門等可得何况有彼常與无
常汝若能脩如是靜慮是脩靜慮波羅蜜多
復作是言汝善男子應脩靜慮波羅蜜多不
應觀空解脫門若樂若苦不應觀无相无願
解脫門若樂若苦何以故空解脫門空解脫
門自性空无相无願解脫門无相无願解脫
門自性空是空解脫門自性即非自性是无
相无願解脫門自性亦非自性若非自性即
是靜慮波羅蜜多於此靜慮波羅蜜多空解
脫門不可得彼樂與苦亦不可得无相无願
解脫門皆不可得彼樂與苦亦不可得所以
者何此中尚无空解脫門等可得何况有彼樂
之與苦汝若能脩如是靜慮是脩靜慮波羅
蜜多復作是言汝善男子應脩靜慮波羅蜜
多不應觀空解脫門若我若无我不應觀无
相无願解脫門若我若无我何以故空解脫
門空解脫門自性空无相无願解脫門无相
无願解脫門自性空是空解脫門自性即非
自性是无相无願解脫門自性亦非自性若
非自性即是靜慮波羅蜜多於此靜慮波羅

BD13946號　大般若波羅蜜多經卷一五一

（23–12）

相无願解脫門若我若无我何以故空解脫
門空解脫門自性空无相无願解脫門无相
无願解脫門自性空是空解脫門自性即非
自性是无相无願解脫門自性亦非自性若
非自性即是靜慮波羅蜜多於此靜慮波羅
蜜多空解脫門不可得彼我无我亦不可得
无相无願解脫門皆不可得彼我无我亦不
可得所以者何此中尚无空解脫門等可得
何况有彼我與无我汝若能脩如是靜慮是
脩靜慮波羅蜜多復作是言汝善男子應脩
靜慮波羅蜜多不應觀空解脫門若淨若不
淨不應觀无相无願解脫門若淨若不淨何
以故空解脫門空解脫門自性空无相无願
解脫門无相无願解脫門自性空是空解脫
門自性即非自性是无相无願解脫門自性
亦非自性若非自性即是靜慮波羅蜜多於
此靜慮波羅蜜多空解脫門不可得彼淨不
淨亦不可得无相无願解脫門皆不可得彼
淨不淨亦不可得所以者何此中尚无空解
脫門等可得何况有彼淨與不淨汝若能脩
如是靜慮是脩靜慮波羅蜜多憍尸迦是善
男子善女人等作此等說是為宣說真正靜
慮波羅蜜多
復次憍尸迦若善男子善女人等為發无上
菩提心者宣說靜慮波羅蜜多作如是言汝
善男子應脩靜慮波羅蜜多不應觀五眼若
常若无常不應觀六神通若常若无常可々

BD13946號　大般若波羅蜜多經卷一五一

（23–13）

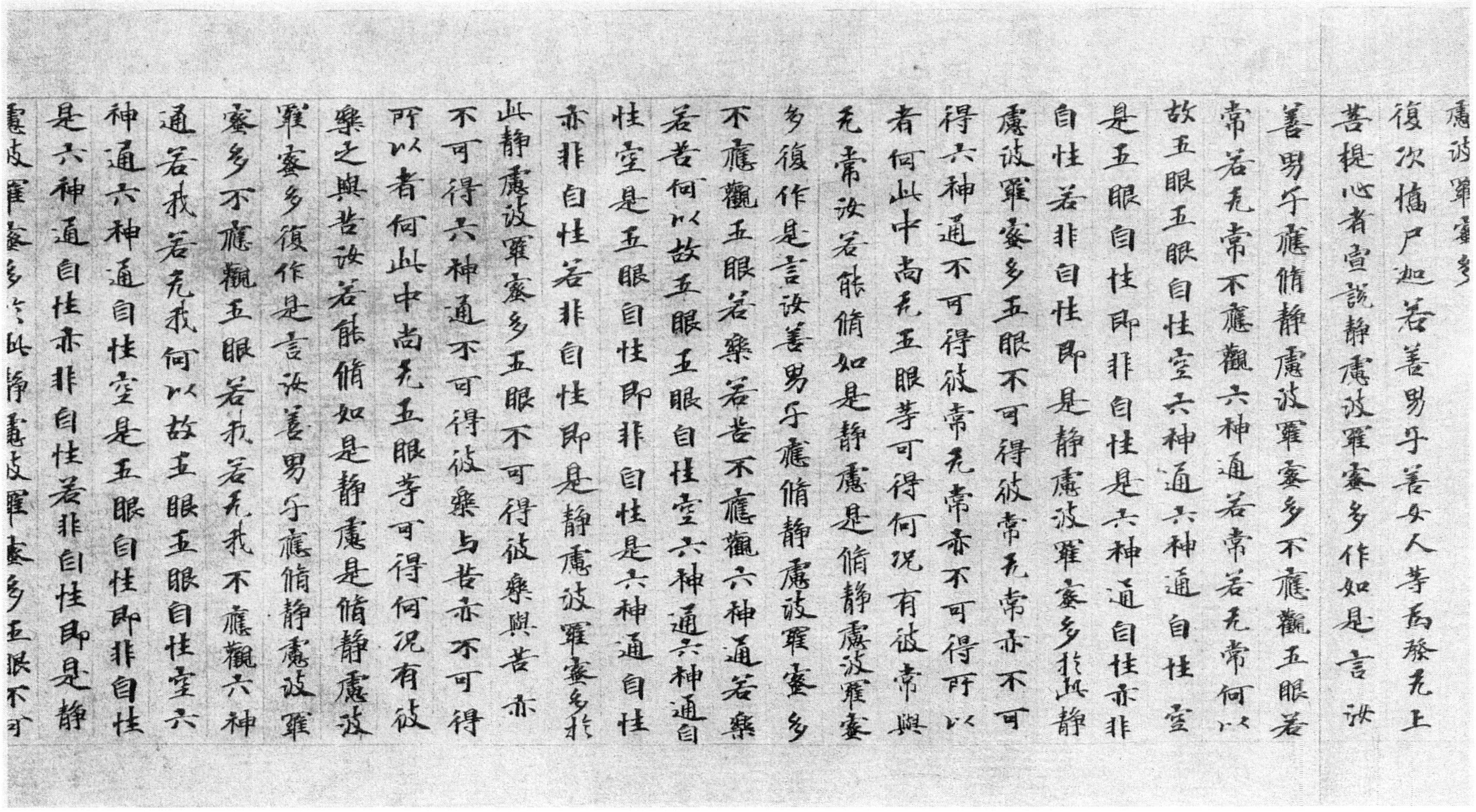

處波羅蜜多
復次憍尸迦若善男子善女人等爲發无上
菩提心者宣說靜慮波羅蜜多作如是言汝
善男子應修靜慮波羅蜜多不應觀五眼若
常若无常不應觀六神通若常若无常何以
故五眼五眼自性空六神通六神通自性空
是五眼自性即非自性是六神通自性亦非
自性若非自性即是靜慮波羅蜜多於此靜
慮波羅蜜多五眼不可得彼常无常亦不可
得六神通不可得彼常无常亦不可得所以
者何此中尚无五眼等可得何況有彼常與
无常汝若能修如是靜慮是修靜慮波羅蜜
多復作是言汝善男子應修靜慮波羅蜜多
不應觀五眼若樂若苦不應觀六神通若樂
若苦何以故五眼五眼自性空六神通六神通自
性空是五眼自性即非自性是六神通自性
亦非自性若非自性即是靜慮波羅蜜多於
此靜慮波羅蜜多五眼不可得彼樂與苦亦
不可得六神通不可得彼樂與苦亦不可得
所以者何此中尚无五眼等可得何況有彼
樂之與苦汝若能修如是靜慮是修靜慮波
羅蜜多復作是言汝善男子應修靜慮波羅
蜜多不應觀五眼若我若无我不應觀六神
通若我若无我何以故五眼五眼自性空六
神通六神通自性空是五眼自性即非自性
是六神通自性亦非自性若非自性即是靜
慮波羅蜜多於此靜慮波羅蜜多五眼不可

BD13946號　大般若波羅蜜多經卷一五一　（23-14）

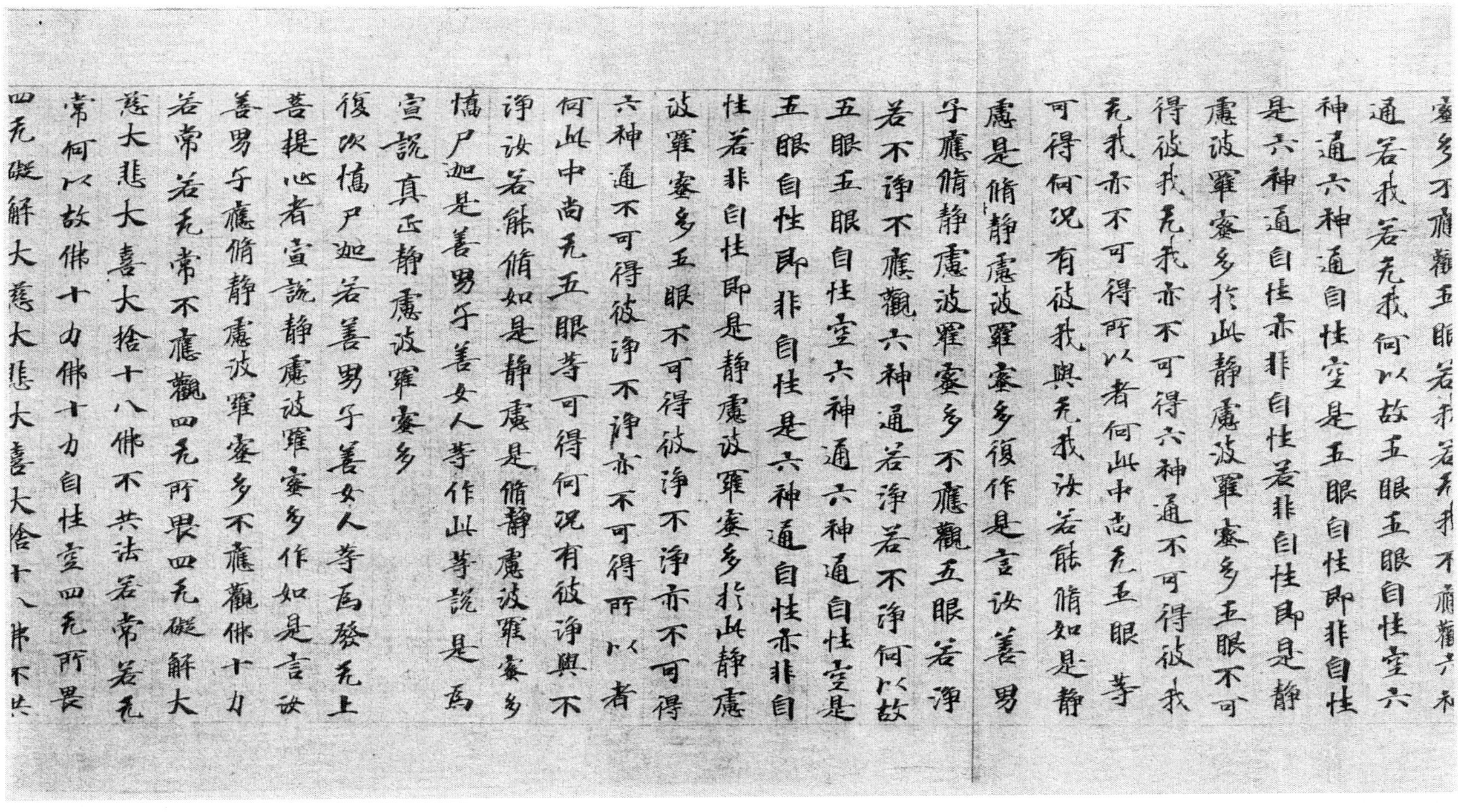

蜜多不應觀五眼若我若无我不應觀六神
通若我若无我何以故五眼五眼自性空六
神通六神通自性空是五眼自性即非自性
是六神通自性亦非自性若非自性即是靜
慮波羅蜜多於此靜慮波羅蜜多五眼不可
得彼我无我亦不可得六神通不可得彼我
无我亦不可得所以者何此中尚无五眼等
可得何況有彼我與无我汝若能修如是靜
慮是修靜慮波羅蜜多復作是言汝善男
子應修靜慮波羅蜜多不應觀五眼若淨
若不淨不應觀六神通若淨若不淨何以故
五眼五眼自性空六神通六神通自性空是
五眼自性即非自性是六神通自性亦非自
性若非自性即是靜慮波羅蜜多於此靜慮
波羅蜜多五眼不可得彼淨不淨亦不可得
六神通不可得彼淨不淨亦不可得所以者
何此中尚无五眼等可得何況有彼淨與不
淨汝若能修如是靜慮是修靜慮波羅蜜多
憍尸迦是善男子善女人等作此等說是爲
宣說真正靜慮波羅蜜多
復次憍尸迦若善男子善女人等爲發无上
菩提心者宣說靜慮波羅蜜多作如是言汝
善男子應修靜慮波羅蜜多不應觀佛十力
若常若无常不應觀四无所畏四无礙解大
慈大悲大喜大捨十八佛不共法若常若无
常何以故佛十力佛十力自性空四无所畏
四无礙解大慈大悲大喜大捨十八佛不共

BD13946號　大般若波羅蜜多經卷一五一　（23-15）

善男子應脩靜慮波羅蜜多不應觀佛十力
若常若无常不應觀四无所畏四无礙解大
慈大悲大喜大捨十八佛不共法若常若无
常何以故佛十力佛十力自性空四无所畏
四无礙解大慈大悲大喜大捨十八佛不共
法四无所畏乃至十八佛不共法自性空是
佛十力自性即非自性是四无所畏乃至十
八佛不共法自性亦非自性若非自性即是
靜慮波羅蜜多於此靜慮波羅蜜多佛十力
不可得彼常無常亦不可得四無所畏乃至
十八佛不共法皆不可得彼常無常亦不可
得所以者何此中尚無佛十力等可得何況
有彼常與無常汝若能脩如是靜慮是脩靜
慮波羅蜜多復作是言汝善男子應脩靜慮
波羅蜜多不應觀佛十力若樂若苦不應觀
四无所畏四无礙解大慈大悲大喜大捨十
八佛不共法若樂若苦何以故佛十力佛十
力自性空四无所畏四无礙解大慈大悲大
喜大捨十八佛不共法四无所畏乃至十八
佛不共法自性空是佛十力自性即非自性
是四无所畏乃至十八佛不共法自性亦非
自性若非自性即是靜慮波羅蜜多於此靜
慮波羅蜜多佛十力不可得彼樂與苦亦不
可得四无所畏乃至十八佛不共法皆不可
得彼樂與苦亦不可得所以者何此中尚无
佛十力等可得何況有彼樂之與苦汝若能

BD13946 號　大般若波羅蜜多經卷一五一　（23–16）

慮波羅蜜多佛十力不可得彼樂與苦亦不
可得四无所畏乃至十八佛不共法皆不可
得彼樂與苦亦不可得所以者何此中尚无
佛十力等可得何況有彼樂之與苦汝若能
脩如是靜慮是脩靜慮波羅蜜多復作是言
汝善男子應脩靜慮波羅蜜多不應觀佛十
力若我若无我不應觀四无所畏四无礙解
大慈大悲大喜大捨十八佛不共法若我若
无我何以故佛十力佛十力自性空四无所
畏四无礙解大慈大悲大喜大捨十八佛不
共法四无所畏乃至十八佛不共法自性空
是佛十力自性即非自性是四无所畏乃至
十八佛不共法自性亦非自性若非自性即
是靜慮波羅蜜多於此靜慮波羅蜜多佛十
力不可得彼我无我亦不可得四无所畏乃
至十八佛不共法皆不可得彼我无我亦不
可得所以者何此中尚无佛十力等可得何
況有彼我與无我汝若能脩如是靜慮是脩
靜慮波羅蜜多復作是言汝善男子應脩靜
慮波羅蜜多不應觀佛十力若淨若不淨不
應觀四无所畏四无礙解大慈大悲大喜大
捨十八佛不共法若淨若不淨何以故佛十
力佛十力自性空四无所畏四无礙解大慈
大悲大喜大捨十八佛不共法四无所畏乃
至十八佛不共法自性空是佛十力自性即
非自性是四无所畏乃至十八佛不共法自

BD13946 號　大般若波羅蜜多經卷一五一　（23–17）

捨十八佛不共法若淨若不淨何以故佛十
力佛十力自性空四无所畏四无礙解大慈
大悲大喜大捨十八佛不共法四无所畏乃
至十八佛不共法自性空是佛十力自性即
非自性是四无所畏乃至十八佛不共法自
性亦非自性若非自性即是靜慮波羅蜜多
於此靜慮波羅蜜多佛十力不可得彼淨不
淨亦不可得四无所畏乃至十八佛不共法
皆不可得彼淨不淨亦不可得所以者何此
中尚无佛十力等可得何況有彼淨与不淨
汝若能脩如是靜慮是脩靜慮波羅蜜多憍
尸迦是善男子善女人等作此等說是為宣
說真正靜慮波羅蜜多
復次憍尸迦若善男子善女人等為發无上
菩提心者宣說靜慮波羅蜜多作如是言汝
善男子應脩靜慮波羅蜜多不應觀无忘失
法若常若无常不應觀恒住捨性若常若无
常何以故无忘失法无忘失法自性空恒住
捨性恒住捨性自性空是无忘失法自性即
非自性是恒住捨性自性亦非自性若非自
性即是靜慮波羅蜜多於此靜慮波羅蜜多
无忘失法不可得彼常无常亦不可得恒住
捨性不可得彼常无常亦不可得所以者何
此中尚无无忘法法等可得何況有彼常与
无常汝若能脩如是靜慮是脩靜慮波羅蜜
多復作是言汝善男子應脩靜慮波羅蜜多
不應觀无忘失法若樂若苦不應觀恒住捨

BD13946號　大般若波羅蜜多經卷一五一　（23–18）

此中尚无无忘法法等可得何況有彼常与
无常汝若能脩如是靜慮是脩靜慮波羅蜜
多復作是言汝善男子應脩靜慮波羅蜜多
不應觀无忘失法若樂若苦不應觀恒住捨
性若樂若苦何以故无忘失法无忘失法自性
空恒住捨性恒住捨性自性空是无忘失
法自性即非自性是恒住捨性自性亦非自
性若非自性即是靜慮波羅蜜多於此靜慮
波羅蜜多无忘失法不可得彼樂與苦亦不
可得恒住捨性不可得彼樂與苦亦不可得
所以者何此中尚无无忘失法等可得何況
有彼樂之與苦汝若能脩如是靜慮是脩靜
慮波羅蜜多復作是言汝善男子應脩靜慮
波羅蜜多不應觀无忘失法若我若无我不
應觀恒住捨性若我若无我何以故无忘失
法无忘失法自性空恒住捨性恒住捨性自
性空是无忘失法自性即非自性是恒住捨
性自性亦非自性若非自性即是靜慮波羅
蜜多於此靜慮波羅蜜多无忘失法不可得
彼我无我亦不可得恒住捨性不可得彼我
无我亦不可得所以者何此中尚无无忘失
法等可得何況有彼我與无我汝若能脩如
是靜慮是脩靜慮波羅蜜多復作是言汝善
男子應脩靜慮波羅蜜多不應觀無忘失法
若淨若不淨不應觀恒住捨性若淨若不淨
何以故無忘失法無忘失法自性空恒住捨

BD13946號　大般若波羅蜜多經卷一五一　（23–19）

法等可得何况有彼我與无我汝若能脩如
是靜慮是脩靜慮波羅蜜多復作是言汝善
男子應脩靜慮波羅蜜多不應觀無忘失法
若淨若不淨不應觀恒住捨性若淨若不淨
何以故無忘失法無忘失法自性空恒住捨
性恒住捨性自性空是无忘失法自性即非
自性是恒住捨性自性亦非自性若非自性
即是靜慮波羅蜜多於此靜慮波羅蜜多无
忘失法不可得彼淨不淨亦不可得恒住捨
性不可得彼淨不淨亦不可得所以者何此
中尚无无忘失法等可得何况有彼淨與不
淨汝若能脩如是靜慮是脩靜慮波羅蜜多
憍尸迦是善男子善女人等作此等說是為
宣說真正靜慮波羅蜜多
復次憍尸迦若善男子善女人等為發无上
菩提心者宣說靜慮波羅蜜多作如是言汝
善男子應脩靜慮波羅蜜多不應觀一切智
若常若無常不應觀道相智一切相智若常
若无常何以故一切智一切智自性空道相
智一切相智道相智一切相智自性空是一
切智自性即非自性是道相智一切相智自
性亦非自性若非自性即是靜慮波羅蜜多
於此靜慮波羅蜜多一切智不可得彼常无
常亦不可得道相智一切相智皆不可得彼
常无常亦不可得所以者何此中尚无一切
智等可得何况有彼常與无常汝若能脩如

BD13946號　大般若波羅蜜多經卷一五一　（23–20）

於此靜慮波羅蜜多一切智不可得彼常无
常亦不可得道相智一切相智皆不可得彼
常无常亦不可得所以者何此中尚无一切
智等可得何况有彼常與无常汝若能脩如
是靜慮是脩靜慮波羅蜜多復作是言汝善
男子應脩靜慮波羅蜜多不應觀一切智若
樂若苦不應觀道相智一切相智若樂若苦
何以故一切智一切智自性空道相智一切
相智道相智一切相智自性空是一切智自
性即非自性是道相智一切相智自性亦非
自性若非自性即是靜慮波羅蜜多於此靜
慮波羅蜜多一切智不可得彼樂與苦亦不
可得道相智一切相智皆不可得彼樂與苦
亦不可得所以者何此中尚无一切智等可
得何况有彼樂之與苦汝若能脩如是靜慮
是脩靜慮波羅蜜多復作是言汝善男子應
脩靜慮波羅蜜多不應觀一切智若我若无
我不應觀道相智一切相智若我若无我何
以故一切智一切智自性空道相智一切相
智道相智一切相智自性空是一切智自性
即非自性是道相智一切相智自性亦非自
性若非自性即是靜慮波羅蜜多於此靜慮
波羅蜜多一切智不可得彼我无我亦不可
得道相智一切相智皆不可得彼我无我亦
不可得所以者何此中尚无一切智等可得
何况有彼我與无我汝若能脩如是靜慮是

BD13946號　大般若波羅蜜多經卷一五一　（23–21）

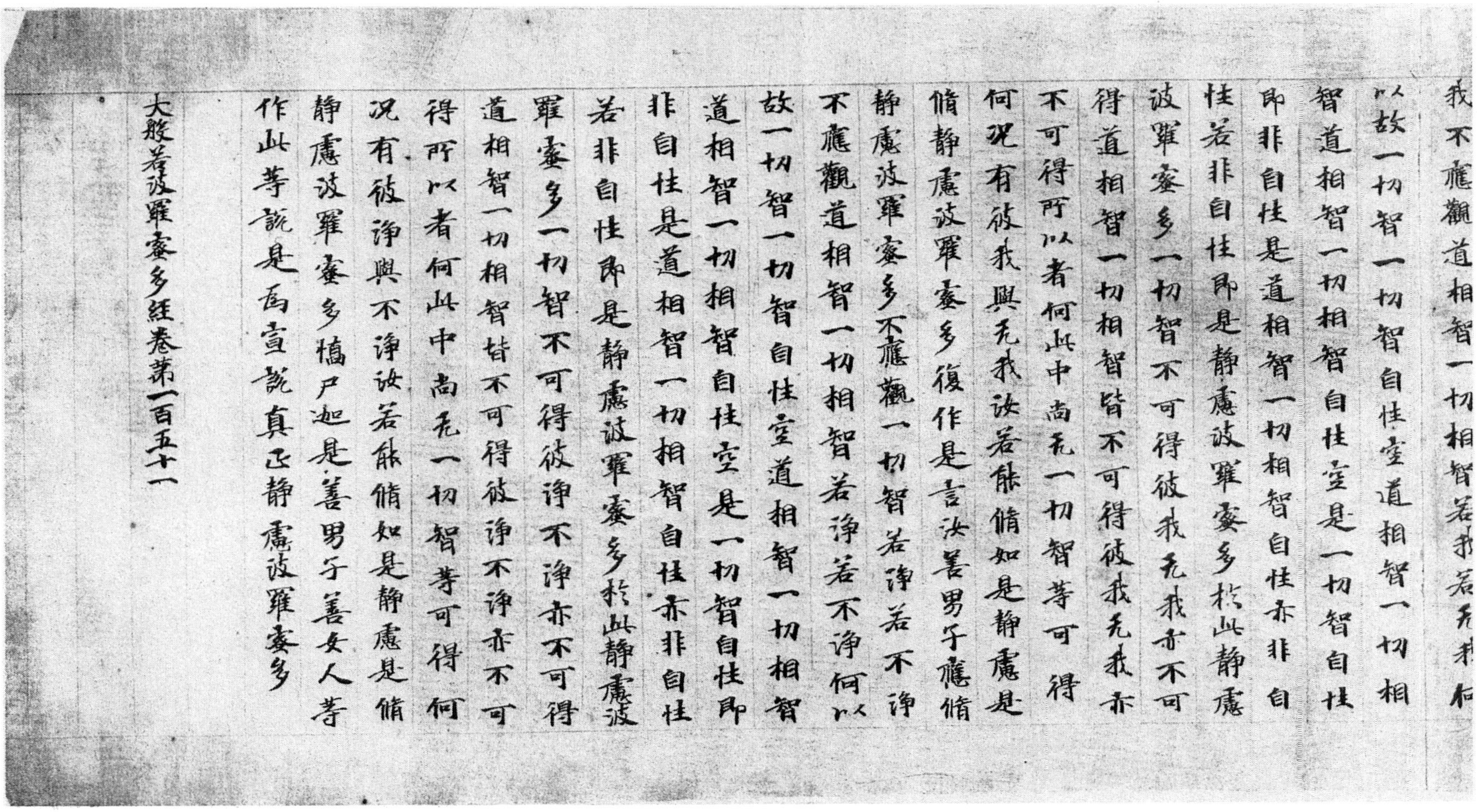
我不應觀道相智一切相智若我若无我何
以故一切智一切智自性空道相智一切相
智道相智一切相智自性空是一切智自性
即非自性是道相智一切相智自性亦非自
性若非自性即是靜慮波羅蜜多於此靜慮
波羅蜜多一切智不可得彼我无我亦不可
得道相智一切相智皆不可得彼我无我亦
不可得所以者何此中尚无一切智等可得
何況有彼我與无我汝若能脩如是靜慮是
脩靜慮波羅蜜多復作是言汝善男子應脩
靜慮波羅蜜多不應觀一切智若淨若不淨
不應觀道相智一切相智若淨若不淨何以
故一切智一切智自性空道相智一切相智
道相智一切相智自性空是一切智自性即
非自性是道相智一切相智自性亦非自性
若非自性即是靜慮波羅蜜多於此靜慮波
羅蜜多一切智不可得彼淨不淨亦不可得
道相智一切相智皆不可得彼淨不淨亦不可
得所以者何此中尚无一切智等可得何
況有彼淨與不淨汝若能脩如是靜慮是脩
靜慮波羅蜜多憍尸迦是善男子善女人等
作此等說是為宣說真正靜慮波羅蜜多
大般若波羅蜜多經卷第一百五十一

BD13946號　大般若波羅蜜多經卷一五一　（23–22）

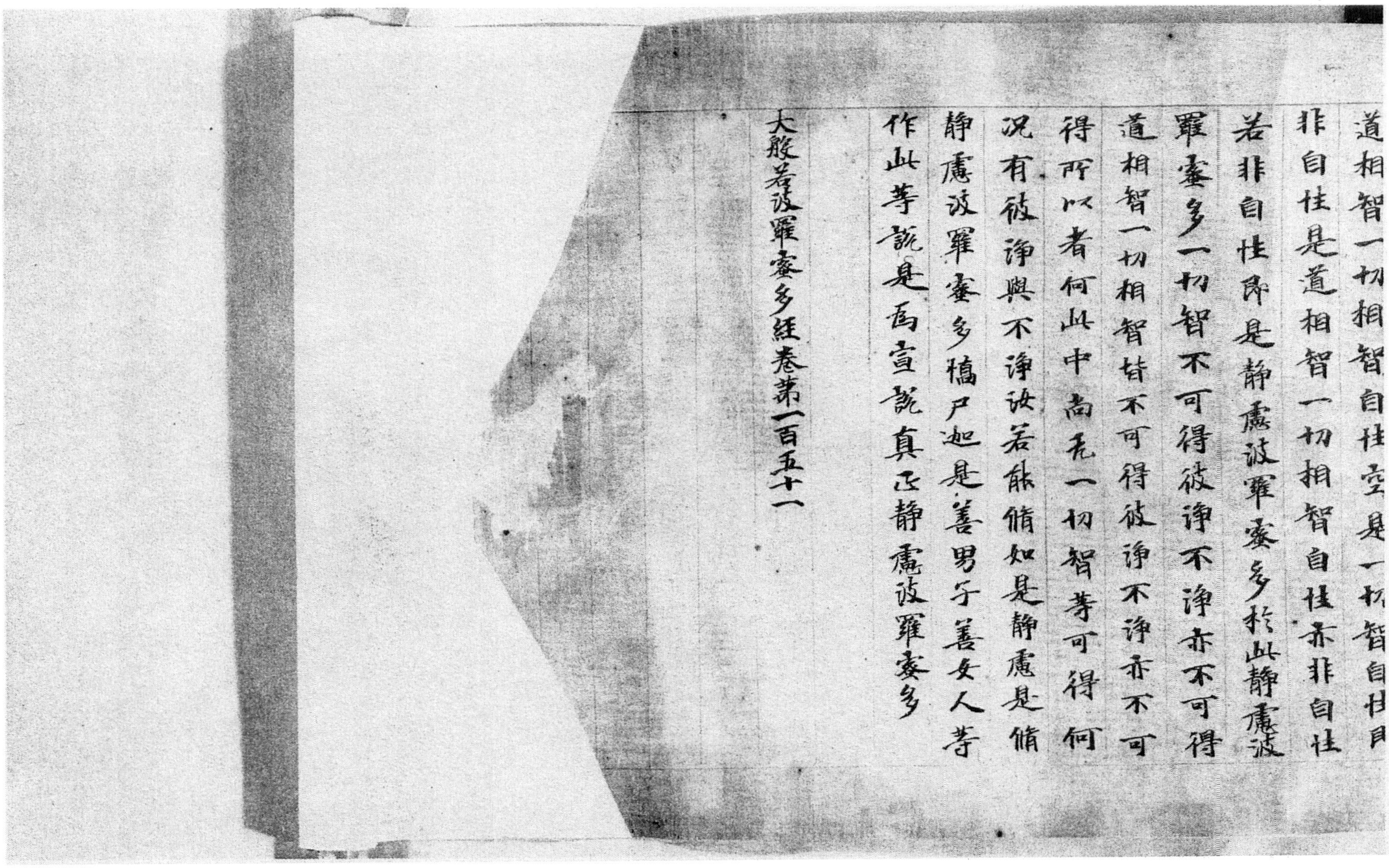
道相智一切相智自性空是一切智自性即
非自性是道相智一切相智自性亦非自性
若非自性即是靜慮波羅蜜多於此靜慮波
羅蜜多一切智不可得彼淨不淨亦不可得
道相智一切相智皆不可得彼淨不淨亦不可
得所以者何此中尚无一切智等可得何
況有彼淨與不淨汝若能脩如是靜慮是脩
靜慮波羅蜜多憍尸迦是善男子善女人等
作此等說是為宣說真正靜慮波羅蜜多
大般若波羅蜜多經卷第一百五十一

BD13946號　大般若波羅蜜多經卷一五一　（23–23）

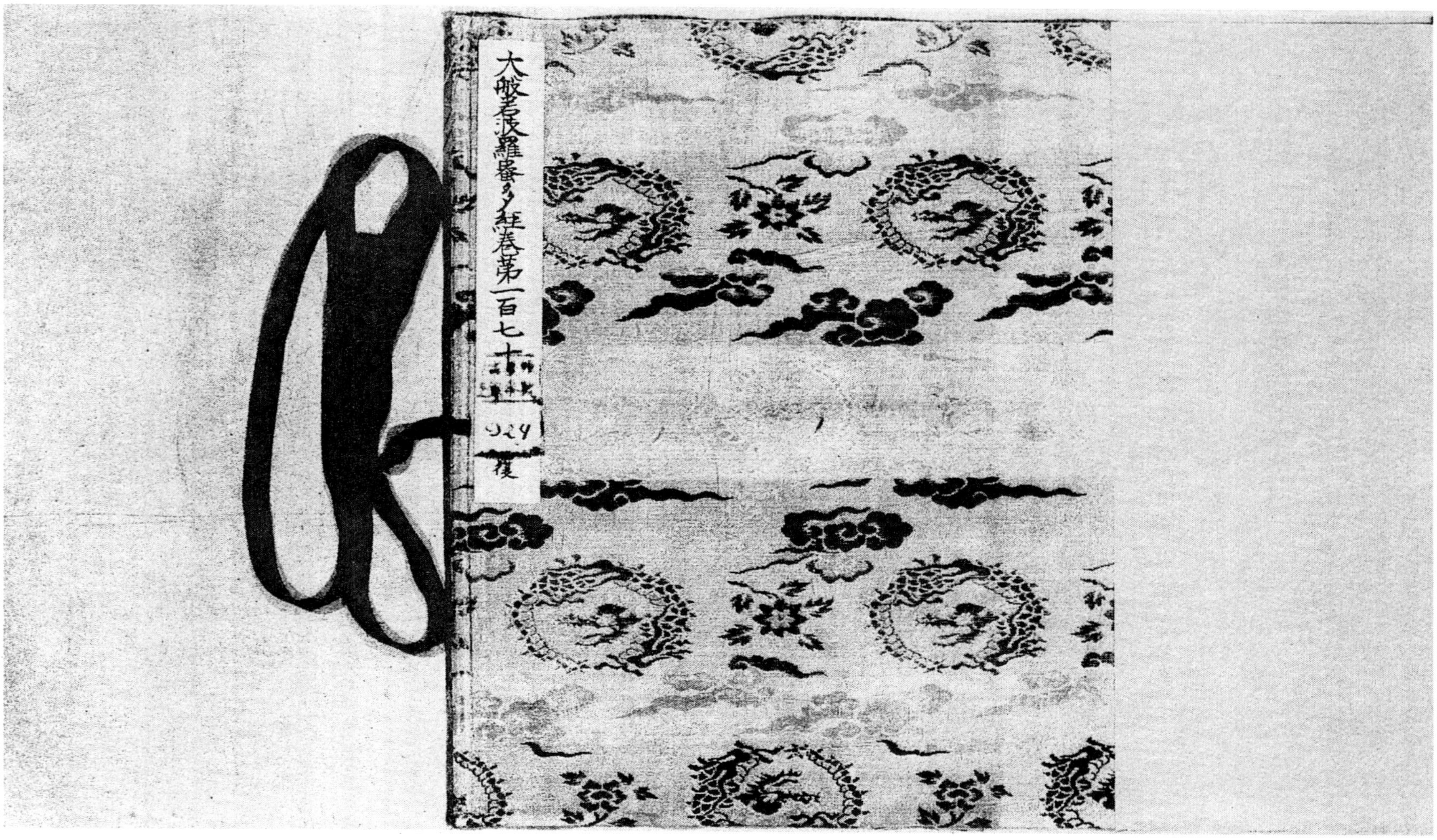


BD13947 號背　現代護首　　　　(1–1)

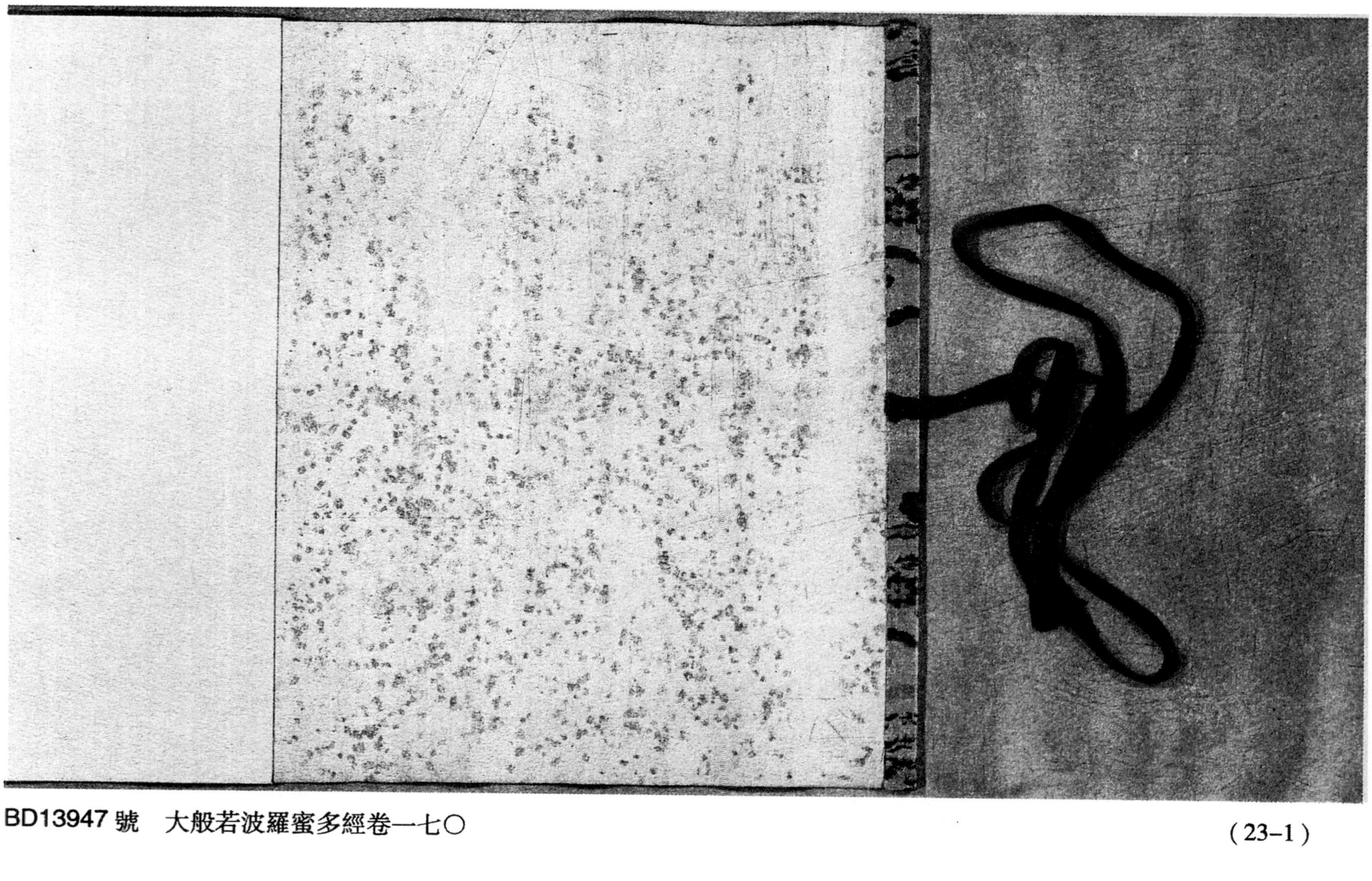

BD13947 號　大般若波羅蜜多經卷一七〇　　　　(23–1)

大般若波羅蜜多經卷第一百七十
初分隨喜迴向品第卅一之三　　三藏法師玄奘奉　詔譯
復次大士若菩薩摩訶薩於所修作諸福業
事應知離色離受想行識應知離眼處離耳
鼻舌身意處應知離色處離聲香味觸法處
應知離眼界離色界眼識界及眼觸眼觸為
緣所生諸受應知離耳界離聲界耳識界及
耳觸耳觸為緣所生諸受應知離鼻界離香
界鼻識界及鼻觸鼻觸為緣所生諸受應知
離舌界離味界舌識界及舌觸舌觸為緣所
生諸受應知離身界離觸界身識界及身觸

BD13947號　大般若波羅蜜多經卷一七〇　　（23-2）

耳觸耳觸為緣所生諸受應知離鼻界離香
界鼻識界及鼻觸鼻觸為緣所生諸受應知
離舌界離味界舌識界及舌觸舌觸為緣所
生諸受應知離身界離觸界身識界及身觸
身觸為緣所生諸受應知離意界離法界意
識界及意觸意觸為緣所生諸受應知離地
界離水火風空識界應知離無明離行識名
色六處觸受愛取有生老死愁歎苦憂惱應
知離布施波羅蜜多離淨戒安忍精進靜慮
般若波羅蜜多應知離內空離外空內外空
空空大空勝義空有為空無為空畢竟空無
際空散空無變異空本性空自相空共相空
一切法空不可得空無性空自性空無性自
性空應知離真如離法界法性不虛妄性不
變異性平等性離生性法定法住實際虛界
界不思議界應知離苦聖諦離集滅道聖諦
應知離四靜慮離四無量四無色定應知離
八解脫離八勝處九次第定十遍處應知離
四念住離四正斷四神足五根五力七等覺
支八聖道支應知離空解脫門離無相無願
解脫門應知離五眼離六神通知離佛十
力離四無所畏四無礙解大慈大悲大喜大
捨十八佛不共法應知離無忘失法離恒住
捨性應知離一切智離道相智一切相智應
知離一切陀羅尼門離一切三摩地門應知
離菩薩摩訶薩行應知離佛無上正等菩提
是菩薩摩訶薩於所修作諸福業事如是應

BD13947號　大般若波羅蜜多經卷一七〇　　（23-3）

力離四無所畏四無礙解大慈大悲大喜大
捨十八佛不共法正知離無妄失法離恒住
捨性正知離一切智離道相智一切相智正
知離一切陁羅尼門離一切三摩地門正知
離菩薩摩訶薩行正知離佛無上正等菩提
是菩薩摩訶薩於所脩作諸福業事如是正
知能正隨喜迴向無上正等菩提
復次大士若菩薩摩訶薩正知所脩隨喜俱
行諸福業事遠離所脩隨喜俱行諸福業事
自性正知如來應正等覺遠離如來應正等
覺自性正知如來應正等覺所有功德遠離
如來應正等覺功德自性正知聲聞獨覺菩
薩遠離聲聞獨覺菩薩自性正知聲聞獨覺
菩薩所脩善根遠離聲聞獨覺菩薩善根
自性正知菩提心遠離菩提心自性正知迴向
心遠離迴向心自性正知所迴向無上正等
菩提遠離所迴向無上正等菩提自性正知
般若波羅蜜多遠離般若波羅蜜多自性正
知靜慮精進安忍淨戒布施波羅蜜多遠離
靜慮精進安忍淨戒布施波羅蜜多自性正
知內空遠離內空自性正知外空內外空空
空大空勝義空有為空無為空畢竟空無際
空散空無變異空本性空自相空共相空一
切法空不可得空無性空自性空無性自性
空遠離外空乃至無性自性空自性正知真
如遠離真如自性正知法界法性不虛妄性
不變異性平等性離生性法定法住實際虛

BD13947 號　大般若波羅蜜多經卷一七〇

（23-4）

空散空無變異空本性空自相空共相空一
切法空不可得空無性空自性空無性自性
空遠離外空乃至無性自性空自性正知真
如遠離真如自性正知法界法性不虛妄性
不變異性平等性離生性法定法住實際虛
空界不思議界遠離法界乃至不思議界自
性正知苦聖諦遠離苦聖諦自性正知集滅
道聖諦遠離集滅道聖諦自性正知四靜慮
遠離四靜慮自性正知四無量四無色定遠
離四無量四無色定自性正知八解脫遠離
八解脫自性正知八勝處九次第定十遍處
遠離八勝處九次第定十遍處自性正知四念
住遠離四念住自性正知四正斷四神足
五根五力七等覺支八聖道支遠離四正斷
乃至八聖道支自性正知空解脫門遠離空
解脫門自性正知無相無願解脫門遠離無
相無願解脫門自性正知五眼遠離五眼自
性正知六神通遠離六神通自性正知佛十
力遠離佛十力自性正知四無所畏四無礙
解大慈大悲大喜大捨十八佛不共法遠離
四無所畏乃至十八佛不共法自性正知無
忘失法遠離無忘失法自性正知恒住捨性
遠離恒住捨性自性正知一切智遠離一切
智自性正知道相智一切相智遠離道相智
一切相智自性正知一切陁羅尼門遠離一
切陁羅尼門自性正知一切三摩地門遠離
一切三摩地門自性正知菩薩摩訶薩行遠

BD13947 號　大般若波羅蜜多經卷一七〇

（23-5）

遠離恒住捨性自性正知一切智遠離一切
智自性正知道相智一切相智遠離道相智
一切相智自性正知一切陁羅尼門遠離一
切陁羅尼門自性正知一切三摩地門遠離
一切三摩地門自性正知菩薩摩訶薩行遠
離菩薩摩訶薩行自性正知佛無上正等菩
提遠離佛無上正等菩提自性是菩薩摩訶
薩如是脩行離性般若波羅蜜多能正隨喜
迴向無上正等菩提
復次大士諸菩薩摩訶薩於已涅槃一切如
来應正等覺及諸弟子功德善根若欲發起
隨喜迴向無上正等菩提心者應作如是隨
喜迴向謂作是念如諸如来應正等覺及諸
弟子皆已滅度功德善根亦復如是我所發
起隨喜迴向無上正等菩提之心及所迴向
無上菩提其性亦尒如是隨喜迴向無上正
等菩提無想顛倒無心顛倒無見顛倒若菩
薩摩訶薩以取相為方便脩行般若波羅蜜
多於彼一切佛及弟子功德善根取相隨喜
迴向無上正等菩提是為非善隨喜迴向以
過去佛及弟子衆功德善根非相無相所取
境界是菩薩摩訶薩以取相念發起隨喜迴
向無上正等菩提是故非善隨喜迴向由此
因緣墮想顛倒墮心顛倒墮見顛倒若菩薩
摩訶薩不取相為方便脩行般若波羅蜜多
於彼一切佛及弟子功德善根離相隨喜迴
向無上正等菩提是名為善隨喜迴向由此

BD13947 號　大般若波羅蜜多經卷一七〇　　（23–6）

因緣墮想顛倒墮心顛倒墮見顛倒若菩薩
摩訶薩不取相為方便脩行般若波羅蜜多
於彼一切佛及弟子功德善根離相隨喜迴
向無上正等菩提是名為善隨喜迴向由此
因緣是菩薩摩訶薩隨喜迴向離想顛倒離
心顛倒離見顛倒
尒時弥勒菩薩摩訶薩問具壽善現言大德
云何菩薩摩訶薩於諸如来應正等覺及弟
子衆功德善根隨喜俱行福業事等皆不取
相而能隨喜迴向無上正等菩提具壽善現
荅言大士應知菩薩摩訶薩所學般若波羅
蜜多中有如是等善巧方便雖不取相而所
作成非離般若波羅蜜多有能發起隨喜俱
行諸福業事迴向無上正等菩提弥勒菩薩
摩訶薩言大德善現勿作是說所以者何以
甚深般若波羅蜜多中一切如来應正等覺
及弟子衆功德善根皆無所有不可得故所
作隨喜諸福業事亦無所有不可得故發心
迴向無上菩提亦無所有不可得故此中菩
薩摩訶薩脩行般若波羅蜜多時應如是觀
過去諸佛及弟子衆功德善根性皆已滅所
作隨喜諸福業事發心迴向無上菩提性皆
寂滅我若於彼一切如来應正等覺及弟子
衆功德善根取相分別及於所作隨喜俱行
諸福業事發心迴向無上菩提取相分別以
是取相分別方便發起隨喜迴向無上正等
菩提諸佛世尊皆所不許何以故於已滅度

BD13947 號　大般若波羅蜜多經卷一七〇　　（23–7）

[illegible]
衆功德善根取相分別及於所作隨喜俱行
諸福業事發心迴向無上菩提取相分別以
是取相分別方便發起隨喜迴向無上正等
菩提諸佛世尊皆所不許何以故於已滅度
諸佛世尊及弟子等取相分別隨喜迴向無
上正等菩提是大有所得故是故菩薩摩訶
薩欲於諸佛及弟子衆功德善根正起隨喜
迴向無上正等菩提不應於中起有所得取
相分別隨喜迴向若於其中起有所得取相
分別隨喜迴向佛不說彼有大義利何以故
如是隨喜迴向之心妄想分別雜毒藥故譬
如有食雖具上妙色香美味而雜毒藥愚人
淺識貪取噉之雖初適意歡喜快樂而後食
消備受衆苦或便致死若等失命如是一類
補特伽羅不善受持不善觀察不善誦讀
不了知義而告大乘種姓者曰來善男子汝於
過去未來現在一切如來應正等覺從初發
心至得無上正等菩提轉妙法輪度無量衆
入無餘依般涅槃已乃至法滅於其中間若
脩般若波羅蜜多已集當集現集善根若脩
靜慮精進安忍淨戒布施波羅蜜多已集當
集現集善根若住內空已集當集現集善根
若住外空內外空空空大空勝義空有為空
無為空畢竟空無際空散空無變異空本性
空自相空共相空一切法空不可得空無性
空自性空無性自性空已集當集現集善根
[illegible]



集現集善根若住內空已集當集現集善根
若住外空內外空空空大空勝義空有為空
無為空畢竟空無際空散空無變異空本性
空自相空共相空一切法空不可得空無性
空自性空無性自性空已集當集現集善根
若住真如已集當集現集善根若住法界法
性不虛妄性不變異性平等性離生性法定
法住實際虛空界不思議界已集當集現集
善根若住苦聖諦已集當集現集善根若住
集滅道聖諦已集當集現集善根若脩四靜
慮已集當集現集善根若脩四無量四無色
定已集當集現集善根若脩八解脫已集當
集現集善根若脩八勝處九次第定十遍處
已集當集現集善根若脩四念住已集當集
現集善根若脩四正斷四神足五根五力七
等覺支八聖道支已集當集現集善根若脩
空解脫門已集當集現集善根若脩無相無
願解脫門已集當集現集善根若脩五眼已
集當集現集善根若脩六神通已集當集現
集善根若脩佛十力已集當集現集善根
若脩四無所畏四無礙解大慈大悲大喜大捨
十八佛不共法已集當集現集善根若脩無
忘失法已集當集現集善根若脩恒住捨性
已集當集現集善根若脩一切智已集當集
現集善根若脩道相智一切相智已集當集
現集善根若脩一切陀羅尼門已集當集現
集善根若脩一切三摩地門已集當集現集

忘失法已集當集現集善根若修恒住捨性
已集當集現集善根若修一切智已集當集
現集善根若修道相智一切相智已集當集
現集善根若修一切陀羅尼門已集當集現
集善根若修一切三摩地門已集當集現集
善根若嚴淨佛土已集當集現集善根若成
熟有情已集當集現集善根若諸如來應正
等覺所有戒蘊定蘊慧蘊解脫蘊解脫智見
蘊及餘一切無數無量無邊功德若佛弟子
一切有漏無漏善根若諸如來應正等覺已
當現記諸天人等獨覺菩提所有功德若諸
天龍藥叉健達縛阿素洛揭路荼緊捺洛莫
呼洛伽人非人等已集當集現集善根若善
男子善女人等於諸功德發起隨喜迴向善
根如是一切合集稱量現前隨喜與一切有
情同共迴向阿耨多羅三藐三菩提如是所
說隨喜迴向以有所得取相分別而為方便
如食雜毒初益後損故此非善隨喜迴向所
以者何以有所得取相分別發起隨喜迴向
之心有因有緣有作意有戲論不應般若波
羅蜜多彼雜毒故則為謗佛不隨佛教不隨
法說菩薩種姓補特伽羅不應隨彼所說修
學是故大德應說云何住菩薩乘說善男子
善女人等應於過去未來現在十方世界一
切如來應正等覺及弟子等功德善根隨喜
迴向謂彼諸佛從初發心至得無上正等菩
提轉妙法轉度無量衆入無餘依般涅槃已



學是故大德應說云何住菩薩乘說善男子
善女人等應於過去未來現在十方世界一
切如來應正等覺及弟子等功德善根隨喜
迴向謂彼諸佛從初發心至得無上正等菩
提轉妙法轉度無量衆入無餘依般涅槃已
乃至法滅於其中間若修般若波羅蜜多集
諸善根若修靜慮精進安忍淨戒布施波羅
蜜多集諸善根若住內空集善諸根若住外
空內外空空空大空勝義空有為空無為空
畢竟空無際空散空無變異空本性空自相
空共相空一切法空不可得空無性空自性
空無性自性空集諸善根善住真如集諸善
根若住法界法性不虛妄性不變異性平等
性離生性法定法住實際虛空界不思議界
集諸善根若住苦聖諦集諸善根若住集滅
道聖諦集諸善根若修四靜慮集諸善根
若修四無量四無色定集諸善根若修八解脫
集諸善根若修八勝處九次第定十遍處集
諸善根若修四念住集諸善根若修四正斷
四神足五根五力七等覺支八聖道支集諸
善根若修空解脫門集諸善根若修無相無
願解脫門集諸善根若修五眼集諸善根若
修六神通集諸善根若修佛十力集諸善
根若修四無所畏四無礙解大慈大悲大喜大
捨十八佛不共法集諸善根若修無忘失法
集諸善根若修恒住捨性集諸善根若修一
切智集諸善根若修道相智一切相智集諸

脩六神通集諸善根若脩佛十力集諸善
根若脩四無所畏四無礙解大慈大悲大喜大
捨十八佛不共法集諸善根若脩無忘失法
集諸善根若脩恒住捨性集諸善根若脩一
切智集諸善根若脩道相智一切相智集諸
善根若脩一切陁羅尼門集諸善根若脩一
切三摩地門集諸善根若嚴淨佛土集諸善
根若成熟有情集諸善根若諸如來應正等
覺所有戒蘊定蘊慧蘊解脫蘊解脫智見蘊
及餘一切無數無量無邊功德若佛弟子一
切有漏無漏善根若諸如來應正等覺已當
現記諸天人等獨覺菩提所有功德若諸天
龍藥叉健達縛阿素洛揭路荼緊捺洛莫呼
洛伽人非人等集諸善根若善男子善女人
等於諸功德發起隨喜迴向善根住菩薩乘
諸善男子善女人等云何於彼功德善根發
起隨喜迴向無上正等菩提具壽善現白言
大士住菩薩乘諸善男子善女人等脩行般
若波羅蜜多若欲不謗諸佛世尊而發隨喜
迴向心者應作是念如諸如來應正等覺以
無上佛智了達遍知諸功德善根有如是類
有如是體有如是相有如是法而可隨喜我
今亦應如是隨喜又如諸如來應正等覺以
無上佛智了達遍知應以如是諸福業事迴
向無上正等菩提我今亦應如是迴向住菩
薩乘諸善男子善女人等於諸如來應正等
覺及弟子等功德善根應作如是隨喜迴向



有如是體有如是相有如是法而可隨喜我
今亦應如是隨喜又如諸如來應正等覺以
無上佛智了達遍知應以如是諸福業事迴
向無上正等菩提我今亦應如是迴向住菩
薩乘諸善男子善女人等於諸如來應正等
覺及弟子等功德善根應作如是隨喜迴向
若作如是隨喜迴向則不謗佛隨佛所教隨
法而說是菩薩摩訶薩如是隨喜迴向之心
不雜衆毒終至甘露無上菩提
復次大士住菩薩乘諸善男子善女人等脩
行般若波羅蜜多於諸如來應正等覺及弟
子等功德善根應作如是隨喜迴向如色不
墮欲界色界無色界既不墮三界則非過去
未來現在隨喜迴向亦應如是如受想行識
不墮欲界色界無色界既不墮三界則非過
去未來現在隨喜迴向亦應如是眼處不
墮欲界色界無色界既不墮三界則非過去
未來現在隨喜迴向亦應如是如耳鼻舌身
意處不墮欲界色界無色界既不墮三界則
非過去未來現在隨喜迴向亦應如是如色
處不墮欲界色界無色界既不墮三界則非
過去未來現在隨喜迴向亦應如是如聲香
味觸法處不墮欲界色界無色界既不墮三
則非過去未來現在隨喜迴向亦應如是
如眼界不墮欲界色界無色界既不墮三界
則非過去未來現在隨喜迴向亦應如是如
色界眼識界及眼觸眼觸為緣所生諸受不
墮欲界色界無色界既不墮三界則非過去

則非過去未來現在隨喜迴向亦應如是
如眼界不墮欲界色界無色界既不墮三界
則非過去未來現在隨喜迴向亦應如是如
色界眼識界及眼觸眼觸為緣所生諸受不
墮欲界色界無色界既不墮三界則非過去
未來現在隨喜迴向亦應如是如耳界不墮
欲界色界無色界既不墮三界則非過去未
來現在隨喜迴向亦應如是如聲界耳識界
及耳觸耳觸為緣所生諸受不墮欲界色界
無色界既不墮三界則非過去未來現在隨
喜迴向亦應如是如鼻界不墮欲界色界無
色界既不墮三界則非過去未來現在隨喜
迴向亦應如是如香界鼻識界及鼻觸鼻觸
為緣所生諸受不墮欲界色界無色界既不
墮三界則非過去未來現在隨喜迴向亦應
如是如舌界不墮欲界色界無色界既不墮
三界則非過去未來現在喜隨迴向亦應如
是如味界舌識界及舌觸舌觸為緣所生諸
受不墮欲界色界無色界既不墮三界則非
過去未來現在隨喜迴向亦應如是如身界
不墮欲界色界無色界既不墮三界則非過
去未來現在隨喜迴向亦應如是如觸界身
識界及身觸身觸為緣所生諸受不墮欲界
色界無色界既不墮三界則非過去未來現
在隨喜迴向亦應如是如意界不墮欲界色
界無色界既不墮三界則非過去未來現在
隨喜迴向亦應如是如法界意識界及意觸
意觸為緣所生諸受不墮欲界色界無色界

BD13947號　大般若波羅蜜多經卷一七〇　（23-14）

色界無色界既不墮三界則非過去未來現
在隨喜迴向亦應如是如意界不墮欲界色
界無色界既不墮三界則非過去未來現在
隨喜迴向亦應如是如法界意識界及意觸
意觸為緣所生諸受不墮欲界色界無色界
既不墮三界則非過去未來現在隨喜迴向
亦應如是如地界不墮欲界色界無色界既
不墮三界則非過去未來現在隨喜迴向亦
應如是如水火風空識界不墮欲界色界無
色界既不墮三界則非過去未來現在隨喜
迴向亦應如是如無明不墮欲界色界無色
界既不墮三界則非過去未來現在隨喜迴
向亦應如是如行識名色六處觸受愛取有
生老死愁歎苦憂惱不墮欲界色界無色界
既不墮三界則非過去未來現在隨喜迴向
亦應如是如布施波羅蜜多不墮欲界色界
無色界既不墮三界則非過去未來現在隨
喜迴向亦應如是如淨戒安忍精進靜慮般
若波羅蜜多不墮欲界色界無色界既不墮
三界則非過去未來現在隨喜迴向亦應如
是如內空不墮欲界色界無色界既不墮三
界則非過去未來現在隨喜迴向亦應如是
如外空內外空空空大空勝義空有為空無
為空畢竟空無際空散空無變異空本性空
自相空共相空一切法空不可得空無性空
自性空無性自性空不墮欲界色界無色界
既不墮三界則非過去未來現在隨喜迴向

BD13947號　大般若波羅蜜多經卷一七〇　（23-15）

為空畢竟空無際空散空無變異空本性空
自相空共相空一切法空不可得空無性空
自性空無性自性空不墮欲界色界無色界
既不墮三界則非過去未來現在隨喜迴向
亦應如是如真如不墮欲界色界無色界既
不墮三界則非過去未來現在隨喜迴向亦
應如是如法界法性不虛妄性不變異性平
等性離生性法定法住實際虛空界不思議
界不墮欲界色界無色界既不墮三界則非
過去未來現在隨喜迴向亦應如是如苦聖
諦不墮欲界色界無色界既不墮三界則非
過去未來現在隨喜迴向亦應如是如集滅
道聖諦不墮欲界色界無色界既不墮三界
則非過去未來現在隨喜迴向亦應如是如
四靜慮不墮欲界色界無色界既不墮三界
則非過去未來現在隨喜迴向亦應如是如
四無量四無色定不墮欲界色界無色界既
不墮三界則非過去未來現在隨喜迴向亦
應如是如八解脫不墮欲界色界無色界既
不墮三界則非過去未來現在隨喜迴向亦
應如是如八勝處九次第定十遍處不墮欲
界色界無色界既不墮三界則非過去未來
現在隨喜迴向亦應如是如四念住不墮欲
界色界無色界既不墮三界則非過去未來
現在隨喜迴向亦應如是如四正斷四神足
五根五力七等覺支八聖道支不墮欲界色
界無色界既不墮三界則非過去未來現在

BD13947號　大般若波羅蜜多經卷一七〇　（23–16）

現在隨喜迴向亦應如是如四念住不墮欲
界色界無色界既不墮三界則非過去未來
現在隨喜迴向亦應如是如四正斷四神足
五根五力七等覺支八聖道支不墮欲界色
界無色界既不墮三界則非過去未來現在
隨喜迴向亦應如是如空解脫門不墮欲界
色界無色界既不墮三界則非過去未來現
在隨喜迴向亦應如是如無相無願解脫門
不墮欲界色界無色界既不墮三界則非過
去未來現在隨喜迴向亦應如是如五眼不
墮欲界色界無色界既不墮三界則非過去
未來現在隨喜迴向亦應如是如六神通不
墮欲界色界無色界既不墮三界則非過去
未來現在隨喜迴向亦應如是如佛十力不
墮欲界色界無色界既不墮三界則非過去
未來現在隨喜迴向應如是如四無所畏
四無礙解大慈大悲大喜大捨十八佛不共
法不墮欲界色界無色界既不墮三界則非
過去未來現在隨喜迴向亦應如是如無忘
失法不墮欲界色界無色界既不墮三界則
非過去未來現在隨喜迴向亦應如是如恒
住捨性不墮欲界色界無色界既不墮三界
則非過去未來現在隨喜迴向亦應如是如
一切智不墮欲界色界無色界既不墮三界
則非過去未來現在隨喜迴向亦應如是如
道相智一切相智不墮欲界色界無色界既
不墮三界則非過去未來現在隨喜迴向亦

BD13947號　大般若波羅蜜多經卷一七〇　（23–17）

則非過去未來現在隨喜迴向亦應如是如
一切智不墮欲界色界無色界既不墮三界
則非過去未來現在隨喜迴向亦應如是如
道相智一切相智不墮欲界色界無色界既
不墮三界則非過去未來現在隨喜迴向亦
應如是如一切陁羅尼門不墮欲界色界無
色界既不墮三界則非過去未來現在隨喜
迴向亦應如是如一切三摩地門不墮欲界
色界無色界既不墮三界則非過去未來現
在隨喜迴向亦應如是如戒蘊不墮欲界色
界無色界既不墮三界則非過去未來現在
隨喜迴向亦應如是如定蘊慧蘊解脫蘊解
脫智見蘊不墮欲界色界無色界既不墮三
界則非過去未來現在隨喜迴向亦應如是
如預流果不墮欲界色界無色界既不墮三
界則非過去未來現在隨喜迴向應亦如是
如一來果不還果阿羅漢果不墮欲界色界
無色界既不墮三界則非過去未來現在隨
喜迴向亦應如是如獨覺菩提不墮欲界色
界無色界既不墮三界則非過去未來現在
隨喜迴向亦應如是如諸菩薩摩訶薩行不
墮欲界色界無色界既不墮三界則非過去
未來現隨喜迴向亦應如是如諸佛無上
正等菩提不墮欲界色界無色界既不墮三
界則非過去未來現在隨喜迴向亦應如是
所以者何如彼諸法自性空故不墮三界非
三世攝隨喜迴向亦復如是謂諸如來應正

BD13947 號　大般若波羅蜜多經卷一七〇　（23–18）

正等菩提不墮欲界色界無色界既不墮三
界則非過去未來現在隨喜迴向亦應如是
所以者何如彼諸法自性空故不墮三界非
三世攝隨喜迴向亦復如是謂諸如來應正
等覺自性空故不墮三界非三世攝諸佛功
德自性空故不墮三界非三世攝聲聞獨覺
及人天等自性空故不墮三界非三世攝彼
諸善根自性空故不墮三界非三世攝於彼
隨喜自性空故不墮三界非三世攝所迴向
法自性空故不墮三界非三世攝能迴向者
自性空故不墮三界非三世攝若菩薩摩訶
薩脩行般若波羅蜜多如實知色不墮欲界
色界無色界如實知受想行識不墮欲界色
界無色界若俱不墮三界則非過去未來現
在若非三世則不可以彼有相為方便有所
得為方便發生隨喜迴向無上正等菩提何
以故以色等法自性不生若法不生則無所
有不可以彼無所有法隨喜迴向無所有故
若菩薩摩訶薩脩行般若波羅蜜多如實知
眼處不墮欲界色界無色界如實知耳鼻舌
身意處不墮欲界色界無色界若俱不墮三
界則非過去未來現在若非三世則不可以
彼有相為方便有所得為方便發生隨喜迴
向無上正等菩提何以故以眼處等法自性
不生若法不生則無所有不可以彼無所有
法隨喜迴向無所有故若菩薩摩訶薩脩行

BD13947 號　大般若波羅蜜多經卷一七〇　（23–19）

界則非過去未來現在若非三世則不可以
彼有相為方便有所得為方便發生隨喜迴
向無上正等菩提何以故以眼處等法自性
不生若法不生則無所有不可以彼無所有
法隨喜迴向無所有故若菩薩摩訶薩脩行
般若波羅蜜多如實知色處不墮欲界色界
無色界如實智聲香味觸法處不墮欲界色
界無色界若俱不墮三界則非過去未來現
在若非三世則不可以彼有相為方便有所
得為方便發生隨喜迴向無上正等菩提何以
故以色處等法自性不生若法不生則無
所有不可以彼無所有法隨喜迴向無所有
故若菩薩摩訶薩脩行般若波羅蜜多如實
知眼界不墮欲界色界無色界如實知色界
眼識界及眼觸眼觸為緣所生諸受不墮欲
界色界無色界若俱不墮三界則非過去未
來現在若非三世則不可以彼有相為方便
有所得為方便發生隨喜迴向無上正等菩
提何以故以眼界等法自性不生若法不生
則無所有不可以彼无所有法隨喜迴向无
所有故若菩薩摩訶薩脩行般若波羅蜜多
如實知耳界不墮欲界色界无色界如實知
聲界耳識界及耳觸耳觸為緣所生諸受不
墮欲界色界無色界若俱不墮三界則非過
去未來現在若非三世則不可以彼有相為
方便有所得為方便發生隨喜迴向無上正
等菩提何以故以耳界等法自性不生若法

BD13947號　大般若波羅蜜多經卷一七〇

（23-20）

聲界耳識界及耳觸耳觸為緣所生諸受不
墮欲界色界無色界若俱不墮三界則非過
去未來現在若非三世則不可以彼有相為
方便有所得為方便發生隨喜迴向無上正
等菩提何以故以耳界等法自性不生若法
不生則無所有不可以彼無所有法喜隨迴
向无所有故若菩薩摩訶薩脩行般若波羅
蜜多如實知鼻界不墮欲界色界無色界如
實知香界鼻識界及鼻觸鼻觸為緣所生諸
受不墮欲界色界无色界若俱不墮三界則
非過去未來現在若非三世則不可以彼有
相為方便有所得為方便發生隨喜迴向无
上正等菩提何以故以鼻界等法自性不生
若法不生則无所有不可以彼无所有法隨
喜迴向无所有故若菩薩摩訶薩脩行般若
波羅蜜多如實知舌界不墮欲界色界无色
界如實知味界舌識界及舌觸舌觸為緣所
生諸受不墮欲界色界无色界若俱不墮三
界則非過去未來現在若非三世則不可以
彼有相為方便有所得為方便發生隨喜迴
向无上正等菩提何以故以舌界等法自性
不生若法不生則無所有不可以彼無所有
法隨喜迴向无所有故若菩薩摩訶薩脩行
般若波羅蜜多如實知身界不墮欲界色界
无色界如實知觸界身識界及身觸身觸為
緣所生諸受不墮欲界色界無色界若俱不
墮三界則非過去未來現在若非三世則不

BD13947號　大般若波羅蜜多經卷一七〇

（23-21）

不生若法不生則無所有不可以彼無所有
法隨喜迴向无所有故若菩薩摩訶薩脩行
般若波羅蜜多如實知身界不墮欲界色界
无色界如實知觸界身識界及身觸身觸為
緣所生諸受不墮欲界色界無色界若俱不
墮三界則非過去未來現在若非三世則不
可以彼有相為方便有所得為方便發生隨
喜迴向無上正等菩提何以故以身界等法
自性不生若法不生則無所有不可以彼无
所有法隨喜迴向無所有故若菩薩摩訶薩
脩行般若波羅蜜多如實知意界不墮欲界
色界无色界如實知法界意識界及意觸意
觸為緣所生諸受不墮欲界色界无色界若
俱不墮三界則非過去未來現在若非三世
則不可以彼有相為方便有所得為方便發
生隨喜迴向无上正等菩提何以故以意界
等法自性不生若法不生則無所有不可以
彼无所有法隨喜迴向无所有故

大般若波羅蜜多經卷第一百七十

BD13947號　大般若波羅蜜多經卷一七〇　（23–22）

生隨喜迴向无上正等菩提何以故以意界
等法自性不生若法不生則無所有不可以
彼无所有法隨喜迴向无所有故

大般若波羅蜜多經卷第一百七十

BD13947號　大般若波羅蜜多經卷一七〇　（23–23）

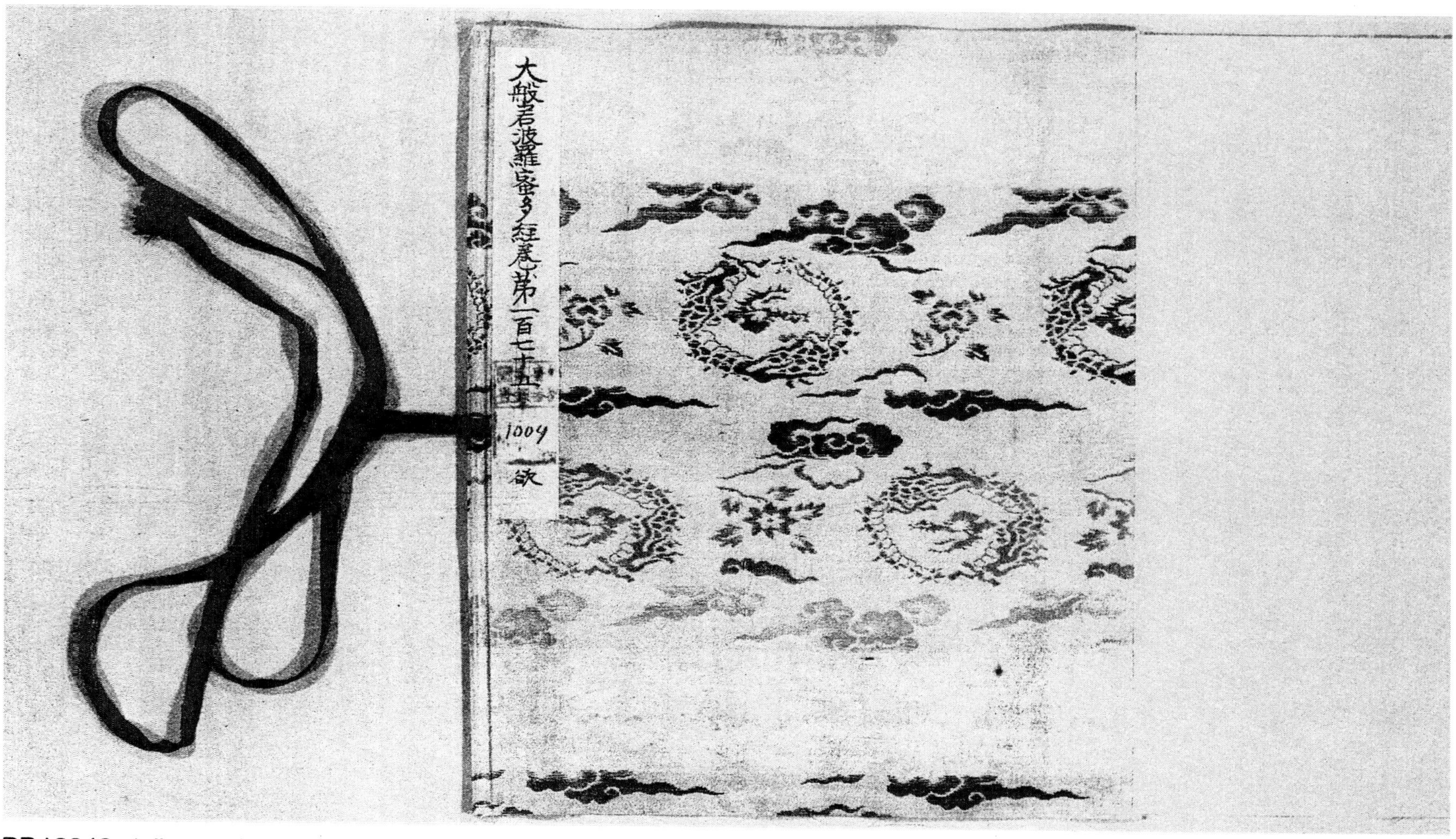


BD13948 號背　現代護首

(1–1)

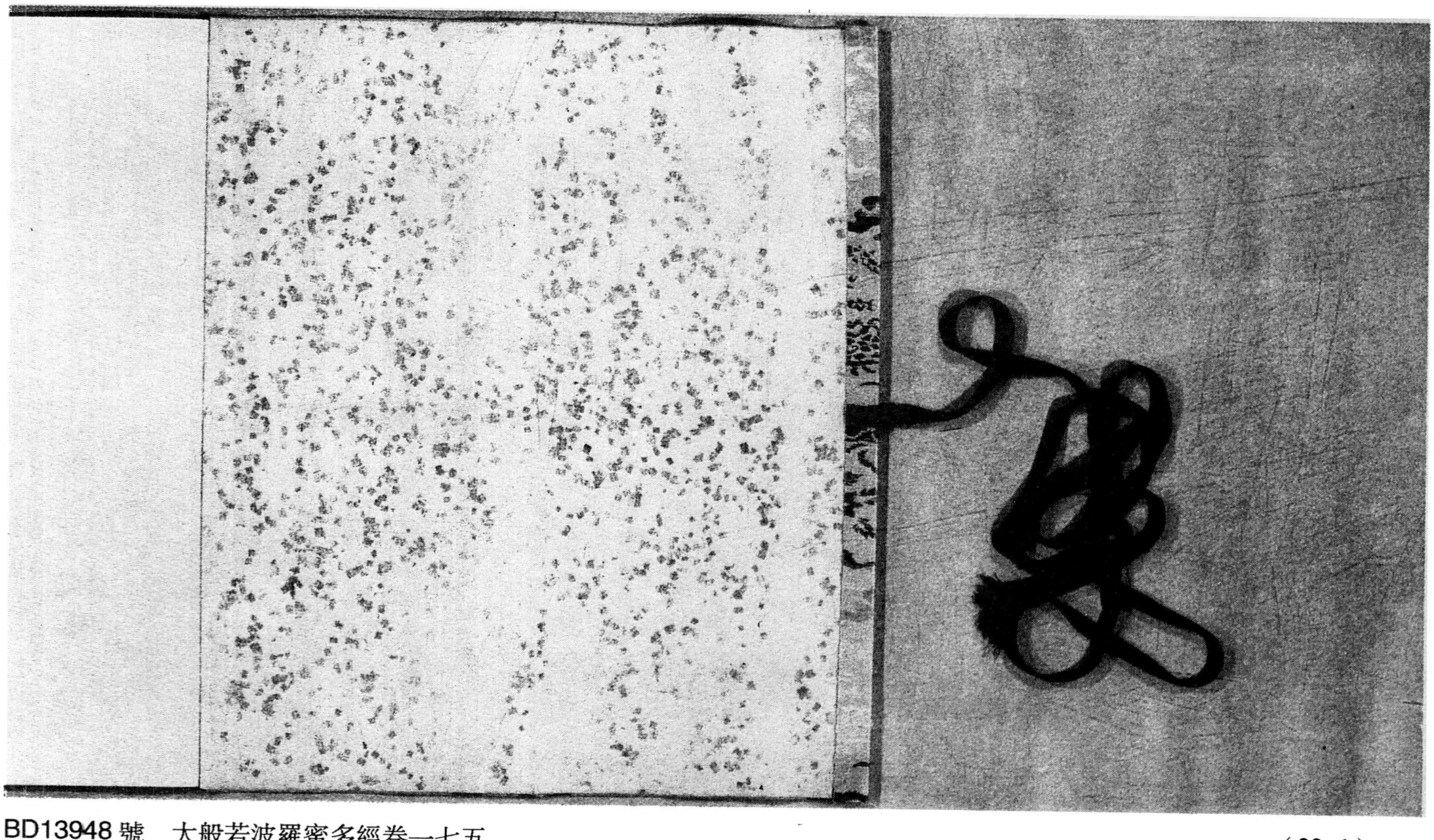

BD13948 號　大般若波羅蜜多經卷一七五

(23–1)

大般若波羅蜜多經卷第一百七十五

初分讚般若品第卅二之四　三藏法師玄奘奉　詔譯

復次世尊若新學大乘菩薩摩訶薩依般若靜慮精進安忍淨戒布施波羅蜜多起如是想如是般若波羅蜜多於內空不作大不作小於外空內外空空空大空勝義空有為空无為空畢竟空无際空散空无變異空本性空自相空共相空一切法空不可得空无性空自性空无性自性空亦不　作大不作小於內空不作集不作散於外空乃至无性自性空亦不作集不作散於內空不作有量不作无量於外空乃至无性自性空亦不作有量不作无量於內空不作廣不作狹於外空乃

BD13948號　大般若波羅蜜多經卷一七五　（23–2）

空自性空无性自性空亦不　作大不作小於內空不作集不作散於外空乃至无性自性空亦不作集不作散於內空不作有量不作无量於外空乃至无性自性空亦不作有量不作无量於內空不作廣不作狹於外空乃至无性自性空亦不作廣不作狹於內空不作有力不作无力於外空乃至无性自性空亦不作有力不作无力世尊是菩薩摩訶薩由起此想非行般若波羅蜜多復次世尊若新學大乘菩薩摩訶薩依般若靜慮精進安忍淨戒布施波羅蜜多起如是想如是般若波羅蜜多於真如不作大不作小於法界法性不虛妄性不變異性平等性離生性法定法住實際虛空界不思議界亦不作大　不作小於真如不作集不作散於法界乃至不思議界亦不作集不作散於真如不作有量不作无量於法界乃至不思議界亦不作有量不作无量於真如不作廣不作狹於法界乃至不思議界亦不作廣不作狹於真如不作有力不作无力於法界乃至不思議界亦不作有力不作无力世尊是菩薩摩訶薩由起此想非行般若波羅蜜多復次世尊若新學大乘菩薩摩訶薩依般若靜慮精進安忍淨戒布施波羅蜜多起如是想如是般若波羅蜜多於苦聖諦不作大不作小於集滅道聖諦亦不作大不作小於苦聖諦不作集不作散於集滅道聖諦亦不作集不作散於苦聖

BD13948號　大般若波羅蜜多經卷一七五　（23–3）

大乘菩薩摩訶薩依般若靜慮精進安忍淨
戒布施波羅蜜多起如是想如是般若波羅
蜜多於苦聖諦不作大不作小於集滅道聖
諦亦不作大不作小於苦聖諦不作集不作
散於集滅道聖諦亦不作集不作散於苦聖
諦不作有量不作无量於集滅道聖諦亦不
作有量不作无量於苦聖諦不作廣不作狹
於集滅道聖諦亦不作廣不作狹於苦聖諦
不作有力不作无力於集滅道聖諦亦不作
有力不作无力世尊是菩薩摩訶薩由起此
想非行般若波羅蜜多復次世尊若新學大
乘菩薩摩訶薩依般若靜慮精進安忍淨戒
布施波羅蜜多起如是想如是般若波羅蜜
多於四靜慮不作大不作小於四无量四无
色定亦不作大不作小於四靜慮不作集不
作散於四无量四无色定亦不作集不作散
於四靜慮不作有量不作无量於四无量四
无色定亦不作有量不作无量於四靜慮不
作廣不作狹於四无量四无色定亦不作廣
不作狹於四靜慮不作有力不作无力於四
无量四无色定亦不作有力不作无力世尊
是菩薩摩訶薩由起此想非行般若波羅蜜
多復次世尊若新學大乘菩薩摩訶薩依般
若靜慮精進安忍淨戒布施波羅蜜多起如
是想如是般若波羅蜜多於八解脫不作大
不作小於八勝處九次第定十遍處亦不作
大不作小於八解脫不作集不作散於八勝

BD13948 號　大般若波羅蜜多經卷一七五　（23-4）

若靜慮精進安忍淨戒布施波羅蜜多起如
是想如是般若波羅蜜多於八解脫不作大
不作小於八勝處九次第定十遍處亦不作
大不作小於八解脫不作集不作散於八勝
處九次第定十遍處亦不作集不作散於八
解脫不作有量不作无量於八勝處九次第
定十遍處亦不作有量不作无量於八解脫
不作廣不作狹於八勝處九次第定十遍處
亦不作廣不作狹於八解脫不作有力不作
无力於八勝處九次第定十遍處亦不作有
力不作无力世尊是菩薩摩訶薩由起此想
非行般若波羅蜜多復次世尊若新學大乘
菩薩摩訶薩依般若靜慮精進安忍淨戒布
施波羅蜜多起如是想如是般若波羅蜜多
於四念住不作大不作小於四正斷四神足
五根五力七等覺支八聖道支亦不作大不
作小於四念住不作集不作散於四正斷乃
至八聖道支亦不作集不作散於四念住不
作有量不作无量於四正斷乃至八聖道支
亦不作有量不作无量於四念住不作廣不
作狹於四正斷乃至八聖道支亦不作廣不
作狹於四念住不作有力不作无力於四正
斷乃至八聖道支亦不作有力不作无力世
尊是菩薩摩訶薩由起此想非行般若波羅
蜜多復次世尊若新學大乘菩薩摩訶薩依
般若靜慮精進安忍淨戒布施波羅蜜多起
如是想如是般若波羅蜜多於空解脫門不

BD13948 號　大般若波羅蜜多經卷一七五　（23-5）

斷乃至八聖道支亦不作有力不作无力世
尊是菩薩摩訶薩由起此想非行般若波羅
蜜多復次世尊若新學大乘菩薩摩訶薩依
般若靜慮精進安忍淨戒布施波羅蜜多起
如是想如是般若波羅蜜多於空解脫門不
作大不作小於无相无願解脫門亦不作大
不作小於空解脫門不作集不作散於无相
无願解脫門亦不作集不作散於空解脫門
不作有量不作无量於无相无願解脫門亦
不作有量不作无量於空解脫門不作廣不
作狹於无相无願解脫門亦不作廣不作狹
於空解脫門不作有力不作无力於无相无
願解脫門亦不作有力不作无力世尊是菩
薩摩訶薩由起此想非行般若波羅蜜多復
次世尊若新學大乘菩薩摩訶薩依般若靜
慮精進安忍淨戒布施波羅蜜多起如是想
如是般若波羅蜜多於五眼不作大不作小
於六神通亦不作大不作小於五眼不作集
不作散於六神通亦不作集不作散於五眼
不作有量不作无量於六神通亦不作有量
不作无量於五眼不作廣不作狹於六神通
亦不作廣不作狹於五眼不作有力不作无
力於六神通亦不作有力不作无力世尊是
菩薩摩訶薩由起此想非行般若波羅蜜多
復次世尊若新學大乘菩薩摩訶薩依般若
靜慮精進安忍淨戒布施波羅蜜多起如是
想如是般若波羅蜜多於佛十力不作大不作

BD13948號　大般若波羅蜜多經卷一七五　（23–6）

力於六神通亦不作有力不作无力世尊是
菩薩摩訶薩由起此想非行般若波羅蜜多
復次世尊若新學大乘菩薩摩訶薩依般若
靜慮精進安忍淨戒布施波羅蜜多起如是
想如是般若波羅蜜多於佛十力不作大不
作小於四无所畏四无礙解大慈大悲大喜
大捨十八佛不共法亦不作大不作小於佛
十力不作集不作散於四无所畏乃至十八
佛不共法亦不作集不作散於佛十力不作
有量不作无量於四无所畏乃至十八佛不
共法亦不作有量不作无量於佛十力不作
廣不作狹於四无所畏乃至十八佛不共法
亦不作廣不作狹於佛十力不作有力不作
无力於四无所畏乃至十八佛不共法亦不
作有力不作无力世尊是菩薩摩訶薩由起
此想非行般若波羅蜜多復次世尊若新學
大乘菩薩摩訶薩依般若靜慮精進安忍淨
戒布施波羅蜜多起如是想如是般若波羅
蜜多於无忘失法不作大不作小於恒住捨
性不作大不作小於无忘失法不作集不
作散於恒住捨性亦不作集不作散於无忘
失法不作有量不作无量於恒住捨性亦不
作有量不作无量於无忘失法不作廣不作
狹於恒住捨性亦不作廣不作狹於无忘失
法不作有力不作无力於恒住捨性亦不作
有力不作无力世尊是菩薩摩訶薩由起此

BD13948號　大般若波羅蜜多經卷一七五　（23–7）

作有量不作无量於无忘失法不作廣不作
狹於恒住捨性亦不作廣不作狹於无忘失
法不作有力不作无力於恒住捨性亦不作
有力不作无力世尊是菩薩摩訶薩由起此
想非行般若波羅蜜多復次世尊若新學大
乘菩薩摩訶薩依般若靜慮精進安忍淨戒
布施波羅蜜多起如是想如是般若波羅蜜
多於一切智不作大不作小於道相智一切
相智亦不作大不作小於一切智不作集不
作散於道相智一切相智亦不作集不作散
於一切智不作有量不作无量於道相智一
切相智亦不作有量不作无量於一切智不
作廣不作狹於道相智一切相智亦不作廣
不作狹於一切智不作有力不作无力於道
相智一切相智亦不作有力不作无力世尊
是菩薩摩訶薩由起此想非行般若波羅蜜
多復次世尊若新學大乘菩薩摩訶薩依般
若靜慮精進安忍淨戒布施波羅蜜多起如
是想如是般若波羅蜜多於一切陁羅尼門
不作大不作小於一切三摩地門亦不作大
不作小於一切陁羅尼門不作集不作散於
一切三摩地門亦不作集不作散於一切陁
羅尼門不作有量不作无量於一切三摩地
門亦不作有量不作无量於一切陁羅尼門
不作廣不作狹於一切三摩地門亦不作廣
不作狹於一切陁羅尼門不作有力不作无
力於一切三摩地門亦不作有力不作无力

BD13948號　大般若波羅蜜多經卷一七五　（23–8）

一切三摩地門亦不作集不作散於一切陁
羅尼門不作有量不作无量於一切三摩地
門亦不作有量不作无量於一切陁羅尼門
不作廣不作狹於一切三摩地門亦不作廣
不作狹於一切陁羅尼門不作有力不作无
力於一切三摩地門亦不作有力不作无力
世尊是菩薩摩訶薩由起此想非行般若波
羅蜜多復次世尊若新學大乘菩薩摩訶薩
依般若靜慮精進安忍淨戒布施波羅蜜多
起如是想如是般若波羅蜜多於預流不作
大不作小於一來不還阿羅漢亦不作大不
作小於預流不作集不作散於一來不還阿
羅漢亦不作集不作散於預流不作有量不
作无量於一來不還阿羅漢亦不作有量不
作无量於預流不作廣不作狹於一來不還
阿羅漢亦不作廣不作狹於預流不作有力
不作无力於一來不還阿羅漢亦不作有力
不作无力世尊是菩薩摩訶薩由起此想非
行般若波羅蜜多復次世尊若新學大乘菩
薩摩訶薩依般若靜慮精進安忍淨戒布施
波羅蜜多起如是想如是般若波羅蜜多於
預流向預流果不作大不作小於一來向一
來果不還向不還果阿羅漢向阿羅漢果亦
不作大不作小於預流向預流果不作集不
作散於一來向乃至阿羅漢果亦不作集不
作散於預流向預流果不作有量不作无量
於一來向乃至阿羅漢果亦不作有量不作

BD13948號　大般若波羅蜜多經卷一七五　（23–9）

來果不還向不還果阿羅漢向阿羅漢果亦
不作大不作小於預流向預流果不作集不
作散於一來向乃至阿羅漢果亦不作集不
作散於預流向預流果不作有量不作无量
於一來向乃至阿羅漢果亦不作有量不作
无量於預流向預流果不作廣不作狹於一
來向乃至阿羅漢果亦不作廣不作狹於預
流向預流果不作有力不作无力於一來向
乃至阿羅漢果亦不作有力不作无力世尊
是菩薩摩訶薩由起此想非行般若波羅蜜
多復次世尊若新學大乘菩薩摩訶薩依般
若靜慮精進安忍淨戒布施波羅蜜多起如
是想如是般若波羅蜜多於獨覺不作大不
作小於獨覺菩提亦不作大不作小於獨覺
不作集不作散於獨覺菩提亦不作集不作
散於獨覺不作有量不作无量於獨覺菩提
亦不作有量不作无量於獨覺不作廣不作
狹於獨覺菩提亦不作廣不作狹於獨覺不
作有力不作无力於獨覺菩提亦不作有力
不作无力世尊是菩薩摩訶薩由起此想非
行般若波羅蜜多復次世尊若新學大乘菩
薩摩訶薩依般若靜慮精進安忍淨戒布施
波羅蜜多起如是想如是般若波羅蜜多於
菩薩摩訶薩不作大不作小於菩薩摩訶薩
行亦不作大不作小於菩薩摩訶薩不作集
不作散於菩薩摩訶薩行亦不作集不作散
於菩薩摩訶薩不作有量不作无量於菩薩

BD13948號　大般若波羅蜜多經卷一七五　　（23–10）

薩摩訶薩依般若靜慮精進安忍淨戒布施
波羅蜜多起如是想如是般若波羅蜜多於
菩薩摩訶薩不作大不作小於菩薩摩訶薩
行亦不作大不作小於菩薩摩訶薩不作集
不作散於菩薩摩訶薩行亦不作集不作散
於菩薩摩訶薩不作有量不作无量於菩薩
摩訶薩行亦不作有量不作无量於菩薩摩
訶薩不作廣不作狹於菩薩摩訶薩行亦不
作廣不作狹於菩薩摩訶薩不作有力不作
无力於菩薩摩訶薩行亦不作有力不作无
力世尊是菩薩摩訶薩由起此想非行般若
波羅蜜多復次世尊若新學大乘菩薩摩訶
薩依般若靜慮精進安忍淨戒布施波羅蜜
多起如是想如是般若波羅蜜多於諸如來
應正等覺不作大不作小於佛无上正等菩
提亦不作大不作小於諸如來應正等覺不
作集不作散於佛无上正等菩提亦不作集
不作散於諸如來應正等覺不作有量不作
无量於佛无上正等菩提亦不作有量不作
无量於諸如來應正等覺不作廣不作狹於
佛无上正等菩提亦不作廣不作狹於諸如
來應正等覺不作有力不作无力於佛无上
正等菩提亦不作有力不作无力世尊是菩
薩摩訶薩由起此想非行般若波羅蜜多復
次世尊若新學大乘菩薩摩訶薩依般若靜
慮精進安忍淨戒布施波羅蜜多起如是想
如是般若波羅蜜多於一切智不作大不作

BD13948號　大般若波羅蜜多經卷一七五　　（23–11）

正等菩提亦不作有力不作无力世尊是菩
薩摩訶薩由起此想非行般若波羅蜜多復
次世尊若新學大乘菩薩摩訶薩依般若靜
慮精進安忍淨戒布施波羅蜜多起如是想
如是般若波羅蜜多於一切法不作大不作
小不作集不作散不作有量不作无量不作
廣不作狹不作有力不作无力世尊是菩薩
摩訶薩由起此想非行般若波羅蜜多世尊
若新學大乘菩薩摩訶薩依般若波羅蜜多
靜慮波羅蜜多精進波羅蜜多安忍波羅蜜
多淨戒波羅蜜多布施波羅蜜多起如是想
如是般若波羅蜜多於色作大作小於受想
行識亦作大作小於色作集作散於受想行
識亦作集作散於色作有量作无量於受想
行識亦作有量作无量於色作廣作狹於受
想行識亦作廣作狹於色作有力作无力於
受想行識亦作有力作无力世尊是菩薩摩
訶薩由起此想非行般若波羅蜜多復次世
尊若新學大乘菩薩摩訶薩依般若靜慮精
進安忍淨戒布施波羅蜜多起如是想如是
般若波羅蜜多於眼處作大作小於耳鼻舌
身意處亦作大作小於眼處作集作散於耳
鼻舌身意處亦作集作散於眼處作有量作
无量於耳鼻舌身意處亦作有量作无量於
眼處作廣作狹於耳鼻舌身意處亦作廣作
狹於眼處作有力作无力於耳鼻舌身意處
亦作有力作无力世尊是菩薩摩訶薩由起



身意處亦作大作小於眼處作集作散於耳
鼻舌身意處亦作集作散於眼處作有量作
无量於耳鼻舌身意處亦作有量作无量於
眼處作廣作狹於耳鼻舌身意處亦作廣作
狹於眼處作有力作无力於耳鼻舌身意處
亦作有力作无力世尊是菩薩摩訶薩由起
此想非行般若波羅蜜多復次世尊若新學
大乘菩薩摩訶薩依般若靜慮精進安忍淨
戒布施波羅蜜多起如是想如是般若波羅
蜜多於色處作大作小於聲香味觸法處亦
作大作小於色處作集作散於聲香味觸法
處亦作集作散於色處作有量作无量於聲
香味觸法處亦作有量作无量於色處作廣
作狹於聲香味觸法處亦作廣作狹於色處
作有力作无力於聲香味觸法處亦作有力
作无力世尊是菩薩摩訶薩由起此想非行
般若波羅蜜多
復次世尊若新學大乘菩薩摩訶薩依般若
靜慮精進安忍淨戒布施波羅蜜多起如是
想如是般若波羅蜜多於眼界作大作小於
色界眼識界及眼觸眼觸為緣所生諸受亦
作大作小於眼界作集作散於色界乃至眼
觸為緣所生諸受亦作集作散於眼界作有
量作无量於色界乃至眼觸為緣所生諸受
亦作有量作无量於眼界作廣作狹於色界
乃至眼觸為緣所生諸受亦作廣作狹於眼
界作有力作无力於色界乃至眼觸為緣所

量作无量於色界乃至眼觸為緣所生諸受
亦作有量作无量於眼界作廣作狹於色界
乃至眼觸為緣所生諸受亦作廣作狹於眼
界作有力作无力於色界乃至眼觸為緣所
生諸受亦作有力作无力世尊是菩薩摩訶
薩由起此想非行般若波羅蜜多復次世尊
若新學大乘菩薩摩訶薩依般若靜慮精進
安忍淨戒布施波羅蜜多起如是想如是般
若波羅蜜多於耳界作大作小於聲界耳識
界及耳觸耳觸為緣所生諸受亦作大作小
於耳界作集作散於聲界乃至耳觸為緣所
生諸受亦作集作散於耳界作有量作无量
於聲界乃至耳觸為緣所生諸受亦作有量
作无量於耳界作廣作狹於聲界乃至耳觸
為緣所生諸受亦作廣作狹於耳界作有力
作无力於聲界乃至耳觸為緣所生諸受亦
作有力作无力世尊是菩薩摩訶薩由起此
想非行般若波羅蜜多復次世尊若新學大
乘菩薩摩訶薩依般若靜慮精進安忍淨戒
布施波羅蜜多起如是想如是般若波羅蜜
多於鼻界作大作小於香界鼻識界及鼻觸
鼻觸為緣所生諸受亦作大作小於鼻界作
集作散於香界乃至鼻觸為緣所生諸受亦
作集作散於鼻界作有量作无量於香界乃
至鼻觸為緣所生諸受亦作有量作无量於
鼻界作廣作狹於香界乃至鼻觸為緣所生
諸受亦作廣作狹於鼻界作有力作

BD13948 號　大般若波羅蜜多經卷一七五　（23–14）

鼻觸為緣所生諸受亦作大作小於鼻界作
集作散於香界乃至鼻觸為緣所生諸受亦
作集作散於鼻界作有量作无量於香界乃
至鼻觸為緣所生諸受亦作有量作无量於
鼻界作廣作狹於香界乃至鼻觸為緣所生
諸受亦作廣作狹於鼻界作有力作无力於
香界乃至鼻觸為緣所生諸受亦作有力作
无力世尊是菩薩摩訶薩由起此想非行般
若波羅蜜多復次世尊若新學大乘菩薩摩
訶薩依般若靜慮精進安忍淨戒布施波羅
蜜多起如是想如是般若波羅蜜多於舌界
作大作小於味界舌識界及舌觸舌觸為緣
所生諸受亦作大作小於舌界作集作散於
味界乃至舌觸為緣所生諸受亦作集作散
於舌界作有量作无量於味界乃至舌觸為
緣所生諸受亦作有量作无量於舌界作廣
作狹於味界乃至舌觸為緣所生諸受亦作
廣作狹於舌界作有力作无力於味界乃至
舌觸為緣所生諸受亦作有力作无力世尊
是菩薩摩訶薩由起此想非行般若波羅蜜
多復次世尊若新學大乘菩薩摩訶薩依般
若靜慮精進安忍淨戒布施波羅蜜多起如
是想如是般若波羅蜜多於身界作大作小
於觸界身識界及身觸身觸為緣所生諸受
亦作大作小於身界作集作散於觸界乃至
身觸為緣所生諸受亦作集作散於身界作
有量作无量於觸界乃至身觸為緣所生諸

BD13948 號　大般若波羅蜜多經卷一七五　（23–15）

是想如是般若波羅蜜多於身界作大作小
於觸界身識界及身觸身觸為緣所生諸受
亦作大作小於身界作集作散於觸界乃至
身觸為緣所生諸受亦作集作散於身界作
有量作无量於觸界乃至身觸為緣所生諸
受亦作有量作无量於身界作廣作狹於觸
界乃至身觸為緣所生諸受亦作廣作狹於
身界作有力作无力於觸界乃至身觸為緣
所生諸受亦作有力作无力世尊是菩薩摩
訶薩由起此想非行般若波羅蜜多復次世
尊若新學大乘菩薩摩訶薩依般若靜慮精
進安忍淨戒布施波羅蜜多起如是想如是
般若波羅蜜多於意界作大作小於法界
意識界及意觸意觸為緣所生諸受亦作大作
小於意界作集作散法法界乃至意觸為緣
所生諸受亦作集作散於意界作有量作无
量於法界乃至意觸為緣所生諸受亦作有
量作无量於意界作廣作狹於法界乃至意
觸為緣所生諸受亦作廣作狹於意界作有
力作无力於法界乃至意觸為緣所生諸受
亦作有力作无力世尊是菩薩摩訶薩由起
此想非行般若波羅蜜多
復次世尊若新學大乘菩薩摩訶薩依般若
靜慮精進安忍淨戒布施波羅蜜多起如是
想如是般若波羅蜜多於地界作大作小於
水火風空識界亦作大作小於地界作集作
散於水火風空識界亦作集作散於地界作

BD13948號　大般若波羅蜜多經卷一七五　（23–16）

復次世尊若新學大乘菩薩摩訶薩依般若
靜慮精進安忍淨戒布施波羅蜜多起如是
想如是般若波羅蜜多於地界作大作小於
水火風空識界亦作大作小於地界作集作
散於水火風空識界亦作集作散於地界作
有量作无量於水火風空識界亦作有量作
无量於地界作廣作狹於水火風空識界亦
作廣作狹於地界作有力作无力於水火風
空識界亦作有力作无力世尊是菩薩摩訶
薩由起此想非行般若波羅蜜多復次世尊
若新學大乘菩薩摩訶薩依般若靜慮精進
安忍淨戒布施波羅蜜多起如是想如是般
若波羅蜜多於无明作大作小於行識名色
六處觸受愛取有生老死愁歎苦憂惱亦作
大作小於无明作集作散於行乃至老死愁
歎苦憂惱亦作集作散於无明作有量作无
量於行乃至老死愁歎苦憂惱亦作有量作
无量於无明作廣作狹於行乃至老死愁歎
苦憂惱亦作廣作狹於无明作有力作无力
於行乃至老死愁歎苦憂惱亦作有力作无
力世尊是菩薩摩訶薩由起此想非行般若
波羅蜜多
復次世尊若新學大乘菩薩摩訶薩依般若
靜慮精進安忍淨戒布施波羅蜜多起如是
想如是般若波羅蜜多於布施波羅蜜多作
大作小於淨戒安忍精進靜慮般若波羅蜜
多亦作大作小於布施波羅蜜多作集作散

BD13948號　大般若波羅蜜多經卷一七五　（23–17）

復次世尊若新學大乘菩薩摩訶薩依般若
静慮精進安忍淨戒布施波羅蜜多起如是
想如是般若波羅蜜多於布施波羅蜜多作
大作小於淨戒安忍精進静慮般若波羅蜜
多亦作大作小於布施波羅蜜多作集作散
於淨戒乃至般若波羅蜜多亦作集作散於
布施波羅蜜多作有量作无量於淨戒乃至
般若波羅蜜多亦作有量作无量於布施波
羅蜜多作廣作狹於淨戒乃至般若波羅蜜
多亦作廣作狹於布施波羅蜜多作有力作
无力於淨戒乃至般若波羅蜜多亦作有力
作无力世尊是菩薩摩訶薩由是此想非行
般若波羅蜜多復次世尊若新學大乘菩薩
摩訶薩依般若静慮精進安忍淨戒布施波
羅蜜多起如是想如是般若波羅蜜多於內
空作大作小於外空內外空空空大空勝義
空有為空无為空畢竟空无際空散空无變
異空本性空自相空共相空一切法空不可
得空无性空自性空无性自性空亦作大作
小於內空作集作散於外空乃至无性自性
空亦作集作散於內空作有量作无量於外
空乃至无性自性空亦作有量作无量於內
空作廣作狹於外空乃至无性自性空亦作
廣作狹於內空作有力作无力於外空乃至
无性自性空亦作有力作无力世尊是菩薩
摩訶薩由起此想非行般若波羅蜜多復次
世尊若新學大乘菩薩摩訶薩依般若静慮

BD13948號　大般若波羅蜜多經卷一七五　（23–18）

空作廣作狹於外空乃至无性自性空亦作
廣作狹於內空作有力作无力於外空乃至
无性自性空亦作有力作无力世尊是菩薩
摩訶薩由起此想非行般若波羅蜜多復次
世尊若新學大乘菩薩摩訶薩依般若静慮
精進安忍淨戒布施波羅蜜多起如是想如
是般若波羅蜜多於真如作大作小於法界
法性不虛妄性不變異性平等性離生性法
定法住實際虛空界不思議界亦作大作小
於真如作集作散於法界乃至不思議界亦
作集作散於真如作有量作无量於法界乃
至不思議界亦作有量作无量於真如作廣
作狹於法界乃至不思議界亦作廣作狹於
真如作有力作无力於法界乃至不思議界
亦作有力作无力世尊是菩薩摩訶薩由起
此想非行般若波羅蜜多復次世尊若新學
大乘菩薩摩訶薩依般若静慮精進安忍淨
戒布施波羅蜜多起如是想如是般若波羅
蜜多於苦聖諦作大作小於集滅道聖諦亦
作大作小於苦聖諦作集作散於集滅道聖
諦亦作集作散於苦聖諦作有量作无量於
集滅道聖諦亦作有量作无量於苦聖諦作
廣作狹於集滅道聖諦亦作廣作狹於苦聖
諦作有力作无力於集滅道聖諦亦作有力
作无力世尊是菩薩摩訶薩由起此想非行
般若波羅蜜多復次世尊若新學大乘菩薩
摩訶薩依般若静慮精進安忍淨戒布施

BD13948號　大般若波羅蜜多經卷一七五　（23–19）

集滅道聖諦亦作有量作无量於苦聖諦作
廣作狹於集滅道聖諦亦作廣作狹於苦聖
諦作有力作无力於集滅道聖諦亦作有力
作无力世尊是菩薩摩訶薩由起此想非行
般若波羅蜜多復次世尊若新學大乘菩薩
摩訶薩依般若靜慮精進安忍淨戒布施波
羅蜜多起如是想如是般若波羅蜜多於四
靜慮作大作小於四无量四无色定亦作大
作小於四靜慮作集作散於四无量四无色
定亦作集作散於四靜慮作有量作无量於
四无量四无色定亦作有量作无量於四靜
慮作廣作狹於四无量四无色定亦作廣作
狹於四靜慮作有力作无力於四无量四无
色定亦作有力作无力世尊是菩薩摩訶薩
由起此想非行般若波羅蜜多復次世尊若
新學大乘菩薩摩訶薩依般若靜慮精進安
忍淨戒布施波羅蜜多起如是想如是般若
波羅蜜多於八解脫作大作小於八勝處九
次第定十遍處亦作大作小於八解脫作集
作散於八勝處九次第定十遍處亦作集作
散於八解脫作有量作无量於八勝處九次
第定十遍處亦作有量作无量於八解脫作
廣作狹於八勝處九次第定十遍處亦作廣
作狹於八解脫作有力作无力於八勝處九
次第定十遍處亦住有力住无力世尊是菩
薩摩訶薩由起此想非行般若波羅蜜多復
次世尊若新學大乘菩薩摩訶薩依般若靜

BD13948 號　大般若波羅蜜多經卷一七五　　（23–20）

作狹於八解脫作有力作无力於八勝處九
次第定十遍處亦住有力住无力世尊是菩
薩摩訶薩由起此想非行般若波羅蜜多復
次世尊若新學大乘菩薩摩訶薩依般若靜
慮精進安忍淨戒布施波羅蜜多起如是想
如是般若波羅蜜多於四念住作大作小於
四正斷四神足五根五力七等覺支八聖道
支亦作大作小於四念住作集作散於四正
斷乃至八聖道支亦作集作散於四念住作
有量作无量於四正斷乃至八聖道支亦住
有量住无量於四念住作廣住狹於四正斷
乃至八聖道支亦住廣作狹於四念住作有
力住无力於四正斷乃至八聖道支亦住有
力住无力世尊是菩薩摩訶薩由起此想非
行般若波羅蜜多復次世尊若新學大乘菩
薩摩訶薩依般若靜慮精進安忍淨戒布施
波羅蜜多起如是想如是般若波羅蜜多於
空解脫門作大作小於无相无願解脫門亦
作大作小於空解脫門作集作散於无相无
願解脫門亦作集作散於空解脫門作有量
作无量於无相无願解脫門亦作有量作无
量於空解脫門作廣作狹於无相无願解脫
門亦作廣住狹於空解脫門作有力作无力
於无相无願解脫門亦作有力作无力世尊
是菩薩摩訶薩由起此想非行般若波羅蜜
多復次世尊若新學大乘菩薩摩訶薩依般
若靜慮精進安忍淨戒布施波羅蜜多起如

BD13948 號　大般若波羅蜜多經卷一七五　　（23–21）

門亦作廣作狹於空解脫門作有力作无力
於无相无願解脫門亦作有力作无力世尊
是菩薩摩訶薩由起此想非行般若波羅蜜
多復次世尊若新學大乘菩薩摩訶薩依般
若靜慮精進安忍淨戒布施波羅蜜多起如
是想如是般若波羅蜜多於五眼作大作小
於六神通亦作大作小於五眼作集作散於
六神通亦作集作散於五眼作有量作无量
於六神通亦作有量作无量於五眼作廣作
狹於六神通亦作廣作狹於五眼作有力作
无力於六神通亦作有力作无力世尊是菩
薩摩訶薩由起此想非行般若波羅蜜多復
次世尊若新學大乘菩薩摩訶薩依般若靜
慮精進安忍淨戒布施波羅蜜多起如是想
如是般若波羅蜜多於佛十力作大作小於
四无所畏四无礙解大慈大悲大喜大捨十
八佛不共法亦作大作小於佛十力作集作
散於四无所畏乃至十八佛不共法亦作集
作散於佛十力作有量作无量於四无所畏
乃至十八佛不共法亦作有量作无量於佛
十力作廣作狹於四无所畏乃至十八佛不
共法亦作廣作狹於佛十力作有力作无力
於四无所畏乃至十八佛不共法亦作有力作
无力世尊是菩薩摩訶薩由起此想非行般
若波羅蜜多復次世尊若新學大乘菩薩摩
訶薩依般若靜慮精進安忍淨戒布施波羅
蜜多起如是想如是般若波羅蜜多於无忘

BD13948號　大般若波羅蜜多經卷一七五　（23–22）

十力作廣作狹於四无所畏乃至十八佛不
共法亦作廣作狹於佛十力作有力作无力
於四无所畏乃至十八佛不共法亦作有力作
无力世尊是菩薩摩訶薩由起此想非行般
若波羅蜜多復次世尊若新學大乘菩薩摩
訶薩依般若靜慮精進安忍淨戒布施波羅
蜜多起如是想如是般若波羅蜜多於无忘
失法作大作小於恒住捨性亦作大作小於
无忘失法作集作散於恒住捨性亦作集作
散於无忘失法作有量作无量於恒住捨性
亦作有量作无量於无忘失法作廣作狹於
恒住捨性亦作廣作狹於无忘失法作有力
作无力於恒住捨性亦作有力作无力世尊
是菩薩摩訶薩由起此想非行般若波羅蜜
多

大般若波羅蜜多經卷第一百七十五

BD13948號　大般若波羅蜜多經卷一七五　（23–23）

BD13949 號背　現代護首　　　　　　　　　　　　　　　　　　（1–1）

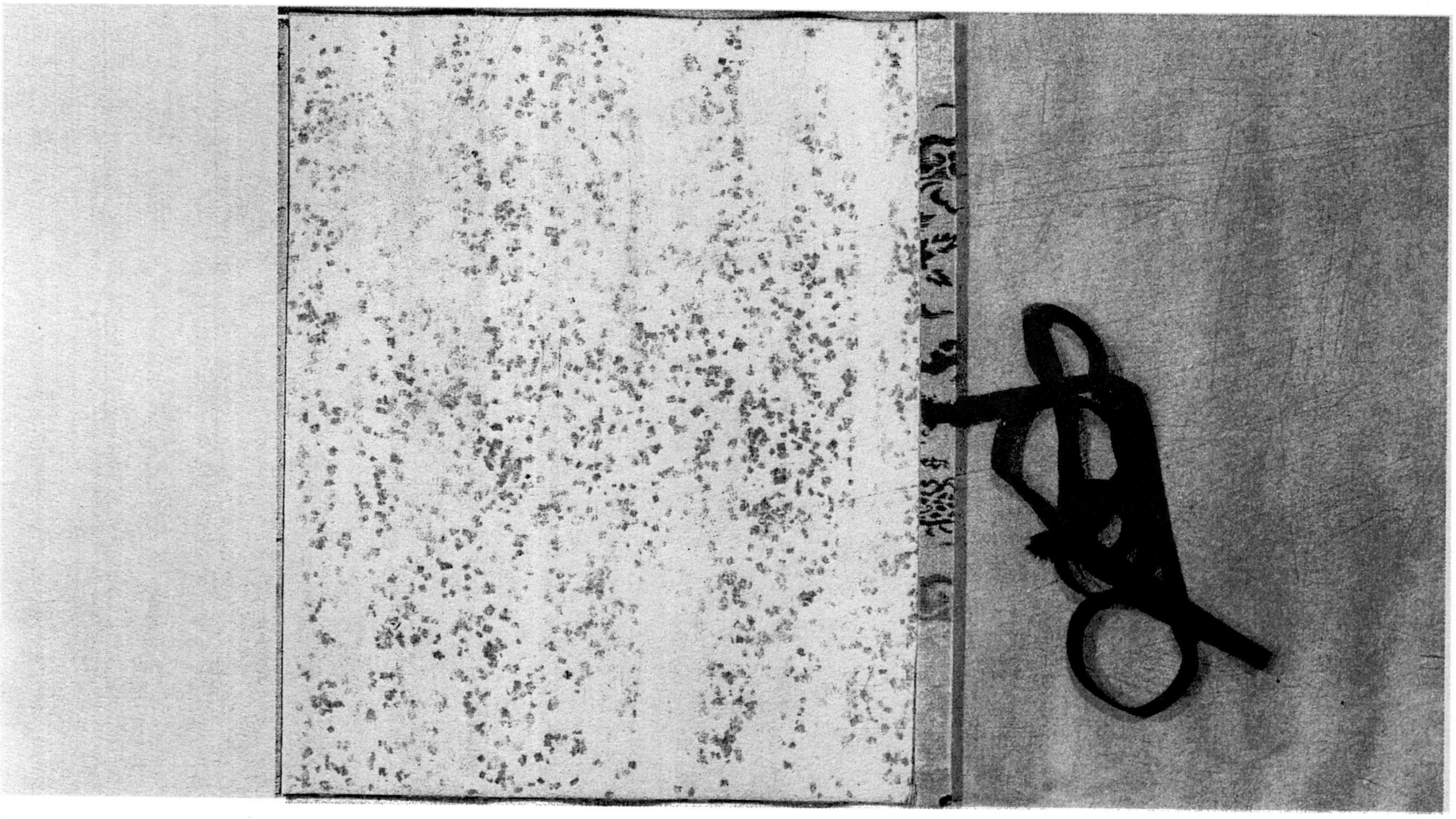

BD13949 號　大般若波羅蜜多經卷一八〇　　　　　　　　　　　　（23–1）

波若波羅蜜多經卷第一百八十

大般若波羅蜜多經卷第一百八十
初分讚般若品第卅二之九　三藏法師玄奘奉
復次世尊布施波羅蜜多無生故當知般若
波羅蜜多亦無生淨戒安忍精進靜慮波羅
蜜多無生故當知般若波羅蜜多亦無生布
施波羅蜜多無滅故當知般若波羅蜜多亦
無滅淨戒乃至靜慮波羅蜜多無滅故當知
般若波羅蜜多亦無滅布施般羅蜜多無自
性故當知般若波羅蜜多亦無自性淨戒乃
至靜慮波羅蜜多無自性故當般若波羅
蜜多亦無自性布施波羅蜜多無所有故當
知般若波羅蜜多亦無所有淨戒乃至靜慮
波羅蜜多無所有故當知般若波羅蜜多亦
無所有布施波羅蜜多空故當知般若波羅

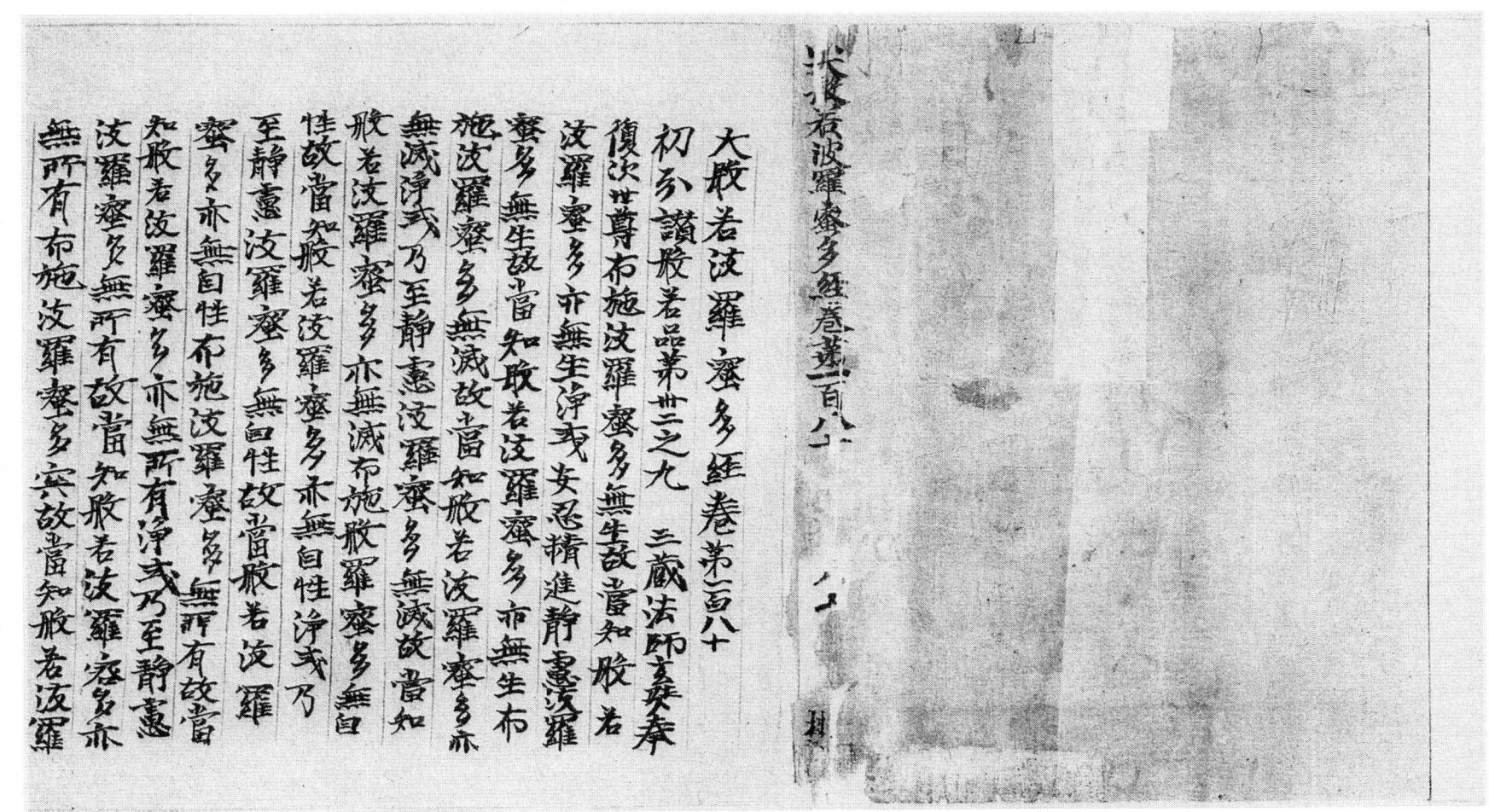

BD13949 號　大般若波羅蜜多經卷一八〇　（23–2）

至靜慮波羅蜜多無自性故當般若波羅
蜜多亦無自性布施波羅蜜多無所有故當
知般若波羅蜜多亦無所有淨戒乃至靜慮
波羅蜜多無所有故當知般若波羅蜜多亦
無所有布施波羅蜜多空故當知般若波羅
蜜多亦空淨戒乃至靜慮波羅蜜多空故當
知般若波羅蜜多亦空布施波羅蜜多無相
故當知般若波羅蜜多亦無相淨戒乃至靜
慮波羅蜜多無相故當知般若波羅蜜多亦
無相布施波羅蜜多無願故當知般若波羅
蜜多亦無願淨戒乃至靜慮波羅蜜多無願
故當知般若波羅蜜多亦無願布施波羅蜜
多遠離故當知般若波羅蜜亦遠離淨戒
乃至靜慮波羅蜜多遠離故當知般若波羅
蜜多亦遠離布施波羅蜜多寂靜故當知波
若波羅蜜多亦寂靜淨戒乃至靜慮波羅
蜜多寂靜故當知般若波羅蜜多寂靜布施
波羅蜜多不可得故當知般若波羅蜜多亦
不可得淨戒乃至靜慮波羅蜜多不可得故
當知般若波羅蜜多亦不可得布施波羅蜜
多不可思議故當知般若波羅蜜多亦不可
思議淨戒乃至靜慮波羅蜜多不可思議故
當知般若波羅蜜多亦不可思議布施波羅蜜
多无覺知故當知般若波羅蜜多亦无覺
知淨戒乃至靜慮波羅蜜多无覺知故當知
般若波羅蜜多亦无覺知布施波羅蜜多勢
力不成就故當知般若波羅蜜多勢力亦不
成就淨戒乃至靜慮波羅蜜多勢力不成就

BD13949 號　大般若波羅蜜多經卷一八〇　（23–3）

多无覺知故當知般若波羅蜜多亦无覺知淨戒乃至静慮波羅蜜多无覺知故當知般若波羅蜜多亦无覺知布施波羅蜜多勢力不成就故當知般若波羅蜜多勢力亦不成就淨戒乃至静慮波羅蜜多勢力不成就故當般若波羅蜜多勢力亦不成就世尊我緣此意故說菩薩摩訶薩般若波羅蜜多名大波羅蜜多

復次世尊内空无生故當知般若波羅蜜多亦无生外空内外空空空大空勝義空有為空无為空畢竟空无際空散空无異空本性空自相空共相空一切法空不可得空无性空自性空无性自性空无生故當知般若波羅蜜多亦无生内空无滅故當知般若波羅蜜多亦无滅外空乃至无性自性空无滅故當知般若波羅蜜多亦无滅内空无自性故當知般若波羅蜜多亦无自性外空乃至无性自性空无自性故當知般若波羅蜜多亦无自性内空无所有故當知般若波羅蜜多亦无所有外空乃至无性自性空无所有故當知般若波羅蜜多亦无所有内空空故當知般若波羅蜜多亦空外空乃至无性自性空空故當知般若波羅蜜多亦空内空无相故當知般若波羅蜜多亦无相外空乃至无性自性空无相故當知般若波羅蜜多亦无相内空无願故當知般若波羅蜜多亦无願外空乃至无性自性空无願故當知般若波羅蜜多亦无願内空遠離故當知般若波

BD13949 號　大般若波羅蜜多經卷一八〇

（23–4）

无性自性空无相故當知般若波羅蜜多亦无相内空无願故當知般若波羅蜜多亦无願外空乃至无性自性空无願故當知般若波羅蜜多亦无願内空遠離故當知般若波羅蜜多亦遠離外空乃至无性自性空遠離故當知般若波羅蜜多亦遠離内空寂静故當知般若波羅蜜多亦寂静外空乃至无性自性空寂静故當知般若波羅蜜多亦寂静内空不可得故當知般若波羅蜜多亦不可得外空乃至无性自性空不可得故當知般若波羅蜜多亦不可得内空不可思議故當知般若波羅蜜多亦不可思議外空乃至无性自性空不可思議故當知般若波羅蜜多亦不可思議内空无覺知故當知般若波羅蜜多亦无覺知外空乃至无性自性空无覺知故當知般若波羅蜜多亦无覺知内空勢力不成就故當知般若波羅蜜多勢力亦不成就外空乃至無性自性空勢力不成就故當知般若波羅蜜多勢力亦不成就世尊我緣此意故說菩薩摩訶薩般若波羅蜜多名大波羅蜜多

復次世尊真如無生故當知般若波羅蜜多亦無生法界法性不虚妄性不變異性平等性離生性法定法住實際虚空界不思議界無生故當知般若波羅蜜多亦無生真如無滅故當知般若波羅蜜多亦無滅法界乃至不思議界無滅故當知般若波羅蜜多亦無滅真如無自性故當知般若波羅蜜多亦無

BD13949 號　大般若波羅蜜多經卷一八〇

（23–5）

等性離生法性定法住實際虛空界不思議
界無生故當知般若波羅蜜多亦無生真如無
滅故當知般若波羅蜜多亦無滅法界乃至
不思議界無滅故當知般若波羅蜜多亦無
滅真如無自性故當知般若波羅蜜多亦無
自性法界乃至不思議界無自性故當知般
若波羅蜜多亦無自性真如無所有故當知
般若波羅蜜多亦無所有法界乃至不思議
界無所有故當知般若波羅蜜多亦無所有
真如空故當知般若波羅蜜多亦空法界乃
至不思議界空故當知般若波羅蜜多亦空
真如無相故當知般若波羅蜜多亦 無相法
界乃至不思議界無相故當知般若波羅蜜多
亦無相真如無願故當知般若波羅蜜多亦
無願法界乃至不思議界無願故當 知般若
波羅蜜多亦無願真如遠離故當知般若
波羅蜜多亦遠離法界乃至不思議界遠離
故當知般若波羅蜜多亦遠離真如寂靜故
當知般若波羅蜜多亦寂靜法界乃至不思
議界寂靜故當知般若波羅蜜多亦寂靜真
如不可得故當知般若波羅蜜多亦不可得
法界乃至不思議界不可得故當知般若波
羅蜜多亦不可得真如不可思議故當知般
若波羅蜜多亦不可思議法界乃至不思議
界不可思議故當知般若波羅蜜多不亦可
思議真如无覺知故當知般若波羅蜜多亦
无覺知法界乃至不思議界无覺知故當知
般若波羅蜜多亦无覺知真如勢力不成就
故當知般若波羅蜜多勢力亦不成就法界

BD13949 號　大般若波羅蜜多經卷一八〇　（23–6）

若波羅蜜多亦不思議法界乃至不思議
界不可思議故當知般若波羅蜜多不亦可
思議真如无覺知故當知般若波羅蜜多亦
无覺知法界乃至不思議界无覺知故當知
般若波羅蜜多亦无覺知真如勢力不成就
故當知般若波羅蜜多勢力亦不成就法界
乃至不思議界勢力不成就故當知般若波
羅蜜多勢力亦不成就世尊我緣此意故說
菩薩摩訶薩般若波羅蜜多大波羅蜜多
復次世尊苦聖諦无生故當知般若波羅蜜
多亦无生集滅道聖諦无生故當知般若波
羅蜜多亦无生苦聖諦无滅故當知般若波
羅蜜多亦无滅集滅道聖諦无滅故當知般
若波羅蜜多亦无滅苦聖諦无自性故當知
般若波羅蜜多亦无自性集滅道聖諦无自
性故當知般若波羅蜜多亦无自性苦聖諦
无所有故當知般若波羅蜜多亦无所有集
滅道聖諦无所有故當知般若波羅蜜多亦
无所有苦聖諦空故當知般若波羅蜜多亦
空集滅道聖諦空故當知般若波羅蜜多亦
空苦聖諦无相故當知般若波羅蜜多亦无
相集滅道聖諦无相故當知般若波羅蜜多
亦无相苦聖諦无願故當知般若波羅蜜多
亦无願集滅道聖諦无願故當知般若波羅
蜜多亦无願苦聖諦遠離故當知般若波羅
蜜多亦遠離集滅道聖諦遠離故當知般若
波羅蜜多亦遠離苦聖諦寂靜故當知般若
波羅蜜多亦寂靜集滅道聖諦寂靜故當知
般若波羅蜜多亦寂靜苦聖諦不可得故當

BD13949 號　大般若波羅蜜多經卷一八〇　（23–7）

亦无願集滅道聖諦无願故當知般若波羅
蜜多亦无願苦聖諦遠離故當知般若波羅
蜜多亦遠離集滅道聖諦遠離故當知般若
波羅蜜多亦遠離苦聖諦寂靜故當知般若
波羅蜜多亦寂靜集滅道聖諦寂靜故當知
般若波羅蜜多亦寂靜苦聖諦不可得故當
知般若波羅蜜多亦不可得集滅道聖諦不
可得故當知般若波羅蜜多亦不可得苦聖諦
不可思議故當知般若波羅蜜多亦不可
思議集滅道聖諦不可思議故當知般若波
羅蜜多亦不可思議苦聖諦无覺知故當知
般若波羅蜜多亦无覺知集滅道聖諦无覺
知故當知般若波羅蜜多亦无覺知苦聖諦
勢力不成就故當知般若波羅蜜多勢力亦
不成就集滅道聖諦勢力不成就故當知般
若波羅蜜多勢力亦不成就世尊我緣此意
故說菩薩摩訶薩般若波羅蜜多名大波羅
蜜多
復次世尊四静慮无生故當知般若波羅蜜
多亦无生四无量四无色定无生故當知般
若波羅蜜多亦无生四静慮无滅故當知般
若波羅蜜多亦无滅四无量四无色定无滅故
當知般若波羅蜜多亦无滅四静慮无自性
故當知般若波羅蜜多亦无自性四无量
四无色定无自性故當知般若波羅蜜多亦
無自性四静慮無所有故當知般若波羅蜜
多亦無所有四無量四無色定無所有故當
知般若波羅蜜多亦無所有四静慮空故當
知般若波羅蜜多亦空四無量四無色定空

BD13949 號　大般若波羅蜜多經卷一八〇　(23–8)

故當知般若波羅蜜多亦无自性四无量
四无色定无自性故當知般若波羅蜜多亦
無自性四静慮無所有故當知般若波羅蜜
多亦無所有四無量四無色定無所有故當
知般若波羅蜜多亦無所有四静慮空故當
知般若波羅蜜多亦空四無量四無色定空
故當知般若波羅蜜多亦空四静慮無相故當
知般若波羅蜜多亦無相四無量四無色定
無相故當知般若波羅蜜多亦無相四静
慮無願故當知般若波羅蜜多亦無願四無
量四无色定无願故當知般若波羅蜜多亦
无願四静慮遠離故當知般若波羅蜜多亦
遠離四无量四无色定遠離故當知般若波
羅蜜多亦遠離四静慮寂静故當知般若波
羅蜜多亦寂静四无量四无色定寂静故當
知般若波羅蜜多亦寂静四静慮不可得故
當知般若波羅蜜多亦不可得四无量四无
色定不可得故當知般若波羅蜜多亦不可
得四静慮不可思議故當知般若波羅蜜多
亦不可思議四无量四无色定不可思議故
當知般若波羅蜜多亦不可思議四静慮无
覺知故當知般若波羅蜜多亦无覺知四无
量四无色定无覺知故當知般若波羅蜜多
亦无覺知四静慮勢力不成就故當知般若
波羅蜜多勢力亦不成就四无量四无色定
勢力不成就故當知般若波羅蜜多勢力亦
不成就世尊我緣此意故說菩薩摩訶薩般
若波羅蜜多名大波羅蜜多

BD13949 號　大般若波羅蜜多經卷一八〇　(23–9)

亦无覺知四靜慮勢力不成就故當知般若
波羅蜜多勢力亦不成就四无量四无色定
勢力不成就故當知般若波羅蜜多勢力亦
不成就世尊我緣此意故說菩薩摩訶薩般
若波羅蜜多名大波羅蜜多
復次世尊八解脫无生故當知般若波羅蜜
多亦无生八勝處九次第定十遍處无生故
當知般若波羅蜜多亦无生八解脫无滅故
當知般若波羅蜜多亦无滅八勝處九次第
定十遍處无滅故當知般若波羅蜜多亦无
滅八解脫无自性故當知般若波羅蜜多亦
无自性八勝處九次第定十遍處无自性故
當知般若波羅蜜多亦无自性八解脫无所
有故當知般若波羅蜜多亦无所有八勝處
九次第定十遍處无所有故當知般若波羅
蜜多亦无所有八解脫空故當知般若波羅
蜜多亦空八勝處九次第定十遍處空故當
知般若波羅蜜多亦空八解脫无相故當知
般若波羅蜜多亦无相八勝處九次第定十
遍處无相故當知般若波羅蜜多亦无相八
解脫无願故當知般若波羅蜜多亦无願八
勝處九次第定十遍處无願故當知般若波
羅蜜多亦无願八解脫遠離故當知般若波
羅蜜亦遠離八勝處九次第定十遍處遠
離故當知般若波羅蜜多亦遠離八解脫寂
靜故當知般若波羅蜜多亦寂靜八勝處九
次第定十遍處寂靜故當知般若波羅蜜多
亦寂靜八解脫不可得故當知般若波羅蜜



羅蜜亦遠離八勝處九次第定十遍處遠
離故當知般若波羅蜜多亦遠離八解脫寂
靜故當知般若波羅蜜多亦寂靜八勝處九
次第定十遍處寂靜故當知般若波羅蜜多
亦寂靜八解脫不可得故當知般若波羅蜜
多亦不可得八勝處九次第定十遍處不可
得故當知般若波羅蜜多亦不可得八解脫
不可思議故當知般若波羅蜜多亦不可思
議八勝處九次第定十遍處不可思議故當
知般若波羅蜜多亦不可思議八解脫无覺
知故當知般若波羅蜜多亦无覺知八勝處
九次第定十遍處无覺知故當知般若波羅
蜜多亦无覺知八解脫勢力不成就故當知
般若波羅蜜多勢力亦不成就八勝處九次
第定十遍處勢力不成就故當知般若波羅
蜜多勢力亦不成就世尊我緣此意故說菩
薩摩訶薩般若波羅蜜多名大波羅蜜多
次世尊四念住无生故當知般若波羅蜜多
亦无生四正斷四神足五根五力七等覺支
八聖道支无生故當知般若波羅蜜多亦无
生四念住无滅故當知般若波羅蜜多亦无
滅四正斷乃至八聖道支无滅故當知般若
波羅蜜多亦无滅四念住无自性故當知般
若波羅蜜多亦无自性四正斷乃至八聖道
支无自性故當知般若波羅蜜多亦无自性四
念住无所有故當知般若波羅蜜多亦无所
有四正斷乃至八聖道支无所有故當知
般若波羅蜜多亦无所有四念住空故當知

波羅蜜多亦无滅四念住无自性故當知般
若波羅蜜多亦无自性四正斷乃至八聖道
支无自性故當知般若波羅蜜多亦无自性四
念住无所有故當知般若波羅蜜多亦无所
有四正斷乃至八聖道支无所有故當知
般若波羅蜜多亦无所有四念住空故當知
般若波羅蜜多亦空四正斷乃至八聖道支
空故當知般若波羅蜜多亦空四念住无相
故當知般若波羅蜜多亦无相四正斷乃至
八聖道支无相故當知般若波羅蜜多亦无
相四念住无願故當知般若波羅蜜多亦无
願四正斷乃至八聖道支无願故當知般若
波羅蜜多亦无願四念住遠離故當知般若
波羅蜜多亦遠離四正斷乃至八聖道支遠
離故當知般若波羅蜜多亦遠離四念住寂
靜故當知般若波羅蜜多亦寂靜四正斷乃
至八聖道支寂靜故當知般若波羅蜜多亦
寂靜四念住不可得故當知般若波羅蜜多
亦不可得四正斷乃至八聖道支不可得故
當知般若波羅蜜多亦不可得四念住不可
思議故當知般若波羅蜜多亦不可思議四
正斷乃至八聖道支不可思議故當知般若
波羅蜜多亦不可思議四念住無覺知故當
知般若波羅蜜多亦無覺知四正斷乃至八
聖道支無覺知故當知般若波羅蜜多亦無
覺知四念住勢力不成就故當知般若波羅
蜜多勢力亦不成就四正斷乃至八聖道支
勢力不成就故當知般若波羅蜜多勢力亦



知般若波羅蜜多亦無覺知四正斷乃至八
聖道支無覺知故當知般若波羅蜜多亦無
覺知四念住勢力不成就故當知般若波羅
蜜多勢力亦不成就四正斷乃至八聖道支
勢力不成就故當知般若波羅蜜多勢力亦
不成就世尊我緣此意故說菩薩摩訶薩般
若波羅蜜多名大波羅蜜多復次世尊空解
脫門无生故當知般若波羅蜜多亦无生无
相无願解脫門无生故當知般若波羅蜜多
亦无生空解脫門无滅故當知般若波羅蜜
多亦无滅无相无願解脫門无滅故當知般
若波羅蜜多亦无滅空解脫門无自性故當
知般若波羅蜜多亦无自性无相无願解脫
門无自性故當知般若波羅蜜多亦无自性
空解脫門无所有故當知般若波羅蜜多亦
无所有无相无願解脫門无所有故當知般若
波羅蜜多亦无所有空解脫門空故當知
般若波羅蜜多亦空无相无願解脫門空故當
知般若波羅蜜多亦空空解脫門无相故
當知般若波羅蜜多亦无相无相无願解脫
門无相故當知般若波羅蜜多亦无相空解
脫門无願故當知般若波羅蜜多亦无願无
相无願解脫門无願故當知般若波羅蜜多
亦无願空解脫門遠離故當知般若波羅蜜
多亦遠離无相无願解脫門遠離故當知般
若波羅蜜多亦遠離空解脫門寂靜故當知
般若波羅蜜多亦寂靜无相无願解脫門寂
靜故當知般若波羅蜜多亦寂靜空解脫門

亦无願空解脫門遠離故當知般若波羅蜜
多亦遠離无相无願解脫門遠離故當知般
若波羅蜜多亦遠離空解脫門寂静故當知
般若波羅蜜多亦寂静无相无願解脫門寂
静故當知般若波羅蜜多亦寂静空解脫門
不可得故當知般若波羅蜜多亦不可得无
相无願解脫門不可得故當知般若波羅蜜多
亦不可得空解脫門不可思議故當知般
若波羅蜜多亦不可思議无相无願解脫門
不可思議故當知般若波羅蜜多亦不可思
議空解脫門无覺知故當知般若波羅蜜多
亦无覺知无相无願解脫門无覺知故當知
般若波羅蜜多亦无覺知空解脫門勢力不
成就故當知般若波羅蜜多勢力亦不成就
无相无願解脫門勢力不成就故當知般若
波羅蜜多勢力亦不成就世尊我緣此意故
說菩薩摩訶薩般若波羅蜜多名大波
羅蜜多復次世尊五眼無生故當知般若波羅蜜
多亦無生六神通无生故當知般若波羅蜜
多亦無生五眼无滅故當知般若波羅蜜多
亦无滅六神通无滅故當知般若波羅蜜多
亦无滅五眼无自性故當知般若波羅蜜多亦
无自性六神通无自性故當知般若波羅蜜多
亦无自性五眼无所有故當知般若波羅蜜
多亦无所有六神通无所有故當知般若波
羅蜜多亦无所有五眼空故當知般若波羅
蜜多亦空六神通空故當知般若波羅蜜
多亦空五眼无相故當知般若波羅蜜多亦无

BD13949號　大般若波羅蜜多經卷一八〇　（23-14）

无自性六神通无自性故當知般若波羅蜜多
亦无自性五眼无所有故當知般若波羅蜜
多亦无所有六神通无所有故當知般若波
羅蜜多亦无所有五眼空故當知般若波羅
蜜多亦空六神通空故當知般若波羅蜜
多亦空五眼无相故當知般若波羅蜜多亦无
相六神通无相故當知般若波羅蜜多亦无
相五眼无願故當知般若波羅蜜多亦无願
六神通无願故當知般若波羅蜜多亦无願
五眼遠離故當知般若波羅蜜多亦遠離六
神通遠離故當知般若波羅蜜多亦遠離五
眼寂静故當知般若波羅蜜多亦寂静六神
通寂静故當知般若波羅蜜多亦寂静五眼
不可得故當知般若波羅蜜多亦不可得六
神通不可得故當知般若波羅蜜多亦不可
得五眼不可思議故當知般若波羅蜜多亦
不可思議六神通不可思議故當知般若波
羅蜜多亦不可思議五眼无覺知故當知般若
波羅蜜多亦无覺知六神通无覺知故當
知般若波羅蜜多亦无覺知五眼勢力不成
就故當知般若波羅蜜多勢力亦不成就六
神通勢力不成就故當知般若波羅蜜多勢
力亦不成就世尊我緣此意故說菩薩摩訶
薩般若波羅蜜多名大波羅蜜多
復次世尊佛十力无生故當知般若波羅蜜
多亦无生四无所畏四无礙解大慈大悲大
喜大捨十八佛不共法无生故當知般若波
羅蜜多亦无生佛十力无滅故當知般若波

BD13949號　大般若波羅蜜多經卷一八〇　（23-15）

薩般若波羅蜜多名大波羅蜜多
復次世尊佛十力无生故當知般若波羅蜜
多亦无生四无所畏四无礙解大慈大悲大
喜大捨十八佛不共法无生故當知般若波
羅蜜多亦无生佛十力无滅故當知般若波
羅蜜多亦无滅四无所畏乃至十八佛不共
法无滅故當知般若波羅蜜多亦无滅佛十
力无自性故當知般若波羅蜜多亦无自性
四无所畏乃至十八佛不共法无自性故當
知般若波羅蜜多亦无自性佛十力无所有
故當知般若波羅蜜多亦无所有四无所畏
乃至十八佛不共法无所有故當知般若波羅
蜜多亦无所有佛十力空故當知般若波
羅蜜多亦空四无所畏乃至十八佛不共法
空故當知般若波羅蜜多亦空佛十力无相故
當知般若波羅蜜多亦无相四无所畏乃
至十八佛不共法无相故當知般若波羅蜜
多亦无相佛十力无願故當知般若波羅蜜
多亦无願四无所畏乃至十八佛不共法无
願故當知般若波羅蜜多亦无願佛十力遠
離故當知般若波羅蜜多亦遠離四无所畏
乃至十八佛不共法遠離故當知般若波羅
蜜多亦遠離佛十力寂靜故當知般若波羅
蜜多亦寂靜四无所畏乃至十八佛不共法
寂靜故當知般若波羅蜜多亦寂靜佛十力
不可得故當知般若波羅蜜多亦不可得四
无所畏乃至十八佛不共法不可得故當知般
若波羅蜜多亦不可得佛十力不可思議故

BD13949 號　大般若波羅蜜多經卷一八〇

（23–16）

蜜多亦寂靜四无所畏乃至十八佛不共法
寂靜故當知般若波羅蜜多亦寂靜佛十力
不可得故當知般若波羅蜜多亦不可得四
无所畏乃至十八佛不共法不可得故當知般
若波羅蜜多亦不可得佛十力不可思議故
當知般若波羅蜜多亦不可思議四无所
畏乃至十八佛不共法不可思議故當知般若
波羅蜜多亦不可思議佛十力无覺知故
當知般若波羅蜜多亦无覺知四无所畏乃
至十八佛不共法无覺知故當知般若波羅
蜜多亦无覺知佛十力勢力不成就故當知
般若波羅蜜多勢力亦不成就四无所畏乃
至十八佛不共法勢力不成就故當知般若波
羅蜜多勢力亦不成就世尊我緣此意故
說菩薩摩訶薩般若波羅蜜多名大波羅
蜜多
復次世尊无忘失法无生故當知般若波羅
蜜多亦无生恒住捨性无生故當知般若波
羅蜜多亦无生无忘失法无滅故當知般若波
羅蜜多亦无滅恒住捨性无滅故當知般若波
羅蜜多亦无滅无忘失法无自性故當知般若
波羅蜜多亦無自性恒住捨性無自性故當
知般若波羅蜜多亦無自性無忘失法無所
有故當知般若波羅蜜多亦無所有恒住捨
性無所有故當知般若波羅蜜多亦無所有
無忘失法空故當知般若波羅蜜多亦空恒
住捨性空故當知般若波羅蜜多亦空無忘
失法無相故當知般若波羅蜜多亦無相恒

BD13949 號　大般若波羅蜜多經卷一八〇

（23–17）

性無所有故當知般若波羅蜜多亦無所有
無忘失法空故當知般若波羅蜜多亦空恒
住捨性空故當知般若波羅蜜多亦空無忘
失法無相故當知般若波羅蜜多亦無相恒
住捨性無相故當知般若波羅蜜多亦無相
無忘失法無願故當知般若波羅蜜多亦無
願恒住捨性無願故當知般若波羅蜜多亦
無願無忘失法遠離故當知般若波羅蜜多
亦遠離恒住捨性遠離故當知般若波羅蜜
多亦遠離無忘失法寂靜故當知般若波羅
蜜多亦寂靜恒住捨性寂靜故當知般若波
羅蜜多亦寂靜無忘失法不可得故當知般
若波羅蜜多亦不可得恒住捨性不可得故
當知般若波羅蜜多亦不可得無忘失法不
可思議故當知般若波羅蜜多亦不可思議
恒住捨性不可思議故當知般若波羅蜜多
亦不可思議無忘失法無覺知故當知般若波
羅蜜多亦無覺知恒住捨性無覺知故當
知般若波羅蜜多亦無覺知無忘失法勢力
不成就故當知般若波羅蜜多勢力亦不成
就恒住捨性勢力不成就故當知般若波羅
蜜多勢力亦不成就世尊我緣此意故說菩
薩摩訶薩般若波羅蜜多名大波羅蜜
多
復次世尊一切智无生故當知般若波羅蜜
多亦无生道相智一切相智无生故當知般
若波羅蜜多亦无生一切智无滅故當知般
若波羅蜜多亦无滅道相智一切相智无滅

BD13949號　大般若波羅蜜多經卷一八〇　（23–18）

多
復次世尊一切智无生故當知般若波羅蜜
多亦无生道相智一切相智无生故當知般
若波羅蜜多亦无生一切智无滅故當知般
若波羅蜜多亦无滅道相智一切相智无滅
故當知般若波羅蜜多亦无滅一切智無自
性故當知般若波羅蜜多亦无自性道相智
一切相智无自性故當知般若波羅蜜多亦
无自性一切智无所有故當知般若波羅蜜
多亦无所有道相智一切相智无所有故當
知般若波羅蜜多亦无所有一切智空故當
知般若波羅蜜多亦空道相智一切相智空
故當知般若波羅蜜多亦空一切智无相故
當知般若波羅蜜多亦无相道相智一切相
智无相故當知般若波羅蜜多亦无相一切
智无願故當知般若波羅蜜多亦无願道相
智一切相智无願故當知般若波羅蜜多亦
无願一切智遠離故當知般若波羅蜜多亦
遠離道相智一切相智遠離故當知般若波
羅蜜多亦遠離一切智寂靜故當知般若波
羅蜜多亦寂靜道相智一切相智寂靜故當
知般若波羅蜜多亦寂靜一切智不可得故
當知般若波羅蜜多亦不可得道相智一切相
智不可得故當知般若波羅蜜多亦不可得
一切智不可思議故當知般若波羅蜜多
亦不可思議道相智一切相智不可思議故
當知般若波羅蜜多亦不可思議一切智无
覺知故當知般若波羅蜜多亦无覺知道相

BD13949號　大般若波羅蜜多經卷一八〇　（23–19）

智不可得故當知般若波羅蜜多亦不可得
一切智不可思議故當知般若波羅蜜多
亦不可思議道相智一切相智不可思議故
當知般若波羅蜜多亦不可思議一切智无
覺知故當知般若波羅蜜多亦无覺知道相
智一切相智无覺知故當知般若波羅蜜多
亦无覺知一切智勢力不成就故當知般若
波羅蜜多勢力亦不成就道相智一切相智
勢力不成就故當知般若波羅蜜多勢力亦
不成就世尊我緣此意故說菩薩摩訶薩
般若波羅蜜多名大波羅蜜多
復次世尊一切陁羅尼門无生故當知般若
波羅蜜多亦无生一切三摩地門无生故當
知般若波羅蜜多亦无生一切陁羅尼門无
滅故當知般若波羅蜜多亦无滅一切三摩
地門无滅故當知般若波羅蜜多亦无滅一
切陁羅尼門无自性故當知般若波羅蜜多
亦无自性一切三摩地門无自性故當知般
若波羅蜜多亦无自性一切陁羅尼門无所
有故當知般若波羅蜜多亦无所有一切三
摩地門无所有故當知般若波羅蜜多亦无
所有一切陁羅尼門空故當知般若波羅蜜
多亦空一切三摩地門空故當知般若波羅蜜
多亦空一切陁羅尼門无相故當知般若波
羅蜜多亦无相一切三摩地門无相故當
知般若波羅蜜多亦无相一切陁羅尼門无
願故當知般若波羅蜜多亦无願一切三摩
地門无願故當知般若波羅蜜多亦无願一

BD13949 號　大般若波羅蜜多經卷一八〇　　（23–20）

羅蜜多亦无相一切三摩地門无相故當
知般若波羅蜜多亦无相一切陁羅尼門无
願故當知般若波羅蜜多亦无願一切三摩
地門无願故當知般若波羅蜜多亦无願一
切陁羅尼門遠離故當知般若波羅蜜多亦
遠離一切三摩地門遠離故當知般若波羅
蜜多亦遠離一切陁羅尼門寂靜故當知般
若波羅蜜多亦寂靜一切三摩地門寂靜故當
知般若波羅蜜多亦寂靜一切陁羅尼門
不可得故當知般若波羅蜜多亦不可得一
切三摩地門不可得故當知般若波羅蜜多
亦不可得一切陁羅尼門不可思議故當知
般若波羅蜜多亦不可思議一切三摩地門
不可思議故當知般若波羅蜜多亦不可思
議一切陁羅尼門无覺知故當知般若波羅
蜜多亦无覺知一切三摩地門无覺知故當
知般若波羅蜜多亦无覺知一切陁羅尼門
勢力不成就故當知般若波羅蜜多勢力亦
不成就一切三摩地門勢力不成就故當知
般若波羅蜜多勢力亦不成就世尊我緣此
意故說菩薩摩訶薩般若波羅蜜多名大
波羅蜜多
復次世尊預流无生故當知般若波羅蜜多
亦无生一來不還阿羅漢无生故當知般若
波羅蜜多亦无生預流无滅故當知般若波
羅蜜多亦无滅一來不還阿羅漢无滅故當
知般若波羅蜜多亦无滅預流无自性故當
知般若波羅蜜多亦无自性一來不還阿羅

BD13949 號　大般若波羅蜜多經卷一八〇　　（23–21）

復次世尊預流无生故當知般若波羅蜜多
亦无生一來不還阿羅漢无生故當知般若
波羅蜜多亦无生預流无滅故當知般若波
羅蜜多亦无滅一來不還阿羅漢无滅故當
知般若波羅蜜多亦无滅預流无自性故當
知般若波羅蜜多亦无自性一來不還阿羅
漢无自性故當知般若波羅蜜多亦无自性
預流无所有故當知般若波羅蜜多亦无所
有一來不還阿羅漢无所有故當知般若波
羅蜜多亦无所有預流空故當知般若波羅
蜜多亦空一來不還阿羅漢空故當知般若波
羅蜜多亦空預流无相故當知般若波羅蜜
多亦无相一來不還阿羅漢无相故當知
般若波羅蜜多亦无相預流无願故當知般
若波羅蜜多亦无願一來不還阿羅漢无願
故當知般若波羅蜜多亦无願預流遠離故
當知般若波羅蜜多亦遠離一來不還阿
羅漢遠離故當知般若波羅蜜多亦遠離預
流寂靜故當知般若波羅蜜多亦寂靜一來不
還阿羅漢寂靜故當知般若波羅蜜多亦寂
靜預流不可得故當知般若波羅蜜多亦不
不得一來不還阿羅漢不可得故當知般
若波羅蜜多亦不可得預流不可思議故當知
般若波羅蜜多亦不可思議一來不還阿羅
漢不可思議故當知般若波羅蜜多亦不可
思議預流无覺知故當知般若波羅蜜多亦
无覺知一來不還阿羅漢无覺知故當知般
若波羅蜜多亦无覺知預流勢力不成就故

BD13949號　大般若波羅蜜多經卷一八〇　（23–22）

當知般若波羅蜜多亦遠離一來不還阿
羅漢遠離故當知般若波羅蜜多亦遠離預
流寂靜故當知般若波羅蜜多亦寂靜一來不
還阿羅漢寂靜故當知般若波羅蜜多亦寂
靜預流不可得故當知般若波羅蜜多亦不
不得一來不還阿羅漢不可得故當知般
若波羅蜜多亦不可得預流不可思議故當知
般若波羅蜜多亦不可思議一來不還阿羅
漢不可思議故當知般若波羅蜜多亦不可
思議預流无覺知故當知般若波羅蜜多亦
无覺知一來不還阿羅漢无覺知故當知般
若波羅蜜多亦无覺知預流勢力不成就故
當知般若波羅蜜多勢力亦不成就一來不還
阿羅漢勢力不成就故當知般若波羅蜜
多勢力亦不成就世尊我緣此意故說菩薩
摩訶薩般若波羅蜜多名大波羅蜜多

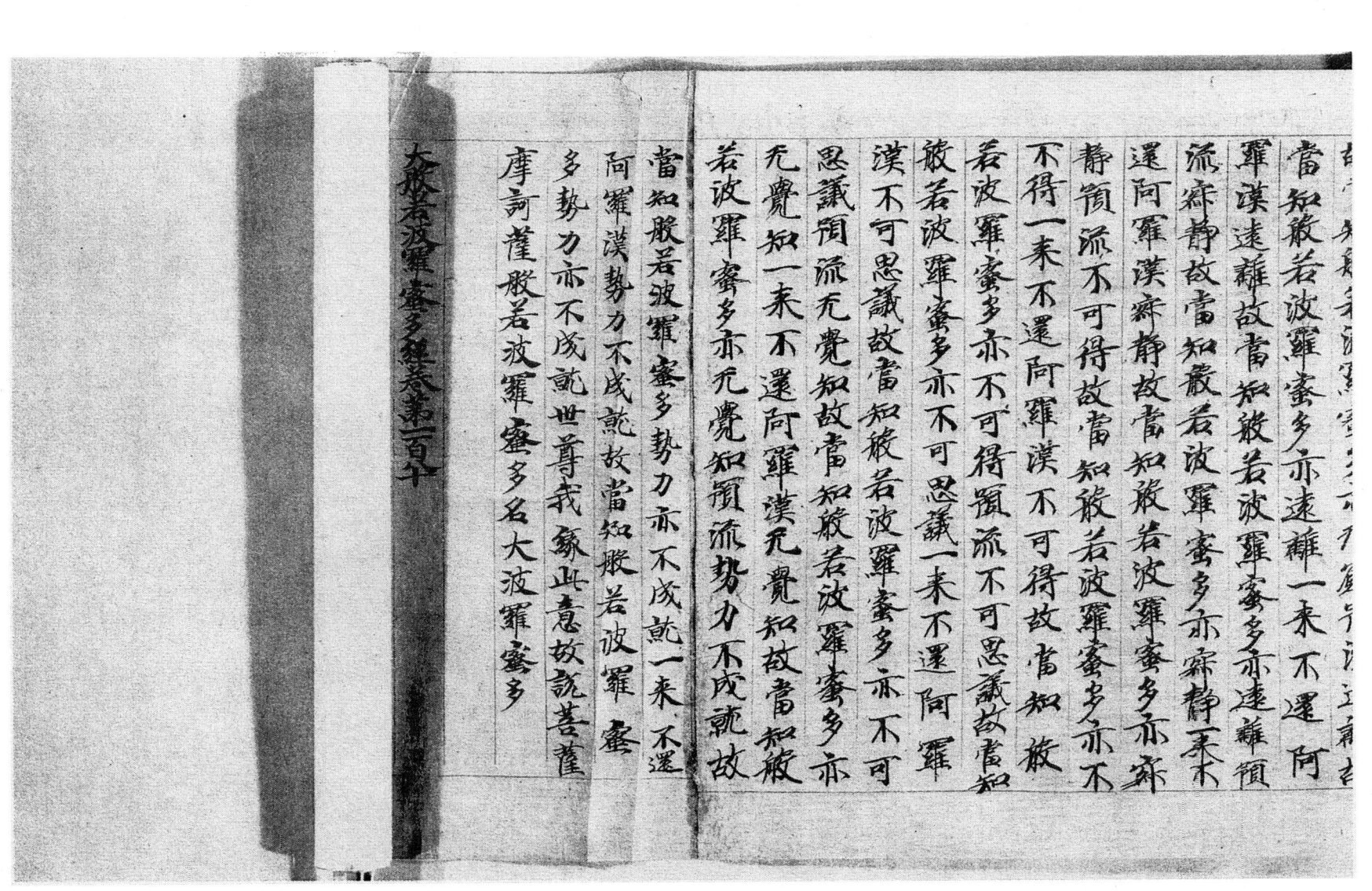

大般若波羅蜜多經卷第一百八十

BD13949號　大般若波羅蜜多經卷一八〇　（23–23）

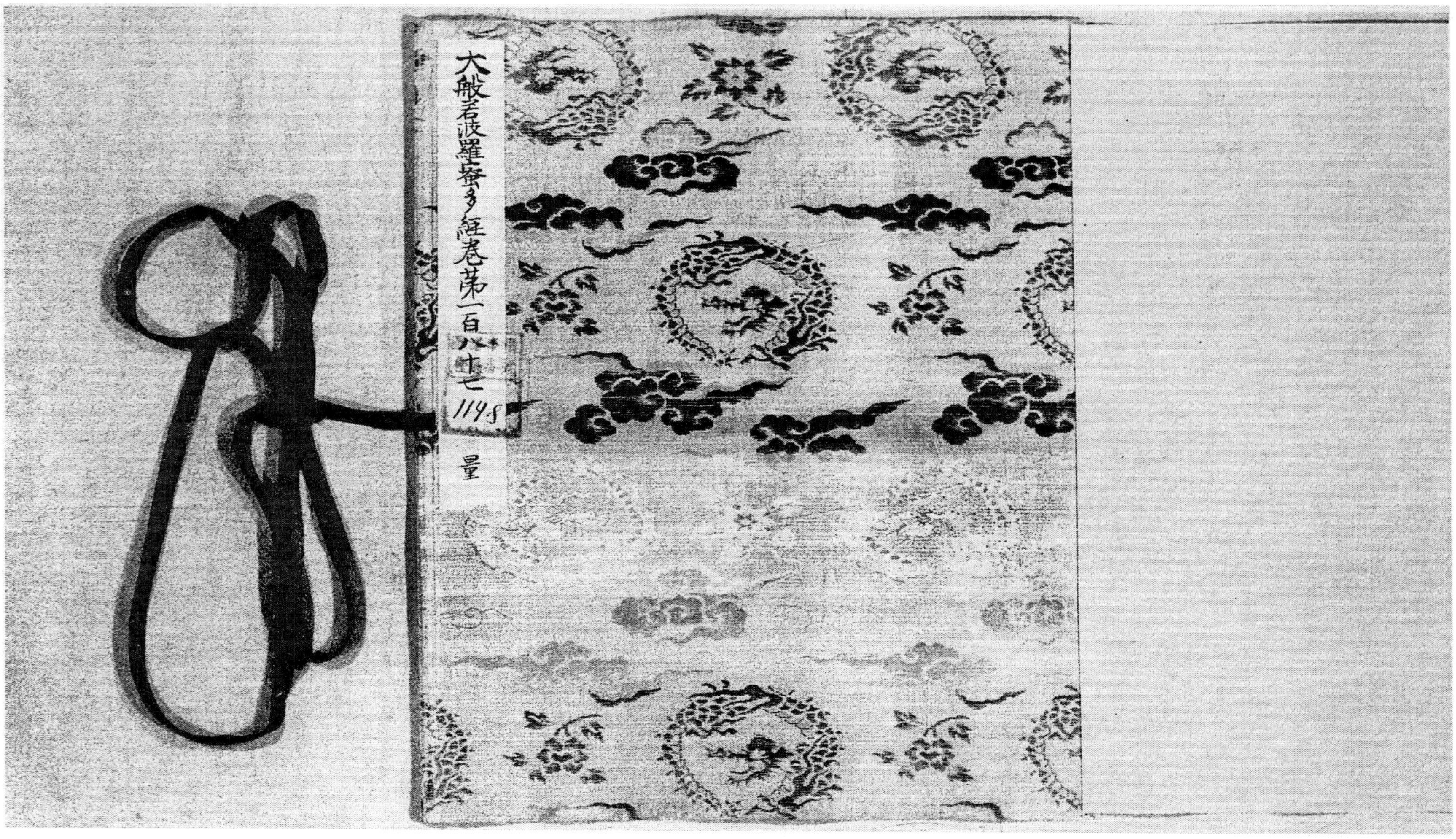


BD13950 號背　現代護首　　（1–1）

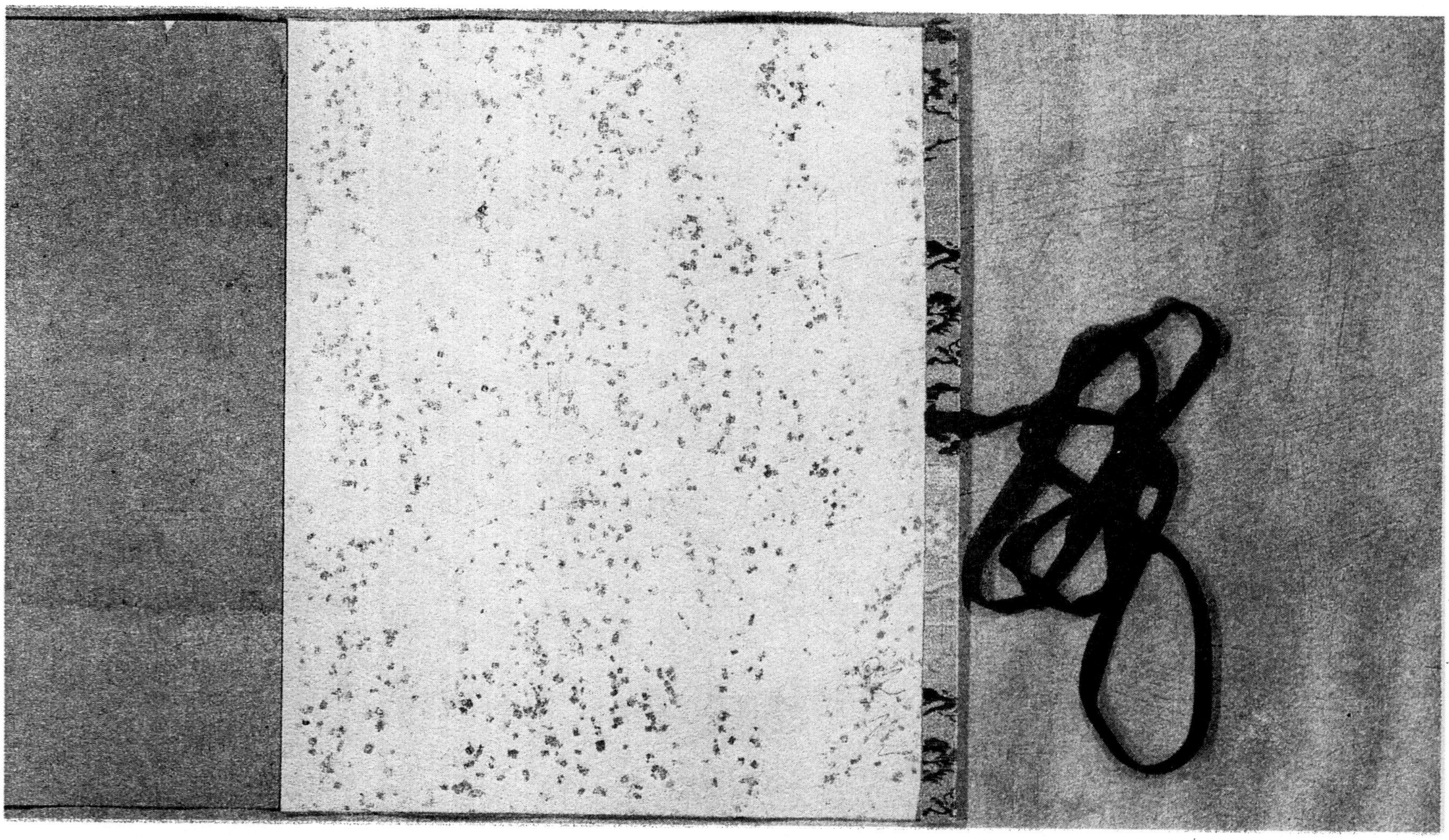

BD13950 號　大般若波羅蜜多經卷一八七　　（21–1）

大般若波羅蜜多經卷第百八十七
初分難信解品第卅四之六　三藏法師玄奘奉　詔譯
復次善現我清淨即內空清淨內空清淨即
我清淨何以故是我清淨與內空清淨无二
无二分无別无斷故我清淨即外空內外空
空空大空勝義空有為空无為空畢竟空
无際空散空無變異空本性空自相空共相空
一切法空不可得空无性空自性空无性自
性空清淨外空乃至无性自性空清淨即我
清淨何以故是我清淨與外空乃至无性自
性空清淨无二无二分无別无斷故有情清
淨即內空清淨內空清淨即有情清淨何以
故是有情清淨與內空清淨无二无二分无
別无斷故有情清淨即外空內外空空空大
空勝義空有為空无為空畢竟空无際空散
空无變異空本性空自相空共相空一切法
空不可得空无性空自性空无性自性空清
淨外空乃至无性自性空清淨即有情清淨
何以故是有情清淨與外空乃至无性自性
空清淨无二无二分无別无斷故命者清淨



空无變異空本性空自相空共相空一切法
空不可得空无性空自性空无性自性空清
淨外空乃至无性自性空清淨即有情清淨
何以故是有情清淨與外空乃至无性自性
空清淨无二无二分无別无斷故命者清淨
即內空清淨內空清淨即命者清淨何以故
是命者清淨與內空清淨无二无二分无別
无斷故命者清淨即外空內外空空空大
空勝義有為空无為空畢竟空无際空散
无變異空本性空自相空共相空一切法空
不可得空无性空自性空无性自性空清淨
外空乃至无性自性空清淨即命者清淨
何以故是命者清淨與外空乃至无性自性空
清淨无二无二分无別无斷故生者清淨即
內空清淨內空清淨即生者清淨何以故是
生者清淨與內空清淨无二无二分无別无
斷故生者清淨即外空內外空空空大空勝
義空有為空无為空畢竟空无際空散空
無變異空本性空自相空共相空一切法空不
不得空无性空自性空无性自性空清淨外
空乃至无性自性空清淨即生者清淨何以
故是生者清淨與外空乃至无性自性空清
淨无二无二分无別无斷故養育者清淨即
內空清淨內空清淨即養育者清淨何以故
是養育者清淨與內空清淨无二无二分无
別无斷故養育者清淨即外空內外空空
空大空勝義空有為空无為空畢竟空无際
空散空无變異空本性空自相空共相空一
切法空不可得空无性空自性空无性自性空

是養育者清淨與內空清淨无二无二分无
別无斷故養育者清淨即外空內外空空
空大空勝義空有為空无為空畢竟空无際
空散空无變異空本性空自相空共相空一
切法空不可得空无性空自性空无性自性空
清淨外空乃至无性自性空清淨即養育者
清淨何以故是養育者清淨與外空乃至无
性自性空清淨无二无二分无別无斷故士夫
淨即內空清淨內空清淨即士夫清淨何
以故是士夫清淨與內空清淨无二无二分
无別无斷故士夫清淨即外空內外空空
空大空勝義空有為空无為空畢竟空无際
空散空无變異空本性空自相空共相空一
切法空不可得空无性空自性空无性自性
空清淨外空乃至无性自性空清淨即士夫
清淨何以故是士夫清淨與外空乃至无性
自性空清淨无二无二分无別无斷故補特
伽羅清淨即內空清淨內空清淨即補特伽
羅清淨何以故是補特伽羅清淨與內空清
淨无二无二分无別无斷故補特伽羅清淨
即外空內外空空空大空勝義空有為空无
為空畢竟空无際空散空无變異空本性
空自相空共相空一切法空不可得空无性空
自性空无性自性空清淨外空乃至无性自
性空清淨即補特伽羅清淨何以故是補特
伽羅清淨與外空乃至无性自性空清淨无
二无二分无別无斷故意生清淨即內空清淨
內空清淨即意生清淨何以故是意生清



自性空无性自性空清淨外空乃至无性自
性空清淨即補特伽羅清淨何以故是補特
伽羅清淨與外空乃至无性自性空清淨无
二无二分无別无斷故意生清淨即內空清淨
內空清淨即意生清淨何以故是意生清
淨與內空清淨无二无二分无別无斷故　意
生清淨即外空內外空空空大空勝義空有
為空无為空畢竟空无際空散空无變
異空本性空自相空共相空一切法空不可得空
无性空自性空无性自性空清淨外空乃至
无性自性空清淨即意生清淨何以故是意
生清淨與外空乃至无性自性空清淨无二
无二分无別无斷故儒童清淨即內空清淨
內空清淨即儒童清淨何以故是儒童清淨
與內空清淨无二无二分无別无斷故儒童
清淨即外空內外空空空大空勝義空有
為空无為空畢竟空无際空散空无變
異空本性空自相空共相空一切法空不可得空
无性空自性空无性自性空清淨外空乃至
无性自性空清淨即儒童清淨何以故是儒
童清淨與外空乃至无性自性空清淨无二
无二无二分无斷故作者清淨即內空清淨
內空清淨即作者清淨何以故是作者清淨與
內空清淨无二无二分无別无斷故作者清
淨即外空內外空空空大空勝義空有為空
无為空畢竟空无際空散空无變異空本
性空自相空共相空一切法空不可得空无性
空自性空无性自性空清淨外空乃至无性
自性空清淨即作者清淨何以故是作者清

淨即外空內外空空空大空勝義空有為空
无為空畢竟空无際空散空无變異空本
性空自相空共相空一切法空不可得空无性
空自性空无性自性空清淨外空乃至无性
自性空清淨即作者清淨何以故是作者清
淨與外空乃至无性自性空清淨无二无二
分无別无斷故受者清淨即內空清淨內空
清淨即受者清淨何以故是受者清淨與內
空清淨无二无二分无別无斷故受者清淨
即外空內外空空空大空勝義空有為空无
為空畢竟空无際空散空无變異空本性空
自相空共相空一切法空不可得空无性空
自性空无性自性空清淨外空乃至无性自
性空清淨即受者清淨何以故是受者清淨
與外空乃至无性自性空清淨无二无二分
无別无斷故知者清淨即內空清淨內空清
淨即知者清淨何以故是知者淨與內空清
淨无二无二分无別无斷故知者清淨即外
空內外空空空大空勝義空有為空无為
空畢竟空无際空散空无變異空本性空自
相空共相空一切法空不可得空无性空自
性空无性自性空清淨外空乃至无性自性
空清淨即知者清淨何以故是知者清淨與
外空乃至无性自性空清淨无二无二分无
別无斷故見者清淨即內空清淨內空清淨
即見者清淨何以故是見者清淨與內空清
淨无二无二分无別无斷故見者清淨即外
空內外空空空大空勝義空有為空无為空
畢竟空无際空散空无變異空本性空自相



別无斷故見者清淨即內空清淨內空清淨
即見者清淨何以故是見者清淨與內空清
淨无二无二分无別无斷故見者清淨即外
空內外空空空大空勝義空有為空无為空
畢竟空无際空散空无變異空本性空自相
空共相空一切法空不可得空无性空自性
空无性自性空清淨外空乃至无性自性空清
淨即見者清淨何以故是見者清淨與外
空乃至无性自性空清淨无二无二分无別
无斷故
復次善現我清淨即真如清淨真如清淨
即我清淨何以故是我清淨與真如清淨无
二无二分无別无斷故我清淨即法界法性
不虛妄性不變異性平等性離生性法定法住
實際虛空界不思議界清淨法界乃至不思
議界清淨即我清淨何以故是我清淨與
法界乃至不思議界清淨无二无二分无別
无斷故有情清淨即真如清淨真如清淨即
有情清淨何以故是有情清淨與真如清淨
无二无二分无別无斷故有情清淨即法界法
性不虛妄性不變異性平等性離生性法定
法住實際虛空界不思議界清淨法界乃至
不思議界清淨即有情清淨何以故是有情
清淨與法界乃至不思議界清淨无二无二
分无別无斷故命者清淨即真如清淨真如
清淨即命者清淨何以故是命者清淨與真
如清淨无二无二分无別无斷故命者清淨即
法界法性不虛妄性不變異性平等性離
生性法定法住實際虛空界不思議界清淨

亦无別无斷故命者清淨即真如清淨真如
清淨即命者清淨何以故是命者清淨與真
如清淨无二无二分无別无斷故命者清淨即
法界法性不虛妄性不變異性平等性離
生性法定法住實際虛空界不思議界清淨
法界乃至不思議界清淨即命者清淨何以
故是命者清淨與法界乃至不思議界清淨
无二无二分无別无斷故生者清淨即真如
清淨真如清淨即生者清淨何以故是生者
清淨與真如清淨无二无二分无別无斷故
生者清淨即法界法性不虛妄性不變異性
平等性離生性法定法住實際虛空界不思
議界清淨法界乃至不思議界清淨即生者
清淨何以故是生者清淨與法界乃至不思
議界清淨无二无二分无別无斷故養育者
清淨即真如清淨真如清淨即養育者清淨
何以故是養育者清淨與真如清淨无二无
二分无別无斷故養育者清淨即法界法性
不虛妄性不變異性平等性離生性法定法
住實際虛空界不思議界清淨法界乃至不
思議界清淨即養育者清淨何以故是養育
者清淨與法界乃至不思議界清淨无二无
二分无別无斷故士夫清淨即真如清淨真
如清淨即士夫清淨何以故是士夫清淨與
真如清淨无二无二分无別无斷故士夫清
淨即法界法性不虛妄性不變異性平等性
離生性法定法住實際虛空界思議界清
淨法界乃至不思議界清淨即士夫清淨何
以故是士夫清淨與法界乃至不思議界清



真如清淨无二无二分无別无斷故士夫清
淨即法界法性不虛妄性不變異性平等性
離生性法定法住實際虛空界思議界清
淨法界乃至不思議界清淨即士夫清淨何
以故是士夫清淨與法界乃至不思議界清
淨无二无二分无別无斷故補特伽羅清淨
即真如清淨真如清淨即補特伽羅清淨
何以故是補特伽羅清淨與真如清淨无二无
二分无別无斷故補特伽羅清淨即法界法
性不虛妄性不變異性平等性離生性法定
法住實際虛空界不思議界清淨法界乃至
不思議界清淨即補特伽羅清淨何以故是
補特伽羅清淨與法界乃至不思議界清淨
无二无二分无別无斷故意生清淨即真如
清淨真如清淨即意生清淨何以故是意生
清淨與真如清淨无二无二分无別无斷故
意生清淨即法界法性不虛妄性不變異
性平等性離生性法定法住實際虛空界不
思議界清淨法界乃至不思議界清淨即意
生清淨何以故是意生清淨與法界乃至不
思議清淨无二无二分无別无斷故儒童清
淨即真如清淨真如清淨即儒童清淨何
以故是儒童清淨與真如清淨无二无二分无
別无斷故儒童清淨即法界法性不虛妄性
不變異性平等性離生性法定法住實際虛
空界不思議界清淨法界乃至不思議界
清淨即儒童清淨何以故是儒童清淨與法
界乃至不思議清淨无二无二分无別无斷
故作者清淨即真如清淨真如清淨即作

别无斷故儒童清淨即法界法性不虛妄性
不變異性平等性離生性法定法住實際虛
空界不思議界清淨法界乃至不思議界
清淨即儒童清淨何以故是儒童清淨與法
界乃至不思議界清淨无二无二分无别无斷
故作者清淨即真如清淨真如清淨即作
者清淨何以故是作者清淨與真如清淨无
二无二分无别无斷故作者清淨即法界法性
不虛妄性不變異性平等性離生性法定法
住實際虛空界不思議界清淨法界乃至
不思議界清淨即作者清淨何以故是者清
淨與法界乃至不思議界清淨无二无二分
无别无斷故受者清淨即真如清
淨即受者清淨何以故是受者清淨與真如
清淨无二无二分无别无斷故受者清淨即法
界法性不虛妄性不變異性平等性離生
性法定法住實際虛空界不思議界清淨法
界乃至不思議界清淨即受者清淨何以故
是受者清淨與法界乃至不思議界清淨无
二无二分无别无斷故知者清淨即真如清
淨真如清淨即知者清淨何以故是知者清
淨與真如清淨无二无二分无别无斷故知
者清淨即法界法性不虛妄性不變異性平
等性離生性法定法住實際虛空界不思
議界清淨法界乃至不思議界清淨即知者清
淨何以故是知者清淨與法界乃至不思議
界清淨无二无二分无别无斷故見者清淨
即真如清淨真如清淨即見者清淨何以故
是見者清淨與真如清淨无二无二分无别

BD13950號　大般若波羅蜜多經卷一八七　（21–10）

議界清淨法界乃至不思議界清淨即知者清
淨何以故是知者清淨與法界乃至不思議
界清淨无二无二分无别无斷故見者清淨
即真如清淨真如清淨即見者清淨何以故
是見者清淨與真如清淨无二无二分无别
无斷故見者清淨即法界法性不虛妄性不
變異性平等性離生性法定法住實際虛空
界不思議界清淨法界乃至不思議界清淨
即見者清淨何以故是見者清淨與法界乃
至不思議界清淨无二无二分无别无斷故
復次善現我清淨即苦聖諦清淨苦聖諦清
淨即我清淨何以故是我清淨與苦聖諦清
淨无二无二分无别无斷故我清淨即集滅
道聖諦清淨集滅道聖諦清淨即我清淨何
以故是我清淨與集滅道聖諦清淨无二无
二分无别无斷故有情清淨即苦聖諦清淨
苦聖諦清淨即有情清淨何以故是有情清
淨與苦聖諦清淨无二无二分无别无斷故
有情清淨即集滅道聖諦清淨集滅道聖
諦清淨即有情清淨何以故是有情清淨與
集滅道聖諦清淨无二无二分无别无斷故
命者清淨即苦聖諦清淨苦聖諦清淨即命
者清淨何以故是命者清淨與苦聖諦清淨
无二无二分无别无斷故命者清淨即集滅
道聖諦清淨集滅道聖諦清淨即命者清
淨何以故是命者清淨與集滅道聖諦清淨无二
无二分无别无斷故生者清淨即苦聖諦清
淨苦聖諦清淨即生者清淨何以故是生者

BD13950號　大般若波羅蜜多經卷一八七　（21–11）

无二无二分无別无斷故命者清淨即集滅
道聖諦清淨集滅道聖諦清淨即命者清
淨何以故是命者清淨與集滅道聖諦清淨无二
无二分无別无斷故生者清淨即苦聖諦清
淨苦聖諦清淨即生者清淨何以故是生者
清淨與苦聖諦清淨无二无二分无別无斷
故生者清淨即集滅道聖諦清淨集滅道聖
諦清淨即生者清淨何以故是生者清淨與
集滅道聖諦清淨无二无二分无別无斷故
養育者清淨即苦聖諦清淨苦聖諦清淨即
養育者清淨何以故是養育者清淨與苦聖
諦清淨无二无二分无別无斷故養育者清
淨即集滅道聖諦清淨集滅道聖諦清淨即
養育者清淨何以故是養育者清淨與集
道聖諦清淨无二无二分无別无斷故士夫
清淨即苦聖諦清淨苦聖諦清淨即士夫清
淨何以故是士夫清淨與苦聖諦清淨无二
无二分无別无斷故士夫清淨即集滅道聖
諦清淨集滅道聖諦清淨即士夫清淨何以
故是士夫清淨與集滅道聖諦清淨无二无
二分无別无斷故補特伽羅清淨即苦聖諦
清淨苦聖諦清淨即補特伽羅清淨何以故
是補特伽羅清淨與苦聖諦清淨无二无二
分无別无斷故補特伽羅清淨即集滅道聖
諦清淨集滅道聖諦清淨即補特伽羅清淨
何以故是補特伽羅清淨與集滅道聖諦清
淨无二无二分无別无斷故意生清淨即苦
聖諦清淨苦聖諦清淨即意生清淨何以故
是意生清淨與苦聖諦清淨无二无二分无

BD13950號　大般若波羅蜜多經卷一八七

（21–12）

分无別无斷故補特伽羅清淨即集滅道聖
諦清淨集滅道聖諦清淨即補特伽羅清淨
何以故是補特伽羅清淨與集滅道聖諦清
淨无二无二分无別无斷故意生清淨即苦
聖諦清淨苦聖諦清淨即意生清淨何以故
是意生清淨與苦聖諦清淨无二无二分无
別无斷故意生清淨即集滅道聖諦清淨集
滅道聖諦清淨即意生清淨何以故是意生
清淨與集滅道聖諦清淨无二无二分无別
无斷故儒童清淨即苦聖諦清淨苦聖諦清
淨即儒童清淨何以故是儒童清淨與苦聖
諦清淨无二无二分无別无斷故儒童清淨
即集滅道聖諦清淨集滅道聖諦清淨即儒
童清淨何以故是儒童清淨與集滅道聖諦
清淨无二无二分无別无斷故作者清淨即
苦聖諦清淨苦聖諦清淨即作者清淨何以
故是作者清淨與苦聖諦清淨无二无二分无
別无斷故作者清淨即集滅道聖諦清淨集
滅道聖諦清淨即作者清淨何以故是作
者清淨與集滅道聖諦清淨无二无二分无
別无斷故受者清淨即苦聖諦清淨苦聖諦
清淨即受者清淨何以故是受者清淨與苦
聖諦清淨无二无二分无別无斷故受者清
淨即集滅道聖諦清淨集滅道聖諦清淨即
受者清淨何以故是受者清淨與集滅道聖
諦清淨无二无二分无別无斷故知者清淨
即苦聖諦清淨苦聖諦清淨即知者清淨何
以故是知者清淨與苦聖諦清淨无二无二
分无別无斷故知者清淨即集滅道聖諦

BD13950號　大般若波羅蜜多經卷一八七

（21–13）

受者清淨何以故是受者清淨與集滅道聖
諦清淨无二无二分无別无斷故知者清淨
即苦聖諦清淨苦聖諦清淨即知者清淨何
以故是知者清淨與苦聖諦清淨无二无二
分无別无斷故知者清淨即集滅道聖諦清
淨集滅道聖諦清淨即知者清淨何以故是
知者清淨與集滅道聖諦清淨无二无二分
无別无斷故見者清淨即苦聖諦清淨苦聖
諦清淨即見者清淨何以故是見者清淨與
苦聖諦清淨无二无二分无別无斷故見者
清淨即集滅道聖諦清淨集滅道聖諦清淨
即見者清淨何以故是見者清淨與集滅道
聖諦清淨无二无二分无別无斷故
復次善現我清淨即四靜慮清淨四靜慮清
淨即我清淨何以故是我清淨與四靜慮清
淨无二无二分無別无斷故我清淨即四无
量四无色定清淨四无量四无色定清淨即
我清淨何以故是我清淨與四无量四色定
清淨无二无二分无別无斷故有情清淨
即四靜慮清淨四靜慮清淨即有情清淨何
以故是有情清淨與四靜慮清淨无二无二分
无別无斷故有情清淨即四无量四无色定
清淨四无量四无色定清淨即有情清淨何
以故是有情清淨與四无量四无色定清淨
无二无二分无別无斷故命者清淨即四
靜慮清淨四靜慮清淨即命者清淨何以故
是命者清淨與四靜慮清淨无二无二分无
別无斷故命者清淨即四无量四无色定清
淨四无量四无色定清淨即命者清淨何以



无二无二分无別无斷故命者清淨即四
靜慮清淨四靜慮清淨即命者清淨何以故
是命者清淨與四靜慮清淨无二无二分无
別无斷故命者清淨即四无量四无色定清
淨四无量四无色定清淨即命者清淨何以
故是命者清淨與四无量四无色定清淨无
二无二分无別无斷故生者清淨即四靜處
清淨四靜慮清淨即生者清淨何以故是生
者清淨與四靜慮清淨无二无二分无別无
斷故生者清淨即四无量四无色定清淨四
无量四无色定清淨即生者清淨何以故是
生者清淨與四无量四无色定清淨无二无二分
无別无斷故養育者清淨即四靜慮清
淨四靜處清淨即養者清淨何以故是養
育者清淨與四靜慮清淨无二无二分无別
无斷故養育者清淨即四无量四无色定清
淨四无量四无色定清淨即養育者清淨何
以故是養育者清淨與四无量四色定清
淨无二无二分无別无斷故士夫清淨即四
靜處清淨四靜慮清淨即士夫清淨何以故
是士夫清淨與四靜慮清淨无二无二分无
別无斷故士夫清淨即四无量四无色定清
淨四无量四无色定清淨即士夫清淨何以
故是士夫清淨與四无量四无色定清淨无
二无二分无別无斷故補特伽羅清淨即四
靜處清淨四靜慮清淨即補特伽羅清淨何
以故是補特伽羅清淨與四靜處清淨无二
无二分无別无斷故補特伽羅清淨即四无量

二无二分无別无斷故補特伽羅清淨即四
靜慮清淨四靜慮清淨即補特伽羅清淨何
以故是補特伽羅清淨與四靜慮清淨无二
无二分无別无斷故補特伽羅清淨即四无量
四无色定清淨四无量四无色定清淨即
補特伽羅清淨何以故是補特羅清淨與
四无量四无色定清淨无二无二分无別无斷
故意生清淨即四靜慮清淨四靜慮清淨
即意生清淨何以故是意生清淨與四靜慮
清淨无二无二分无別无斷故意生清淨即
四无量四无色定清淨四无量四无色定清
淨即意生清淨何以故是意生清淨與四无
量四无色定清淨无二无二分无別无斷故
儒童清淨即四靜慮清淨四靜慮清淨即儒
童清淨何以故是儒童清淨與四靜慮清淨
无二无二分无別无斷故儒童清淨即四无
量四无色定清淨四无量四无色定清淨即
儒童清淨何以故是儒童清淨與四无量四
无色定清淨无二无二分无別无斷故作者
清淨即四靜慮清淨四靜慮清淨即作者清
淨何以故是作者清淨與四靜慮清淨无二
无二分无別无斷故作者清淨即四无量四
无色定清淨四无量四无色定清淨即作者
清淨何以故是者清淨與四无量四无色定
清淨无二无二分无別无斷故受者清淨即
四靜慮清淨四靜慮清淨即受者清淨何
以故是受者清淨與四靜慮清淨无二无二
分无別无斷故受者清淨即四无量四无色

BD13950號　大般若波羅蜜多經卷一八七　（21-16）

清淨何以故是者清淨與四无量四无色定
清淨无二无二分无別无斷故受者清淨即
四靜慮清淨四靜慮清淨即受者清淨何
以故是受者清淨與四靜慮清淨无二无二
分无別无斷故受者清淨即四无量四无色
定清淨四无量四无色定清淨即受者清淨
何以故是受者清淨與四无量四无色定清
淨无二无二分无別无斷故知者清淨即四
靜慮清淨四靜慮清淨即知者清淨何以故
是知者清淨與四靜慮清淨无二无二分无
別无斷故知者清淨即四无量四无色定清
淨四无量四无色定清淨即知者清淨何以故
是知者清淨與四无量四无色定清淨无二
无二无二分无別无斷故見者清淨即四靜慮
清淨四靜慮清淨即見者清淨何以故是見
者清淨與四靜慮清淨无二无二分无別无
斷故見者清淨即四无量四无色定清淨四
无量四无色定清淨即見者清淨何以故是
見者清淨與四无量四无色定清淨无二无
二分无別无斷故
復次善現我清淨即八解脫清淨八解脫清
淨即我清淨何以故是我清淨與八解脫清
淨无二无二分无別无斷故我清淨即八勝
處九次第定十遍處清淨八勝處九次第定
十遍處清淨即我清淨何以故是我清淨與
八勝處九次第定十遍處清淨无二无二分
无別无斷故有情清淨即八解脫清淨八解
脫清淨即有情清淨何以故是有情清淨與

BD13950號　大般若波羅蜜多經卷一八七　（21-17）

處九次第定十遍處清淨八勝處九次第定
十遍處清淨即我清淨何以故是我清淨與
八勝處九次第定十遍處清淨无二无二分
无別无斷故有情清淨即八解脫清淨八解
脫清淨即有情清淨何以故是有情清淨與
八解脫清淨无二无二分无別无斷故有情
清淨即八勝處九次第定十遍處清淨八勝
處九次第定十遍處清淨即有情清淨何以
故是有情清淨與八勝處九次第定十遍處
清淨无二无二分无別无斷故命者清淨即
八解脫清淨八解脫清淨即命者清淨
何以故是命者清淨與八解脫清淨无二无二分
无別无斷故命者清淨即八勝處九次第定
十遍處清淨八勝處九次第定十遍處清淨
即命者清淨何以故是命者清淨與八勝處
九次第定十遍處清淨无二无二分无別无
斷故生者清淨即八解脫清淨八解脫清淨
即生者清淨何以故是生者清淨與八解脫
清淨无二无二分无別无斷故生者清淨即
八勝處九次第定十遍處清淨八勝處九次
第定十遍處清淨即生者清淨何以故是生
者清淨與八勝處九次第定十遍處清淨无
二无二分无別无斷故養育者清淨即八解
脫清淨八解脫清淨即養育者清淨何以故
是養育者清淨與八解脫清淨无二无二分
无別无斷故養育者清淨即八勝處九次第
定十遍處清淨八勝處九次第十遍處清
淨即養育者清淨何以故是養育者清淨
與八勝處九次第定十遍處清淨无二无二分

BD13950 號　大般若波羅蜜多經卷一八七　　（21–18）

脫清淨八解脫清淨即養育者清淨何以故
是養育者清淨與八解脫清淨无二无二分
无別无斷故養育者清淨即八勝處九次第
定十遍處清淨八勝處九次第十遍處清
淨即養育者清淨何以故是養育者清淨
與八勝處九次第定十遍處清淨无二无二分
无別无斷故士夫清淨即八解脫清淨八解
脫清淨即士夫清淨何以故是士夫清淨與
八解脫清淨无二无二分无別无斷故士夫
清淨即八勝處九次第定十遍處清淨八勝
處九次第定十遍處清淨即士夫清淨何以
故是士夫清淨與八勝處九次第定十遍處
清淨无二无二分无別无斷故補特伽羅清
淨即八解脫清淨八解脫清淨即補特伽羅
清淨何以故是補特伽羅清淨與八解脫清
淨无二无二分无別无斷故補特伽羅清淨
即八勝處九次第定十遍處清淨八勝處九
次第定十遍處清淨即補特伽羅清淨何以
故是補特伽羅清淨與八勝處九次第定十
遍處清淨无二无二分无別无斷故意生清
淨即八解脫清淨八解脫清淨即意生清淨
何以故是意生清淨與八解脫清淨无二无二
分无別无斷故意生清淨即八勝處九次第
定十遍處清淨八勝處九次第定十遍處清
淨即意生清淨何以故是意生清淨與八勝
處九次第定十遍處清淨无二无二分无別
无斷故儒童清淨即八解脫清淨八解脫清
淨即儒童清淨何以故是儒童清淨與八解

BD13950 號　大般若波羅蜜多經卷一八七　　（21–19）

淨即意生清淨何以故是意生清淨與八勝
處九次第定十遍處清淨无二无二分无別
无斷故儒童清淨即八解脫清
淨即儒童清淨何以故是儒童清淨與八解
脫清淨无二无二分无別无斷故儒童清淨
即八勝處九次第定十遍處清淨八勝處九
次第定十遍處清淨即儒童清淨何以故是
儒童清淨與八勝處九次第定十遍處清淨
无二无二分无別无斷故作者清淨即八解
脫清淨八解脫清淨即作者清淨何以故是
作者清淨與八解脫清淨无二无二分无別
无斷故作者清淨即八勝處九次第定十遍
處清淨八勝處九次第定十遍處清淨即作
者清淨何以故是作者清淨與八勝處九次
第定十遍處清淨无二无二分无別无斷故
受者清淨即八解脫清淨八解脫清淨即受
者清淨何以故是受者清淨與八解脫清淨
无二无二分无別无斷故受者清淨即八勝
處九次第定十遍處清淨八勝處九次第定
十遍處清淨即受者清淨何以故是受者清
淨與八勝處九第定十遍處清淨无二无
二分无別无斷故知者清淨即八解脫清淨
八解脫清淨即知者清淨何以故是知者清
淨與八解脫清淨无二无別无二分无斷故
知者清淨即八勝處九次第十遍處清淨
八勝處九次第定十遍處清淨即知者清淨
何以故是知者清淨與八勝處九次第定十
遍處清淨无二无二分无別无斷故見者清
淨即八解脫清淨八解脫清淨即見者清淨

BD13950號　大般若波羅蜜多經卷一八七　（21–20）

[illegible]
知者清淨即八勝處九次第十遍處清淨
八勝處九次第定十遍處清淨即知者清淨
何以故是知者清淨與八勝處九次第定十
遍處清淨无二无二分无別无斷故見者清
淨即八解脫清淨八解脫清淨即見者清淨
何以故是見清淨與八解脫清淨无二无
二分无別无斷故見者清淨即八勝處九次
第定十遍處清淨八勝處九次第定十遍處
淨淨即見者清淨何以故是見者清淨與八
勝處九次第定十遍處清淨无二无二分无
別无斷故

大般若波羅蜜多經卷第一百八十七

BD13950號　大般若波羅蜜多經卷一八七　（21–21）

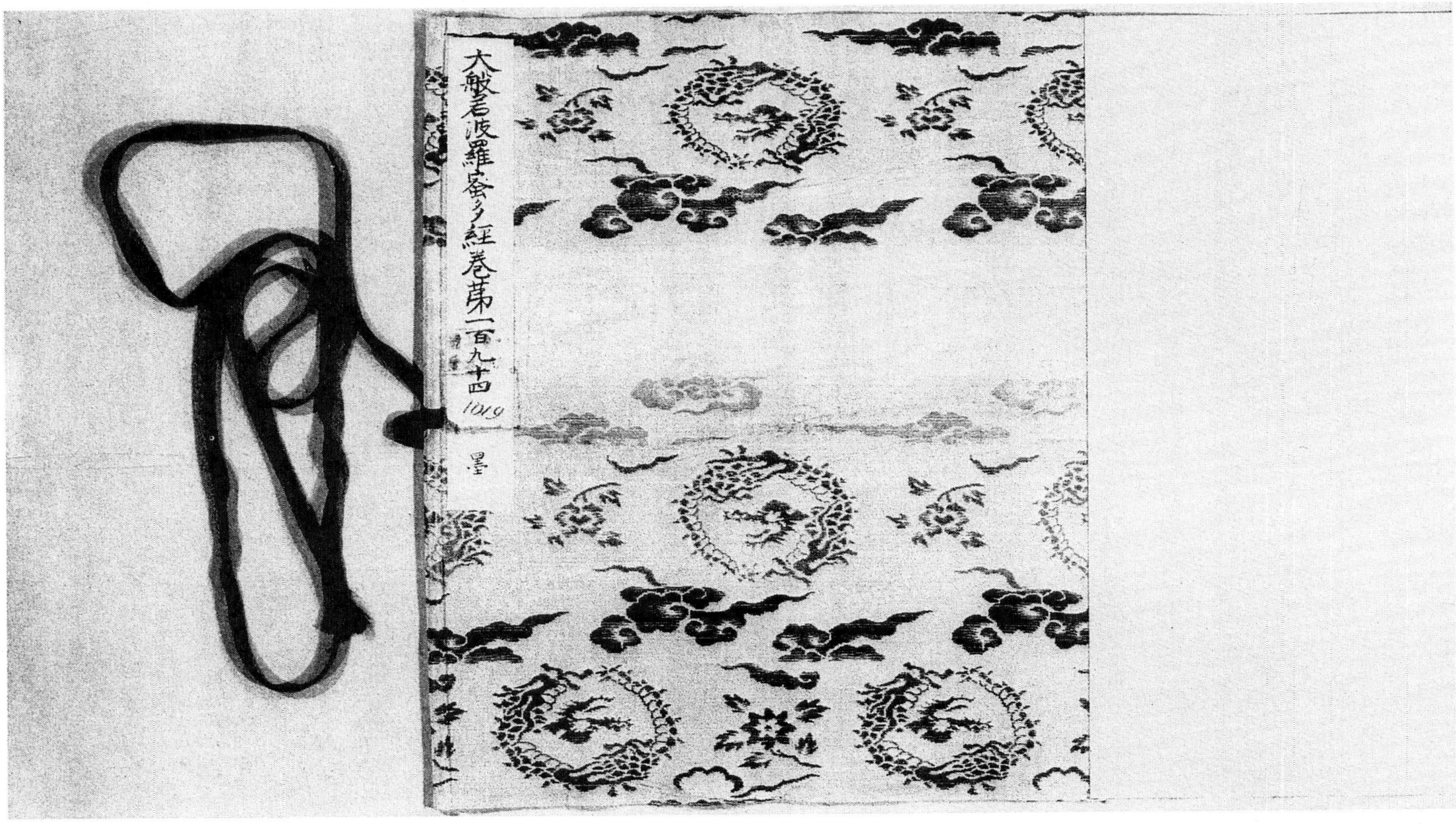


BD13951 號背　現代護首　　（1–1）

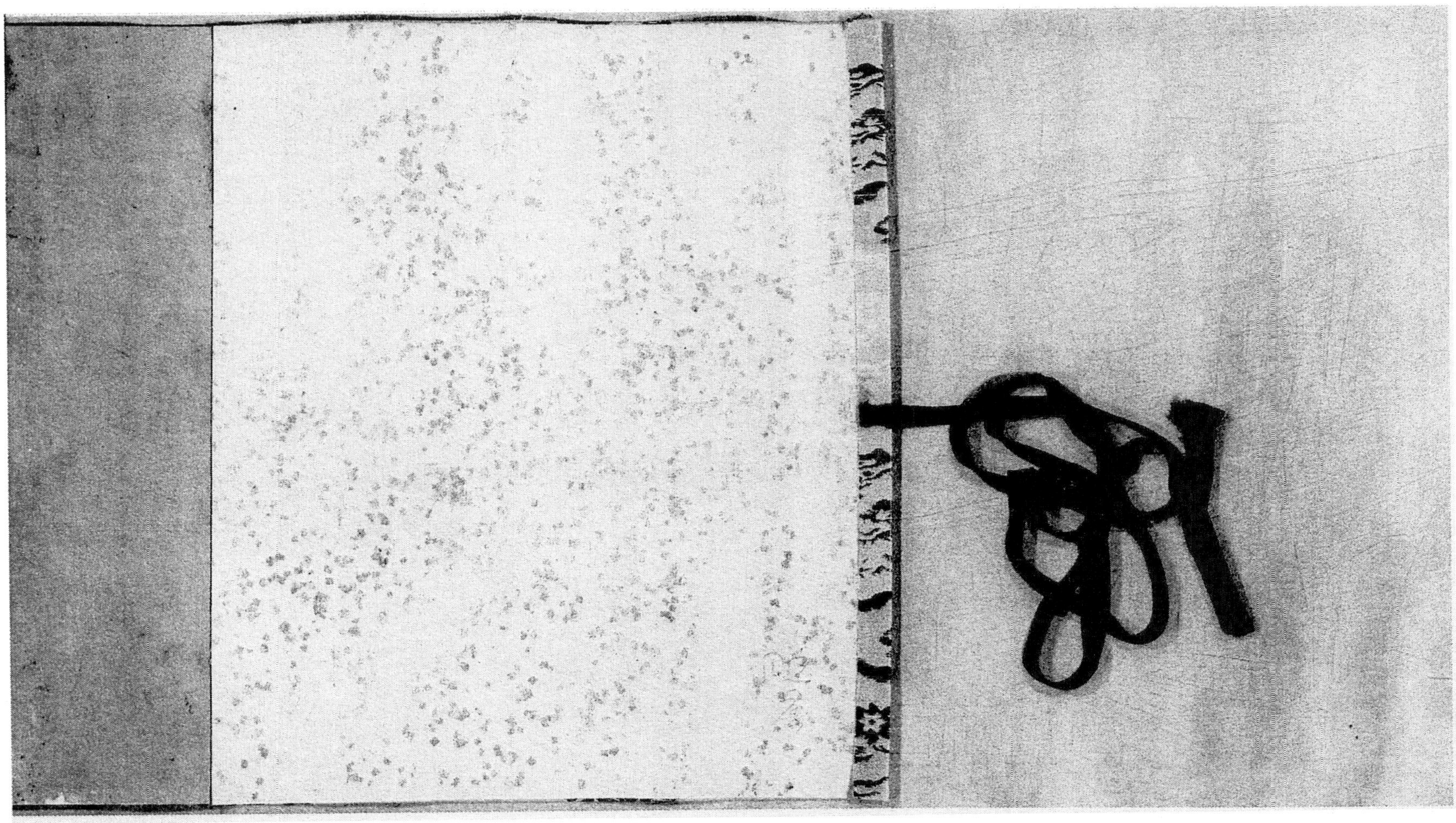

BD13951 號　大般若波羅蜜多經卷一九四　　（24–1）

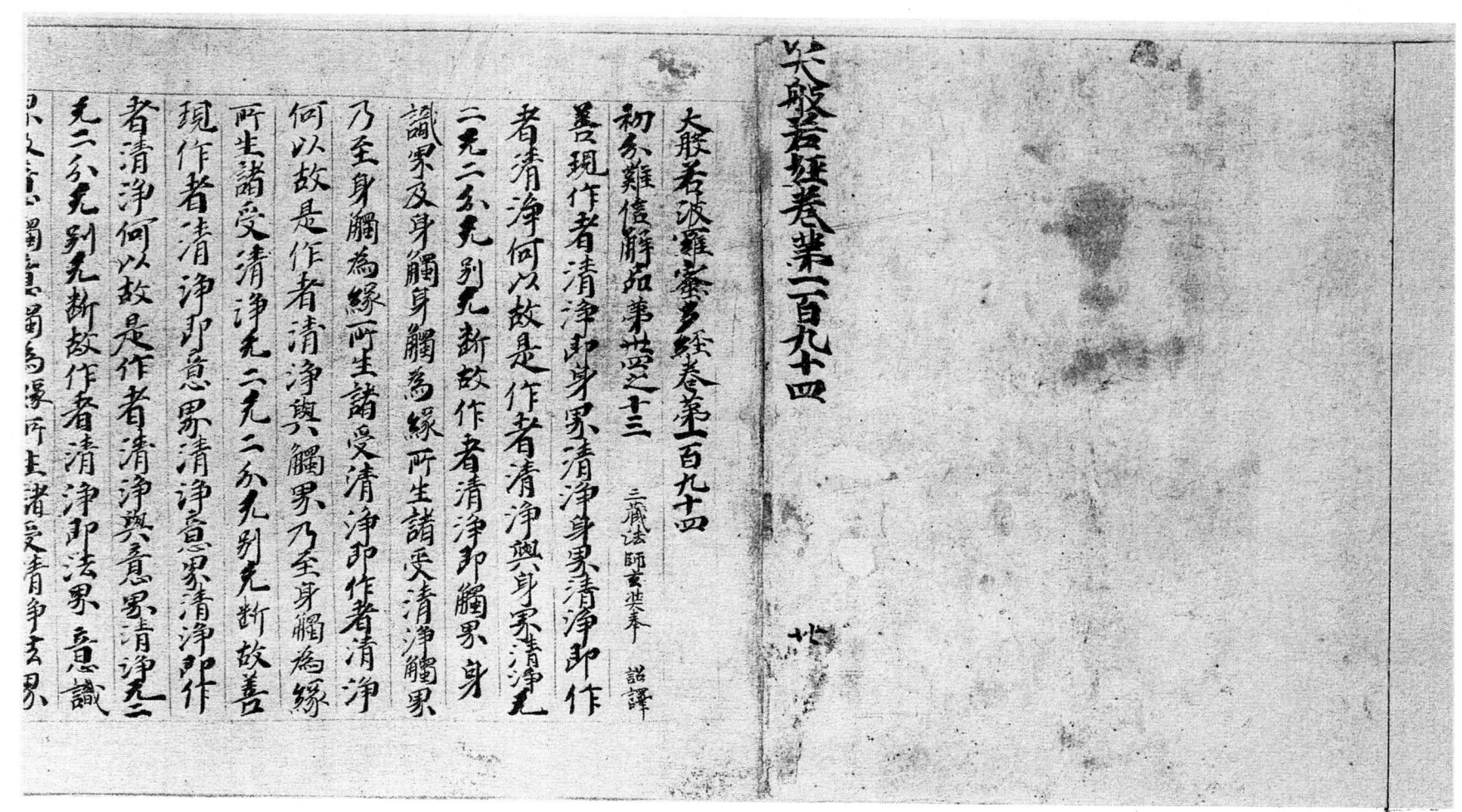

大般若經卷第一百九十四

北

大般若波羅蜜多經卷第一百九十四

初分難信解品第卅四之十三　三藏法師玄奘奉　詔譯

善現作者清淨即身界清淨身界清淨即作
者清淨何以故是作者清淨與身界清淨无
二无二分无別无斷故作者清淨即觸界身
識界及身觸身觸為緣所生諸受清淨觸界
乃至身觸為緣所生諸受清淨即作者清淨
何以故是作者清淨與觸界乃至身觸為緣
所生諸受清淨无二无二分无別无斷故善
現作者清淨即意界清淨意界清淨即作
者清淨何以故是作者清淨與意界清淨无二
无二分无別无斷故作者清淨即法界意識
界及意觸意觸為緣所生諸受清淨法界

BD13951號　大般若波羅蜜多經卷一九四　（24–2）

所生諸受清淨无二无二分无別无斷故善
現作者清淨即意界清淨意界清淨即作
者清淨何以故是作者清淨與意界清淨无二
无二分无別无斷故作者清淨即法界意識
界及意觸意觸為緣所生諸受清淨法界
乃至意觸為緣所生諸受清淨即作者
清淨何以故是作者清淨與法界乃至意
觸為緣所生諸受清淨无二无二分无別无斷故
善現作者清淨即地界清淨地界清淨即作
者清淨何以故是作者清淨與地界清淨无
二无二分无別无斷故作者清淨即水火風空
識界清淨水火風空識界清淨即作者清淨
何以故是作者清淨與水火風空識界清淨无
二无二分无別无斷故善現作者清淨即无
明清淨无明清淨即作者清淨何以故是作
者清淨與无明清淨无二无二分无別无斷故
作者清淨即行識名色六處觸受愛取有
生老死愁歎苦憂惱清淨行乃至老死愁
歎苦憂惱清淨即作者清淨何以故是作者
清淨與行乃至老死愁歎苦憂惱清淨无二
无二分无別无斷故
善現作者清淨即布施波羅蜜多清淨布施
波羅蜜多清淨即作者清淨何以故是作者
清淨與布施波羅蜜多清淨无二无二分无
別无斷故作者清淨即淨戒安忍精進靜
慮般若波羅蜜多清淨淨戒乃至般若波羅
蜜多清淨即作者清淨何以故是作者清淨

BD13951號　大般若波羅蜜多經卷一九四　（24–3）

波羅蜜多清淨即作者清淨何以故是作者
清淨與布施波羅蜜多清淨无二无二分无
別无斷故作者清淨即淨戒安忍精進靜
慮般若波羅蜜多清淨淨戒乃至般若波羅
蜜多清淨即作者清淨何以故是作者清淨
與淨戒乃至般若波羅蜜多清淨无二无二分
无別无斷故善現作者清淨即內空清淨內
空清淨即作者清淨何以故是作者清淨與
內空清淨无二无二分无別无斷故作者清
淨即外空內外空空空大空勝義空有為空
无為空畢竟空无際空散空无變異空本性
空自相空共相空一切法空不可得空无性
空自性空无性自性空清淨外空乃至无性
自性空清淨即作者清淨何以故是作者清
淨與外空乃至无性自性空清淨无二无二
分无別无斷故善現作者清淨即真如清
淨真如清淨即作者清淨何以故是作者清
淨與真如清淨无二无二分无別无斷故作
者清淨即法界法性不虛妄性不變
異性平等性離生性法定法住實際虛空
界不思議界清淨法界乃至不思議界清淨即作者
清淨何以故是作者清淨與法界乃至不思議界
清淨无二无二分无別无斷故善現作者清
淨即苦聖諦清淨苦聖諦清淨即作者清
淨何以故是作者清淨與苦聖諦清淨无二无

BD13951 號　大般若波羅蜜多經卷一九四　（24–4）

清淨无二无二分无別无斷故善現作者清
淨即苦聖諦清淨苦聖諦清淨即作者清
淨何以故是作者清淨與苦聖諦清淨无二无
二分无別无斷故作者清淨即集滅道聖諦
清淨集滅道聖諦清淨即作者清淨何以
故是作者清淨與集滅道聖諦清淨无二无
二分无別无斷故
善現作者清淨即四靜慮清淨四靜慮清淨
即作者清淨何以故是作者清淨與四靜慮清
淨无二无二分无別无斷故作者清淨即
四无量四无色定清淨四无量四无色定清淨
即作者清淨何以故是作者清淨與四无量
四无色定清淨无二无二分无別无斷故善
現作者清淨即八解脫清淨八解脫清淨即
作者清淨何以故是作者清淨與八解脫清
淨无二无二分无別无斷故作者清淨即八
勝處九次第定十遍處清淨八勝處九次第
定十遍處清淨即作者清淨何以故是作者
清淨與八勝處九次第定十遍處清淨无二
无二分无別无斷故善現作者清淨即四念
住清淨四念住清淨即作者清淨何以故是
作者清淨與四念住清淨无二无二分无別
无斷故作者清淨即四正斷四神足五根五
力七等覺支八聖道支清淨四正斷乃至八
聖道支清淨即作者清淨何以故是作者清

BD13951 號　大般若波羅蜜多經卷一九四　（24–5）

住清淨四念住清淨即作者清淨何以故是
作者清淨與四念住清淨无二无二分无別
无斷故作者清淨即四正斷四神足五根五
力七等覺支八聖道支清淨何以故是作者清
淨與四正斷乃至八聖道支清淨无二无二分
无別无斷故善現作者清淨即空解脫門清
淨空解脫門清淨即作者清淨何以故是作
者清淨與空解脫門清淨无二无二分无
別无斷故作者清淨即无相无願解脫門清
淨无相无願解脫門清淨即作者清淨何以
故是作者清淨與无相无願解脫門清淨无
二无二分无別无斷故善現作者清淨即菩
薩十地清淨菩薩十地清淨即作者清淨何
以故是作者清淨與菩薩十地清淨无二无
二分无別无斷故
善現作者清淨即五眼清淨五眼清淨即作
者清淨何以故是作者清淨與五眼清淨
无二无二分无別无斷故作者清淨即六神
通清淨六神通清淨即作者清淨何以故是
作者清淨與六神通清淨无二无二分无別无
斷故善現作者清淨即佛十力清淨佛十力
清淨即作者清淨何以故是作者清淨與佛
十力清淨无二无二分无別无斷故作者清
淨四无所畏四无礙解大慈大悲大喜大捨
十八佛不共法清淨四无所畏乃至十八佛不

BD13951號　大般若波羅蜜多經卷一九四　（24–6）

斷故善現作者清淨即佛十力清淨佛十力
清淨即作者清淨何以故是作者清淨與佛
十力清淨无二无二分无別无斷故作者清
淨四无所畏四无礙解大慈大悲大喜大捨
十八佛不共法清淨四无所畏乃至十八佛不
共法清淨即作者清淨何以故是作者清淨
與四无所畏乃至十八佛不共法清淨无二
无二分无別无斷故善現作者清淨即无忘
失法清淨无忘失法清淨即作者清淨何
以故是作者清淨與无忘失法清淨无二无
二分无別无斷故作者清淨即恒住捨性
清淨恒住捨性清淨即作者清淨何以
故是作者清淨與恒住捨性清淨无二无二
分无別无斷故善現作者清淨即一切智清
淨一切智清淨即作者清淨何以故是作者
清淨與一切智清淨无二无二分无別无斷故
作者清淨即道相智一切相智清淨道相
智一切相智清淨即作者清淨何以故是作
者清淨與道相智一切相智清淨无二无二
分无別无斷故善現作者清淨即一切陁
羅尼門清淨一切陁羅尼門清淨即作者清
淨何以故是作者清淨與一切陁羅尼門清
淨无二无二分无別无斷故作者清淨即一
切三摩地門清淨一切三摩地門清淨即作
者清淨何以故是作者清淨與一切三摩地
門清淨无二无二分无別无斷故
善現作者清淨即預流果清淨預流果清

BD13951號　大般若波羅蜜多經卷一九四　（24–7）

淨何以故是作者清淨與一切陁羅尼門清
淨无二无二分无別无斷故作者清淨即一
切三摩地門清淨一切三摩地門清淨即作
者清淨何以故是作者清淨與一切三摩地
門清淨无二无二分无別无斷故
善現作者清淨即預流果清淨預流果清
淨即作者清淨何以故是作者清淨與預
流果清淨无二无二分无別无斷故作者清
淨即一來不還阿羅漢果清淨一來不還
阿羅漢果清淨即作者清淨何以故是作
者清淨與一來不還阿羅漢果清淨无二无
二分无別无斷故善現作者清淨即獨覺菩提
清淨獨覺菩提清淨即作者清淨何以故是
作者清淨與獨覺菩提清淨无二无二分无
別无斷故善現作者清淨即一切菩薩摩訶
薩行清淨一切菩薩摩訶薩行清淨即作
者清淨何以故是作者清淨與一切菩薩摩
訶薩行清淨无二无二分无別无斷故善現
作者清淨即諸佛无上正等菩提清淨諸
佛无上正等菩提清淨即作者清淨何以故
是作者清淨與諸佛无上正等菩提清淨
无二无二分无別无斷故
復次善現受者清淨即色清淨色清淨即
受者清淨何以故是受者清淨與色清淨无
二无二分无別无斷故受者清淨即受想行識
清淨受想行識清淨即受者清淨何以故
是受者清淨與受想行識清淨无二无二分



復次善現受者清淨即色清淨色清淨即
受者清淨何以故是受者清淨與色清淨无
二无二分无別无斷故受者清淨即受想行識
清淨受想行識清淨即受者清淨何以故
是受者清淨與受想行識清淨无二无二分
无別无斷故善現受者清淨即眼處清淨
眼處清淨即受者清淨何以故是受者清淨
與眼處清淨无二无二分无別无斷故受者清
淨即耳鼻舌身意處清淨耳鼻舌身意處
清淨即受者清淨何以故是受者清淨與
耳鼻舌身意處清淨无二无二分无別无斷
故善現受者清淨即色處清淨色處清淨
即受者清淨何以故是受者清淨與色處
清淨无二无二分无別无斷受者清淨即
聲香味觸法處清淨聲香味觸法處清淨
即受者清淨何以故是受者清淨與聲香味
觸法處清淨无二无二分无別无斷故
善現受者清淨即眼界清淨眼界清淨即
受者清淨何以故是受者清淨與眼界清淨
无二无二分无別无斷故受者清淨即色界
眼識界及眼觸眼觸為緣所生諸受清淨色
界乃至眼觸為緣所生諸受清淨即受者
清淨何以故是受者清淨與色界乃至眼
觸為緣所生諸受清淨无二无二分无別无斷
故善現受者清淨即耳界清淨耳界清淨
即受者清淨何以故是受者清淨與耳界清淨
无二无二分无別无斷故受者清淨即聲界耳識
界及耳觸耳觸為緣所生諸受清淨聲界乃

清淨何以故是受者清淨與色界乃至眼
觸為緣所生諸受清淨无二无二分无別无斷
故善現受者清淨即耳界清淨耳界清淨
即受者清淨何以故是受者清淨與耳界清淨
无二无二分无別无斷故受者清淨即聲界耳識
界及耳觸耳觸為緣所生諸受清淨聲界乃
至耳觸為緣所生諸受清淨即受者清淨
何以故是受者清淨與聲界乃至耳觸為緣
所生諸受清淨无二无二分无別无斷故善
現受者清淨即鼻界清淨鼻界清淨即
受者清淨何以故是受者清淨與鼻界清淨
无二无二分无別无斷故受者清淨即香界鼻
識界及鼻觸鼻觸為緣所生諸受清淨香界
乃至鼻觸為緣所生諸受清淨即受者清淨
何以故是受者清淨與香界乃至鼻觸為緣所
生諸受清淨无二无二分无別无斷故善現受
者清淨即舌界清淨舌界清淨即受者清淨
何以故是受者清淨與舌界清淨无二无二分
无別无斷故受者清淨即味界舌識界及舌
觸舌觸為緣所生諸受清淨味界乃至舌觸
為緣所生諸受清淨即受者清淨何以故
是受者清淨與味界乃至舌觸為緣所生諸
受清淨无二无二分无別无斷故善現受者
清淨即身界清淨身界清淨即受者清
淨何以故是受者清淨與身界清淨无二无二
分无別无斷故受者清淨即觸界身識界
及身觸身觸為緣所生諸受清淨觸界乃至
身觸為緣所生諸受清淨即受者清淨何以

BD13951 號　大般若波羅蜜多經卷一九四　（24-10）

清淨即身界清淨身界清淨即受者清
淨何以故是受者清淨與身界清淨无二无二
分无別无斷故受者清淨即觸界身識界
及身觸身觸為緣所生諸受清淨觸界乃至
身觸為緣所生諸受清淨即受者清淨何以
故是受者清淨與觸界乃至身觸為緣所生
諸受清淨无二无二分无別无斷故善現
受者清淨即意界清淨意界清淨即受
者清淨何以故是受者清淨與意界清淨
无二无二分无別无斷故受者清淨即法界意
識界及意觸意觸為緣所生諸受清淨法界
乃至意觸為緣所生諸受清淨即受者清淨何
以故是受者清淨與法界乃至意觸為緣
所生諸受清淨无二无二分无別无斷故善現受
者清淨即地界清淨地界清淨即受者清淨何
以故是受者清淨與地界清淨无二无二分无別
无斷故受者清淨即水火風空識界清淨水
火風空識界清淨即受者清淨何以故是受
者清淨與水火風空識界清淨无二无二分无
別无斷故善現受者清淨即无明清淨无明
清淨即受者清淨何以故是受者清淨與无
明清淨无二无二分无別无斷故受者清淨
即行識名色六處觸受愛取有生老死愁歎
苦憂惱清淨行乃至老死愁歎苦憂惱清淨
即受者清淨何以故是受者清淨與行乃

BD13951 號　大般若波羅蜜多經卷一九四　（24-11）

清淨即受者清淨何以故是受者清淨與无
明清淨无二无二分无別无斷故受者清淨
即行識名色六處觸受愛取有生老死愁歎
苦憂惱清淨行乃至老死愁歎苦憂惱清淨
即受者清淨何以故是受者清淨與行乃
至老死愁歎苦憂惱清淨无二无二分无別
无斷故善現受者清淨即布施波羅蜜多
清淨布施波羅蜜多清淨即受者清淨何
以故是受者清淨與布施波羅蜜多清淨
无二无二分无別无斷故受者清淨即淨戒安忍精
進靜慮般若波羅蜜多清淨淨戒乃至般若
波羅蜜多清淨即受者清淨何以故是受者
清淨與淨戒乃至般若波羅蜜多清淨无二
无二分无別无斷故善現受者清淨即內空
清淨內空清淨即受者清淨何以故是受者
淨與內空清淨无二无二分无別无斷故受
者清淨即外空內外空空空大空勝義空有
為空无為空畢竟空无際空散空无變異
空本性空自相空共相空一切法空不可得空
无性空自性空无性自性空清淨外空乃至
无性自性空清淨即受者清淨何以故是受
者清淨與外空乃至无性自性空清淨无二
无二分无別无斷故善現受者清淨即真如
清淨真如清淨即受者清淨何以故是受者
清淨與真如清淨无二无二分无別无斷故



者清淨與外空乃至无性自性空清淨无二
无二分无別无斷故善現受者清淨即真如
清淨真如清淨即受者清淨何以故是受者
清淨與真如清淨无二无二分无別无斷故
受者清淨即法界法性不虛妄性不變異
性平等性離生性法定法住實際虛空界不
思議界清淨法界乃至不思議界清淨即受者
清淨何以故是受者清淨與法界乃至不思
議界清淨无二无二分无別无斷故善現受
者清淨即苦聖諦清淨苦聖諦清淨即受
者清淨何以故是受者清淨與苦聖諦清淨
无二无二分无別无斷故受者清淨即集滅道
聖諦清淨集滅道聖諦清淨即受者清淨
何以故是受者清淨與集滅道聖諦清淨
无二无二分无別无斷故
善現受者清淨即四靜慮清淨四靜慮
清淨即受者清淨何以故是受者清淨與四靜
慮清淨无二无二分无別无斷故受者清淨即
四无量四无色定清淨四无量四无色定清淨
即受者清淨何以故是受者清淨與四
无量四无色定清淨无二无二分无別无斷故善
現受者清淨即八解脫清淨八解脫清淨
即受者清淨何以故是受者清淨與八解脫
清淨无二无二分无別无斷故受者清淨即
八勝處九次第定十遍處清淨八勝處九次
第定十遍處清淨即受者清淨何以故是

即受者清淨何以故是受者清淨與八解脫
清淨无二无二分无別无斷故受者清淨即
八勝處九次第定十遍處清淨八勝處九次
第定十遍處清淨即受者清淨何以故是
受者清淨與八勝處九次第定十遍處清
淨无二无二分无別无斷故善現受者清淨
即四念住清淨四念住清淨即受者清淨何
以故是受者清淨與四念住清淨无二无二分无
別无斷故受者清淨即四正斷四神足五根
五力七等覺支八聖道支清淨四正斷乃至
八聖道支清淨即受者清淨何以故是受
者清淨與四正斷乃至八聖道支清淨无
二无二分无別无斷故善現受者清淨即
空解脫門清淨空解脫門清淨即受者清淨何
以故是受者清淨與空解脫門清淨无二无
二分无別无斷故受者清淨即無相无願解脫
門清淨无相无願解脫門清淨即受者清淨何
以故是受者清淨與无相无願解脫門清淨
无二无二分无別无斷故善現受者清淨即
菩薩十地清淨菩薩十地清淨即受者清淨
何以故是受者清淨與菩薩十地清淨无二
无二分无別无斷故
善現受者清淨即五眼清淨五眼清淨即受
者清淨何以故是受者清淨與五眼清淨无

BD13951 號　大般若波羅蜜多經卷一九四

（24–14）

何以故是受者清淨與菩薩十地清淨无二
无二分无別无斷故
善現受者清淨即五眼清淨五眼清淨即受
者清淨何以故是受者清淨與五眼清淨无
二无二分无別无斷故受者清淨即六神通
清淨六神通清淨即受者清淨何以故是受
者清淨與六神通清淨无二无二分无別无斷
故善現受者清淨即佛十力清淨佛十力清淨
即受者清淨何以故是受者清淨與佛十力
清淨无二无二分无別无斷故受者清淨即四
无所畏四无礙解大慈大悲大喜大捨十八佛
不共法清淨四无所畏乃至十八佛不共法清
淨即受者清淨何以故是受者清淨與四
无所畏乃至十八佛不共法清淨无二无二分无
別无斷故善現受者清淨即无忘失法清淨
无忘失法清淨即受者清淨何以故是受者
清淨與无忘失法清淨无二无二分无別无斷故
受者清淨即恒住捨性清淨恒住捨性清淨即
受者清淨何以故是受者清淨與恒住捨性
清淨无二无二分无別无斷故善現受者清淨即
一切智清淨一切智清淨即受者清淨何以
故是受者清淨與一切智清淨无二无二分无
別无斷故受者清淨即道相智一切相智清
淨道相智一切相智清淨即受者清淨何以故
是受者清淨與道相智一切相智清淨无二

BD13951 號　大般若波羅蜜多經卷一九四

（24–15）

一切智清淨一切智清淨即受者清淨何以
故是受者清淨與一切智清淨无二无二分无
別无斷故受者清淨即道相智一切相智清
淨道相智一切相智清淨即受者清淨何以故
是受者清淨與道相智一切相智清淨无二
无二分无別无斷故善現受者清淨即一切
陁羅尼門清淨一切陁羅尼門清淨即受者
清淨何以故是受者清淨與一切陁羅尼門清
淨何以故是受者清淨與一切陁羅尼門清
淨无二无二分无別无斷故受者清淨即一
切三摩地門清淨一切三摩地門清淨即受
者清淨何以故是受者清淨與一切三摩
地門清淨无二无二分无別无斷故
善現受者清淨即預流果清淨預流果
清淨即受者清淨何以故是受者清淨與
預流果清淨无二无二分无別无斷故受者清淨
即一來不還阿羅漢果清淨一來不還阿羅漢
果清淨即受者清淨何以故是受者清淨與
一來不還阿羅漢果清淨无二无二分无別
无斷故善現受者清淨即獨覺菩提清
淨獨覺菩提清淨即受者清淨何以故是受
者清淨與獨覺菩提清淨无二无二分无別无
斷故善現受者清淨即一切菩薩摩訶薩行清
淨一切菩薩摩訶薩行清淨即受者清淨何
以故是受者清淨與一切菩薩摩訶薩行清

BD13951號　大般若波羅蜜多經卷一九四　（24–16）

者清淨與獨覺菩提清淨无二无二分无別无
斷故善現受者清淨即一切菩薩摩訶薩行清
淨一切菩薩摩訶薩行清淨即受者清淨何
以故是受者清淨與一切菩薩摩訶薩行清
淨无二无二分无別无斷故善現受者清淨
即諸佛无上正等菩提清淨諸佛无上正等
菩提清淨即受者清淨何以故是受者清淨
與諸佛无上正等菩提清淨无二无二分无
別无斷故
復次善現知者清淨即色清淨色清淨即
知者清淨何以故是知者清淨與色清淨无
二无二分无別无斷故知者清淨即受想行識
清淨受想行識清淨即知者清淨何以故
是知者清淨與受想行識清淨无二无二分
无別无斷故善現知者清淨即眼處清淨眼
處清淨即知者清淨何以故是知者清淨與
眼處清淨无二无二分无別无斷故知者清淨即
耳鼻舌身意處清淨耳鼻舌身意處清
淨即知者清淨何以故是知者清淨與耳
鼻舌身意處清淨无二无二分无別无斷故
善現知者清淨即色處清淨色處清淨即知
者清淨何以故是知者清淨與色處清淨无
二无二分无別无斷故知者清淨即聲香味
觸法處清淨聲香味觸法處清淨即知者
清淨何以故是知者清淨與聲香味觸法

BD13951號　大般若波羅蜜多經卷一九四　（24–17）

者清淨何以故是知者清淨與色處清淨无
二无二分无別无斷故知者清淨即聲香味
觸法處清淨聲香味觸法處清淨即知者
清淨何以故是知者清淨與聲香味觸法
處清淨无二无二分无別无斷故善現知者清
淨即眼界清淨眼界清淨即知者清淨何
以故是知者清淨與眼界清淨无二无二分
无別无斷故知者清淨即色界眼識界及眼
觸眼觸為緣所生諸受清淨色界乃至眼觸為
緣所生諸受清淨即知者清淨何以故是知
者清淨與色界乃至眼觸為緣所生諸受
清淨无二无二分无別无斷故善現知者清
淨即耳界清淨耳界清淨即知者清淨何
以故是知者清淨與耳界清淨无二无二分
无別无斷故知者清淨即聲界耳識界及
耳觸耳觸為緣所生諸受清淨聲界乃至耳
觸為緣所生諸受清淨即知者清淨何以故是
知者清淨與聲界乃至耳觸為緣所生諸受
清淨无二无二分无別无斷故善現知者清
淨即鼻界清淨鼻界清淨即知者清淨
何以故是知者清淨與鼻界清淨无二无二分
无別无斷故知者清淨即香界鼻識界及
鼻觸鼻觸為緣所生諸受清淨香界乃至
鼻觸為緣所生諸受清淨即知者清淨何以
故是知者清淨與香界乃至鼻觸為緣所生



无別无斷故知者清淨即香界鼻識界及
鼻觸鼻觸為緣所生諸受清淨香界乃至
鼻觸為緣所生諸受清淨即知者清淨何以
故是知者清淨與香界乃至鼻觸為緣所生
諸受清淨无二无二分无別无斷故善現知者清
淨即舌界清淨舌界清淨即知者清淨何以
故是知者清淨與舌界清淨无二无二分无
別无斷故知者清淨即味界舌識界及舌觸
舌觸為緣所生諸受清淨味界乃至舌觸為
緣所生諸受清淨即知者清淨何以故是
知者清淨與味界乃至舌觸為緣所生諸受
清淨无二无二分无別无斷故善現知者清淨
即身界清淨身界清淨即知者清淨何以故是知
者清淨與身界清淨无二无二分无別无斷
故知者清淨即觸界身識界及身觸身觸為
緣所生諸受清淨觸界乃至身觸為緣所生
諸受清淨即知者清淨何以故是知者清淨
與觸界乃至身觸為緣所生諸受清淨无二
无二分无別无斷故善現知者清淨即意
界清淨意界清淨即知者清淨何以故是
知者清淨與意界清淨无二无二分无別无
斷故知者清淨即法界意識界及意觸
意觸為緣所生諸受清淨法界乃至意觸
為緣所生諸受清淨即知者清淨何以故是知
者清淨與法界乃至意觸為緣所生諸受

知者清淨與意界清淨无二无二分无別无
斷故知者清淨即法界意識界及意觸
意觸為緣所生諸受清淨法界乃至意觸
為緣所生諸受清淨即知者清淨何以故是知
者清淨與法界乃至意觸為緣所生諸受
清淨與法界乃至意觸為緣所生諸受清淨
无二无二分无別无斷故善現知者清淨即
地界清淨地界清淨即知者清淨何以故是知
者清淨與地界清淨无二无二分无別无斷故
知者清淨即水火風空識界清淨水火風空
識界清淨即知者清淨何以故是知者清淨
與水火風空識界清淨无二无二分无別无斷
故善現知者清淨即无明清淨无明清淨即
知者清淨何以故是知者清淨與无明清淨
无二无二分无別无斷故知者清淨即行識
名色六處觸受愛取有生老死愁歎苦憂惱
清淨行乃至老死愁歎苦憂惱清淨即知者
清淨何以故是知者清淨與行乃至老死
愁歎苦憂惱清淨无二无二分无別无斷故
善現知者清淨即布施波羅蜜多清淨布施
波羅蜜多清淨即知者清淨何以故是知者
清淨與布施波羅蜜多清淨无二无二分
无別无斷故知者清淨即淨戒安忍精進
靜慮般若波羅蜜多清淨淨戒乃至般若
波羅蜜多清淨即知者清淨何以故是知者

BD13951 號　大般若波羅蜜多經卷一九四　（24–20）

波羅蜜多清淨即知者清淨何以故是知者
清淨與布施波羅蜜多清淨无二无二分
无別无斷故知者清淨即淨戒安忍精進
靜慮般若波羅蜜多清淨淨戒乃至般若
波羅蜜多清淨即知者清淨何以故是知者
清淨與淨戒乃至般若波羅蜜多清淨无二无
二分无別无斷故善現知者清淨即內空清
淨內空清淨即知者清淨何以故是知者
清淨與內空清淨无二无二分无別无斷故知
者清淨即外空內外空空空大空勝義空有
為空无為空畢竟空无際空散空无變異空
本性空自相空共相空一切法空不可得空
无性空自性空无性自性空清淨外空乃至
无性自性空清淨即知者清淨何以故是知
者清淨與外空乃至无性自性空清淨无二
无二分无別无斷故善現知者清淨即真如清
淨真如清淨即知者清淨何以故是知者清
淨與真如清淨无二无二分无別无斷故知者
清淨即法界法性不虛妄性不變異性平等
性離生性法定法住實際虛空界不思議界
清淨法界乃至不思議界清淨即知者清淨何
以故是知者清淨與法界乃至不思議界清淨
无二无二分无別无斷故善現知者清淨即苦聖
諦清淨苦聖諦清淨即知者清淨何以故是
知者清淨與苦聖諦清淨无二无二分无別
无斷故知者清淨即集滅道聖諦清淨集

BD13951 號　大般若波羅蜜多經卷一九四　（24–21）

无二无二分无別无斷故善現知者清淨即苦聖
諦清淨苦聖諦清淨即知者清淨何以故是
知者清淨與苦聖諦清淨无二无二分无別
无斷故知者清淨即集滅道聖諦清淨集
滅道聖諦清淨即知者清淨何以故是知者
清淨與集滅道聖諦清淨无二无二分无別
无斷故
善現知者清淨即四靜慮清淨四靜慮清淨
即知者清淨何以故是知者清淨與四靜慮
清淨无二无二分无別无斷故知者清淨即
四无量四无色定清淨四无量四无色定清
淨即知者清淨何以故是知者清淨與四无
量四无色定清淨无二无二分无別无斷故
善現知者清淨即八解脫清淨八解脫清
淨即知者清淨何以故是知者清淨與八
解脫清淨无二无二分无別无斷故知者清淨
即八勝處九次第定十遍處清淨八勝處九
次第定十遍處清淨即知者清淨何以故是
知者清淨與八勝處九次第定十遍處清淨
无二无二分无別无斷故善現知者清淨即
四念住清淨四念住清淨即知者清淨何以
故是知者清淨與四念住清淨无二无二分
无別无斷故知者清淨即四正斷四神足五根
五力七等覺支八聖道支清淨四正斷乃至
八聖道支清淨即知者清淨何以故是知者

BD13951 號　大般若波羅蜜多經卷一九四

（24–22）

故是知者清淨與四念住清淨无二无二分
无別无斷故知者清淨即四正斷四神足五根
五力七等覺支八聖道支清淨四正斷乃至
八聖道支清淨即知者清淨何以故是知者
清淨與四正斷乃至八聖道支清淨无二无
二分无別无斷故善現知者清淨即空解脫
門清淨空解脫門清淨即知者清淨何以故
是知者清淨與空解脫門清淨无二无二
分无別无斷故知者清淨即无相无願解脫
門清淨无相无願解脫門清淨即知者清
淨何以故是知者清淨與无相无願解脫
門清淨无二无二分无別无斷故善現知
者清淨即菩薩十地清淨菩薩十地清淨
即知者清淨何以故是知者清淨與菩薩
十地清淨无二无二分无別无斷故

大般若波羅蜜經卷第一百九十四

BD13951 號　大般若波羅蜜多經卷一九四

（24–23）

BD13951 號　大般若波羅蜜多經卷一九四　（24–24）

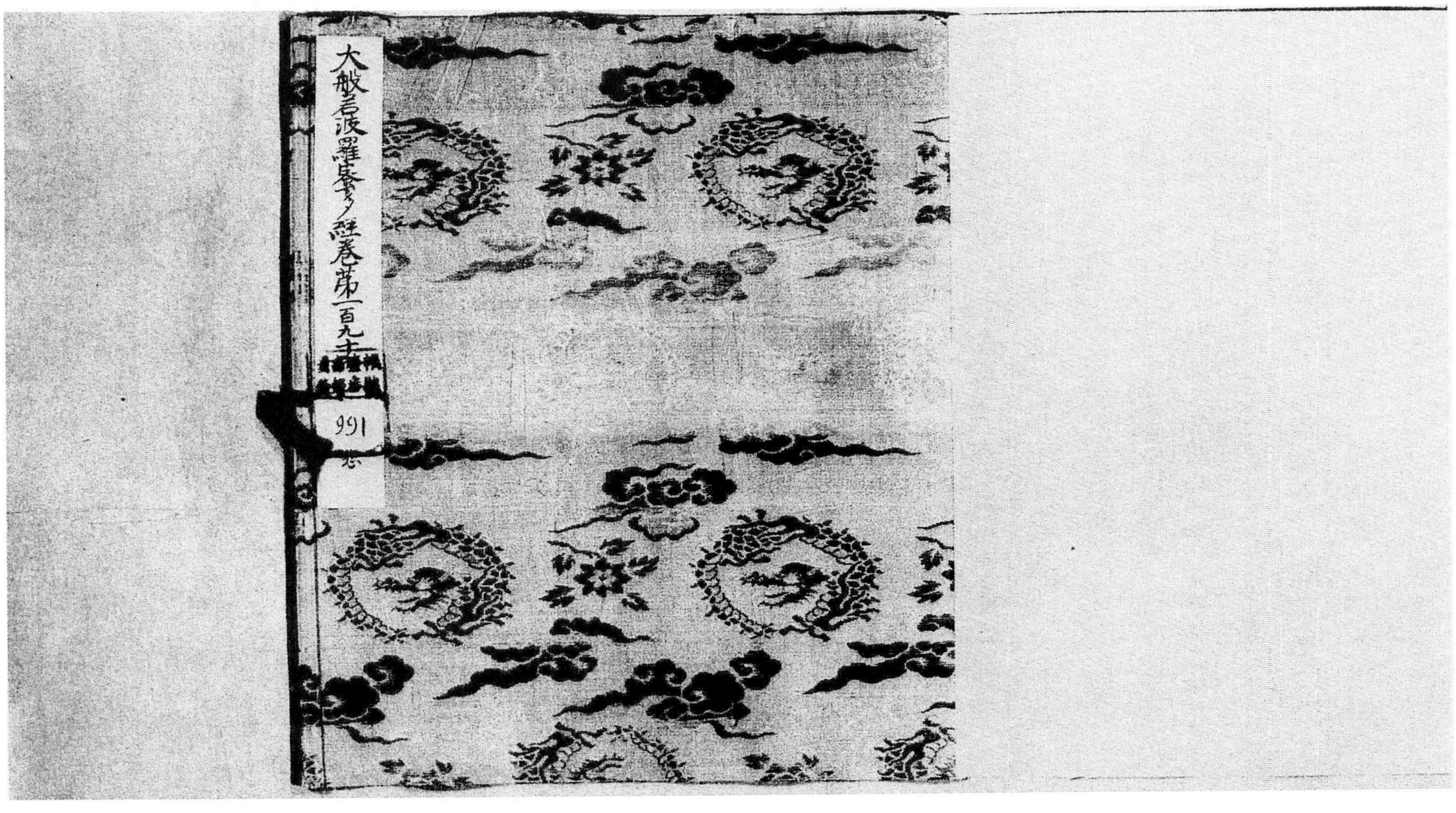

BD13952 號背　現代護首　（1–1）

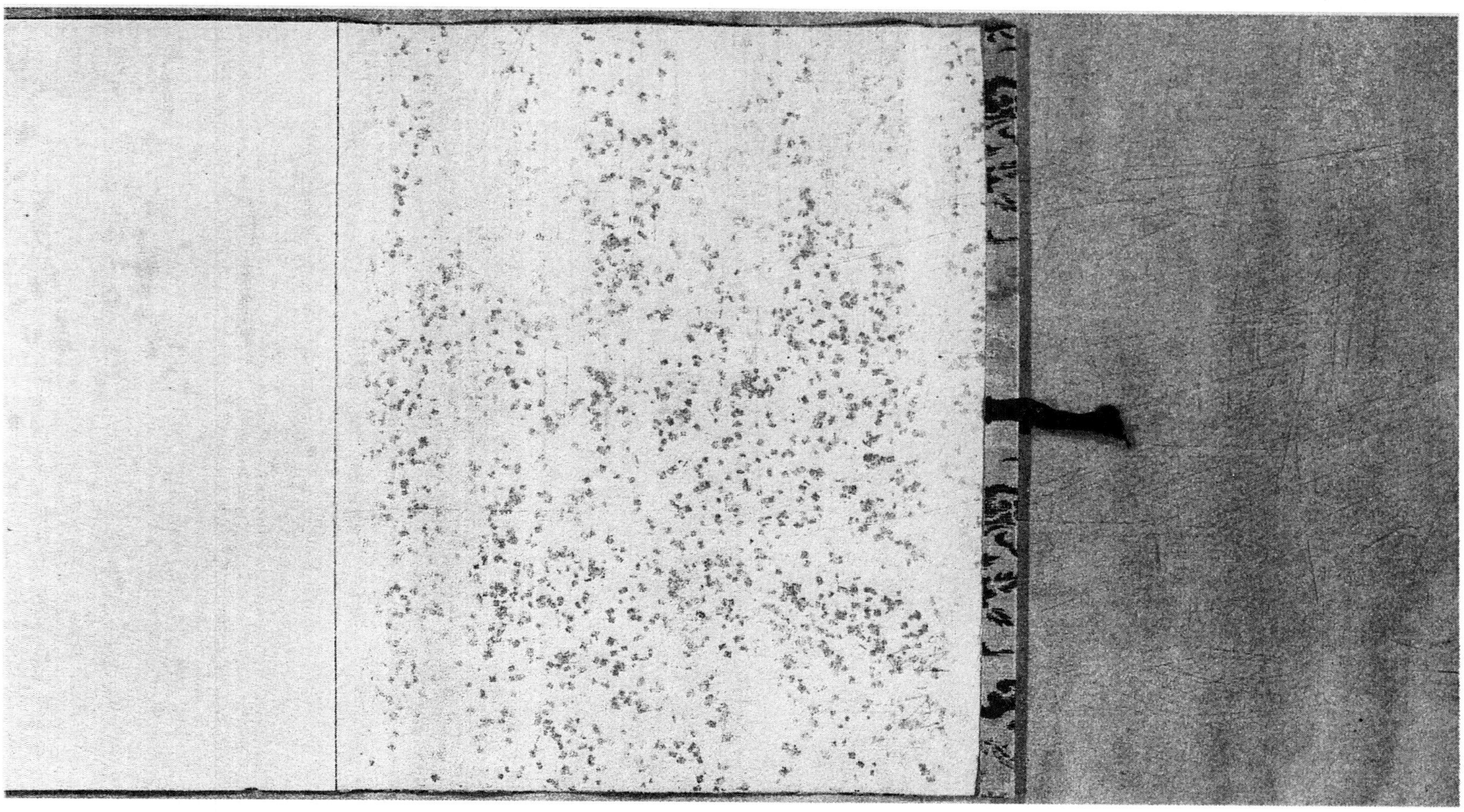

BD13952 號　大般若波羅蜜多經卷一九六　（23–1）

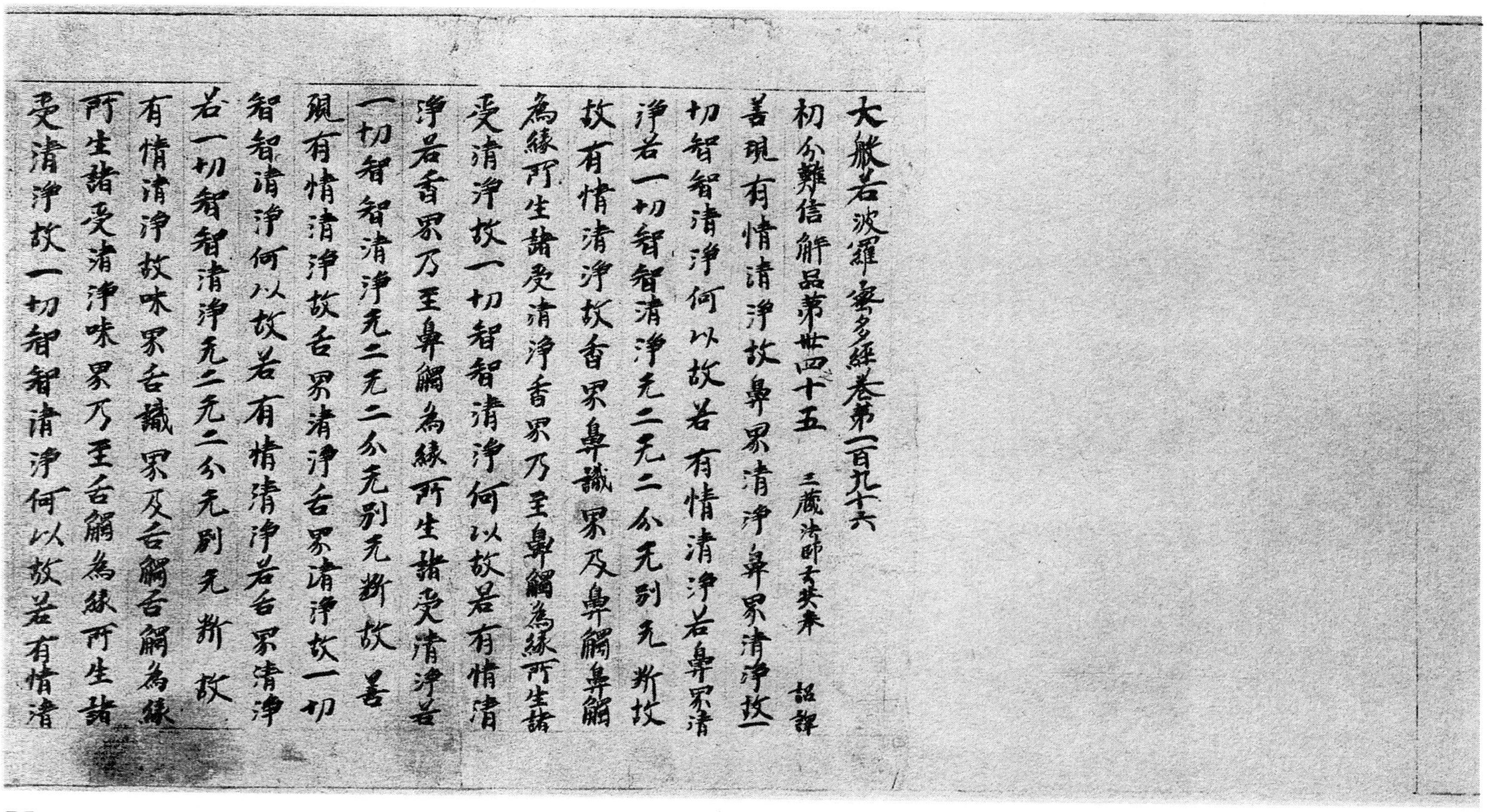

大般若波羅蜜多經卷第一百九十六
初分難信解品第卅四之十五　三藏法師玄奘奉　詔譯
善現有情清淨故鼻界清淨鼻界清淨故一
切智智清淨何以故若有情清淨若鼻界清
淨若一切智智清淨无二无二分无別无斷故
故有情清淨故香界鼻識界及鼻觸鼻觸
為緣所生諸受清淨香界乃至鼻觸為緣所生諸
受清淨故一切智智清淨何以故若有情清
淨若香界乃至鼻觸為緣所生諸受清淨若
一切智智清淨无二无二分无別无斷故善
現有情清淨故舌界清淨舌界清淨故一切
智智清淨何以故若有情清淨若舌界清淨
若一切智智清淨无二无二分无別无斷故
有情清淨故味界舌識界及舌觸舌觸為緣
所生諸受清淨味界乃至舌觸為緣所生諸
受清淨故一切智智清淨何以故若有情清

BD13952 號　大般若波羅蜜多經卷一九六　（23–2）

智智清淨何以故若有情清淨若舌界清淨
若一切智智清淨无二无二分无別无斷故
有情清淨故味界舌識界及舌觸舌觸為緣
所生諸受清淨味界乃至舌觸為緣所生諸
受清淨故一切智智清淨何以故若有情清
淨若味界乃至舌觸為緣所生諸受清淨若
一切智智清淨无二无二分无別无斷故善
現有情清淨故身界清淨身界清淨故一
切智智清淨何以故若有情清淨若身界清
淨若一切智智清淨无二无二分无別无斷
故有情清淨故觸界身識界及身觸身觸為
緣所生諸受清淨觸界乃至身觸為緣所生
諸受清淨故一切智智清淨何以故若有情
清淨若觸界乃至身觸為緣所生諸受清淨
若一切智智清淨无二无二分无別无斷故
善現有情清淨故意界清淨意界清淨故
一切智智清淨何以故若有情清淨若意界清
淨若一切智智清淨无二无二分无別无斷
故有情清淨故法界意識界及意觸意觸
為緣所生諸受清淨法界乃至意觸為緣所生
諸受清淨故一切智智清淨何以故若有情
清淨若法界乃至意觸為緣所生諸受清淨
若一切智智清淨无二无二分无別无斷故善
現有情清淨故地界清淨地界清淨故一切
智智清淨何以故若有情清淨若地界清淨
若一切智智清淨无二无二分无別无斷故
有情清淨故水火風空識界清淨水火風

BD13952號　大般若波羅蜜多經卷一九六　（23–3）

若一切智智清淨无二无二分无別无斷故善
現有情清淨故地界清淨地界清淨故一切
智智清淨何以故若有情清淨若地界清淨
若一切智智清淨无二无二分无別无斷故
有情清淨故水火風空識界清淨水火風
空識界清淨故一切智智清淨何以故若有
情清淨若水火風空識界清淨若一切智智
清淨无二无二分无別无斷故善現有情清
淨故无明清淨无明清淨故一切智智清淨
何以故若有情清淨若无明清淨若一切
智智清淨无二无二分无別无斷故有情清淨
故行識名色六處觸受愛取有生老死愁歎
苦憂惱清淨行乃至老死愁歎苦憂惱清淨
故一切智智清淨何以故若有情清淨若行
乃至老死愁歎苦憂惱清淨若一切智智清
清无二无二分无別无斷故
善現有情清淨故布施波羅蜜多清淨布施
波羅蜜多清淨故一切智智清淨何以故若
有情清淨若布施波羅蜜多清淨若一切智
智清淨无二无二分无別无斷故有情清淨
故淨戒安忍精進靜慮般若波羅蜜多清淨
淨戒乃至般若波羅蜜多清淨故一切智智
清淨何以故若有情清淨若淨戒乃至般若
波羅蜜多清淨若一切智智清淨无二无二
分无別无斷故善現有情清淨故內空清淨
內空清淨故一切智智清淨何以故若有情
清淨若內空清淨若一切智智清淨无二无

BD13952號　大般若波羅蜜多經卷一九六　（23–4）

淨戒乃至般若波羅蜜多清淨故一切智智
清淨何以故若有情清淨若淨戒乃至般若
波羅蜜多清淨若一切智智清淨无二无二
分无別无斷故善現有情清淨故內空清淨
內空清淨故一切智智清淨何以故若有情
清淨若內空清淨若一切智智清淨无二无
二分无別无斷故有情清淨故外空內外空
空空大空勝義空有爲空无爲空畢竟空
无際空散空无變異空本性空自相空共相空
一切法空不可得空无性空自性空无性自
性空清淨外空乃至无性自性空清淨故一
切智智清淨何以故若有情清淨若外空
乃至无性自性空清淨若一切智智清淨无二
无二分无別无斷故善現有情清淨故真如
清淨真如清淨故一切智智清淨何以故若
有情清淨若真如清淨若一切智智清淨
无二无二分无別无斷故有情清淨故法界
法性不虛妄性不變異性平等性離生性法
定法住實際虛空界不思議界清淨法界乃
至不思議界清淨故一切智智清淨何以故
若有情清淨若法界乃至不思議界清淨若
一切智智清淨无二无二分无別无斷故善
現有情清淨故苦聖諦清淨苦聖諦清淨故
一切智智清淨何以故若有情清淨若苦聖
諦清淨若一切智智清淨无二无二分无別
无斷故有情清淨故集滅道聖諦清淨集滅
道聖諦清淨故一切智智清淨何以故若有



現有情清淨故苦聖諦清淨苦聖諦清淨故
一切智智清淨何以故若有情清淨若苦聖
諦清淨若一切智智清淨无二无二分无別
无斷故有情清淨故集滅道聖諦清淨集滅
道聖諦清淨故一切智智清淨何以故若有
情清淨若集滅道聖諦清淨若一切智智
清淨无二无二分无別无斷故
善現有情清淨故四靜慮清淨四靜慮清淨
故一切智智清淨何以故若有情清淨若四
靜慮清淨若一切智智清淨无二无二分无
別无斷故有情清淨故四无量四无色定清
淨四无量四无色定清淨故一切智智清淨
何以故若有情清淨若四无量四无色定清
淨若一切智智清淨无二无二分无別无斷
故善現有情清淨故八解脫清淨八解脫清
淨故一切智智清淨何以故若有情清淨若
八解脫清淨若一切智智清淨无二无二分
无別无斷故有情清淨故八勝處九次第定
十遍處清淨八勝處九次第定十遍處清淨
故一切智智清淨何以故若有情清淨若八勝
處九次第定十遍處清淨若一切智智清淨
无二无二分无別无斷故善現有情清淨故
四念住清淨四念住清淨故一切智智清淨
何以故若有情清淨若四念住清淨若一切
智智清淨无二无二分无別无斷故有情清
淨故四正斷四神足五根五力七等覺支八聖
道支清淨四正斷乃至八聖道支清淨故一切
智智清淨何以故若有情清淨若四正斷乃

四念住清淨四念住清淨故一切智智清淨
何以故若有情清淨若四念住清淨若一切
智智清淨无二无二分无別无斷故有情清
淨故四正斷四神足五根五力七等覺支八聖
道支清淨四正斷乃至八聖道支清淨故一切
智智清淨何以故若有情清淨若四正斷乃
至八聖道支清淨若一切智智清淨无二无
二分无別无斷故善現有情清淨故空解脫
門清淨空解脫門清淨故一切智智清淨何
以故若有情清淨若空解脫門清淨若一切
智智清淨无二无二分无別无斷故有情清
淨故无相无願解脫門清淨无相无願解脫
門清淨故一切智智清淨何以故若有情清
淨若无相无願解脫門清淨若一切智智清
淨无二无二分无別无斷故善現有情清淨
故菩薩十地清淨菩薩十地清淨故一切智智
清淨何以故若有情清淨若菩薩十地清淨
若一切智智清淨无二无二分无別无斷故
善現有情清淨故五眼清淨五眼清淨故一
切智智清淨何以故若有情清淨若五眼清
淨若一切智智清淨无二无二分无別无斷故
有情清淨故六神通清淨六神通清淨故
一切智智清淨何以故若有情清淨若六神
通清淨若一切智智清淨无二无二分 无
別无斷故善現有情清淨故佛十力清淨
佛十力清淨故一切智智清淨何以故若有情
清淨若佛十力清淨若一切智智清淨无二

BD13952 號　大般若波羅蜜多經卷一九六　（23–7）

一切智智清淨何以故若有情清淨若六神
通清淨若一切智智清淨无二无二分 无
別无斷故善現有情清淨故佛十力清淨
佛十力清淨故一切智智清淨何以故若有情
清淨若佛十力清淨若一切智智清淨无二
无二分无別无斷故有情清淨故四无所畏
四无礙解大慈大悲大喜大捨十八佛不共
法清淨四无所畏乃至十八佛不共法清淨故
一切智智清淨何以故若有情清淨若四无所
畏乃至十八佛不共法清淨若一切智智清
淨无二无二分无別无斷故善現有情清淨
故无忘失法清淨无忘失法清淨故一切智
智清淨何以故若有情清淨若无忘失法
清淨若一切智智清淨无二无二分无別无
斷故有情清淨故恒住捨性清淨恒住捨性
清淨故一切智智清淨何以故若有情清淨
若恒住捨性清淨若一切智智清淨无二无
二分无別无斷故善現有情清淨故一切智
清淨一切智清淨故一切智智清淨何以故
若有情清淨若一切智清淨若一切智智清
淨无二无二分无別无斷故有情清淨故道
相智一切相智清淨道相智一切相智清淨
故一切智智清淨何以故若有情清淨若道
相智一切相智清淨若一切智智清淨无二
无二分无別无斷故善現有情清淨故一切
陁羅尼門清淨一切陁羅尼門清淨故一切
智智清淨何以故若有情清淨若一切陁羅
尼門清淨若一切智智清淨无二无二分无

BD13952 號　大般若波羅蜜多經卷一九六　（23–8）

相智一切相智清淨若一切智智清淨无二
无二分无別无斷故善現有情清淨故一切
陁羅尼門清淨一切陁羅尼門清淨故一切
智智清淨何以故若有情清淨若一切陁羅
尼門清淨若一切智智清淨无二无二分无
別无斷故有情清淨故一切三摩地門清淨
一切三摩地門清淨故一切智智清淨何以
故若有情清淨若一切三摩地門清淨若一
切智智清淨无二无二分无別无斷故
善現有情清淨故預流果清淨預流果清淨
故一切智智清淨何以故若有情清淨若預
流果清淨若一切智智清淨无二无二分无
別无斷故有情清淨故一來不還阿羅漢果
清淨一來不還阿羅漢果清淨故一切智智
清淨何以故若有情清淨若一來不還阿
羅漢果清淨若一切智智清淨无二无二分
无別无斷故善現有情清淨故獨覺菩提清
淨獨覺菩提清淨故一切智智清淨何以故若
有情清淨若獨覺菩提清淨若一切智智清
淨无二无二分无別无斷故善現有情清淨
故一切菩薩摩訶薩行清淨一切菩薩摩訶
薩行清淨故一切智智清淨何以故若有情
清淨若一切菩薩摩訶薩行清淨若一切智
智清淨无二无二分无別无斷故善現有情
清淨故諸佛无上正等菩提清淨諸佛无
上正等菩提清淨故一切智清淨何以故若
有情清淨若諸佛无上正等菩提清淨若一

BD13952號　大般若波羅蜜多經卷一九六　（23–9）

清淨若一切菩薩摩訶薩行清淨若一切智
智清淨无二无二分无別无斷故善現有情
清淨故諸佛无上正等菩提清淨諸佛无
上正等菩提清淨故一切智清淨何以故若
有情清淨若諸佛无上正等菩提清淨若一
切智智清淨无二无二分无別无斷故
復次善現命者清淨故色清淨色清淨故
一切智智清淨何以故若命者清淨若色清淨
若一切智智清淨无二无二分无別无斷故
命者清淨故受想行識清淨受想行識清淨
故一切智智清淨何以故若命者清淨若受
想行識清淨若一切智智清淨无二无二分
无別无斷故善現命者清淨故眼處清淨眼
處清淨故一切智智清淨何以故若命者清
淨若眼處清淨若一切智智清淨无二无二
分无別无斷故命者清淨故耳鼻舌身意
處清淨耳鼻舌身意處清淨故一切智智清淨
何以故若命者清淨若耳鼻舌身意處清淨
若一切智智清淨无二无二分无別无斷故
善現命者清淨故色處清淨色處清淨故
一切智智清淨何以故若命者清淨若色處
清淨若一切智智清淨无二无二分无別无
斷故命者清淨故聲香味觸法處清淨聲
香味觸法處清淨故一切智智清淨何以故若
命者清淨若聲香味觸法處清淨若一切智
智清淨无二无二分无別无斷故善現命者清
淨故眼界清淨眼界清淨故一切智智清淨
何以故若命者清淨若眼界清淨若一切智

BD13952號　大般若波羅蜜多經卷一九六　（23–10）

命者清淨若聲香味觸法處清淨若一切智
智清淨无二无二分无別无斷故善現命者清
淨故眼界清淨眼界清淨故一切智智清淨
何以故若命者清淨若眼界清淨若一切智
智清淨无二无二分无別无斷故命者清淨
故色界眼識界及眼觸眼觸為緣所生諸受
清淨色界乃至眼觸為緣所生諸受清淨故
一切智智清淨何以故若命者清淨若色界
乃至眼觸為緣所生諸受清淨若一切智智
清淨无二无二分无別无斷故善現命者清
淨故耳界清淨耳界清淨故一切智智清淨
何以故若命者清淨若耳界清淨若一切智
智清淨无二无二分无別无斷故命者清淨
故聲界耳識界及耳觸耳觸為緣所生諸受
清淨聲界乃至耳觸為緣所生諸受清淨故
一切智智清淨何以故若命者清淨若聲界
乃至耳觸為緣所生諸受清淨若一切智智
清淨无二无二分无別无斷故善現命者清
淨故鼻界清淨鼻界清淨故一切智智清淨
何以故若命者清淨若鼻界清淨若一切
智智清淨无二无二分无別无斷故命者清
淨故香界鼻識界及鼻觸鼻觸為緣所生諸
受清淨香界乃至鼻觸為緣所生諸受清淨
故一切智智清淨何以故若命者清淨若香界
乃至鼻觸為緣所生諸受清淨若一切智智
清淨无二无二分无別无斷故善現命者清
淨故舌界清淨舌界清淨故一切智智清淨

BD13952 號　大般若波羅蜜多經卷一九六　　（23–11）

受清淨香界乃至鼻觸為緣所生諸受清淨
故一切智智清淨何以故若命者清淨若香界
乃至鼻觸為緣所生諸受清淨若一切智智
清淨无二无二分无別无斷故善現命者清
淨故舌界清淨舌界清淨故一切智智清淨
何以故若命者清淨若舌界清淨若一切智
智清淨无二无二分无別无斷故命者清淨
故味界舌識界及舌觸舌觸為緣所生諸受
清淨味界乃至舌觸為緣所生諸受清淨故
一切智智清淨何以故若命者清淨若味界
乃至舌觸為緣所生諸受清淨若一切智智
清淨无二无二分无別无斷故善現命者清
淨故身界清淨身界清淨故一切智智清淨
何以故若命者清淨若身界清淨若一切智
智清淨无二无二分无別无斷故命者清淨故
觸界身識界及身觸身觸為緣所生諸受
清淨觸界乃至身觸為緣所生諸受清淨故
一切智智清淨何以故若命者清淨若觸界
乃至身觸為緣所生諸受清淨若一切智智
清淨无二无二分无別无斷故善現命者清
淨故意界清淨意界清淨故一切智智清
淨何以故若命者清淨若意界清淨若一切
智智清淨无二无二分无別无斷故命者清淨
故法界意識界及意觸意觸為緣所生諸受
清淨法界乃至意觸為緣所生諸受清淨故
一切智智清淨何以故若命者清淨若法界
乃至意觸為緣所生諸受清淨若一切智智

BD13952 號　大般若波羅蜜多經卷一九六　　（23–12）

智智清淨无二无二分无別无斷故命者清淨
故法界意識界及意觸意觸為緣所生諸受
清淨法界乃至意觸為緣所生諸受清淨故
一切智智清淨何以故若命者清淨若法界
乃至意觸為緣所生諸受清淨若一切智智
清淨无二无二分无別无斷故善現命者清
淨故地界清淨地界清淨故一切智智清淨
何以故若命者清淨若地界清淨若一切智
智清淨无二无二分无別无斷故命者清淨
故水火風空識界清淨水火風空識界清淨
故一切智智清淨何以故若命者清淨若水
火風空識界清淨若一切智智清淨无二无
二分无別无斷故善現命者清淨故无明清
淨无明清淨故一切智智清淨何以故若命
者清淨若无明清淨若一切智智清淨无二
无二分无別无斷故命者清淨故行識名色
六處觸受愛取有生老死愁歎苦憂惱清
淨行乃至老死愁歎苦憂惱清淨故一切智智
清淨何以故若命者清淨若行乃至老死愁
歎苦憂惱清淨若一切智智清淨无二无二
分无別无斷故
善現命者清淨故布施波羅蜜多清淨布施
波羅蜜多清淨故一切智智清淨何以故若
命者清淨若布施波羅蜜多清淨若一切智
智清淨无二无二分无別无斷故命者清淨
故淨戒安忍精進靜慮般若波羅蜜多清淨
淨戒乃至般若波羅蜜多清淨故一切智智
清淨何以故若命者清淨若淨戒乃至般若

BD13952 號　大般若波羅蜜多經卷一九六　（23–13）

命者清淨若布施波羅蜜多清淨若一切智
智清淨无二无二分无別无斷故命者清淨
故淨戒安忍精進靜慮般若波羅蜜多清淨
淨戒乃至般若波羅蜜多清淨故一切智智
清淨何以故若命者清淨若淨戒乃至般若
波羅蜜多清淨若一切智智清淨无二无二
分无別无斷故善現命者清淨故內空清淨
內空清淨故一切智智清淨何以故若命者
清淨若內空清淨若一切智智清淨无二无
二分无別无斷故命者清淨故外空內外空
空空大空勝義空有為空无為空畢竟空无
際空散空无變異空本性空自相空共相
空一切法空不可得空无性空自性空无性自
性空清淨外空乃至无性自性空清淨故一
切智智清淨何以故若命者清淨若外空乃
至无性自性空清淨若一切智智清淨无二
无二分无別无斷故善現命者清淨故真如
清淨真如清淨故一切智智清淨何以故若
命者清淨若真如清淨若一切智智清淨无
二无二分无別无斷故命者清淨故法界法
性不虛妄性不變異性平等性離生性法定
法住實際虛空界不思議界清淨法界乃至
不思議界清淨故一切智智清淨何以故若
命者清淨若法界乃至不思議界清淨若
一切智智清淨无二无二分无別无斷故善現
命者清淨故苦聖諦清淨苦聖諦清淨故一
切智智清淨何以故若命者清淨若苦聖諦

BD13952 號　大般若波羅蜜多經卷一九六　（23–14）

不思議界清淨故一切智智清淨何以故若
命者清淨若法界乃至不思議界清淨若
一切智智清淨无二无二分无別无斷故善現
命者清淨故苦聖諦清淨苦聖諦清淨故一
切智智清淨何以故若命者清淨若苦聖諦
清淨若一切智智清淨无二无二分无別无
斷故命者清淨故集滅道聖諦清淨集滅
道聖諦清淨故一切智智清淨何以故若
命者清淨若集滅道聖諦清淨若一切智
清淨无二无二分无別无斷故善現命者清
淨故四靜慮清淨四靜慮清淨故一切智智
清淨何以故若命者清淨若四靜慮清淨
若一切智智清淨无二无二分无別无斷故命
者清淨故四无量四无色定清淨四无量四
无色定清淨故一切智智清淨何以故若命者
清淨若四无量四无色定清淨若一切智智清
淨无二无二分无別无斷故善現命者清淨
故八解脫清淨八解脫清淨故一切智智清
淨何以故若命者清淨若八解脫清淨若
一切智智清淨无二无二分无別无斷故命者
清淨故八勝處九次第定十遍處清淨八勝
處九次第定十遍處清淨故一切智智清淨
何以故若命者清淨若八勝處九次第定十
遍處清淨若一切智智清淨无二无二分无
別无斷故善現命者清淨故四念住清淨四
念住清淨故一切智智清淨何以故若命者
清淨若四念住清淨若一切智智清淨无二

BD13952號　大般若波羅蜜多經卷一九六　（23–15）

處九次第定十遍處清淨故一切智智清淨
何以故若命者清淨若八勝處九次第定十
遍處清淨若一切智智清淨无二无二分无
別无斷故善現命者清淨故四念住清淨四
念住清淨故一切智智清淨何以故若命者
清淨若四念住清淨若一切智智清淨无二
无二分无別无斷故命者清淨故四正斷四
神足五根五力七等覺支八聖道支清淨四
正斷乃至八聖道支清淨故一切智智清淨
何以故若命者清淨若四正斷乃至八聖道
支清淨若一切智智清淨无二无二分无別
无斷故善現命者清淨故空解脫門清淨空
解脫門清淨故一切智智清淨何以故若命
者清淨若空解脫門清淨若一切智智清淨
无二无二分无別无斷故命者清淨故无相
无願解脫門清淨无相无願解脫門清淨故
一切智智清淨何以故若命者清淨若无相
无願解脫門清淨若一切智智清淨无二无
二分无別无斷故善現命者清淨故菩薩十
地清淨菩薩十地清淨故一切智智清淨何
以故若命者清淨若菩薩十地清淨若一切
智智清淨无二无二分无別无斷故
善現命者清淨故五眼清淨五眼清淨故一
切智智清淨何以故若命者清淨若五眼清
淨若一切智智清淨无二无二分无別无斷
故命者清淨故六神通清淨六神通清淨故
一切智智清淨何以故若命者清淨若六神
通清淨若一切智智清淨无二无二分无別

BD13952號　大般若波羅蜜多經卷一九六　（23–16）

切智智清淨何以故若命者清淨若五眼清
淨若一切智智清淨无二无二分无別无斷
故命者清淨故六神通清淨六神通清淨故
一切智智清淨何以故若命者清淨若六神
通清淨若一切智智清淨无二无二分无別
无斷故善現命者清淨故佛十力清淨佛十
力清淨故一切智智清淨何以故若命者清
淨若佛十力清淨若一切智智清淨无二无
二分无別无斷故命者清淨故四无所畏四
无礙解大慈大悲大喜大捨十八佛不共法
清淨四无所畏乃至十八佛不共法清淨故
一切智智清淨何以故若命者清淨若四无
所畏乃至十八佛不共法清淨若一切智智
清淨无二无二分无別无斷故善現命者
清淨故无忘失法清淨无忘失法清淨故一
切智智清淨何以故若命者清淨若无忘失
法清淨若一切智智清淨无二无二分无別
无斷故命者清淨故恒住捨性清淨恒住捨
性清淨故一切智智清淨何以故若命者清
淨若恒住捨性清淨若一切智智清淨无二无
二分无別无斷故善現命者清淨故一切智
清淨一切智清淨故一切智智清淨何以故
若命者清淨若一切智清淨若一切智智清
淨无二无二分无別无斷故命者清淨故道
相智一切相智清淨道相智一切相智清淨
故一切智智清淨何以故若命者清淨若道
相智一切相智清淨若一切智智清淨无二

BD13952 號　大般若波羅蜜多經卷一九六　（23–17）

若命者清淨若一切智清淨若一切智智清
淨无二无二分无別无斷故命者清淨故道
相智一切相智清淨道相智一切相智清淨
故一切智智清淨何以故若命者清淨若道
相智一切相智清淨若一切智智清淨无二
无二分无別无斷故善現命者清淨故一切陀
羅尼門清淨一切陀羅尼門清淨故一切智
智清淨何以故若命者清淨若一切陀羅尼
門清淨若一切智智清淨无二无二分无別
无斷故命者清淨故一切三摩地門清淨一
切三摩地門清淨故一切智智清淨何以故
若命者清淨若一切三摩地門清淨若一切
智智清淨无二无二分无別无斷故
善現命者清淨故預流果清淨預流果清
淨故一切智智清淨何以故若命者清淨若
預流果清淨若一切智智清淨无二无二分无
別无斷故命者清淨故一來不還阿羅漢果
清淨一來不還阿羅漢果清淨故一切智智
清淨何以故若命者清淨若一來不還阿羅
漢果清淨若一切智智清淨无二无二分无
別无斷故善現命者清淨故獨覺菩提清
淨獨覺菩提清淨故一切智智清淨何以故
若命者清淨若獨覺菩提清淨若一切智
智清淨无二无二分无別无斷故善現命者
清淨故一切菩薩摩訶薩行清淨一切菩薩
摩訶薩行清淨故一切智智清淨何以故若
命者清淨若一切菩薩摩訶薩行清淨若一

BD13952 號　大般若波羅蜜多經卷一九六　（23–18）

若命者清淨若獨覺菩提清淨若一切智
智清淨无二无二分无別无斷故善現命者
清淨故一切菩薩摩訶薩行清淨一切菩薩
摩訶薩行清淨故一切智智清淨何以故若
命者清淨若一切菩薩摩訶薩行清淨若一切
智智清淨无二无二分无別无斷故善現命
者清淨故諸佛无上正等菩提清淨諸佛无
上正等菩提清淨故一切智智清淨何以故
若命者清淨若諸佛无上正等菩提清淨若
一切智智清淨无二无二分无別无斷故
復次善現生者清淨故色清淨色清淨故一
切智智清淨何以故若生者清淨若色清淨
若一切智智清淨无二无二分无別无斷故
生者清淨故受相行識清淨受相行識清淨
故一切智智清淨何以故若生者清淨若受
相行識清淨若一切智智清淨无二无二分
无別无斷故善現生者清淨故眼處清淨眼
處清淨故一切智智清淨何以故若生者清
淨若眼處清淨若一切智智清淨无二无二
分无別无斷故生者清淨故耳鼻舌身意處
清淨耳鼻舌身意處清淨故一切智智清
淨何以故若生者清淨若耳鼻舌身意處
清淨若一切智智清淨无二无二分无別无斷
故善現生者清淨故色處清淨色處清淨
故一切智智清淨何以故若生者清淨若色處
清淨若一切智智清淨无二无二分无別无
斷故生者清淨故聲香味觸法處清淨聲香
味觸法處清淨故一切智智清淨何以故

BD13952號　大般若波羅蜜多經卷一九六　（23–19）

故善現生者清淨故色處清淨色處清淨
故一切智智清淨何以故若生者清淨若色處
清淨若一切智智清淨无二无二分无別无
斷故生者清淨故聲香味觸法處清淨聲香
味觸法處清淨故一切智智清淨何以故若生
者清淨若聲香味觸法處清淨若一切智智
清淨无二无二分无別无斷故善現生者清
淨故眼界清淨眼界清淨故一切智智清淨
何以故若生者清淨若眼界清淨若一切智
智清淨无二无二分无別无斷故生者清淨
故色界眼識界及眼觸眼觸為緣所生諸受
清淨色界乃至眼觸為緣所生諸受清淨故
一切智智清淨何以故若生者清淨若色界
乃至眼觸為緣所生諸受清淨若一切智智
清淨无二无二分无別无斷故善現生者清
淨故耳界清淨耳界清淨故一切智智清淨
何以故若生者清淨若耳界清淨若一切智
智清淨无二无二分无別无斷故生者清淨
故聲界耳識界及耳觸耳觸為緣所生諸受
清淨聲界乃至耳觸為緣所生諸受清淨故
一切智智清淨何以故若生者清淨若聲界
乃至耳觸為緣所生諸受清淨若一切智智
清淨无二无二分无別无斷故善現生者清
淨故鼻界清淨鼻界清淨故一切智智清淨
何以故若生者清淨若鼻界清淨若一切智
智清淨无二无二分无別无斷故生者清淨
故香界鼻識界及鼻觸鼻觸為緣所生諸受
清淨若香界乃至鼻觸為緣所生諸受清淨文

BD13952號　大般若波羅蜜多經卷一九六　（23–20）

清淨无二无二分无別无斷故善現生者清
淨故鼻界清淨鼻界清淨故一切智智清淨
何以故若生者清淨若鼻界清淨若一切智
智清淨无二无二分无別无斷故生者清淨
故香界鼻識界及鼻觸鼻觸為緣所生諸受
清淨香界乃至鼻觸為緣所生諸受清淨故
一切智智清淨何以故若生者清淨若香界
乃至鼻觸為緣所生諸受清淨若一切智智
清淨无二无二分无別无斷故善現生者清
淨故舌界清淨舌界清淨故一切智智清淨
何以故若生者清淨若舌界清淨若一切智智
清淨无二无二分无別无斷故生者清淨故
味界舌識界及舌觸舌觸為緣所生諸受清
淨味界乃至舌觸為緣所生諸受清淨故一切
智智清淨何以故若生者清淨若味界乃至
舌觸為緣所生諸受清淨若一切智智清淨
无二无二分无別无斷故善現生者清淨故
身界清淨身界清淨故一切智智清淨何以
故若生者清淨若身界清淨若一切智智
清淨无二无二分无別无斷故生者清淨故觸
界身識界及身觸身觸為緣所生諸受清淨
觸界乃至身觸為緣所生諸受清淨故一切
智智清淨何以故若生者清淨若觸界乃至
身觸為緣所生諸受清淨若一切智智清
淨无二无二分无別无斷故善現生者清淨
故意界清淨意界清淨故一切智智清淨何
以故若生者清淨若意界清淨若一切智智

BD13952 號　大般若波羅蜜多經卷一九六

（23–21）

故若生者清淨若身界清淨若一切智智
清淨无二无二分无別无斷故生者清淨故觸
界身識界及身觸身觸為緣所生諸受清淨
觸界乃至身觸為緣所生諸受清淨故一切
智智清淨何以故若生者清淨若觸界乃至
身觸為緣所生諸受清淨若一切智智清
淨无二无二分无別无斷故善現生者清淨
故意界清淨意界清淨故一切智智清淨何
以故若生者清淨若意界清淨若一切智智
清淨无二无二分无別无斷故生者清淨故法
界意識界及意觸意觸為緣所生諸受清
淨法界乃至意觸為緣所生諸受清淨故一切
智智清淨何以故若生者清淨若法界乃至
意觸為緣所生諸受清淨若一切智智清淨
无二无二分无別无斷故善現生者清淨故
地界清淨地界清淨故一切智智清淨何以
故若生者清淨若地界清淨若一切智智清
淨无二无二分无別无斷故生者清淨故水
火風空識界清淨水火風空識界清淨故
一切智智清淨何以故若生者清淨若水火風
空識界清淨若一切智智清淨无二无二分
无別无斷故善現生者清淨故无明清淨
无明清淨故一切智智清淨何以故若生者清
淨若无明清淨若一切智智清淨无二无二
分无別无斷故生者清淨故行識名色六處
觸受愛取有生老死愁歎苦憂惱清淨行乃
至老死愁歎苦憂惱清淨故一切智智清淨

BD13952 號　大般若波羅蜜多經卷一九六

（23–22）

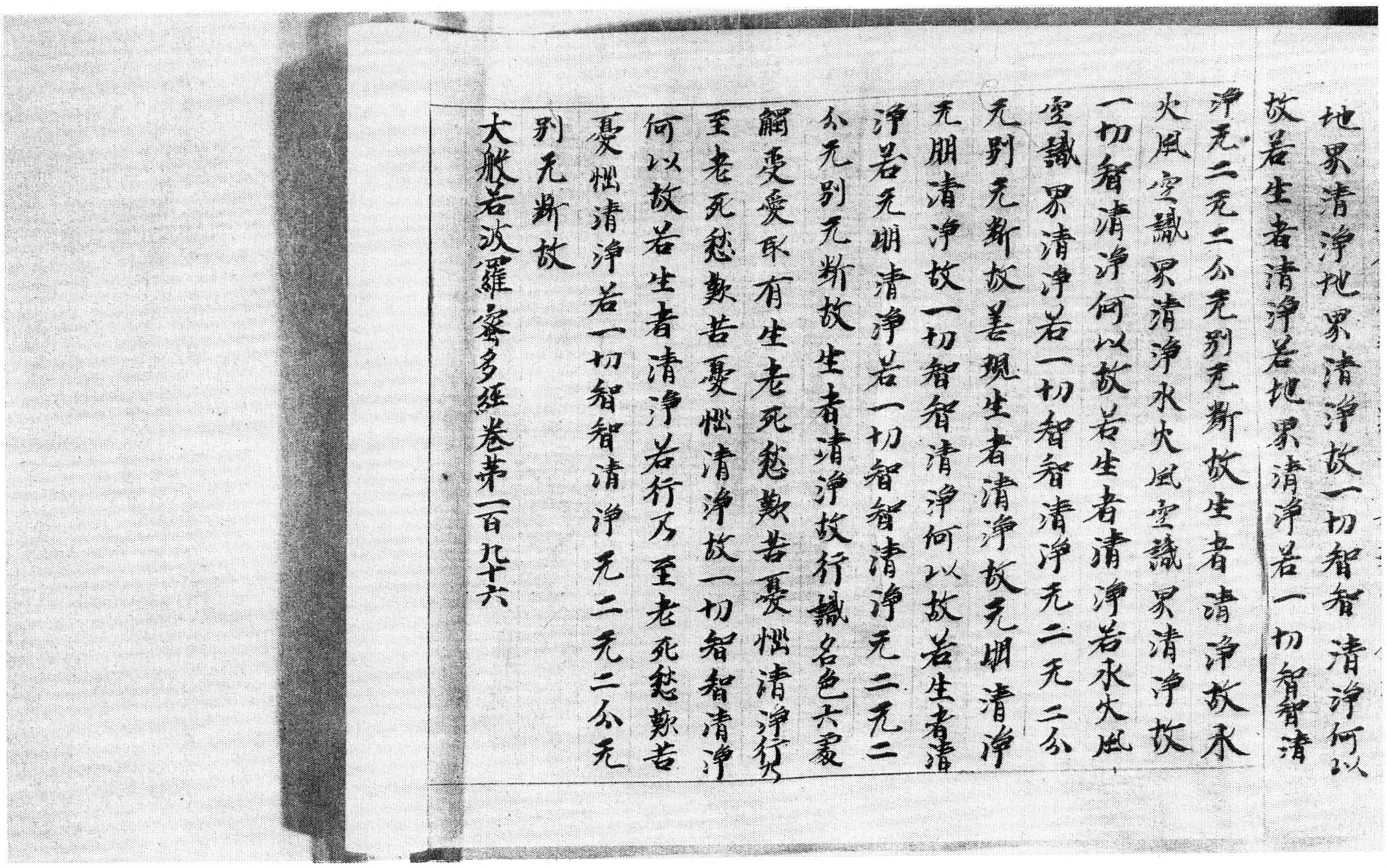
地界清淨地界清淨故一切智智清淨何以
故若生者清淨若地界清淨若一切智智清
淨无二无二分无別无斷故生者清淨故水
火風空識界清淨水火風空識界清淨故
一切智智清淨何以故若生者清淨若水火風
空識界清淨若一切智智清淨无二无二分
无別无斷故善現生者清淨故无明清淨
无明清淨故一切智智清淨何以故若生者清
淨若无明清淨若一切智智清淨无二无二
分无別无斷故生者清淨故行識名色六處
觸受愛取有生老死愁歎苦憂惱清淨行乃
至老死愁歎苦憂惱清淨故一切智智清淨
何以故若生者清淨若行乃至老死愁歎苦
憂惱清淨若一切智智清淨无二无二分无
別无斷故
大般若波羅蜜多經卷第一百九十六

BD13952 號　大般若波羅蜜多經卷一九六　（23–23）

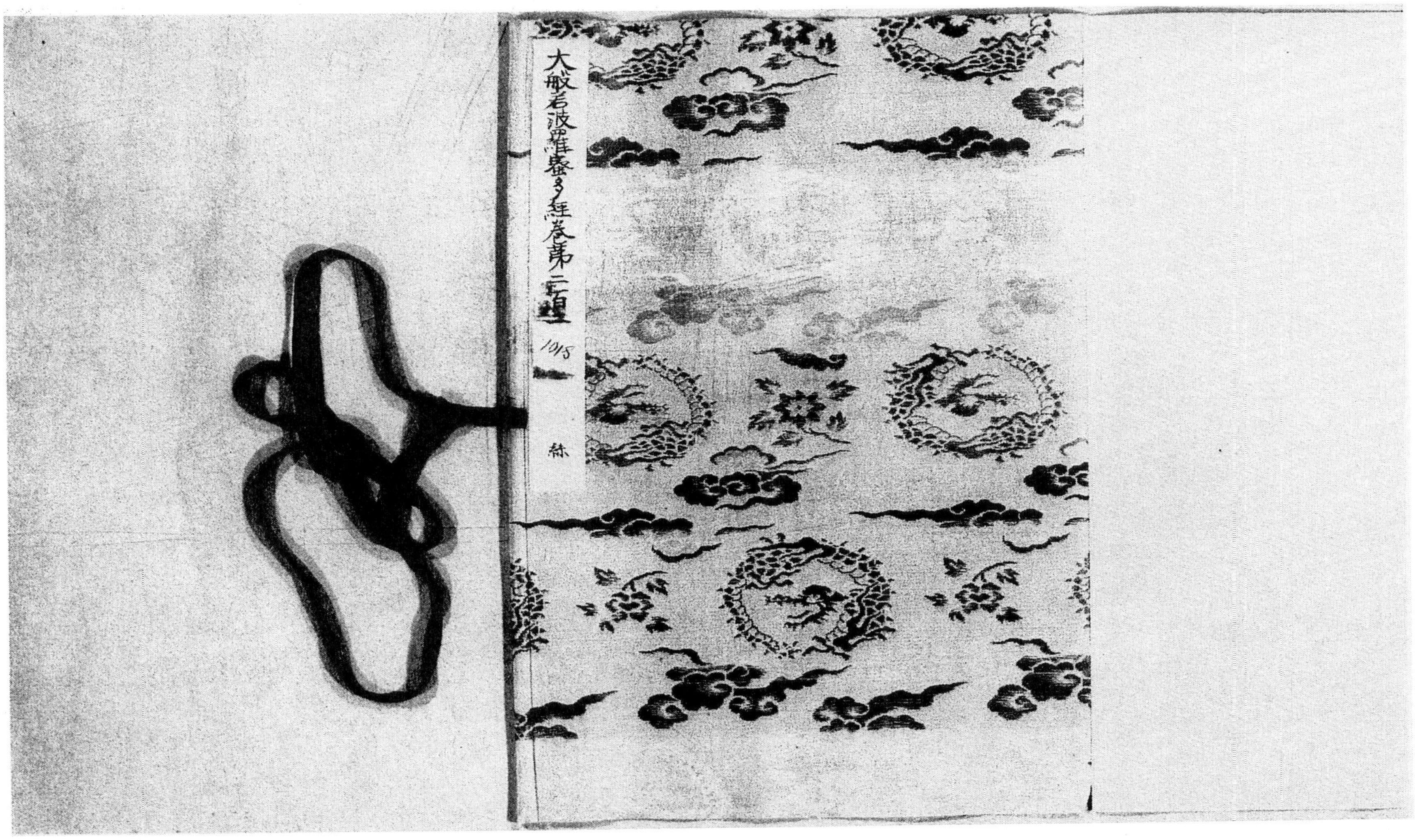

BD13953 號背　現代護首　（1–1）

BD13953 號　大般若波羅蜜多經卷二〇二　（5–1）

大般若波羅蜜多經卷第二百二

初分難信解品第卅四之廿一　三藏法師玄奘奉　詔譯

善現瞋清淨即布施波羅蜜多清淨布施波

羅蜜多清淨即瞋清淨何以故是瞋清淨與

布施波羅蜜多清淨無二無二分無別無斷

故瞋清淨即淨戒安忍精進靜慮般若波羅

蜜多清淨淨戒乃至般若波羅蜜多清淨即

瞋清淨何以故是瞋清淨與淨戒乃至般若

波羅蜜多清淨無二無二分無別無斷故善

現瞋清淨即內空清淨內空清淨即瞋清淨

何以故是瞋清淨與內空清淨無二無二分

無別無斷故瞋清淨即外空內外空空空大

空勝義空有為空無為空畢竟空無際空散

空無變異空本性空自相空共相空一切法

BD13953 號　大般若波羅蜜多經卷二〇二　（5–2）

現瞋清淨即內空清淨內空清淨即瞋清淨
何以故是瞋清淨與內空清淨無二無二分
無別無斷故瞋清淨即外空內外空空空大
空勝義空有為空無為空畢竟空無際空散
空無變異空本性空自相空共相空一切法
空不可得空無性空自性空無性自性空清
淨外空乃至無性自性空清淨即瞋清淨何
以故是瞋清淨與外空乃至無性自性空清
淨無二無二分無別無斷故善現瞋清淨即
真如清淨真如清淨即瞋清淨何以故是瞋
清淨與真如清淨無二無二分無別無斷故
瞋清淨即法界法性不虛妄性不變異性平
等性離生性法定法住實際虛空界不思議
界清淨法界乃至不思議界清淨即瞋清淨
何以故是瞋清淨與法界乃至不思議界清
淨無二無二分無別無斷故善現瞋清淨即
苦聖諦清淨苦聖諦清淨即瞋清淨何以故
是瞋清淨與苦聖諦清淨無二無二分無別
無斷故瞋清淨即集滅道聖諦清淨集滅道
聖諦清淨即瞋清淨何以故是瞋清淨與集
滅道聖諦清淨無二無二分無別無斷故善
現瞋清淨即四靜慮清淨四靜慮清淨
即瞋清淨何以故是瞋清淨與四靜慮
清淨無二無二分無別無斷故瞋清淨即四
無量四無色定清淨四無量四無色定清淨
即瞋清淨何以故是瞋清淨與四無量四無
色定清淨無二無二分無別無斷故善現瞋

BD13953號　大般若波羅蜜多經卷二〇二　（5–3）

色定清淨無二無二分無別無斷故善現瞋
清淨即八解脫清淨八解脫清淨即瞋清淨
何以故是瞋清淨與八解脫清淨無二無二
分無別無斷故瞋清淨即八勝處九次第
定十遍處清淨八勝處九次第定十遍處清
淨即瞋清淨何以故是瞋清淨與八勝處九
次第定十遍處清淨無二無二分無別無斷
故善現瞋清淨即四念住清淨四念住清淨
即瞋清淨何以故是瞋清淨與四念住清淨
無二無二分無別無斷故瞋清淨即四正斷
四神足五根五力七等覺支八聖道支清淨
四正斷乃至八聖道支清淨即瞋清淨何以
故是瞋清淨與四正斷乃至八聖道支清淨
無二無二分無別無斷故善現瞋清淨即空
解脫門清淨空解脫門清淨即瞋清淨何以
故是瞋清淨與空解脫門清淨無二無二分
無別無斷故瞋清淨即無相無願解脫門清
淨無相無願解脫門清淨即瞋清淨何以故
是瞋清淨與無相無願解脫門清淨無二無

BD13953號　大般若波羅蜜多經卷二〇二　（5–4）

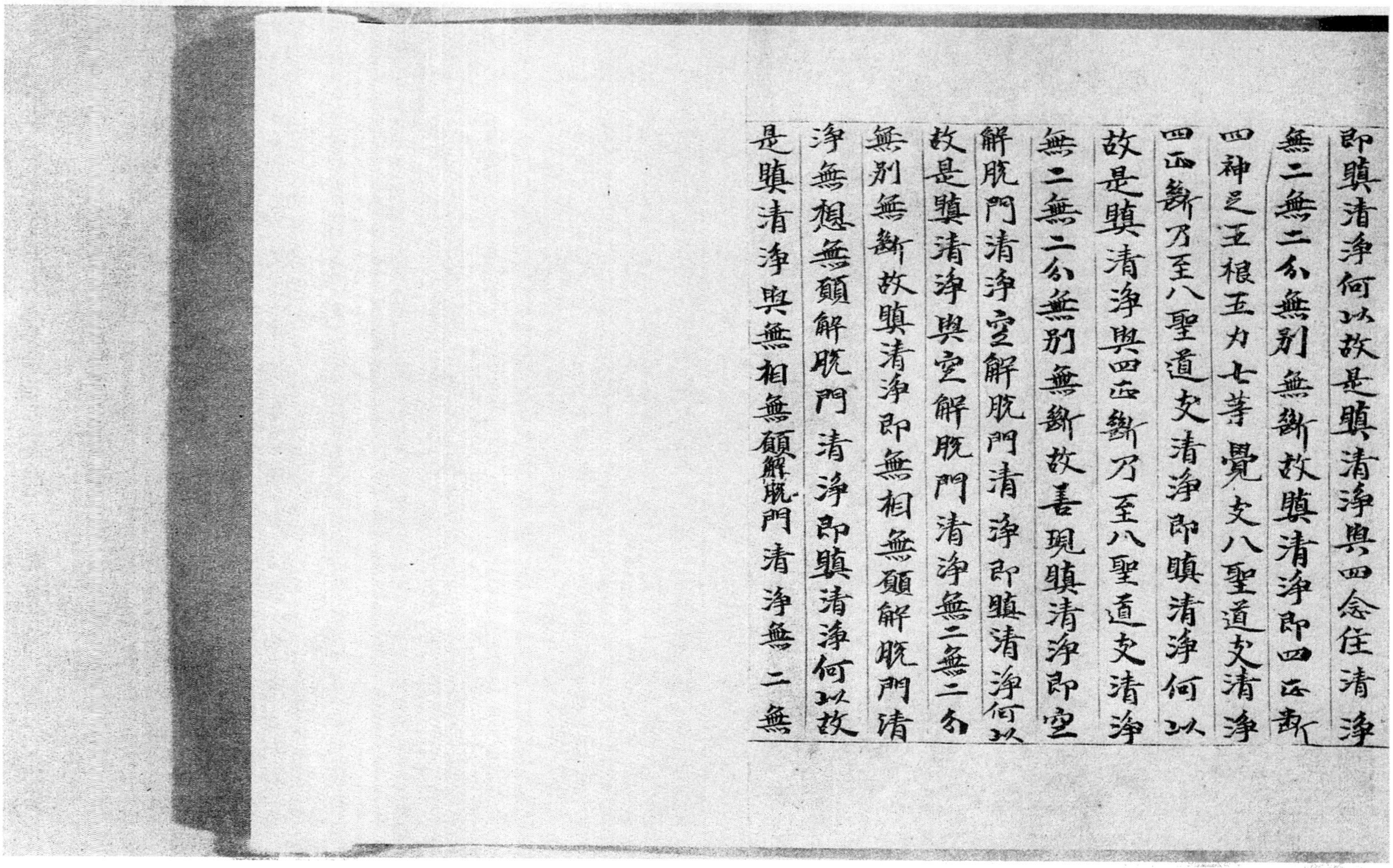

即瞋清淨何以故是瞋清淨與四念住清淨
無二無二分無別無斷故瞋清淨即四正斷
四神足五根五力七等覺支八聖道支清淨
四正斷乃至八聖道支清淨即瞋清淨何以
故是瞋清淨與四正斷乃至八聖道支清淨
無二無二分無別無斷故善現瞋清淨即空
解脫門清淨空解脫門清淨即瞋清淨何以
故是瞋清淨與空解脫門清淨無二無二分
無別無斷故瞋清淨即無相無願解脫門清
淨無相無願解脫門清淨即瞋清淨何以故
是瞋清淨與無相無願解脫門清淨無二無

BD13953號　大般若波羅蜜多經卷二〇二　　（5–5）

BD13954號背　現代護首　　（1–1）

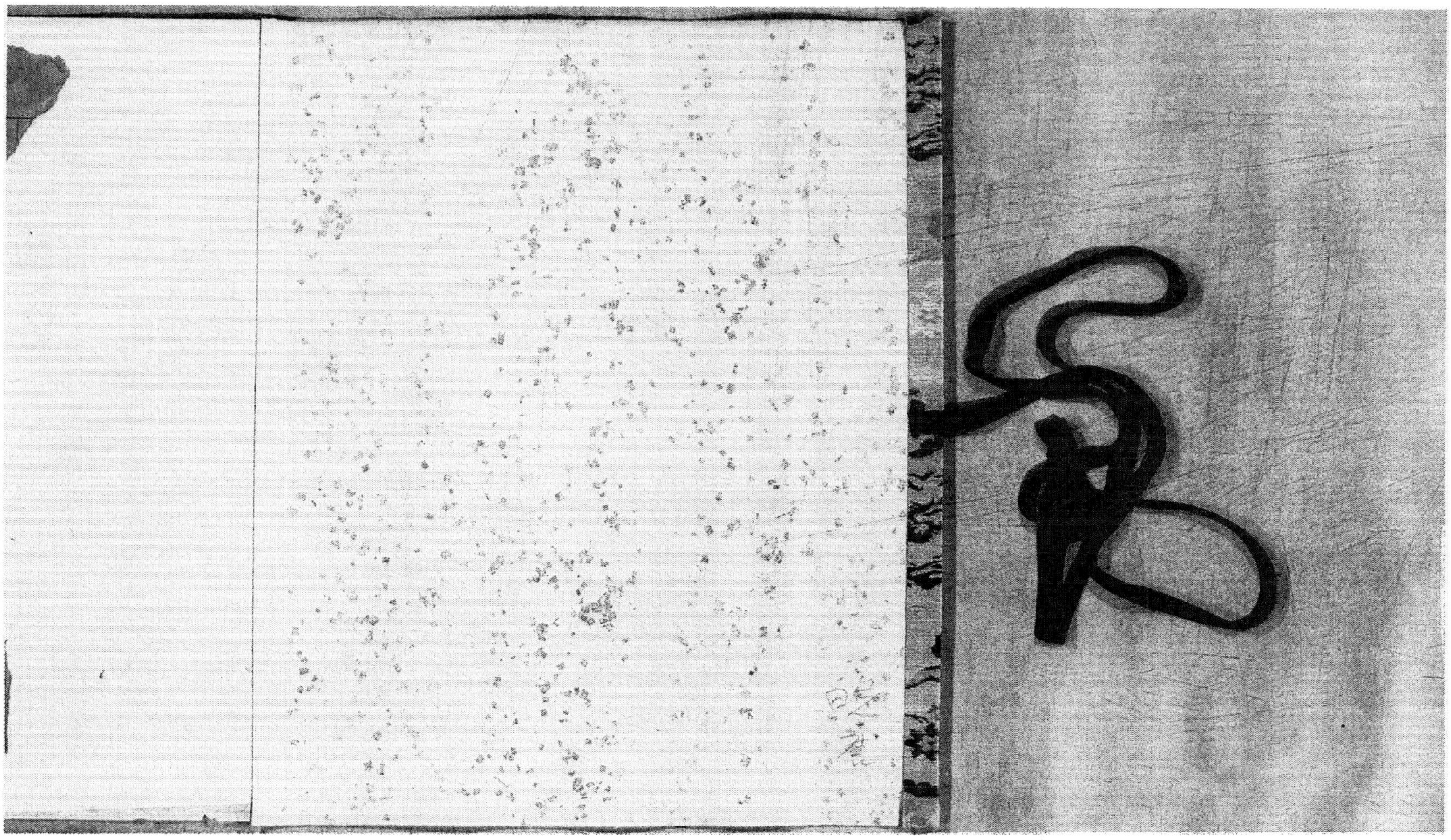

BD13954號　大般若波羅蜜多經卷二〇五　（22–1）

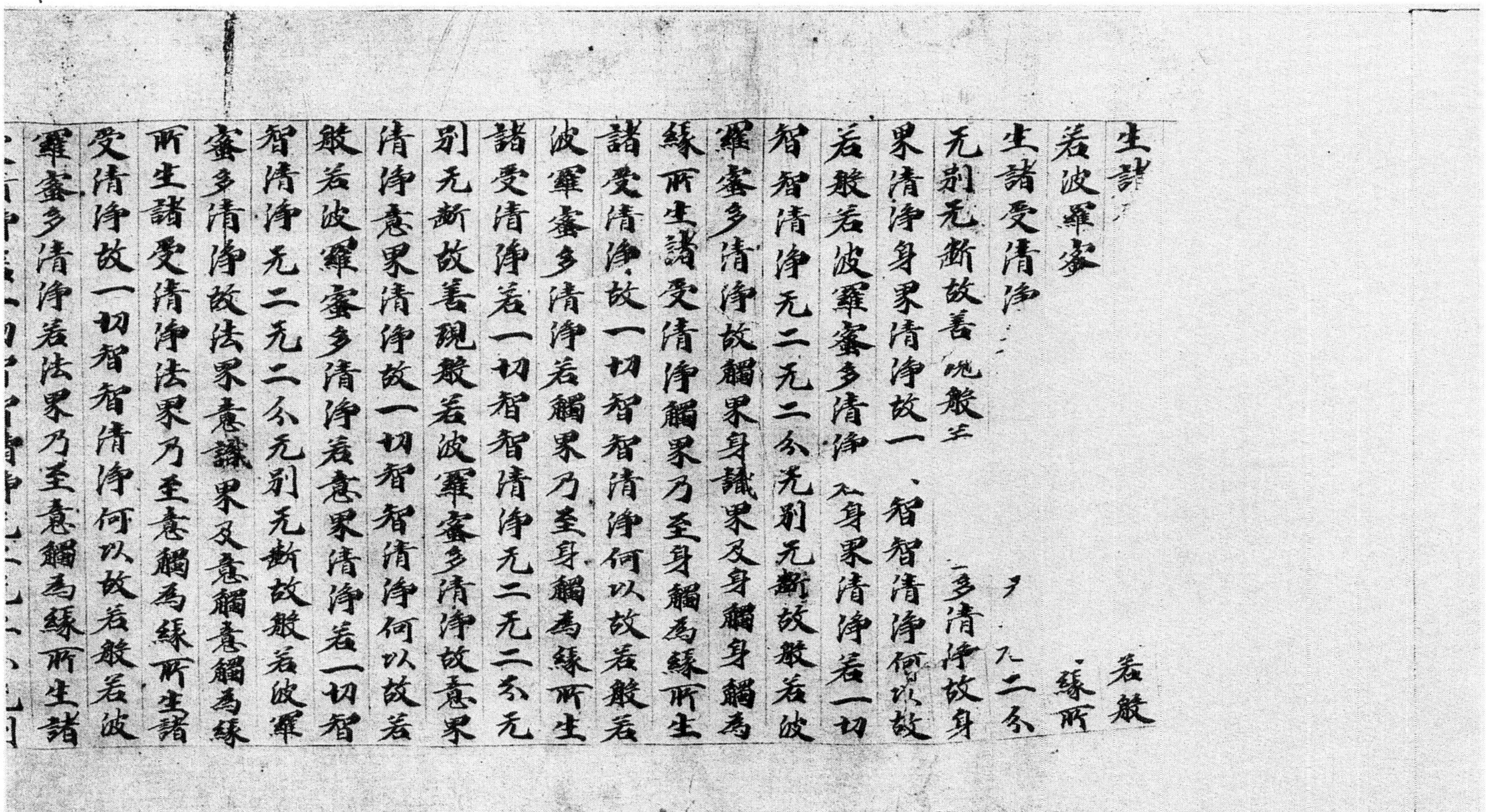

生諸　　　若般
若波羅蜜　　緣所
生諸受清淨　不二分
无别无斷故善現般　多清淨故身
果清淨身果清淨故一　智智清淨何以故
若般若波羅蜜多清淨　身果清淨若一切
智智清淨无二无二分无别无斷故般若波
羅蜜多清淨故觸界身識界及身觸身觸為
緣所生諸受清淨觸界乃至身觸為緣所生
諸受清淨故一切智智清淨何以故若般若
波羅蜜多清淨若觸界乃至身觸為緣所生
諸受清淨若一切智智清淨无二无二分无
别无斷故善現般若波羅蜜多清淨故意界
清淨意界清淨故一切智智清淨何以故若
般若波羅蜜多清淨若意界清淨若一切智
智清淨无二无二分无别无斷故般若波羅
蜜多清淨故法界意識界及意觸意觸為緣
所生諸受清淨法界乃至意觸為緣所生諸
受清淨故一切智智清淨何以故若般若波
羅蜜多清淨若法界乃至意觸為緣所生諸

BD13954號　大般若波羅蜜多經卷二〇五　（22–2）

智清淨无二无二分无別无斷故般若波羅
蜜多清淨故法界意識界及意觸意觸爲緣
所生諸受清淨法界乃至意觸爲緣所生諸
受清淨故一切智智清淨何以故若般若波
羅蜜多清淨若法界乃至意觸爲緣所生諸
受清淨若一切智智清淨无二无二分无別
无斷故善現般若波羅蜜多清淨故地界清淨
地界清淨故一切智智清淨何以故若般若
波羅蜜多清淨若地界清淨若一切智智清
淨无二无工分无別无斷故般若波羅蜜多
清淨故水火風空識界清淨水火風空識界
清淨故一切智智清淨何以故若般若波羅
蜜多清淨若水火風空識界清淨若一切智
智清淨无二无二分无別无斷故善現般若
波羅蜜多清淨故无明清淨无明清淨故一
切智智清淨何以故若般若波羅蜜多清淨
若无明清淨若一切智智清淨无二无二分
无別无斷故般若波羅蜜多清淨故行識名
色六處觸受愛取有生老死愁歎苦憂惱清
淨行乃至老死愁歎苦憂惱清淨故一切智
智清淨何以故若般若波羅蜜多清淨若行
乃至老死愁歎苦憂惱清淨若一切智智清
淨无二无二分无別无斷故善現般若波羅
蜜多清淨故布施波羅蜜多清淨布施波羅
蜜多清淨故一切智智清淨何以故若般若
波羅蜜多清淨若布施波羅蜜多清淨若一

BD13954號　大般若波羅蜜多經卷二〇五　（22–3）

智清淨何以故若般若波羅蜜多清淨若行
乃至老死愁歎苦憂惱清淨若一切智智清
淨无二无二分无別无斷故善現般若波羅
蜜多清淨故布施波羅蜜多清淨布施波羅
蜜多清淨故一切智智清淨何以故若般若
波羅蜜多清淨若布施波羅蜜多清淨若一
切智智清淨无二无二分无別无斷故般若
波羅蜜多清淨故淨戒安忍精進靜慮波羅
蜜多清淨淨戒乃至靜慮波羅蜜多清淨故
一切智智清淨何以故若般若波羅蜜多清
淨若淨戒乃至靜慮波羅蜜多清淨若一切
智智清淨无二无二分无別无斷故善現般
若波羅蜜多清淨故內空清淨內空清淨故
一切智智清淨何以故若般若波羅蜜多清
淨若內空清淨若一切智智清淨无二无二
分无別无斷故般若波羅蜜多清淨故外空
內外空空空大空勝義空有爲空无爲空畢
竟空无際空散空无變異空本性空自相空
共相空一切法空不可得空无性空自性空
无性自性空清淨外空乃至无性自性空清
淨故一切智智清淨何以故若般若波羅蜜
多清淨若外空乃至无性自性空清淨若一
切智智清淨无二无二分无別无斷故善現
般若波羅蜜多清淨故真如清淨真如清淨
故一切智智清淨何以故若般若波羅蜜多
清淨若真如清淨若一切智智清淨无二无

BD13954號　大般若波羅蜜多經卷二〇五　（22–4）

淨故一切智智清淨何以故若般若波羅蜜
多清淨若外空乃至无性自性空清淨若一
切智智清淨无二无二分无別无斷故善現
般若波羅蜜多清淨故真如清淨真如清淨
故一切智智清淨何以故若般若波羅蜜多
清淨若真如清淨若一切智智清淨无二无
二分无別无斷故般若波羅蜜多清淨故法
界法性不虛妄性不變異性平等性離生性
法定法住實際虛空界不思議界清淨法界
乃至不思議界清淨故一切智智清淨何以
故若般若波羅蜜多清淨若法界乃至不思
議界清淨若一切智智清淨无二无二分无
別无斷故善現般若波羅蜜多清淨故苦聖
諦清淨苦聖諦清淨故一切智智清淨何以
故若般若波羅蜜多清淨若苦聖諦清淨若
一切智智清淨无二无二分无別无斷故般
若波羅蜜多清淨故集滅道聖諦清淨集滅
道聖諦清淨故一切智智清淨何以故若般
若波羅蜜多清淨若集滅道聖諦清淨若一
切智智清淨无二无二分无別无斷故善現
般若波羅蜜多清淨故四靜慮清淨四靜慮
清淨故一切智智清淨何以故若般若波羅
蜜多清淨若四靜慮清淨若一切智智清淨
无二无二分无別无斷故般若波羅蜜多清
淨故四无量四无色定清淨四无量四无色
定清淨故一切智智清淨何以故若般若波

BD13954 號　大般若波羅蜜多經卷二〇五　（22–5）

清淨故一切智智清淨何以故若般若波
蜜多清淨若四靜慮清淨若一切智智清淨
无二无二分无別无斷故般若波羅蜜多清
淨故四无量四无色定清淨四无量四无色
定清淨故一切智智清淨何以故若般若波
羅蜜多清淨若四无量四无色定清淨若一
切智智清淨无二无二分无別无斷故善現
般若波羅蜜多清淨故八解脫清淨八解脫
清淨故一切智智清淨何以故若般若波羅
蜜多清淨若八解脫清淨若一切智智清淨
无二无二分无別无斷故般若波羅蜜多清
淨故八勝處九次第定十遍處清淨八勝處
九次第定十遍處清淨故一切智智清淨何
以故若般若波羅蜜多清淨若八勝處九次
第定十遍處清淨若一切智智清淨无二无
二分无別无斷故善現般若波羅蜜多清淨
故四念住清淨四念住清淨故一切智智清
淨何以故若般若波羅蜜多清淨若四念住
清淨若一切智智清淨无二无二分无別无
斷故般若波羅蜜多清淨故四正斷四神足
五根五力七等覺支八聖道支清淨四正斷
乃至八聖道支清淨故一切智智清淨何以
故若般若波羅蜜多清淨若四正斷乃至八
聖道支清淨若一切智智清淨无二无二分
无別无斷故善現般若波羅蜜多清淨故空
解脫門清淨空解脫門清淨故一切智智清

BD13954 號　大般若波羅蜜多經卷二〇五　（22–6）

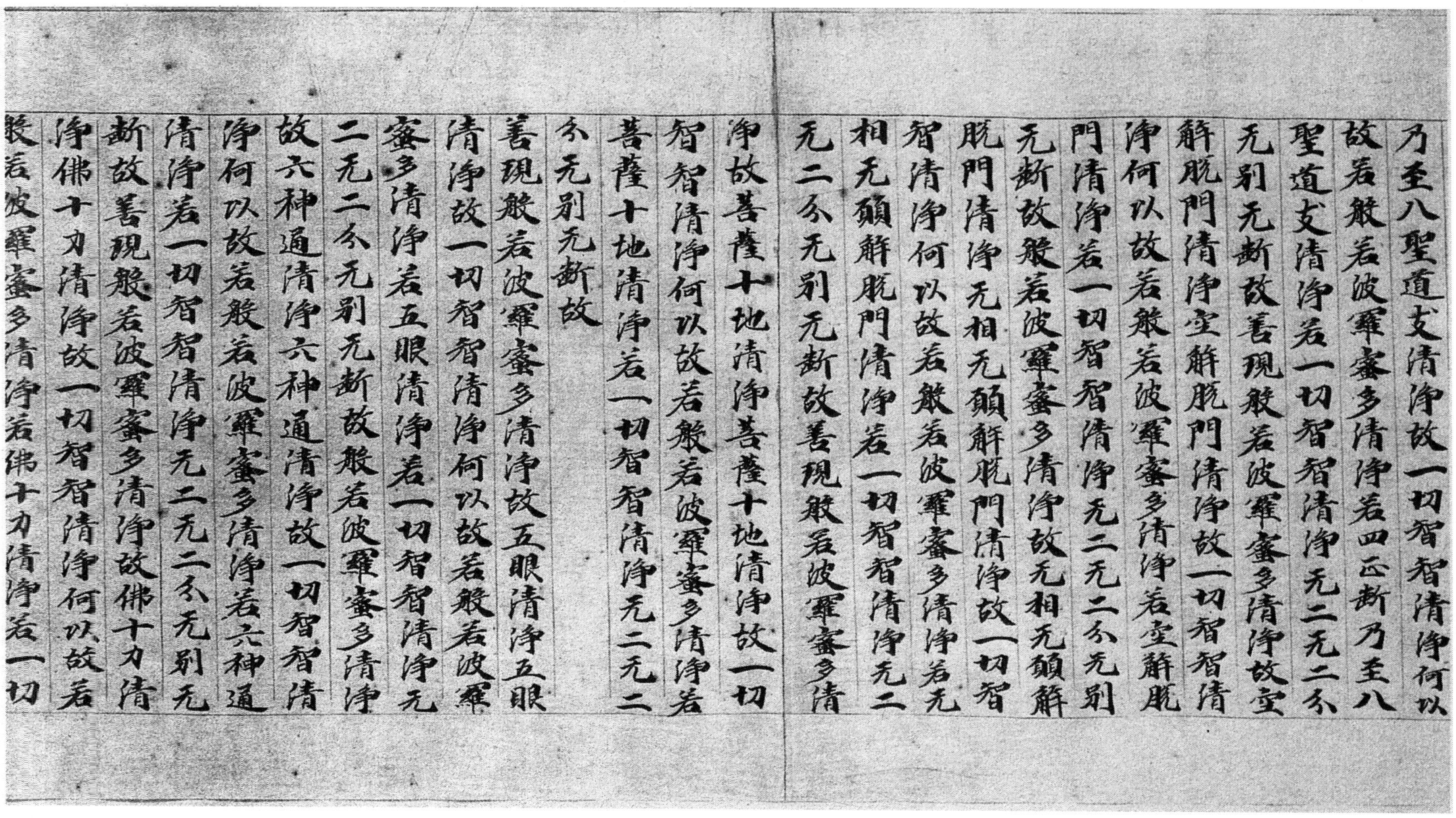

乃至八聖道支清淨故一切智智清淨何以
故若般若波羅蜜多清淨若四正斷乃至八
聖道支清淨若一切智智清淨无二无二分
无別无斷故善現般若波羅蜜多清淨故空
解脫門清淨空解脫門清淨故一切智智清
淨何以故若般若波羅蜜多清淨若空解脫
門清淨若一切智智清淨无二无二分无別
无斷故般若波羅蜜多清淨故无相无願解
脫門清淨无相无願解脫門清淨故一切智
智清淨何以故若般若波羅蜜多清淨若无
相无願解脫門清淨若一切智智清淨无二
无二分无別无斷故善現般若波羅蜜多清
淨故菩薩十地清淨菩薩十地清淨故一切
智智清淨何以故若般若波羅蜜多清淨若
菩薩十地清淨若一切智智清淨无二无二
分无別无斷故
善現般若波羅蜜多清淨故五眼清淨五眼
清淨故一切智智清淨何以故若般若波羅
蜜多清淨若五眼清淨若一切智智清淨无
二无二分无別无斷故般若波羅蜜多清淨
故六神通清淨六神通清淨故一切智智清
淨何以故若般若波羅蜜多清淨若六神通
清淨若一切智智清淨无二无二分无別无
斷故善現般若波羅蜜多清淨故佛十力清
淨佛十力清淨故一切智智清淨何以故若
般若波羅蜜多清淨若佛十力清淨若一切

BD13954號　大般若波羅蜜多經卷二〇五

（22–7）

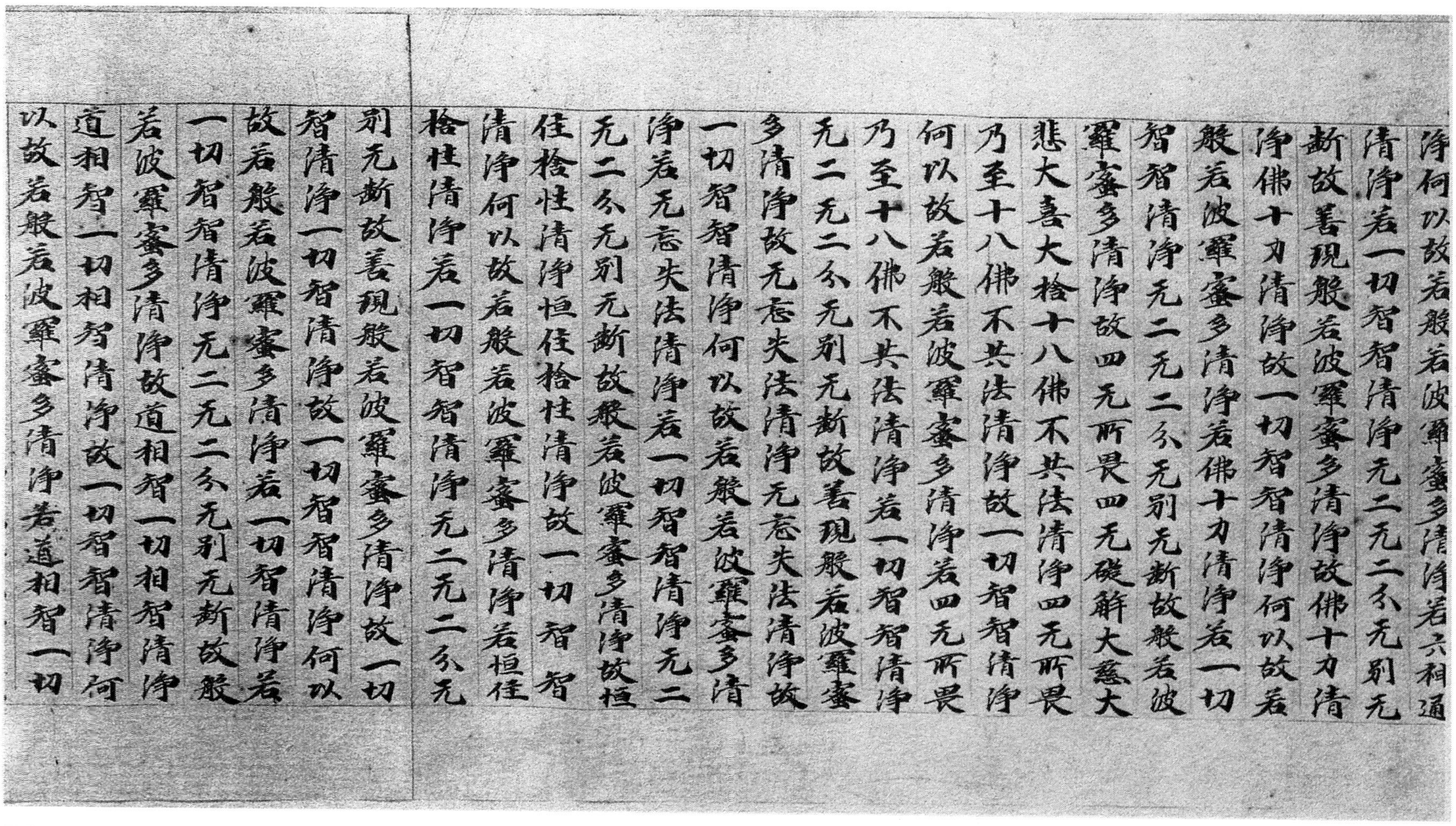

淨何以故若般若波羅蜜多清淨若六神通
清淨若一切智智清淨无二无二分无別无
斷故善現般若波羅蜜多清淨故佛十力清
淨佛十力清淨故一切智智清淨何以故若
般若波羅蜜多清淨若佛十力清淨若一切
智智清淨无二无二分无別无斷故般若波
羅蜜多清淨故四无所畏四无礙解大慈大
悲大喜大捨十八佛不共法清淨四无所畏
乃至十八佛不共法清淨故一切智智清淨
何以故若般若波羅蜜多清淨若四无所畏
乃至十八佛不共法清淨若一切智智清淨
无二无二分无別无斷故善現般若波羅蜜
多清淨故无忘失法清淨无忘失法清淨故
一切智智清淨何以故若般若波羅蜜多清
淨若无忘失法清淨若一切智智清淨无二
无二分无別无斷故般若波羅蜜多清淨故恒
住捨性清淨恒住捨性清淨故一切智智
清淨何以故若般若波羅蜜多清淨若恒住
捨性清淨若一切智智清淨无二无二分无
別无斷故善現般若波羅蜜多清淨故一切
智清淨一切智清淨故一切智智清淨何以
故若般若波羅蜜多清淨若一切智清淨若
一切智智清淨无二无二分无別无斷故般
若波羅蜜多清淨故道相智一切相智清淨
道相智一切相智清淨故一切智智清淨何
以故若般若波羅蜜多清淨若道相智一切

BD13954號　大般若波羅蜜多經卷二〇五

（22–8）

故若般若波羅蜜多清淨若一切智智清淨若
一切智智清淨无二无二分无別无斷故般
若波羅蜜多清淨故道相智一切相智清淨
道相智一切相智清淨故一切智智清淨何
以故若般若波羅蜜多清淨若道相智一切
相智清淨若一切智智清淨无二无二分无
別无斷故善現般若波羅蜜多清淨故一切
陁羅尼門清淨一切陁羅尼門清淨故一切
智智清淨何以故若般若波羅蜜多清淨若
一切陁羅尼門清淨若一切智智清淨无二
无二分无別无斷故般若波羅蜜多清淨故
一切三摩地門清淨一切三摩地門清淨故
一切智智清淨何以故若般若波羅蜜多清
淨若一切三摩地門清淨若一切智智清淨
无二无二分无別无斷故善現般若波羅蜜
多清淨故預流果清淨預流果清淨故一切
智智清淨何以故若般若波羅蜜多清淨若
預流果清淨若一切智智清淨无二无二分
无別无斷故般若波羅蜜多清淨故一來不
還阿羅漢果清淨一來不還阿羅漢果清淨
故一切智智清淨何以故若般若波羅蜜多
清淨若一來不還阿羅漢果清淨若一切智
智清淨无二无二分无別无斷故善現般若
波羅蜜多清淨故獨覺菩提清淨獨覺菩提
清淨故一切智智清淨何以故若般若波羅蜜
多清淨若獨覺菩提清淨若一切智智清

BD13954號　大般若波羅蜜多經卷二〇五　（22–9）

智清淨无二无二分无別无斷故善現般若
波羅蜜多清淨故獨覺菩提清淨獨覺菩提
清淨故一切智智清淨何以故若般若波羅蜜
多清淨若獨覺菩提清淨若一切智智清
淨无二无二分无別无斷故善現般若波羅
蜜多清淨故一切菩薩摩訶薩行清淨一切
菩薩摩訶薩行清淨故一切智智清淨何以
故若般若波羅蜜多清淨若一切菩薩摩訶
薩行清淨若一切智智清淨无二无二分无
別无斷故善現般若波羅蜜多清淨故諸佛
无上正等菩提清淨諸佛无上正等菩提清
淨故一切智智清淨何以故若般若波羅蜜
多清淨若諸佛无上正等菩提清淨若一切
智智清淨无二无二分无別无斷故
復次善現靜慮波羅蜜多清淨故色清淨色
清淨故一切智智清淨何以故若靜慮波羅
蜜多清淨若色清淨若一切智智清淨无二
无二分无別无斷故靜慮波羅蜜多清淨故
受想行識清淨受想行識清淨故一切智智
清淨何以故若靜慮波羅蜜多清淨若受想
行識清淨若一切智智清淨无二无二分无
別无斷故善現靜慮波羅蜜多清淨故眼處
清淨眼處清淨故一切智智清淨何以故若
靜慮波羅蜜多清淨若眼處清淨若一切智
智清淨无二无二分无別无斷故靜慮波羅

BD13954號　大般若波羅蜜多經卷二〇五　（22–10）

行諸清淨若一切智智清淨无二无二分无
别无斷故善現静慮波羅蜜多清淨故眼處
清淨眼處清淨故一切智智清淨何以故若
静慮波羅蜜多清淨若眼處清淨若一切智
智清淨无二无二分无别无斷故静慮波羅
蜜多清淨故耳鼻舌身意處清淨耳鼻舌身
意處清淨故一切智智清淨何以故若静慮
波羅蜜多清淨若耳鼻舌身意處清淨若一
切智智清淨无二无二分无别无斷故善現
静慮波羅蜜多清淨故色處清淨色處清
淨故一切智智清淨何以故若静慮波羅蜜
多清淨若色處清淨若一切智智清淨无二
无二分无别无斷故静慮波羅蜜多清淨故
聲香味觸法處清淨聲香味觸法處清淨故
一切智智清淨何以故若静慮波羅蜜多清
淨若聲香味觸法處清淨若一切智智清淨
无二无二分无别无斷故善現静慮波羅蜜
多清淨故眼界清淨眼界清淨故一切智智清
淨何以故若静慮波羅蜜多清淨若眼界清
淨若一切智智清淨无二无二分无别无斷
故静慮波羅蜜多清淨故色界眼識界及眼
觸眼觸為緣所生諸受清淨色界乃至眼觸
為緣所生諸受清淨故一切智智清淨何以
故若静慮波羅蜜多清淨若色界乃至眼觸
為緣所生諸受清淨若一切智智清淨无二
无二分无别无斷故善現静慮波羅蜜多清



觸眼觸為緣所生諸受清淨色界乃至眼觸
為緣所生諸受清淨故一切智智清淨何以
故若静慮波羅蜜多清淨若色界乃至眼觸
為緣所生諸受清淨若一切智智清淨无二
无二分无别无斷故善現静慮波羅蜜多清
淨故耳界清淨耳界清淨故一切智智清淨
何以故若静慮波羅蜜多清淨若耳界清淨
若一切智智清淨无二无二分无别无斷故
静慮波羅蜜多清淨故聲界耳識界及耳觸
耳觸為緣所生諸受清淨聲界乃至耳觸為
緣所生諸受清淨故一切智智清淨何以故
若静慮波羅蜜多清淨若聲界乃至耳觸為
緣所生諸受清淨若一切智智清淨无二无二
分无别无斷故善現静慮波羅蜜多清淨故
鼻界清淨鼻界清淨故一切智智清淨何以
故若静慮波羅蜜多清淨若鼻界清淨若一
切智智清淨无二无二分无别无斷故静慮
波羅蜜多清淨故香界鼻識界及鼻觸鼻觸
為緣所生諸受清淨香界乃至鼻觸為緣所
生諸受清淨故一切智智清淨何以故若静
慮波羅蜜多清淨若香界乃至鼻觸為緣所
生諸受清淨若一切智智清淨无二无二分
无别无斷故善現静慮波羅蜜多清淨故舌
界清淨舌界清淨故一切智智清淨何以故
若静慮波羅蜜多清淨若舌界清淨若一切
智智清淨无二无二分无别无斷故静慮波

生諸受清淨若一切智智清淨无二无二分
无別无斷故善現靜慮波羅蜜多清淨故舌
界清淨舌界清淨故一切智智清淨何以故
若靜慮波羅蜜多清淨若舌界清淨若一切
智智清淨无二无二分无別无斷故靜慮波
羅蜜多清淨故味界舌識界及舌觸舌觸為
緣所生諸受清淨味界乃至舌觸為緣所生
諸受清淨故一切智智清淨何以故若靜慮
波羅蜜多清淨若味界乃至舌觸為緣所生
諸受清淨若一切智智清淨无二无二分无
別无斷故善現靜慮波羅蜜多清淨故身界
清淨身界清淨故一切智智清淨何以故若
靜慮波羅蜜多清淨若身界清淨若一切智
智清淨无二无二分无別无斷故靜慮波羅
蜜多清淨故觸界身識界及身觸身觸為緣
所生諸受清淨觸界乃至身觸為緣所生諸
受清淨故一切智智清淨何以故若靜慮波
羅蜜多清淨若觸界乃至身觸為緣所生諸
受清淨若一切智智清淨无二无二分无別
无斷故善現靜慮波羅蜜多清淨故意界清
淨意界清淨故一切智智清淨何以故若靜
慮波羅蜜多清淨若意界清淨若一切智智
清淨无二无二分无別无斷故靜慮波羅蜜
多清淨故法界意識界及意觸意觸為緣所
生諸受清淨法界乃至意觸為緣所生諸受
清淨故一切智智清淨何以故若靜慮波羅

BD13954 號　大般若波羅蜜多經卷二〇五　（22–13）

清淨无二无二分无別无斷故靜慮波羅蜜
多清淨故法界意識界及意觸意觸為緣所
生諸受清淨法界乃至意觸為緣所生諸受
清淨故一切智智清淨何以故若靜慮波羅
蜜多清淨若法界乃至意觸為緣所生諸受
清淨若一切智智清淨无二无二分无別无
斷故善現靜慮波羅蜜多清淨故地界清淨
地界清淨故一切智智清淨何以故若靜慮
波羅蜜多清淨若地界清淨若一切智智清
淨无二无二分无別无斷故靜慮波羅蜜多
清淨故水火風空識界清淨水火風空識界
清淨故一切智智清淨何以故若靜慮波羅
蜜多清淨若水火風空識界清淨若一切智
智清淨无二无二分无別无斷故善現靜慮
波羅蜜多清淨故无明清淨无明清淨故一
切智智清淨何以故若靜慮波羅蜜多清淨
若无明清淨若一切智智清淨无二无二分
无別无斷故靜慮波羅蜜多清淨故行識名
色六處觸受愛取有生老死愁歎苦憂惱清
淨行乃至老死愁歎苦憂惱清淨故一切智
智清淨何以故若靜慮波羅蜜多清淨若行
乃至老死愁歎苦憂惱清淨若一切智智清
淨无二无二分无別无斷故善現靜慮波羅
蜜多清淨故布施波羅蜜多清淨布施波羅
蜜多清淨故一切智智清淨何以故若靜慮
波羅蜜多清淨若布施波羅蜜多清淨若一

BD13954 號　大般若波羅蜜多經卷二〇五　（22–14）

乃至老死愁歎苦憂惱清淨若一切智智清
淨无二无二分无別无斷故善現靜慮波羅
蜜多清淨故布施波羅蜜多清淨布施波羅
蜜多清淨故一切智智清淨何以故若靜慮
波羅蜜多清淨若布施波羅蜜多清淨若一
切智智清淨无二无二分无別无斷故靜慮
波羅蜜多清淨故淨戒安忍精進般若波羅
蜜多清淨淨戒乃至般若波羅蜜多清淨故
一切智智清淨何以故若靜慮波羅蜜多清
淨若淨戒乃至般若波羅蜜多清淨若一切
智智清淨无二无二分无別无斷故善現靜
慮波羅蜜多清淨故內空清淨內空清淨故
一切智智清淨何以故若靜慮波羅蜜多清
淨若內空清淨若一切智智清淨无二无二
分无別无斷故靜慮波羅蜜多清淨故外空
內外空空空大空勝義空有為空无為空畢
竟空无際空散空无變異空本性空自相空
共相空一切法空不可得空无性空自性空
无性自性空清淨外空乃至无性自性空清
淨故一切智智清淨何以故若靜慮波羅蜜
多清淨若外空乃至无性自性空清淨若一切
智智清淨无二无二分无別无斷故善現靜慮
波羅蜜多清淨故真如清淨真如清淨故一
切智智清淨何以故若靜慮波羅蜜多清淨
若真如清淨若一切智智清淨无二无二分
无別无斷故靜慮波羅蜜多清淨故法界法

BD13954號　大般若波羅蜜多經卷二〇五　（22-15）

波羅蜜多清淨故真如清淨真如清淨故一
切智智清淨何以故若靜慮波羅蜜多清淨
若真如清淨若一切智智清淨无二无二分
无別无斷故靜慮波羅蜜多清淨故法界法
性不虛妄性不變異性平等性離生性法定
法住實際虛空界不思議界清淨法界乃至
不思議界清淨故一切智智清淨何以故若
靜慮波羅蜜多清淨若法界乃至不思議界
清淨若一切智智清淨无二无二分无別无
斷故善現靜慮波羅蜜多清淨故苦聖諦清
淨苦聖諦清淨故一切智智清淨何以故若
靜慮波羅蜜多清淨若苦聖諦清淨若一切
智智清淨无二无二分无別无斷故靜慮波
羅蜜多清淨故集滅道聖諦清淨集滅道聖
諦清淨故一切智智清淨何以故若靜慮波
羅蜜多清淨若集滅道聖諦清淨若一切智
智清淨无二无二分无別无斷故善現靜慮
波羅蜜多清淨故四靜慮清淨四靜慮清淨
故一切智智清淨何以故若靜慮波羅蜜多
清淨若四靜慮清淨若一切智智清淨无二无
二分无別无斷故靜慮波羅蜜多清淨故四
无量四无色定清淨四无量四无色定清淨
故一切智智清淨何以故若靜慮波羅蜜多
清淨若四无量四无色定清淨若一切智智
清淨无二无二分无別无斷故善現靜慮波
羅蜜多清淨故八解脫清淨八解脫清淨故

BD13954號　大般若波羅蜜多經卷二〇五　（22-16）

故一切智智清淨何以故若靜慮波羅蜜多
清淨若四无量四无色定清淨若一切智智
清淨无二无二分无別无斷故善現靜慮波
羅蜜多清淨故八解脫清淨八解脫清淨故
一切智智清淨何以故若靜慮波羅蜜多清
淨若八解脫清淨若一切智智清淨无二无二
分无別无斷故靜慮波羅蜜多清淨故八勝
處九次第定十遍處清淨八勝處九次第定
十遍處清淨故一切智智清淨何以故若靜
慮波羅蜜多清淨若八勝處九次第定十遍
處清淨若一切智智清淨无二无二分无別
无斷故善現靜慮波羅蜜多清淨故四念住
清淨四念住清淨故一切智智清淨何以故
若靜慮波羅蜜多清淨若四念住清淨若一
切智智清淨无二无二分无別无斷故靜慮
波羅蜜多清淨故四正斷四神足五根五力
七等覺支八聖道支清淨四正斷乃至八聖
道支清淨故一切智智清淨何以故若靜慮
波羅蜜多清淨若四正斷乃至八聖道支清
淨若一切智智清淨无二无二分无別无斷
故善現靜慮波羅蜜多清淨故空解脫門清
淨空解脫門清淨故一切智智清淨何以故
若靜慮波羅蜜多清淨若空解脫門清淨若一
切智智清淨无二无二分无別无斷故靜慮
波羅蜜多清淨故无相无願解脫門清淨无

BD13954 號　大般若波羅蜜多經卷二〇五　（22–17）

淨空解脫門清淨故一切智智清淨何以故
若靜慮波羅蜜多清淨若空解脫門清淨若一
切智智清淨无二无二分无別无斷故靜慮
波羅蜜多清淨故无相无願解脫門清淨无
相无願解脫門清淨故一切智智清淨何以故
若靜慮波羅蜜多清淨若无相无願解脫門
清淨若一切智智清淨无二无二分无別无
斷故善現靜慮波羅蜜多清淨故菩薩十地
清淨菩薩十地清淨故一切智智清淨何以
故若靜慮波羅蜜多清淨若菩薩十地清淨
若一切智智清淨无二无二分无別无斷故
善現靜慮波羅蜜多清淨故五眼清淨五眼
清淨故一切智智清淨何以故若靜慮波羅
蜜多清淨若五眼清淨若一切智智清淨无
二无二分无別无斷故靜慮波羅蜜多清淨
故六神通清淨六神通清淨故一切智智清
淨何以故若靜慮波羅蜜多清淨若六神通
清淨若一切智智清淨无二无二分无別无
斷故善現靜慮波羅蜜多清淨故佛十力清
淨佛十力清淨故一切智智清淨何以故若
靜慮波羅蜜多清淨若佛十力清淨若一切
智智清淨无二无二分无別无斷故靜慮波
羅蜜多清淨故四无所畏四无礙解大慈大
悲大喜大捨十八佛不共法清淨四无所畏
乃至十八佛不共法清淨故一切智智清淨

BD13954 號　大般若波羅蜜多經卷二〇五　（22–18）

智智清淨无二无二分无別无斷故靜慮波
羅蜜多清淨故四无所畏四无礙解大慈大
悲大喜大捨十八佛不共法清淨四无所畏
乃至十八佛不共法清淨故一切智智清淨
何以故若靜慮波羅蜜多清淨若四无所畏
乃至十八佛不共法清淨若一切智智清淨
无二无二分无別无斷故善現靜慮波羅蜜
多清淨故无忘失法清淨无忘失法清淨故
一切智智清淨何以故若靜慮波羅蜜多清
淨若无忘失法清淨若一切智智清淨无二
无二分无別无斷故靜慮波羅蜜多清淨故
恒住捨性清淨恒住捨性清淨故一切智智
清淨何以故若靜慮波羅蜜多清淨若恒住
捨性清淨若一切智智清淨无二无二分无
別无斷故善現靜慮波羅蜜多清淨故一切
智清淨一切智清淨故一切智智清淨何以
故若靜慮波羅蜜多清淨若一切智智清淨
若一切智智清淨无二无二分无別无斷故靜
慮波羅蜜多清淨故道相智一切相智清淨
道相智一切相智清淨故一切智智清淨何
以故若靜慮波羅蜜多清淨若道相智一切
相智清淨若一切智智清淨无二无二分无
別无斷故善現靜慮波羅蜜多清淨故一切
陁羅尼門清淨一切陁羅尼門清淨故一切
智智清淨何以故若靜慮波羅蜜多清淨若

BD13954號　大般若波羅蜜多經卷二〇五　（22–19）

相智清淨若一切智智清淨无二无二分无
別无斷故善現靜慮波羅蜜多清淨故一切
陁羅尼門清淨一切陁羅尼門清淨故一切
智智清淨何以故若靜慮波羅蜜多清淨若
一切陁羅尼門清淨若一切智智清淨无二
无二分无別无斷故靜慮波羅蜜多清淨故
一切三摩地門清淨一切三摩地門清淨故
一切智智清淨何以故若靜慮波羅蜜多清
淨若一切三摩地門清淨若一切智智清淨
无二无二分无別无斷故善現靜慮波羅蜜
多清淨故預流果清淨預流果清淨故一切
智智清淨何以故若靜慮波羅蜜多清淨若
預流果清淨若一切智智清淨无二无二分
无別无斷故靜慮波羅蜜多清淨故一來不
還阿羅漢果清淨一來不還阿羅漢果清淨
故一切智智清淨何以故若靜慮波羅蜜多
清淨若一來不還阿羅漢果清淨若一切智
智清淨无二无二分无別无斷故善現靜慮
波羅蜜多清淨故獨覺菩提清淨獨覺菩提
清淨故一切智智清淨何以故若靜慮波羅
蜜多清淨若獨覺菩提清淨若一切智智
清淨无二无二分无別无斷故善現靜慮波
羅蜜多清淨故一切菩薩摩訶薩行清淨
一切菩薩摩訶薩行清淨故一切智智清
淨何以故若靜慮波羅蜜多清淨若一切

BD13954號　大般若波羅蜜多經卷二〇五　（22–20）

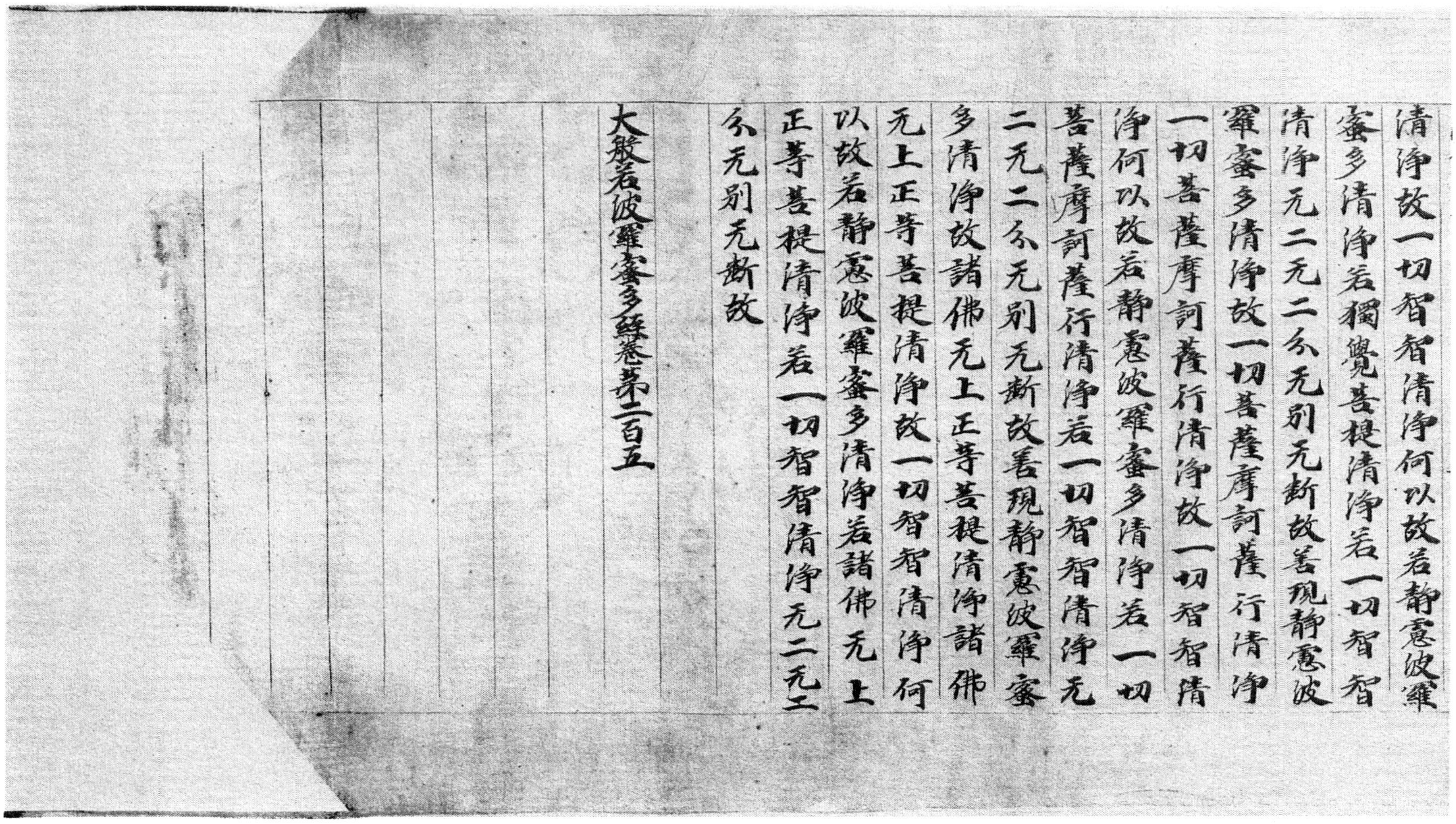

清淨故一切智智清淨何以故若靜慮波羅
蜜多清淨若獨覺菩提清淨若一切智智
清淨无二无二分无別无斷故善現靜慮波
羅蜜多清淨故一切菩薩摩訶薩行清淨
一切菩薩摩訶薩行清淨故一切智智清
淨何以故若靜慮波羅蜜多清淨若一切
菩薩摩訶薩行清淨若一切智智清淨无
二无二分无別无斷故善現靜慮波羅蜜
多清淨故諸佛无上正等菩提清淨諸佛
无上正等菩提清淨故一切智智清淨何
以故若靜慮波羅蜜多清淨若諸佛无上
正等菩提清淨若一切智智清淨无二无二
分无別无斷故

大般若波羅蜜多經卷第二百五

BD13954 號　大般若波羅蜜多經卷二〇五　（22–21）

以故若靜慮波羅蜜多清淨若諸佛无上
正等菩提清淨若一切智智清淨无二无二
分无別无斷故

大般若波羅蜜多經卷第二百五

BD13954 號　大般若波羅蜜多經卷二〇五　（22–22）

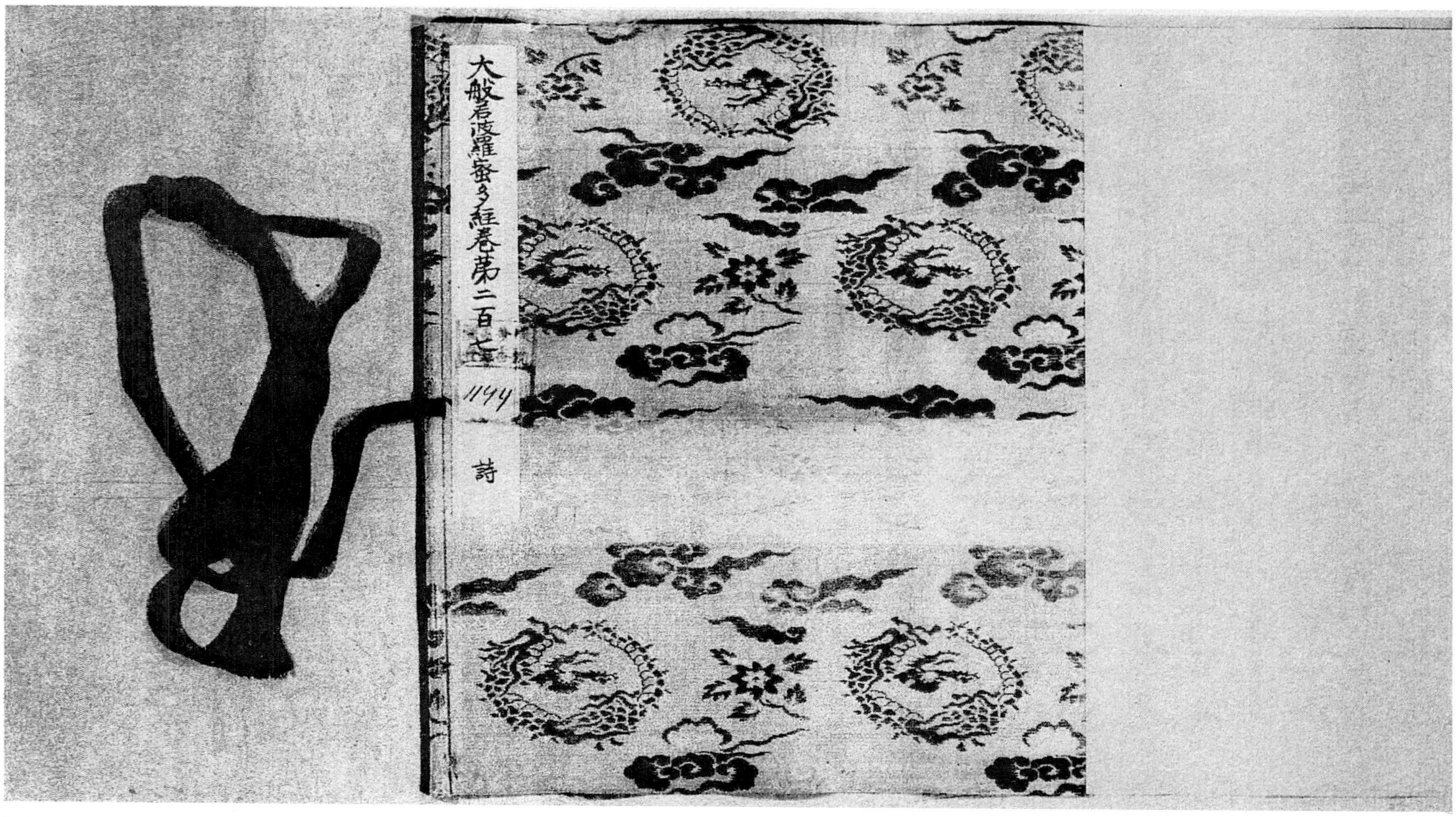


BD13955 號背　現代護首　　（1–1）

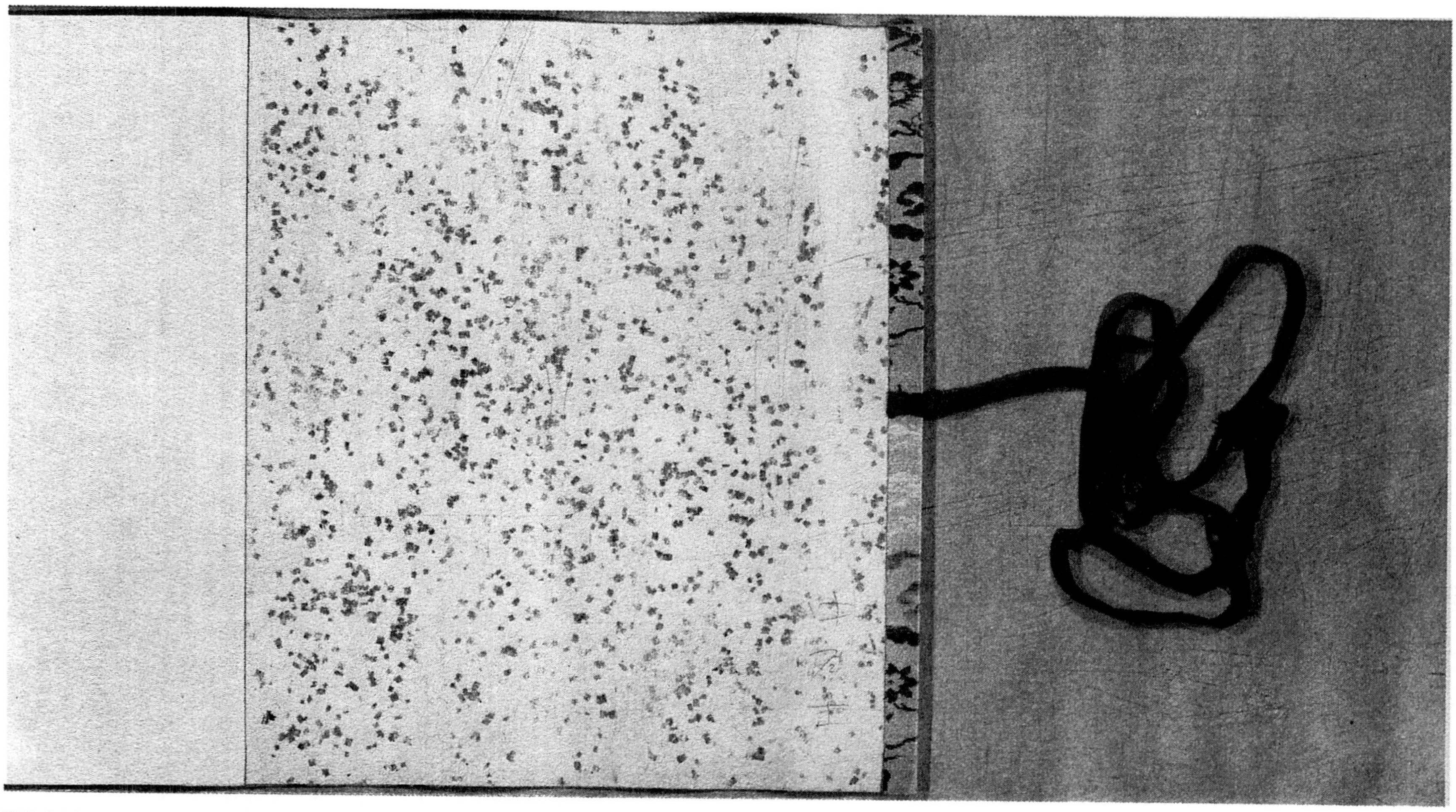

BD13955 號　大般若波羅蜜多經卷二〇七　　（21–1）

若一…清淨无二无二
…无別…善現…戒波羅蜜多清淨故
鼻界清淨鼻界清淨故一切智智清淨何以
故若淨戒波羅蜜多清淨若鼻界清淨若一
切智智清淨无二无二分无別无斷故淨戒
波羅蜜多清淨故香界鼻識界及鼻觸鼻
觸為緣所生諸受清淨香界乃至鼻觸為緣所
生諸受清淨故一切智智清淨何以故若淨
戒波羅蜜多清淨若香界乃至鼻觸為緣所
生諸受清淨若一切智智清淨无二无二分
无別无斷故善現淨戒波羅蜜多清淨故舌
界清淨舌界清淨故一切智智清淨何以故
若淨戒波羅蜜多清淨若舌界清淨若一切

BD13955號　大般若波羅蜜多經卷二〇七　（21–2）

生諸受清淨若一切智智清淨无二无二分
无別无斷故善現淨戒波羅蜜多清淨故舌
界清淨舌界清淨故一切智智清淨何以故
若淨戒波羅蜜多清淨若舌界清淨若一切
智智清淨无二无二…
羅蜜多清淨故味界…
緣所生諸受清淨味…觸為緣所生
諸受清淨故一切智智清淨何以故若淨戒
波羅蜜多清淨若味界乃至舌觸為緣所生
諸受清淨若一切智智清淨无二无二分无
別无斷故善現淨戒波羅蜜多清淨故身界
清淨身界清淨故一切智智清淨何以故若
淨戒波羅蜜多清淨若身界清淨若一切智
智清淨无二无二分无別无斷故淨戒波羅
蜜多清淨故觸界身識界及身觸身觸為緣
所生諸受清淨觸界乃至身觸為緣所生諸
受清淨故一切智智清淨何以故若淨戒波
羅蜜多清淨若觸界乃至身觸為緣所生諸
受清淨若一切智智清淨无二无二分无別
无斷故善現淨戒波羅蜜多清淨故意界清
淨意界清淨故一切智智清淨何以故若淨
戒波羅蜜多清淨若意界清淨若一切智智
清淨无二无二分无別无斷故淨戒波羅蜜
多清淨故法界意識界及意觸意觸為緣所
生諸受清淨法界乃至意觸為緣所生諸受
清淨故一切智智清淨何以故若淨戒波羅
蜜多清淨若法界乃至意觸為緣所生諸受
清淨若一切智智清淨无二…

BD13955號　大般若波羅蜜多經卷二〇七　（21–3）

清淨无二无二分无別无斷故淨戒波羅蜜
多清淨故法界意識界及意觸意觸為緣所
生諸受清淨法界乃至意觸為緣所生諸受
清淨故一切智智清淨何以故若淨戒波羅
蜜多清淨若法界乃至意觸為緣所生諸受
清淨若一切智智清淨无二无二分无別无
斷故善現淨戒波羅蜜多清淨故地界清淨
地界清淨故一切智智清淨何以故若淨戒
波羅蜜多清淨若地界清淨若一切智智清
淨无二无二分无別无斷故淨戒波羅蜜多
清淨故水火風空識界清淨水火風空識界
清淨故一切智智清淨何以故若淨戒波羅
蜜多清淨若水火風空識界清淨若一切智
智清淨无二无二分无別无斷故善現淨戒
波羅蜜多清淨故无明清淨无明清淨故一
切智智清淨何以故若淨戒波羅蜜多清淨
若无明清淨若一切智智清淨无二无二分
无別无斷故淨戒波羅蜜多清淨故行識名
色六處觸受愛取有生老死愁歎苦憂惱清
淨行乃至老死愁歎苦憂惱清淨故一切智
智清淨何以故若淨戒波羅蜜多清淨若行
乃至老死愁歎苦憂惱清淨若一切智智
清淨无二无二分无別无斷故
善現淨戒波羅蜜多清淨故布施波羅蜜多
清淨布施波羅蜜多清淨故一切智智清淨
何以故若淨戒波羅蜜多清淨若布施波羅
蜜多清淨若一切智智清淨无二无二分无
別无斷故淨戒波羅[illegible]

BD13955號　大般若波羅蜜多經卷二〇七

（21-4）

淨无二无二分无別无斷故[illegible]
善現淨戒波羅蜜多清淨故布施波羅蜜多
清淨布施波羅蜜多清淨故一切智智清淨
何以故若淨戒波羅蜜多清淨若布施波羅
蜜多清淨若一切智智清淨无二无二分无
別无斷故淨戒波羅蜜多清淨故安忍精進
靜慮般若波羅蜜多清淨安忍乃至般若波
羅蜜多清淨故一切智智清淨何以故若淨
戒波羅蜜多清淨若安忍乃至般若波羅蜜
多清淨若一切智智清淨无二无二分无別
无斷故善現淨戒波羅蜜多清淨故內空清
淨內空清淨故一切智智清淨何以故若淨
戒波羅蜜多清淨若內空清淨若一切智智
清淨无二无二分无別无斷故淨戒波羅蜜
多清淨故外空內外空空空大空勝義空有
為空无為空畢竟空无際空散空无變異空
本性空自相空共相空一切法空不可得空
无性空自性空无性自性空清淨外空乃至
无性自性空清淨故一切智智清淨何以故
若淨戒波羅蜜多清淨若外空乃至无性自
性空清淨若一切智智清淨无二无二分无
別无斷故善現淨戒波羅蜜多清淨故真如
清淨真如清淨故一切智智清淨何以故若
淨戒波羅蜜多清淨若真如清淨若一切智
智清淨无二无二分无別无斷故淨戒波羅
蜜多清淨故法界法性不虛妄性不變異性
平等性離生性法定法住實際虛空界不思
議界清淨法界乃至不思議界清淨故一切

BD13955號　大般若波羅蜜多經卷二〇七

（21-5）

清淨真如清淨故一切智智清淨何以故若
淨戒波羅蜜多清淨若真如清淨若一切智
智清淨无二无二分无別无斷故淨戒波羅
蜜多清淨故法界法性不虛妄性不變異性
平等性離生性法定法住實際虛空界不思
議界清淨法界乃至不思議界清淨故一切
智智清淨何以故若淨戒波羅蜜多清淨若
法界乃至不思議界清淨若一切智智清淨
无二无二分无別无斷故善現淨戒波羅蜜
多清淨故苦聖諦清淨苦聖諦清淨故一切
智智清淨何以故若淨戒波羅蜜多清淨若
苦聖諦清淨若一切智智清淨无二无二分
无別无斷故淨戒波羅蜜多清淨故集滅道
聖諦清淨集滅道聖諦清淨故一切智智清
淨何以故若淨戒波羅蜜多清淨若集滅道
聖諦清淨若一切智智清淨无二无二分无
別无斷故善現淨戒波羅蜜多清淨故四靜
慮清淨四靜慮清淨故一切智智清淨何以
故若淨戒波羅蜜多清淨若四靜慮清淨若
一切智智清淨无二无二分无別无斷故淨
戒波羅蜜多清淨故四无量四无色定清淨
四无量四无色定清淨故一切智智清淨何
以故若淨戒波羅蜜多清淨若四无量四无
色定清淨若一切智智清淨无二无二分无
別无斷故善現淨戒波羅蜜多清淨故八
解脫清淨八解脫清淨故一切智智清淨何以
故若淨戒波羅蜜多清淨若八解脫清淨若
一切智智清淨无二无二分无別无斷故淨

BD13955 號　大般若波羅蜜多經卷二〇七　（21–6）

以故若淨戒波羅蜜多清淨若四无量四无
色定清淨若一切智智清淨无二无二分无
別无斷故善現淨戒波羅蜜多清淨故八
解脫清淨八解脫清淨故一切智智清淨何以
故若淨戒波羅蜜多清淨若八解脫清淨若
一切智智清淨无二无二分无別无斷故淨
戒波羅蜜多清淨故八勝處九次第定十遍
處清淨八勝處九次第定十遍處清淨故一
切智智清淨何以故若淨戒波羅蜜多清淨
若八勝處九次第定十遍處清淨若一切智
智清淨无二无二分无別无斷故善現淨戒
波羅蜜多清淨故四念住清淨四念住清淨
故一切智智清淨何以故若淨戒波羅蜜多
清淨若四念住清淨若一切智智清淨无二
无二分无別无斷故淨戒波羅蜜多清淨故
四正斷四神足五根五力七等覺支八聖道
支清淨四正斷乃至八聖道支清淨故一切
智智清淨何以故若淨戒波羅蜜多清淨若
四正斷乃至八聖道支清淨若一切智智清
淨无二无二分无別无斷故善現淨戒波羅
蜜多清淨故空解脫門清淨空解脫門清淨
故一切智智清淨何以故若淨戒波羅蜜多
清淨若空解脫門清淨若一切智智清淨无
二无二分无別无斷故淨戒波羅蜜多清淨
故无相无願解脫門清淨无相无願解脫門
清淨故一切智智清淨何以故若淨戒波羅
蜜多清淨若无相无願解脫門清淨若一切
智智清淨无二无二分无別无斷故善現淨

BD13955 號　大般若波羅蜜多經卷二〇七　（21–7）

二无二分无別无斷故淨戒波羅蜜多清淨
故无相无願解脫門清淨无相无願解脫門
清淨故一切智智清淨何以故若淨戒波羅
蜜多清淨若无相无願解脫門清淨若一切
智智清淨无二无二分无別无斷故善現淨
戒波羅蜜多清淨故菩薩十地清淨菩薩十
地清淨故一切智智清淨何以故若淨戒波
羅蜜多清淨若菩薩十地清淨若一切智智
清淨无二无二分无別无斷故
善現淨戒波羅蜜多清淨故五眼清淨五眼
清淨故一切智智清淨何以故若淨戒波羅
蜜多清淨若五眼清淨若一切智智清淨无
二无二分无別无斷故淨戒波羅蜜多清淨
故六神通清淨六神通清淨故一切智智清
淨何以故若淨戒波羅蜜多清淨若六神通
清淨若一切智智清淨无二无二分无別无
斷故善現淨戒波羅蜜多清淨故佛十力清
淨佛十力清淨故一切智智清淨何以故若
淨戒波羅蜜多清淨若佛十力清淨若一切
智智清淨无二无二分无別无斷故淨戒波
羅蜜多清淨故四无所畏四无礙解大慈大
悲大喜大捨十八佛不共法清淨四无所畏
乃至十八佛不共法清淨故一切智智清淨
何以故若淨戒波羅蜜多清淨若四无所畏
乃至十八佛不共法清淨若一切智智清淨
无二无二分无別无斷故善現淨戒波羅蜜
多清淨故无忘失法清淨无忘失法清淨故

BD13955號　大般若波羅蜜多經卷二〇七　（21–8）

何以故若淨戒波羅蜜多清淨若四无所畏
乃至十八佛不共法清淨若一切智智清淨
无二无二分无別无斷故善現淨戒波羅蜜
多清淨故无忘失法清淨无忘失法清淨故
一切智智清淨何以故若淨戒波羅蜜多清
淨若无忘失法清淨若一切智智清淨无二
无二分无別无斷故淨戒波羅蜜多清淨故
恒住捨性清淨恒住捨性清淨故一切智智
清淨何以故若淨戒波羅蜜多清淨若恒住
捨性清淨若一切智智清淨无二无二分无
別无斷故善現淨戒波羅蜜多清淨故一切
智清淨一切智清淨故一切智智清淨何以
故若淨戒波羅蜜多清淨若一切智清淨若
一切智智清淨无二无二分无別无斷故淨
戒波羅蜜多清淨故道相智一切相智清淨
道相智一切相智清淨故一切智智清淨何
以故若淨戒波羅蜜多清淨若道相智一切
相智清淨若一切智智清淨无二无二分无
別无斷故善現淨戒波羅蜜多清淨故一切
陁羅尼門清淨一切陁羅尼門清淨故一切
智智清淨何以故若淨戒波羅蜜多清淨
若一切陁羅尼門清淨若一切智智清淨无二
无二分无別无斷故淨戒波羅蜜多清淨故
一切三摩地門清淨一切三摩地門清淨故
一切智智清淨何以故若淨戒波羅蜜多清
淨若一切三摩地門清淨若一切智智清淨
无二无二分无別无斷故

BD13955號　大般若波羅蜜多經卷二〇七　（21–9）

无二分无别无斷故淨戒波羅蜜多清淨故
一切三摩地門清淨一切三摩地門清淨故
一切智智清淨何以故若淨戒波羅蜜多清
淨若一切三摩地門清淨若一切智智清淨
无二无二分无别无斷故
善現淨戒波羅蜜多清淨故預流果清淨預
流果清淨故一切智智清淨何以故若淨戒
波羅蜜多清淨若預流果清淨若一切智智
清淨无二无二分无别无斷故淨戒波羅蜜
多清淨故一來不還阿羅漢果清淨一來不
還阿羅漢果清淨故一切智智清淨何以故
若淨戒波羅蜜多清淨若一來不還阿羅漢
果清淨若一切智智清淨无二无二分无别
无斷故善現淨戒波羅蜜多清淨故獨覺菩
提清淨獨覺菩提清淨故一切智智清淨何
以故若淨戒波羅蜜多清淨若獨覺菩提清
淨若一切智智清淨无二无二分无别无斷
故善現淨戒波羅蜜多清淨故一切菩薩摩
訶薩行清淨一切菩薩摩訶薩行清淨故一
切智智清淨何以故若淨戒波羅蜜多清淨
若一切菩薩摩訶薩行清淨若一切智智清
淨无二无二分无别无斷故善現淨戒波羅蜜
多清淨故諸佛无上正等菩提清淨諸佛
无上正等菩提清淨故一切智智清淨何以
故若淨戒波羅蜜多清淨若諸佛无上正等
菩提清淨若一切智智清淨无二无二分无
别无斷故



无上正等菩提清淨故一切智智清淨何以
故若淨戒波羅蜜多清淨若諸佛无上正等
菩提清淨若一切智智清淨无二无二分无
别无斷故
復次善現布施波羅蜜多清淨故色清淨色
清淨故一切智智清淨何以故若布施波羅
蜜多清淨若色清淨若一切智智清淨无二
无二分无别无斷故布施波羅蜜多清淨故
受想行識清淨受想行識清淨故一切智智
清淨何以故若布施波羅蜜多清淨若受想
行識清淨若一切智智清淨无二无二分无
别无斷故善現布施波羅蜜多清淨故眼處
清淨眼處清淨故一切智智清淨何以故若
布施波羅蜜多清淨若眼處清淨若一切智
智清淨无二无二分无别无斷故布施波羅
蜜多清淨故耳鼻舌身意處清淨耳鼻舌身
意處清淨故一切智智清淨何以故若布施
波羅蜜多清淨若耳鼻舌身意處清淨若一
切智智清淨无二无二分无别无斷故善現
布施波羅蜜多清淨故色處清淨色處清淨
故一切智智清淨何以故若布施波羅蜜多
清淨若色處清淨若一切智智清淨无二无
二分无别无斷故布施波羅蜜多清淨故聲
香味觸法處清淨聲香味觸法處清淨故一
切智智清淨何以故若布施波羅蜜多清淨
若聲香味觸法處清淨若一切智智清淨无
二无二分无别无斷故善現布施波羅蜜多
清淨故眼界清淨眼界清淨故

香味觸法處清淨聲香味觸法處清淨故一
切智智清淨何以故若布施波羅蜜多清淨
若聲香味觸法處清淨若一切智智清淨无
二无二分无別无斷故善現布施波羅蜜多
清淨故眼界清淨眼界清淨故一切智智清
淨何以故若布施波羅蜜多清淨若眼界清
淨若一切智智清淨无二无二分无別无斷
故布施波羅蜜多清淨故色界眼識界及眼
觸眼觸為緣所生諸受清淨色界乃至眼觸
為緣所生諸受清淨故一切智智清淨何以
故若布施波羅蜜多清淨若色界乃至眼觸
為緣所生諸受清淨若一切智智清淨无二
无二分无別无斷故善現布施波羅蜜多清
淨故耳界清淨耳界清淨故一切智智清淨
何以故若布施波羅蜜多清淨若耳界清淨
若一切智智清淨无二无二分无別无斷故
布施波羅蜜多清淨故聲界耳識界及耳
觸耳觸為緣所生諸受清淨聲界乃至耳觸為
緣所生諸受清淨故一切智智清淨何以故
若布施波羅蜜多清淨若聲界乃至耳觸
為緣所生諸受清淨若一切智智清淨无二无
二分无別无斷故善現布施波羅蜜多清淨
故鼻界清淨鼻界清淨故一切智智清淨何
以故若布施波羅蜜多清淨若鼻界清淨若
一切智智清淨无二无二分无別无斷故布
施波羅蜜多清淨故香界鼻識界及鼻觸
鼻觸為緣所生諸受清淨香界乃至鼻觸為緣

BD13955 號　大般若波羅蜜多經卷二〇七　（21–12）

故鼻界清淨鼻界清淨故一切智智清淨何
以故若布施波羅蜜多清淨若鼻界清淨若
一切智智清淨无二无二分无別无斷故布
施波羅蜜多清淨故香界鼻識界及鼻觸
鼻觸為緣所生諸受清淨香界乃至鼻觸為緣
所生諸受清淨故一切智智清淨何以故若
布施波羅蜜多清淨若香界乃至鼻觸為
緣所生諸受清淨若一切智智清淨无二无二
分无別无斷故善現布施波羅蜜多清淨故
舌界清淨舌界清淨故一切智智清淨何以
故若布施波羅蜜多清淨若舌界清淨若一
切智智清淨无二无二分无別无斷故布施
波羅蜜多清淨故味界舌識界及舌觸舌觸
為緣所生諸受清淨味界乃至舌觸為緣所
生諸受清淨故一切智智清淨何以故若布
施波羅蜜多清淨若味界乃至舌觸為緣所
生諸受清淨若一切智智清淨无二无二分
无別无斷故善現布施波羅蜜多清淨故身
界清淨身界清淨故一切智智清淨何以故
若布施波羅蜜多清淨若身界清淨若一切
智智清淨无二无二分无別无斷故布施波
羅蜜多清淨故觸界身識界及身觸身觸為
緣所生諸受清淨觸界乃至身觸為緣所生
諸受清淨故一切智智清淨何以故若布施
波羅蜜多清淨若觸界乃至身觸為緣所生
諸受清淨若一切智智清淨无二无二分无別
无斷故善現布施波羅蜜多清淨故意界

BD13955 號　大般若波羅蜜多經卷二〇七　（21–13）

緣所生諸受清淨觸界乃至身觸為緣所生
諸受清淨故一切智智清淨何以故若布施
波羅蜜多清淨若觸界乃至身觸為緣所生
諸受清淨若一切智智清淨无二无二分无別
无斷故善現布施波羅蜜多清淨故意界
清淨意界清淨故一切智智清淨何以故若
布施波羅蜜多清淨若意界清淨若一切智
智清淨无二无二分无別无斷故布施波羅
蜜多清淨故法界意識界及意觸意觸為緣
所生諸受清淨法界乃至意觸為緣所生諸
受清淨故一切智智清淨何以故若布施波
羅蜜多清淨若法界乃至意觸為緣所生諸
受清淨若一切智智清淨无二无二分无別
无斷故善現布施波羅蜜多清淨故地界清
淨地界清淨故一切智智清淨何以故若布
施波羅蜜多清淨若地界清淨若一切智智
清淨无二无二分无別无斷故布施波羅蜜
多清淨故水火風空識界清淨水火風空識
界清淨故一切智智清淨何以故若布施波
羅蜜多清淨若水火風空識界清淨若一切
智智清淨无二无二分无別无斷故善現布
施波羅蜜多清淨故无明清淨无明清淨故
一切智智清淨何以故若布施波羅蜜多清
淨若无明清淨若一切智智清淨无二无二
分无別无斷故布施波羅蜜多清淨故行識
名色六處觸受愛取有生老死愁歎苦憂惱
清淨行乃至老死愁歎苦憂惱清淨故一切
智智清淨何以故若布施波羅蜜多清淨若

BD13955 號　大般若波羅蜜多經卷二〇七　（21–14）

淨若无明清淨若一切智智清淨无二无二
分无別无斷故布施波羅蜜多清淨故行識
名色六處觸受愛取有生老死愁歎苦憂惱
清淨行乃至老死愁歎苦憂惱清淨故一切
智智清淨何以故若布施波羅蜜多清淨若
行乃至老死愁歎苦憂惱清淨若一切智智
清淨无二无二分无別无斷故
善現布施波羅蜜多清淨故淨戒波羅蜜
多清淨淨戒波羅蜜多清淨故一切智智清淨
何以故若布施波羅蜜多清淨若淨戒波羅
蜜多清淨若一切智智清淨无二无二分无別
无斷故布施波羅蜜多清淨故安忍精進靜
慮般若波羅蜜多清淨安忍乃至般若波羅
蜜多清淨故一切智智清淨何以故若布施
波羅蜜多清淨若安忍乃至般若波羅蜜多
清淨若一切智智清淨无二无二分无別无
斷故善現布施波羅蜜多清淨故內空清淨
內空清淨故一切智智清淨何以故若布施
波羅蜜多清淨若內空清淨若一切智智清
淨无二无二分无別无斷故布施波羅蜜多
清淨故外空內外空空空大空勝義空有為
空无為空畢竟空无際空散空无變異空本
性空自相空共相空一切法空不可得空无
性空自性空无性自性空清淨外空乃至无
性自性空清淨故一切智智清淨何以故若
布施波羅蜜多清淨若外空乃至无性自性
空清淨若一切智智清淨无二无二分无別
无斷故善現布施波羅蜜多清淨故真如清

BD13955 號　大般若波羅蜜多經卷二〇七　（21–15）

性空自相空共相空一切法空不可得空无
性空自性空无性自性空清淨外空乃至无
性自性空清淨故一切智智清淨何以故若
布施波羅蜜多清淨若外空乃至无性自性
空清淨若一切智智清淨无二无二分无別
无斷故善現布施波羅蜜多清淨故真如清
淨真如清淨故一切智智清淨何以故若布
施波羅蜜多清淨若真如清淨若一切智智
清淨无二无二分无別无斷故布施波羅蜜
多清淨故法界法性不虛妄性不變異性平
等性離生性法定法住實際虛空界不思議
界清淨法界乃至不思議界清淨故一切智
智清淨何以故若布施波羅蜜多清淨若法
界乃至不思議界清淨若一切智智清淨无
二无二分无別无斷故善現布施波羅蜜多
清淨故苦聖諦清淨苦聖諦清淨故一切智
智清淨何以故若布施波羅蜜多清淨若苦
聖諦清淨若一切智智清淨无二无二分无
別无斷故布施波羅蜜多清淨故集滅道聖
諦清淨集滅道聖諦清淨故一切智智清淨
何以故若布施波羅蜜多清淨若集滅道聖
諦清淨若一切智智清淨无二无二分无別
无斷故善現布施波羅蜜多清淨故四靜慮
清淨四靜慮清淨故一切智智清淨何以故
若布施波羅蜜多清淨若四靜慮清淨若一
切智智清淨无二无二分无別无斷故布施
波羅蜜多清淨故四无量四无色定清淨四
无量四无色定清淨故一切智智清淨何以

BD13955號　大般若波羅蜜多經卷二〇七　（21–16）

清淨四靜慮清淨故一切智智清淨何以故
若布施波羅蜜多清淨若四靜慮清淨若一
切智智清淨无二无二分无別无斷故布施
波羅蜜多清淨故四无量四无色定清淨四
无量四无色定清淨故一切智智清淨何以
故若布施波羅蜜多清淨若四无量四无色
定清淨若一切智智清淨无二无二分无別
无斷故善現布施波羅蜜多清淨故八解脫
清淨八解脫清淨故一切智智清淨何以故
若布施波羅蜜多清淨若八解脫清淨若一
切智智清淨无二无二分无別无斷故布施
波羅蜜多清淨故八勝處九次第定十遍處
清淨八勝處九次第定十遍處清淨故一切
智智清淨何以故若布施波羅蜜多清淨若
八勝處九次第定十遍處清淨若一切智智
清淨无二无二分无別无斷故善現布施波
羅蜜多清淨故四念住清淨四念住清淨故
一切智智清淨何以故若布施波羅蜜多清
淨若四念住清淨若一切智智清淨无二无
二分无別无斷故布施波羅蜜多清淨故四
正斷四神足五根五力七等覺支八聖道支
清淨四正斷乃至八聖道支清淨故一切智
智清淨何以故若布施波羅蜜多清淨若四
正斷乃至八聖道支清淨若一切智智清淨
无二无二分无別无斷故善現布施波羅蜜
多清淨故空解脫門清淨空解脫門清淨故
一切智智清淨何以故若布施波羅蜜多清
淨若空解脫門清淨若一切智智清淨无二

BD13955號　大般若波羅蜜多經卷二〇七　（21–17）

正斷乃至八聖道支清淨若一切智智清淨
无二无二分无別无斷故善現布施波羅蜜
多清淨故空解脫門清淨空解脫門清淨故
一切智智清淨何以故若布施波羅蜜多清
淨若空解脫門清淨若一切智智清淨无二
无二分无別无斷故布施波羅蜜多清淨故
无相无願解脫門清淨无相无願解脫門清
淨故一切智智清淨何以故若布施波羅蜜
多清淨若无相无願解脫門清淨若一切智
智清淨无二无二分无別无斷故善現布施
波羅蜜多清淨故菩薩十地清淨菩薩十地
清淨故一切智智清淨何以故若布施波羅
蜜多清淨若菩薩十地清淨若一切智智清
淨无二无二分无別无斷故
善現布施波羅蜜多清淨故五眼清淨五眼
清淨故一切智智清淨何以故若布施波羅
蜜多清淨若五眼清淨若一切智智清淨无
二无二分无別无斷故布施波羅蜜多清淨
故六神通清淨六神通清淨故一切智智清
淨何以故若布施波羅蜜多清淨若六神通
清淨若一切智智清淨无二无二分无別无
斷故善現布施波羅蜜多清淨故佛十力清
淨佛十力清淨故一切智智清淨何以故若
布施波羅蜜多清淨若佛十力清淨若一切
智智清淨无二无二分无別无斷故布施波
羅蜜多清淨故四无所畏四无礙解大慈大
悲大喜大捨十八佛不共法清淨四无所畏
乃至十八佛不共法清淨故一切智智清淨

BD13955號　大般若波羅蜜多經卷二〇七　（21–18）

淨佛十力清淨故一切智智清淨何以故若
布施波羅蜜多清淨若佛十力清淨若一切
智智清淨无二无二分无別无斷故布施波
羅蜜多清淨故四无所畏四无礙解大慈大
悲大喜大捨十八佛不共法清淨四无所畏
乃至十八佛不共法清淨故一切智智清淨
何以故若布施波羅蜜多清淨若四无所畏
乃至十八佛不共法清淨若一切智智清淨
无二无二分无別无斷故善現布施波羅蜜
多清淨故无忘失法清淨无忘失法清淨故
一切智智清淨何以故若布施波羅蜜多清
淨若无忘失法清淨若一切智智清淨无二
无二分无別无斷故布施波羅蜜多清淨故
恒住捨性清淨恒住捨性清淨故一切智智
清淨何以故若布施波羅蜜多清淨若恒住
捨性清淨若一切智智清淨无二无二分无
別无斷故善現布施波羅蜜多清淨故一切
智清淨一切智清淨故一切智智清淨何以
故若布施波羅蜜多清淨若一切智清淨若
一切智智清淨无二无二分无別无斷故布
施波羅蜜多清淨故道相智一切相智清淨
道相智一切相智清淨故一切智智清淨何
以故若布施波羅蜜多清淨若道相智一切
相智清淨若一切智智清淨无二无二分无
別无斷故善現布施波羅蜜多清淨故一切
陀羅尼門清淨一切陀羅尼門清淨故一切
智智清淨何以故若布施波羅蜜多清淨若
一切陀羅尼門清淨若一切智智清淨无二无

BD13955號　大般若波羅蜜多經卷二〇七　（21–19）

別无斷故善現布施波羅蜜多清淨故一切
陁羅尼門清淨一切陁羅尼門清淨故一切
智智清淨何以故若布施波羅蜜多清淨若
一切陁羅尼門清淨若一切智智清淨无二无
二分无別无斷故布施波羅蜜多清淨故
一切三摩地門清淨一切三摩地門清淨故
一切智智清淨何以故若布施波羅蜜多清
淨若一切三摩地門清淨若一切智智清淨
无二无二分无別无斷故
善現布施波羅蜜多清淨故預流果清淨預
流果清淨故一切智智清淨何以故若布施
波羅蜜多清淨若預流果清淨若一切智智
清淨无二无二分无別无斷故布施波羅蜜
多清淨故一來不還阿羅漢果清淨一來不
還阿羅漢果清淨故一切智智清淨何以故
若布施波羅蜜多清淨若一來不還阿羅漢
果清淨若一切智智清淨无二无二分无別无
斷故善現布施波羅蜜多清淨故獨覺菩
提清淨獨覺菩提清淨故一切智智清淨何
以故若布施波羅蜜多清淨若獨覺菩提清
淨若一切智智清淨无二无二分无別无斷
故善現布施波羅蜜多清淨故一切菩薩摩
訶薩行清淨一切菩薩摩訶薩行清淨故一
切智智清淨何以故若布施波羅蜜多清淨
若一切菩薩摩訶薩行清淨若一切智智清
淨无二无二分无別无斷故善現布施波羅

BD13955號　大般若波羅蜜多經卷二〇七　（21–20）

斷故善現布施波羅蜜多清淨故獨覺菩
提清淨獨覺菩提清淨故一切智智清淨何
以故若布施波羅蜜多清淨若獨覺菩提清
淨若一切智智清淨无二无二分无別无斷
故善現布施波羅蜜多清淨故一切菩薩摩
訶薩行清淨一切菩薩摩訶薩行清淨故一
切智智清淨何以故若布施波羅蜜多清淨
若一切菩薩摩訶薩行清淨若一切智智清
淨无二无二分无別无斷故善現布施波羅
蜜多清淨故諸佛无上正等菩提清淨諸佛
无上正等菩提清淨故一切智智清淨何以
故若布施波羅蜜多清淨若諸佛无上正等
菩提清淨若一切智智清淨无二无二分无別
无斷故

大般若波羅蜜多經卷第二百七

BD13955號　大般若波羅蜜多經卷二〇七　（21–21）

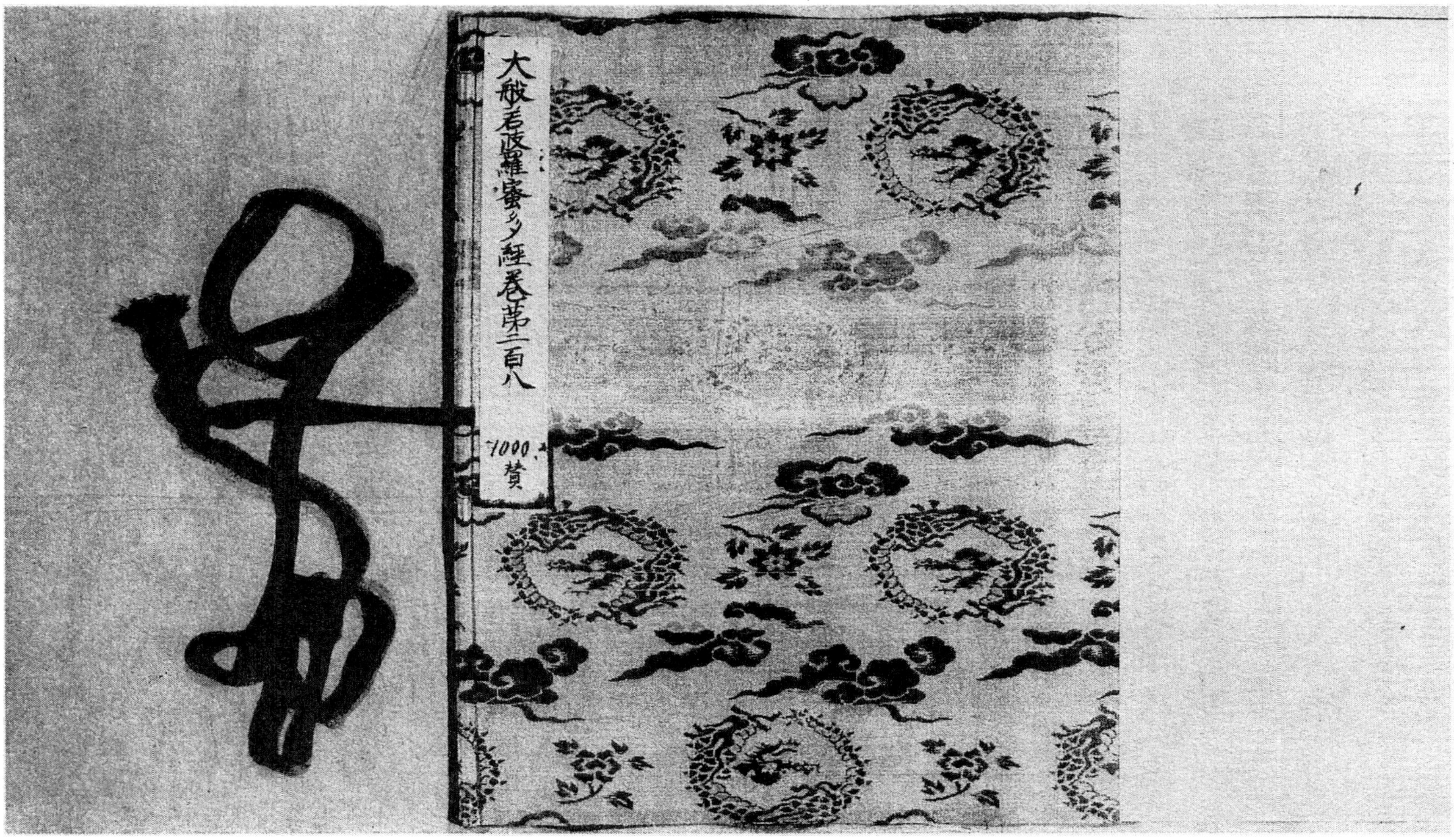


BD13956 號背　現代護首　　（1–1）

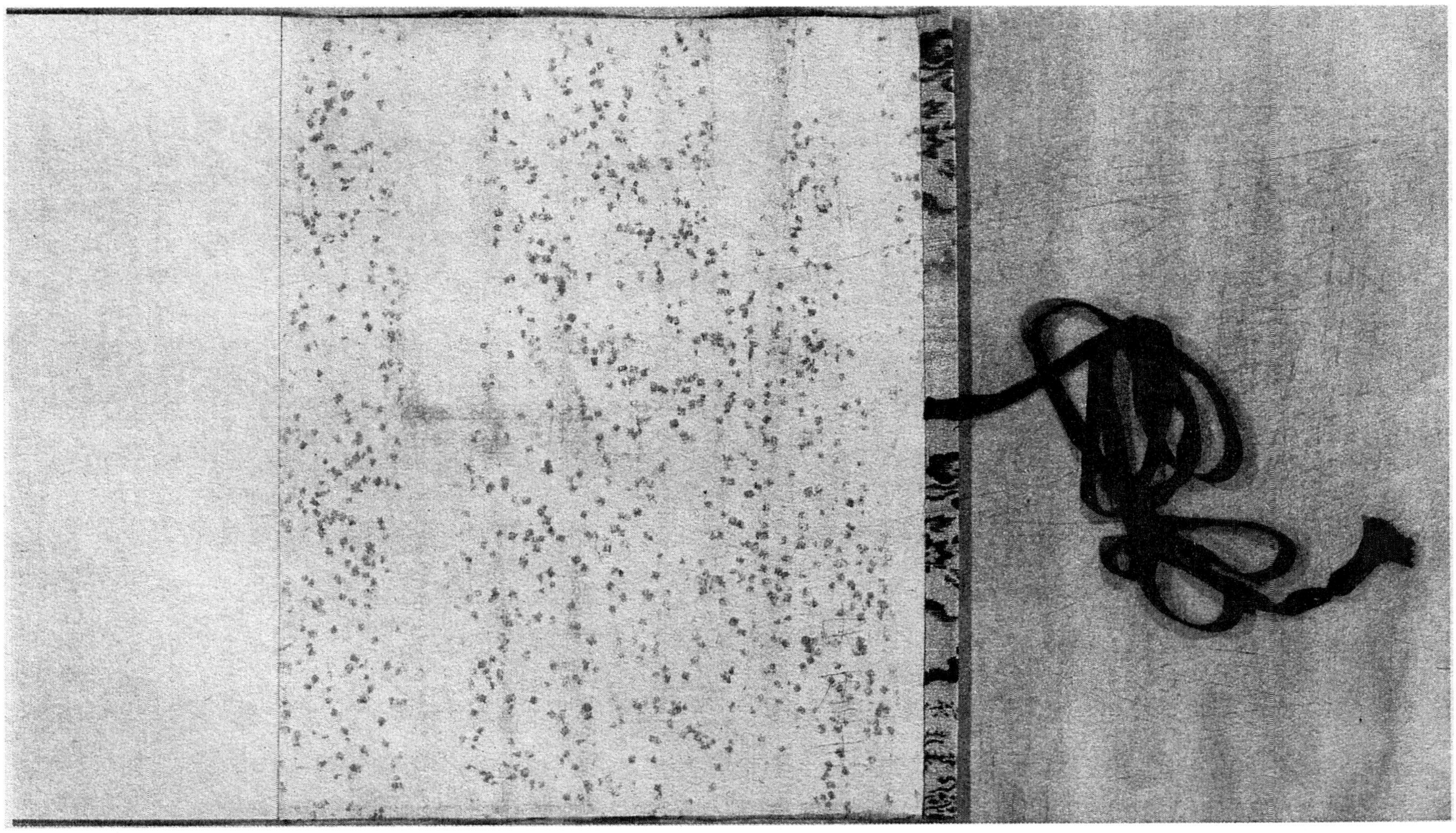

BD13956 號　大般若波羅蜜多經卷二〇八　　（23–1）

何以故若内空清淨耳界清淨若一切智
智清淨無二無二分別無斷故内空清淨
故聲界耳識界及耳觸耳觸爲緣所生諸受
清淨聲界乃至耳觸爲緣所生諸受清淨故
一切智智清淨何以故若内空清淨若聲界
乃至耳觸爲緣所生諸受清淨若一切智智
清淨無二無二分無別無斷故善現内空清
淨故鼻界清淨鼻界清淨故一切智智清淨何
以故若内空清淨若鼻界清淨若一切智智
清淨無二無二分無別無斷故内空清淨故
香界鼻識界及鼻觸鼻觸爲緣所生諸受清
淨香界乃至鼻觸爲緣所生諸受清淨故一
切智智清淨何以故若内空清淨若香界乃
至鼻觸爲緣所生諸受清淨若一切智智清
淨無二無二分無別無斷故善現内空清淨

BD13956 號　大般若波羅蜜多經卷二〇八　（23–2）

香界鼻識界及鼻觸鼻觸爲緣所生諸受清
淨香界乃至鼻觸爲緣所生諸受清淨故一
切智智清淨何以故若内空清淨若香界乃
至鼻觸爲緣所生諸受清淨若一切智智清
淨無二無二分無別無斷故善現内空清淨
故舌界清淨舌界清淨故一切智智清淨何
以故若内空清淨若舌界清淨若一切智智
清淨無二無二分無別無斷故内空清淨故
味界舌識界及舌觸舌觸爲緣所生諸受清
淨味界乃至舌觸爲緣所生諸受清淨故一
切智智清淨何以故若内空清淨若味界乃
至舌觸爲緣所生諸受清淨若一切智智清
淨無二無二分無別無斷故善現内空清淨
故身界清淨身界清淨故一切智智清淨何
以故若内空清淨若身界清淨若一切智智
清淨無二無二分無別無斷故内空清淨故
觸界身識界及身觸身觸爲緣所生諸受清
淨觸界乃至身觸爲緣所生諸受清淨故一
切智智清淨何以故若内空清淨若觸界乃
至身觸爲緣所生諸受清淨若一切智智清
淨無二無二分無別無斷故善現内空清淨
故意界清淨意界清淨故一切智智清淨何
以故若内空清淨若意界清淨若一切智智
清淨無二無二分無別無斷故内空清淨故
法界意識界及意觸意觸爲緣所生諸受清
淨法界乃至意觸爲緣所生諸受清淨故一

BD13956 號　大般若波羅蜜多經卷二〇八　（23–3）

淨無二無二分無別無斷故善現內空清淨
故意界清淨意界清淨故一切智智清淨何
以故若內空清淨若意界清淨若一切智智
清淨無二無二分無別無斷故內空清淨故
法界意識界及意觸意觸為緣所生諸受清
淨法界乃至意觸為緣所生諸受清淨故一
切智智清淨何以故若內空清淨若法界乃
至意觸為緣所生諸受清淨若一切智智清淨
無二無二分無別無斷故善現內空清淨
故地界清淨地界清淨故一切智智清淨何
以故若內空清淨若地界清淨若一切智智
清淨無二無二分無別無斷故內空清淨故
水火風空識界清淨水火風空識界清淨故
一切智智清淨何以故若內空清淨若水火
風空識界清淨若一切智智清淨無二無二
分無別無斷故善現內空清淨故無明清淨
無明清淨故一切智智清淨何以故若內空
清淨若無明清淨若一切智智清淨無二無
二分無別無斷故內空清淨故行識名色六處
觸受愛取有生老死愁歎苦憂惱清淨行乃
至老死愁歎苦憂惱清淨故一切智智清淨
何以故若內空清淨若行乃至老死愁歎苦
憂惱清淨若一切智智清淨無二無二分無
別無斷故
善現內空清淨故布施波羅蜜多清淨布施
波羅蜜多清淨故一切智智清淨何以故若

BD13956號　大般若波羅蜜多經卷二〇八　（23-4）

何以故若內空清淨若行乃至老死愁歎苦
憂惱清淨若一切智智清淨無二無二分無
別無斷故
善現內空清淨故布施波羅蜜多清淨布施
波羅蜜多清淨故一切智智清淨何以故若
內空清淨若布施波羅蜜多清淨若一切智
智清淨無二無二分無別無斷故內空清淨
故淨戒安忍精進靜慮般若波羅蜜多清淨
淨戒乃至般若波羅蜜多清淨故一切智智
清淨何以故若內空清淨若淨戒乃至般若
波羅蜜多清淨若一切智智清淨無二無二
分無別無斷故善現內空清淨故外空清淨
外空清淨故一切智智清淨何以故若內空
清淨若外空清淨若一切智智清淨無二無
二分無別無斷故內空清淨故內外空空空
大空勝義空有為空無為空畢竟空無際空
散空無變異空本性空自相空共相空一切
法空不可得空無性空自性空無性自性空
清淨內外空乃至無性自性空清淨故一切
智智清淨何以故若內空清淨若內外空乃
至無性自性空清淨若一切智智清淨無二
無二分無別無斷故善現內空清淨故真如
清淨真如清淨故一切智智清淨何以故若
內空清淨若真如清淨若一切智智清淨無
二無二分無別無斷故內空清淨故法界法
性不虛妄性不變異性平等性離生性法定

BD13956號　大般若波羅蜜多經卷二〇八　（23-5）

至無性自性空清淨若一切智智清淨無二
無二分無別無斷故善現內空清淨故真如
清淨真如清淨故一切智智清淨何以故若
內空清淨若真如清淨若一切智智清淨無
二無二分無別無斷故內空清淨故法界法
性不虛妄性不變異性平等性離生性法定
法住實際虛空界不思議界清淨法界乃至
不思議界清淨故一切智智清淨何以故若
內空清淨若法界乃至不思議界清淨若一
切智智清淨無二無二分無別無斷故善現
內空清淨故苦聖諦清淨苦聖諦清淨故一
切智智清淨何以故若內空清淨若苦聖諦
清淨若一切智智清淨無二無二分無別無
斷故內空清淨故集滅道聖諦清淨集滅道
聖諦清淨故一切智智清淨何以故若內空
清淨若集滅道聖諦清淨若一切智智清淨
無二無二分無別無斷故善現內空清淨故
四靜慮清淨四靜慮清淨故一切智智清淨
何以故若內空清淨若四靜慮清淨若一切智
智清淨無二無二分無別無斷故內空清淨
故四無量四無色定清淨四無量四無色定
清淨故一切智智清淨何以故若內空清淨
若四無量四無色定清淨若一切智智清淨
無二無二分無別無斷故善現內空清淨故
八解脫清淨八解脫清淨故一切智智清淨
何以故若內空清淨若八解脫清淨若一切

BD13956號　大般若波羅蜜多經卷二〇八

(23-6)

清淨故一切智智清淨何以故若內空清淨
若四無量四無色定清淨若一切智智清淨
無二無二分無別無斷故善現內空清淨故
八解脫清淨八解脫清淨故一切智智清淨
何以故若內空清淨若八解脫清淨若一切
智智清淨無二無二分無別無斷故內空清
淨故八勝處九次第定十遍處清淨八勝處
九次第定十遍處清淨故一切智智清淨何
以故若內空清淨若八勝處九次第定十遍
處清淨若一切智智清淨無二無二分無別
無斷故善現內空清淨故四念住清淨四念
住清淨故一切智智清淨何以故若內空清
淨若四念住清淨若一切智智清淨無二無
二分無別無斷故內空清淨故四正斷四神
足五根五力七等覺支八聖道支清淨四正
斷乃至八聖道支清淨故一切智智清淨何
以故若內空清淨若四正斷乃至八聖道支
清淨若一切智智清淨無二無二分無別無
斷故善現內空清淨故空解脫門清淨空解
脫門清淨故一切智智清淨何以故若內空
清淨若空解脫門清淨若一切智智清淨
無二無二分無別無斷故內空清淨故無相無
願解脫門清淨無相無願解脫門清淨故一
切智智清淨何以故若內空清淨若無相無
願解脫門清淨若一切智智清淨無二無二
分無別無斷故善現內空清淨故菩薩十地

BD13956號　大般若波羅蜜多經卷二〇八

(23-7)

無二無二分無別無斷故內空清淨故無相無
願解脫門清淨無相無願解脫門清淨故一
切智智清淨何以故若內空清淨若無相無
願解脫門清淨若一切智智清淨無二無二
分無別無斷故善現內空清淨故菩薩十地
清淨菩薩十地清淨故一切智智清淨何以
故若內空清淨若菩薩十地清淨若一切智
智清淨無二無二分無別無斷故
善現內空清淨故五眼清淨五眼清淨故一
切智智清淨何以故若內空清淨若五眼清
淨若一切智智清淨無二無二分無別無斷
故內空清淨故六神通清淨六神通清淨故
一切智智清淨何以故若內空清淨若六神
通清淨若一切智智清淨無二無二分無別
無斷故善現內空清淨故佛十力清淨佛
十力清淨故一切智智清淨何以故若內空
清淨若佛十力清淨若一切智智清淨無二
無二分無別無斷故內空清淨故四無所畏
四無礙解大慈大悲大喜大捨十八佛不共法
清淨四無所畏乃至十八佛不共法清淨故
一切智智清淨何以故若內空清淨若四
無所畏乃至十八佛不共法清淨若一切智智
清淨無二無二分無別無斷故善現內空清
淨故無忘失法清淨無忘失法清淨故一切
智智清淨何以故若內空清淨若無忘失法
清淨若一切智智清淨無二無二分無別無

BD13956號　大般若波羅蜜多經卷二〇八　（23–8）

無所畏乃至十八佛不共法清淨若一切智智
清淨無二無二分無別無斷故善現內空清
淨故無忘失法清淨無忘失法清淨故一切
智智清淨何以故若內空清淨若無忘失法
清淨若一切智智清淨無二無二分無別無
斷故內空清淨故恒住捨性清淨恒住捨
性清淨故一切智智清淨何以故若內空清淨
若恒住捨性清淨若一切智智清淨無二無
二分無別無斷故善現內空清淨故一切智
清淨一切智清淨故一切智智清淨何以故
若內空清淨若一切智清淨若一切智智清
淨無二無二分無別無斷故內空清淨故道
相智一切相智清淨道相智一切相智清淨
故一切智智清淨何以故若內空清淨若道
相智一切相智清淨若一切智智清淨無二
無二分無別無斷故善現內空清淨故一切
陁羅尼門清淨一切陁羅尼門清淨故一切
智智清淨何以故若內空清淨若一切陁羅
尼門清淨若一切智智清淨無二無二分無
別無斷故內空清淨故一切三摩地門清淨
一切三摩地門清淨故一切智智清淨何以
故若內空清淨若一切三摩地門清淨若一
切智智清淨無二無二分無別無斷故
善現內空清淨故預流果清淨預流果清淨
故一切智智清淨何以故若內空清淨若預
流果清淨若一切智智清淨無二無二分無

BD13956號　大般若波羅蜜多經卷二〇八　（23–9）

故若內空清淨若一切三摩地門清淨若一
切智智清淨無二無二分無別無斷故
善現內空清淨故預流果清淨預流果清淨
故一切智智清淨何以故若內空清淨若預
流果清淨若一切智智清淨無二無二分無
別無斷故內空清淨故一來不還阿羅漢果
清淨一來不還阿羅漢果清淨故一切智智
清淨何以故若內空清淨若一來不還阿羅
漢果清淨若一切智智清淨無二無二分無
別無斷故善現內空清淨故獨覺菩提清淨
獨覺菩提清淨故一切智智清淨何以故若
內空清淨若獨覺菩提清淨若一切智智清
淨無二無二分無別無斷故善現內空清淨
故一切菩薩摩訶薩行清淨一切菩薩摩訶
薩行清淨故一切智智清淨何以故若內空
清淨若一切菩薩摩訶薩行清淨若一切智
智清淨無二無二分無別無斷故善現內空
清淨故諸佛無上正等菩提清淨諸佛無上
正等菩提清淨故一切智智清淨何以故若
內空清淨若諸佛無上正等菩提清淨若一
切智智清淨無二無二分無別無斷故
復次善現外空清淨故色清淨色清淨故一
切智智清淨何以故若外空清淨若色清淨
若一切智智清淨無二無二分無別無斷故
外空清淨故受想行識清淨受想行識清淨
故一切智智清淨何以故若外空清淨若受



復次善現外空清淨故色清淨色清淨故一
切智智清淨何以故若外空清淨若色清淨
若一切智智清淨無二無二分無別無斷故
外空清淨故受想行識清淨受想行識清淨
故一切智智清淨何以故若外空清淨若受
想行識清淨若一切智智清淨無二無二分
無別無斷故善現外空清淨故眼處清淨眼
處清淨故一切智智清淨何以故若外空清
淨若眼處清淨若一切智智清淨無二無二
分無別無斷故外空清淨故耳鼻舌身意處
清淨耳鼻舌身意處清淨故一切智智清淨
何以故若外空清淨若耳鼻舌身意處清淨
若一切智智清淨無二無二分無別無斷故
善現外空清淨故色處清淨色處清淨故一
切智智清淨何以故若外空清淨若色處清
淨若一切智智清淨無二無二分無別無斷
故外空清淨故聲香味觸法處清淨聲
香味觸法處清淨故一切智智清淨何以故若
外空清淨若聲香味觸法處清淨若一切智智
清淨無二無二分無別無斷故善現外空清
淨故眼界清淨眼界清淨故一切智智清淨
何以故若外空清淨若眼界清淨若一切智
智清淨無二無二分無別無斷故外空清淨
故色界眼識界及眼觸眼觸為緣所生諸受
清淨色界乃至眼觸為緣所生諸受清淨故
一切智智清淨何以故若外空清淨若色界

何以故若外空清淨若眼界清淨若一切智
智清淨無二無二分無別無斷故外空清淨
故色界眼識界及眼觸眼觸爲緣所生諸受
清淨色界乃至眼觸爲緣所生諸受清淨故
一切智智清淨何以故若外空清淨若色界
乃至眼觸爲緣所生諸受清淨若一切智智
清淨無二無二分無別無斷故善現外空清
淨故耳界清淨耳界清淨故一切智智清淨
何以故若外空清淨若耳界清淨若一切智
智清淨無二無二分無別無斷故外空清淨故
聲界耳識界及耳觸耳觸爲緣所生諸受
清淨聲界乃至耳觸爲緣所生諸受清淨故
一切智智清淨何以故若外空清淨若聲界
乃至耳觸爲緣所生諸受清淨若一切智智
清淨無二無二分無別無斷故善現外空清
淨故鼻界清淨鼻界清淨故一切智智清淨
何以故若外空清淨若鼻界清淨若一切智
智清淨無二無二分無別無斷故外空清淨
故香界鼻識界及鼻觸鼻觸爲緣所生諸
受清淨香界乃至鼻觸爲緣所生諸受清淨
故一切智智清淨何以故若外空清淨若香界
乃至鼻觸爲緣所生諸受清淨若一切智智
清淨無二無二分無別無斷故
善現外空清淨故舌界清淨舌界清淨故一
切智智清淨何以故若外空清淨若舌界清
淨若一切智智清淨無二無二分無別無斷

BD13956號　大般若波羅蜜多經卷二〇八　（23–12）

乃至鼻觸爲緣所生諸受清淨若一切智智
清淨無二無二分無別無斷故
善現外空清淨故舌界清淨舌界清淨故一
切智智清淨何以故若外空清淨若舌界清
淨若一切智智清淨無二無二分無別無斷
故外空清淨故味界舌識界及舌觸舌觸爲
緣所生諸受清淨味界乃至舌觸爲緣所生
諸受清淨故一切智智清淨何以故若外空
清淨若味界乃至舌觸爲緣所生諸受清
淨若一切智智清淨無二無二分無別無斷故
善現外空清淨故身界清淨身界清淨故
一切智智清淨何以故若外空清淨若身界清
淨若一切智智清淨無二無二分無別無斷
故外空清淨故觸界身識界及身觸身觸爲
緣所生諸受清淨觸界乃至身觸爲緣所生
諸受清淨故一切智智清淨何以故若外空
清淨若觸界乃至身觸爲緣所生諸受清淨
若一切智智清淨無二無二分無別無斷故
善現外空清淨故意界清淨意界清淨故一
切智智清淨何以故若外空清淨若意界清
淨若一切智智清淨無二無二分無別無斷故
外空清淨故法界意識界及意觸意觸爲
緣所生諸受清淨法界乃至意觸爲緣所生
諸受清淨故一切智智清淨何以故若外空
清淨若法界乃至意觸爲緣所生諸受清淨
若一切智智清淨無二無二分無別無斷故

BD13956號　大般若波羅蜜多經卷二〇八　（23–13）

外空清淨故法界意識界及意觸意觸為
緣所生諸受清淨法界乃至意觸為緣所生
諸受清淨故一切智智清淨何以故若外空
清淨若法界乃至意觸為緣所生諸受清淨
若一切智智清淨無二無二分無別無斷故
善現外空清淨故地界清淨地界清淨故一
切智智清淨何以故若外空清淨若地界清
淨若一切智智清淨無二無二分無別無斷
故外空清淨故水火風空識界清淨水火風
空識界清淨故一切智智清淨何以故若外
空清淨若水火風空識界清淨若一切智智
清淨無二無二分無別無斷故善現外空清
淨故無明清淨無明清淨故一切智智清淨
何以故若外空清淨若無明清淨若一切智
智清淨無二無二分無別無斷故外空清淨
故行識名色六處觸受愛取有生老死愁歎
苦憂惱清淨行乃至老死愁歎苦憂惱清
淨故一切智智清淨何以故若外空清淨若行
乃至老死愁歎苦憂惱清淨若一切智智清
淨無二無二分無別無斷故
善現外空清淨故布施波羅蜜多清淨布施
波羅蜜多清淨故一切智智清淨何以故若
外空清淨若布施波羅蜜多清淨若一切智
智清淨無二無二分無別無斷故外空清淨
故淨戒安忍精進靜慮般若波羅蜜多清淨
淨戒乃至般若波羅蜜多清淨故一切智智



外空清淨若布施波羅蜜多清淨若一切智
智清淨無二無二分無別無斷故外空清淨
故淨戒安忍精進靜慮般若波羅蜜多清淨
淨戒乃至般若波羅蜜多清淨故一切智智
清淨何以故若外空清淨若淨戒乃至般若
波羅蜜多清淨若一切智智清淨無二無二
分無別無斷故善現外空清淨故內空清淨
內空清淨故一切智智清淨何以故若外空
清淨若內空清淨若一切智智清淨無二無
二分無別無斷故外空清淨故內外空空空
大空勝義空有為空無為空畢竟空無際空
散空無變異空本性空自相空共相空一切
法空不可得空無性空自性空無性自性空
清淨內外空乃至無性自性空清淨故一切
智智清淨何以故若外空清淨若內外空乃
至無性自性空清淨若一切智智清淨無二
無二分無別無斷故善現外空清淨故真如
清淨真如清淨故一切智智清淨何以故若
外空清淨若真如清淨若一切智智清淨無
二無二分無別無斷故外空清淨故法界法
性不虛妄性不變異性平等性離生性法定
法住實際虛空界不思議界清淨法界乃至
不思議界清淨故一切智智清淨何以故若
外空清淨若法界乃至不思議界清淨若一
切智智清淨無二無二分無別無斷故善現
外空清淨故苦聖諦清淨苦聖諦清淨故一

不思議界清淨故一切智智清淨何以故若
外空清淨若法界乃至不思議界清淨若一
切智智清淨無二無二分無別無斷故善現
外空清淨故苦聖諦清淨苦聖諦清淨故一
切智智清淨何以故若外空清淨若苦聖諦
清淨若一切智智清淨無二無二分無別無斷
故外空清淨故集滅道聖諦清淨集滅道
聖諦清淨故一切智智清淨何以故若外空
清淨若集滅道聖諦清淨若一切智智清淨
無二無二分無別無斷故善現外空清淨故
四靜慮清淨四靜慮清淨故一切智智清淨
何以故若外空清淨若四靜慮清淨若一切
智智清淨無二無二分無別無斷故外空清
淨故四無量四無色定清淨四無量四無色
定清淨故一切智智清淨何以故若外空清
淨若四無量四無色定清淨若一切智智清
淨無二無二分無別無斷故善現外空清淨
故八解脫清淨八解脫清淨故一切智智清
淨何以故若外空清淨若八解脫清淨若一
切智智清淨無二無二分無別無斷故外空
清淨故八勝處九次第定十遍處清淨八勝
處九次第定十遍處清淨故一切智智清淨
何以故若外空清淨若八勝處九次第定十
遍處清淨若一切智智清淨無二無二分無
別無斷故善現外空清淨故四念住清淨四
念住清淨故一切智智清淨何以故若外空

BD13956號　大般若波羅蜜多經卷二〇八　（23–16）

清淨故八勝處九次第定十遍處清淨八勝
處九次第定十遍處清淨故一切智智清淨
何以故若外空清淨若八勝處九次第定十
遍處清淨若一切智智清淨無二無二分無
別無斷故善現外空清淨故四念住清淨四
念住清淨故一切智智清淨何以故若外空
清淨若四念住清淨若一切智智清淨無二
無二分無別無斷故外空清淨故四正斷四
神足五根五力七等覺支八聖道支清淨四
正斷乃至八聖道支清淨故一切智智清淨
何以故若外空清淨若四正斷乃至八聖道
支清淨若一切智智清淨無二無二分無別
無斷故善現外空清淨故空解脫門清淨空
解脫門清淨故一切智智清淨何以故若外
空清淨若空解脫門清淨若一切智智清淨
無二無二分無別無斷故外空清淨故無相
無願解脫門清淨無相無願解脫門清淨故
一切智智清淨何以故若外空清淨若無相無
願解脫門清淨若一切智智清淨無二無
二分無別無斷故善現外空清淨故菩薩十
地清淨菩薩十地清淨故一切智智清淨何
以故若外空清淨若菩薩十地清淨若一切
智智清淨無二無二分無別無斷故
善現外空清淨故五眼清淨五眼清淨故一
切智智清淨何以故若外空清淨若五眼清
淨若一切智智清淨無二無二分無別無斷

BD13956號　大般若波羅蜜多經卷二〇八　（23–17）

智智清淨無二無二分無別無斷故
善現外空清淨故五眼清淨五眼清淨故一
切智智清淨何以故若外空清淨若五眼清
淨若一切智智清淨無二無二分無別無斷
故外空清淨故六神通清淨六神通清淨故
一切智智清淨何以故若外空清淨若六神
通清淨若一切智智清淨無二無二分無別
無斷故善現外空清淨故佛十力清淨佛十
力清淨故一切智智清淨何以故若外空清
淨若佛十力清淨若一切智智清淨無二無
二分無別無斷故外空清淨故四無所畏四
無礙解大慈大悲大喜大捨十八佛不共法
清淨四無所畏乃至十八佛不共法清淨故
一切智智清淨何以故若外空清淨若四無
所畏乃至十八佛不共法清淨若一切智智清
淨無二無二分無別無斷故善現外空清
淨故無忘失法清淨無忘失法清淨故一切
智智清淨何以故若外空清淨若無忘失法
清淨若一切智智清淨無二無二分無別無
斷故外空清淨故恒住捨性清淨恒住捨性
清淨故一切智智清淨何以故若外空清淨
若恒住捨性清淨若一切智智清淨無二無
二分無別無斷故善現外空清淨故一切智
清淨一切智清淨故一切智智清淨何以故
若外空清淨若一切智清淨若一切智智清
淨無二無二分無別無斷故外空清淨故道



若恒住捨性清淨若一切智智清淨無二無
二分無別無斷故善現外空清淨故一切智
清淨一切智清淨故一切智智清淨何以故
若外空清淨若一切智清淨若一切智智清
淨無二無二分無別無斷故外空清淨故道
相智一切相智清淨道相智一切相智清
淨故一切智智清淨何以故若外空清淨若
道相智一切相智清淨若一切智智清淨無
二無二分無別無斷故善現外空清淨故一
切陁羅尼門清淨一切陁羅尼門清淨故一
切智智清淨何以故若外空清淨若一切陁羅
尼門清淨若一切智智清淨無二無二分無
別無斷故外空清淨故一切三摩地門清淨
一切三摩地門清淨故一切智智清淨何以
故若外空清淨若一切三摩地門清淨若一
切智智清淨無二無二分無別無斷故
善現外空清淨故預流果清淨預流果清淨
故一切智智清淨何以故若外空清淨若預
流果清淨若一切智智清淨無二無二分無
別無斷故外空清淨故一來不還阿羅漢果
清淨一來不還阿羅漢果清淨故一切智智
清淨何以故若外空清淨若一來不還阿羅
漢果清淨若一切智智清淨無二無二分無
別無斷故善現外空清淨故獨覺菩提清淨
獨覺菩提清淨故一切智智清淨何以故
若外空清淨若獨覺菩提清淨若一切智

清淨何以故若外空清淨若一來不還阿羅
漢果清淨若一切智智清淨無二無二分無
別無斷故善現外空清淨故獨覺菩提清淨
獨覺菩提清淨故一切智智清淨何以故
若外空清淨若獨覺菩提清淨若一切智
智清淨無二無二分無別無斷故善現外
空清淨故一切菩薩摩訶薩行清淨一切
菩薩摩訶薩行清淨故一切智智清淨何
以故若外空清淨若一切菩薩摩訶薩行
清淨若一切智智清淨無二無二分無別無
斷故善現外空清淨故諸佛無上正等菩
提清淨諸佛無上正等菩提清淨故一切
智智清淨何以故若外空清淨若諸佛無
上正等菩提清淨若一切智智清淨無二無
二分無別無斷故
復次善現內外空清淨故色清淨色清淨故
一切智智清淨何以故若內外空清淨若色
清淨若一切智智清淨無二無二分無別無
斷故內外空清淨故受想行識清淨受想行
識清淨故一切智智清淨何以故若內外空
清淨若受想行識清淨若一切智智清淨
無二無二分無別無斷故善現內外空清淨故
眼處清淨眼處清淨故一切智智清淨何以
故若內外空清淨若眼處清淨若一切智智
清淨無二無二分無別無斷故內外空清淨
故耳鼻舌身意處清淨耳鼻舌身意處清

BD13956 號　大般若波羅蜜多經卷二〇八　（23-20）

無二無二分無別無斷故善現內外空清淨故
眼處清淨眼處清淨故一切智智清淨何以
故若內外空清淨若眼處清淨若一切智智
清淨無二無二分無別無斷故內外空清淨
故耳鼻舌身意處清淨耳鼻舌身意處清
淨故一切智智清淨何以故若內外空清淨若
耳鼻舌身意處清淨若一切智智清淨無二
無二分無別無斷故善現內外空清淨故色
處清淨色處清淨故一切智智清淨何以故
若內外空清淨若色處清淨若一切智智清
淨無二無二分無別無斷故內外空清淨故
聲香味觸法處清淨聲香味觸法處清淨
故一切智智清淨何以故若內外空清淨若聲
香味觸法處清淨若一切智智清淨無二無
二分無別無斷故善現內外空清淨故眼界
清淨眼界清淨故一切智智清淨何以故若
內外空清淨若眼界清淨若一切智智清淨
無二無二分無別無斷故內外空清淨故色
界眼識界及眼觸眼觸為緣所生諸受清淨
色界乃至眼觸為緣所生諸受清淨故一切
智智清淨何以故若內外空清淨若色界乃
至眼觸為緣所生諸受清淨若一切智智清
淨無二無二分無別無斷故善現內外空
清淨故耳界清淨耳界清淨故一切智智
清淨
何以故若內外空清淨若耳界清淨若一切
智智清淨無二無二分無別無斷故內外空

BD13956 號　大般若波羅蜜多經卷二〇八　（23-21）

無二無二分無別無斷故内外空清淨故色
界眼識界及眼觸眼觸為緣所生諸受清淨
色界乃至眼觸為緣所生諸受清淨故一切
智智清淨何以故若内外空清淨若色界乃
至眼觸為緣所生諸受清淨若一切智智清
淨無二無二分無別無斷故善現内外空
清淨故耳界清淨耳界清淨故一切智智
清淨
何以故若内外空清淨若耳界清淨若一切
智智清淨無二無二分無別無斷故内外空
清淨故聲界耳識界及耳觸耳觸為緣所生
諸受清淨聲界乃至耳觸為緣所生諸受清
淨故一切智智清淨何以故若内外空清淨
若聲界乃至耳觸為緣所生諸受清淨若一
切智智清淨無二無二分無別無斷故善現内
外空清淨故鼻界清淨鼻界清淨故一切智
智清淨何以故若内外空清淨若鼻界清淨
若一切智智清淨無二無二分無別無斷故内
外空清淨故鼻界清淨鼻界清淨故一切智
智清淨何以故若内外空清淨若鼻界清淨
若一切智智清淨無二無二分無別無斷 故
内外空清淨故香界鼻識界及鼻觸鼻觸
為緣所生諸受清淨香界乃至鼻觸為緣所生
諸受清淨故一切智智清淨何以故若内外
空清淨若香界乃至鼻觸為緣所生諸受清
淨若一切智智清淨無二無二分無別無斷

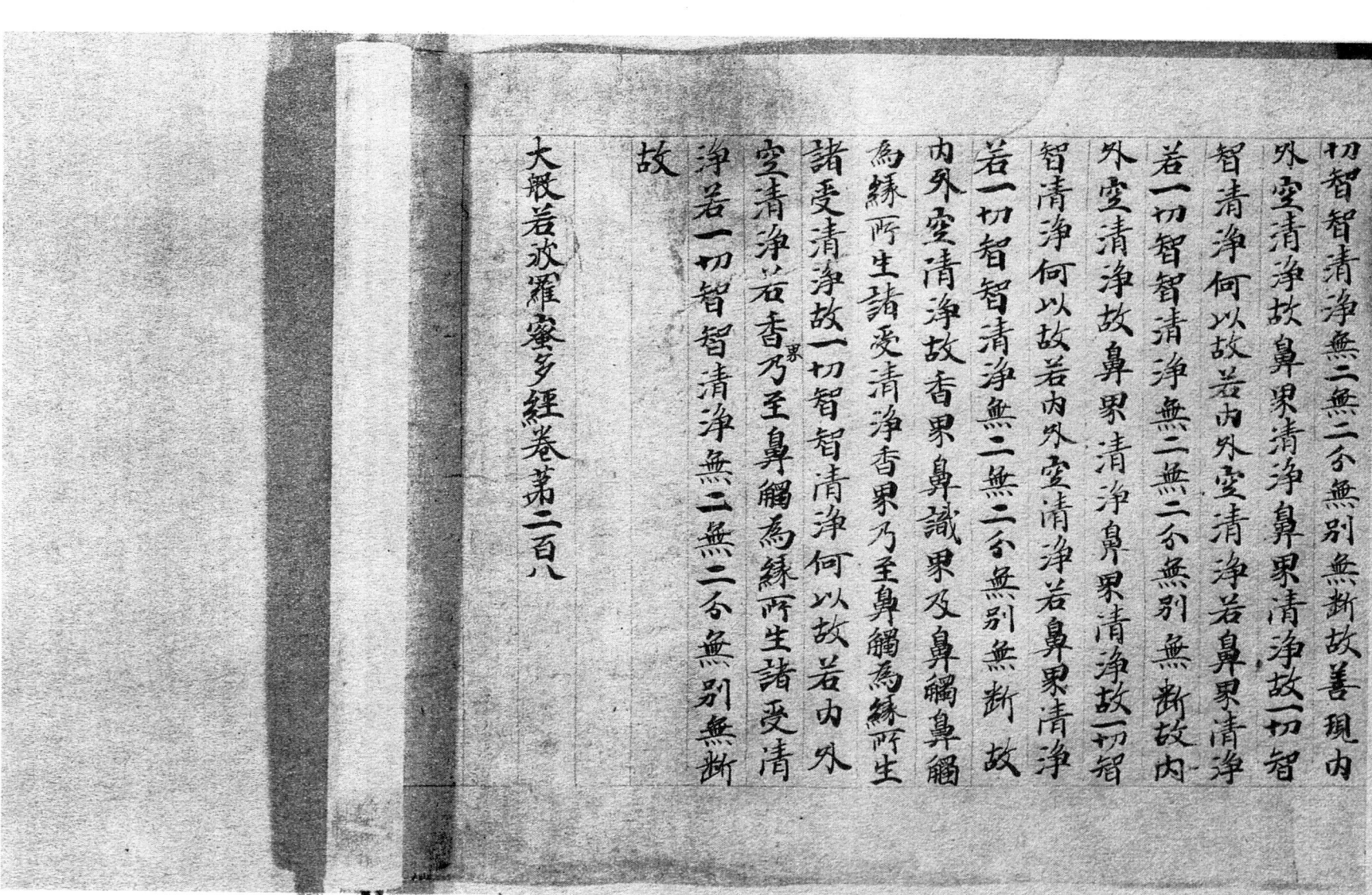

BD13956號　大般若波羅蜜多經卷二〇八

（23–22）

切智智清淨無二無二分無別無斷故善現内
外空清淨故鼻界清淨鼻界清淨故一切智
智清淨何以故若内外空清淨若鼻界清淨
若一切智智清淨無二無二分無別無斷故内
外空清淨故鼻界清淨鼻界清淨故一切智
智清淨何以故若内外空清淨若鼻界清淨
若一切智智清淨無二無二分無別無斷 故
内外空清淨故香界鼻識界及鼻觸鼻觸
為緣所生諸受清淨香界乃至鼻觸為緣所生
諸受清淨故一切智智清淨何以故若内外
空清淨若香界乃至鼻觸為緣所生諸受清
淨若一切智智清淨無二無二分無別無斷
故

大般若波羅蜜多經卷第二百八

BD13956號　大般若波羅蜜多經卷二〇八

（23–23）

BD13957 號背　現代護首　　（1–1）

BD13957 號　大般若波羅蜜多經卷二一三　　（23–1）

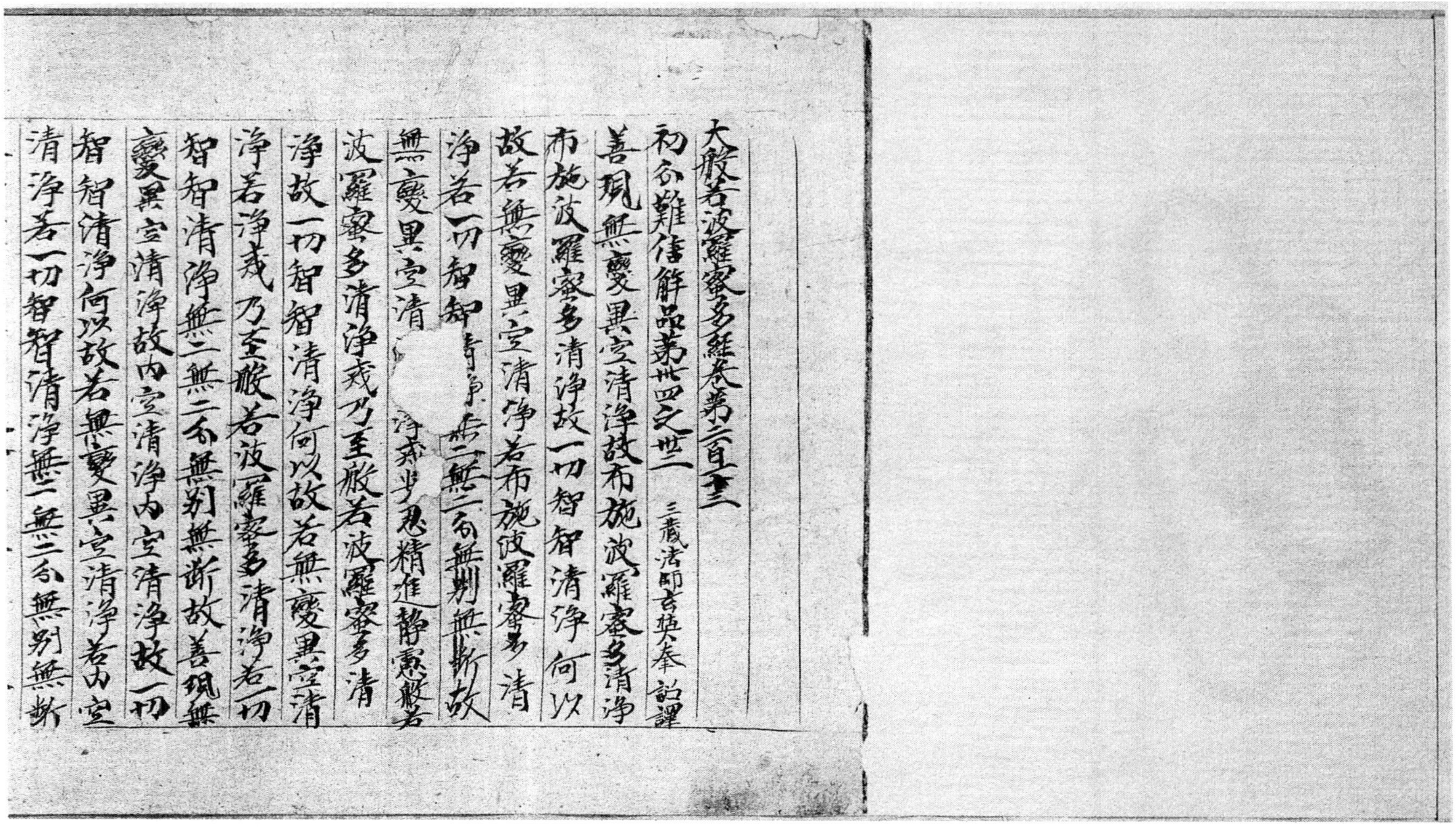
大般若波羅蜜多經卷第二百一十三
初分難信解品第卅四之卅二　三藏法師玄奘奉　詔譯
善現無變異空清淨故布施波羅蜜多清淨
布施波羅蜜多清淨故一切智智清淨何以
故若無變異空清淨若布施波羅蜜多清
淨若一切智智清淨無二無二分無別無斷故
無變異空清[illegible]淨戒安忍精進靜慮般若
波羅蜜多清淨淨戒乃至般若波羅蜜多清
淨故一切智智清淨何以故若無變異空清
淨若淨戒乃至般若波羅蜜多清淨若一切
智智清淨無二無二分無別無斷故善現無
變異空清淨故內空清淨內空清淨故一切
智智清淨何以故若無變異空清淨若內空
清淨若一切智智清淨無二無二分無別無斷

BD13957號　大般若波羅蜜多經卷二一三　（23–2）

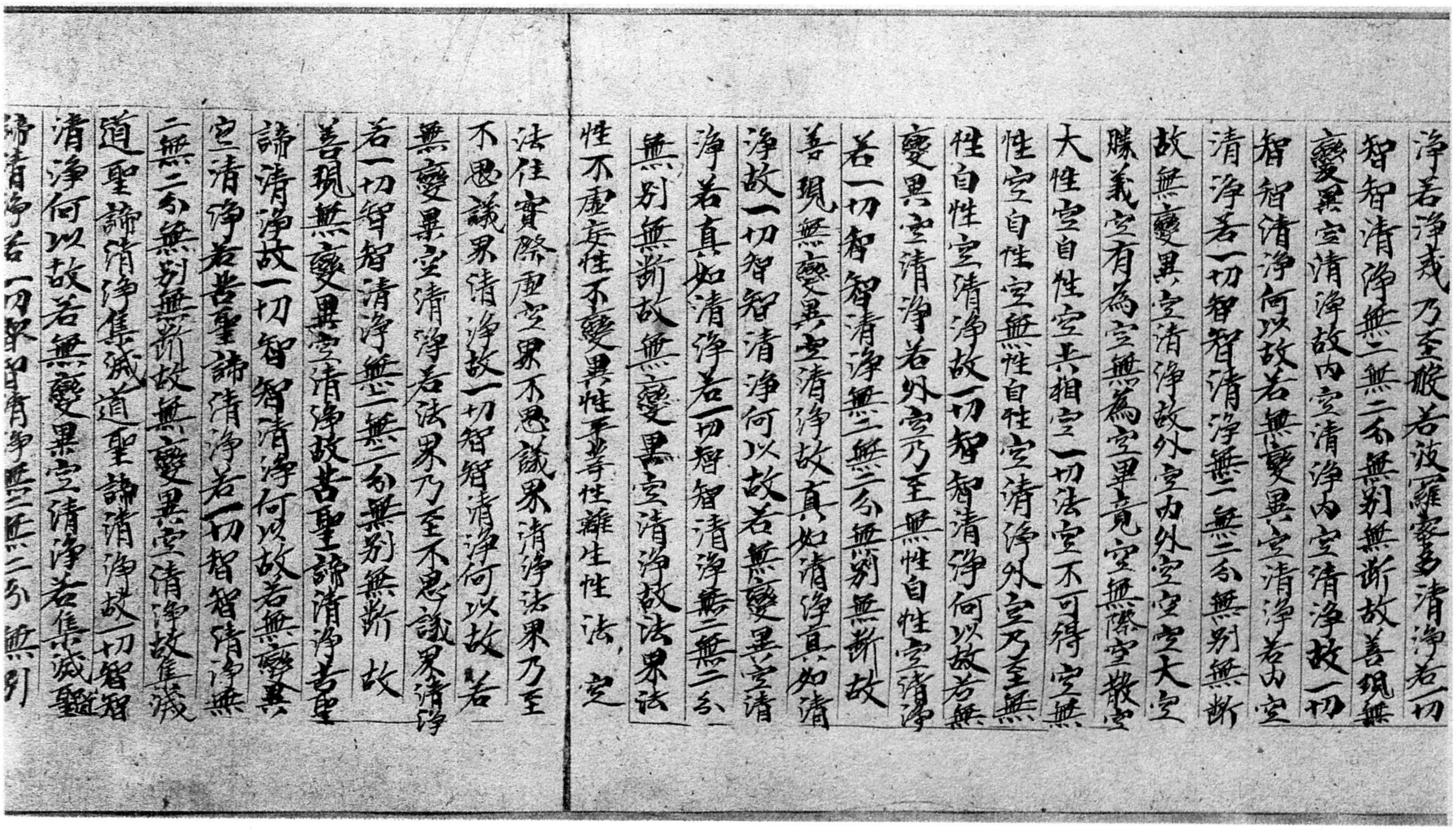
淨若淨戒乃至般若波羅蜜多清淨若一切
智智清淨無二無二分無別無斷故善現無
變異空清淨故內空清淨內空清淨故一切
智智清淨何以故若無變異空清淨若內空
清淨若一切智智清淨無二無二分無別無斷
故無變異空清淨故外空內外空空空大空
勝義空有為空無為空畢竟空無際空散空
大性空自性空共相空一切法空不可得空無
性空自性空無性自性空清淨外空乃至無
性自性空清淨故一切智智清淨何以故若無
變異空清淨若外空乃至無性自性空清淨
若一切智智清淨無二無二分無別無斷故
善現無變異空清淨故真如清淨真如清
淨故一切智智清淨何以故若無變異空清
淨若真如清淨若一切智智清淨無二無二分
無別無斷故無變異空清淨故法界法
性不虛妄性不變異性平等性離生性法定
法住實際虛空界不思議界清淨法界乃至
不思議界清淨故一切智智清淨何以故若
無變異空清淨若法界乃至不思議界清淨
若一切智智清淨無二無二分無別無斷故
善現無變異空清淨故苦聖諦清淨苦聖
諦清淨故一切智智清淨何以故若無變異
空清淨若苦聖諦清淨若一切智智清淨無
二無二分無別無斷故無變異空清淨故集滅
道聖諦清淨集滅道聖諦清淨故一切智智
清淨何以故若無變異空清淨若集滅道聖
諦清淨若一切智智清淨無二無二分無別

BD13957號　大般若波羅蜜多經卷二一三　（23–3）

空清淨若苦聖諦清淨若一切智智清淨無
二無二分無別無斷故無變異空清淨故集滅
道聖諦清淨集滅道聖諦清淨故一切智智
清淨何以故若無變異空清淨若集滅道聖
諦清淨若一切智智清淨無二無二分無別
無斷故善現無變異空清淨故四靜慮清
淨四靜慮清淨故一切智智清淨何以故若無
變異空清淨若四靜慮清淨若一切智智清
淨無二無二分無別無斷故無變異空清淨
故四無量四無色定清淨四無量四無色定清
淨故一切智智清淨何以故若無變異空清
淨若四無量四無色定清淨若一切智智清淨
無二無二分無別無斷故善現無變異空
清淨故八解脫清淨八解脫清淨故一切智
智清淨何以故若無變異空清淨若八解脫
清淨若一切智智清淨無二無二分無別
無斷故無變異空清淨故八勝處九次第定
十遍處清淨八勝處九次第定十遍處清淨
故一切智智清淨何以故若無變異空清淨若
八勝處九次第定十遍處清淨若一切智智
清淨無二無二分無別無斷故善現無變
異空清淨故四念住清淨四念住清淨故一
切智智清淨何以故若無變異空清淨若
念住清淨若一切智智清淨無二無二分無
別無斷故無變異空清淨故四正斷四神足五
根五力七等覺支八聖道支清淨四正斷
乃至八聖道支清淨故一切智智清淨何以



切智智清淨何以故若無變異空清淨若
念住清淨若一切智智清淨無二無二分無
別無斷故無變異空清淨故四正斷四神足五
根五力七等覺支八聖道支清淨四正斷
乃至八聖道支清淨故一切智智清淨何以
故若無變異空清淨若四正斷乃至八聖道
支清淨若一切智智清淨無二無二分無別
無斷故善現無變異空清淨故空解脫門清
淨空解脫門清淨故一切智智清淨何以故
若無變異空清淨若空解脫門清淨若一切
智智清淨無二無二分無別無斷故無變
異空清淨故無相無願解脫門清淨無相無願
解脫門清淨故一切智智清淨何以故若無變
異空清淨若無相無願解脫門清淨若一切
智智清淨無二無二分無別無斷故善現無
變異空清淨故菩薩十地清淨菩薩十地清
淨故一切智智清淨何以故若無變異空清
淨若菩薩十地清淨若一切智智清淨無二
無二分無別無斷故
善現無變異空清淨故五眼清淨五眼清淨
故一切智智清淨何以故若無變異空清
淨若五眼清淨若一切智智清淨無二無二
分無別無斷故無變異空清淨故六神通
淨六神通清淨故一切智智清淨何以故若無
變異空清淨若六神通清淨若一切智智
清淨無二無二分無別無斷故善現無變異
空清淨故佛十力清淨佛十力清淨故一切
智智清淨何以故若無變異空清淨若佛

淨六神通清淨故一切智智清淨何以故若無
變異空清淨若六神通清淨若一切智智
清淨無二無二分無別無斷故善現無變異
空清淨故佛十力清淨佛十力清淨故一切
智智清淨何以故若無變異空清淨若佛
十力清淨若一切智智清淨無二無二分無別
無斷故無變異空清淨故四無所畏四無礙
解大慈大悲大喜大捨十八佛不共法清淨
四無所畏乃至十八佛不共法清淨故一切
智智清淨何以故若無變異空清淨若四無
所畏乃至十八佛不共法清淨若一切智智清
淨無二無二分無別無斷故善現無變異空
清淨故無忘失法清淨無忘失法清淨故
一切智智清淨何以故若無變異空清淨若
無忘失法清淨若一切智智清淨無二無二
分無別無斷故無變異空清淨故恒住捨性
清淨恒住捨性清淨故一切智智清淨何以
故若無變異空清淨若恒住捨性清淨若
一切智智清淨無二無二分無別無斷故善現
無變異空清淨故一切智智清淨一切智智
清淨故一切智智清淨何以故若無變異空清淨
若一切智清淨若一切智智清淨無二無二分
無別無斷故無變異空清淨故道相智一
切相智清淨道相智一切相智清淨故一切智
智清淨何以故若無變異空清淨若道相
智一切相智清淨若一切智智清淨無二無二
分無別無斷故善現無變異空清淨故一切

BD13957號　大般若波羅蜜多經卷二一三　（23-6）

無別無斷故無變異空清淨故道相智一
切相智清淨道相智一切相智清淨故一切智
智清淨何以故若無變異空清淨若道相
智一切相智清淨若一切智智清淨無二無二
分無別無斷故善現無變異空清淨故一切
陀羅尼門清淨一切陀羅尼門清淨故一切
智智清淨何以故若無變異空清淨若一切
陀羅尼門清淨若一切智智清淨無二無二
分無別無斷故無變異空清淨故一切三摩
地門清淨一切三摩地門清淨故一切智智
清淨何以故若無變異空清淨若一切三摩
地門清淨若一切智智清淨無二無二分無別
無斷故
善現無變異空清淨故預流果清淨預流
果清淨故一切智智清淨何以故若無變異
空清淨若預流果清淨若一切智智清淨無二
無二分無別無斷故無變異空清淨故一來
不還阿羅漢果清淨一來不還阿羅漢果清
淨故一切智智清淨何以故若無變異空清淨
若一來不還阿羅漢果清淨若一切智智清
淨無二無二分無別無斷故善現無變異空
清淨故獨覺菩提清淨獨覺菩提清淨故
一切智智清淨何以故若無變異空清淨若獨
覺菩提清淨若一切智智清淨無二無二
分無別無斷故善現無變異空清淨故一
切菩薩摩訶薩行清淨一切菩薩摩訶薩行
清淨故一切智智清淨何以故若無變異空

BD13957號　大般若波羅蜜多經卷二一三　（23-7）

[illegible]清淨若獨
一切智智清淨何以故若無變異空清淨若獨
覺菩提清淨若一切智智清淨無二無二
分無別無斷故善現無變異空清淨故一
切菩薩摩訶薩行清淨一切菩薩摩訶薩行
清淨故一切智智清淨何以故若無變異空
清淨若一切菩薩摩訶薩行清淨若一切智
智清淨無二無二分無別無斷故善現無變
異空清淨故諸佛無上正等菩提清淨諸佛
無上正等菩提清淨故一切智智清淨何以
故若無變異空清淨若諸佛无上正等菩提
清淨若一切智智清淨無二無二分無別無
斷故
復次善現本性空清淨故色清淨色清淨故
一切智智清淨何以故若本性空清淨若色
清淨若一切智智清淨無二無二分無別無
斷故本性空清淨故受想行識清淨受想
行識清淨故一切智智清淨何以故若本性
空清淨若受想行識清淨若一切智智清淨
無二無二分無別無斷故善現本性空清淨
故眼處清淨眼處清淨故一切智智清淨何
以故若本性空清淨若眼處清淨若一切智
智清淨無二無二分無別無斷故本性空清
淨故耳鼻舌身意處清淨耳鼻舌身意處
清淨故一切智智清淨何以故若本性空清淨
若耳鼻舌身意處清淨若一切智智清淨無
二無二分無別無斷故善現本性空清淨故
色處清淨色處清淨故一切智智清淨



[illegible]無斷故本性空清
淨故耳鼻舌身意處清淨耳鼻舌身意處
清淨故一切智智清淨何以故若本性空清淨
若耳鼻舌身意處清淨若一切智智清淨無
二無二分無別無斷故善現本性空清淨故
色處清淨色處清淨故一切智智清淨
何以故若本性空清淨若色處清淨若一切
智智清淨無二無二分無別無斷故本性空清
淨故聲香味觸法處清淨聲香味觸法處
清淨故一切智智清淨何以故若本性空清
淨若聲香味觸法處清淨若一切智智清
淨無二無二分無別無斷故善現本性空清淨故
眼界清淨眼界清淨故一切智智清淨何以故
若本性空清淨若眼界清淨若一切智智清
淨無二無二分無別無斷故本性空清淨故
色界眼識界及眼觸眼觸為緣所生諸受
清淨色界乃至眼觸為緣所生諸受清淨故一切
智智清淨何以故若本性空清淨若色界乃
至眼觸為緣所生諸受清淨若一切智智
清淨無二無二分無別無斷故善現本性空
清淨故耳界清淨耳界清淨故一切智智清
淨何以故若本性空清淨若耳界清淨若一
切智智清淨無二無二分無別無斷故本性空
清淨故聲界耳識界及耳觸耳觸為緣所
生諸受清淨聲界乃至耳觸為緣所生諸
受清淨故一切智智清淨何以故若本性空清
清淨若聲界乃至耳觸為緣所生諸受清
淨若一切智智清淨無二無二分無別無斷

清淨故聲界耳識界及耳觸耳觸為緣所
生諸受清淨聲界乃至耳觸為緣所生諸
受清淨故一切智智清淨何以故若本性空清
清淨若聲界乃至耳觸為緣所生諸受清
淨若一切智智清淨無二無二分無別無斷
故善現本性空清淨故鼻界清淨鼻界清
淨故一切智智清淨何以故若本性空清淨若
鼻界清淨若一切智智清淨無二無二分無別無
斷故本性空清淨故香界鼻識界及鼻觸
鼻觸為緣所生諸受清淨香界乃至鼻觸
為緣所生諸受清淨故一切智智清淨何以故若
本性空清淨若香界乃至鼻觸為緣所生
諸受清淨若一切智智清淨無二無二分無別
無斷故善現本性空清淨故舌界清淨舌
界清淨故一切智智清淨何以故若本性空
清淨若舌界清淨若一切智智清淨無二無
二分無別無斷故本性空清淨故味界舌識
界及舌觸舌觸為緣所生諸受清淨味界乃
至舌觸為緣所生諸受清淨故一切智智清
淨何以故若本性空清淨若味界乃至舌觸
為緣所生諸受清淨若一切智智清淨無二無
二分無別無斷故善現本性空清淨故身界
清淨身界清淨故一切智智清淨何以故若本
性空清淨若身界清淨若一切智智清淨無
二無二分無別無斷故本性空清淨故觸
界身識界及身觸身觸為緣所生諸受清淨
觸界乃至身觸為緣所生諸受清淨故一切

BD13957 號　大般若波羅蜜多經卷二一三

（23–10）

性空清淨若身界清淨若一切智智清淨無
二無二分無別無斷故本性空清淨故觸
界身識界及身觸身觸為緣所生諸受清淨
觸界乃至身觸為緣所生諸受清淨故一切
智智清淨何以故若本性空清淨若觸界乃
至身觸為緣所生諸受清淨若一切智智清
淨無二無二分無別無斷故善現本性空清
淨故意界清淨意界清淨故一切智智清
淨何以故若本性空清淨若意界清淨若一
切智智清淨無二無二分無別無斷故本性
空清淨故法界意識界及意觸意觸為緣
所生諸受清淨法界乃至意觸為緣所生諸
受清淨故一切智智清淨何以故若本性空清
淨若法界乃至意觸為緣所生諸受清淨若
一切智智清淨無二無二分無別無斷故善
現本性空清淨故地界清淨地界清淨故一
切智智清淨何以故若本性空清淨若地界
清淨若一切智智清淨無二無二分無別無
斷故本性空清淨故水火風空識界清淨水
火風空識界清淨故一切智智清淨何以故若
本性空清淨若水火風空識界清淨若一切
智智清淨無二無二分無別無斷故善現本
性空清淨故無明清淨無明清淨故一切智
智清淨何以故若本性空清淨若無明清淨
若一切智智清淨無二無二分無別無斷故
本性空清淨故行識名色六處觸受愛取有
生老死愁歎苦憂惱清淨行乃至老死愁歎

BD13957 號　大般若波羅蜜多經卷二一三

（23–11）

性空清淨故無明清淨無明清淨故一切智
智清淨何以故若本性空清淨若無明清淨
若一切智智清淨無二無二分無別無斷故
本性空清淨故行識名色六處觸受愛取有
生老死愁歎苦憂惱清淨行乃至老死愁歎
苦憂惱清淨故一切智智清淨何以故若本
性空清淨若行乃至老死愁歎苦憂惱
清淨若一切智智淨靜無二無二分無別無斷
故善現本性空清淨故布施波羅蜜多清
淨布施波羅蜜多清淨故一切智智清淨何以
故若本性空清淨若布施波羅蜜多清淨若
一切智智清淨無二無二分無別無斷故本
性空清淨故淨戒安忍精進靜慮般若
波羅蜜多清淨淨戒乃至般若波羅蜜多
清淨故一切智智清淨何以故若本性空清淨若
淨戒乃至般若波羅蜜多清淨若一切智智清
淨無二無二分無別無斷故善現本性空清
淨故內空清淨內空清淨故一切智智清淨
何以故若本性空清淨若內空清淨若一切智
智清淨無二無二分無別無斷故本性空清
淨故外空內外空空空大空勝義空有為空
無為空畢竟空無際空散空無變異空自
相空共相空一切法空不可得空無性空自性空
無性自性空清淨外空乃至無性自性空清淨
故一切智智清淨何以故若本性空清淨
若外空乃至無性自性空清淨若一切智智
清淨無二無二分無別無斷故善現本性空
清淨故真如清淨真如清淨故一切智智清

BD13957 號　大般若波羅蜜多經卷二一三　（23–12）

無性自性空清淨外空乃至無性自性空清淨
故一切智智清淨何以故若本性空清淨
若外空乃至無性自性空清淨若一切智智
清淨無二無二分無別無斷故善現本性空
清淨故真如清淨真如清淨故一切智智清
淨何以故若本性空清淨若真如清淨若一
切智智清淨無二無二分無別無斷故本性
空清淨故法界法性不虛妄性不變異性平
等性離生性法定法住實際虛空界不思議
界清淨法界乃至不思議界清淨故一切智
智清淨何以故若本性空清淨若法界乃至
不思議界清淨若一切智智清淨無二無二
分無別無斷故善現本性空清淨故苦聖
諦清淨苦聖諦清淨故一切智智清淨何以
故若本性空清淨若苦聖諦清淨若一切智智
清淨無二無二分無別無斷故本性空清淨
故集滅道聖諦清淨集滅道聖諦清淨故
一切智智清淨何以故若本性空清淨若集
滅道聖諦清淨若一切智智清淨無二無二
分無別無斷故善現本性空清淨故四靜
慮清淨四靜慮清淨故一切智智清淨何以故
若本性空清淨若四靜慮清淨若一切智智
清淨無二無二分無別無斷故本性空清
淨故四無量四無色定清淨四無量四無色定
清淨故一切智智清淨何以故若本性空清
淨若四無量四無色定清淨若一切智智清
淨無二無二分無別無斷故善現本性空清

BD13957 號　大般若波羅蜜多經卷二一三　（23–13）

若本性空清淨若四靜慮清淨若一切智智
清淨無二無二分無別無斷故本性空清
淨故四無量四無色定清淨四無量四無色定
清淨故一切智智清淨何以故若本性空清
淨若四無量四無色定清淨若一切智智清
淨無二無二分無別無斷故善現本性空清
淨故八解脫清淨八解脫清淨故一切智智
清淨何以故若本性空清淨若八解脫清淨
若一切智智清淨無二無二分無別無斷故本
性空清淨故八勝處清淨第定十遍處清
淨八勝處九次第定十遍處清淨故一切智智
清淨何以故若本性空清淨若八勝處九次第
定十遍處清淨若一切智智清淨無二無二分
無別無斷故善現本性空清淨故四念住
清淨四念住清淨故一切智智清淨何以
故若本性空清淨若四念住清淨若一切
智智清淨無二無二分無別無斷故本性空
清淨故四正斷四神足五根五力七等覺支
八聖道支清淨四正斷乃至八聖道支清淨
故一切智智清淨何以故若本性空清淨
若四正斷乃至八聖道支清淨若一切智智清
淨無二無二分無別無斷故善現本性空清
淨故空解脫門清淨空解脫門清淨故一切
智智清淨何以故若本性空清淨若空解脫
門清淨若一切智智清淨無二無二分無別無
斷故本性空清淨故無相無願解脫門清淨
無相無願解脫門清淨故一切智智清淨何以
故若本性空清淨若無相無願解脫門清淨

BD13957 號　大般若波羅蜜多經卷二一三　（23–14）

智智清淨何以故若本性空清淨若空解脫
門清淨若一切智智清淨無二無二分無別無
斷故本性空清淨故無相無願解脫門清淨
無相無願解脫門清淨故一切智智清淨何以
故若本性空清淨若無相無願解脫門清淨
若一切智智清淨無二無二分無別無斷
故善現本性空清淨故菩薩十地清淨菩薩
十地清淨故一切智智清淨何以故若本性
空清淨若菩薩十地清淨若一切智智清淨
無二無二分無別無斷故
善現本性空清淨故五眼清淨五眼清淨故
一切智智清淨何以故若本性空清淨若五
眼清淨若一切智智清淨無二無二分無別
無斷故本性空清淨故六神通清淨六神
通清淨故一切智智清淨何以故若本性空清
淨若六神通清淨若一切智智清淨無二無
二分無別無斷故善現本性空清淨故佛十力
清淨佛十力清淨故一切智智清淨何以故
若本性空清淨若佛十力清淨若一切智智
清淨無二無二分無別無斷故本性空清淨
故四無所畏四無礙解大慈大悲大喜大捨十
八佛不共法清淨四無所畏乃至十八佛
不共法清淨故一切智智清淨何以故若本
性空清淨若四無所畏乃至十八佛不共法
清淨若一切智智清淨無二無二分無別無
斷故善現本性空清淨故無忘失法清淨
無忘失法清淨故一切智智清淨何以故若本

BD13957 號　大般若波羅蜜多經卷二一三　（23–15）

性空清淨若四無所畏乃至十八佛不共法
清淨若一切智智清淨無二無二分無別無
斷故善現本性空清淨故無妄失法清淨
無妄失法清淨故一切智智清淨何以故若本
性空清淨若無妄失法清淨若一切智智清
淨無二無二分無別無斷故本性空清淨故
性住捨性清淨恒住捨性清淨故一切智智
清淨何以故若本性空清淨若恒住捨性清
淨若一切智智清淨無二無二分無別無斷
故善現本性空清淨故一切智智清淨一切智
清淨故一切智智清淨何以故若本性空清
淨若一切智清淨若一切智智清淨無二無
二分無別無斷故本性空清淨故道相智一
切相智智清淨道相智清切相智清淨故一
切智智清淨何以故若本性空清淨若道相
智一切相智清淨若一切智智清淨無二無二
分無別無斷故善現本性空清淨故一切
陀羅尼門清淨一切陀羅尼門清淨故一切
智智清淨何以故若本性空清淨若一切陀
羅尼門清淨若一切智智清淨無二無二分
無別無斷故本性空清淨故一切三摩地門
清淨一切三摩地門清淨故一切智智清淨
何以故若本性空清淨若一切三摩地門
清淨若切智智清淨無二無二分無別無斷
故
善現本性空清淨故預流果清淨預流果
清淨故一切智智清淨何以故若本性空清淨

BD13957號　大般若波羅蜜多經卷二一三　（23–16）

何以故若本性空清淨若一切三摩地門
清淨若切智智清淨無二無二分無別無斷
故
善現本性空清淨故預流果清淨預流果
清淨故一切智智清淨何以故若本性空清淨
若預流果清淨若一切智智清淨無二無二
分無別無斷故本性空清淨故一來不還阿
羅漢果清淨一來不還阿羅漢果清淨故
一切智智清淨何以故若本性空清淨若一來
不還阿羅漢果清淨若一切智智清淨無
二無二分無別無斷故善現本性空清淨故
獨覺菩提清淨獨覺菩提清淨故一切智智
清淨何以故若本性空清淨若獨覺菩
提清淨若一切智智清淨無二無二分無別無斷
故善現本性空清淨故一切菩薩摩訶薩行
清淨一切菩薩摩訶薩行清淨故一切智智清
淨何以故若本性空清淨若一切菩薩摩
訶薩行清淨若一切智智清淨無二無二分無
別無斷故善現本清空清淨故諸佛無上
正等菩薩清淨諸佛無上正等菩提清淨
故一切智智清淨何以故若本性空清淨若
諸佛無上正等菩提清淨若一切智智清淨
無二無二分無別無斷故
復次善現自相空清淨故色清淨色清淨
故一切智智清淨何以故若自相空清淨若色
清淨若一切智智清淨無二無二分無別無
斷故自相空清淨故受想行識清淨受想
行識清淨故一切智智清淨何以故若自相空

BD13957號　大般若波羅蜜多經卷二一三　（23–17）

復次善現自相空清淨故色清淨色清淨
故一切智智清淨何以故若自相空清淨若色
清淨若一切智智清淨無二無二分無別無斷
斷故自相空清淨故受想行識清淨受想
行識清淨故一切智智清淨何以故若自相空
清淨若受想行諸清淨若一切智智清淨
無二無二分無別無斷故善現自相空清淨
故眼處清淨眼處清淨故一切智智清淨
何以故若自相空清淨若眼處清淨若一切智
智清淨無二無二分無別無斷故自相空清
淨故耳鼻舌身意處清淨耳鼻舌身意處
清淨故一切智智清淨何以故若自相空清淨
若耳鼻舌身意清淨若一切智智清淨無
二無二分無別無斷故善現自相空清淨故
色處清淨色處清淨故一切智智清淨何
以故若自相空清淨若色處清淨若一切智
智智清淨無二無二分無別無斷故自相空清
淨故聲香味觸法處清淨聲香味觸法
處清淨故一切智智清淨何以故若自相空清
淨若聲香味觸法處清淨若一切智智清淨
無二無二分無別無斷故善現自相空清淨
故眼界清淨眼界清淨故一切智智清淨
何以故若自相空清淨若眼界清淨若一切智
智清淨無二無二分無別無斷故自相空清
淨故色界眼識界及眼觸眼觸為緣所生
諸受清淨色界乃至眼觸為緣所生諸受清
淨故一切智智清淨何以故若自相空清淨若

BD13957號　大般若波羅蜜多經卷二一三　（23-18）

智清淨無二無二分無別無斷故自相空清
淨故色界眼識界及眼觸眼觸為緣所生
諸受清淨色界乃至眼觸為緣所生諸受清
淨故一切智智清淨何以故若自相空清淨若
色界乃至眼觸為緣所生諸受清淨若一切智
智清淨無二無二分無別無斷故善現自相空
清淨故耳界清淨耳界清淨故一切智智
清淨何以故若自相空清淨若耳界清淨
若一切智智清淨無二無二分無別無斷故
自相空清淨故聲界耳識界及耳觸耳觸
為緣所生諸受清淨聲界乃至耳觸為緣
所生諸受清淨故所一切智智清淨何以故若自
相空清淨若聲界乃至耳觸為緣所生諸受
清淨若一切智智清淨無二無二分無別無斷
故善現自相空清淨故鼻界清淨鼻界
清淨故一切智智清淨何以故若自相空清淨若
鼻界清淨若一切智智清淨無二無二分無別
無斷故自相空清淨故香界鼻識界及
鼻觸鼻觸為緣所生諸受清淨香界乃至
鼻觸為緣所生諸受清淨故一切智智清淨何
以故若自相空清淨若香界乃至鼻觸為緣
所生諸受清淨若一切智智清淨無二無二分無
別無斷故善現自相空清淨故舌界清淨舌
界清淨故一切智智清淨何以故若自相空
清淨若舌界清淨若一切智智清淨無二無二
分無別無斷故自相空清淨故味界舌識界
及舌觸舌觸為緣所生諸受清淨味界乃至
舌觸為緣所生諸受清淨故一切智智清淨何

BD13957號　大般若波羅蜜多經卷二一三　（23-19）

別無斷故善現自相空清淨故舌界清淨舌
界清淨故一切智智清淨何以故若自相空
清淨若舌界清淨若一切智智清淨無二無二
分無別無斷故自相空清淨故味界舌識界
及舌觸舌觸為緣所生諸受清淨味界及至
舌觸為緣所生諸受清淨故一切智智清淨何
以故若自相空清淨若味界乃至舌觸為緣
所生諸受清淨若一切智智清淨無二無二分
無別無斷故善現自相空清淨故身界清
淨身界清淨故一切智智清淨何以故若自
相空清淨若身界清淨若一切智智清淨無
二無二分無別無斷故自相空清淨故觸界
身識界及身觸身觸為緣所生諸受清淨
觸界乃至身觸為緣所生諸受清淨故一切智
智清淨何以故若自相空清淨若觸界乃至
身觸為緣所生諸受清淨若一切智智清淨
無二無二分無別無斷故善現自相空清淨
故意界清淨意界清淨故一切智智清淨
何以故若自相空清淨若意界清淨若一切
智智清淨無二無二分無別無斷故自相空
清淨故法界意識界及意觸意觸為緣所生
諸受清淨法界乃至意觸為緣所生諸受清
淨故一切智智清淨何以故若自相空清淨
若法界乃至意觸為緣所生諸受清淨若一
切智智清淨無二無二分無別無斷故善現
切智智清淨無二無二分無別無斷故善現

究究究究
究



若法界乃至意觸為緣所生諸受清淨若一
切智智清淨無二無二分無別無斷故善現
切智智清淨無二無二分無別無斷故善現

究究究
究

別無斷故善現自相空清淨故舌界清淨舌
界清淨故一切智智清淨何以故若自相空
清淨若舌界清淨若一切智智清淨無二無
二分無別無斷故自相空清淨故味界舌識界
及舌觸舌觸為緣所生諸受清淨味界乃至
舌觸為緣所生諸受清淨故一切智智清淨何
以故若自相空清淨若味界乃至舌觸為緣
所生諸受清淨若一切智智清淨無二無二
分無別無斷故善現自相空清淨故身界清
淨身界清淨故一切智智清淨何以故若自
相空清淨若身界清淨若一切智智清淨無
二無二分無別無斷故自相空清淨故觸界
身識界及身觸身觸為緣所生諸受清淨觸
界乃至身觸為緣所生諸受清淨故一切智
智清淨何以故若自相空清淨若觸界乃至
身觸為緣所生諸受清淨若一切智智清淨
無二無二分無別無斷故善現自相空清淨
故意界清淨意界清淨故一切智智清淨
何以故若自相空清淨若意界清淨若一切
智智清淨無二無二分無別無斷故自相空
清淨故法界意識界及意觸意觸為緣所
生諸清淨法界乃至意觸為緣所生諸受清
淨故一切智智清淨何以故若自相空清淨

何以故若自相空清淨若意界清淨若一切
智智清淨無二無二分無別無斷故自相空
清淨故法界意識界及意觸意觸為緣所
生諸受清淨法界乃至意觸為緣所生諸受清
淨故一切智智清淨何以故若自相空清淨
若法界乃至意觸為緣所生諸受清淨若一
切智智清淨無二無二分無別無斷故善現
自相空清淨故地界清淨地界清淨故一切
智智清淨何以故若自相空清淨若地界清
淨若一切智智清淨無二無二分無別無斷故
自相空清淨故水火風空識界清淨水火風
空識界清淨故一切智智清淨何以故若自
相空清淨若水火風空識界清淨若一切　智
智清淨無二無二分無別無斷故善現自相
空清淨故無明清淨無明清淨故一切智智
清淨何以故若自相空清淨若明清淨若
一切智智清淨無二無二分無別無斷故　自
相空清淨故行識名色六處觸受愛取有生
老死愁歎苦憂惱清淨行乃至老死愁歎
苦憂惱清淨故一切智智清淨何以故若自
相空清淨若行乃至老死愁歎苦憂惱清
淨若一切智智清淨無二無二分無別無斷故
善現自相清淨故布施波羅蜜多清淨布施
波羅蜜多清淨故一切智智清淨何以故若
自相空清淨若布施波羅蜜多清淨若一切
智智清淨無二無二分無別無斷故自相空
清淨故淨戒安忍精進靜慮般若波羅蜜

BD13957號　大般若波羅蜜多經卷二一三

（23–22）

波羅蜜多清淨故一切智智清淨何以故若
自相空清淨若布施波羅蜜多清淨若一切
智智清淨無二無二分無別無斷故自相空
清淨故淨戒安忍精進靜慮般若波羅蜜
多清淨淨戒乃至般若波羅蜜多清淨故一切
智智清淨何以故若自相空清淨若淨戒
乃至般若波羅蜜多清淨若一切智智清淨
無二無二分無別無斷故

大般若波羅蜜多經卷第二百一十三

BD13957號　大般若波羅蜜多經卷二一三

（23–23）

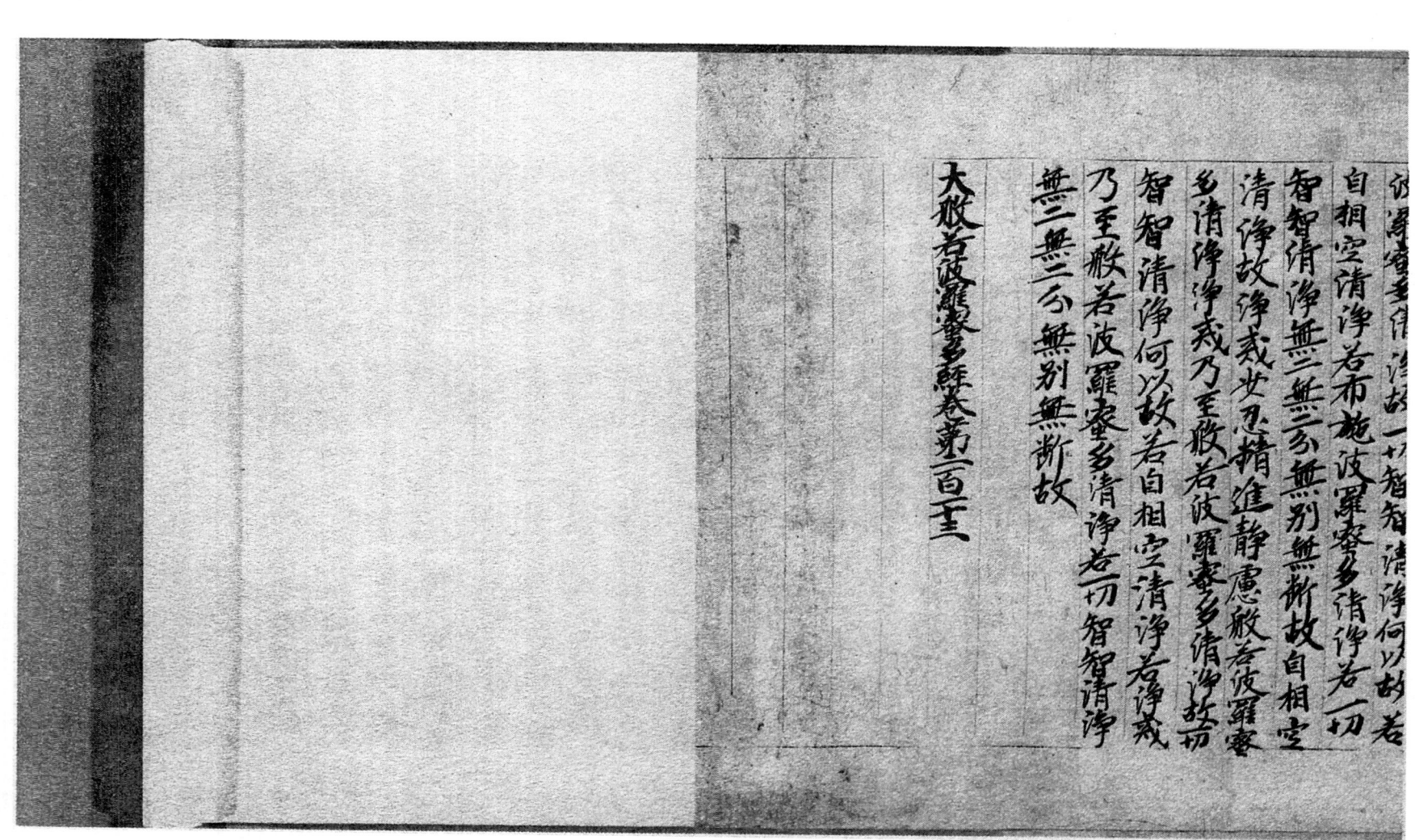

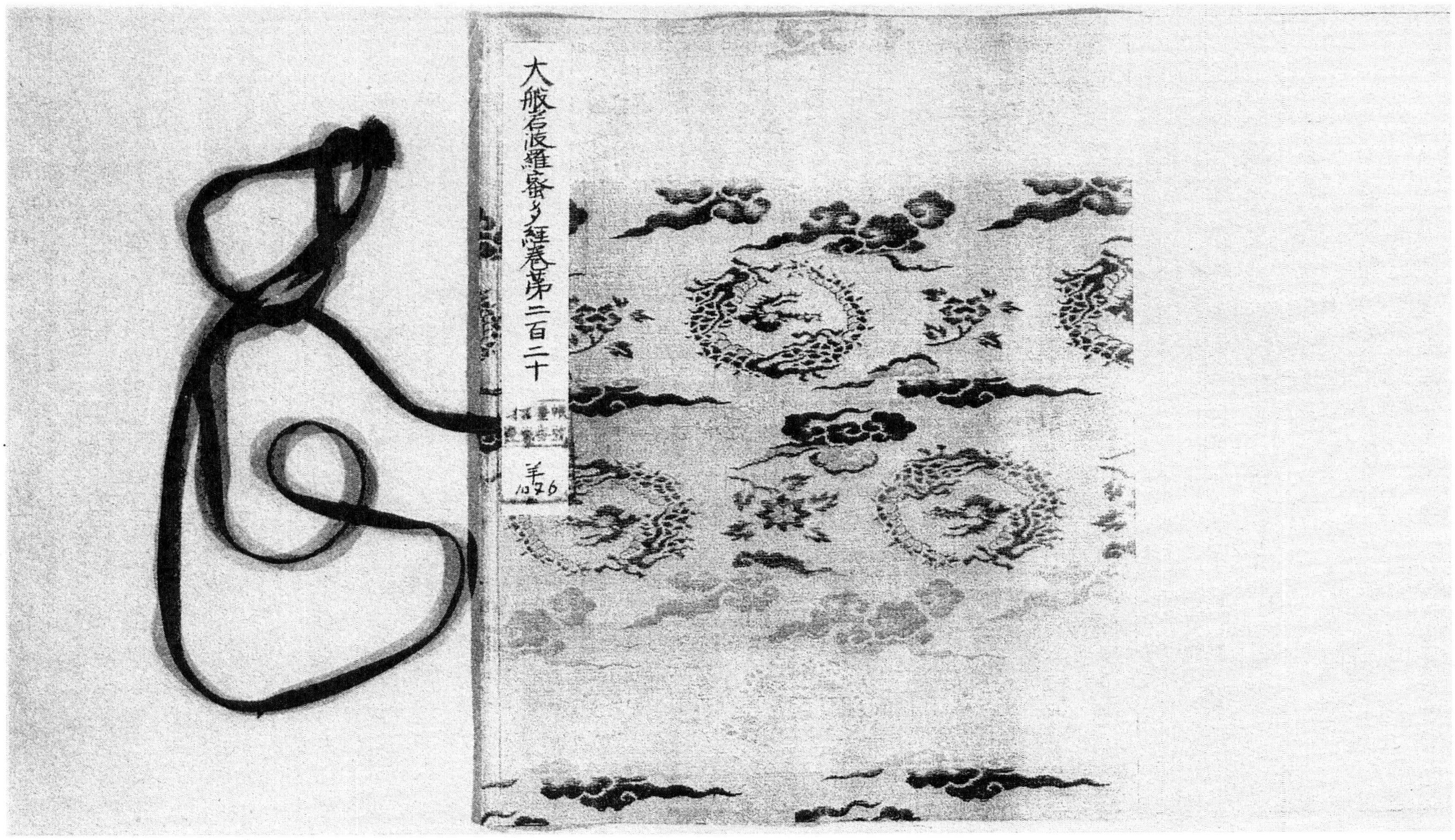


BD13958 號背　現代護首　（1–1）

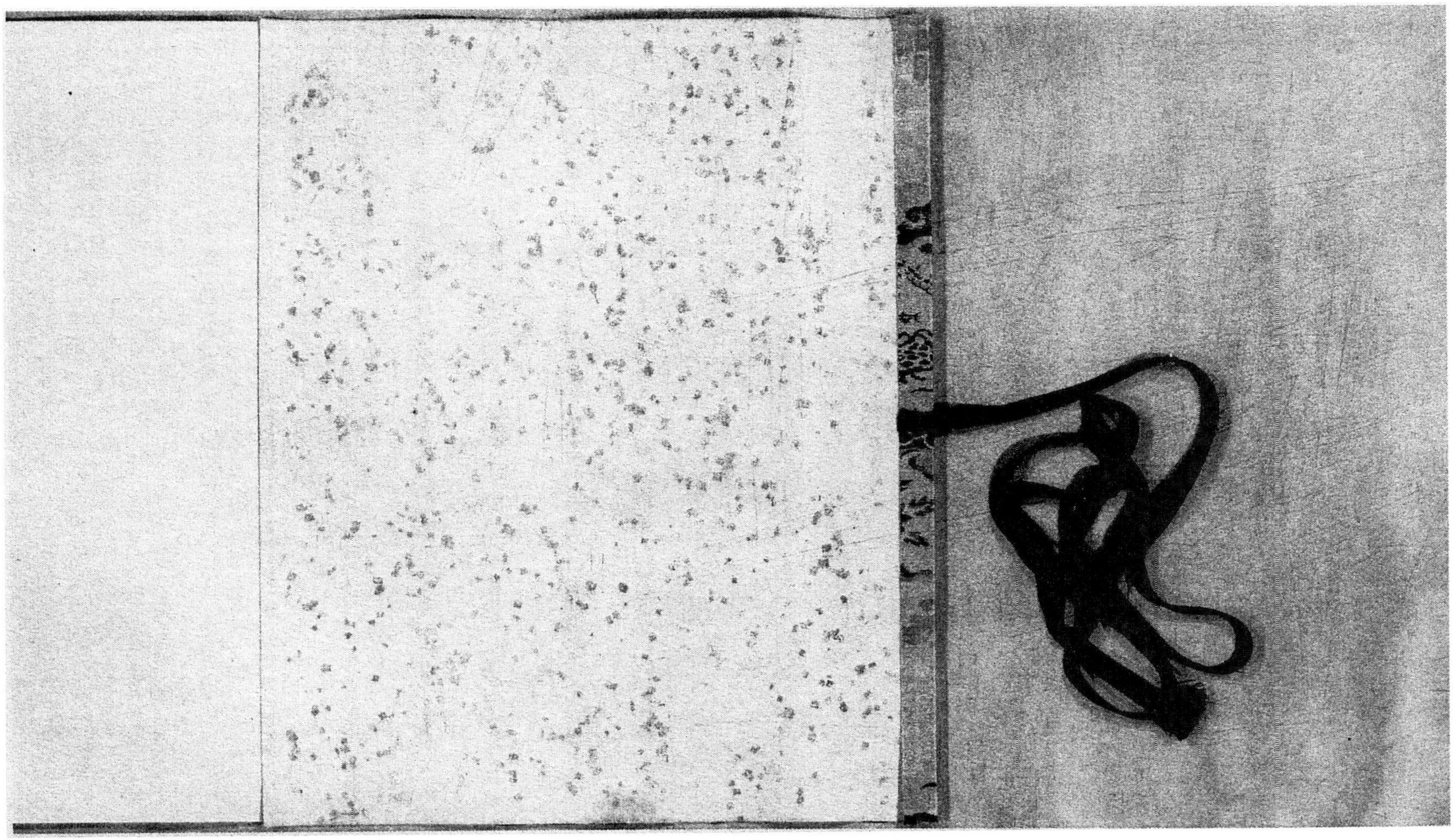

BD13958 號 1　大般若波羅蜜多經卷二二〇　（25–1）

大般若波羅蜜多經卷第二百廿
初分難信解品第卅四之卅九
三藏法師玄奘奉　詔譯
復次善現離生性清淨故色清淨色清淨故一
切智智清淨何以故若離生性清淨若色清
淨若一切智智清淨无二无二分无別无斷
故離生性清淨故受想行識清淨受想行
識清淨故一切智智清淨何以故若離生性
清淨若受想行識清淨若一切智智清淨无
二无二分无別无斷故善現離生性清淨故

BD13958 號 1　大般若波羅蜜多經卷二二〇　（25–2）

淨若一切智智清淨无二无二分无別无斷
故離生性清淨故受想行識清淨受想行
識清淨故一切智智清淨何以故若離生性
清淨若受想行識清淨若一切智智清淨无
二无二分无別无斷故善現離生性清淨故
眼處清淨眼處清淨故一切智智清淨何以故
若離生性清淨若眼處清淨若一切智智
清淨无二无二分无別无斷故離生性清淨
故耳鼻舌身意處清淨耳鼻舌身意處
清淨故一切智智清淨何以故若離生性清淨
若耳鼻舌身意處清淨若一切智智清淨无二
无二分无別无斷故善現離生性清淨故色
處清淨色處清淨故一切智智清淨何以故
若離生性清淨若色處清淨若一切智智清
淨无二无二分无別无斷故離生性清淨故
聲香味觸法處清淨聲香味觸法處清淨
故一切智智清淨何以故若離生性清淨若聲
香味觸法處清淨若一切智智清淨无二无
二分无別无斷故善現離生性清淨故眼
界清淨眼界清淨故一切智智清淨何以故
若離生性清淨若眼界清淨若一切智智清
淨无二无二分无別无斷故離生性清淨故色
界眼識界及眼觸眼觸為緣所生諸受清淨
色界乃至眼觸為緣所生諸受清淨故一切智
智清淨何以故若離生性清淨若色界乃至
眼觸為緣所生諸受清淨若一切智智清淨
无二无二分无別无斷故善現離生性清淨

BD13958 號 1　大般若波羅蜜多經卷二二〇　（25–3）

界眼識界及眼觸眼觸為緣所生諸受清淨
色界乃至眼觸為緣所生諸受清淨故一切智
智清淨何以故若離生性清淨若色界乃至
眼觸為緣所生諸受清淨若一切智智清淨
无二无二分无別无斷故善現離生性清淨
故耳界清淨耳界清淨故一切智智清淨何
以故若離生性清淨若耳界清淨若一切智
智清淨无二无二分无別无斷故離生性清
淨故聲界耳識界及耳觸耳觸為緣所生諸
受清淨聲界乃至耳觸為緣所諸受清淨
故一切智智清淨何以故若離生性清淨若聲
界乃至耳觸為緣所生諸受清淨若一切智
智清淨无二无二分无別无斷故善現離
生性清淨故鼻界清淨鼻界清淨故一切智
智清淨何以故若離生性清淨若鼻界清淨
若一切智智清淨无二无二分无別无斷故離
生性清淨故香界鼻識界及鼻觸鼻觸為
緣所生諸受清淨香界乃至鼻觸為緣所生
諸受清淨故一切智智清淨何以故若離生性
清淨若界乃至鼻觸為緣所生諸受清
淨若一切智智清淨无二无二分无別无斷故
善現離生性清淨故舌界清淨舌界清淨
故一切智智清淨何以故若離生性清淨若
舌界清淨若一切智智清淨无二无二分无別
无斷故離生性清淨故味界舌識界及舌
觸舌觸為緣所生諸受清淨味界乃至舌觸

BD13958號1　大般若波羅蜜多經卷二二〇　（25–4）

善現離生性清淨故舌界清淨舌界清淨
故一切智智清淨何以故若離生性清淨若
舌界清淨若一切智智清淨无二无二分无別
无斷故離生性清淨故味界舌識界及舌
觸舌觸為緣所生諸受清淨味界乃至舌觸
為緣所生諸受清淨故一切智智清淨何以
故若離生性清淨若味界乃至舌觸為緣所
生諸受清淨若一切智智清淨无二无二分
无別无斷故善現離生性清淨故身界清淨
身界清淨故一切智智清淨何以故若離生
性清淨若身界清淨若一切智智清淨无二
无二分无別无斷故離生性清淨故觸界身
識界及身觸身觸為緣所生諸受清淨觸界
乃至身觸為緣所生諸受清淨故一切智智清
淨何以故若離生性清淨若觸界乃至身觸
為緣所生諸受清淨若一切智智清淨无二
无二分无別无斷故善現離生性清淨故意
界清淨意界清淨故一切智智清淨何以故
若離生性清淨若意界清淨若一切智智清
淨无二无二分无別无斷故離生性清淨故
法界意識界及意觸意觸為緣所生諸受清
淨法界乃至意觸為緣所生諸受清淨故一
切智智清淨何以故若離生性清淨若法界
乃至意觸為緣所生諸受清淨若一切智智
清淨无二无二分无別无斷故善現離生性
清淨故地界清淨地界清淨故一切智智清
淨何以故若離生性清淨若地界清淨若一

BD13958號1　大般若波羅蜜多經卷二二〇　（25–5）

切智智清淨何以故若離生性清淨若法界
乃至意觸為緣所生諸受清淨若一切智智
清淨无二无二分无別无斷故善現離生性
清淨故地界清淨地界清淨故一切智智清
淨何以故若離生性清淨若地界清淨若一
切智智清淨无二无二分无別无斷故離生
性清淨故水火風空識界清淨水火風空識
界清淨故一切智智清淨何以故若離生性
清淨若水火風空識界清淨若一切智智清
淨无二无二分无別无斷故善現離生性清淨
故无明清淨无明清淨故一切智智清淨何
以故若離生性清淨若无明清淨若一切智
智清淨无二无二分无別无斷故離生性清

45 五十二之二
情衆中定當得為上首復次善現以此善
薩摩訶薩脩行般若波羅蜜多時常能愛
法樂法欲法憙法由此緣故於大有情衆中定
當得為上首具壽善現白佛言世尊何等為
法去何菩薩摩訶薩脩行般若波羅蜜多時
常於此法愛樂欣憙佛告善現所言法者謂
一切有情及色非色法皆無自性都不可得
實相不壞是名為法言愛法者謂於此法起
欣希求言樂法者謂於此法稱讚功德言欣
法者謂於此法歡喜信受言憙法者謂於此
法慕多脩習善現如是菩薩摩訶薩脩行般
若波羅蜜多時以無所得而為方便常能愛
法樂法欣法憙法亦不自恃而生憍舉故於
大有情衆中定當得為上首

BD13958 號 1　大般若波羅蜜多經卷二二〇　（25–6）
BD13958 號 2　大般若波羅蜜多經卷四七

切智智清淨何以故若離生性清淨若法界
乃至意觸為緣所生諸受清淨若一切智智
清淨无二无二分无別无斷故善現離生性
清淨故地界清淨地界清淨故一切智智清
淨何以故若離生性清淨若地界清淨若一
切智智清淨无二无二分无別无斷故離生
性清淨故水火風空識界清淨水火風空識
界清淨故一切智智清淨何以故若離生性
清淨若水火風空識界清淨若一切智智清
淨无二无二分无別无斷故善現離生性清淨
故无明清淨无明清淨故一切智智清淨何
以故若離生性清淨若无明清淨若一切智
智清淨无二无二分无別无斷故離生性清

有情衆中定當得為上首復次善現以此善
薩摩訶薩脩行般若波羅蜜多時常能愛
法樂法欲法憙法由此緣故於大有情衆中定
當得為上首具壽善現白佛言世尊何等為
法去何菩薩摩訶薩脩行般若波羅蜜多時
常於此法愛樂欣憙佛告善現所言法者謂
一切有情及色非色法皆無自性都不可得
實相不壞是名為法言愛法者謂於此法起
欣希求言樂法者謂於此法稱讚功德言欣
法者謂於此法歡喜信受言憙法者謂於此
法慕多脩習善現如是菩薩摩訶薩脩行般
若波羅蜜多時以無所得而為方便常能愛
法樂法欣法憙法亦不自恃而生憍舉故於
大有情衆中定當得為上首

BD13958 號 2　大般若波羅蜜多經卷四七　（25–7）

欲希求言樂法者謂於此法稱讚功德言欲
法者謂於此法歡喜信受言憙法者謂樂
法慕多修習善現如是菩薩摩訶薩修行般
若波羅蜜多時以無所得而為方便常能愛
法樂法欣法憙法亦不自恃而生憍舉故於
大有情衆中定當得為上首
復次善現以此菩薩摩訶薩修行般若波羅
蜜多時以無所得而為方便住內空外空內
外空空空大空勝義空有為空無為空畢竟
空無際空散空無變異空本性空自相空共
相空一切法空不可得空無性空自性空無
性自性空故得於大有情衆中定當得為上
首復次善現以此菩薩摩訶薩修行般若
波羅蜜多時以無所得而為方便住四靜慮
四無量四無色定故得於大有情衆中定當
得為上首復次善現以此菩薩摩訶薩修行
般若波羅蜜多時以無所得而為方便住四
念住四正斷四神足五根五力七等覺支八
聖道支故得於大有情衆中定當得為上首
復次善現以此菩薩摩訶薩修行般若波羅
蜜多時以無所得而為方便住空無相無願
解脫門故得於大有情衆中定當得為上
首復次善現以此菩薩摩訶薩修行般若
波羅蜜多時以無所得而為方便住布施淨戒
安忍精進靜慮般若波羅蜜多故得於大有
情衆中定當得為上首復次善現以此菩薩
摩訶薩修行般若波羅蜜多時以無所得而
為方便住五眼六神通故得於大有情衆中定

BD13958號2　大般若波羅蜜多經卷四七　（25–8）

波羅蜜多時以無所得而為方便住布施淨戒
安忍精進靜慮般若波羅蜜多故得於大有
情衆中定當得為上首復次善現以此菩薩
摩訶薩修行般若波羅蜜多時以無所得而
為方便住五眼六神通故得於大有情衆中定
當得為上首復次善現以此菩薩摩訶薩修
行般若波羅蜜多時以無所得而為方便住
十力四無所畏四無礙解大慈大悲大喜大
捨十八佛不共法一切智道相智一切相智故得
於大有情衆中定當得為上首次善現以此
菩薩摩訶薩修行般若波羅蜜多時以無所
得為方便住金剛喻三摩地乃至以無所得
而為方便住無着無為無染解脫如虛空三摩
地故得於大有情衆中定當得為上首善現
以如是等種種因緣此菩薩摩訶薩於大有
情衆中定當得為上首善現是故菩薩復名
摩訶薩
尒時具壽舍利子白佛言世尊我亦樂說菩
薩由此義故復名摩訶薩佛言舍利子隨汝
意說舍利子言世尊由諸菩薩能為有情以
無所得而為方便說斷我見有情見命者見
生者見養者見士夫見補特伽羅見意生見
儒童見作者見使作者見起者見使起者見
受者見使受者見知者見見者見法故此菩
薩復名摩訶薩世尊由諸菩薩能為有情以
無所得而為方便說斷常見斷見法故此菩
薩復名摩訶薩世尊由諸菩薩能為有情以
無所得而為方便說斷有見無見法故此菩

BD13958號2　大般若波羅蜜多經卷四七　（25–9）

受者見使受者見知者見見者見法故此菩
薩復名摩訶薩世尊由諸菩薩能為有情以
無所得而為方便說斷常見斷見法故此菩
薩復名摩訶薩世尊由諸菩薩能為有情以
無所得而為方便說斷有見無見法故此菩
薩復名摩訶薩世尊由諸菩薩能為有情以
無所得而為方便說斷蘊見處見界見諦見
緣起見法故此菩薩復名摩訶薩世尊由諸
菩薩能為有情以無所得而為方便說斷四
靜慮見四無量見四無色定見法故此菩薩
復名摩訶薩世尊由諸菩薩能為有情以無
所得而為方便說斷四念住見四正斷見四
神足見五根見五力見七等覺支見八聖道
支見法故此菩薩復名摩訶薩世尊由諸
菩薩能為有情以無所得而為方便說斷三解
脫門見六到彼岸見法故此菩薩復名摩訶
薩世尊由諸菩薩能為有情以無所得而為
方便說斷五眼見六神通見法故此菩薩復
名摩訶薩世尊由諸菩薩能為有情以無所
得而為方便說斷佛十力見四無所畏見四
無礙解見大慈大悲大喜大捨見十八佛不
共法見一切智見道相智見一切相智見法
故此菩薩復名摩訶薩世尊由諸菩薩能
為有情以無所得而為方便說斷成熟有情見
嚴淨佛土見菩薩見佛陀見轉法輪見法故
此菩薩復名摩訶薩世尊以要言之由諸菩
薩能為有情以無所得而為方便說斷一切

BD13958 號 2　大般若波羅蜜多經卷四七　（25–10）

故此菩薩復名摩訶薩世尊由諸菩薩能
為有情以無所得而為方便說斷成熟有情見
嚴淨佛土見菩薩見佛陀見轉法輪見法故
此菩薩復名摩訶薩世尊以要言之由諸菩
薩能為有情以無所得而為方便說斷一切
見法故此菩薩復名摩訶薩
時具壽善現問舍利子言若菩薩摩訶薩
能為有情以無所得而為方便說斷諸見者
何緣菩薩摩訶薩自有所得而為方便起色
見受想行識見起眼處見耳鼻舌身意處
見起色處見聲香味觸法處見起眼界見色
界眼識界及眼觸眼觸為緣所生諸受見起
耳界見聲界耳識界及耳觸耳觸為緣所生諸
受見起鼻界見香界鼻識界及鼻觸鼻觸
為緣所生諸受見起舌界見味界舌識界及舌
觸舌觸為緣所生諸受見起身界見觸界身
識界及身觸身觸為緣所生諸受見起意界
見法界意識界及意觸意觸為緣所生諸受
見起地界見水火風空識界見起苦聖諦見
集滅道聖諦見起無明見行識名色六處觸
受愛取有生老死愁歎苦憂惱見起四靜慮
見四無量四無色定見起四念住見四正斷
四神足五根五力七等覺支八聖道支見起
空解脫門見無相無願解脫門見起布施波
羅蜜多見淨戒安忍精進靜慮般若波羅蜜
多見起五眼見六神通見起佛十力見四無
所畏四無礙解大慈大悲大喜大捨十八佛
不共法一切智道相智一切相智見起成熟

BD13958 號 2　大般若波羅蜜多經卷四七　（25–11）

空解脫門見無相無願解脫門見起布施波
羅蜜多見淨戒安忍精進靜慮般若波羅蜜
多見起五眼見六神通見起佛十力見四無
所畏四無礙解大慈大悲大喜大捨十八佛
不共法一切智道相智一切相智見起成熟
有情見嚴淨佛土見菩薩見佛陀見轉法輪
見邪具壽舍利子荅善現言若菩薩摩訶薩
脩行般若波羅蜜多時無方便善巧者以有
所得而為方便便起色見受想行識見乃至
便起佛陀見轉法輪見是菩薩摩訶薩不能
為諸有情以無所得而為方便說斷諸見法
若菩薩摩訶薩脩行般若波羅蜜多時有方
便善巧者能為有情以無所得而為方便說
斷諸見法是菩薩摩訶薩不起色見受想行
識見乃至不起佛陀見轉法輪見
尒時具壽善現白佛言世尊我亦樂說菩薩
由此義故復名摩訶薩佛言善現隨汝意說
善現白言世尊由諸菩薩為一切智智發菩
提心無等等心不共一切聲聞獨覺 心於如
是心亦不取著何以故世尊彼一切智 智心
是真無漏不隨三界求一切智智心亦是無
漏不墮三界於如是心不應取著故此菩薩
復亦名摩訶薩時舍利子問善現言云何菩
薩摩訶薩無等等心不共一切聲聞獨覺 心
善現荅言諸菩薩摩訶薩從初發心不見諸
法有生有滅有增有減有來有去有染有
淨舍利子若不見諸法有生有滅有減有增



薩摩訶薩無等等心不共一切聲聞獨覺心
善現荅言諸菩薩摩訶薩從初發心不見諸
法有生有滅有增有減有來有去有染有
淨舍利子若不見諸法有生有滅有減有增
有來有去有染有淨亦不見有聲聞心獨覺
心菩薩心如來心舍利子是名菩薩摩訶薩無
等等心不共一切聲聞獨覺心諸菩薩摩訶
薩於如是心亦不取著時舍利子問善現言
若於如是心不應取著者則於一切愚夫愚
生聲聞獨覺等心亦不應取著及於色心不
應取著於受想行識心亦不應取著於眼處
心不應取著於耳鼻舌身意處心亦不應取
著於色處心不應取著於聲香味觸法處心
亦不應取著於眼界心不應取著於色界眼
識界及眼觸眼觸為緣所生諸受心亦不應
取著於耳界心不應取著於聲界耳識界及耳
觸耳觸為緣所生諸受心亦不應取著於鼻
界心不應取著於香界鼻識界及鼻觸鼻
觸為緣所生諸受心亦不應取著於舌界心
應取著於味界舌識界及舌觸舌觸為緣所
生諸受心亦不應取著於身界心不應取著
於觸界身識界及身觸身觸為緣所生諸受
心亦不應取著於意界心不應取著於法界
意識界及意觸意觸為緣所生諸受心亦不
不應取著於地界心不應取著於水火風空
識界心亦不應取著於苦聖諦心不應取著
於集滅道聖諦心亦不應取著於無明心不應
取著於行識名色六處觸受愛取有生老

不應取著於地界心不應取著於水火風空
識界心亦不應取著於苦聖諦心不應取著
於集滅道聖諦心亦不應取著於無明心不應
取著於行識名色六處觸受愛取有生老
死愁歎苦憂惱心亦不應取著於四靜慮心不
應取著於四無量四無色定心亦不應取著
於四念住心不應取著於四正斷四神足五
根五力七等覺支八聖道支心亦不應取著
於空解脫門心不應取於無相無願解脫
門心亦不應取著於布施波羅蜜多心不應取
著於淨戒安忍精進靜慮般若波羅蜜多心
亦不應取著於五眼心不應取著於六神通
心亦不應取著於佛十力心不應取著於四
無所畏四無礙解大慈大悲大喜大捨十八
佛不共法一切智道相智一切相智心亦不
應取著何以故如是諸心皆无心性故善現
荅曰如是如是誠如所言
時舍利子問善現言若一切心無心性故不
應取著者則色無色性故不應取著受想
行識無受想行識性故亦不應取著眼處無眼
處性故不應取著耳鼻舌身意處無耳鼻
舌身意處性故亦不應取著色處無色處性故
不應取著聲香味觸法處無聲香味觸法
處性故亦不應取著眼界無眼界性故不應
取著色界眼識界及眼觸眼觸為緣所生諸受
無色界乃至眼觸為緣所生諸受性故亦不
應取著耳界無耳界性故不應取著聲界耳

BD13958 號 2　大般若波羅蜜多經卷四七

(25–14)

不應取著聲香味觸法處無聲香味觸法
處性故亦不應取著眼界無眼界性故不應
取著色界眼識界及眼觸眼觸為緣所生諸受
無色界乃至眼觸為緣所生諸受性故亦不
應取著耳界無耳界性故不應取著聲界耳
識界及耳觸耳觸為緣所生諸受無聲界乃
至耳觸為緣所生諸受性故亦不應取著鼻
界無鼻界性故不應取著香界鼻識界及鼻
觸鼻觸為緣所生諸受無香界乃至鼻觸為
緣所生諸受性故亦不應取著舌界無舌界
性故不應取著味界舌識界及舌觸舌觸為
緣所生諸受無味界乃至舌觸為緣所生諸
受性故亦不應取著身界無身界性故不應
取著觸界身識界及身觸身觸為緣所生諸
受無觸界乃至身觸為緣所生諸受性故亦
不應取著意界無意性故不應取著法界
意識界及意觸意觸為緣所生諸受無法界
乃至意觸為緣所生諸受性故亦不應取著
地界無地界性故不應取著水火風空識界
無水火風空識界性故亦不應取著苦聖諦
無苦聖諦性故不應取著集滅道聖諦無集
滅道聖諦性故亦不應取著無明無無明性
故不應取著行識名色六處觸受愛取有生
老死愁歎苦憂惱無行乃至老死愁歎苦憂
惱性故亦不應取著四靜慮無四靜慮性故
不應取著四無量四無色定無四無量四無
色定性故亦不應取著四念住無四念住性

BD13958 號 2　大般若波羅蜜多經卷四七

(25–15)

老死愁歎苦憂
惱性故亦不應取著四靜慮無四靜慮性故
不應取著四無量四無色定無四無量四無
色定性故亦不應取著四念住無四念住性
故不應取著四正斷四神足五根五力七等
覺支八聖道支無四正斷乃至八聖道支性
故亦不應取著空解脫門無空解脫門性故
不應取著無相無願解脫門無無相無願解
脫門性故亦不應取著布施波羅蜜多無布
施波羅蜜多性故不應取著淨戒安忍精進
靜慮般若波羅蜜多無淨戒乃至般若波
羅蜜多性故亦不應取著五眼無五眼性故亦
應取著六神通無六神通性故亦不應取著
佛十力無佛十力性故不應取著四無所畏
四無礙解大慈大悲大喜大捨十八佛不共
法一切智道相智一切相智無四無所畏乃
至一切智性故亦不應取著善現答言如
是如是誠如所說時舍利子問善現言若一
切智智心是真無漏不隨三界者則一切愚
夫異生聲聞獨覺等心亦應是真無漏不隨
三界何以故如是諸心亦本性空故所以者
何以本性空法是真無漏不隨三界善現答
言如是如是誠如所說舍利子言色亦應是
真無漏不隨三界受想行識亦應是真無
漏不隨三界何以故以色受想行識皆本性空
故所以何以本性空法是真無漏不隨三
界善現答言如是如是誠如所說舍利子言

BD13958 號 2　大般若波羅蜜多經卷四七　（25–16）

真無漏不隨三界受想行識亦應是真無
漏不隨三界何以故以色受想行識皆本性空
故所以何以本性空法是真無漏不隨三
界善現答言如是如是誠如所說舍利子言
眼處亦應是真無漏不隨三界耳鼻舌身
意處亦應是真無漏不隨三界何以故以眼耳
鼻舌身意處皆本性空故所以者何以本性
空法是真無漏不隨三界善現答言如是如
是誠如所說舍利子言色處亦應是真無漏
不隨三界聲香味觸法處亦應是真無漏不
隨三界何以故以色聲香味觸法處皆本性
空故所以者何以本性空法是真無漏不隨
三界善現答言如是如是誠如所說舍利子
言眼界亦應是真無漏不隨三界色界眼識
界及眼觸眼觸為緣所生諸受亦應是真
無漏不隨三界何以故以眼界乃至眼觸為緣
所生諸受皆本性空故所以者何以本性空
法是真無漏不隨三界善現答言如是如是
誠如所說舍利子言耳界亦應是真無漏不
隨三界聲界耳識界及耳觸耳觸為緣所生
諸受亦應是真無漏不隨三界何以故以耳
界乃至耳觸為緣所生諸受皆本性空故所
以者何以本性空法是真無漏不隨三界善
現答言如是如是誠如所說舍利子言鼻界
亦應是真無漏不隨三界香界鼻識界及鼻
觸鼻觸為緣所生諸受亦應是真無漏不隨
三界何以故以鼻界乃至鼻觸為緣所生諸

BD13958 號 2　大般若波羅蜜多經卷四七　（25–17）

以者何以本性空法是真無漏不墮三界善
現荅言如是如是誠如所說舍利子言鼻界
亦應是真無漏不墮三界香界鼻識界及鼻
觸鼻觸為緣所生諸受亦應是真無漏不墮
三界何以故以鼻界乃至鼻觸為緣所生諸
受皆本性空故所以者何以本性空法是真
無漏不墮三界善現荅言如是如是誠如所
說舍利子言舌界亦應是真無漏不墮三界
味界舌識界及舌觸舌觸為緣所生諸受亦
應是真無漏不墮三界何以故以舌界乃至
舌觸為緣所生諸受皆本性空故所以者何
以本性空法是真無漏不墮三界善現荅言
如是如是誠如所說舍利子言身界亦應是
真無漏不墮三界觸界身識界及身觸身觸
為緣所生諸受亦應是真無漏不墮三界何
以故以身界乃至身觸為緣所生諸受皆本
性空故所以者何以本性空法是真無漏不
墮三界善現荅言如是如是誠如所說舍利
子言意界亦應是真無漏不墮三界法界意
識界及意觸意觸為緣所生諸受亦應是真
無漏不墮三界何以故以意界乃至意觸為
緣所生諸受皆本性空故所以者何以本性
空法是真經無漏不墮三界善現荅言如是如
是誠如所說舍利子言地界亦應是真無漏
不墮三界水火風空識界亦應是真無漏不
墮三界何以故以地水火風空識界皆本性
空故所以者何以本性空法是真無漏不墮
三界善現荅言如是如是誠如所說舍利

BD13958 號 2　大般若波羅蜜多經卷四七　（25–18）

是誠如所說舍利子言地界亦應是真無漏
不墮三界水火風空識界亦應是真無漏不
墮三界何以故以地水火風空識界皆本性
空故所以者何以本性空法是真無漏不墮
三界善現荅言如是如是誠如所說舍利子
言苦聖諦亦應是真無漏不墮三界集滅道
聖諦亦應是真無漏不墮三界何以故以苦
集滅道聖諦皆本性空故所以者何以本性
空法是真無漏不墮三界善現荅言如是如
是誠如所說舍利子言無明亦應是真無漏
不墮三界行識名色六處觸受愛取有生老
死愁歎苦憂惱亦應是真無漏不墮三界何
以故以無明乃至老死愁歎苦憂惱皆本性
空故所以者何以本性空法是真無漏不墮
三界善現荅言如是如是誠如所說舍利子
言四靜慮亦應是真無漏不墮三界四無量
四無色定亦應是真無漏不墮三界何以故
以四靜慮四無量四無色定皆本性空故所
以者何以本性空法是真無漏不墮三界善
現荅言如是如是誠如所說舍利子言四念
住亦應是真無漏不墮三界四正斷四神通
五根五力七等覺支八聖道支亦應是真無
漏不墮三界何以故以四念住乃至八聖道
支皆本性空故所以者何以本性空法是真
無漏不墮三界善現荅言如是如是誠如所
說舍利子言空解脫門亦應是真無漏不墮
三界無相無願解脫門亦應是真無漏不墮
三界何以故以空無相無願解脫門皆本性

BD13958 號 2　大般若波羅蜜多經卷四七　（25–19）

□□□性空故所以者何以本性空法是真
無漏不墮三界善現答言如是如是誠如所
說舍利子言空解脫門亦應是真無漏不墮
三界無相無願解脫門亦應是真無漏不墮
三界何以故以空無相無願解脫門皆本性
空故所以者何以本性空法是無漏不墮
三界善現答言如是如是如所說舍利子
言布施波羅蜜多亦應是真無漏不墮三界
淨戒安忍精進靜慮般若波羅蜜多亦應
是真無漏不墮三界何以故以布施波羅蜜多
乃至般若波羅蜜多皆本性空故所以者何
以本性空法是真無漏不墮三界善現答言
如是如是誠如所說舍利子言五眼亦應是
真無漏不墮三界六神通亦應是真無漏不
墮三界何以故以五眼六神通皆本性空故
所以者何以本性空法是真無漏不墮三界
善現答言如是如是誠如所說舍利子言佛
十力亦應是真無漏不墮三界四無所畏四
無礙解大慈大悲大喜大捨十八佛不共法
一切智道相智一切相智亦應是真無漏不
墮三界何以故以佛十力乃至一切相智皆
本性空故所以者何以本性空法是真無漏
不墮三界善現答言如是如是誠如所說時
舍利子問善現言若心色等法無心色等性
故咸不應取著者則一切法應皆平等無有
差別善現答言如是如是誠如所說舍利子
言若一切法定無別者云何如來說心色等
法有種種差別善現答言此乃如來隨世俗

BD13958號2　大般若波羅蜜多經卷四七　（25–20）

故咸不應取著者則一切法應皆平等無有
差別善現答言如是如是誠如所說舍利子
言若一切法定無別者云何如來說心色等
法有種種差別善現答言此乃如來隨世俗
言說施設有此種種差別非由實義時舍利
子問善現言若一切愚夫異生聲聞獨覺菩
薩如來心色等法皆本性空故是真無漏不
墮三界者則聖者異生及一切智與非一切
智應皆平等無有差別善現答言如是如
是誠如所說舍利子言諸凡聖定無別者云
何如來說諸凡聖有種種差別善現答言此
亦如來隨世俗言說施設有此種種差別非
由實義舍利子如是菩薩摩訶薩修行般若
波羅蜜多時以無所得為方便故於所發菩
提心無等等心不共一切聲聞獨覺心不恃
不著於一切法亦無取執由此義故名摩訶
薩
爾時具壽滿慈子白佛言世尊我亦樂說菩
薩由此義故復名摩訶薩佛言滿慈子隨汝
意說滿慈子言世尊由諸菩薩為欲利樂一
切有情擐大功德鎧故發趣大乘乘大乘故
復名摩訶薩時舍利子問滿慈子言云何菩
薩摩訶薩為欲利樂一切有情擐大功德鎧
滿慈子言舍利子菩薩摩訶薩修菩提行
不為少分有情得利樂故乃為一切有情得利
樂故修菩提行舍利子如是名為菩薩摩訶
薩為欲利樂一切有情擐大功德鎧復次舍
利子菩薩摩訶薩住布施波羅蜜多修布施

BD13958號2　大般若波羅蜜多經卷四七　（25–21）

滿慈子言舍利子菩薩摩訶薩脩菩提行
不為少分有情得利樂故乃為一切有情得利
樂故脩菩提行舍利子如是名為菩薩摩訶
薩為欲利樂一切有情擐大功德鎧復次舍
利子菩薩摩訶薩住布施波羅蜜多脩布施
波羅蜜多時不為少分有情得利樂故乃為
一切有情得利樂故脩布施波羅蜜多舍利
子菩薩摩訶薩住淨戒波羅蜜多脩淨戒波
羅蜜多時不為少分有情得利樂故乃為一
切有情得利樂故脩淨戒波羅蜜多舍利子
菩薩摩訶薩住安忍波羅蜜多脩安忍波羅
蜜多時不為少分有情得利樂故乃為一切
有情得利樂故脩安忍波羅蜜多舍利子菩
薩摩訶薩住精進波羅蜜多脩精進波羅
蜜多時不為少分有情得利樂故乃為一切有
情得利樂故脩精進波羅蜜多舍利子菩薩
摩訶薩住靜慮波羅蜜多脩靜慮波羅蜜
多時不為少分有情得利樂故乃為一切有情
得利樂故脩靜慮波羅蜜多舍利子菩薩摩
訶薩住般若波羅蜜多脩般若波羅蜜多時
不為少分有情得利樂故乃為一切有時得
利樂故脩般若波羅蜜多舍利子如是名為
菩薩摩訶薩為欲利一切有情擐大功德
鎧復次舍利子菩薩摩訶薩擐大功德鎧利
樂有情不為齊限謂不作是念利教尒所有
情令得無餘涅槃尒所有情不令其得我教
尒所有情令住無上菩提尒所有情不令其
住然此菩薩摩訶薩普令一切有情得無餘

BD13958 號 2　大般若波羅蜜多經卷四七　（25–22）

鎧復次舍利子菩薩摩訶薩擐大功德鎧利
樂有情不為齊限謂不作是念利教尒所有
情令得無餘涅槃尒所有情不令其得我教
尒所有情令住無上菩提尒所有情不令其
住然此菩薩摩訶薩普令一切有情得無餘
涅槃及住無上菩提故擐如是大功德鎧復
次舍利子菩薩摩訶薩作如是念我當自圓
滿布施波羅蜜多亦教一切有情於布施波
羅蜜多修令圓滿我當自圓滿淨戒安忍精
進靜慮般若波羅蜜多亦教一切有情於淨
戒乃至般若波羅蜜多脩令圓滿我當自住
內空亦教一切有情令住內空我當自住外
空內外空空空大空勝義空有為空無為
空畢竟空無際空散空無變異空本性空自
相空共相空一切法空不可得空無性空自性
空無性自性空亦教一切有情令住外空乃
至無性自性空我當自住四靜慮亦教一切
有情令脩四靜慮我當自住四無量四無色
定亦教一切有情令脩四無量四無色定我
當自住四念住亦教一切有情令脩四念住
我當自住四正斷四神足五根五力七等覺
支八聖道支亦教一切有情令脩四正斷乃
至八聖道支我當自住空解脫門亦教一切
有情令脩空解脫門我當自住無相無願解
脫門亦教一切有情令脩無相無願解脫門
我當自住五眼亦教一切有情令脩五眼我
當自住六神通亦教一切有情令脩六神通
我當自住佛十力亦教一切有情令脩佛十

BD13958 號 2　大般若波羅蜜多經卷四七　（25–23）

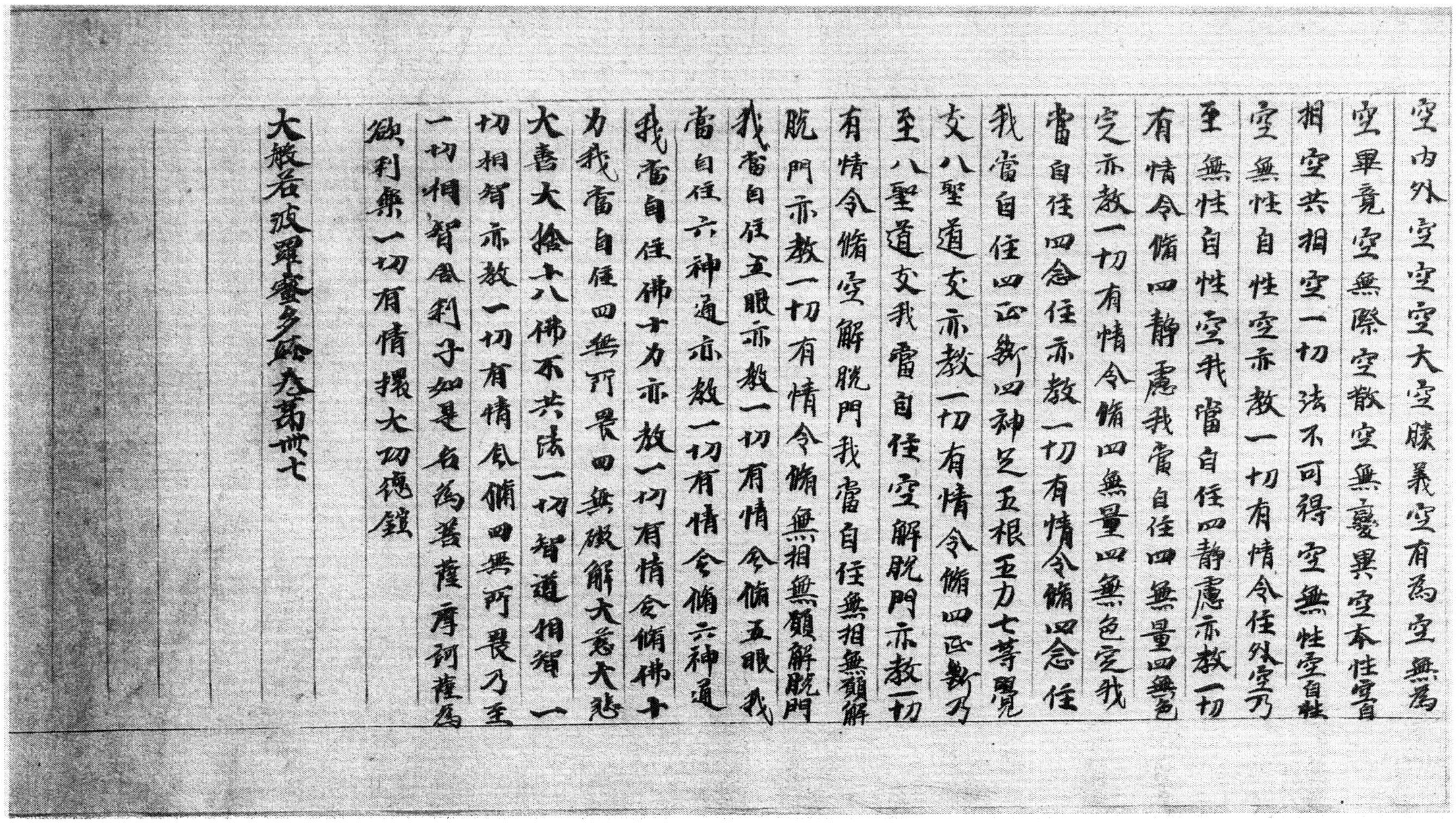
空内外空空空大空勝義空有爲空無爲
空畢竟空無際空散空無變異空本性空自
相空共相空一切法空不可得空無性空自性
空無性自性空亦教一切有情令住外空乃
至無性自性空我當自住四靜慮亦教一切
有情令脩四靜慮我當自住四無量四無色
定亦教一切有情令脩四無量四無色定我
當自住四念住亦教一切有情令脩四念住
我當自住四正斷四神足五根五力七等覺
支八聖道支亦教一切有情令脩四正斷乃
至八聖道支我當自住空解脫門亦教一切
有情令脩空解脫門我當自住無相無願解
脫門亦教一切有情令脩無相無願解脫門
我當自住五眼亦教一切有情令脩五眼我
當自住六神通亦教一切有情令脩六神通
我當自住佛十力亦教一切有情令脩佛十
力我當自住四無所畏四無礙解大慈大悲
大喜大捨十八佛不共法一切智道相智一
切相智亦教一切有情令脩四無所畏乃至
一切相智舍利子如是名爲菩薩摩訶薩爲
欲利樂一切有情擐大功德鎧
大般若波羅蜜多經卷第卌七

BD13958號2　大般若波羅蜜多經卷四七　（25–24）

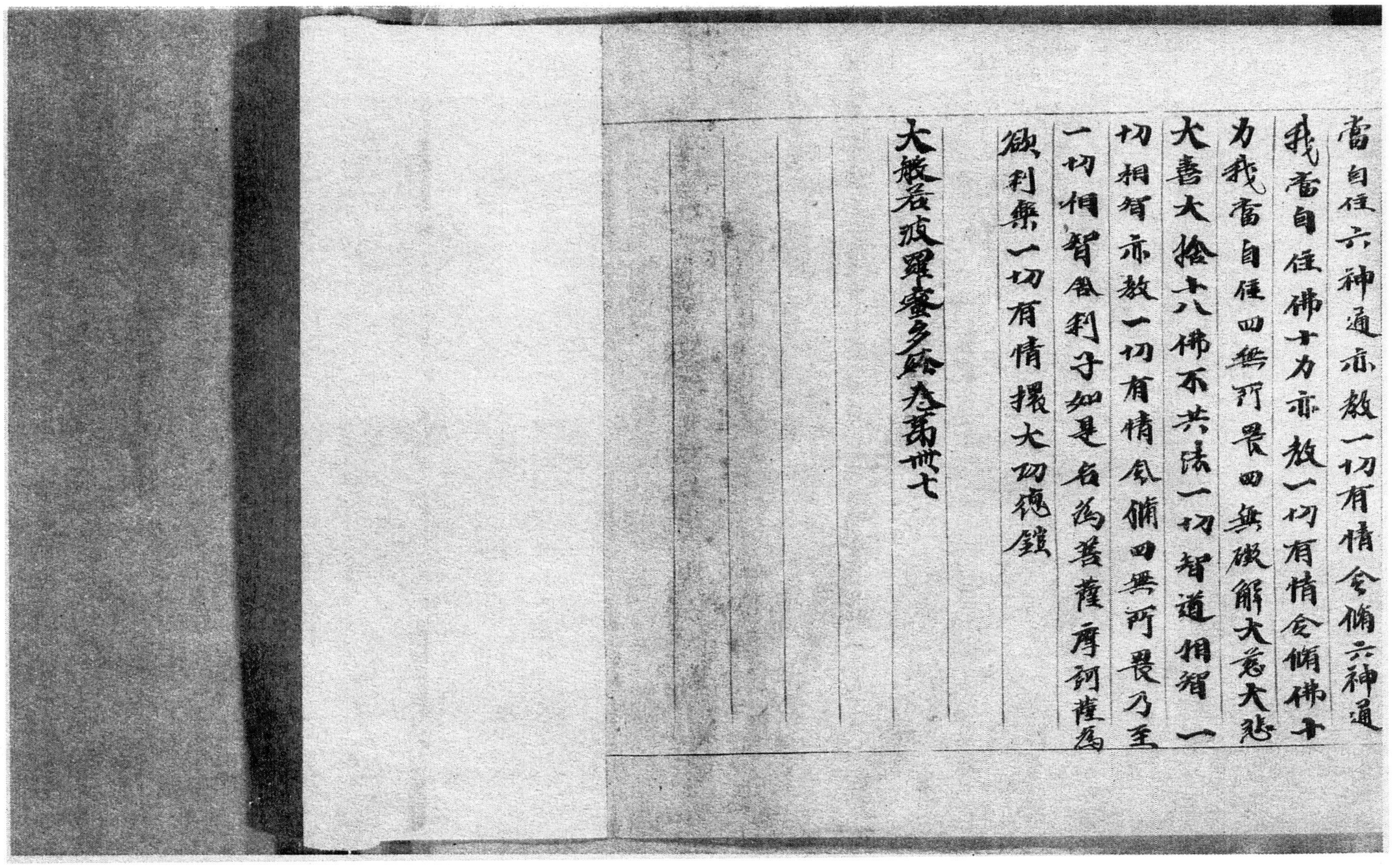
當自住六神通亦教一切有情令脩六神通
我當自住佛十力亦教一切有情令脩佛十
力我當自住四無所畏四無礙解大慈大悲
大喜大捨十八佛不共法一切智道相智一
切相智亦教一切有情令脩四無所畏乃至
一切相智舍利子如是名爲菩薩摩訶薩爲
欲利樂一切有情擐大功德鎧
大般若波羅蜜多經卷第卌七

BD13958號2　大般若波羅蜜多經卷四七　（25–25）

BD13958 號背　勘記、雜寫　　　　（1–1）

BD13959 號背　現代護首　　　　（1–1）

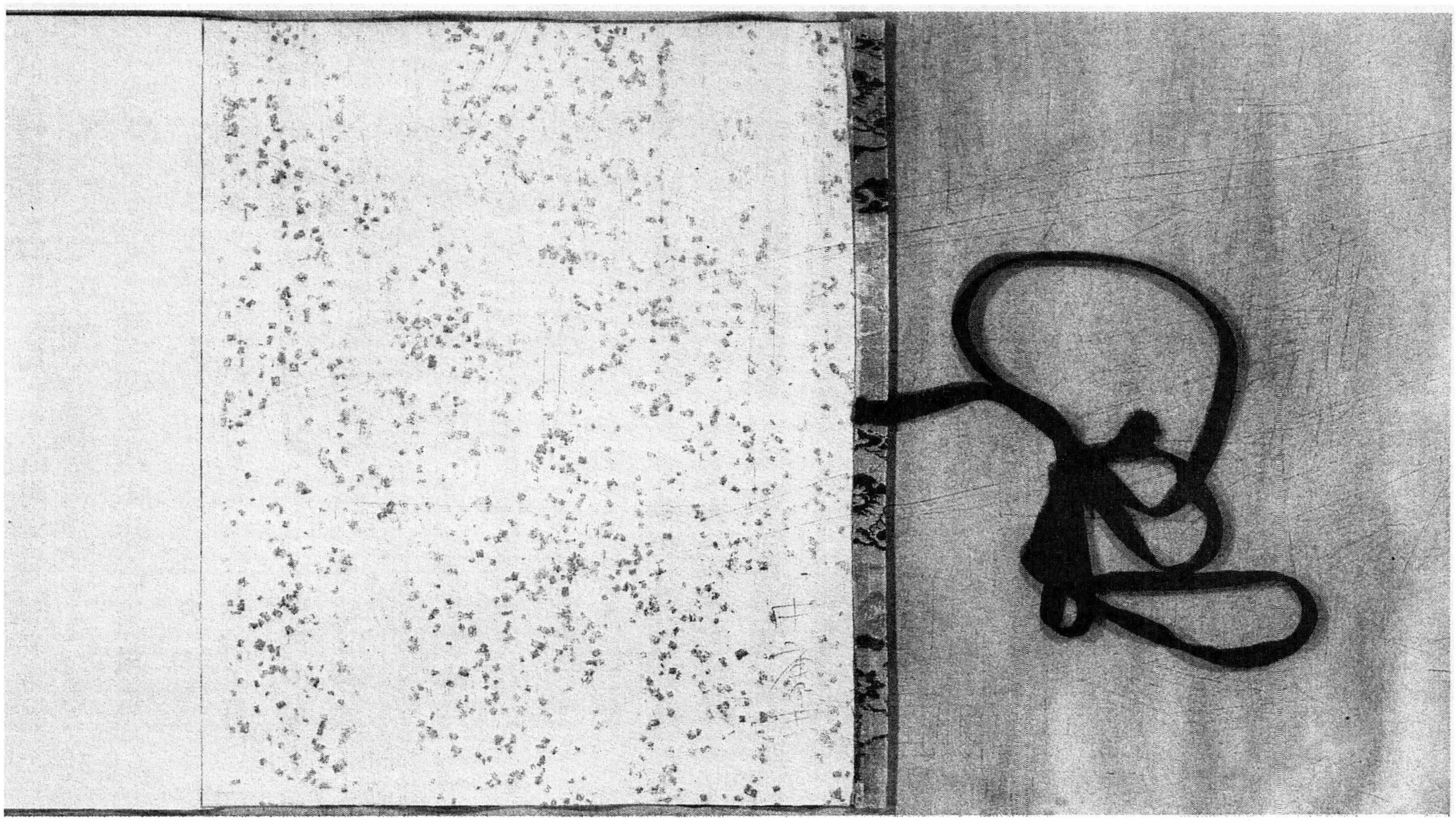

BD13959 號　大般若波羅蜜多經卷二二〇　（20–1）

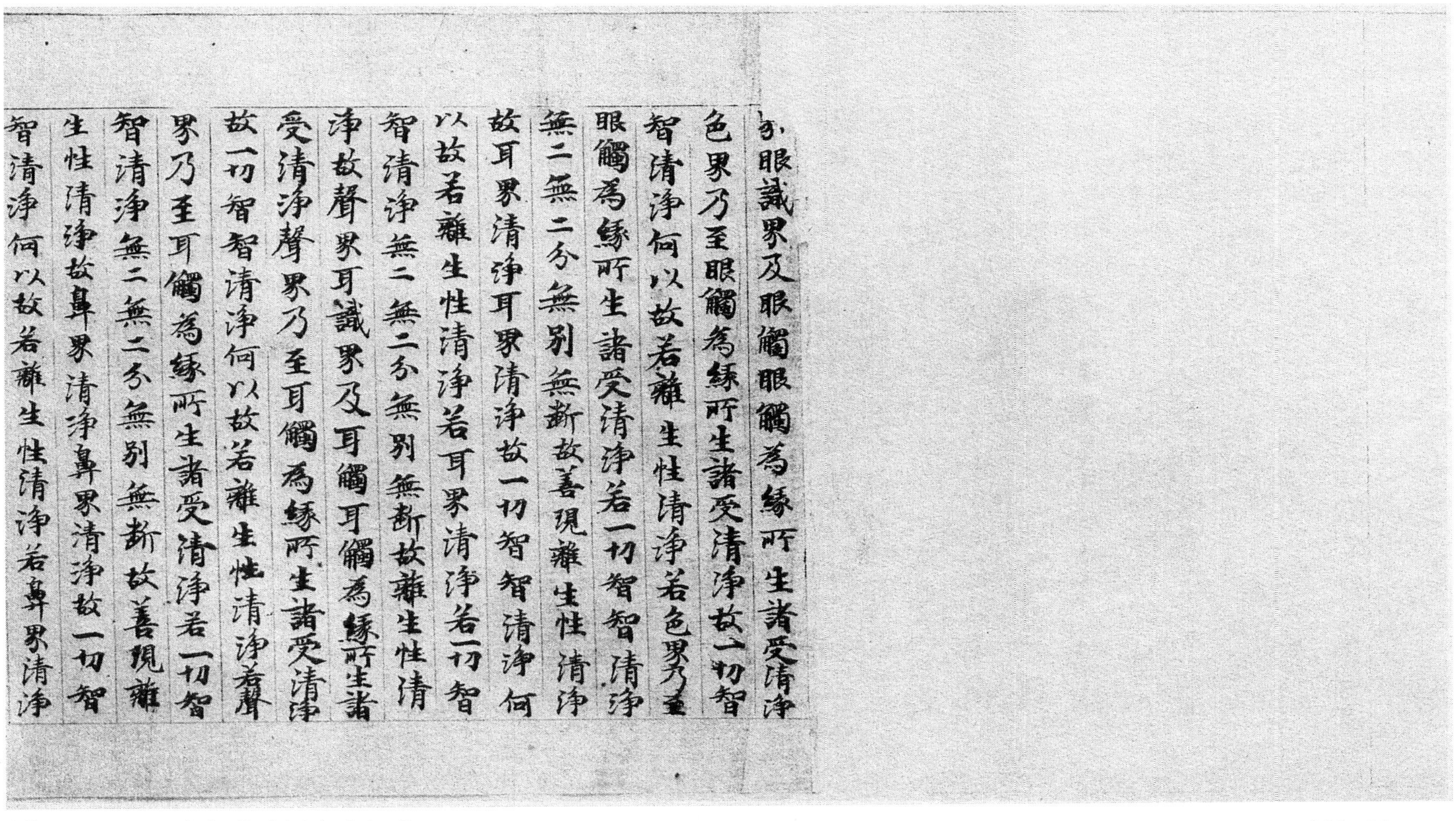

眼識界及眼觸眼觸為緣所生諸受清淨
色界乃至眼觸為緣所生諸受清淨故一切智
智清淨何以故若離生性清淨若色界乃至
眼觸為緣所生諸受清淨若一切智智清淨
無二無二分無別無斷故善現離生性清淨
故耳界清淨耳界清淨故一切智智清淨何
以故若離生性清淨若耳界清淨若一切智
智清淨無二無二分無別無斷故離生性清
淨故聲界耳識界及耳觸耳觸為緣所生諸
受清淨聲界乃至耳觸為緣所生諸受清淨
故一切智智清淨何以故若離生性清淨若聲
界乃至耳觸為緣所生諸受清淨若一切智
智清淨無二無二分無別無斷故善現離
生性清淨故鼻界清淨鼻界清淨故一切智
智清淨何以故若離生性清淨若鼻界清淨

BD13959 號　大般若波羅蜜多經卷二二〇　（20–2）

故一切智智清淨何以故若離生性清淨若聲
界乃至耳觸為緣所生諸受清淨若一切智
智清淨無二無二分無別無斷故善現離
生性清淨故鼻界清淨鼻界清淨故一切智
智清淨何以故若離生性清淨若鼻界清淨
若一切智智清淨無二無二分無別無斷故離
生性清淨故香界鼻識界及鼻觸鼻觸為
緣所生諸受清淨香界乃至鼻觸為緣所生
諸受清淨故一切智智清淨何以故若離生性
清淨若香界乃至鼻觸為緣所生諸受清
淨若一切智智清淨無二無二分無別無斷故
善現離生性清淨故舌界清淨舌界清淨
故一切智智清淨何以故若離生性清淨若
舌界清淨若一切智智清淨無二無二分無別
無斷故離生性清淨故味界舌識界及舌
觸舌觸為緣所生諸受清淨味界乃至舌觸
為緣所生諸受清淨故一切智智清淨何以
故若離生性清淨若味界乃至舌觸為緣所
生諸受清淨若一切智智清淨無二無二分
無別無斷故善現離生性清淨故身界清淨
身界清淨故一切智智清淨何以故若離生
性清淨若身界清淨若一切智智清淨無二
無二分無別無斷故離生性清淨故觸界身
識界及身觸身觸為緣所生諸受清淨觸界
乃至身觸為緣所生諸受清淨故一切智智清
淨何以故若離生性清淨若觸界乃至身觸
為緣所生諸受清淨若一切智智清淨無二



無二分無別無斷故離生性清淨故觸界身
識界及身觸身觸為緣所生諸受清淨觸界
乃至身觸為緣所生諸受清淨故一切智智清
淨何以故若離生性清淨若觸界乃至身觸
為緣所生諸受清淨若一切智智清淨無二
無二分無別無斷故善現離生性清淨故意
界清淨意界清淨故一切智智清淨何以故
若離生性清淨若意界清淨若一切智智清
淨無二無二分無別無斷故離生性清淨故法
界意識界及意觸意觸為緣所生諸受清
淨法界乃至意觸為緣所生諸受清淨故一
切智智清淨何以故若離生性清淨若法界
乃至意觸為緣所生諸受清淨若一切智智
清淨無二無二分無別無斷故善現離生性
清淨故地界清淨地界清淨故一切智智清
淨何以故若離生性清淨若地界清淨若一
切智智清淨無二無二分無別無斷故離生
性清淨故水火風空識界清淨水火風空識
界清淨故一切智智清淨何以故若離生性
清淨若水火風空識界清淨若一切智智清
淨無二無二分無別無斷故善現離生性清淨
故無明清淨無明清淨故一切智智清淨何以
故若離生性清淨若無明清淨若一切智
智清淨無二無二分無別無斷故離生性清
淨故行識名色六處觸受愛取有生老死愁
歎苦憂惱清淨行乃至老死愁歎苦憂惱清
淨故一切智智清淨何以故若離生性清淨若

故若離生性清淨若無明清淨若一切智
智清淨無二無二分無別無斷故離生性清
淨故行識名色六處觸受愛取有生老死愁
歎苦憂惱清淨行乃至老死愁歎苦憂惱清
淨故一切智智清淨何以故若離生性清淨若
行乃至老死愁歎苦憂惱清淨若一切智智
清淨無二無二分無別無斷故
善現離生性清淨故布施波羅蜜多清淨布
施波羅蜜多清淨故一切智智清淨何以故
若離生性清淨若布施波羅蜜多清淨若一
切智智清淨無二無二分無別無斷故離生
性清淨故淨戒安忍精進靜慮般若波羅蜜
多清淨淨戒乃至般若波羅蜜多清淨故一
切智智清淨何以故若離生性清淨若淨戒
乃至般若波羅蜜多清淨若一切智智清淨
無二無二分無別無斷故善現離生性清淨
故內空清淨內空清淨故一切智智清淨何
以故若離生性清淨若內空清淨若一切智
智清淨無二無二分無別無斷故離生性清
淨故外空內外空空空大空勝義空有為空
無為空畢竟空無際空散空無變異空本性
空自相空共相空一切法空不可得空無性
空自性空無性自性空清淨外空乃至無性
自性空清淨故一切智智清淨何以故若離
生性清淨若外空乃至無性自性空清淨若
一切智智清淨無二無二分無別無斷故善
現離生性清淨故真如清淨真如清淨故

BD13959號　大般若波羅蜜多經卷二二〇　（20–5）

空自相空共相空一切法空不可得空無性
空自性空無性自性空清淨外空乃至無性
自性空清淨故一切智智清淨何以故若離
生性清淨若外空乃至無性自性空清淨若
一切智智清淨無二無二分無別無斷故善
現離生性清淨故真如清淨真如清淨故
一切智智清淨何以故若離生性清淨若真如
清淨若一切智智清淨無二無二分無別無
斷故離生性清淨故法界法性不虛妄性不
變異性平等性法定法住實際虛空界不思
議界清淨法界乃至不思議界清淨故一切
智智清淨何以故若離生性清淨若法界乃
至不思議界清淨若一切智智清淨無二無
二分無別無斷故善現離生性清淨故苦聖
諦清淨苦聖諦清淨故一切智智清淨何以
故若離生性清淨若苦聖諦清淨若一切智
智清淨無二無二分無別無斷故離生性清
淨故集滅道聖諦清淨集滅道聖諦清淨
故一切智智清淨何以故若離生性清淨若集
滅道聖諦清淨若一切智智清淨無二無二
分無別無斷故善現離生性清淨故四靜慮
清淨四靜慮清淨故一切智智清淨何以故若離
生性清淨若四靜慮清淨若一切智智清淨
無二無二分無別無斷故離生性清淨故
四無量四無色定清淨四無量四無色定
清淨故一切智智清淨何以故若離生性清
淨若四無量四無色定清淨若一切智智清
淨無二無二分無別無斷故善現離生性清

BD13959號　大般若波羅蜜多經卷二二〇　（20–6）

無二無二分無別無斷故離生性清淨故
四無量四無色定清淨四無量四無色定
清淨故一切智智清淨何以故若離生性清
淨若四無量四無色定清淨若一切智智清
淨無二無二分無別無斷故善現離生性清
淨故八解脫清淨八解脫清淨故一切智智
清淨何以故若離生性清淨若八解脫清淨
若一切智智清淨無二無二分無別無斷故
離生性清淨故八勝處九次第定十遍處清
淨八勝處九次第定十遍處清淨故一切智
智清淨何以故若離生性清淨若八勝處九
次第定十遍處清淨若一切智智清淨無二
無二分無別無斷故善現離生性清淨故四念
住清淨四念住清淨故一切智智清淨何
以故若離生性清淨若四念住清淨若一切
智智清淨無二無二分無別無斷故離生性
清淨故四正斷四神足五根五力七等覺支
八聖道支清淨四正斷乃至八聖道支清淨
故一切智智清淨何以故若離生性清淨若
四正斷乃至八聖道支清淨若一切智智清
淨無二無二分無別無斷故善現離生性清
淨故空解脫門清淨空解脫門清淨故一切
智智清淨何以故若離生性清淨若空解脫
門清淨若一切智智清淨無二無二分無別
無斷故離生性清淨故無相無願解脫門清
淨無相無願解脫門清淨故一切智智清淨
何以故若離生性清淨若無相無願解脫門



淨故空解脫門清淨空解脫門清淨故一切
智智清淨何以故若離生性清淨若空解脫
門清淨若一切智智清淨無二無二分無別
無斷故離生性清淨故無相無願解脫門清
淨無相無願解脫門清淨故一切智智清淨
何以故若離生性清淨若無相無願解脫門
清淨若一切智智清淨無二無二分無別無
斷故善現離生性清淨故菩薩十地清淨菩
薩十地清淨故一切智智清淨何以故若離
生性清淨若菩薩十地清淨若一切智智清
淨無二無二分無別無斷故
善現離生性清淨故五眼清淨五眼清淨故
一切智智清淨何以故若離生性清淨若五
眼清淨若一切智智清淨無二無二分無別
無斷故離生性清淨故六神通清淨六神通
清淨故一切智智清淨何以故若離生性清
淨若六神通清淨若一切智智清淨無二無
二分無別無斷故善現離生性清淨故佛十
力清淨佛十力清淨故一切智智清淨何以
故若離生性清淨若佛十力清淨若一切智
智清淨無二無二分無別無斷故離生性清
淨故四無所畏四無礙解大慈大悲大喜大
捨十八佛不共法清淨四無所畏乃至十八佛
不共法清淨故一切智智清淨何以故若離生
性清淨若四無所畏乃至十八佛不共法清
淨若一切智智清淨無二無二分無別無斷
故善現離生性清淨故無忘失法清淨

捨十八佛不共法清淨四無所畏乃至十八佛
不共法清淨故一切智智清淨何以故若離生
性清淨若四無所畏乃至十八佛不共法清
淨若一切智智清淨無二無二分無別無斷
故善現離生性清淨故無忘失法清淨
無忘失法清淨故一切智智清淨何以故若
離生性清淨若無忘失法清淨若一切智智
清淨無二無二分無別無斷故離生性清淨
故恒住捨性清淨恒住捨性清淨故一切智
智清淨何以故若離生性清淨若恒住捨性
清淨若一切智智清淨無二無二分無別無
斷故善現離生性清淨故一切智清淨一切
智清淨故一切智智清淨何以故若離生性
清淨若一切智智清淨無二
無二分無別無斷故離生性清淨故道相智
一切相智清淨道相智一切相智清淨故一切
智智清淨何以故若離生性清淨若道相
智一切相智清淨若一切智智清淨無二無二
分無別無斷故善現離生性清淨故一切
陁羅尼門清淨一切陁羅尼門清淨故一切
智智清淨何以故若離生性清淨若一切陁
羅尼門清淨若一切智智清淨無二無二分
無別無斷故離生性清淨故一切三摩地門
清淨一切三摩地門清淨故一切智智清淨何
以故若離生性清淨若一切三摩地門清淨
若一切智智清淨無二無二分無別無斷故
善現離生性清淨故預流果清淨預流果清

BD13959號　大般若波羅蜜多經卷二二〇　（20–9）

羅尼門清淨若一切智智清淨無二無二分
無別無斷故離生性清淨故一切三摩地門
清淨一切三摩地門清淨故一切智智清淨何
以故若離生性清淨若一切三摩地門清淨
若一切智智清淨無二無二分無別無斷故
善現離生性清淨故預流果清淨預流果清
淨故一切智智清淨何以故若離生性清淨
若預流果清淨若一切智智清淨無二無二
分無別無斷故離生性清淨故一來不還阿
羅漢果清淨一來不還阿羅漢果清淨故一
切智智清淨何以故若離生性清淨若一來
不還阿羅漢果清淨若一切智智清淨無二
無二分無別無斷故善現離生性清淨故獨
覺菩提清淨獨覺菩提清淨故一切智智清
淨何以故若離生性清淨若獨覺菩提清淨
若一切智智清淨無二無二分無別無斷故
善現離生性清淨故一切菩薩摩訶薩行清
淨一切菩薩摩訶薩行清淨故一切智智清
淨何以故若離生性清淨若一切菩薩摩訶
薩行清淨若一切智智清淨無二無二分無別
無斷故善現離生性清淨故諸佛無上正
等菩提清淨諸佛無上正等菩提清淨故一
切智智清淨何以故若離生性清淨若諸佛
無上正等菩提清淨若一切智智清淨無二
無二分無別無斷故
復次善現法定清淨故色清淨色清淨故一
切智智清淨何以故若法定清淨若色清淨

BD13959號　大般若波羅蜜多經卷二二〇　（20–10）

無上正等菩提清淨若一切智智清淨無二
無二分無別無斷故
復次善現法定清淨故色清淨色清淨故一
切智智清淨何以故若法定清淨若色清淨
若一切智智清淨無二無二分無別無斷故
法定清淨故受想行識清淨受想行識清淨
故一切智智清淨何以故若法定清淨若受
想行識清淨若一切智智清淨無二無二分
無別無斷故善現法定清淨故眼處清淨
眼處清淨故一切智智清淨何以故若法定清
淨若眼處清淨若一切智智清淨無二無二
分無別無斷故法定清淨故耳鼻舌身意
處清淨耳鼻舌身意處清淨故一切智智清
淨何以故若法定清淨若耳鼻舌身意處清淨
若一切智智清淨無二無二分無別無斷故
善現法定清淨故色處清淨色處清淨故一
切智智清淨何以故若法定清淨若色處清
淨若一切智智清淨無二無二分無別無斷故
法定清淨故聲香味觸法處清淨聲香味
觸法處清淨故一切智智清淨何以故若法
定清淨若聲香味觸法處清淨若一切智智
清淨無二無二分無別無斷故善現法定清
淨故眼界清淨眼界清淨故一切智智清淨
何以故若法定清淨若眼界清淨若一切智
智清淨無二無二分無別無斷故法定清淨
故色界眼識界及眼觸眼觸為緣所生諸受
清淨色界乃至眼觸為緣所生諸受清淨故

BD13959 號　大般若波羅蜜多經卷二二〇　（20–11）

淨故眼界清淨眼界清淨故一切智智清淨
何以故若法定清淨若眼界清淨若一切智
智清淨無二無二分無別無斷故法定清淨
故色界眼識界及眼觸眼觸為緣所生諸受
清淨色界乃至眼觸為緣所生諸受清淨故
一切智智清淨何以故若法定清淨若色界乃
至眼觸為緣所生諸受清淨若一切智智
清淨無二無二分無別無斷故善現法定清
淨故耳界清淨耳界清淨故一切智智清淨
何以故若法定清淨若耳界清淨若一切智
智清淨無二無二分無別無斷故法定清淨
故聲界耳識界及耳觸耳觸為緣所生諸受
清淨聲界乃至耳觸為緣所生諸受清淨故
一切智智清淨何以故若法定清淨若聲界
乃至耳觸為緣所生諸受清淨若一切智智
清淨無二無二分無別無斷故善現法定清
淨故鼻界清淨鼻界清淨故一切智智清淨
何以故若法定清淨若鼻界清淨若一切智智
清淨無二無二分無別無斷故法定清淨故
香界鼻識界及鼻觸鼻觸為緣所生諸受清
淨香界乃至鼻觸為緣所生諸受清淨故
一切智智清淨何以故若法定清淨若香界
乃至鼻觸為緣所生諸受清淨若一切智智
清淨無二無二分無別無斷故善現法定清
淨故舌界清淨舌界清淨故一切智智清淨
何以故若法定清淨若舌界清淨若一切智
智清淨無二無二分無別無斷故法定清淨

BD13959 號　大般若波羅蜜多經卷二二〇　（20–12）

乃至鼻觸為緣所生諸受清淨若一切智智
清淨無二無二分無別無斷故善現法定清
淨故舌界清淨舌界清淨故一切智智清淨
何以故若法定清淨若舌界清淨若一切智
智清淨無二無二分無別無斷故法定清淨
故味界舌識界及舌觸舌觸為緣所生諸受
清淨故味界乃至舌觸為緣所生諸受清淨
故一切智智清淨何以故若法定清淨若味界
乃至舌觸為緣所生諸受清淨若一切智智
清淨無二無二分無別無斷故善現法定
清淨故身界清淨身界清淨故一切智智清淨
何以故若法定清淨若身界清淨若一切智
智清淨無二無二分無別無斷故法定清淨
故觸界身識界及身觸身觸為緣所生諸受
清淨觸界乃至身觸為緣所生諸受清淨故
一切智智清淨何以故若法定清淨若觸界
乃至身觸為緣所生諸受清淨若一切智智
清淨無二無二分無別無斷故善現法定清
淨故意界清淨意界清淨故一切智智清淨
何以故若法定清淨若意界清淨若一切智
智清淨無二無二分無別無斷故法定清淨故
法界意識界及意觸意觸為緣所生諸受
清淨法界乃至意觸為緣所生諸受清淨故
一切智智清淨何以故若法定清淨若法界
乃至意觸為緣所生諸受清淨若一切智智
清淨無二無二分無別無斷故善現法定清
淨故地界清淨地界清淨故一切智智清淨

BD13959 號　大般若波羅蜜多經卷二二〇　（20-13）

清淨法界乃至意觸為緣所生諸受清淨故
一切智智清淨何以故若法定清淨若法界
乃至意觸為緣所生諸受清淨若一切智智
清淨無二無二分無別無斷故善現法定清
淨故地界清淨地界清淨故一切智智清淨
何以故若法定清淨若地界清淨若一切智
智清淨無二無二分無別無斷故法定清淨
故水火風空識界清淨水火風空識界清淨
故一切智智清淨何以故若法定清淨若水
火風空識界清淨若一切智智清淨無二無
二分無別無斷故善現法定清淨故無明清
淨無明清淨故一切智智清淨何以故若法
定清淨若無明清淨若一切智智清淨無二
無二分無別無斷故法定清淨故行識名色
六處觸受愛取有生老死愁歎苦憂惱清
淨行乃至老死愁歎苦憂惱清淨故一切智智
清淨何以故若法定清淨若行乃至老死愁
歎苦憂惱清淨若一切智智清淨無二無二
分無別無斷故
善現法定清淨故布施波羅蜜多清淨布施
波羅蜜多清淨故一切智智清淨何以故若
法定清淨若布施波羅蜜多清淨若一切智
智清淨無二無二分無別無斷故法定清淨
故淨戒安忍精進靜慮般若波羅蜜多清淨
淨戒乃至般若波羅蜜多清淨故一切智智
清淨何以故若法定清淨若淨戒乃至般若
波羅蜜多清淨若一切智智清淨無二無二

BD13959 號　大般若波羅蜜多經卷二二〇　（20-14）

故淨戒安忍精進靜慮般若波羅蜜多清淨
淨戒乃至般若波羅蜜多清淨故一切智智
清淨何以故若法定清淨若淨戒乃至般若
波羅蜜多清淨若一切智智清淨無二無二
分無別無斷故善現法定清淨故內空清淨
內空清淨一切智智清淨何以故若法定清
淨若內空清淨若一切智智清淨無二無二
分無別無斷故法定清淨故外空內外空空
空大空勝義空有為空無為空畢竟空無
際空散空無變異空本性空自相空共相空一
切法空不可得空無性空自性空無性自性空
清淨外空乃至無性自性空清淨故一切智
智清淨何以故若法定清淨若外空乃至
無性自性空清淨若一切智智清淨無二無二
分無別無斷故善現法定清淨故真如清
淨真如清淨故一切智智清淨何以故若法
定清淨若真如清淨若一切智智清淨無二
無二分無別無斷故法定清淨故法界法性
不虛妄性不變異性平等性離生性法住實
際虛空界不思議界清淨法界乃至不思議
界清淨故一切智智清淨何以故若法定清淨
若法界乃至不思議界清淨若一切智智清
淨無二無二分無別無斷故善現法定清淨
故苦聖諦清淨苦聖諦清淨故一切智智清
淨何以故若法定清淨若苦聖諦清淨若
一切智智清淨無二無二分無別無斷故法
定清淨故集滅道聖諦清淨集滅道聖諦清

BD13959號　大般若波羅蜜多經卷二二〇　（20–15）

故苦聖諦清淨苦聖諦清淨故一切智智清
淨何以故若法定清淨若苦聖諦清淨若
一切智智清淨無二無二分無別無斷故法
定清淨故集滅道聖諦清淨集滅道聖諦清
淨故一切智智清淨何以故若法定清淨若
集滅道聖諦清淨若一切智智清淨無二無
二分無別無斷故善現法定清淨故四靜慮清
淨四靜慮清淨故一切智智清淨何以故
若法定清淨若四靜慮清淨若一切智智清
淨無二無二分無別無斷故法定清淨故四
無量四無色定清淨四無量四無色定清淨故
一切智智清淨何以故若法定清淨若四無
量四無色定清淨若一切智智清淨無二
無二分無別無斷故善現法定清淨故八解
脫清淨八解脫清淨故一切智智清淨何以
故若法定清淨若八解脫清淨若一切智智
清淨無二無二分無別無斷故法定清淨故
八勝處九次第定十遍處清淨八勝處九次
第定十遍處清淨故一切智智清淨何以故
若法定清淨若八勝處九次第定十遍處清
淨若一切智智清淨無二無二分無別無斷
故善現法定清淨故四念住清淨四念住清
淨故一切智智清淨何以故若法定清淨若
四念住清淨若一切智智清淨無二無二分
無別無斷故法定清淨故四正斷四神足五
根五力七等覺支八聖道支清淨四正斷乃
至八聖道支清淨故一切智智清淨何以故

BD13959號　大般若波羅蜜多經卷二二〇　（20–16）

淨故一切智智清淨何以故若法定清淨若
四念住清淨若一切智智清淨無二無二分
無別無斷故法定清淨故四正斷四神足五
根五力七菩覺支八聖道支清淨四正斷乃
至八聖道支清淨故一切智智清淨何以故
若法定清淨若四正斷乃至八聖道支清淨
若一切智智清淨無二無二分無別無斷故
善現法定清淨故空解脫門清淨空解脫門
清淨故一切智智清淨何以故若法定清淨
若空解脫門清淨若一切智智清淨無二無
二分無別無斷故法定清淨故無相無願解
脫門清淨無相無願解脫門清淨故一切智
智清淨何以故若法定清淨若無相無願解
脫門清淨若一切智智清淨無二無二分無
別無斷故善現法定清淨故菩薩十地清淨
菩薩十地清淨故一切智智清淨何以故若
法定清淨若菩薩十地清淨若一切智智清
淨無二無二分無別無斷故
善現法定清淨故五眼清淨五眼清淨故一
切智智清淨何以故若法定清淨若五眼清
淨若一切智智清淨無二無二分無別無斷故
法定清淨故六神通清淨六神通清淨故
一切智智清淨何以故若法定清淨若六神
通清淨若一切智智清淨無二無二分無別
無斷故善現法定清淨故佛十力清淨佛十
力清淨故一切智智清淨何以故若法定清
淨若佛十力清淨若一切智智清淨無二無



一切智智清淨何以故若法定清淨若六神
通清淨若一切智智清淨無二無二分無別
無斷故善現法定清淨故佛十力清淨佛十
力清淨故一切智智清淨何以故若法定清
淨若佛十力清淨若一切智智清淨無二無
二分無別無斷故法定清淨故四無所畏四
無礙解大慈大悲大喜大捨十八佛不共法
清淨四無所畏乃至十八佛不共法清淨故一
切智智清淨何以故若法定清淨若四無
所畏乃至十八佛不共法清淨若一切智智
清淨無二無二分無別無斷故善現法定清
淨故無忘失法清淨無忘失法清淨故一切
智智清淨何以故若法定清淨若無忘失法
清淨若一切智智清淨無二無二分無別無斷
故法定清淨故恒住捨性清淨恒住捨性
清淨故一切智智清淨何以故若法定清淨
若恒住捨性清淨若一切智智清淨無二無
二分無別無斷故善現法定清淨故一切智
清淨一切智清淨故一切智智清淨何以故
若法定清淨若一切智清淨若一切智智清
淨無二無二分無別無斷故法定清淨故道
相智一切相智清淨道相智一切相智清淨
故一切智智清淨何以故若法定清淨若道
相智一切相智清淨若一切智智清淨無二
無二分無別無斷故善現法定清淨故一切
陀羅尼門清淨一切陀羅尼門清淨故一切
智智清淨何以故若法定清淨若一切陀羅

相智一切相智清淨若一切智智清淨無二
無二分無別無斷故善現法定清淨故一切
陁羅尼門清淨一切陁羅尼門清淨故一切
智智清淨何以故若法定清淨若一切陁羅
尼門清淨若一切智智清淨無二無二分無
別無斷故法定清淨故一切三摩地門清淨
一切三摩地門清淨故一切智智清淨何以
故若法定清淨若一切三摩地門清淨若一
切智智清淨無二無二分無別無斷故
善現法定清淨故預流果清淨預流果清淨
故一切智智清淨何以故若法定清淨若預流
果清淨若一切智智清淨無二無二分無
別無斷故法定清淨故一來不還阿羅漢果
清淨一來不還阿羅漢果清淨故一切智智清
淨何以故若法定清淨若一來不還阿羅漢
果清淨若一切智智清淨無二無二分無別
無斷故善現法定清淨故獨覺菩提清淨獨
覺菩提清淨故一切智智清淨何以故若法
定清淨若獨覺菩提清淨若一切智智清淨
無二無二分無別無斷故善現法定清淨故
一切菩薩摩訶薩行清淨一切菩薩摩訶薩
行清淨故一切智智清淨何以故若法定清
淨若一切菩薩摩訶薩行清淨若一切智智
清淨無二無二分無別無斷故善現法定清
淨故諸佛无上正等菩提清淨諸佛无上正
等菩提清淨故一切智智清淨何以故若法定

BD13959號　大般若波羅蜜多經卷二二〇　（20–19）

一切菩薩摩訶薩行清淨一切菩薩摩訶薩
行清淨故一切智智清淨何以故若法定清
淨若一切菩薩摩訶薩行清淨若一切智智
清淨無二無二分無別無斷故善現法定清
淨故諸佛无上正等菩提清淨諸佛无上正
等菩提清淨故一切智智清淨何以故若法定
清淨若諸佛無上正等菩提清淨若一切
智智清淨無二無二分無別無斷故

大般若波羅蜜多經卷第二百廿

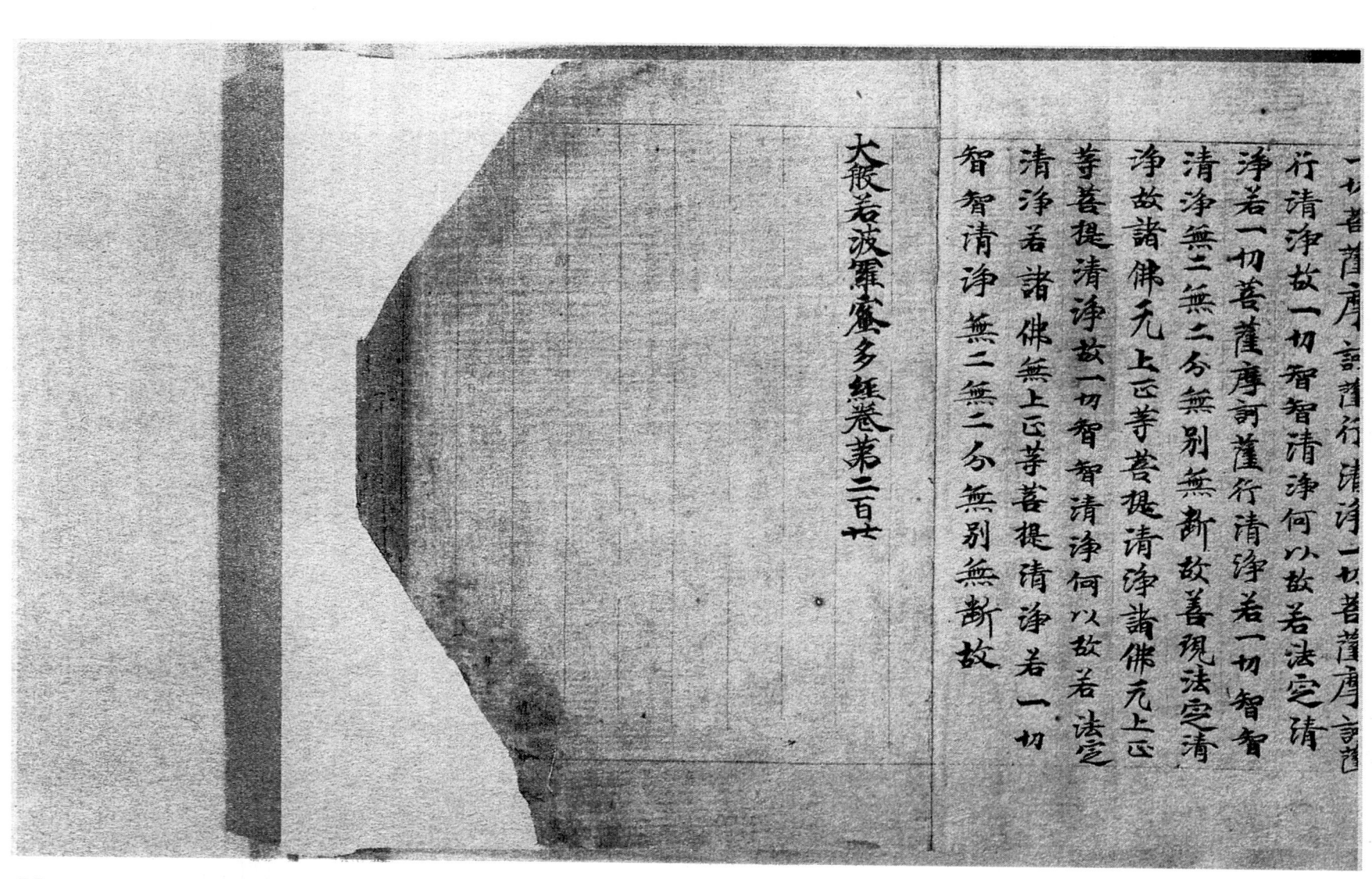

BD13959號　大般若波羅蜜多經卷二二〇　（20–20）

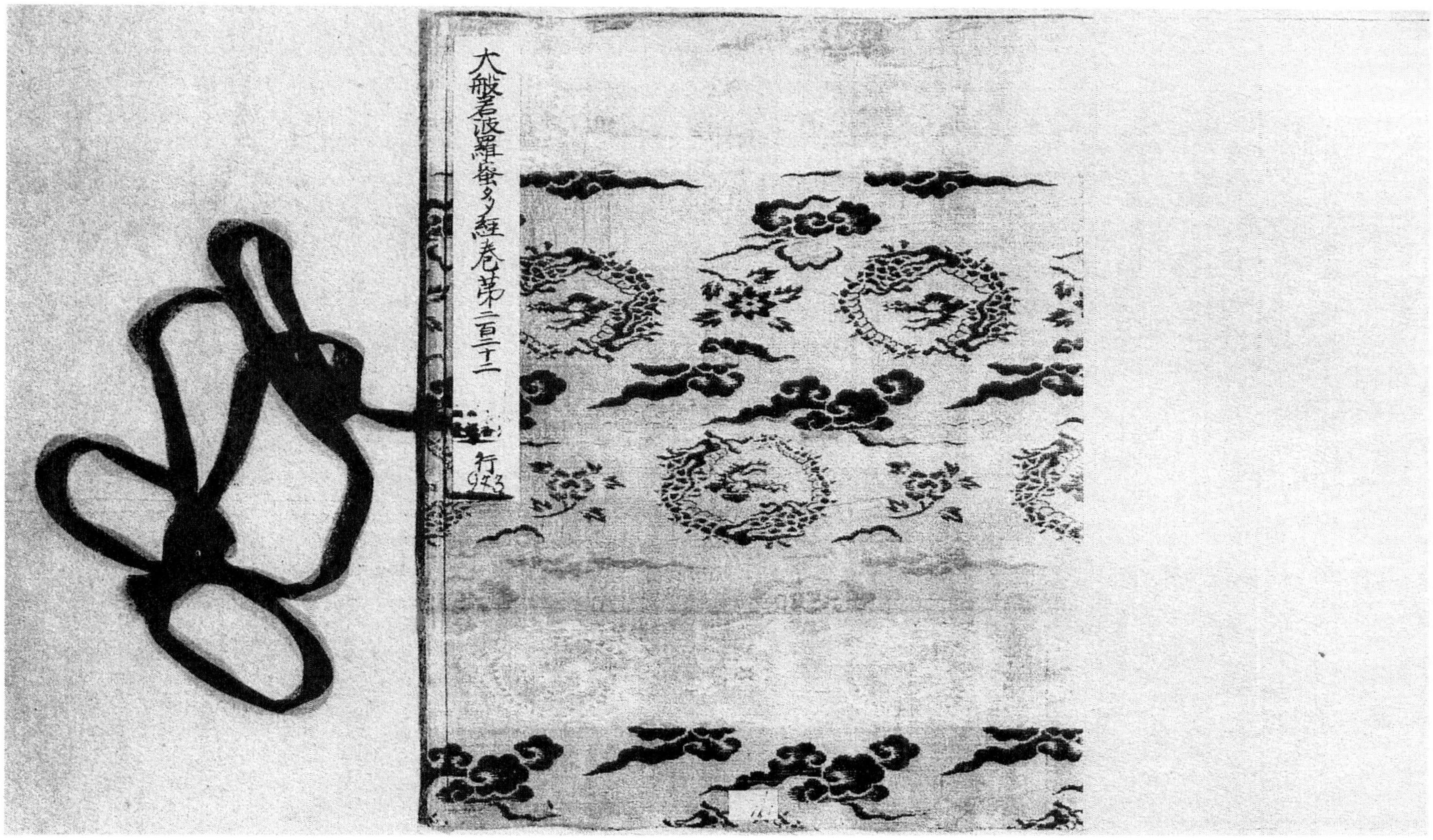


BD13960 號背　現代護首　　（1–1）

BD13960 號　大般若波羅蜜多經卷二二二　　（22–1）

大般若波羅蜜多經卷第二百廿二

初分難信解品第卅四之卌一　　三藏法師玄奘奉　詔譯

復次善現虛空界清淨故色清淨色清淨故
一切智智清淨何以故若虛空界清淨若色
清淨若一切智智清淨無二無二分無別無
斷故虛空界清淨故受想行識清淨受想行
識清淨故一切智智清淨何以故若虛空界
清淨若受想行識清淨若一切智智清淨無

BD13960號　大般若波羅蜜多經卷二二二　　（22–2）

清淨若一切智智清淨無二無二分無別無
斷故虛空界清淨故受想行識清淨受想行
識清淨故一切智智清淨何以故若虛空界
清淨若受想行識清淨若一切智智清淨無
二無二分無別無斷故善現虛空界清淨故
眼處清淨眼處清淨故一切智智清淨何以
故若虛空界清淨若眼處清淨若一切智智
清淨無二無二分無別無斷故虛空界清淨
故耳鼻舌身意處清淨耳鼻舌身意處清
淨故一切智智清淨何以故若虛空界清淨若
耳鼻舌身意處清淨若一切智智清淨無二
無二分無別無斷故善現虛空界清淨故色
處清淨色處清淨故一切智智清淨何以故
若虛空界清淨若色處清淨若一切智智清
淨無二無二分無別無斷故虛空界清淨故
聲香味觸法處清淨聲香味觸法處清淨故
一切智智清淨何以故若虛空界清淨若聲
香味觸法處清淨若一切智智清淨無二無
二分無別無斷故善現虛空界清淨故眼界

大般若波羅蜜多經卷第二百廿二

初分難信解品第卅四之卌一　　三藏法師玄奘奉　詔譯

復次善現虛空界清淨故色清淨色清淨故
一切智智清淨何以故若虛空界清淨若色

BD13960號　大般若波羅蜜多經卷二二二　　（22–3）

大般若波羅蜜多經卷第二百廿二
初分難信解品第卅四之卌一　三藏法師玄奘奉　詔譯
復次善現虛空界清淨故色清淨色清淨故
一切智智清淨何以故若虛空界清淨若色
清淨若一切智智清淨無二無二分無別無
斷故虛空界清淨故受想行識清淨受想
行識清淨故一切智智清淨何以故若虛空界
清淨若受想行識清淨若一切智智清淨無
二無二分無別無斷故善現虛空界清淨故
眼處清淨眼處清淨故一切智智清淨何以
故若虛空界清淨若眼處清淨若一切智智
清淨無二無二分無別無斷故虛空界清淨
故耳鼻舌身意處清淨耳鼻舌身意處清淨
故一切智智清淨何以故若虛空界清淨若
耳鼻舌身意處清淨若一切智智清淨無二
無二分無別無斷故善現虛空界清淨故色
處清淨色處清淨故一切智智清淨何以故
若虛空界清淨若色處清淨若一切智智清
淨無二無二分無別無斷故虛空界清淨故
聲香味觸法處清淨聲香味觸法處清淨故
一切智智清淨何以故若虛空界清淨若聲
香味觸法處清淨若一切智智清淨無二無
二分無別無斷故善現虛空界清淨故眼界
清淨眼界清淨故一切智智清淨何以故若
虛空界清淨若眼界清淨若一切智智清淨
無二無二分無別無斷故虛空界清淨故色
界眼識界及眼觸眼觸為緣所生諸受清淨
色界乃至眼觸為緣所生諸受清淨故一切

BD13960號　大般若波羅蜜多經卷二二二　（22–4）

虛空界清淨若眼界清淨若一切智智清淨
無二無二分無別無斷故虛空界清淨故色
界眼識界及眼觸眼觸為緣所生諸受清淨
色界乃至眼觸為緣所生諸受清淨故一切
智智清淨何以故若虛空界清淨若色界乃
至眼觸為緣所生諸受清淨若一切智智清
淨無二無二分無別無斷故善現虛空界清
淨故耳界清淨耳界清淨故一切智智清淨
何以故若虛空界清淨若耳界清淨若一切
智智清淨無二無二分無別無斷故虛空界
清淨故聲界耳識界及耳觸耳觸為緣所生
諸受清淨聲界乃至耳觸為緣所生諸受清
淨故一切智智清淨何以故若虛空界清淨
若聲界乃至耳觸為緣所生諸受清淨若一
切智智清淨無二無二分無別無斷故善現
虛空界清淨故鼻界清淨鼻界清淨故一切
智智清淨何以故若虛空界清淨若鼻界清
淨若一切智智清淨無二無二分無別無斷
故虛空界清淨故香界鼻識界及鼻觸鼻觸
為緣所生諸受清淨香界乃至鼻觸為緣所
生諸受清淨故一切智智清淨何以故若虛
空界清淨若香界乃至鼻觸為緣所生諸受
清淨若一切智智清淨無二無二分無別無
斷故善現虛空界清淨故舌界清淨舌界清
淨故一切智智清淨何以故若虛空界清淨
若舌界清淨若一切智智清淨無二無二分
無別無斷故虛空界清淨故味界舌識界及
舌觸舌觸為緣所生諸受清淨味界乃至舌
觸為緣所生諸受清淨故一切智智清淨何

BD13960號　大般若波羅蜜多經卷二二二　（22–5）

斷故善現盡空界清淨故舌界清淨舌界清
淨故一切智智清淨何以故若盡空界清淨
若舌界清淨若一切智智清淨無二無二分
無別無斷故虛空界清淨故味界舌識界及
舌觸舌觸為緣所生諸受清淨味界乃至舌
觸為緣所生諸受清淨故一切智智清淨何
以故若盡空界清淨若味界乃至舌觸為緣
所生諸受清淨若一切智智清淨無二無二
分無別無斷故善現虛空界清淨故身界清
淨身界清淨故一切智智清淨何以故若盡
空界清淨若身界清淨若一切智智清淨無
二無二分無別無斷故盡空界清淨故觸界
身識界及身觸身觸為緣所生諸受清淨
觸界乃至身觸為緣所生諸受清淨故一切智
智清淨何以故若盡空界清淨若觸界乃至
身觸為緣所生諸受清淨若一切智智清淨
無二無二分無別無斷故善現盡空界清淨
故意界清淨意界清淨故一切智智清淨何
以故若盡空界清淨若意界清淨若一切智
智清淨無二無二分無別無斷故盡空界清
淨故法界意識界及意觸意觸為緣所生諸
受清淨法界乃至意觸為緣所生諸受清淨
故一切智智清淨何以故若虛空界清淨若
法界乃至意觸為緣所生諸受清淨若一切
智智清淨無二無二分無別無斷故善現盡
空界清淨故地界清淨地界清淨故一切智
智清淨何以故若盡空界清淨若地界清淨
若一切智智清淨無二無二分無別無斷故

BD13960 號　大般若波羅蜜多經卷二二二

(22–6)

智智清淨無二無二分無別無斷故善現盡
空界清淨故地界清淨地界清淨故一切智
智清淨何以故若盡空界清淨若地界清淨
若一切智智清淨無二無二分無別無斷故
盡空界清淨故水火風空識界清淨水火風
空識界清淨故一切智智清淨何以故若盡
空界清淨若水火風空識界清淨若一切智
智清淨無二無二分無別無斷故善現盡空
界清淨故無明清淨無明清淨故一切智智
清淨何以故若盡空界清淨若無明清淨若
一切智智清淨無二無二分無別無斷故盡
空界清淨故行識名色六處觸受愛取有生
老死愁歎苦憂惱清淨行乃至老死愁歎苦
憂惱清淨故一切智智清淨何以故若盡空
界清淨若行乃至老死愁歎苦憂惱清淨若
一切智智清淨無二無二分無別無斷故
善現盡空界清淨故布施波羅蜜多清淨布
施波羅蜜多清淨故一切智智清淨何以故
若虛空界清淨若布施波羅蜜多清淨若一
切智智清淨無二無二分無別無斷故盡空
界清淨故淨戒安忍精進靜慮般若波羅蜜
多清淨淨戒乃至般若波羅蜜多清淨故一
切智智清淨何以故若虛空界清淨若淨戒
乃至般若波羅蜜多清淨若一切智智清淨
無二無二分無別無斷故善現盡空界清淨
故內空清淨內空清淨故一切智智清淨何
以故若盡空界清淨若內空清淨若一切智
智清淨無二無二分無別無斷故盡空界清

BD13960 號　大般若波羅蜜多經卷二二二

(22–7)

無二無二分無別無斷故善現虛空界清淨
故內空清淨內空清淨故一切智智清淨何
以故若虛空界清淨若內空清淨若一切智
智清淨無二無二分無別無斷故虛空界清
淨故外空內外空空空大空勝義空有為空
無為空畢竟空無際空散空無變異空本性
空自相空共相空一切法空不可得空無性
空自性空無性自性空清淨外空乃至無性
自性空清淨故一切智智清淨何以故若虛
空界清淨若外空乃至無性自性空清淨若
一切智智清淨無二無二分無別無斷故善
現虛空界清淨故真如清淨真如清淨故一
切智智清淨何以故若虛空界清淨若真如
清淨若一切智智清淨無二無二分無別無
斷故虛空界清淨故法界法性不虛妄性不
變異性平等性離生性法定法住實際不
思議界清淨法界乃至不思議界清淨故一切
智智清淨何以故若虛空界清淨若法界乃
至不思議界清淨若一切智智清淨無二無
二分無別無斷故善現虛空界清淨故苦聖
諦清淨苦聖諦清淨故一切智智清淨何以
故若虛空界清淨若苦聖諦清淨若一切智
智清淨無二無二分無別無斷故虛空界清
淨故集滅道聖諦清淨集滅道聖諦清淨
故一切智智清淨何以故若虛空界清淨若集
滅道聖諦清淨若一切智智清淨無二無二
分無別無斷故善現虛空界清淨故四靜慮
清淨四靜慮清淨故一切智智清淨何以故

BD13960號　大般若波羅蜜多經卷二二二　（22–8）

淨故集滅道聖諦清淨集滅道聖諦清淨
故一切智智清淨何以故若虛空界清淨若集
滅道聖諦清淨若一切智智清淨無二無二
分無別無斷故善現虛空界清淨故四靜慮
清淨四靜慮清淨故一切智智清淨何以故
若虛空界清淨若四靜慮清淨若一切智智
清淨無二無二分無別無斷故虛空界清淨
故四無量四無色定清淨四無量四無色定清
淨故一切智智清淨何以故若虛空界清
淨若四無量四無色定清淨若一切智智清
淨無二無二分無別無斷故善現虛空界清
淨故八解脫清淨八解脫清淨故一切智智
清淨何以故若虛空界清淨若八解脫清淨
若一切智智清淨無二無二分無別無斷故虛
空界清淨故八勝處九次第定十遍處清
淨八勝處九次第定十遍處清淨故一切智
智清淨何以故若虛空界清淨若八勝處九
次第定十遍處清淨若一切智智清淨無二
無二分無別無斷故善現虛空界清淨故四
念住清淨四念住清淨故一切智智清淨何
以故若虛空界清淨若四念住清淨若一切
智智清淨無二無二分無別無斷故虛空界
清淨故四正斷四神足五根五力七等覺支
八聖道支清淨四正斷乃至八聖道支清淨
故一切智智清淨何以故若虛空界清淨若
四正斷乃至八聖道支清淨若一切智智清
淨無二無二分無別無斷故善現虛空界清
淨故空解脫門清淨空解脫門清淨故一切

BD13960號　大般若波羅蜜多經卷二二二　（22–9）

故一切智智清淨何以故若虛空界清淨若
四正斷乃至八聖道支清淨若一切智智清
淨無二無二分無別無斷故善現虛空界清
淨故空解脫門清淨空解脫門清淨故一切
智智清淨何以故若虛空界清淨若空解脫
門清淨若一切智智清淨無二無二分無別
無斷故虛空界清淨故無相無願解脫門清
淨無相無願解脫門清淨故一切智智清淨
何以故若虛空界清淨若無相無願解脫門
清淨若一切智智清淨無二無二分無別無
斷故善現虛空界清淨故菩薩十地清淨菩
薩十地清淨故一切智智清淨何以故若虛
空界清淨若菩薩十地清淨若一切智智清
淨無二無二分無別無斷故
善現虛空界清淨故五眼清淨五眼清淨故
一切智智清淨何以故若虛空界清淨若五
眼清淨若一切智智清淨無二無二分無別
無斷故虛空界清淨故六神通清淨六神通
清淨故一切智智清淨何以故若虛空界清
淨若六神通清淨若一切智智清淨無二無
二分無別無斷故善現虛空界清淨故佛十
力清淨佛十力清淨故一切智智清淨何以
故若虛空界清淨若佛十力清淨若一切智
智清淨無二無二分無別無斷故虛空界清
淨故四無所畏四無礙解大慈大悲大喜大
捨十八佛不共法清淨四無所畏乃至十八
佛不共法清淨故一切智智清淨何以故若
虛空界青淨若四無所畏乃至十八佛不共



淨故四無所畏四無礙解大慈大悲大喜大
捨十八佛不共法清淨四無所畏乃至十八
佛不共法清淨故一切智智清淨何以故若
虛空界清淨若四無所畏乃至十八佛不共
法清淨若一切智智清淨無二無二分無別
無斷故善現虛空界清淨故無忘失法清淨
無忘失法清淨故一切智智清淨何以故若
虛空界清淨若無忘失法清淨若一切智智
清淨無二無二分無別無斷故虛空界清淨故
恒住捨性清淨恒住捨性清淨故一切智智
清淨何以故若虛空界清淨若恒住捨性清
淨若一切智智清淨無二無二分無別無斷
故善現虛空界清淨故一切智清淨一切智
清淨故一切智智清淨何以故若虛空界清
淨若一切智智清淨無二無
二分無別無斷故虛空界清淨故道相智一
切相智清淨道相智一切相智清淨故一切
智智清淨何以故若虛空界清淨若道相
智一切相智清淨若一切智智清淨無二無二
分無別無斷故善現虛空界清淨故一切陀
羅尼門清淨一切陀羅尼門清淨故一切智
智清淨何以故若虛空界清淨若一切陀羅
尼門清淨若一切智智清淨無二無二分無
別無斷故虛空界清淨故一切三摩地門清
淨一切三摩地門清淨故一切智智清淨何
以故若虛空界清淨若一切三摩地門清淨
若一切智智清淨無二無二分無別無斷故
善現虛空界清淨故預流果清淨預流果清

別無斷故虛空界清淨故一切三摩地門清
淨一切三摩地門清淨故一切智智清淨何
以故若虛空界清淨若一切三摩地門清淨
若一切智智清淨無二無二分無別無斷故
善現虛空界清淨故預流果清淨預流果清
淨故一切智智清淨何以故若虛空界清淨
若預流果清淨若一切智智清淨無二無二
分無別無斷故虛空界清淨故一來不還阿
羅漢果清淨一來不還阿羅漢果清淨故一
切智智清淨何以故若虛空界清淨若一來
不還阿羅漢果清淨若一切智智清淨無二
無二分無別無斷故善現虛空界清淨故獨
覺菩提清淨獨覺菩提清淨故一切智智
清淨何以故若虛空界清淨若獨覺菩提清
淨若一切智智清淨無二無二分無別無斷故
善現虛空界清淨故一切菩薩摩訶薩行清
淨一切菩薩摩訶薩行清淨故一切智智清
淨何以故若虛空界清淨若一切菩薩摩訶
薩行清淨若一切智智清淨無二無二分無
別無斷故善現虛空界清淨故諸佛無上正
等菩提清淨諸佛無上正等菩提清淨故一
切智智清淨何以故若虛空界清淨若諸佛
無上正等菩提清淨若一切智智清淨無二
無二分無別無斷故
復次善現不思議界清淨故色清淨色清淨
故一切智智清淨何以故若不思議界清淨
若色清淨若一切智智清淨無二無二分無
別無斷故不思議界清淨故受想行識清淨
受想行識清淨故一切智智清淨何以故若



復次善現不思議界清淨故色清淨色清淨
故一切智智清淨何以故若不思議界清淨
若色清淨若一切智智清淨無二無二分無
別無斷故不思議界清淨故受想行識清淨
受想行識清淨故一切智智清淨何以故若
不思議界清淨若受想行識清淨若一切智
智清淨無二無二分無別無斷故善現不思
議界清淨故眼處清淨眼處清淨故一切智
智清淨何以故若不思議界清淨若眼處清
淨若一切智智清淨無二無二分無別無斷
故不思議界清淨故耳鼻舌身意處清淨
耳鼻舌身意處清淨故一切智智清淨何以故
若不思議界清淨若耳鼻舌身意處清淨若
一切智智清淨無二無二分無別無斷故善
現不思議界清淨故色處清淨色處清淨故
一切智智清淨何以故若不思議界清淨若
色處清淨若一切智智清淨無二無二分無
別無斷故不思議界清淨故聲香味觸法
處清淨聲香味觸法處清淨故一切智智清
淨何以故若不思議界清淨若聲香味觸法處
清淨若一切智智清淨無二無二分無別無
斷故善現不思議界清淨故眼界清淨眼界
清淨故一切智智清淨何以故若不思議界
清淨若眼界清淨若一切智智清淨無二無
二分無別無斷故不思議界清淨故色界眼
識界及眼觸眼觸為緣所生諸受清淨色界
乃至眼觸為緣所生諸受清淨故一切智智
清淨何以故若不思議界清淨若色界乃至

二分無別無斷故不思議界清淨故色界眼
識界及眼觸眼觸為緣所生諸受清淨色界
乃至眼觸為緣所生諸受清淨故一切智智
清淨何以故若不思議界清淨若色界乃至
眼觸為緣所生諸受清淨若一切智智清淨
無二無二分無別無斷故善現不思議界清淨
故耳界清淨耳界清淨故一切智智清淨
何以故若不思議界清淨若耳界清淨若一
切智智清淨無二無二分無別無斷故不思
議界清淨故聲界耳識界及耳觸耳觸為緣
所生諸受清淨聲界乃至耳觸為緣所生諸
受清淨故一切智智清淨何以故若不思議
界清淨若聲界乃至耳觸為緣所生諸受清
淨若一切智智清淨無二無二分無別無斷故
善現不思議界清淨故鼻界清淨鼻界清
淨故一切智智清淨何以故若不思議界清
淨若鼻界清淨若一切智智清淨無二無二
分無別無斷故不思議界清淨故香界鼻識
界及鼻觸鼻觸為緣所生諸受清淨香界乃
至鼻觸為緣所生諸受清淨故一切智智清
淨何以故若不思議界清淨若香界乃至鼻
觸為緣所生諸受清淨若一切智智清淨無
二無二分無別無斷故善現不思議界清淨
故舌界清淨舌界清淨故一切智智清淨何
以故若不思議界清淨若舌界清淨若一切
智智清淨無二無二分無別無斷故不思議
界清淨故味界舌識界及舌觸舌觸為緣所

BD13960 號　大般若波羅蜜多經卷二二二　（22–14）

故舌界清淨舌界清淨故一切智智清淨何
以故若不思議界清淨若舌界清淨若一切
智智清淨無二無二分無別無斷故不思議
界清淨故味界舌識界及舌觸舌觸為緣所
生諸受清淨味界乃至舌觸為緣所生諸受
清淨故一切智智清淨何以故若不思議界
清淨若味界乃至舌觸為緣所生諸受清淨
若一切智智清淨無二無二分無別無斷故
善現不思議界清淨故身界清淨身界清淨
故一切智智清淨何以故若不思議界清淨
若身界清淨若一切智智清淨無二無二分
無別無斷故不思議界清淨故觸界身識界
及身觸身觸為緣所生諸受清淨觸界乃至
身觸為緣所生諸受清淨故一切智智清淨
何以故若不思議界清淨若觸界乃至身觸
為緣所生諸受清淨若一切智智清淨無二
無二分無別無斷故善現不思議界清淨故
意界清淨意界清淨故一切智智清淨何以
故若不思議界清淨若意界清淨若一切智
智清淨無二無二分無別無斷故不思議界
清淨故法界意識界及意觸意觸為緣所生
諸受清淨法界乃至意觸為緣所生諸受清
淨故一切智智清淨何以故若不思議界清
淨若法界乃至意觸為緣所生諸受清淨若
一切智智清淨無二無二分無別無斷故善
現不思議界清淨故地界清淨地界清淨故
一切智智清淨何以故若不思議界清淨若
地界清淨若一切智智清淨無二無二分無

BD13960 號　大般若波羅蜜多經卷二二二　（22–15）

一切智智清淨無二無二分無別無斷故善
現不思議界清淨故地界清淨地界清淨故
一切智智清淨何以故若不思議界清淨若
地界清淨若一切智智清淨無二無二分無
別無斷故不思議界清淨故水火風空識界
清淨水火風空識界清淨故一切智智清淨
何以故若不思議界清淨若水火風空識界
清淨若一切智智清淨無二無二分無別無
斷故善現不思議界清淨故無明清淨無明
清淨故一切智智清淨何以故若不思議界
清淨若無明清淨若一切智智清淨無二無
二分無別無斷故不思議界清淨故行識名
色六處觸受愛取有生老死愁歎苦憂惱清
淨行乃至老死愁歎苦憂惱清淨故一切智
智清淨何以故若不思議界清淨若行乃至
老死愁歎苦憂惱清淨若一切智智清淨無
二無二分無別無斷故
善現不思議界清淨故布施波羅蜜多清淨
布施波羅蜜多清淨故一切智智清淨何以
故若不思議界清淨若布施波羅蜜多清淨
若一切智智清淨無二無二分無別無斷故
不思議界清淨故淨戒安忍精進靜慮般若
波羅蜜多清淨淨戒乃至般若波羅蜜多清
淨故一切智智清淨何以故若不思議界清
淨若淨戒乃至般若波羅蜜多清淨若一切
智智清淨無二無二分無別無斷故善現不
思議界清淨故內空清淨內空清淨故一切
智智清淨何以故若不思議界清淨若內空



淨故一切智智清淨何以故若不思議界清
淨若淨戒乃至般若波羅蜜多清淨若一切
智智清淨無二無二分無別無斷故善現不
思議界清淨故內空清淨內空清淨故一切
智智清淨何以故若不思議界清淨若內空
清淨若一切智智清淨無二無二分無別無
斷故不思議界清淨故外空內外空空空大
空勝義空有為空無為空畢竟空無際空
散空無變異空本性空自相空共相空一切法
空不可得空無性空自性空無性自性空清
淨外空乃至無性自性空清淨故一切智智
清淨何以故若不思議界清淨若外空乃至
無性自性空清淨若一切智智清淨無二無
二分無別無斷故善現不思議界清淨故真
如清淨真如清淨故一切智智清淨何以故
若不思議界清淨若真如清淨若一切智智
清淨無二無二分無別無斷故不思議界清
淨故法界法性不虛妄性不變異性平等性
離生性法定法住實際虛空界清淨法界乃
至虛空界清淨故一切智智清淨何以故若
不思議界清淨若法界乃至虛空界清淨若
一切智智清淨無二無二分無別無斷故善
現不思議界清淨故苦聖諦清淨苦聖諦清
淨故一切智智清淨何以故若不思議界清
淨若苦聖諦清淨若一切智智清淨無二無
二分無別無斷故不思議界清淨故集滅道
聖諦清淨集滅道聖諦清淨故一切智智清

淨故一切智智清淨何以故若不思議界清
淨若苦聖諦清淨若一切智智清淨無二無
二分無別無斷故不思議界清淨故集滅道
聖諦清淨集滅道聖諦清淨故一切智智清
淨何以故若不思議界清淨若集滅道聖諦
清淨若一切智智清淨無二無二分無別無
斷故善現不思議界清淨故四靜慮清淨四
靜慮清淨故一切智智清淨何以故若不思
議界清淨若四靜慮清淨若一切智智清淨
無二無二分無別無斷故不思議界清淨故
四無量四無色定清淨四無量四無色定清
淨故一切智智清淨何以故若不思議界清
淨若四無量四無色定清淨若一切智智清
淨無二無二分無別無斷故善現不思議界
清淨故八解脫清淨八解脫清淨故一切智
智清淨何以故若不思議界清淨若八解脫
清淨若一切智智清淨無二無二分無別無
斷故不思議界清淨故八勝處九次第定十
遍處清淨八勝處九次第定十遍處清淨
故一切智智清淨何以故若不思議界清淨若
八勝處九次第定十遍處清淨若一切智智清
淨無二無二分無別無斷故善現不思議界
清淨故四念住清淨四念住清淨故一切智
智清淨何以故若不思議界清淨若四念住
清淨若一切智智清淨無二無二分無別無
斷故不思議界清淨故四正斷四神足五根
五力七等覺支八聖道支清淨四正斷乃至
八聖道支清淨故一切智智清淨何以故若

BD13960號　大般若波羅蜜多經卷二二二

(22-18)

智清淨何以故若不思議界清淨若四念住
清淨若一切智智清淨無二無二分無別無
斷故不思議界清淨故四正斷四神足五根
五力七等覺支八聖道支清淨四正斷乃至
八聖道支清淨故一切智智清淨何以故若
不思議界清淨若四正斷乃至八聖道支清
淨若一切智智清淨無二無二分無別無斷
故善現不思議界清淨故空解脫門清淨
空解脫門清淨故一切智智清淨何以故若
不思議界清淨若空解脫門清淨若一切
智智清淨無二無二分無別無斷故不思議界
清淨故無相無願解脫門清清淨相無願解
脫門清淨故一切智智清淨何以故若不思議
界清淨若無相無願解脫門清淨若一切
智智清淨無二無二分無別無斷故善現不
思議界清淨故菩薩十地清淨菩薩十地清
淨故一切智智清淨何以故若不思議界清
淨若菩薩十地清淨若一切智智清淨無二
無二分無別無斷故
善現不思議界清淨故五眼清淨五眼清淨
故一切智智清淨何以故若不思議界清淨
若五眼清淨若一切智智清淨無二無二分
無別無斷故不思議界清淨故六神通清淨
六神通清淨故一切智智清淨何以故若不
思議界清淨若六神通清淨若一切智智清
淨無二無二分無別無斷故善現不思議界
清淨故佛十力清淨佛十力清淨故一切智

BD13960號　大般若波羅蜜多經卷二二二

(22-19)

六神通清淨故一切智智清淨何以故若不
思議界清淨若六神通清淨若一切智智清
淨無二無二分無別無斷故善現不思議界
清淨故佛十力清淨佛十力清淨故一切智
智清淨何以故若不思議界清淨若佛十力
清淨若一切智智清淨無二無二分無別無
斷故不思議界清淨故四無所畏四無礙解
大慈大悲大喜大捨十八佛不共法清淨四
無所畏乃至十八佛不共法清淨故一切智
智清淨何以故若不思議界清淨若四無所
畏乃至十八佛不共法清淨若一切智智清
淨無二無二分無別無斷故善現不思議界
清淨故無忘失法清淨無忘失法清淨故一
切智智清淨何以故若不思議界清淨若無
忘失法清淨若一切智智清淨無二無二分
無別無斷故不思議界清淨故恒住捨性清
淨恒住捨性清淨故一切智智清淨何以故
若不思議界清淨若恒住捨性清淨若一切
智智清淨無二無二分無別無斷故善現不
思議界清淨故一切智清淨一切智清淨故
一切智智清淨何以故若不思議界清淨若
一切智清淨若一切智智清淨無二無二分無
別無斷故不思議界清淨故道相智一切
相智清淨道相智一切相智清淨故一切智
智清淨何以故若不思議界清淨若道相智
一切相智清淨若一切智智清淨無二無二
分無別無斷故善現不思議界清淨故一切
陁羅尼門清淨一切陁羅尼門清淨故一切

BD13960 號　大般若波羅蜜多經卷二二二　（22–20）

相智清淨道相智一切相智清淨故一切智
智清淨何以故若不思議界清淨若道相智
一切相智清淨若一切智智清淨無二無二
分無別無斷故善現不思議界清淨故一切
陁羅尼門清淨一切陁羅尼門清淨故一切
智智清淨何以故若不思議界清淨若一切
陁羅尼門清淨若一切智智清淨無二無二
分無別無斷故不思議界清淨故一切三摩
地門清淨一切三摩地門清淨故一切智智
清淨何以故若不思議界清淨若一切三摩
地門清淨若一切智智清淨無二無二分無
別無斷故
善現不思議界清淨故預流果清淨預流果
清淨故一切智智清淨何以故若不思議界
清淨若預流果清淨若一切智智清淨無二
無二分無別無斷故不思議界清淨故一來
不還阿羅漢果清淨一來不還阿羅漢果清
淨故一切智智清淨何以故若不思議界清
淨若一來不還阿羅漢果清淨若一切智智
清淨無二無二分無別無斷故善現不思議
界清淨故獨覺菩提清淨獨覺菩提清淨
故一切智智清淨何以故若不思議界清淨若
獨覺菩提清淨若一切智智清淨無二無二
分無別無斷故善現不思議界清淨故一切
菩薩摩訶薩行清淨一切菩薩摩訶薩行
清淨故一切智智清淨何以故若不思議界清
淨若一切菩薩摩訶薩行清淨若一切智智
清淨無二無二分無別無斷故善現不思議

BD13960 號　大般若波羅蜜多經卷二二二　（22–21）

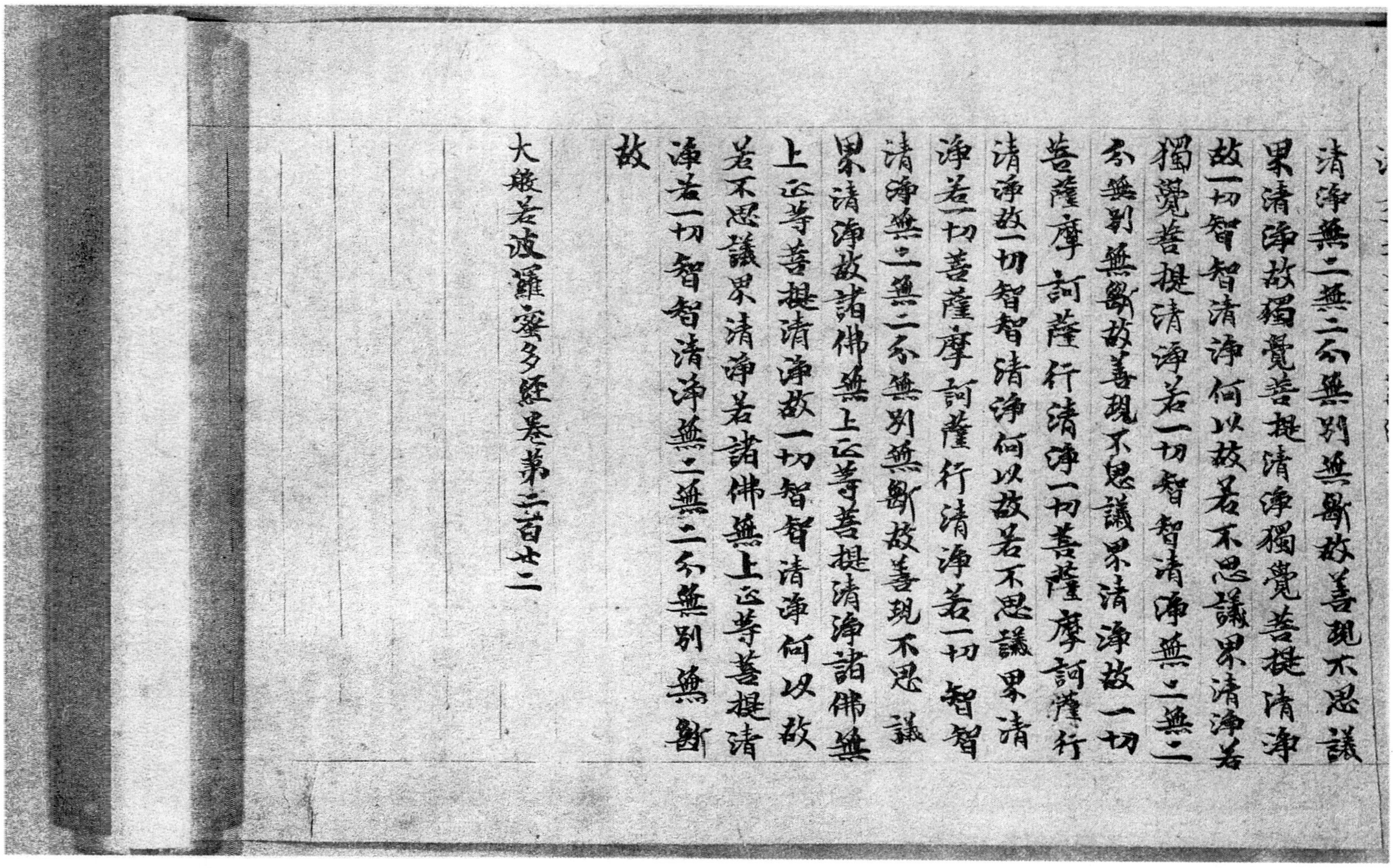

清淨無二無二分無別無斷故善現不思議
界清淨故獨覺菩提清淨獨覺菩提清淨
故一切智智清淨何以故若不思議界清淨若
獨覺菩提清淨若一切智智清淨無二無二
分無別無斷故善現不思議界清淨故一切
菩薩摩訶薩行清淨一切菩薩摩訶薩行
清淨故一切智智清淨何以故若不思議界清
淨若一切菩薩摩訶薩行清淨若一切智智
清淨無二無二分無別無斷故善現不思議
界清淨故諸佛無上正等菩提清淨諸佛無
上正等菩提清淨故一切智智清淨何以故
若不思議界清淨若諸佛無上正等菩提清
淨若一切智智清淨無二無二分無別無斷
故

大般若波羅蜜多經卷第二百廿二

BD13960 號　大般若波羅蜜多經卷二二二　　（22–22）

BD13961 號背　現代護首　　（1–1）

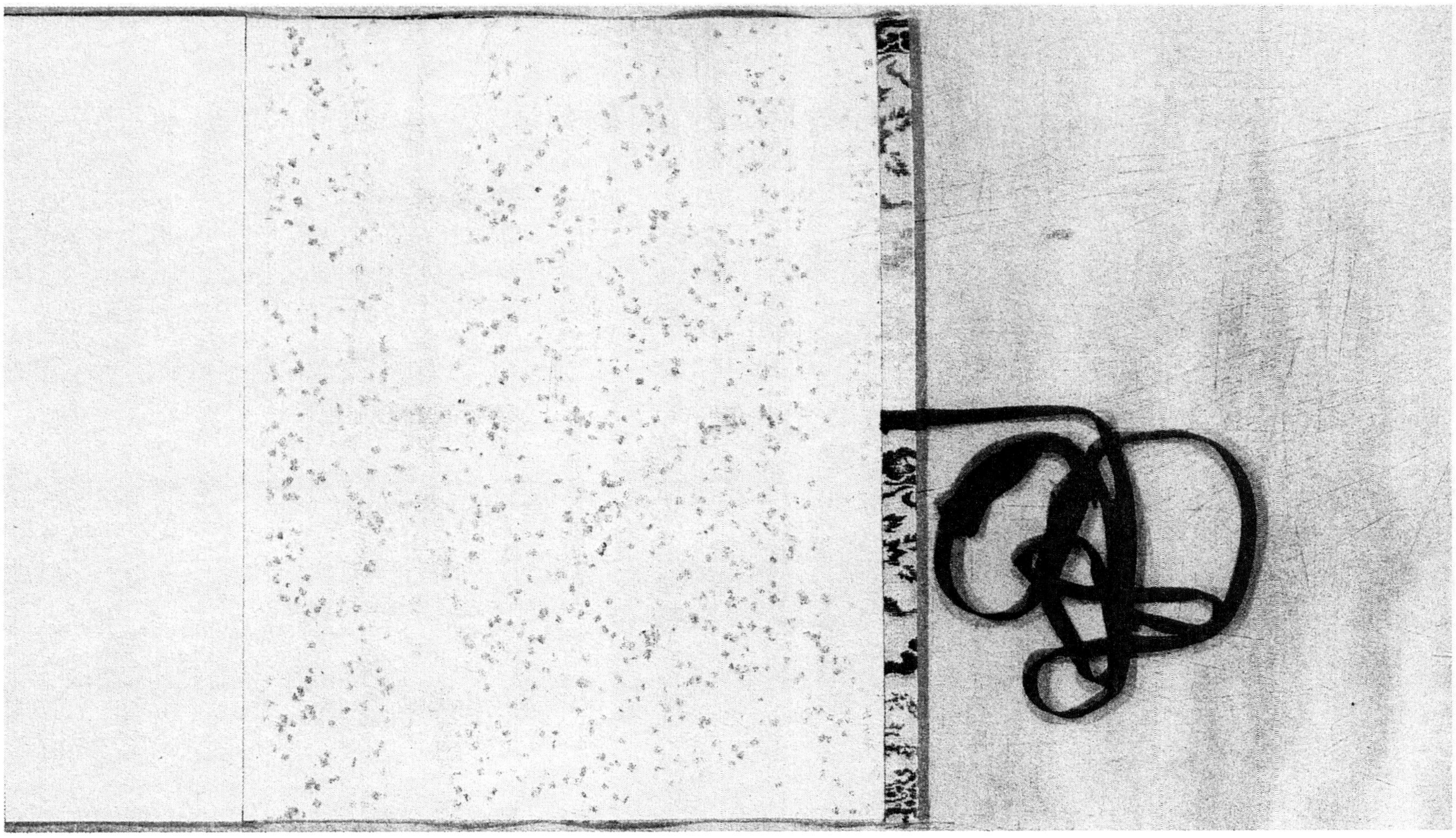

BD13961號　大般若波羅蜜多經卷二三〇　（5–1）

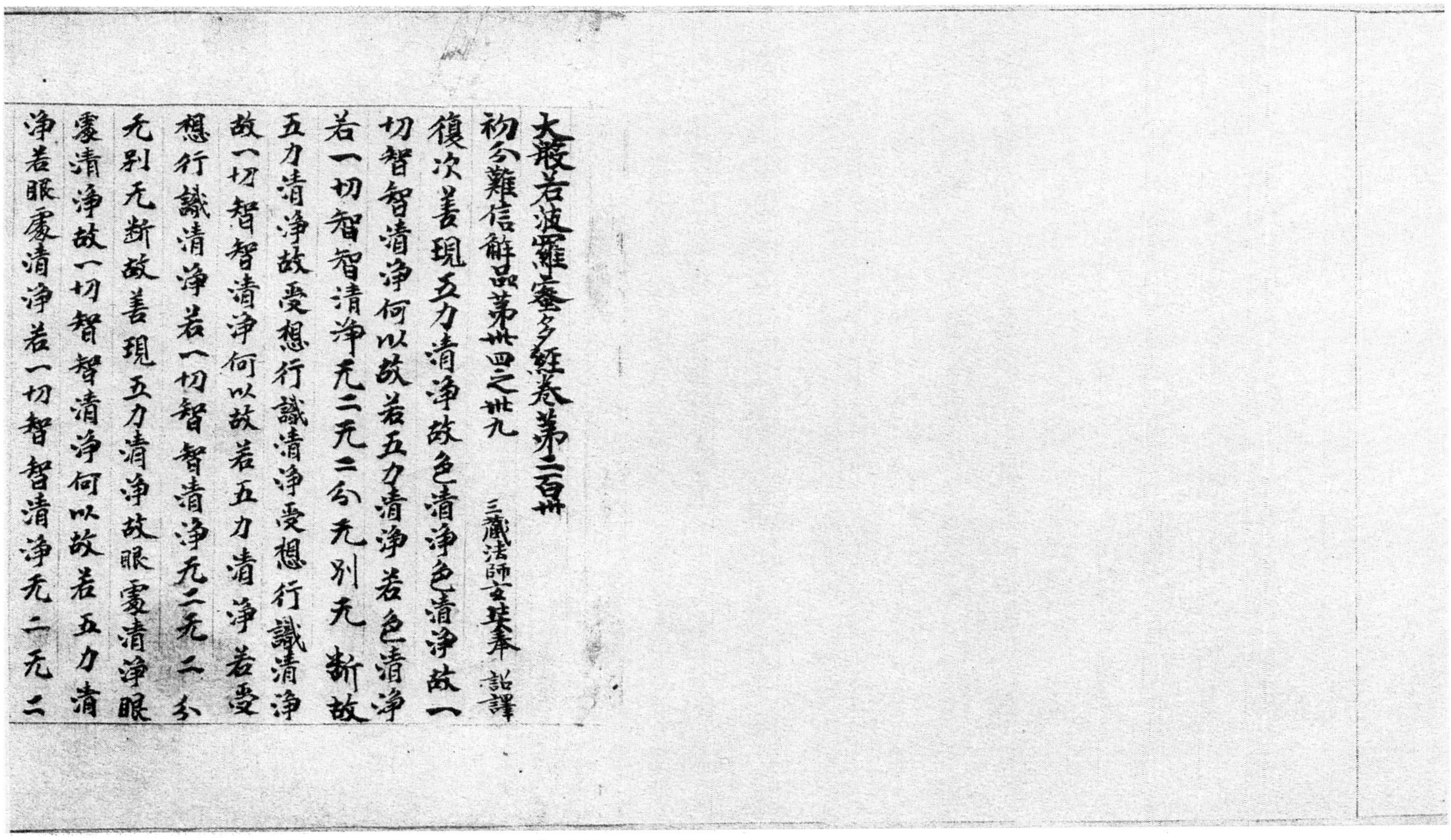

大般若波羅蜜多經卷第二百卅

初分難信解品第卅四之卅九　　三藏法師玄奘奉　詔譯

復次善現五力清淨故色清淨色清淨故一
切智智清淨何以故若五力清淨若色清淨
若一切智智清淨无二无二分无別无斷故
五力清淨故受想行識清淨受想行識清淨
故一切智智清淨何以故若五力清淨若受
想行識清淨若一切智智清淨无二无二分
无別无斷故善現五力清淨故眼處清淨眼
處清淨故一切智智清淨何以故若五力清
淨若眼處清淨若一切智智清淨无二无二

BD13961號　大般若波羅蜜多經卷二三〇　（5–2）

故一切智智清淨何以故若五力清淨若受
想行識清淨若一切智智清淨无二无二分
无別无斷故善現五力清淨故眼處清淨眼
處清淨故一切智智清淨何以故若五力清
淨若眼處清淨若一切智智清淨无二无二
分无別无斷故五力清淨故耳鼻舌身意處
清淨耳鼻舌身意處清淨故一切智智清淨
何以故若五力清淨若耳鼻舌身意處清淨
若一切智智清淨无二无二分无別无斷故
善現五力清淨故色處清淨色處清淨故一
切智智清淨何以故若五力清淨若色處清
淨若一切智智清淨无二无二分无別无斷
故五力清淨故聲香味觸法處清淨聲香味
觸法處清淨故一切智智清淨何以故若五
力清淨若聲香味觸法處清淨若一切智智
清淨无二无二分无別无斷故善現五力清
淨故眼界清淨眼界清淨故一切智智清淨
何以故若五力清淨若眼界清淨若一切智
智清淨无二无二分无別无斷故五力清淨
故色界眼識界及眼觸眼觸為緣所生諸受
清淨色界乃至眼觸為緣所生諸受清淨故
一切智智清淨何以故若五力清淨若色界
乃至眼觸為緣所生諸受清淨若一切智智
清淨无二无二分无別无斷故善現五力清
淨故耳界清淨耳界清淨故一切智智清淨
何以故若五力清淨若耳界清淨若一切智
智清淨无二无二分无別无斷故五力清淨
故聲界耳識界及耳觸耳觸為緣所生諸受

BD13961號　大般若波羅蜜多經卷二三〇　（5-3）

清淨无二无二分无別无斷故善現五力清
淨故耳界清淨耳界清淨故一切智智清淨
何以故若五力清淨若耳界清淨若一切智
智清淨无二无二分无別无斷故五力清淨
故聲界耳識界及耳觸耳觸為緣所生諸受
清淨聲界乃至耳觸為緣所生諸受清淨故
一切智智清淨何以故若五力清淨若聲界
乃至耳觸為緣所生諸受清淨若一切智智
清淨无二无二分无別无斷故善現五力清
淨故鼻界清淨鼻界清淨故一切智智清淨
何以故若五力清淨若鼻界清淨若一切智
智清淨无二无二分无別无斷故五力清淨
故香界鼻識界及鼻觸鼻觸為緣所生諸受
清淨香界乃至鼻觸為緣所生諸受清淨故
一切智智清淨何以故若五力清淨若香界
乃至鼻觸為緣所生諸受清淨若一切智智
清淨无二无二分无別无斷故善現五力清
淨故舌界清淨舌界清淨故一切智智清淨
何以故若五力清淨若舌界清淨若一切智
智清淨无二无二分无別无斷故五力清淨
故味界舌識界及舌觸舌觸為緣所生諸受
清淨味界乃至舌觸為緣所生諸受清淨故
一切智智清淨何以故若五力清淨若味界
乃至舌觸為緣所生諸受清淨若一切智智
清淨无二无二分无別无斷故善現五力清

BD13961號　大般若波羅蜜多經卷二三〇　（5-4）

**BD13961** 號　大般若波羅蜜多經卷二三〇　（5–5）

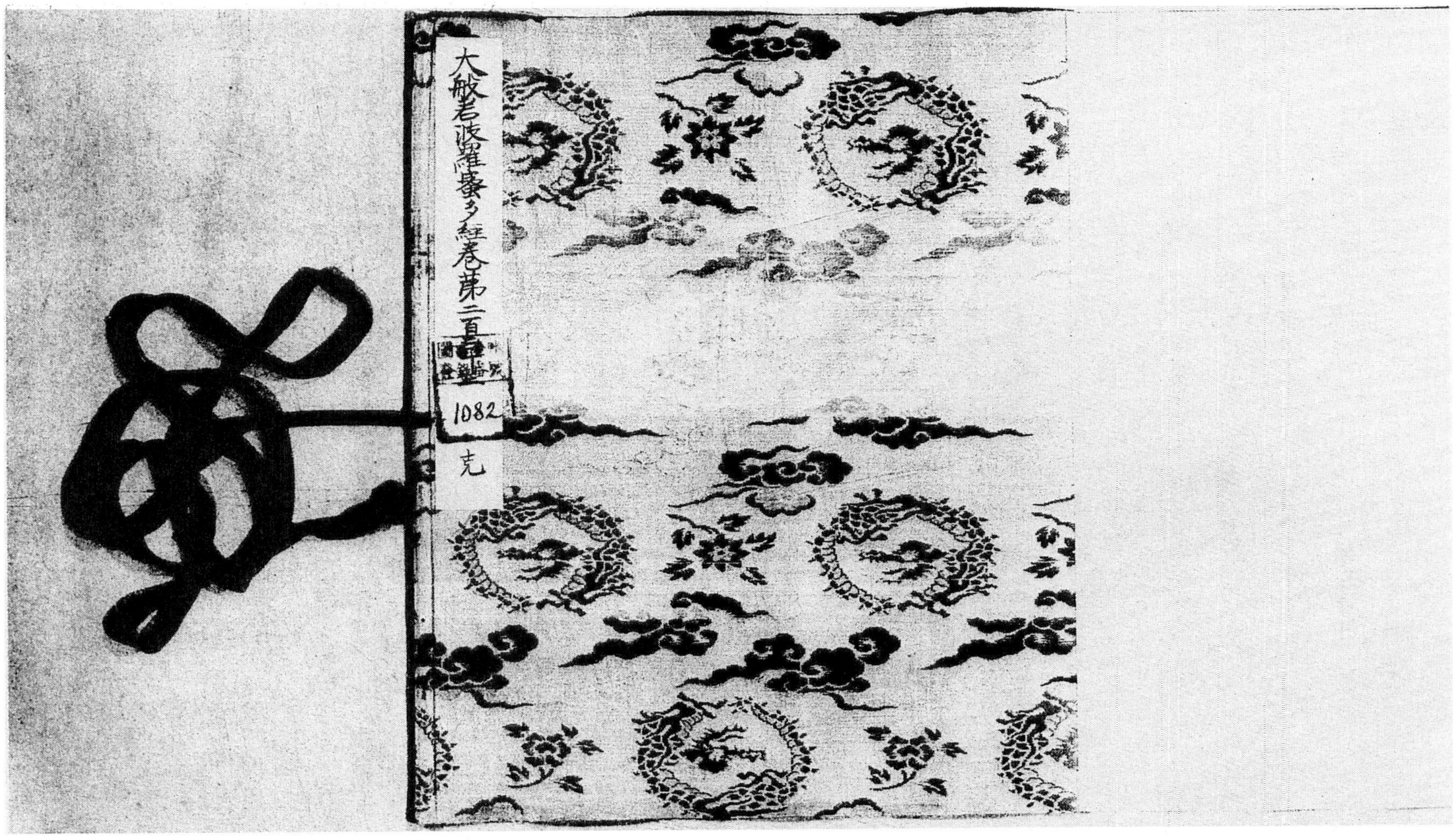


**BD13962** 號背　現代護首　（1–1）

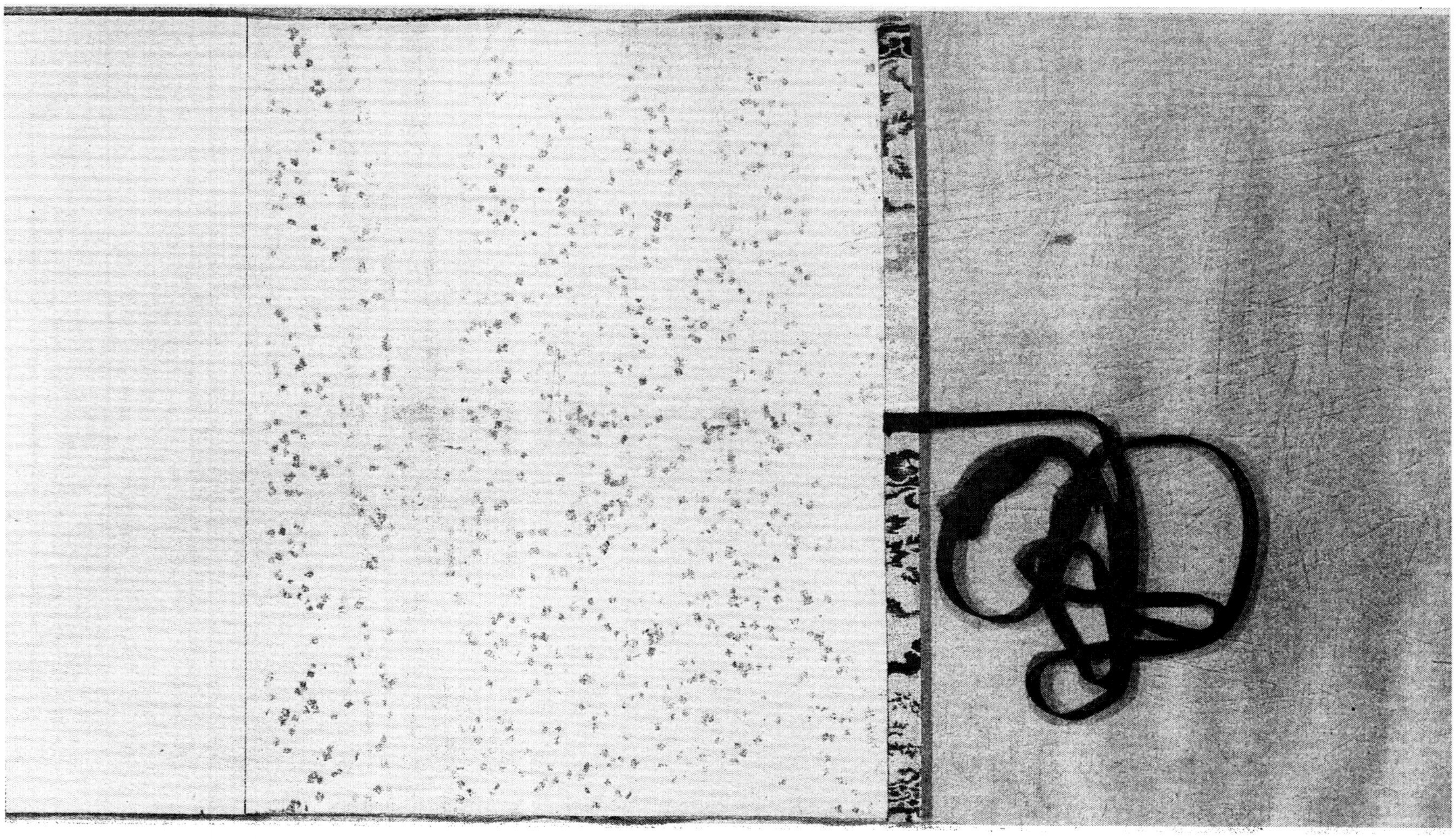

BD13962 號　大般若波羅蜜多經卷二三三　（25–1）

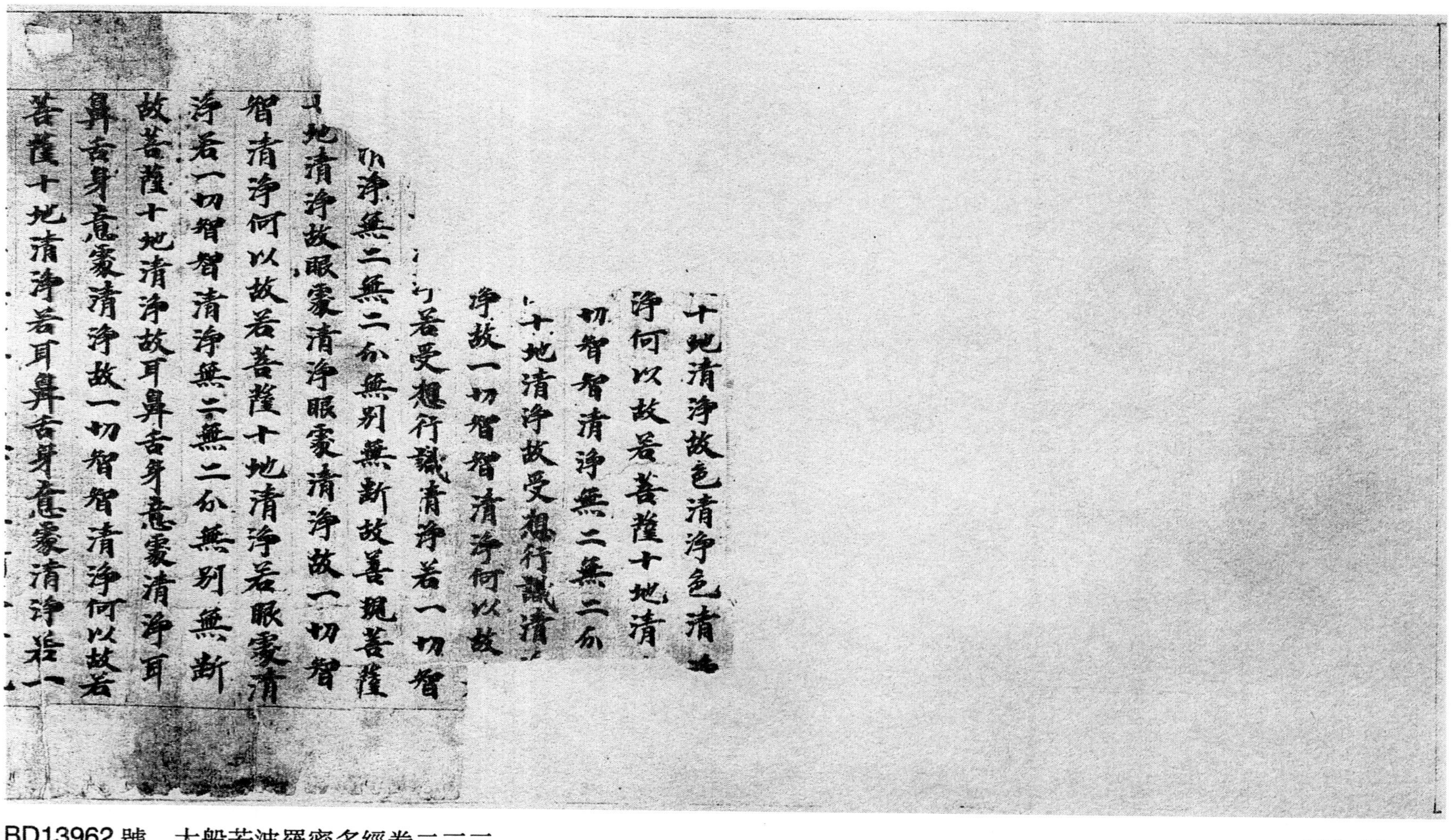

十地清淨故色清淨色清
淨何以故若菩薩十地清
切智智清淨無二無二分
十地清淨故受想行識清
淨故一切智智清淨何以故
若受想行識清淨若一切智
淨無二無二分無別無斷故善現菩薩
地清淨故眼處清淨眼處清淨故一切智
智清淨何以故若菩薩十地清淨若眼處清
淨若一切智智清淨無二無二分無別無斷
故菩薩十地清淨故耳鼻舌身意處清淨耳
鼻舌身意處清淨故一切智智清淨何以故若
菩薩十地清淨若耳鼻舌身意處清淨若一

BD13962 號　大般若波羅蜜多經卷二三三　（25–2）

淨若一切智智清淨無二無二分無別無斷
故菩薩十地清淨故耳鼻舌身意處清淨耳
鼻舌身意處清淨故一切智智清淨何以故若
菩薩十地清淨若耳鼻舌身意處清淨若一
切智智清淨無二無二分無別無斷故善現
菩薩十地清淨故色處清淨色處清淨故一
切智智清淨何以故若菩薩十地清淨若色
處清淨若一切智智清淨無二無二分無
別無斷故菩薩十地清淨故聲香味觸法處
清淨聲香味法處清淨故一切智智清淨
何以故若菩薩十地清淨若聲香味觸法處
清淨若一切智智清淨無二無二分無別無
斷故善現菩薩十地清淨故眼界清淨眼界
清淨故一切智智清淨何以故若菩薩十地
清淨若眼界清淨若一切智智清淨無二無
二分無別無斷故菩薩十地清淨故色界眼
識界及眼觸眼觸為緣所生諸受清淨色界
乃至眼觸為緣所生諸受清淨故一切智智
清淨何以故若菩薩十地清淨若色界乃至
眼觸為緣所生諸受清淨若一切智智清淨
無二無二分無別無斷故善現菩薩十地清
淨故耳界清淨耳界清淨故一切智智清淨
何以故若菩薩十地清淨若耳界清淨若一
切智智清淨無二無二分無別無斷故菩薩
十地清淨故聲界耳識界及耳觸耳觸為緣
所生諸受清淨聲界乃至耳觸為緣所生諸

BD13962號　大般若波羅蜜多經卷二三三　（25–3）

淨故耳界清淨耳界清淨故一切智智清淨
何以故若菩薩十地清淨若耳界清淨若一
切智智清淨無二無二分無別無斷故菩薩
十地清淨故聲界耳識界及耳觸耳觸為緣
所生諸受清淨聲界乃至耳觸為緣所生諸
受清淨故一切智智清淨何以故若菩薩十
地清淨若聲界乃至耳觸為緣所生諸受清
淨若一切智智清淨無二無二分無別無斷
故善現菩薩十地清淨故鼻界清淨鼻界清
淨故一切智智清淨何以故若菩薩十地清淨
若鼻界清淨若一切智智清淨無二無二分
無別無斷故菩薩十地清淨故香界鼻識
界及鼻觸鼻觸為緣所生諸受清淨香界乃
至鼻觸為緣所生諸受清淨故一切智智清淨
何以故若菩薩十地清淨若香界乃至鼻
觸為緣所生諸受清淨若一切智智清淨無
二無二分無別無斷故善現菩薩十地清淨
故舌界清淨舌界清淨故一切智智清淨何
以故若菩薩十地清淨若舌界清淨若一切
智智清淨無二無二分無別無斷故菩薩十
地清淨故味界舌識界及舌觸舌觸為緣所
生諸受清淨味界乃至舌觸為緣所生諸受
清淨故一切智智清淨何以故若菩薩十地
清淨若味界乃至舌觸為緣所生諸受清淨
若一切智智清淨無二無二分無別無斷故
善現菩薩十地清淨故身界清淨身界清淨
故一切智智清淨何以故若菩薩十地清淨

BD13962號　大般若波羅蜜多經卷二三三　（25–4）

清淨故一切智智清淨何以故若菩薩十地
清淨若味界乃至舌觸為緣所生諸受清淨
若一切智智清淨無二無二分無別無斷故
善現菩薩十地清淨故身界清淨身界清淨
故一切智智清淨何以故若菩薩十地清淨
若身界清淨若一切智智清淨無二無二分
無別無斷故菩薩十地清淨故觸界身識界
及身觸身觸為緣所生諸受清淨觸界乃至
身觸為緣所生諸受清淨故一切智智清淨
何以故若菩薩十地清淨若觸界乃至身觸
為緣所生諸受清淨若一切智智清淨無二
無二分無別無斷故善現菩薩十地清淨故
意界清淨意界清淨故一切智智清淨何以
故若菩薩十地清淨若意界清淨若一切智
智清淨無二無二分無別無斷故菩薩十地
清淨故法界意識界及意觸意觸為緣所生諸
受清淨法界乃至意觸為緣所生諸受清淨
故一切智智清淨何以故若菩薩十地清淨
若法界乃至意觸為緣所生諸受清淨若一
切智智清淨無二無二分無別無斷故善現
菩薩十地清淨故地界清淨地界清淨故一
切智智清淨何以故若菩薩十地清淨若地
界清淨若一切智智清淨無二無二分無別
無斷故菩薩十地清淨故水火風空識界清
淨水火風空識界清淨故一切智智清淨何
以故若菩薩十地清淨若水火風空識界清

BD13962 號　大般若波羅蜜多經卷二三三　（25-5）

切智智清淨何以故若菩薩十地清淨若地
界清淨若一切智智清淨無二無二分無別
無斷故菩薩十地清淨故水火風空識界清
淨水火風空識界清淨故一切智智清淨何
以故若菩薩十地清淨若水火風空識界清
淨若一切智智清淨無二無二分無別無斷
故善現菩薩十地清淨故無明清淨無明清
淨故一切智智清淨何以故若菩薩十地清淨
若無明清淨若一切智智清淨無二無二
分無別無斷故菩薩十地清淨故行識名色
六處觸受愛取有生老死愁歎苦憂惱清淨
行乃至老死愁歎苦憂惱清淨故一切智智
清淨何以故若菩薩十地清淨若行乃至老
死愁歎苦憂惱清淨若一切智智清淨無二
無二分無別無斷故
善現菩薩十地清淨故布施波羅蜜多清淨
布施波羅蜜多清淨故一切智智清淨何以
故若菩薩十地清淨若布施波羅蜜多清淨
若一切智智清淨無二無二分無別無斷故
菩薩十地清淨故淨戒安忍精進靜慮般若
波羅蜜多清淨淨戒乃至般若波羅蜜多清
淨故一切智智清淨何以故若菩薩十地清
淨若淨戒乃至般若波羅蜜多清淨若一切
智智清淨無二無二分無別無斷故善現菩
薩十地清淨故內空清淨內空清淨故一切
智智清淨何以故若菩薩十地清淨若內空

BD13962 號　大般若波羅蜜多經卷二三三　（25-6）

淨若淨戒乃至般若波羅蜜多清淨若一切
智智清淨無二無二分無別無斷故善現菩
薩十地清淨故內空清淨內空清淨故一切
智智清淨何以故若菩薩十地清淨若內空
清淨若一切智智清淨無二無二分無別無
斷故菩薩十地清淨故外空內外空空空大
空勝義空有為空無為空畢竟空無際空散
空無變異空本性空自相空共相空一切法空
不可得空無性空自性空無性自性空清
淨外空乃至無性自性空清淨故一切智智
清淨何以故若菩薩十地清淨若外空乃至
無性自性空清淨若一切智智清淨無二無
二分無別無斷故善現菩薩十地清淨
故真如清淨真如清淨故一切智智清淨何
以故若菩薩十地清淨若真如清淨若一切
智智清淨無二無二分無別無斷故菩薩十
地清淨故法界法性不虛妄性不變異性平
等性離生性法定法住實際虛空界不思議
界清淨法界乃至不思議界清淨故一切智
智清淨何以故若菩薩十地清淨若法界乃
至不思議界清淨若一切智智清淨無二無
二分無別無斷故善現菩薩十地清淨故苦
聖諦清淨苦聖諦清淨故一切智智清淨何
以故若菩薩十地清淨若苦聖諦清淨若一
切智智清淨無二無二分無別無斷故菩薩
十地清淨故集滅道聖諦清淨集滅道聖諦



二分無別無斷故善現菩薩十地清淨故苦
聖諦清淨苦聖諦清淨故一切智智清淨何
以故若菩薩十地清淨若苦聖諦清淨若一
切智智清淨無二無二分無別無斷故菩薩
十地清淨故集滅道聖諦清淨集滅道聖諦
清淨故一切智智清淨何以故若菩薩十地
清淨若集滅道聖諦清淨若一切智智清淨
無二無二分無別無斷故善現菩薩十地清
淨故四靜慮清淨四靜慮清淨故一切智智
清淨何以故若菩薩十地清淨若四靜慮清
淨若一切智智清淨無二無二分無別無斷
故菩薩十地清淨故四無量四無色定清淨
四無量四無色定清淨故一切智智清淨何
以故若菩薩十地清淨若四無量四無色定
清淨若一切智智清淨無二無二分無別無
斷故善現菩薩十地清淨故八解脫清淨八
解脫清淨故一切智智清淨何以故若菩薩
十地清淨若八解脫清淨若一切智智清淨
無二無二分無別無斷故菩薩十地清淨故
八勝處九次第定十遍處清淨八勝處九次
第定十遍處清淨故一切智智清淨何以故
若菩薩十地清淨若八勝處九次第定十遍
處清淨若一切智智清淨無二無二分無別
無斷故善現菩薩十地清淨故四念住清淨
四念住清淨故一切智智清淨何以故若菩
薩十地清淨若四念住清淨若一切智智清

若菩薩十地清淨若八勝處九次第定十遍
處清淨若一切智智清淨無二無二分無別
無斷故善現菩薩十地清淨故四念住清淨
四念住清淨故一切智智清淨何以故若菩
薩十地清淨若四念住清淨若一切智智清
淨無二無二分無別無斷故菩薩十地清淨
故四正斷四神足五根五力七等覺支八聖
道支清淨四正斷乃至八聖道支清淨故一
切智智清淨何以故若菩薩十地清淨若四
正斷乃至八聖道支清淨若一切智智清淨
無二無二分無別無斷故善現菩薩十地清淨
故空解脫門清淨空解脫門清淨故一切
智智清淨何以故若菩薩十地清淨若空解
脫門清淨若一切智智清淨無二無二分無
別無斷故菩薩十地清淨故無相無願解脫
門清淨無相無願解脫門清淨故一切智智
清淨何以故若菩薩十地清淨若無相無願
解脫門清淨若一切智智清淨無二無二分
無別無斷故
善現菩薩十地清淨故五眼清淨五眼清淨
故一切智智清淨何以故若菩薩十地清淨
若五眼清淨若一切智智清淨無二無二分
無別無斷故菩薩十地清淨故六神通清淨
六神通清淨故一切智智清淨何以故若菩
薩十地清淨若六神通清淨若一切智智清
淨無二無二分無別無斷故善現菩薩十地
清淨故佛十力清淨佛十力清淨故一切智

BD13962 號　大般若波羅蜜多經卷二三三

（25-9）

六神通清淨故一切智智清淨何以故若菩
薩十地清淨若六神通清淨若一切智智清
淨無二無二分無別無斷故善現菩薩十地
清淨故佛十力清淨佛十力清淨故一切智
智清淨何以故若菩薩十地清淨若佛十力
清淨若一切智智清淨無二無二分無別無
斷故菩薩十地清淨故四無所畏四無礙解
大慈大悲大喜大捨十八佛不共法清淨四
無所畏乃至十八佛不共法清淨故一切智
智清淨何以故若菩薩十地清淨若四無所
畏乃至十八佛不共法清淨若一切智智清
淨無二無二分無別無斷故善現菩薩十地
清淨故無忘失法清淨無忘失法清淨故一
切智智清淨何以故若菩薩十地清淨若無
忘失法清淨若一切智智清淨無二無二分
無別無斷故菩薩十地清淨故恒住捨性清
淨恒住捨性清淨故一切智智清淨何以故
若菩薩十地清淨若恒住捨性清淨若一切
智智清淨無二無二分無別無斷故善現菩
薩十地清淨故一切智清淨一切智清淨故
一切智智清淨何以故若菩薩十地清淨若
一切智清淨若一切智智清淨無二無二分
無別無斷故菩薩十地清淨故道相智一切
相智清淨道相智一切相智清淨故一切智
智清淨何以故若菩薩十地清淨若道相智
一切相智清淨若一切智智清淨無二無二

BD13962 號　大般若波羅蜜多經卷二三三

（25-10）

無别無斷故菩薩十地清淨故道相智一切
相智清淨道相智一切相智清淨故一切智
智清淨何以故若菩薩十地清淨若道相智
一切相智清淨若一切智智清淨無二無二
分無别無斷故善現菩薩十地清淨故一切陁
羅尼門清淨一切陁羅尼門清淨故一切智
智清淨何以故若菩薩十地清淨若一切陁
羅尼門清淨若一切智智清淨無二無二分
無别無斷故菩薩十地清淨故一切三摩地
門清淨一切三摩地門清淨故一切智智清
淨何以故若菩薩十地清淨若一切三摩地
門清淨若一切智智清淨無二無二分無别
無斷故
善現菩薩十地清淨故預流果清淨預流果
清淨故一切智智清淨何以故若菩薩十地
清淨若預流果清淨若一切智智清淨無二
無二分無别無斷故菩薩十地清淨故一來不
還阿羅漢果清淨一來不還阿羅漢果清
淨故一切智智清淨何以故若菩薩十地清淨
若一來不還阿羅漢果清淨若一切智智清
淨無二無二分無别無斷故善現菩薩十地
清淨故獨覺菩提清淨獨覺菩提清淨故一
切智智清淨何以故若菩薩十地清淨若獨
覺菩提清淨若一切智智清淨無二無二分
無别無斷故善現菩薩十地清淨故一切菩
薩摩訶薩行清淨一切菩薩摩訶薩行清淨



切智智清淨何以故若菩薩十地清淨若獨
覺菩提清淨若一切智智清淨無二無二分
無别無斷故善現菩薩十地清淨故一切菩
薩摩訶薩行清淨一切菩薩摩訶薩行清淨
故一切智智清淨何以故若菩薩十地清淨
若一切菩薩摩訶薩行清淨若一切智智清
淨無二無二分無别無斷故善現菩薩十地
清淨故諸佛無上正等菩提清淨諸佛無上
正等菩提清淨故一切智智清淨何以故若
菩薩十地清淨若諸佛無上正等菩提清淨
若一切智智清淨無二無二分無别無斷故
復次善現五眼清淨故色清淨色清淨故一
切智智清淨何以故若五眼清淨若色清淨
若一切智智清淨無二無二分無别無斷故
五眼清淨故受想行識清淨受想行識清淨
故一切智智清淨何以故若五眼清淨若受
想行識清淨若一切智智清淨無二無二分
無别無斷故善現五眼清淨故眼處清淨眼
處清淨故一切智智清淨何以故若五眼清
淨若眼處清淨若一切智智清淨無二無二
分無别無斷故五眼清淨故耳鼻舌身意處
清淨耳鼻舌身意處清淨故一切智智清淨
何以故若五眼清淨若耳鼻舌身意處清淨
若一切智智清淨無二無二分無别無斷故
善現五眼清淨故色處清淨色處清淨故一
切智智清淨何以故若五眼清淨若色處清

何以故若五眼清淨若耳鼻舌身意處清淨若一切智智清淨無二無二分無別無斷故善現五眼清淨故色處清淨色處清淨故一切智智清淨何以故若五眼清淨若色處清淨若一切智智清淨無二無二分無別無斷故五眼清淨故聲香味觸法處清淨聲香味觸法處清淨故一切智智清淨何以故若五眼清淨若聲香味觸法處清淨若一切智智清淨無二無二分無別無斷故善現五眼清淨故眼界清淨眼界清淨故一切智智清淨何以故若五眼清淨若眼界清淨若一切智智清淨無二無二分無別無斷故五眼清淨故色界眼識界及眼觸眼觸為緣所生諸受清淨色界乃至眼觸為緣所生諸受清淨故一切智智清淨何以故若五眼清淨若色界乃至眼觸為緣所生諸受清淨若一切智智清淨無二無二分無別無斷故善現五眼清淨故耳界清淨耳界清淨故一切智智清淨何以故若五眼清淨若耳界清淨若一切智智清淨無二無二分無別無斷故五眼清淨故聲界耳識界及耳觸耳觸為緣所生諸受清淨聲界乃至耳觸為緣所生諸受清淨故一切智智清淨何以故若五眼清淨若聲界乃至耳觸為緣所生諸受清淨若一切智智清淨無二無二分無別無斷故善現五眼清淨故鼻界清淨鼻界清淨故一切智智清淨

BD13962號　大般若波羅蜜多經卷二三三

（25–13）

一切智智清淨何以故若五眼清淨若聲界乃至耳觸為緣所生諸受清淨若一切智智清淨無二無二分無別無斷故善現五眼清淨故鼻界清淨鼻界清淨故一切智智清淨何以故若五眼清淨若鼻界清淨若一切智智清淨無二無二分無別無斷故五眼清淨故香界鼻識界及鼻觸鼻觸為緣所生諸受清淨香界乃至鼻觸為緣所生諸受清淨故一切智智清淨何以故若五眼清淨若香界乃至鼻觸為緣所生諸受清淨若一切智智清淨無二無二分無別無斷故善現五眼清淨故舌界清淨舌界清淨故一切智智清淨何以故若五眼清淨若舌界清淨若一切智智清淨無二無二分無別無斷故五眼清淨故味界舌識界及舌觸舌觸為緣所生諸受清淨味界乃至舌觸為緣所生諸受清淨故一切智智清淨何以故若五眼清淨若味界乃至舌觸為緣所生諸受清淨若一切智智清淨無二無二分無別無斷故善現五眼清淨故身界清淨身界清淨故一切智智清淨何以故若五眼清淨若身界清淨若一切智智清淨無二無二分無別無斷故五眼清淨故觸界身識界及身觸身觸為緣所生諸受清淨觸界乃至身觸為緣所生諸受清淨故一切智智清淨何以故若五眼清淨若觸界乃至身觸為緣所生諸受清淨若一切智智清淨無二無二分無

BD13962號　大般若波羅蜜多經卷二三三

（25–14）

身識界及身觸身觸為緣所生諸受清淨觸
界乃至身觸為緣所生諸受清淨故一切智智清
淨何以故若五眼清淨若身觸界乃至身觸為緣所
生諸受清淨若一切智智清淨無二無二分無
別無斷故善現五眼清淨故意界清淨意界清
淨故一切智智清淨何以故若五眼清淨若意
界清淨若一切智智清淨無二無二分無別無
斷故五眼清淨故法界意識界及意觸意觸
為緣所生諸受清淨法界乃至意觸為緣所
生諸受清淨故一切智智清淨何以故若五
眼清淨若法界乃至意觸為緣所生諸受清
淨若一切智智清淨無二無二分無別無斷故
善現五眼清淨故地界清淨地界清淨故一切
智智清淨何以故若五眼清淨若地界清淨若
一切智智清淨無二無二分無別無斷故五
眼清淨故水火風空識界清淨水火風空識
界清淨故一切智智清淨何以故若五眼清
淨若水火風空識界清淨若一切智智清淨
無二無二分無別無斷故善現五眼清淨故
無明清淨無明清淨故一切智智清淨何以
故若五眼清淨若無明清淨若一切智智清
淨無二無二分無別無斷故五眼清淨故行
識名色六處觸受愛取有生老死愁歎苦憂
惱清淨行乃至老死愁歎苦憂惱清淨故一
切智智清淨何以故若五眼清淨若行乃至
老死愁歎苦憂惱清淨若一切智智清淨無

BD13962號　大般若波羅蜜多經卷二三三　（25–15）

識名色六處觸受愛取有生老死愁歎苦憂
惱清淨行乃至老死愁歎苦憂惱清淨故一
切智智清淨何以故若五眼清淨若行乃至
老死愁歎苦憂惱清淨若一切智智清淨無
二無二分無別無斷故
善現五眼清淨故布施波羅蜜多清淨布施
波羅蜜多清淨故一切智智清淨何以故若
五眼清淨若布施波羅蜜多清淨若一切智智
清淨無二無二分無別無斷故五眼清淨故
淨戒安忍精進靜慮般若波羅蜜多清淨淨
戒乃至般若波羅蜜多清淨故一切智智清
淨何以故若五眼清淨若淨戒乃至般若波
羅蜜多清淨若一切智智清淨無二無二分無
別無斷故善現五眼清淨故內空清淨內空清淨
故一切智智清淨何以故若五眼清淨若內空清
淨若一切智智清淨無二無二分無別無斷故五眼
清淨故外空內外空空空大空勝義空有為空
無為空畢竟空無際空散空無變異空本性
空自相空共相空一切法空不可得空無性空自性空
無性自性空清淨外空乃至無性自性空清淨故一切
智智清淨何以故若五眼清淨若外空乃至無性自
性空清淨若一切智智清淨無二無二分無別無斷故
善現五眼清淨故真如清淨真如清淨故一切智智清
淨何以故若五眼清淨若真如清淨若一切智智清淨
無二無二分無別無斷故五眼清淨故法界法性不虛妄
性不變異性平等性離生性法定法住實際虛空界

BD13962號　大般若波羅蜜多經卷二三三　（25–16）

善現五眼清淨故真如清淨真如清淨故一切智智清
淨何以故若五眼清淨若真如清淨若一切智智清淨
無二無二分無別無斷故五眼清淨故法界法性不虛妄
性不變異性平等性離生性法定法住實際虛空界
不思議界清淨法界乃至不思議界清淨故一切智
智清淨何以故若五眼清淨若法界乃至不思議
界清淨若一切智智清淨無二無二分無別無斷故
善現五眼清淨故苦聖諦清淨苦聖諦清淨故
一切智智清淨何以故若五眼清淨若苦聖諦清
淨若一切智智清淨無二無二分無別無斷故五眼清
淨故集滅道聖諦清淨集滅道聖諦清淨故一切
智智清淨何以故若五眼清淨若集滅道聖諦清
淨若一切智智清淨無二無二分無別無斷故善現
五眼清淨故四靜慮清淨四靜慮清淨故一切智智
清淨何以故若五眼清淨若四靜慮清淨若一切
智智清淨無二無二分無別無斷故五眼清淨故四
無量四無色定清淨四無量四無色定清淨故
一切智智清淨何以故若五眼清淨若四無
量四無色定清淨若一切智智清淨無二無二分無
別無斷故善現五眼清淨故八解脫清淨八解脫清
淨故一切智智清淨何以故若五眼清淨若八解脫
清淨若一切智智清淨無二無二分無別無斷故五
眼清淨故八勝處九次第定十遍處清淨八勝處
九次第定十遍處清淨故一切智智清淨何以故
若五眼清淨若八勝處九次第定十遍處清淨
若一切智智清淨無二無二分無別無斷故善現

BD13962號　大般若波羅蜜多經卷二三三　（25–17）

眼清淨故八勝處九次第定十遍處清淨八勝處
九次第定十遍處清淨故一切智智清淨何以故
若五眼清淨若八勝處九次第定十遍處清淨
若一切智智清淨無二無二分無別無斷故善現
五眼清淨故四念住清淨四念住清淨故一切智智
清淨何以故若五眼清淨若四念住清淨若一
切智智清淨無二無二分無別無斷故五眼清淨故
四正斷四神足五根五力七等覺支八聖道支清淨
四正斷乃至八聖道支清淨故一切智智清淨何
以故若五眼清淨若四正斷乃至八聖道支清淨
若一切智智清淨無二無二分無別無斷故善
現五眼清淨故空解脫門清淨空解脫門清淨
故一切智智清淨何以故若五眼清淨若空解
脫門清淨若一切智智清淨無二無二分無別
無斷故五眼清淨故無相無願解脫門清淨無
相無願解脫門清淨故一切智智清淨何以故
若五眼清淨若無相無願解脫門清淨若一
切智智清淨無二無二分無別無斷故善現五
眼清淨故菩薩十地清淨菩薩十地清淨故一
切智智清淨何以故若五眼清淨若菩薩十地
清淨若一切智智清淨無二無二分無別無斷故
善現五眼清淨故六神通清淨六神通清淨
故一切智智清淨何以故若五眼清淨若六神
通清淨若一切智智清淨無二無二分無
別無斷故善現五眼清淨故佛十力清淨佛
十力清淨故一切智智清淨何以故若五眼
清淨若佛十力清淨若一切智智清淨無二

BD13962號　大般若波羅蜜多經卷二三三　（25–18）

故一切智智清淨何以故若五眼清淨若六神
通清淨若一切智智清淨無二無二分無
別無斷故善現五眼清淨故佛十力清淨佛
十力清淨故一切智智清淨何以故若五眼
清淨若佛十力清淨若一切智智清淨無二
無二分無別無斷故五眼清淨故四無所畏
四無礙解大慈大悲大喜大捨十八佛不共
法清淨四無所畏乃至十八佛不共法清淨
故一切智智清淨何以故若五眼清淨若四
無所畏乃至十八佛不共法清淨若一切智
智清淨無二無二分無別無斷故善現五眼
清淨故無忘失法清淨無忘失法清淨故一
切智智清淨何以故若五眼清淨若無忘失
法清淨若一切智智清淨無二無二分無別
無斷故五眼清淨故恒住捨性清淨恒住捨
性清淨故一切智智清淨何以故若五眼清
淨若恒住捨性清淨若一切智智清淨無二
無二分無別無斷故善現五眼清淨故一切
智清淨一切智清淨故一切智智清淨何以
故若五眼清淨若一切智清淨若一切智智
清淨無二無二分無別無斷故五眼清淨故
道相智一切相智清淨道相智一切相智清
淨故一切智智清淨何以故若五眼清淨若
道相智一切相智清淨若一切智智清淨無
二無二分無別無斷故善現五眼清淨故一切
陁羅尼門清淨一切陁羅尼門清淨故一

BD13962號　大般若波羅蜜多經卷二三三　（25–19）

淨故一切智智清淨何以故若五眼清淨若
道相智一切相智清淨若一切智智清淨無
二無二分無別無斷故善現五眼清淨故一切
陁羅尼門清淨一切陁羅尼門清淨故一
切智智清淨何以故若五眼清淨若一切陁
羅尼門清淨若一切智智清淨無二無二分
無別無斷故五眼清淨故一切三摩地門清
淨一切三摩地門清淨故一切智智清淨何
以故若五眼清淨若一切三摩地門清淨若
一切智智清淨無二無二分無別無斷故善
現五眼清淨故預流果清淨預流果清淨
故一切智智清淨何以故若五眼清淨若預
流果清淨若一切智智清淨無二無二分無
別無斷故五眼清淨故一來不還阿羅漢果清
淨一來不還阿羅漢果清淨故一切智智清淨
何以故若五眼清淨若一來不還阿羅漢果
清淨若一切智智清淨無二無二分無別無
斷故善現五眼清淨故獨覺菩提清淨獨覺
菩提清淨故一切智智清淨何以故若五眼
清淨若獨覺菩提清淨若一切智智清淨無
二無二分無別無斷故善現五眼清淨故一
切菩薩摩訶薩行清淨一切菩薩摩訶薩行
清淨故一切智智清淨何以故若五眼清淨
若一切菩薩摩訶薩行清淨若一切智智清
淨無二無二分無別無斷故善現五眼清淨
故諸佛無上正等菩提清淨諸佛無上正等

BD13962號　大般若波羅蜜多經卷二三三　（25–20）

清淨故一切智智清淨何以故若五眼清淨
若一切菩薩摩訶薩行清淨若一切智智清
淨無二無二分無別無斷故善現五眼清淨
故諸佛無上正等菩提清淨諸佛無上正等
菩提清淨故一切智智清淨何以故若五眼
清淨若諸佛無上正等菩提清淨若一切智
智清淨無二無二分無別無斷故
復次善現六神通清淨故色清淨色清淨故
一切智智清淨何以故若六神通清淨若色
清淨若一切智智清淨無二無二分無別無
斷故六神通清淨故受想行識清淨受想行
識清淨故一切智智清淨何以故若六神通
清淨若受想行識清淨若一切智智清淨無
二無二分無別無斷故善現六神通清淨故
眼處清淨眼處清淨故一切智智清淨何以
故若六神通清淨若眼處清淨若一切智智
清淨無二無二分無別無斷故六神通清淨
故耳鼻舌身意處清淨耳鼻舌身意處清淨
故一切智智清淨何以故若六神通清淨若
耳鼻舌身意處清淨若一切智智清淨無二
無二分無別無斷故善現六神通清淨故色
處清淨色處清淨故一切智智清淨何以故
若六神通清淨若色處清淨若一切智智清
淨無二無二分無別無斷故六神通清淨故
聲香味觸法處清淨聲香味觸法處清淨故
一切智智清淨何以故若六神通清淨若聲
香味觸法處清淨若一切智智清淨無二無



若六神通清淨若色處清淨若一切智智清
淨無二無二分無別無斷故六神通清淨故
聲香味觸法處清淨聲香味觸法處清淨故
一切智智清淨何以故若六神通清淨若聲
香味觸法處清淨若一切智智清淨無二無
二無二分無別無斷故善現六神通清淨故眼界
清淨眼界清淨故一切智智清淨何以故若
六神通清淨若眼界清淨若一切智智清淨
無二無二分無別無斷故六神通清淨故色
界眼識界及眼觸眼觸為緣所生諸受清淨
色界乃至眼觸為緣所生諸受清淨故一切
智智清淨何以故若六神通清淨若色界乃
至眼觸為緣所生諸受清淨若一切智智清
淨無二無二分無別無斷故善現六神通清
淨故耳界清淨耳界清淨故一切智智清淨
何以故若六神通清淨若耳界清淨若一切
智智清淨無二無二分無別無斷故六神通
清淨故聲界耳識界及耳觸耳觸為緣所生
諸受清淨聲界乃至耳觸為緣所生諸受清
淨故一切智智清淨何以故若六神通清
淨若聲界乃至耳觸為緣所生諸受清淨若
一切智智清淨無二無二分無別無斷故
善現六神通清淨故鼻界清淨鼻界清淨故
一切智智清淨何以故若六神通清淨若鼻
界清淨若一切智智清淨無二無二分無別
無斷故六神通清淨故香界鼻識界及鼻觸

一切智智清淨無二無二分無別無斷故
善現六神通清淨故鼻界清淨鼻界清淨故
一切智智清淨何以故若六神通清淨若鼻
界清淨若一切智智清淨無二無二分無別
無斷故六神通清淨故香界鼻識界及鼻觸
鼻觸為緣所生諸受清淨香界乃至鼻觸為
緣所生諸受清淨故一切智智清淨何以故
若六神通清淨若香界乃至鼻觸為緣所生
諸受清淨若一切智智清淨無二無二分無
別無斷故善現六神通清淨故舌界清淨舌
界清淨故一切智智清淨何以故若六神通
清淨若舌界清淨若一切智智清淨無二無
二分無別無斷故六神通清淨故味界舌識
界及舌觸舌觸為緣所生諸受清淨味界乃
至舌觸為緣所生諸受清淨故一切智智清
淨何以故若六神通清淨若味界乃至舌觸
為緣所生諸受清淨若一切智智清淨無二
無二分無別無斷故善現六神通清淨故身
界清淨身界清淨故一切智智清淨何以故
若六神通清淨若身界清淨若一切智智清
淨無二無二分無別無斷故六神通清淨故
觸界身識界及身觸身觸為緣所生諸受清
淨觸界乃至身觸為緣所生諸受清淨故一
切智智清淨何以故若六神通清淨若觸界
乃至身觸為緣所生諸受清淨若一切智智
清淨無二無二分無別無斷故善現六神通
清淨故意界清淨意界清淨故一切智智清



淨觸界乃至身觸為緣所生諸受清淨故一
切智智清淨何以故若六神通清淨若觸界
乃至身觸為緣所生諸受清淨若一切智智
清淨無二無二分無別無斷故善現六神通
清淨故意界清淨意界清淨故一切智智清
淨何以故若六神通清淨若意界清淨若一
切智智清淨無二無二分無別無斷故六神
通清淨故法界意識界及意觸意觸為緣所
生諸受清淨法界乃至意觸為緣所生諸受
清淨故一切智智清淨何以故若六神通清
淨若法界乃至意觸為緣所生諸受清淨若
一切智智清淨無二無二分無別無斷故善
現六神通清淨故地界清淨地界清淨故一
切智智清淨何以故若六神通清淨若地界
清淨若一切智智清淨無二無二分無別無
斷故六神通清淨故水火風空識界清淨水
火風空識界清淨故一切智智清淨何以故
若六神通清淨若水火風空識界清淨若一切
智智清淨無二無二分無別無斷故善現六
神通清淨故無明清淨無明清淨故一切智
智清淨何以故若六神通清淨若無明清淨
若一切智智清淨無二無二分無別無斷故
六神通清淨故行識名色六處觸受愛取有
生老死愁歎苦憂惱清淨行乃至老死愁歎
苦憂惱清淨故一切智智清淨何以故若六
神通清淨若行乃至老死愁歎苦憂惱清淨
若一切智智清淨無二無二分無別無斷故

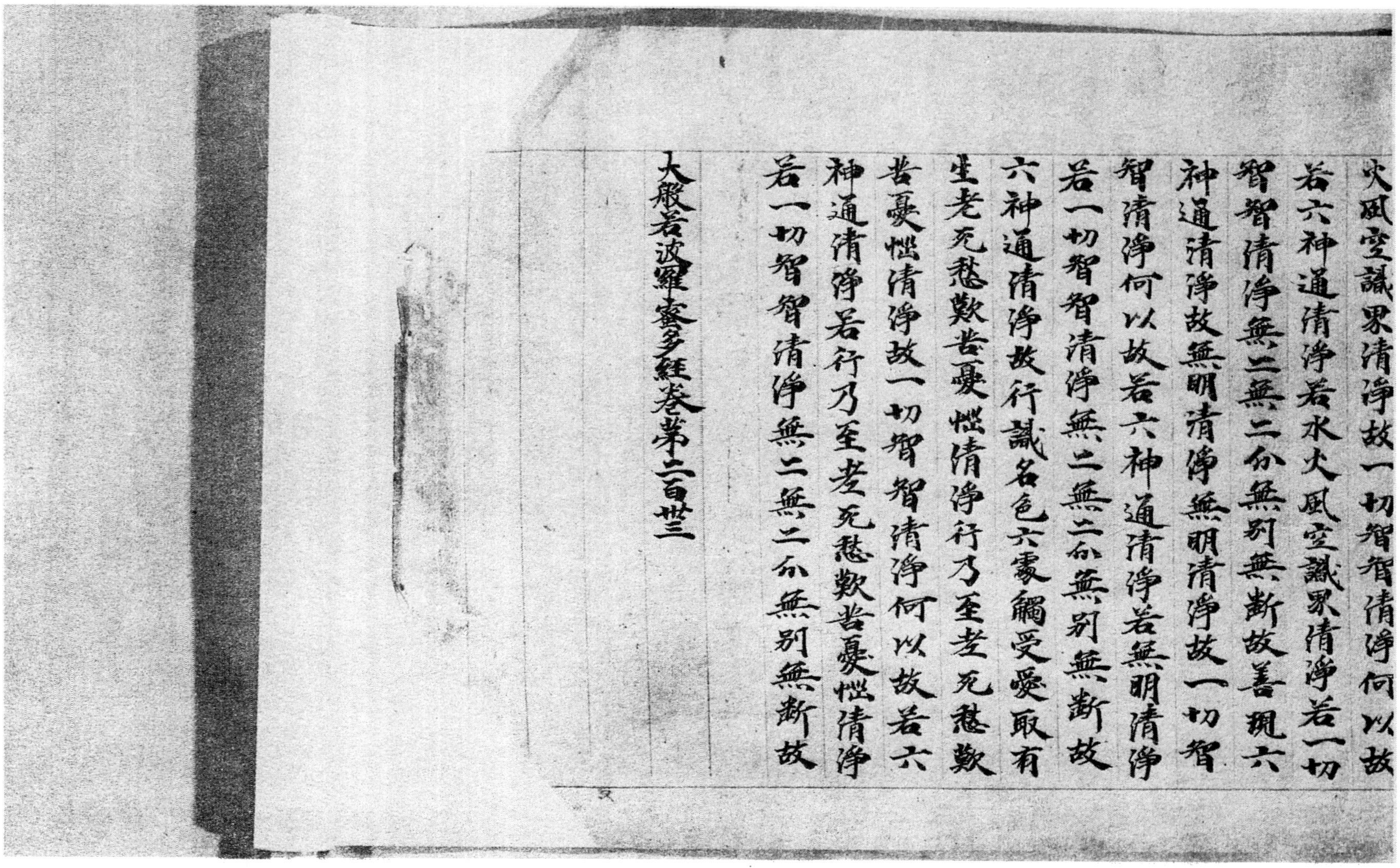

火風空識界清淨故一切智智清淨何以故
若六神通清淨若水火風空識界清淨若一切
智智清淨無二無二分無別無斷故善現六
神通清淨故無明清淨無明清淨故一切智
智清淨何以故若六神通清淨若無明清淨
若一切智智清淨無二無二分無別無斷故
六神通清淨故行識名色六處觸受愛取有
生老死愁歎苦憂惱清淨行乃至老死愁歎
苦憂惱清淨故一切智智清淨何以故若六
神通清淨若行乃至老死愁歎苦憂惱清淨
若一切智智清淨無二無二分無別無斷故

大般若波羅蜜多經卷第二百卅三

BD13962 號　大般若波羅蜜多經卷二三三　　（25–25）

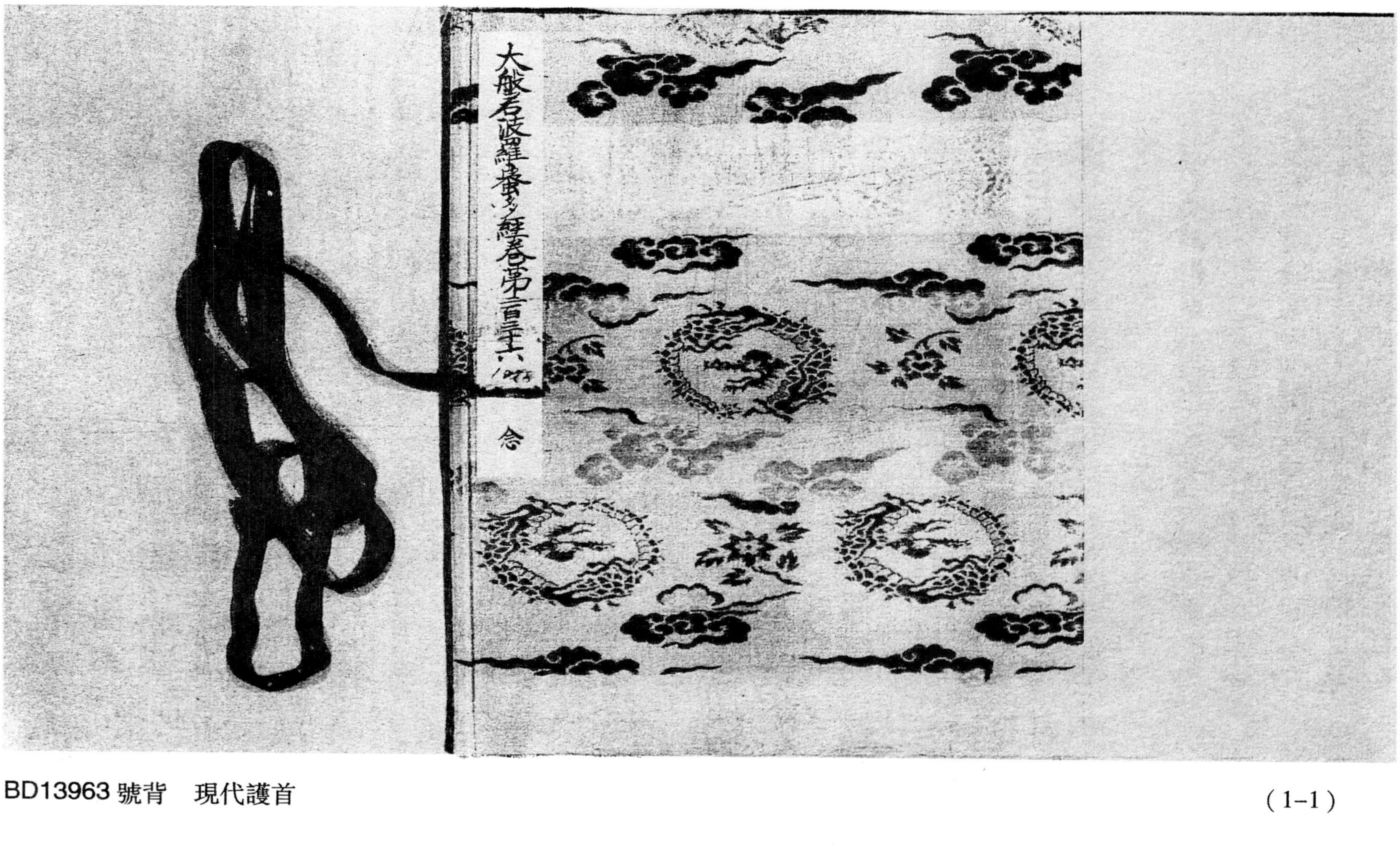


BD13963 號背　現代護首　　（1–1）

BD13963號　大般若波羅蜜多經卷二三六　（25–1）

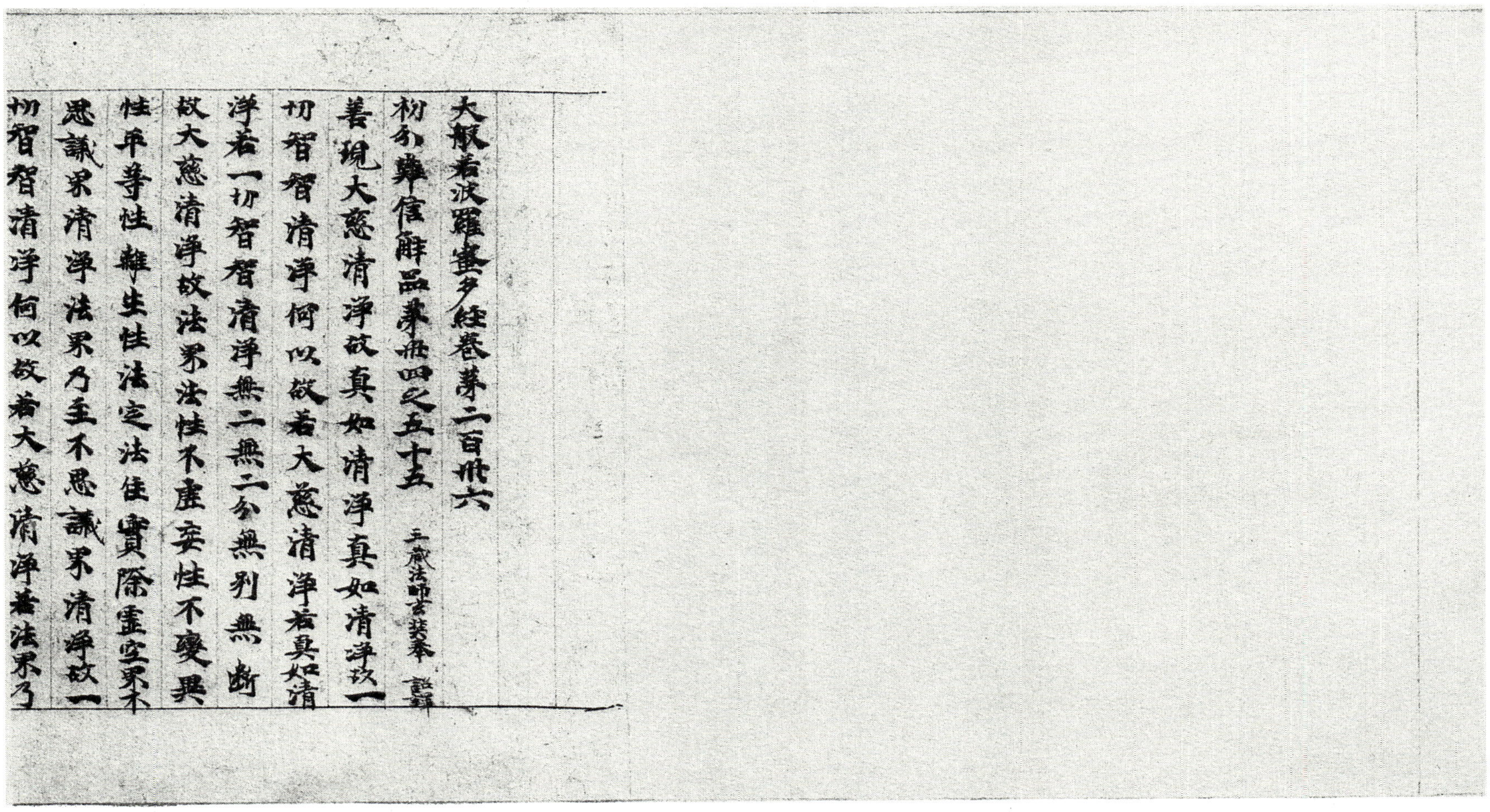

大般若波羅蜜多經卷第二百卅六
初分難信解品第卅四之五十五　三藏法師玄奘奉　詔譯
善現大慈清淨故真如清淨真如清淨故一
切智智清淨何以故若大慈清淨若真如清
淨若一切智智清淨無二無二分無別無斷
故大慈清淨故法界法性不虛妄性不變異
性平等性離生性法定法住實際虛空界不
思議界清淨法界乃至不思議界清淨故一
切智智清淨何以故若大慈清淨若法界乃

BD13963號　大般若波羅蜜多經卷二三六　（25–2）

切智智清淨何以故若大慈清淨若真如清
淨若一切智智清淨無二無二分無別無斷
故大慈清淨故法界法性不虛妄性不變異
性平等性離生性法定法住實際虛空界不
思議界清淨法界乃至不思議界清淨故一
切智智清淨何以故若大慈清淨若法界乃
至不思議界清淨若一切智智清淨無二無
二分無別無斷故善現大慈清淨故苦聖諦
清淨苦聖諦清淨故一切智智清淨何以故
若大慈清淨若苦聖諦清淨若一切智智清
淨無二無二分無別無斷故大慈清淨故集
滅道聖諦清淨集滅道聖諦清淨故一切智
智清淨何以故若大慈清淨若集滅道聖諦
清淨若一切智智清淨無二無二分無別無
斷故善現大慈清淨故四靜慮清淨四靜慮
清淨故一切智智清淨何以故若大慈清淨
若四靜慮清淨若一切智智清淨無二無二
分無別無斷故大慈清淨故四無量四無色
定清淨四無量四無色定清淨故一切智智清
淨何以故若大慈清淨若四無量四無色定
清淨若一切智智清淨無二無二分無別無
斷故

善現大慈清淨故八解脫清淨八解脫清淨
故一切智智清淨何以故若大慈清淨若八
解脫清淨若一切智智清淨無二無二分無
別無斷故大慈清淨故八勝處九次第定十

BD13963 號　大般若波羅蜜多經卷二三六　（25–3）

善現大慈清淨故八解脫清淨八解脫清淨
故一切智智清淨何以故若大慈清淨若八
解脫清淨若一切智智清淨無二無二分無
別無斷故大慈清淨故八勝處九次第定十
遍處清淨八勝處九次第定十遍處清淨
故一切智智清淨何以故若大慈清淨若八
勝處九次第定十遍處清淨若一切智智清
淨無二無二分無別無斷故善現大慈清淨
故四念住清淨四念住清淨故一切智智清
淨何以故若大慈清淨若四念住清淨若一
切智智清淨無二無二分無別無斷故大慈
清淨故四正斷四神足五根五力七等覺支
八聖道支清淨四正斷乃至八聖道支清淨
故一切智智清淨何以故若大慈清淨若四
正斷乃至八聖道支清淨若一切智智清淨
無二無二分無別無斷故善現大慈清淨故
空解脫門清淨空解脫門清淨故一切智智
清淨何以故若大慈清淨若空解脫門清淨
若一切智智清淨無二無二分無別無斷故
大慈清淨故無相無願解脫門清淨無相
無願解脫門清淨故一切智智清淨何以故
若大慈清淨若無相無願解脫門清淨若
一切智智清淨無二無二分無別無斷故善現
大慈清淨故菩薩十地清淨菩薩十地清
淨故一切智智清淨何以故若大慈清淨若
菩薩十地清淨若一切智智清淨無二無二

BD13963 號　大般若波羅蜜多經卷二三六　（25–4）

無願解脫門清淨故一切智智清淨何以故
若大慈清淨若無相無願解脫門清淨若
一切智智清淨無二無二分無別無斷故善現
大慈清淨故菩薩十地清淨菩薩十地清
淨故一切智智清淨何以故若大慈清淨若
菩薩十地清淨若一切智智清淨無二無二
分無別無斷故
善現大慈清淨故五眼清淨五眼清淨故一
切智智清淨何以故若大慈清淨若五眼清
淨若一切智智清淨無二無二分無別無斷
故大慈清淨故六神通清淨六神通清淨
故一切智智清淨何以故若大慈清淨若六神
通清淨若一切智智清淨無二無二分無別
無斷故善現大慈清淨故佛十力清淨佛十
力清淨故一切智智清淨何以故若大慈清
淨若佛十力清淨若一切智智清淨無二無
二分無別無斷故大慈清淨故四無所畏四
無礙解大慈大悲大喜大捨十八佛不共法清淨
四無所畏乃至十八佛不共法清淨故一切智
智清淨何以故若大慈清淨若四無所畏乃
至十八佛不共法清淨若一切智智清淨無
二無二分無別無斷故善現大慈清淨故
無忘失法清淨無忘失法清淨故一切智智
清淨何以故若大慈清淨若無忘失法清淨
若一切智智清淨無二無二分無別無斷故
大慈清淨故恒住捨性清淨恒住捨性清淨

BD13963號　大般若波羅蜜多經卷二三六　（25–5）

二無二分無別無斷故善現大慈清淨故
無忘失法清淨無忘失法清淨故一切智智
清淨何以故若大慈清淨若無忘失法清淨
若一切智智清淨無二無二分無別無斷故
大慈清淨故恒住捨性清淨恒住捨性清淨
故一切智智清淨何以故若大慈清淨若恒
住捨性清淨若一切智智清淨無二無二分無
別無斷故善現大慈清淨故一切智清淨一
切智清淨故一切智智清淨何以故若大慈
清淨若一切智清淨若一切智智清淨無二
無二分無別無斷故大慈清淨故道相智一
切相智清淨道相智一切相智清淨故一切
智智清淨何以故若大慈清淨若道相智一
切相智清淨若一切智智清淨無二無二分
無別無斷故善現大慈清淨故一切陀羅尼
門清淨一切陀羅尼門清淨故一切智智清
淨何以故若大慈清淨若一切陀羅尼門清
淨若一切智智清淨無二無二分無別無斷
故大慈清淨故一切三摩地門清淨一切三摩
地門清淨故一切智智清淨何以故若大
慈清淨若一切三摩地門清淨若一切智智
清淨無二無二分無別無斷故
善現大慈清淨故預流果清淨預流果清淨
故一切智智清淨何以故若大慈清淨若預
流果清淨若一切智智清淨無二無二分無
別無斷故大慈清淨故一來不還阿羅漢果

BD13963號　大般若波羅蜜多經卷二三六　（25–6）

清淨無二無二分無別無斷故
善現大慈清淨故預流果清淨預流果清淨
故一切智智清淨何以故若大慈清淨若預
流果清淨若一切智智清淨無二無二分無
別無斷故大慈清淨故一來不還阿羅漢果
清淨一來不還阿羅漢果清淨故一切智智
清淨何以故若大慈清淨若一來不還阿羅
漢果清淨若一切智智清淨無二無二分無
別無斷故善現大慈清淨故獨覺菩提清淨
獨覺菩提清淨故一切智智清淨何以故若
大慈清淨若獨覺菩提清淨若一切智智清
淨無二無二分無別無斷故善現大慈清淨
故一切菩薩摩訶薩行清淨一切菩薩摩訶
薩行清淨故一切智智清淨何以故若大慈
清淨若一切菩薩摩訶薩行清淨若一切智
智清淨無二無二分無別無斷故善現大慈
清淨故諸佛無上正等菩提清淨諸佛無上
正等菩提清淨故一切智智清淨何以故若大
慈清淨若諸佛無上正等菩提清淨若一切
智智清淨無二無二分無別無斷故
復次善現大悲清淨故色清淨色清淨故一
切智智清淨何以故若大慈清淨若色清淨
若一切智智清淨無二無二分無別無斷故
大悲清淨故受想行識清淨受想行識清
淨故一切智智清淨何以故若大悲清淨若
受想行識清淨若一切智智清淨无二无二分

BD13963號　大般若波羅蜜多經卷二三六　（25–7）

若一切智智清淨無二無二分無別無斷故
大悲清淨故受想行識清淨受想行識清
淨故一切智智清淨何以故若大悲清淨若
受想行識清淨若一切智智清淨无二无二分
无別无斷故善現大悲清淨故眼處清淨眼
處清淨故一切智智清淨何以故若大悲清
淨若眼處清淨若一切智智清淨无二无
二分无別无斷故大悲清淨故耳鼻舌身意
處清淨耳鼻舌身意處清淨故一切智智清
淨何以故若大悲清淨若耳鼻舌身意處清
淨若一切智智清淨無二無二分無別無斷故
善現大悲清淨故色處清淨色處清淨故一
切智智清淨何以故若大悲清淨若色處清
淨若一切智智清淨无二无二分无別无斷
故大悲清淨故聲香味觸法處清淨聲香
味觸法處清淨故一切智智清淨何以故若大
悲清淨若聲香味觸法處清淨若一切智智
清淨无二无二分无別无斷故善現大悲清
淨故眼界清淨眼界清淨故一切智智清淨
何以故若大悲清淨若眼界清淨若一切智
智清淨无二无二分无別无斷故大悲清淨
故色界眼識界及眼觸眼觸為緣所生諸受
清淨色界乃至眼觸為緣所生諸受清淨故
一切智智清淨何以故若大悲清淨若色界
乃至眼觸為緣所生諸受清淨若一切智智
清淨无二无二分无別无斷故善現大悲清

BD13963號　大般若波羅蜜多經卷二三六　（25–8）

故色界眼識界及眼觸眼觸為緣所生諸受
清淨色界乃至眼觸為緣所生諸受清淨故
一切智智清淨何以故若大悲清淨若色界
乃至眼觸為緣所生諸受清淨若一切智智
清淨无二无二分无別无斷故善現大悲清
淨故耳界清淨耳界清淨故一切智智清淨
何以故若大悲清淨若耳界清淨若一切智
智清淨无二无二分无別无斷故大悲清淨
故聲界耳識界及耳觸耳觸為緣所生諸受
清淨聲界乃至耳觸為緣所生諸受清淨故
一切智智清淨何以故若大悲清淨若聲界
乃至耳觸為緣所生諸受清淨若一切智智
清淨无二无二分无別无斷故善現大悲清淨
故鼻界清淨鼻界清淨故一切智智清淨何
以故若大悲清淨若鼻界清淨若一切智智
清淨無二無二分無別無斷故大悲清淨故
香界鼻識界及鼻觸鼻觸為緣所生諸受
清淨香界乃至鼻觸為緣所生諸受清淨故一
切智智清淨何以故若大悲清淨若香界乃
至鼻觸為緣所生諸受清淨若一切智智清
淨无二无二分无別无斷故善現大悲清淨
故舌界清淨舌界清淨故一切智智清淨何
以故若大悲清淨若舌界清淨若一切智智
清淨无二无二分无別无斷故大悲清淨故
味界舌識界及舌觸舌觸為緣所生諸受清
淨味界乃至舌觸為緣所生諸受清淨故一

BD13963號　大般若波羅蜜多經卷二三六　(25–9)

故舌界清淨舌界清淨故一切智智清淨何
以故若大悲清淨若舌界清淨若一切智智
清淨无二无二分无別无斷故大悲清淨故
味界舌識界及舌觸舌觸為緣所生諸受清
淨味界乃至舌觸為緣所生諸受清淨故一
切智智清淨何以故若大悲清淨若味界乃
至舌觸為緣所生諸受清淨若一切智智清
淨无二无二分无別无斷故善現大悲清淨
故身界清淨身界清淨故一切智智清淨何
以故若大悲清淨若身界清淨若一切智智
清淨無二無二分無別無斷故大悲清淨故
觸界身識界及身觸身觸為緣所生諸受清
淨觸界乃至身觸為緣所生諸受清淨故一
切智智清淨何以故若大悲清淨若觸界乃
至身觸為緣所生諸受清淨若一切智智清
淨无二无二分无別无斷故善現大悲清淨
故意界清淨意界清淨故一切智智清淨何
以故若大悲清淨若意界清淨若一切智智
清淨无二无二分无別无斷故大悲清淨故
法界意識界及意觸意觸為緣所生諸受
清淨法界乃至意觸為緣所生諸受清淨故一
切智智清淨何以故若大悲清淨若法界乃
至意觸為緣所生諸受清淨若一切智智清
淨無二無二分无別无斷故善現大悲清淨
故地界清淨地界清淨故一切智智清淨何
以故若大悲清淨若地界清淨若一切智智

BD13963號　大般若波羅蜜多經卷二三六　(25–10)

切智智清淨何以故若大悲清淨若…
至意觸爲緣所生諸受清淨若一切智智清
淨無二無二分无別无斷故善現大悲清淨
故地界清淨地界清淨故一切智智清淨何
以故若大悲清淨若地界清淨若一切智智
清淨无二无二分无別无斷故大悲清淨故
水火風空識界清淨水火風空識界清淨故
一切智智清淨何以故若大悲清淨若水火
風空識界清淨若一切智智清淨无二无二
分无別无斷故善現大悲清淨故无明清淨
無明清淨故一切智智清淨何以故若大悲
清淨若无明清淨若一切智智清淨無二
無二分無別無斷故大悲清淨故行識名色
六處觸受愛取有生老死愁歎苦憂惱清淨
行乃至老死愁歎苦憂惱清淨故一切智智
清淨何以故若大悲清淨若行乃至老死愁
歎苦憂惱清淨若一切智智清淨无二无二
分無別無斷故
善現大悲清淨故布施波羅蜜多清淨布施
波羅蜜多清淨故一切智智清淨何以故若
大悲清淨若布施波羅蜜多清淨若一切智
智清淨无二无二分无別无斷故大悲清淨
故淨戒安忍精進靜慮般若波羅蜜多清
淨淨戒乃至般若波羅蜜多清淨故一切智智
清淨何以故若大悲清淨若淨戒乃至般若
波羅蜜多清淨若一切智智清淨无二无二
分无別无斷故善現大悲清淨故內空清淨…



故淨戒安忍精進靜慮般若波羅蜜多清
淨淨戒乃至般若波羅蜜多清淨故一切智智
清淨何以故若大悲清淨若淨戒乃至般若
波羅蜜多清淨若一切智智清淨无二无二
分无別无斷故善現大悲清淨故內空清淨
內空清淨故一切智智清淨何以故若大悲
清淨若內空清淨若一切智智清淨無二無
二分無別無斷故大悲清淨故外空內外空
空空大空勝義空有為空无為空畢竟空
无際空散空无變異空本性空自相空共相
空一切法空不可得空无性空自性空无性自
性空清淨外空乃至无性自性空清淨故一
切智智清淨何以故若大悲清淨若外空乃
至无性自性空清淨若一切智智清淨无二
无二分无別无斷故善現大悲清淨故真如
清淨真如清淨故一切智智清淨何以故若
大悲清淨若真如清淨若一切智智清淨無
二無二分無別無斷故大悲清淨故法界法
性不虛妄性不變異性平等性離生性法定
法住實際虛空界不思議界清淨法界乃至
不思議界清淨故一切智智清淨何以故若大
悲清淨若法界乃至不思議界清淨若一切
智智清淨无二无二分无別无斷善現大
悲清淨故苦聖諦清淨苦聖諦清淨故一切
智智清淨何以故若大悲清淨若苦聖諦
清淨若一切智智清淨无二无二分无別无斷

悲清淨若法界乃至不思議界清淨若一切
智智清淨无二无二分无別无斷善現大
悲清淨故苦聖諦清淨苦聖諦清淨故一切
智智清淨何以故若大悲清淨若苦聖諦
清淨若一切智智清淨无二无二分无別无斷
故大悲清淨故集滅道聖諦清淨集滅道
聖諦清淨故一切智智清淨何以故若大悲
清淨若集滅道聖諦清淨若一切智智清
淨無二無二分無別無斷故善現大悲清淨
故四靜慮清淨四靜慮清淨故一切智智清
淨何以故若大悲清淨若四靜慮清淨若一
切智智清淨无二无二分无別无斷故大悲清
淨故四无量四无色定清淨四无量四无色
定清淨故一切智智清淨何以故若大悲清
淨若四无量四无色定清淨若一切智智清
淨無二無二分無別無斷故善現大悲清淨
故八解脫清淨八解脫清淨故一切智智清
淨何以故若大悲清淨若八解脫清淨若
一切智智清淨无二无二分无別无斷故大
悲清淨故八勝處九次第定十遍處清淨八
勝處九次第定十遍處清淨故一切智智清
淨何以故若大悲清淨若八勝處九次第定
十遍處清淨若一切智智清淨无二无二分无
別无斷故善現大悲清淨故四念住清淨四
念住清淨故一切智智清淨何以故若大悲
清淨若四念住清淨若一切智智清淨无二



淨何以故若大悲清淨若八勝處九次第定
十遍處清淨若一切智智清淨无二无二分无
別无斷故善現大悲清淨故四念住清淨四
念住清淨故一切智智清淨何以故若大悲
清淨若四念住清淨若一切智智清淨无二
无二分无別无斷故大悲清淨故四正斷四神足
五根五力七等覺支八聖道支清淨四正斷乃
至八聖道支清淨故一切智智清淨何以故若
大悲清淨若四正斷乃至八聖道支清淨若
一切智智清淨无二无二分无別无斷故善
現大悲清淨故空解脫門清淨空解脫門
清淨故一切智智清淨何以故若大悲清淨
若空解脫門清淨若一切智智清淨无二无
二分无別无斷故大悲清淨故无相无願解脫
門清淨无相无願解脫門清淨故一切智智
清淨何以故若大悲清淨若无相无願解脫
門清淨若一切智智清淨无二无二分无別
無斷故善現大悲清淨故菩薩十地清淨菩
薩十地清淨故一切智智清淨何以故若大
悲清淨若菩薩十地清淨若一切智智清淨
无二无二分无別无斷故
善現大悲清淨故五眼清淨五眼清淨故一
切智智清淨何以故若大悲清淨若五眼清
淨若一切智智清淨无二无二分无別无斷
故大悲清淨故六神通清淨六神通清淨故
一切智智清淨何以故若大悲清淨若六神

无二无二分无別无斷故
善現大悲清淨故五眼清淨五眼清淨故一
切智智清淨何以故若大悲清淨若五眼清
淨若一切智智清淨无二无二分无別无斷
故大悲清淨故六神通清淨六神通清淨故
一切智智清淨何以故若大悲清淨若六神
通清淨若一切智智清淨无二无二分无別
無斷故善現大悲清淨故佛十力清淨佛十
力清淨故一切智智清淨何以故若大悲清
淨若佛十力清淨若一切智智清淨无二无
二分无別无斷故大悲清淨故四无所畏四
无礙解大慈大喜大捨十八佛不共法清淨
四無所畏乃至十八佛不共法清淨故一切
智智清淨何以故若大悲清淨若四无所畏
乃至十八佛不共法清淨若一切智智清淨
无二无二分无別无斷故善現大悲清淨故
无忘失法清淨无忘失法清淨故一切智智
清淨何以故若大悲清淨若无忘失法清淨
若一切智智清淨无二无二分无別无斷故
大悲清淨故恒住捨性清淨恒住捨性清淨
故一切智智清淨何以故若大悲清淨若恒
住捨性清淨若一切智智清淨无二无二分
无別无斷故善現大悲清淨故一切智清淨
一切智清淨故一切智智清淨何以故若大
悲清淨若一切智清淨若一切智智清淨无
二无二分无別无斷故大悲清淨故道相智

BD13963號　大般若波羅蜜多經卷二三六　（25–15）

无別无斷故善現大悲清淨故一切智清淨
一切智清淨故一切智智清淨何以故若大
悲清淨若一切智清淨若一切智智清淨无
二无二分无別无斷故大悲清淨故道相智
一切相智清淨道相智一切相智清淨故一切
智智清淨何以故若大悲清淨若道相智一切
相智清淨若一切智智清淨无二无二分无
別无斷故善現大悲清淨故一切陁羅尼門
清淨一切陁羅尼門清淨故一切智智清淨
何以故若大悲清淨若一切陁羅尼門清淨
若一切智智清淨无二无二分无別无斷故
大悲清淨故一切三摩地門清淨一切三摩
地門清淨故一切智智清淨何以故若大悲
清淨若一切三摩地門清淨若一切智智清
淨无二无二分无別无斷故
善現大悲清淨故預流果清淨預流果清淨
故一切智智清淨何以故若大悲清淨若預
流果清淨若一切智智清淨无二无二分无
別无斷故大悲清淨故一來不還阿羅漢果
清淨一來不還阿羅漢果清淨故一切智智
清淨何以故若大悲清淨若一來不還阿羅
漢果清淨若一切智智清淨无二无二分无
別无斷故善現大悲清淨故獨覺菩提清
淨獨覺菩提清淨故一切智智清淨何以故
若大悲清淨若獨覺菩提清淨若一切智智
清淨无二无二分无別无斷故善現大悲清淨

BD13963號　大般若波羅蜜多經卷二三六　（25–16）

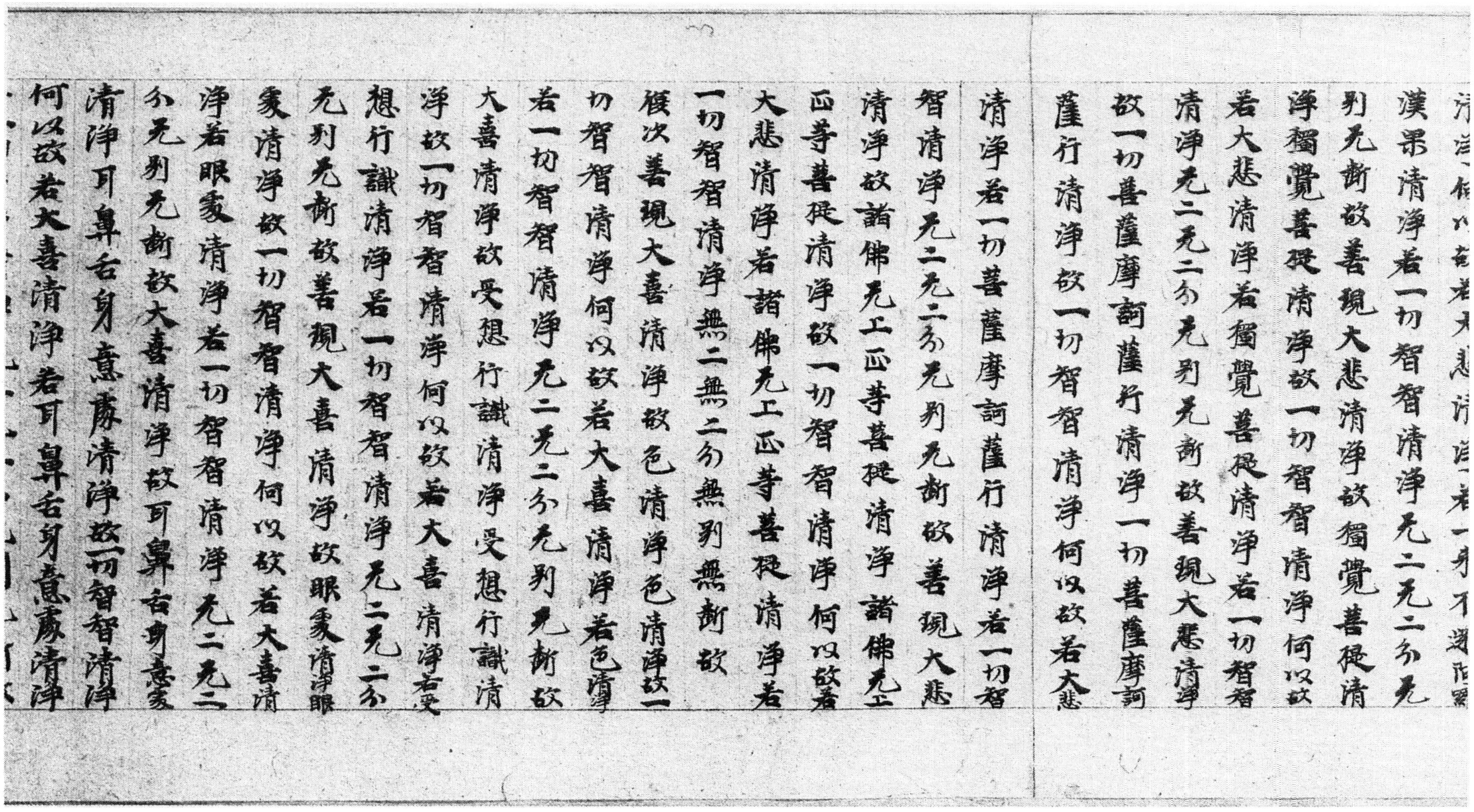

漢果清淨若一切智智清淨无二无二分无
別无斷故善現大悲清淨故獨覺菩提清
淨獨覺菩提清淨故一切智智清淨何以故
若大悲清淨若獨覺菩提清淨若一切智智
清淨无二无二分无別无斷故善現大悲清淨
故一切菩薩摩訶薩行清淨一切菩薩摩訶
薩行清淨故一切智智清淨何以故若大悲
清淨若一切菩薩摩訶薩行清淨若一切智
智清淨无二无二分无別无斷故善現大悲
清淨故諸佛无上正等菩提清淨諸佛无上
正等菩提清淨故一切智智清淨何以故若
大悲清淨若諸佛无上正等菩提清淨若
一切智智清淨無二無二分無別無斷故
復次善現大喜清淨故色清淨色清淨故一
切智智清淨何以故若大喜清淨若色清淨
若一切智智清淨无二无二分无別无斷故
大喜清淨故受想行識清淨受想行識清
淨故一切智智清淨何以故若大喜清淨若受
想行識清淨若一切智智清淨无二无二分
无別无斷故善現大喜清淨故眼處清淨眼
處清淨故一切智智清淨何以故若大喜清
淨若眼處清淨若一切智智清淨无二无二
分无別无斷故大喜清淨故耳鼻舌身意處
清淨耳鼻舌身意處清淨故一切智智清淨
何以故若大喜清淨若耳鼻舌身意處清淨

BD13963號　大般若波羅蜜多經卷二三六　（25–17）

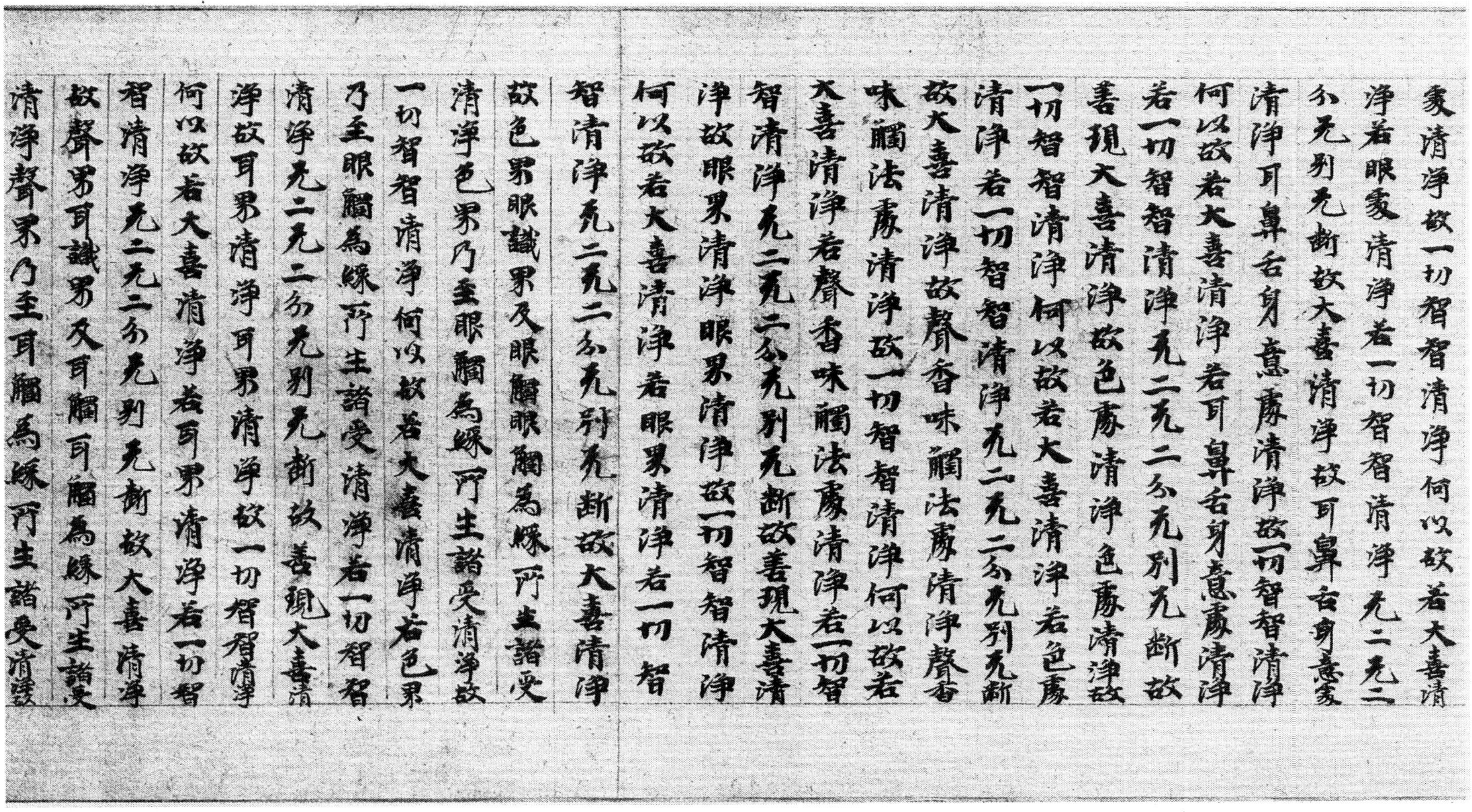

處清淨故一切智智清淨何以故若大喜清
淨若眼處清淨若一切智智清淨无二无二
分无別无斷故大喜清淨故耳鼻舌身意處
清淨耳鼻舌身意處清淨故一切智智清淨
何以故若大喜清淨若耳鼻舌身意處清淨
若一切智智清淨无二无二分无別无斷故
善現大喜清淨故色處清淨色處清淨故
一切智智清淨何以故若大喜清淨若色處
清淨若一切智智清淨无二无二分无別无斷
故大喜清淨故聲香味觸法處清淨聲香
味觸法處清淨故一切智智清淨何以故若
大喜清淨若聲香味觸法處清淨若一切智
智清淨无二无二分无別无斷故善現大喜清
淨故眼界清淨眼界清淨故一切智智清淨
何以故若大喜清淨若眼界清淨若一切智
智清淨无二无二分无別无斷故大喜清淨
故色界眼識界及眼觸眼觸為緣所生諸受
清淨色界乃至眼觸為緣所生諸受清淨故
一切智智清淨何以故若大喜清淨若色界
乃至眼觸為緣所生諸受清淨若一切智智
清淨无二无二分无別无斷故善現大喜清
淨故耳界清淨耳界清淨故一切智智清淨
何以故若大喜清淨若耳界清淨若一切智
智清淨无二无二分无別无斷故大喜清淨
故聲界耳識界及耳觸耳觸為緣所生諸受
清淨聲界乃至耳觸為緣所生諸受清淨故

BD13963號　大般若波羅蜜多經卷二三六　（25–18）

淨故耳界清淨耳界清淨故一切智智清淨
何以故若大喜清淨若耳界清淨若一切智
智清淨无二无二分无别无斷故大喜清淨
故聲界耳識界及耳觸耳觸為緣所生諸受
清淨聲界乃至耳觸為緣所生諸受清淨故
一切智智清淨何以故若大喜清淨若聲界
乃至耳觸為緣所生諸受清淨若一切智智
清淨无二无二分无别无斷故善現大喜清
淨故鼻界清淨鼻界清淨故一切智智清淨
何以故若大喜清淨若鼻界清淨若一切智
智清淨无二无二分无别无斷故大喜清淨
故香界鼻識界及鼻觸鼻觸為緣所生諸受
清淨香界乃至鼻觸為緣所生諸受清淨
故一切智智清淨何以故若大喜清淨若香
界乃至鼻觸為緣所生諸受清淨若一切智
智清淨无二无二分无别无斷故善現大喜
清淨故舌界清淨舌界清淨故一切智智清
淨何以故若大喜清淨若舌界清淨若一切智
智清淨无二无二分无别无斷故大喜清淨
故味界舌識界及舌觸舌觸為緣所生諸受
清淨味界乃至舌觸為緣所生諸受清淨故
一切智智清淨何以故若大喜清淨若味界
乃至舌觸為緣所生諸受清淨若一切智智
清淨无二无二分无别无斷故善現大喜清
淨故身界清淨身界清淨故一切智智清淨
何以故若大清淨若身界清淨若一切智

BD13963號　大般若波羅蜜多經卷二三六　（25–19）

乃至舌觸為緣所生諸受清淨若一切智智
清淨无二无二分无别无斷故善現大喜清
淨故身界清淨身界清淨故一切智智清淨
何以故若大清淨若身界清淨若一切智
智清淨无二无二分无别无斷故大喜清淨
故觸界身識界及身觸身觸為緣所生諸
受清淨觸界乃至身觸為緣所生諸受清淨
故一切智智清淨何以故若大喜清淨若觸界
乃至身觸為緣所生諸受清淨若一切智智
清淨無二無二分無別無斷故善現大喜清
淨故意界清淨意界清淨故一切智智清
淨何以故若大喜清淨若意界清淨若一切
智智清淨无二无二分无别无斷故大喜清淨
故法界意識界及意觸意觸為緣所生諸受
清淨法界乃至意觸為緣所生諸受清淨故
一切智智清淨何以故若大喜清淨若法界
乃至意觸為緣所生諸受清淨若一切智智
清淨无二无二分无别无斷故善現大喜
清淨故地界清淨地界清淨故一切智智清
淨何以故若大喜清淨若地界清淨若一切
智智清淨无二无二分无别无斷故大喜清
淨故水火風空識界清淨水火風空識界清
淨故一切智智清淨何以故若大喜清淨若
水火風空識界清淨若一切智智清淨無二
无二分无别无斷故善現大喜清淨故无明
清淨无明清淨故一切智智清淨何以故若

BD13963號　大般若波羅蜜多經卷二三六　（25–20）

淨故一切智智清淨何以故若大喜清淨若
水火風空識界清淨若一切智智清淨無二
无二分无別无斷故善現大喜清淨故无明
清淨无明清淨故一切智智清淨何以故若
大喜清淨若无明清淨若一切智智清淨
无二无二分无別无斷故大喜清淨故行識名
色六處觸受愛取有生老死愁歎苦憂惱
清淨行乃至老死愁歎苦憂惱清淨故一切智
智清淨何以故若大喜清淨若行乃至老
死愁歎苦憂惱清淨若一切智智清淨无二
无二分无別无斷故
善現大喜清淨故布施波羅蜜多清淨布施
波羅蜜多清淨故一切智智清淨何以故若
大喜清淨若布施波羅蜜多清淨若一切智
智清淨无二无二分无別无斷故大喜清淨
故淨戒安忍精進靜慮般若波羅蜜多清
淨淨戒乃至般若波羅蜜多清淨故一切智
智清淨何以故若大喜清淨若淨戒乃至般
若波羅蜜多清淨若一切智智清淨无二无
二分无別无斷故善現大喜清淨故內空清淨
內空清淨故一切智智清淨何以故若大喜
清淨若內空清淨若一切智智清淨无二无二
分无別无斷故大喜清淨故外空內外空空
空大空勝義空有為空无為空畢竟空无際
空散空无變異空本性空自相空共相空一

BD13963號　大般若波羅蜜多經卷二三六　（25–21）

清淨若內空清淨若一切智智清淨无二无二
分无別无斷故大喜清淨故外空內外空空
空大空勝義空有為空无為空畢竟空无際
空散空无變異空本性空自相空共相空一
切法空不可得空无性空自性空无性自性
空清淨外空乃至无性自性空清淨故一切
智智清淨何以故若大喜清淨若外空乃
至无性自性空清淨若一切智智清淨无二无
二分无別无斷故善現大喜清淨故真如清
淨真如清淨故一切智智清淨何以故若大
喜清淨若真如清淨若一切智智清淨无二
无二分无別无斷故大喜清淨故法界法性
不虛妄性不變異性平等性離生性法定法
住實際虛空界不思議界清淨法界乃至不
思議界清淨故一切智智清淨何以故若大
喜清淨若法界乃至不思議界清淨若一切
智智清淨无二无二分无別无斷故善現大
喜清淨故苦聖諦清淨苦聖諦清淨故一切
智智清淨何以故若大喜清淨若苦聖諦
清淨若一切智智清淨无二无二分无別无
斷故大喜清淨故集滅道聖諦清淨集滅
道聖諦清淨故一切智智清淨何以故若大
喜清淨若集滅道聖諦清淨若一切智智
清淨无二无二分无別无斷故善現大喜清
淨故四靜慮清淨四靜慮清淨故一切智智

BD13963號　大般若波羅蜜多經卷二三六　（25–22）

道聖諦清淨故一切智智清淨何以故若大
喜清淨若集滅道聖諦清淨若一切智智
清淨无二无二分无別无斷故善現大喜清
淨故四靜慮清淨四靜慮清淨故一切智智
清淨何以故若大喜清淨若四靜慮清淨
若一切智智清淨无二無二分無別無斷故大喜
清淨故四无量四无色定清淨四无量四无
色定清淨故一切智智清淨何以故若大喜
清淨若四无量四无色定清淨若一切智智
清淨无二无二分无別无斷故善現大喜清
淨故八解脫清淨八解脫清淨故一切智智
清淨何以故若大喜清淨若八解脫清淨若
一切智智清淨无二无二分无別无斷故大
喜清淨故八勝處九次第定十遍處清淨
八勝處九次第定十遍處清淨故一切智智清
淨何以故若大喜清淨若八勝處九次第定
十遍處清淨若一切智智清淨无二无二分
无別无斷故善現大喜清淨故四念住清淨
四念住清淨故一切智智清淨何以故若大
喜清淨若四念住清淨若一切智智清淨無
二无二分无別无斷故大喜清淨故四正斷
四神足五根五力七等覺支八聖道支清淨
四正斷乃至八聖道支清淨故一切智智清
淨何以故若大喜清淨若四正斷乃至八聖
道支清淨若一切智智清淨无二无二分无

BD13963號　大般若波羅蜜多經卷二三六　（25–23）

八勝處九次第定十遍處清淨故一切智智清
淨何以故若大喜清淨若八勝處九次第定
十遍處清淨若一切智智清淨无二无二分
无別无斷故善現大喜清淨故四念住清淨
四念住清淨故一切智智清淨何以故若大
喜清淨若四念住清淨若一切智智清淨無
二无二分无別无斷故大喜清淨故四正斷
四神足五根五力七等覺支八聖道支清淨
四正斷乃至八聖道支清淨故一切智智清
淨何以故若大喜清淨若四正斷乃至八聖
道支清淨若一切智智清淨无二无二分无
別无斷故善現大喜清淨故空解脫門清淨
空解脫門清淨故一切智智清淨何以故若
大喜清淨若空解脫門清淨若一切智智清
淨無二無二分無別無斷故大喜清淨故無
相无願解脫門清淨无相无願解脫門清淨
故一切智智清淨何以故若大喜清淨若无
相无願解脫門清淨若一切智智清淨无二
无二分无別无斷故善現大喜清淨故菩
薩十地清淨菩薩十地清淨故一切智智清淨
何以故若大喜清淨若菩薩十地清淨若一
切智智清淨無二無二分無別無斷故

大般若波羅蜜多經卷第二百卅六

BD13963號　大般若波羅蜜多經卷二三六　（25–24）

別无斷故善現大喜清淨故空解脫門清淨
空解脫門清淨故一切智智清淨何以故若
大喜清淨若空解脫門清淨若一切智智清
淨無二無二分無別無斷故大喜清淨故無
相无願解脫門清淨無相无願解脫門清淨
故一切智智清淨何以故若大喜清淨若无
相无願解脫門清淨若一切智智清淨无二
无二分无別无斷故善現大喜清淨故菩
薩十地清淨菩薩十地清淨故一切智智清淨
何以故若大喜清淨若菩薩十地清淨若一
切智智清淨無二無二分無別無斷故

大般若波羅蜜多經卷第二百卅六

BD13963 號　大般若波羅蜜多經卷二三六　（25–25）

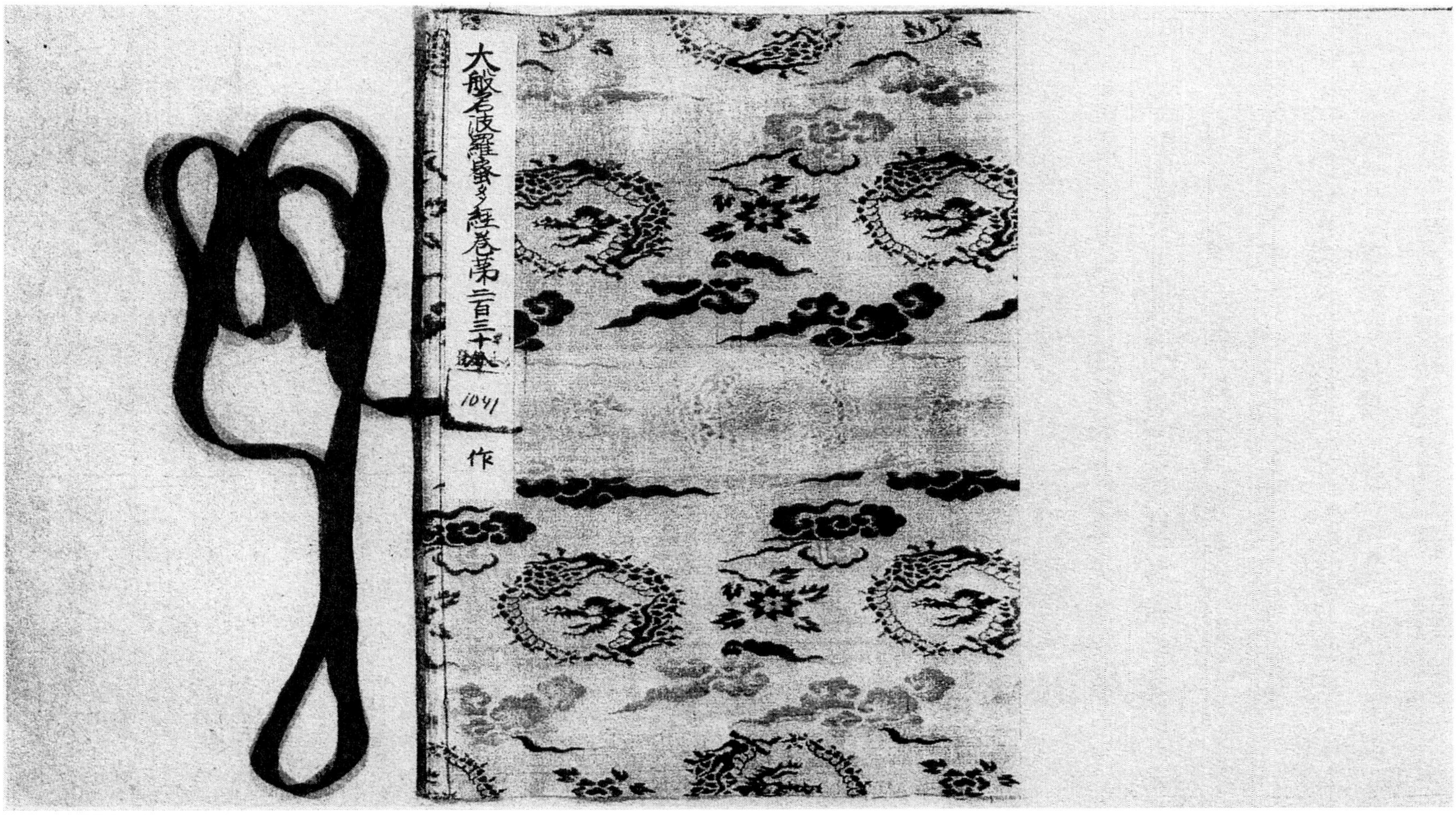


BD13964 號背　現代護首　（1–1）

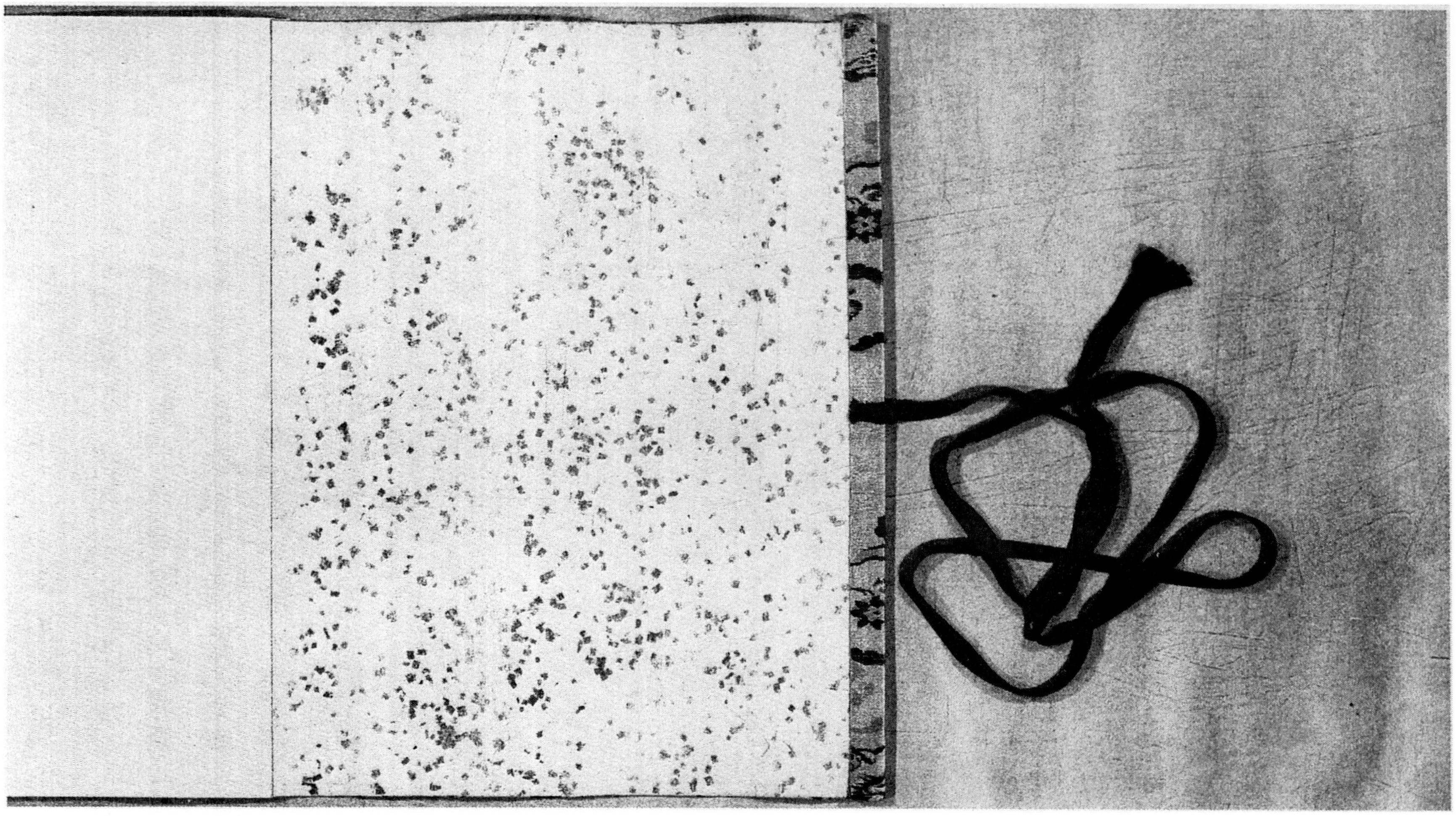

BD13964 號　大般若波羅蜜多經卷二三八　（22–1）

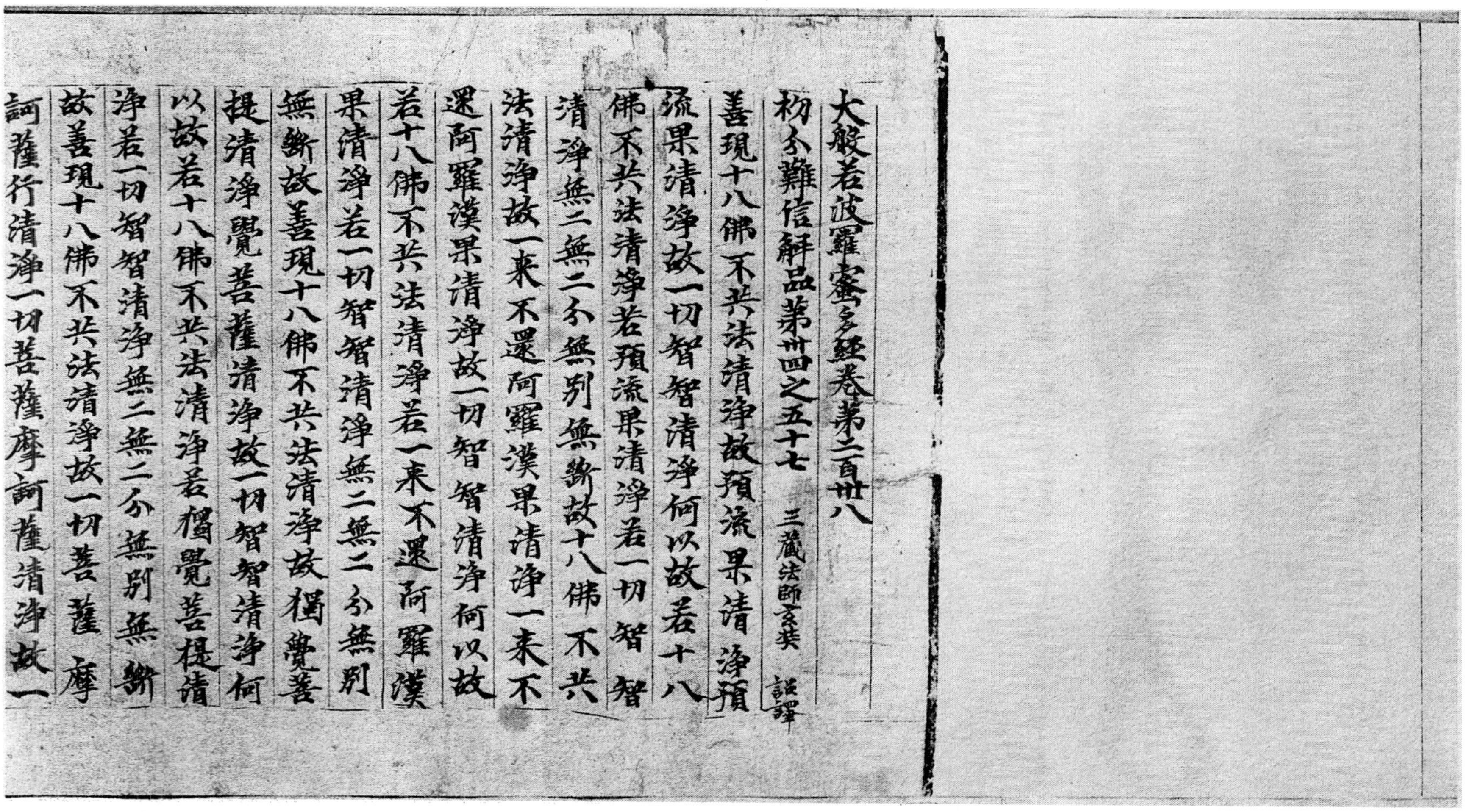

大般若波羅蜜多經卷第二百卌八
初分難信解品第卅四之五十七　三藏法師玄奘 詔譯
善現十八佛不共法清淨故預流果清淨預
流果清淨故一切智智清淨何以故若十八
佛不共法清淨若預流果清淨若一切智智
清淨無二無二分無別無斷故十八佛不共
法清淨故一來不還阿羅漢果清淨一來不
還阿羅漢果清淨故一切智智清淨何以故
若十八佛不共法清淨若一來不還阿羅漢
果清淨若一切智智清淨無二無二分無別
無斷故善現十八佛不共法清淨故獨覺菩
提清淨獨覺菩提清淨故一切智智清淨何
以故若十八佛不共法清淨若獨覺菩提清
淨若一切智智清淨無二無二分無別無斷
故善現十八佛不共法清淨故一切菩薩摩
訶薩行清淨一切菩薩摩訶薩清淨故一

BD13964 號　大般若波羅蜜多經卷二三八　（22–2）

提清淨覺菩提清淨故一切智智清淨何
以故若十八佛不共法清淨若獨覺菩提清
淨若一切智智清淨無二無二分無別無斷
故善現十八佛不共法清淨故一切菩薩摩
訶薩行清淨一切菩薩摩訶薩清淨故一
切智智清淨何以故若十八佛不共法清淨
若一切菩薩摩訶薩行清淨若一切智智清
淨無二無二分無別無斷故善現十八佛不
共法清淨故諸佛無上正等菩提清淨諸佛
無上正等菩提清淨故一切智智清淨何以
故若十八佛不共法清淨若諸佛無上正等
菩提清淨若一切智智清淨無二無二分無
別無斷故

復次善現無忘失法清淨故色清淨色清淨
故一切智智清淨何以故若無忘失法清淨
若色清淨若一切智智清淨無二無二分無
別無斷故無忘失法清淨故受想行識清淨
受想行識清淨故一切智智清淨何以故若
無忘失法清淨若受想行識清淨若一切智
智清淨無二無二分無別無斷故善現無忘
失法清淨故眼處清淨眼處清淨故一切智
智清淨何以故若無忘失法清淨若眼處清
淨若一切智智清淨無二無二分無別無斷
故無忘失法清淨故耳鼻舌身意處清淨耳
鼻舌身意處清淨故一切智智清淨何以故
若無忘失法清淨若耳鼻舌身意處清淨若
一切智智清淨無二無二分無別無斷故善

BD13964號　大般若波羅蜜多經卷二三八　（22–3）

淨若一切智智清淨無二無二分無別無斷
故無忘失法清淨故耳鼻舌身意處清淨耳
鼻舌身意處清淨故一切智智清淨何以故
若無忘失法清淨若耳鼻舌身意處清淨若
一切智智清淨無二無二分無別無斷故善
現無忘失法清淨故色處清淨色處清淨故
一切智智清淨何以故若無忘失法清淨若
色處清淨若一切智智清淨無二無二分無
別無斷故無忘失法清淨故聲香味觸法處
清淨聲香味觸法處清淨故一切智智清淨
何以故若無忘失法清淨若聲香味觸法處
清淨若一切智智清淨無二無二分無別無
斷故善現無忘失法清淨故眼界清淨眼界
清淨故一切智智清淨何以故若無忘失法
清淨若眼界清淨若一切智智清淨無二無
二分無別無斷故無忘失法清淨故色界眼
識界及眼觸眼觸為緣所生諸受清淨色界
乃至眼觸為緣所生諸受清淨故一切智智
清淨何以故若無忘失法清淨若色界乃至
眼觸為緣所生諸受清淨若一切智智清淨
無二無二分無別無斷故善現無忘失法清
淨故耳界清淨耳界清淨故一切智智清淨
何以故若無忘失法清淨若耳界清淨若一
切智智清淨無二無二分無別無斷故無忘失
法清淨故聲界耳識界及耳觸耳觸為緣所
生諸受清淨聲界乃至耳觸為緣所生諸受
清淨故一切智智清淨何以故若無忘失法

BD13964號　大般若波羅蜜多經卷二三八　（22–4）

切智智清淨無二無二分無別無斷故無忘失
法清淨故聲界耳識界及耳觸耳觸為緣所
生諸受清淨聲界乃至耳觸為緣所生諸受
清淨故一切智智清淨何以故若無忘失法
清淨若聲界乃至耳觸為所生諸受清淨
若一切智智清淨無二無二分無別無斷故
善現無忘失法清淨故鼻界清淨鼻界清淨
故一切智智清淨何以故若無忘失法清淨
若鼻界清淨若一切智智清淨無二無二分
無別無斷故無忘失法清淨故香界鼻識界
及鼻觸鼻觸為緣所生諸受清淨香界乃
至鼻觸為緣所生諸受清淨故一切智智清淨
何以故若無忘失法清淨若香界乃至鼻觸
為緣所生諸受清淨若一切智智清淨無二
無二分無別無斷故善現無忘失法清淨故
舌界清淨舌界清淨故一切智智清淨何以
故若無忘失法清淨若舌界清淨若一切智
智清淨無二無二分無別無斷故無忘失法
清淨故味界舌識界及舌觸舌觸為緣所生
諸受清淨味界乃至舌觸為緣所生諸受清
淨故一切智智清淨何以故若無忘失法清
淨若味界乃至舌觸為緣所生諸受清淨若
一切智智清淨無二無二分無別無斷故善
現無忘失法清淨故身界清淨身界清淨故
一切智智清淨何以故若無忘失法清淨若
身界清淨若一切智智清淨無二無二分無

BD13964號　大般若波羅蜜多經卷二三八　(22–5)

淨若味界乃至舌觸為緣所生諸受清淨若
一切智智清淨無二無二分無別無斷故善
現無忘失法清淨故身界清淨身界清淨故
一切智智清淨何以故若無忘失法清淨若
身界清淨若一切智智清淨無二無二分無
別無斷故無忘失法清淨故觸界身識界及
身觸身觸為緣所生諸受清淨觸界乃至身觸
為緣所生諸受清淨故一切智智清淨何以故
若無忘失法清淨若觸界乃至身觸為緣所生
諸受清淨若一切智智清淨無二無二分無別
無斷故善現無忘失法清淨故意界清淨意
界清淨故一切智智清淨何以故若無忘失法
清淨若意界清淨若一切智智清淨無二無二
分無別無斷故無忘失法清淨故法界意識
界及意觸意觸為緣所生諸受清淨法界乃
至意觸為緣所生諸受清淨故一切智智清淨
何以故若無忘失法清淨若法界乃至意觸
為緣所生諸受清淨若一切智智清淨無二
無二分無別無斷故善現無忘失法清淨故
坔界清淨坔界清淨故一切智智清淨何以
故若無忘失法清淨若坔界清淨若一切智
智清淨無二無二分無別無斷故無忘失法
清淨故水火風空識界清淨水火風空識界
清淨故一切智智清淨何以故若無忘失法
清淨若水火風空識界清淨若一切智智清
淨無二無二分無別無斷故善現無忘失法
清淨故無明清淨無明清淨故一切智智清

BD13964號　大般若波羅蜜多經卷二三八　(22–6)

清淨故一切智智清淨何以故若無忘失法
清淨若水火風空識界清淨若一切智智清
淨無二無二分無別無斷故善現無忘失法
清淨故無明清淨無明清淨故一切智智清
淨何以故若無忘失法清淨若無明清淨若
一切智智清淨無二無二分無別無斷故無
忘失法清淨故行識名色六處觸受愛取有
生老死愁歎苦憂惱清淨行乃至老死愁歎
苦憂惱清淨故一切智智清淨何以故若無
忘失法清淨若行乃至老死愁歎苦憂惱清
淨若一切智智清淨無二無二分無別無斷
故
善現無忘失法清淨故布施波羅蜜多清淨
布施波羅蜜多清淨故一切智智清淨何以
故若無忘失法清淨若布施波羅蜜多清淨
若一切智智清淨無二無二分無別無斷故
無忘失法清淨故淨戒安忍精進靜慮般若
波羅蜜多清淨淨戒乃至般若波羅蜜多
清淨故一切智智清淨何以故若無忘失法清
淨若淨戒乃至般若波羅蜜多清淨若一切
智智清淨無二無二分無別無斷故善現無
忘失法清淨故內空清淨內空清淨故一切
智智清淨何以故若無忘失法清淨若內空
清淨若一切智智清淨無二無二分無別無
斷故無忘失法清淨故外空內外空空空大
空勝義空有為空無為空畢竟空無際空

BD13964 號　大般若波羅蜜多經卷二三八　（22–7）

清淨若一切智智清淨無二無二分無別無
斷故無忘失法清淨故外空內外空空空大
空勝義空有為空無為空畢竟空無際空
散空無變異空本性空自相空共相空一切法
空不可得空無性空自性空無性自性空清
淨外空乃至無性自性空清淨故一切智智
清淨何以故若無忘失法清淨若外空乃至
無性自性空清淨若一切智智清淨無二無
二分無別無斷故善現無忘失法清淨故真如
清淨真如清淨故一切智智清淨何以故若
無忘失法清淨若真如清淨若一切智智清
淨無二無二分無別無斷故無忘失法清淨
故法界法性不虛妄性不變異性平等性
離生性法定法住實際虛空界不思議界清
淨法界乃至不思議界清淨故一切智智清
淨何以故若無忘失法清淨若法界乃至不
思議界清淨若一切智智清淨無二無二分
無別無斷故善現無忘失法清淨故苦聖諦
清淨苦聖諦清淨故一切智智清淨何以故
若無忘失法清淨若苦聖諦清淨若一切智
智清淨無二無二分無別無斷故無忘失法
清淨故集滅道聖諦清淨集滅道聖諦清淨
故一切智智清淨何以故若無忘失法清淨
若集滅道聖諦清淨若一切智智清淨無二
無二分無別無斷故善現無忘失法清淨故
四靜慮清淨四靜慮清淨故一切智智清淨

BD13964 號　大般若波羅蜜多經卷二三八　（22–8）

故一切智智清淨何以故若無忘失法清淨
若集滅道聖諦清淨若一切智智清淨無二
無二分無別無斷故善現無忘失法清淨故
四靜慮清淨四靜慮清淨故一切智智清淨
何以故若無忘失法清淨若四靜慮清淨若
一切智智清淨無二無二分無別無斷故無
忘失法清淨故四無量四無色定清淨四無
量四無色定清淨故一切智智清淨何以故
若無忘失法清淨若四無量四無色定清淨
若一切智智清淨無二無二分無別無斷故
善現無忘失法清淨故八解脫清淨八解脫
清淨故一切智智清淨何以故若無忘失法
清淨若八解脫清淨若一切智智清淨無二
無二分無別無斷故無忘失法清淨故八勝
處九次第定十遍處清淨八勝處九次第定
十遍處清淨故一切智智清淨何以故若無
忘失法清淨若八勝處九次第定十遍處清
淨若一切智智清淨無二無二分無別無斷
故善現無忘失法清淨故四念住清淨四念
住清淨故一切智智清淨何以故若無忘失
法清淨若四念住清淨若一切智智清淨無
二無二分無別無斷故無忘失法清淨故四
正斷四神足五根五力七等覺支八聖道支
清淨四正斷乃至八聖道支清淨故一切智
智清淨何以故若無忘失法清淨若四正斷
乃至八聖道支清淨若一切智智清淨無二
無二分無別無斷故善現無忘失法清淨故

BD13964 號　大般若波羅蜜多經卷二三八　(22-9)

清淨四正斷乃至八聖道支清淨故一切智
智清淨何以故若無忘失法清淨若四正斷
乃至八聖道支清淨若一切智智清淨無二
無二分無別無斷故善現無忘失法清淨故
空解脫門清淨空解脫門清淨故一切智智
清淨何以故若無忘失法清淨若空解脫門
清淨若一切智智清淨無二無二分無別無
斷故無忘失法清淨故無相無願解脫門清
淨無相無願解脫門清淨故一切智智清淨
何以故若無忘失法清淨若無相無願解脫
門清淨若一切智智清淨無二無二分無別
無斷故善現無忘失法清淨故菩薩十地清
淨菩薩十地清淨故一切智智清淨何以故
若無忘失法清淨若菩薩十地清淨若一切
智智清淨無二無二分無別無斷故
善現無忘失法清淨故五眼清淨五眼清淨
故一切智智清淨何以故若無忘失法清淨
若五眼清淨若一切智智清淨無二無二分
無別無斷故無忘失法清淨故六神通清淨
六神通清淨故一切智智清淨何以故若無
忘失法清淨若六神通清淨若一切智智清
淨無二無二分無別無斷故善現無忘失法
清淨故佛十力清淨佛十力清淨故一切智
智清淨何以故若無忘失法清淨若佛十力
清淨若一切智智清淨無二無二分無別無
斷故無忘失法清淨故四無所畏四無礙解
大慈大悲大喜大捨十八佛不共法清淨四

BD13964 號　大般若波羅蜜多經卷二三八　(22-10)

清淨故佛十力清淨佛十力清淨故一切智
智清淨何以故若無忘失法清淨若佛十力
清淨若一切智智清淨無二無二分無別無
斷故無忘失法清淨故四無所畏四無礙解
大慈大悲大喜大捨十八佛不共法清淨四
無所畏乃至十八佛不共法清淨故一切智
智清淨何以故若無忘失法清淨若四無所
畏乃至十八佛不共法清淨若一切智智清
淨無二無二分無別無斷故善現無忘失法
清淨故恒住捨性清淨恒住捨性清淨故一
切智智清淨何以故若無忘失法清淨若恒
住捨性清淨若一切智智清淨無二無二分
無別無斷故善現無忘失法清淨故一切智
清淨一切智清淨故一切智智清淨何以故
若無忘失法清淨若一切智清淨若一切智
智清淨無二無二分無別無斷故無忘失法
清淨故道相智一切相智清淨道相智一切
相智清淨故一切智智清淨何以故若無忘
失法清淨若道相智一切相智清淨若一切
智智清淨無二無二分無別無斷故善現無
忘失法清淨故一切陁羅尼門清淨一切陁
羅尼門清淨故一切智智清淨何以故若無
忘失法清淨若一切陁羅尼門清淨若一切
智智清淨無二無二分無別無斷故無忘失
法清淨故一切三摩埊門清淨一切三摩埊
門清淨故一切智智清淨何以故若無忘失
法清淨若一切三摩埊門清淨若一切智智

BD13964號　大般若波羅蜜多經卷二三八　（22-11）

忘失法清淨若一切陁羅尼門清淨若一切
智智清淨無二無二分無別無斷故無忘失
法清淨故一切三摩埊門清淨一切三摩埊
門清淨故一切智智清淨何以故若無忘失
法清淨若一切三摩埊門清淨若一切智智
清淨無二無二分無別無斷故
善現無忘失法清淨故預流果清淨預流果
清淨故一切智智清淨何以故若無忘失法
清淨若預流果清淨若一切智智清淨無二
無二分無別無斷故無忘失法清淨故一來
不還阿羅漢果清淨一來不還阿羅漢果清
淨故一切智智清淨何以故若無忘失法清
淨若一來不還阿羅漢果清淨若一切智智
清淨無二無二分無別無斷故善現無忘失
法清淨故獨覺菩提清淨獨覺菩提清淨故
一切智智清淨何以故若無忘失法清淨若
獨覺菩提清淨若一切智智清淨無二無二
分無別無斷故善現無忘失法清淨故一切
菩薩摩訶薩行清淨一切菩薩摩訶薩行
清淨故一切智智清淨何以故若無忘失法
清淨若一切菩薩摩訶薩行清淨若一切智
智清淨無二無二分無別無斷故善現無忘
失法清淨故諸佛無上正等菩提清淨諸佛
無上正等菩提清淨故一切智智清淨何以故
若無忘失法清淨若諸佛無上正等菩提清
淨若一切智智清淨無二無二分無別無斷
故復次善現恒住捨性清淨故色清淨色清

BD13964號　大般若波羅蜜多經卷二三八　（22-12）

失法清淨故諸佛無上正等菩提清淨諸佛
無上正等菩提清淨故一切智智清淨何以故
若無忘失法清淨若諸佛無上正等菩提清
淨若一切智智清淨無二無二分無別無斷
故復次善現恒住捨性清淨故色清淨色清
淨故一切智智清淨何以故若恒住捨性清
淨若色清淨若一切智智清淨無二無二分無
別無斷故恒住捨性清淨故受想行識清淨
受想行識清淨故一切智智清淨何以故若
恒住捨性清淨若受想行識清淨若一切智
智清淨無二無二分無別無斷故善現恒住
捨性清淨故眼處清淨眼處清淨故一切智
智清淨何以故若恒住捨性清淨若眼處清
淨若一切智智清淨無二無二分無別無斷故
恒住捨性清淨故耳鼻舌身意處清淨耳鼻
舌身意處清淨故一切智智清淨何以故若
恒住捨性清淨若耳鼻舌身意處清淨若
一切智智清淨無二無二分無別無斷故善
現恒住捨性清淨故色處清淨色處清淨故
一切智智清淨何以故若恒住捨性清淨若
色處清淨若一切智智清淨無二無二分無別
無斷故恒住捨性清淨故聲香味觸法處清
淨聲香味觸法處清淨故一切智智清淨何
以故若恒住捨性清淨若聲香味觸法處清
淨若一切智智清淨無二無二分無別無斷
故善現恒住捨性清淨故眼界清淨眼界
清淨故一切智智清淨何以故若恒住捨性清

BD13964 號　大般若波羅蜜多經卷二三八　（22–13）

淨聲香味觸法處清淨故一切智智清淨何
以故若恒住捨性清淨若聲香味觸法處清
淨若一切智智清淨無二無二分無別無斷
故善現恒住捨性清淨故眼界清淨眼界
清淨故一切智智清淨何以故若恒住捨性清
淨若眼界清淨若一切智智清淨無二無二
分無別無斷故恒住捨性清淨故色界眼
識界及眼觸眼觸為緣所生諸受清淨色界
乃至眼觸為緣所生諸受清淨故一切智智清
淨何以故若恒住捨性清淨若色界乃至眼
觸為緣所生諸受清淨若一切智智清淨無
二無二分無別無斷故善現恒住捨性清淨
故耳界清淨耳界清淨故一切智智清淨何
以故若恒住捨性清淨若耳界清淨若一切
智智清淨無二無二分無別無斷故恒住捨
性清淨故聲界耳識界及耳觸耳觸為緣所
生諸受清淨聲界乃至耳觸為緣所生諸受
清淨故一切智智清淨何以故若恒住捨性
清淨若聲界乃至耳觸為緣所生諸受清淨
若一切智智清淨無二無二分無別無斷故
善現恒住捨性清淨故鼻界清淨鼻界清淨
故一切智智清淨何以故若恒住捨性清淨
若鼻界清淨若一切智智清淨無二無二分
無別無斷故恒住捨性清淨故香界鼻識界
及鼻觸鼻觸為緣所生諸受清淨香界乃至
鼻觸為緣所生諸受清淨故一切智智清淨
何以故若恒住捨性清淨若香界乃至鼻觸
為緣所生諸受清淨若一切智智清淨無二

BD13964 號　大般若波羅蜜多經卷二三八　（22–14）

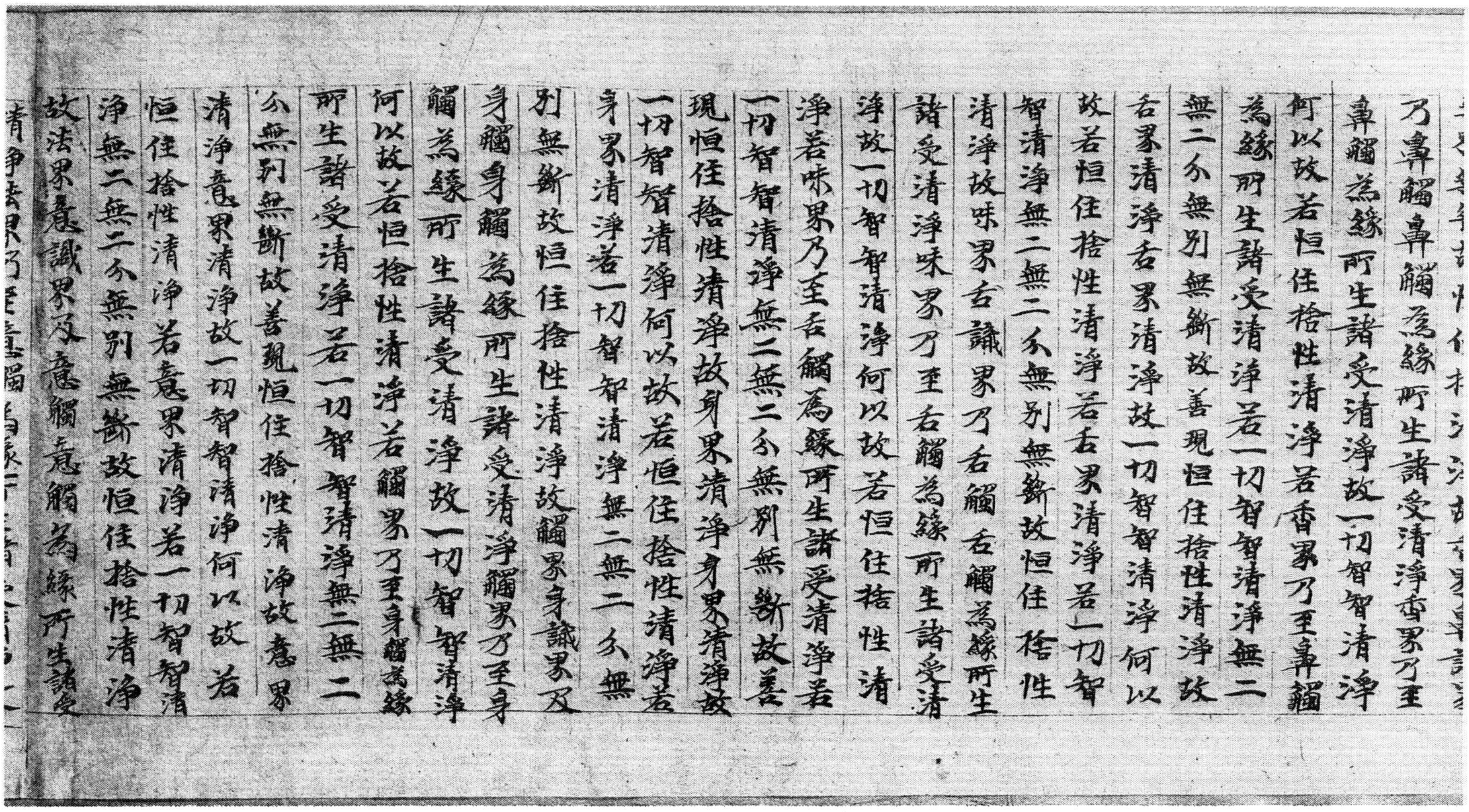

乃鼻觸鼻觸為緣所生諸受清淨香界乃至
鼻觸為緣所生諸受清淨故一切智智清淨
何以故若恒住捨性清淨若香界乃至鼻觸
為緣所生諸受清淨若一切智智清淨無二
無二分無別無斷故善現恒住捨性清淨故
舌界清淨舌界清淨故一切智智清淨何以
故若恒住捨性清淨若舌界清淨若一切智
智清淨無二無二分無別無斷故恒住捨性
清淨故味界舌識界及舌觸舌觸為緣所生
諸受清淨味界乃至舌觸為緣所生諸受清
淨故一切智智清淨何以故若恒住捨性清
淨若味界乃至舌觸為緣所生諸受清淨若
一切智智清淨無二無二分無別無斷故善
現恒住捨性清淨故身界清淨身界清淨故
一切智智清淨何以故若恒住捨性清淨若
身界清淨若一切智智清淨無二無二分無
別無斷故恒住捨性清淨故觸界身識界及
身觸身觸為緣所生諸受清淨觸界乃至身
觸為緣所生諸受清淨故一切智智清淨
何以故若恒住捨性清淨若觸界乃至身觸為緣
所生諸受清淨若一切智智清淨無二無二
分無別無斷故善現恒住捨性清淨故意界
清淨意界清淨故一切智智清淨何以故若
恒住捨性清淨若意界清淨若一切智智清
淨無二無二分無別無斷故恒住捨性清淨
故法界意識界及意觸意觸為緣所生諸受

BD13964 號　大般若波羅蜜多經卷二三八　（22–15）

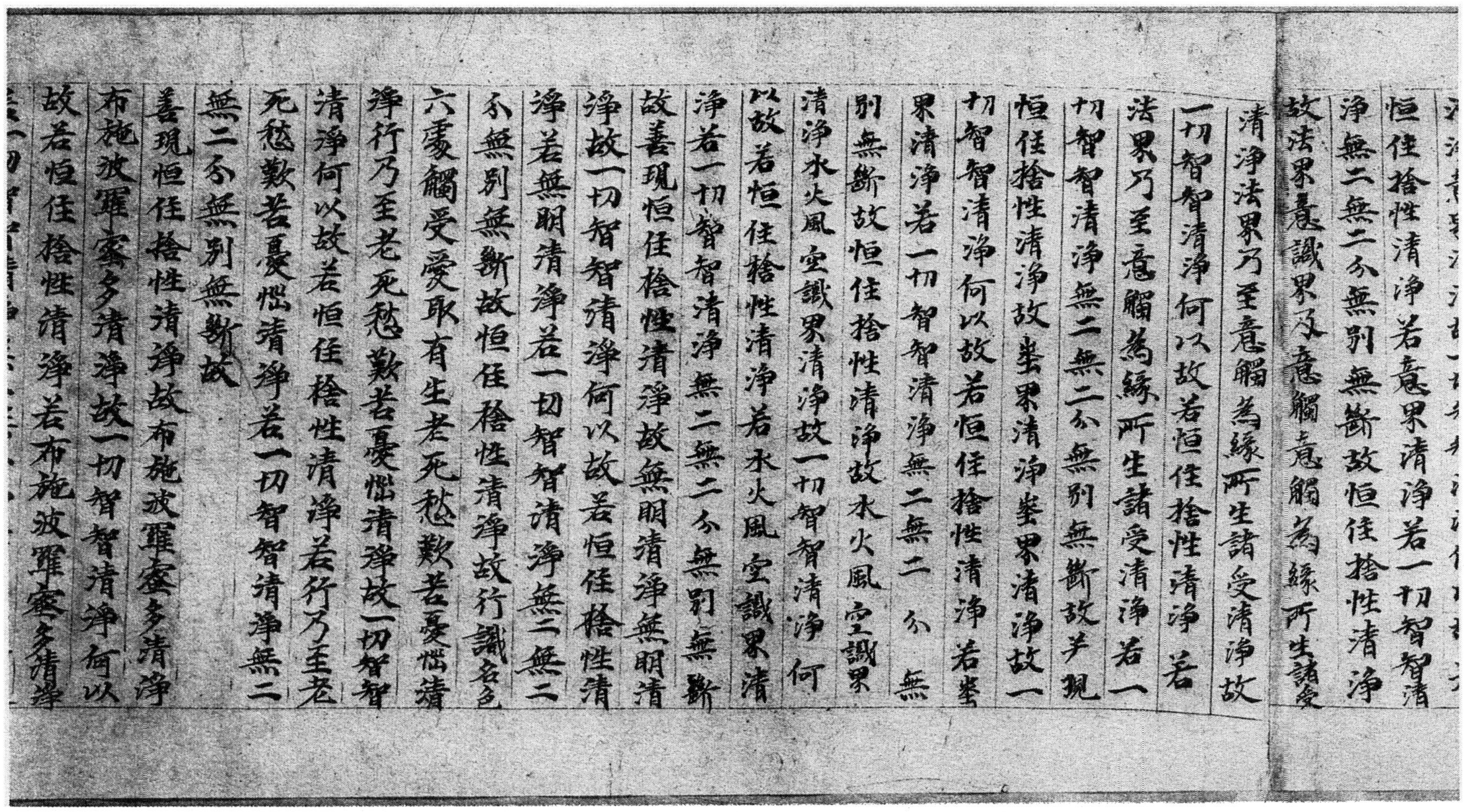

恒住捨性清淨若意界清淨若一切智智清
淨無二無二分無別無斷故恒住捨性清淨
故法界意識界及意觸意觸為緣所生諸受
清淨法界乃至意觸為緣所生諸受清淨故
一切智智清淨何以故若恒住捨性清淨若
法界乃至意觸為緣所生諸受清淨若一
切智智清淨無二無二分無別無斷故善現
恒住捨性清淨故地界清淨地界清淨故一
切智智清淨何以故若恒住捨性清淨若地
界清淨若一切智智清淨無二無二分無
別無斷故恒住捨性清淨故水火風空識界
清淨水火風空識界清淨故一切智智清淨何
以故若恒住捨性清淨若水火風空識界清
淨若一切智智清淨無二無二分無別無斷
故善現恒住捨性清淨故無明清淨無明清
淨故一切智智清淨何以故若恒住捨性清
淨若無明清淨若一切智智清淨無二無二
分無別無斷故恒住捨性清淨故行識名色
六處觸受愛取有生老死愁歎苦憂惱清
淨行乃至老死愁歎苦憂惱清淨故一切智智
清淨何以故若恒住捨性清淨若行乃至老
死愁歎苦憂惱清淨若一切智智清淨無二
無二分無別無斷故
善現恒住捨性清淨故布施波羅蜜多清淨
布施波羅蜜多清淨故一切智智清淨何以
故若恒住捨性清淨若布施波羅蜜多清淨

BD13964 號　大般若波羅蜜多經卷二三八　（22–16）

善現恒住捨性清淨故布施波羅蜜多清淨
布施波羅蜜多清淨故一切智智清淨何以
故若恒住捨性清淨若布施波羅蜜多清淨
若一切智智清淨無二無二分無別無斷故
恒住捨性清淨故淨戒安忍精進靜慮般若
波羅蜜多清淨淨戒乃至般若波羅蜜多
清淨故一切智智清淨何以故若恒住捨性清
淨若淨戒乃至般若波羅蜜多清淨若一切
智智清淨無二無二分無別無斷故善現恒
住捨性清淨故內空清淨內空清淨故一切
智智清淨何以故若恒住捨性清淨若內空
清淨若一切智智清淨無二無二分無別無
斷故恒住捨性清淨故外空內外空空空大
空勝義空有為空無為空畢竟空無際空
散空無變異空本性空自相空共相空一切法
空不可得空無性空自性空無性自性空清
淨外空乃至無性自性空清淨故一切智智
清淨何以故若恒住捨性清淨若外空乃至
無性自性空清淨若一切智智清淨無二無
二分無別無斷故善現恒住捨性清淨故真
如清淨真如清淨故一切智智清淨何以故
若恒住捨性清淨若真如清淨若一切智智
清淨無二無二分無別無斷故恒住捨性清
淨故法界法性不虛妄性不變異性平等性
離生性法定法住實際虛空界不思議界
清淨法界乃至不思議界清淨故一切智智清
淨何以故若恒住捨性清淨若法界乃至不



淨故法界法性不虛妄性不變異性平等性
離生性法定法住實際虛空界不思議界
清淨法界乃至不思議界清淨故一切智智清
淨何以故若恒住捨性清淨若法界乃至不
思議界清淨若一切智智清淨無二無二分
無別無斷故善現恒住捨性清淨故苦聖諦
清淨苦聖諦清淨故一切智智清淨何以故
若恒住捨性清淨若苦聖諦清淨若一切智
智清淨無二無二分無別無斷故恒住捨性
清淨故集滅道聖諦清淨集滅道聖諦清
淨故一切智智清淨何以故若恒住捨性清淨
若集滅道聖諦清淨若一切智智清淨無二
無二分無別無斷故善現恒住捨性清淨故
四靜慮清淨四靜慮清淨故一切智智清淨
何以故若恒住捨性清淨若四靜慮清淨若
一切智智清淨無二無二分無別無斷故恒
住捨性清淨故四無量四無色定清淨四無
量四無色定清淨故一切智智清淨何以故若
恒住捨性清淨若四無量四無色定清淨若
一切智智清淨無二無二分無別無斷故善現
恒住捨性清淨故八解脫清淨八解脫清淨
故一切智智清淨何以故若恒住捨性清淨
若八解脫清淨若一切智智清淨無二無二
分無別無斷故恒住捨性清淨故八勝處九
次第定十遍處清淨八勝處九次第定十遍處
清淨故一切智智清淨何以故若恒住捨性

若八解脫清淨若一切智智清淨無二無二
分無別無斷故恒住捨性清淨故八勝處九
次第定十遍處清淨八勝處九次第定十遍處
清淨故一切智智清淨何以故若恒住捨性
清淨若八勝處九次第定十遍處清淨若一
切智智清淨無二無二分無別無斷故善現
恒住捨性清淨故四念住清淨四念住清淨故
一切智智清淨何以故若恒住捨性清淨
若四念住清淨若一切智智清淨無二無二分
無別無斷故恒住捨性清淨故四正斷四神
足五根五力七等覺支八聖道支清淨四正
斷乃至八聖道支清淨故一切智智清淨何
以故若恒住捨性清淨若四正斷乃至八聖
道支清淨若一切智智清淨無二無二分無
別無斷故善現恒住捨性清淨故空解脫門
清淨空解脫門清淨故一切智智清淨何以
故若恒住捨性清淨若空解脫門清淨若一
切智智清淨無二無二分無無別無斷故恒住
捨性清淨故無相無願解脫門清淨無相無願
解脫門清淨故一切智智清淨何以故若恒
住捨性清淨若無相無願解脫門清淨若一
切智智清淨無二無二分無別無斷故善現
恒住捨性清淨故菩薩十地清淨菩薩十地
清淨故一切智智清淨何以故若恒住捨性
清淨若菩薩十地清淨若一切智智清淨無
二無二分無別無斷故
善現恒住捨性清淨故五眼清淨五眼清淨



清淨故一切智智清淨何以故若恒住捨性
清淨若菩薩十地清淨若一切智智清淨無
二無二分無別無斷故
善現恒住捨性清淨故五眼清淨五眼清淨
故一切智智清淨何以故若恒住捨性清淨
若五眼清淨若一切智智清淨無二無二分
無別無斷故恒住捨性清淨故六神通清淨
六神通清淨故一切智智清淨何以故若恒
住捨性清淨若六神通清淨若一切智智清
淨無二無二分無別無斷故善現恒住捨性
清淨故佛十力清淨佛十力清淨故一切智
智清淨何以故若恒住捨性清淨若佛十力
清淨若一切智智清淨無二無二分無別無
斷故恒住捨性清淨故四無所畏四無礙解
大慈大悲大喜大捨十八佛不共法清淨四
無所畏乃至十八佛不共法清淨故一切智
智清淨何以故若恒住捨性清淨若四無所
畏乃至十八佛不共法清淨若一切智智清
淨無二無二分無別無斷故善現恒住捨性
清淨故無忘失法清淨無忘失法清淨故一
切智智清淨何以故若恒住捨性清淨若無
忘失法清淨若一切智智清淨無二無二分
無別無斷故善現恒住捨性清淨故一切智
清淨一切智清淨故一切智智清淨何以故
若恒住捨性清淨若一切智清淨若一切智
智清淨無二無二分無別無斷故恒住捨性

無別無斷故善現恒住捨性清淨故一切智
清淨一切智清淨故一切智智清淨何以故
若恒住捨性清淨若一切智清淨若一切智
智清淨無二無二分無別無斷故恒住捨性
清淨故道相智一切相智清淨道相智一切
相智清淨故一切智智清淨何以故若恒住
捨性清淨若道相智一切相智清淨若一切
智智清淨無二無二分無別無斷故善現恒
住捨性清淨故一切陁羅尼門清淨一切陁
羅尼門清淨故一切智智清淨何以故若恒
住捨性清淨若一切陁羅尼門清淨若一切
智智清淨無二無二分無別無斷故恒住捨
性清淨故一切三摩地門清淨一切三摩地
門清淨故一切智智清淨何以故若恒住捨
性清淨若一切三摩地門清淨若一切智智
清淨無二無二分無別無斷故
善現恒住捨性清淨故預流果清淨預流果
清淨故一切智智清淨何以故若恒住捨性
清淨若預流果清淨若一切智智清淨無二
無二分無別無斷故恒住捨性清淨故一來
不還阿羅漢果清淨一來不還阿羅漢果清
淨故一切智智清淨何以故若恒住捨性清
淨若一來不還阿羅漢果清淨若一切智智
清淨无二无二分无別无斷故善現恒住捨
性清淨故獨覺菩提清淨獨覺菩提清淨
故一切智智清淨何以故若恒住捨性清淨
若獨覺菩提清淨若一切智智清淨无二无二

BD13964 號　大般若波羅蜜多經卷二三八　（22–21）

不還阿羅漢果清淨一來不還阿羅漢果清
淨故一切智智清淨何以故若恒住捨性清
淨若一來不還阿羅漢果清淨若一切智智
清淨无二无二分无別无斷故善現恒住捨
性清淨故獨覺菩提清淨獨覺菩提清淨
故一切智智清淨何以故若恒住捨性清淨
若獨覺菩提清淨若一切智智清淨无二无二
分無別無斷故善現恒住捨性清淨故一切菩
薩摩訶薩行清淨一切菩薩摩訶薩行清
淨故一切智智清淨何以故若恒住捨性清淨

BD13964 號　大般若波羅蜜多經卷二三八　（22–22）

BD13965 號背　現代護首　　　　　　　　　　　　　　　　　　　　　　　　　　（1–1）

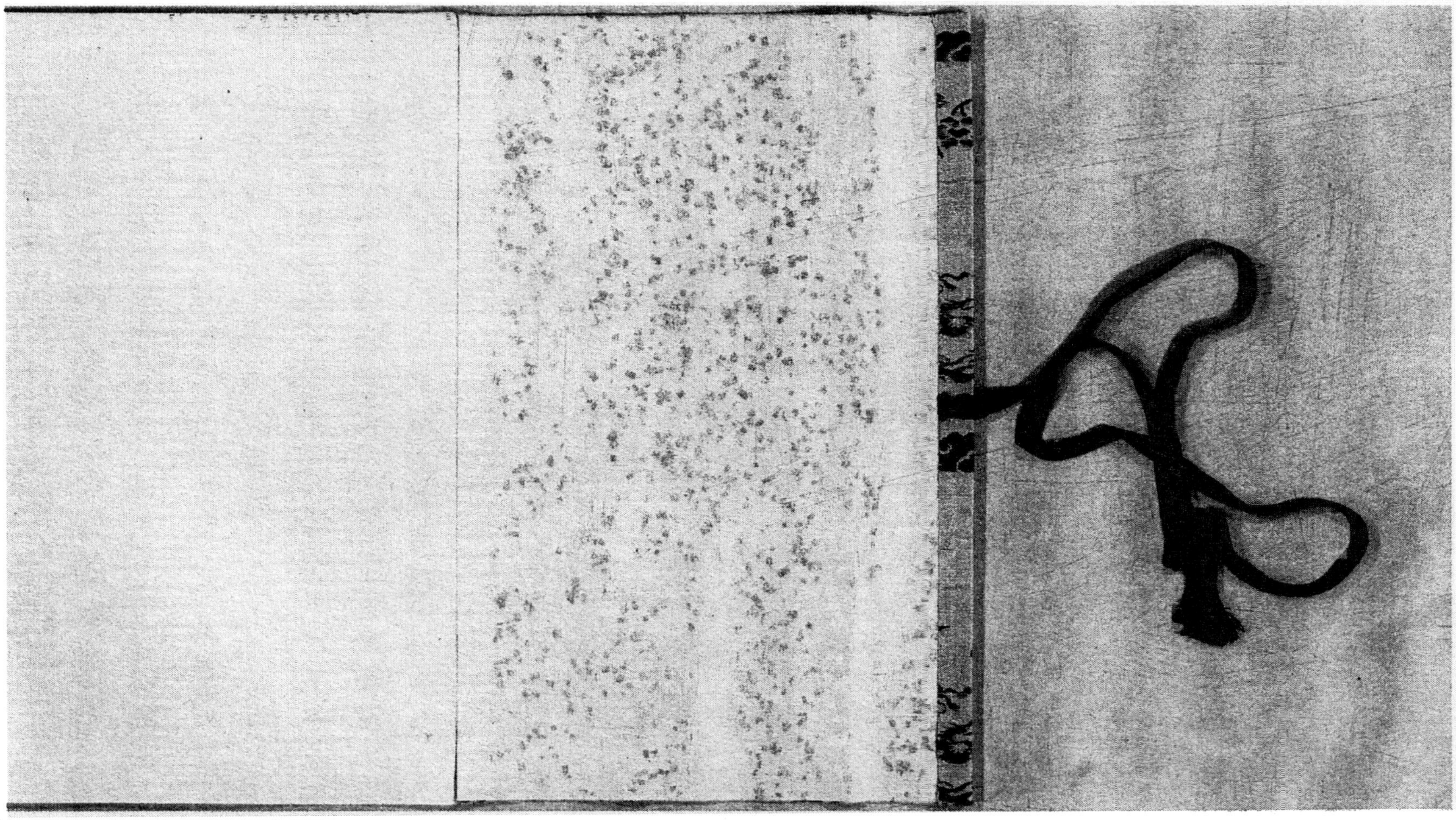

BD13965 號　大般若波羅蜜多經卷二三八　　　　　　　　　　　　　　　　　　　　（8–1）

大般若波羅蜜經卷第二百卅八
初分難信解品第卅四之五十七　三藏法師玄奘奉　詔譯
善現十八佛不共法清淨故預流果清淨預
流果清淨故一切智智清淨何以故若十八
佛不共法清淨若預流果清淨若一切智智
清淨無二無二分無別無斷故十八佛不共
法清淨故一来不還阿羅漢果清淨一来不
還阿羅漢果清淨故一切智智清淨何以故
若十八佛不共法清淨若一来不還阿羅漢
果清淨若一切智智清淨無二無二分無別
無斷故善現十八佛不共法清淨故獨覺菩
提清淨獨覺菩提清淨故一切智智清淨何
以故若十八佛不共法清淨若獨覺菩提清
淨若一切智智清淨無二無二分無別無斷
故善現十八佛不共法清淨故一切菩薩摩
訶薩行清淨一切菩薩摩訶薩行清淨故一
切智智清淨何以故若十八佛不共法清淨

BD13965號　大般若波羅蜜多經卷二三八　（8–2）

提清淨獨覺菩提清淨故一切智智清淨何
以故若十八佛不共法清淨若獨覺菩提清
淨若一切智智清淨無二無二分無別無斷
故善現十八佛不共法清淨故一切菩薩摩
訶薩行清淨一切菩薩摩訶薩行清淨故一
切智智清淨何以故若十八佛不共法清淨
若一切菩薩摩訶薩行清淨若一切智智清
淨無二無二分無別無斷故善現十八佛不
共法清淨故諸佛無上正等菩提清淨諸佛
無上正等菩提清淨故一切智智清淨何以
故若十八佛不共法清淨若諸佛無上正等
菩提清淨若一切智智清淨無二無二分無
別無斷故
復次善現無忘失法清淨故色清淨色清淨
故一切智智清淨何以故若無忘失法清淨
若色清淨若一切智智清淨無二無二分無
別無斷故無忘失法清淨故受想行識清淨
受想行識清淨故一切智智清淨何以故若
無忘失法清淨若受想行識清淨若一切智
智清淨無二無二分無別無斷故善現無忘
失法清淨故眼處清淨眼處清淨故一切智
智清淨何以故若無忘失法清淨若眼處清
淨若一切智智清淨無二無二分無別無斷
故無忘失法清淨故耳鼻舌身意處清淨耳
鼻舌身意處清淨故一切智智清淨何以故
若無忘失法清淨若耳鼻舌身意處清淨若

BD13965號　大般若波羅蜜多經卷二三八　（8–3）

智清淨何以故若無忘失法清淨若眼處清
淨若一切智智清淨無二無二分無別無斷
故無忘失法清淨故耳鼻舌身意處清淨耳
鼻舌身意處清淨故一切智智清淨何以故
若無忘失法清淨若耳鼻舌身意處清淨若
一切智智清淨無二無二分無別無斷故善
現無忘失法清淨故色處清淨色處清淨故
一切智智清淨何以故若無忘失法清淨若
色處清淨若一切智智清淨無二無二分無
別無斷故無忘失法清淨故聲香味觸法處
清淨聲香味觸法處清淨故一切智智清淨
何以故若無忘失法清淨若聲香味觸法處
清淨若一切智智清淨無二無二分無別無
斷故善現無忘失法清淨故眼界清淨眼界
清淨故一切智智清淨何以故若無忘失法
清淨若眼界清淨若一切智智清淨無二無
二分無別無斷故無忘失法清淨故色界眼
識界及眼觸眼觸為緣所生諸受清淨色界
乃至眼觸為緣所生諸受清淨故一切智智
清淨何以故若無忘失法清淨若色界乃至
眼觸為緣所生諸受清淨若一切智智清淨
無二無二分無別無斷故善現無忘失法清
淨故耳界清淨耳界清淨故一切智智清淨
何以故若無忘失法清淨若耳界清淨若一
切智智清淨無二無二分無別無斷故無忘失
法清淨故聲界耳識界及耳觸耳觸為緣所
生諸受清淨聲界乃至耳觸為緣所生諸受

BD13965號　大般若波羅蜜多經卷二三八　（8–4）

淨故耳界清淨耳界清淨故一切智智清淨
何以故若無忘失法清淨若耳界清淨若一
切智智清淨無二無二分無別無斷故無忘失
法清淨故聲界耳識界及耳觸耳觸為緣所
生諸受清淨聲界乃至耳觸為緣所生諸受
清淨故一切智智清淨何以故若無忘失法
清淨若聲界乃至耳觸為緣所生諸受清淨
若一切智智清淨無二無二分無別無斷故
善現無忘失法清淨故鼻界清淨鼻界清淨
故一切智智清淨何以故若無忘失法清淨
若鼻界清淨若一切智智清淨無二無二分
無別無斷故無忘失法清淨故香界鼻識
界及鼻觸鼻觸為緣所生諸受清淨香界乃
至鼻觸為緣所生諸受清淨故一切智智清淨
何以故若無忘失法清淨若香界乃至鼻觸
為緣所生諸受清淨若一切智智清淨無二
無二分無別無斷故善現無忘失法清淨故
舌界清淨舌界清淨故一切智智清淨何以
故若無忘失法清淨若舌界清淨若一切智
智清淨無二無二分無別無斷故無忘失法
清淨故味界舌識界及舌觸舌觸為緣所生
諸受清淨味界乃至舌觸為緣所生諸受清
淨故一切智智清淨何以故若無忘失法清
淨若味界乃至舌觸為緣所生諸受清淨若
一切智智清淨無二無二分無別無斷故善
現無忘失法清淨故身界清淨身界清淨故

BD13965號　大般若波羅蜜多經卷二三八　（8–5）

諸受清淨味界乃至舌觸爲緣所生諸受清
淨故一切智智清淨何以故若無忘失法清
淨若味界乃至舌觸爲緣所生諸受清淨若
一切智智清淨無二無二分無別無斷故善
現無忘失法清淨故身界清淨身界清淨故
一切智智清淨何以故若無忘失法清淨若
身界清淨若一切智智清淨無二無二分無
別無斷故無忘失法清淨故觸界身識界及
身觸身觸爲緣所生諸受清淨觸界乃至身
觸爲緣所生諸受清淨故一切智智清淨何以故
若無忘失法清淨若觸界乃至身觸爲緣所生
諸受清淨若一切智智清淨無二無二分無別
無斷故善現無忘失法清淨故意界清淨意
界清淨故一切智智清淨何以故若無忘失法
清淨若意界清淨若一切智智清淨無二無二
分無別無斷故無忘失法清淨故法界意識界
及意觸意觸爲緣所生諸受清淨法界乃至
意觸爲緣所生諸受清淨故一切智智清淨
何以故若無忘失法清淨若法界乃至意觸
爲緣所生諸受清淨若一切智智清淨無二
無二分無別無斷故善現無忘失法清淨故
地界清淨地界清淨故一切智智清淨何以
故若無忘失法清淨若地界清淨若一切智
智清淨無二無二分無別無斷故無忘失法
清淨故水火風空識界清淨水火風空識界
清淨故一切智智清淨何以故若無忘失法

BD13965號　大般若波羅蜜多經卷二三八　（8–6）

故若無忘失法清淨若地界清淨若一切智
智清淨無二無二分無別無斷故無忘失法
清淨故水火風空識界清淨水火風空識界
清淨故一切智智清淨何以故若無忘失法
清淨若水火風空識界清淨若一切智智清
淨無二無二分無別無斷故善現無忘失法
清淨故無明清淨無明清淨故一切智智清
淨何以故若無忘失法清淨若無明清淨若
一切智智清淨無二無二分無別無斷故無
忘失法清淨故行識名色六處觸受愛取有
生老死愁歎苦憂惱清淨行乃至老死愁歎
苦憂惱清淨故一切智智清淨何以故若無
忘失法清淨若行乃至老死愁歎苦憂惱清
淨若一切智智清淨無二無二分無別無斷
故
善現無忘失法清淨故布施波羅蜜多清淨
布施波羅蜜多清淨故一切智智清淨何以
故若無忘失法清淨若布施波羅蜜多清淨
若一切智智清淨無二無二分無別無斷故
無忘失法清淨故淨戒安忍精進靜慮般若
波羅蜜多清淨淨戒乃至般若波羅蜜
多清淨故一切智智清淨何以故若無忘失法清
淨若淨戒乃至般若波羅蜜多清淨若一切
智智清淨無二無二分無別無斷故善現無
忘失法清淨故內空清淨內空清淨故一切
智智清淨何以故若無忘失法清淨若內空

BD13965號　大般若波羅蜜多經卷二三八　（8–7）

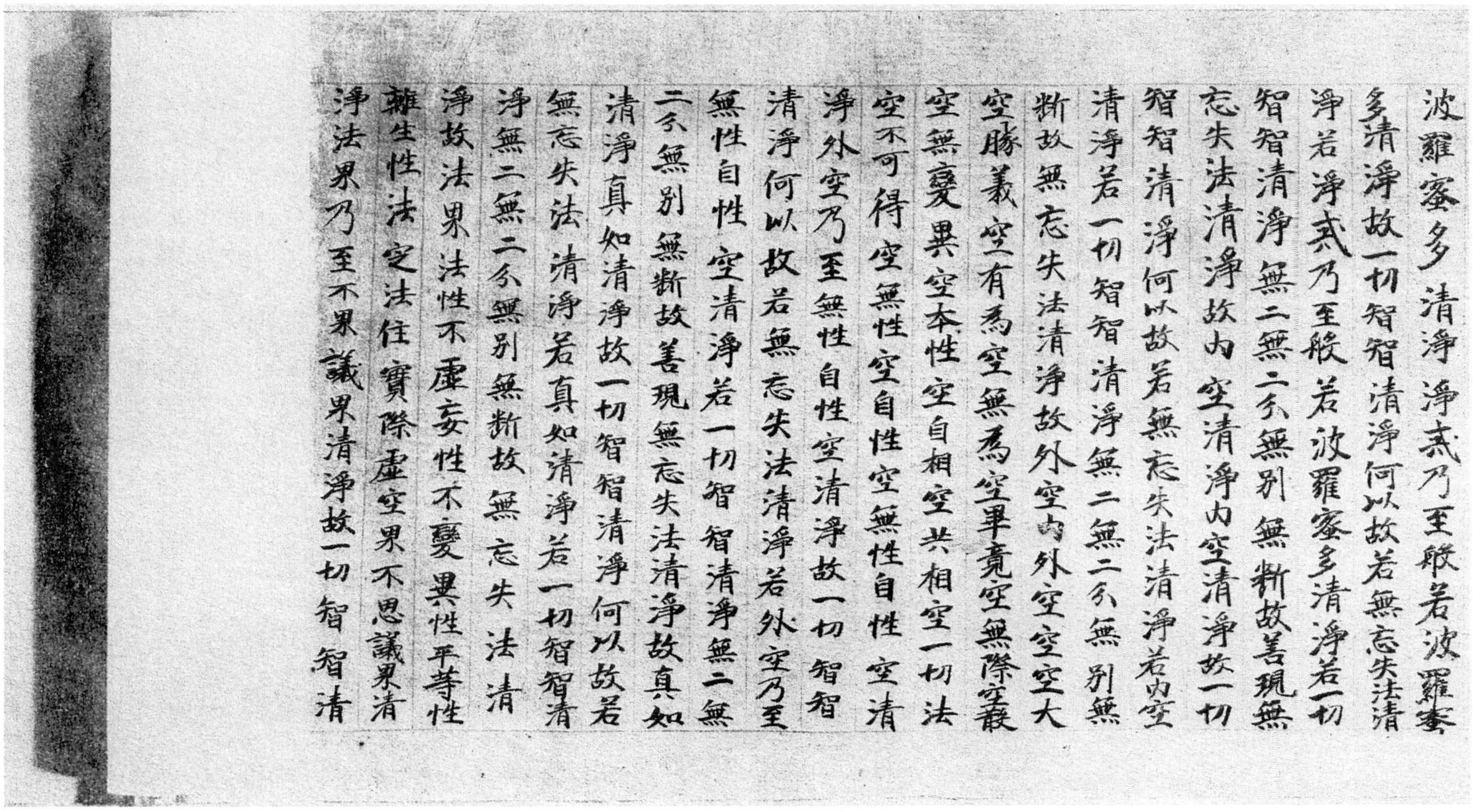
波羅蜜多清淨淨貳乃至般若波羅蜜
多清淨故一切智智清淨何以故若無忘失法清
淨若淨貳乃至般若波羅蜜多清淨若一切
智智清淨無二無二分無別無斷故善現無
忘失法清淨故內空清淨內空清淨故一切
智智清淨何以故若無忘失法清淨若內空
清淨若一切智智清淨無二無二分無別無
斷故無忘失法清淨故外空內外空空空大
空勝義空有為空無為空畢竟空無際空散
空無變異空本性空自相空共相空一切法
空不可得空無性空自性空無性自性空清
淨外空乃至無性自性空清淨故一切智智
清淨何以故若無忘失法清淨若外空乃至
無性自性空清淨若一切智智清淨無二無
二分無別無斷故善現無忘失法清淨故真如
清淨真如清淨故一切智智清淨何以故若
無忘失法清淨若真如清淨若一切智智清
淨無二無二分無別無斷故無忘失法清
淨故法界法性不虛妄性不變異性平等性
離生性法定法住實際虛空界不思議界清
淨法界乃至不思議界清淨故一切智智清

**BD13965 號**　大般若波羅蜜多經卷二三八　　（8–8）

**BD13966 號背**　現代護首　　（1–1）

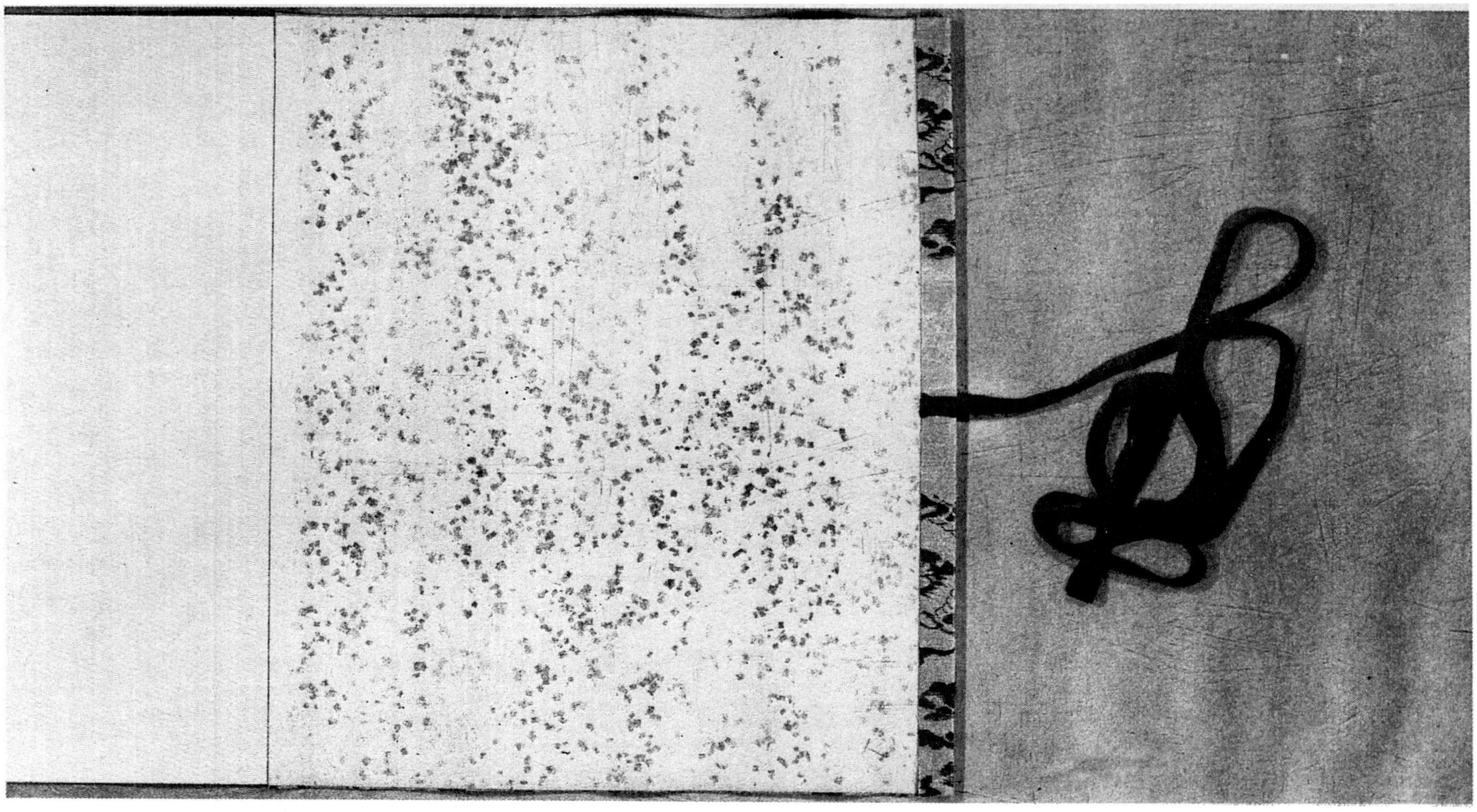

BD13966 號　大般若波羅蜜多經卷二四九　（24–1）

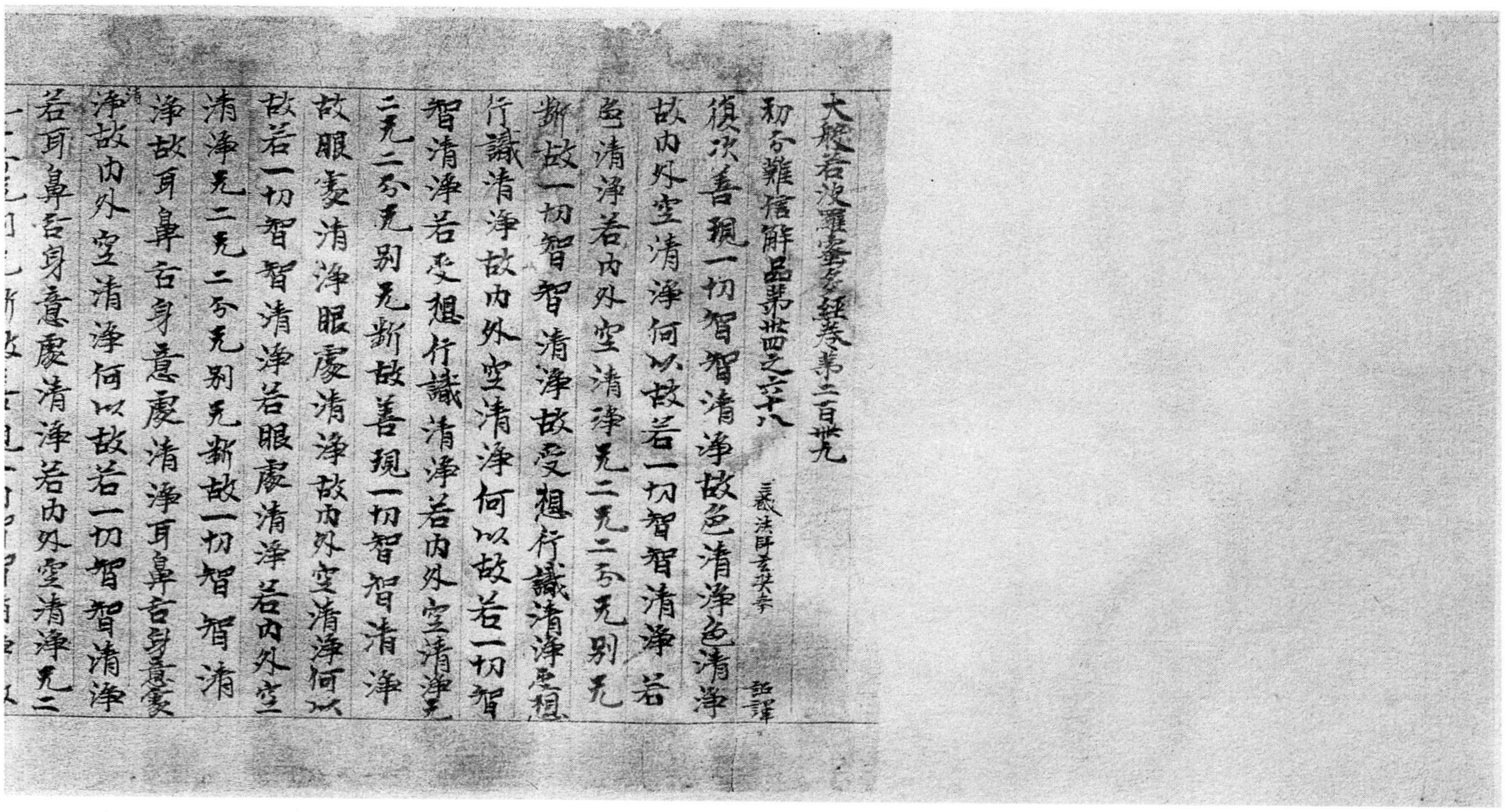

大般若波羅蜜多經卷第二百卌九
初分難信解品第卅四之六十八　三藏法師玄奘奉　詔譯
復次善現一切智智清淨故色清淨色清淨
故内外空清淨何以故若一切智智清淨若
色清淨若内外空清淨无二无二分无别无
斷故一切智智清淨故受想行識清淨受想
行識清淨故内外空清淨何以故若一切智
智清淨若受想行識清淨若内外空清淨无
二无二分无别无斷故善現一切智智清淨
故眼處清淨眼處清淨故内外空清淨何以
故若一切智智清淨若眼處清淨若内外空
清淨无二无二分无别无斷故一切智智清
淨故耳鼻舌身意處清淨耳鼻舌身意處
清淨故内外空清淨何以故若一切智智清淨
若耳鼻舌身意處清淨若内外空清淨无二

BD13966 號　大般若波羅蜜多經卷二四九　（24–2）

故若一切智智清淨若眼處清淨若內外空
清淨无二无二分无別无斷故一切智智清
淨故耳鼻舌身意處清淨耳鼻舌身意處
淨故內外空清淨何以故若一切智智清淨
若耳鼻舌身意處清淨若內外空清淨无二
无二分无別无斷故善現一切智智清淨故
色處清淨色處清淨故內外空清淨何以故
若一切智智清淨若色處清淨若內外空清
淨无二无二分无別无斷故一切智智清淨
故聲香味觸法處清淨聲香味觸法處清淨
故內外空清淨何以故若一切智智清淨若
聲香味觸法處清淨若內外空清淨无二无
二分无別无斷故善現一切智智清淨故眼
界清淨眼界清淨故內外空清淨何以故若
一切智智清淨若眼界清淨若內外空清淨
无二无二分无別无斷故一切智智清淨故
色界眼識界及眼觸眼觸為緣所生諸受清
淨色界乃至眼觸為緣所生諸受清淨故內
外空清淨何以故若一切智智清淨若色界
乃至眼觸為緣所生諸受清淨若內外空清
淨无二无二分无別无斷故善現一切智智
清淨故耳界清淨耳界清淨故內外空清淨
何以故若一切智智清淨若耳界清淨若內
外空清淨无二无二分无別无斷故一切智
智清淨故聲界耳識界及耳觸耳觸為緣所
生諸受清淨聲界乃至耳觸為緣所生諸受
清淨故內外空清淨何以故若一切智智清

BD13966號　大般若波羅蜜多經卷二四九　（24–3）

何以故若一切智智清淨若耳界清淨若內
外空清淨无二无二分无別无斷故一切智
智清淨故聲界耳識界及耳觸耳觸為緣所
生諸受清淨聲界乃至耳觸為緣所生諸受
清淨故內外空清淨何以故若一切智智清
淨若聲界乃至耳觸為緣所生諸受清淨若
內外空清淨无二无二分无別无斷故善現
一切智智清淨故鼻界清淨鼻界清淨故內
外空清淨何以故若一切智智清淨若鼻界
清淨若內外空清淨无二无二分无別无斷
故一切智智清淨故香界鼻識界及鼻觸鼻
觸為緣所生諸受清淨香界乃至鼻觸為緣
所生諸受清淨故內外空清淨何以故若一
切智智清淨若香界乃至鼻觸為緣所生諸
受清淨若內外空清淨无二无二分无別无
斷故善現一切智智清淨故舌界清淨舌界
清淨故內外空清淨何以故若一切智智清
淨若舌界清淨若內外空清淨无二无二分
无別无斷故一切智智清淨故味界舌識界
及舌觸舌觸為緣所生諸受清淨味界乃至
舌觸為緣所生諸受清淨故內外空清淨何
以故若一切智智清淨若味界乃至舌觸為
緣所生諸受清淨若內外空清淨无二无二
分无別无斷故善現一切智智清淨故身界
清淨身界清淨故內外空清淨何以故若一
切智智清淨若身界清淨若內外空清淨无
二分无別无斷故一切智智清淨故觸

BD13966號　大般若波羅蜜多經卷二四九　（24–4）

緣所生諸受清淨若內外空清淨无二无二
分无別无斷故善現一切智智清淨故身界
清淨身界清淨故內外空清淨何以故若一
切智智清淨若身界清淨若內外空清淨无
二无二分无別无斷故一切智智清淨故觸
界身識界及身觸身觸為緣所生諸受清淨
觸界乃至身觸為緣所生諸受清淨故內外
空清淨何以故若一切智智清淨若觸界乃
至身觸為緣所生諸受清淨若內外空清淨
无二无二分无別无斷故善現一切智智清
淨故意界清淨意界清淨故內外空清淨何
以故若一切智智清淨若意界清淨若內外
空清淨无二无二分无別无斷故一切智智
清淨故法界意識界及意觸意觸為緣所生
諸受清淨法界乃至意觸為緣所生諸受清
淨故內外空清淨何以故若一切智智清淨
若法界乃至意觸為緣所生諸受清淨若內
外空清淨无二无二分无別无斷故善現一
切智智清淨故地界清淨地界清淨故內外
空清淨何以故若一切智智清淨若地界清淨
若內外空清淨无二无二分无別无斷故一
切智智清淨故水火風空識界清淨水火
風空識界清淨故內外空清淨何以故若一
切智智清淨若水火風空識界清淨若內外
空清淨无二无二分无別无斷故善現一切
智智清淨故无明清淨无明清淨故內外空
清淨何以故若一切智智清淨若无明清淨

BD13966 號　大般若波羅蜜多經卷二四九　（24–5）

風空識界清淨故內外空清淨何以故若一
切智智清淨若水火風空識界清淨若內外
空清淨无二无二分无別无斷故善現一切
智智清淨故无明清淨无明清淨故內外空
清淨何以故若一切智智清淨若无明清淨
若內外空清淨无二无二分无別无斷故一
切智智清淨故行識名色六處觸受愛取有
生老死愁歎苦憂惱清淨行乃至老死愁歎
苦憂惱清淨故內外空清淨何以故若一切
智智清淨若行乃至老死愁歎苦憂惱清淨
若內外空清淨无二无二分无別无斷故
善現一切智智清淨故布施波羅蜜多清淨
布施波羅蜜多清淨故內外空清淨何以故
若一切智智清淨若布施波羅蜜多清淨若
內外空清淨無二無二分無別无斷故一切
智智清淨故淨戒安忍精進靜慮般若波羅
蜜多清淨淨戒乃至般若波羅蜜多清淨故
內外空清淨何以故若一切智智清淨若淨
戒乃至般若波羅蜜多清淨若內外空清淨
无二无二分无別无斷故善現一切智智清
淨故內空清淨內空清淨故內外空清淨何
以故若一切智智清淨若內空清淨若內外
空清淨无二无二分无別无斷故一切智智
清淨故外空空空大空勝義空有為空无為
空畢竟空无際空散空无變異空本性空自
相空共相空一切法空不可得空无性空自

BD13966 號　大般若波羅蜜多經卷二四九　（24–6）

空清淨无二无二分无別无斷故一切智智
清淨故外空空空大空勝義空有為空无為
空畢竟空无際空散空无變異空本性空自
相空共相空一切法空不可得空无性空自
性空无性自性空清淨外空乃至无性自性
空清淨故內外空清淨何以故若一切智智
清淨若外空乃至无性自性空清淨若內外
空清淨无二无二分无別无斷故善現一切
智智清淨故真如清淨真如清淨故內外空
清淨何以故若一切智智清淨若真如清淨
若內外空清淨无二无二分无別无斷故一
切智智清淨故法界法性不虛妄性不變異
性平等性離生性法定法住實際虛空界不
思議界清淨法界乃至不思議界清淨故內
外空清淨何以故若一切智智清淨若法界
乃至不思議界清淨若內外空清淨无二无
二分无別无斷故善現一切智智清淨故苦
聖諦清淨苦聖諦清淨故內外空清淨何以
故若一切智智清淨若苦聖諦清淨若內外
空清淨无二无二分无別无斷故一切智智
清淨故集滅道聖諦清淨集滅聖諦清淨
故內外空清淨何以故若一切智智清淨若
集滅道聖諦清淨若內外空清淨无二无二
分无別无斷故善現一切智智清淨故四靜
慮清淨四靜慮清淨故內外空清淨何以故
若一切智智清淨若四靜慮清淨若內外空

BD13966號　大般若波羅蜜多經卷二四九　（24–7）

集滅道聖諦清淨若內外空清淨无二无二
分无別无斷故善現一切智智清淨故四靜
慮清淨四靜慮清淨故內外空清淨何以故
若一切智智清淨若四靜慮清淨若內外空
清淨无二无二分无別无斷故一切智智清
淨故四无量四无色定清淨四无量四无色
定清淨故內外空清淨何以故若一切智智
清淨若四无量四无色定清淨若內外空清
淨无二无二分无別无斷故善現一切智智
清淨故八解脫清淨八解脫清淨故內外空
清淨何以故若一切智智清淨若八解脫清
淨若內外空清淨无二无二分无別无斷故
一切智智清淨故八勝處九次第定十遍處
清淨八勝處九次第定十遍處清淨故內外
空清淨何以故若一切智智清淨若八勝處
九次第定十遍處清淨若內外空清淨无二
无二分无別无斷故善現一切智智清淨故
四念住清淨四念住清淨故內外空清淨何
以故若一切智智清淨若四念住清淨若內
外空清淨无二无二分无別无斷故一切智
智清淨故四正斷四神足五根五力七等覺
支八聖道支清淨四正斷乃至八聖道支清
淨故內外空清淨何以故若一切智智清淨
若四正斷乃至八聖道支清淨若內外空清
淨无二无二分无別无斷故善現一切智智
清淨故空解脫門清淨空解脫門清淨故

BD13966號　大般若波羅蜜多經卷二四九　（24–8）

淨故內外空清淨何以故若一切智智清淨
若四正斷乃至八聖道支清淨若內外空清
淨无二无二分无別无斷故善現一切智智
清淨故空解脫門清淨空解脫門清淨若內
外空清淨何以故若一切智智清淨若空解
脫門清淨若內外空清淨无二无二分无別
无斷故一切智智清淨故无相无願解脫門
清淨无相无願解脫門清淨故內外空清淨
何以故若一切智智清淨若无相无願解脫
門清淨若內外空清淨无二无二分无別无
斷故善現一切智智清淨故菩薩十地清淨
菩薩十地清淨故內外空清淨何以故若一
切智智清淨若菩薩十地清淨若內外空
清淨无二无二分无別无斷故
善現一切智智清淨故五眼清淨五眼清淨
故內外空清淨何以故若一切智智清淨若
五眼清淨若內外空清淨无二无二分无別
无斷故一切智智清淨故六神通清淨六神
通清淨故內外空清淨何以故若一切智智
清淨若六神通清淨若內外空清淨无二无
二分无別无斷故善現一切智智清淨故佛
十力清淨佛十力清淨故內外空清淨何以
故若一切智智清淨若佛十力清淨若內外
空清淨无二无二分无別无斷故一切智智
清淨故四无所畏四无礙解大慈大悲大喜
大捨十八佛不共法清淨四无所畏乃至十

BD13966號　大般若波羅蜜多經卷二四九　（24–9）

十力清淨佛十力清淨故內外空清淨何以
故若一切智智清淨若佛十力清淨若內外
空清淨无二无二分无別无斷故一切智智
清淨故四无所畏四无礙解大慈大悲大喜
大捨十八佛不共法清淨四无所畏乃至十
八佛不共法清淨故內外空清淨何以故若
一切智智清淨若四无所畏乃至十八佛不
共法清淨若內外空清淨无二无二分无別
无斷故善現一切智智清淨故无忘失法清
淨无忘失法清淨故內外空清淨何以故若
一切智智清淨若无忘失法清淨若內外空
清淨无二无二分无別无斷故一切智智清
淨故恒住捨性清淨恒住捨性清淨故內外
空清淨何以故若一切智智清淨若恒住捨
性清淨若內外空清淨无二无二分无別无
斷故善現一切智智清淨故一切智清淨一
切智清淨故內外空清淨何以故若一切智
智清淨若一切智清淨若內外空清淨无二
无二分无別无斷故一切智智清淨故道相
智一切相智清淨道相智一切相智清淨故
內外空清淨何以故若一切智智清淨若道
相智一切相智清淨若內外空清淨无二无
二分无別无斷故善現一切智智清淨故一
切陁羅尼門清淨一切陁羅尼門清淨故內
外空清淨何以故若一切智智清淨若一切
陁羅尼門清淨若內外空清淨无二无二分

BD13966號　大般若波羅蜜多經卷二四九　（24–10）

相智一切相智清淨若內外空清淨无二无
二分无別无斷故善現一切智智清淨故一
切陁羅尼門清淨一切陁羅尼門清淨故內
外空清淨何以故若一切智智清淨若一切
陁羅尼門清淨若內外空清淨无二无二分
无別无斷故善現一切智智清淨故一切三
摩地門清淨一切三摩地門清淨故內外空
清淨何以故若一切智智清淨若一切三摩
地門清淨若內外空清淨无二无二分无別无
斷故善現一切智智清淨故預流果清淨預
果清淨故內外空清淨何以故若一切智智
清淨若預流果清淨若內外空清淨无二无
二分无別无斷故一切智智清淨故一來不
還阿羅漢果清淨一來不還阿羅漢果清淨
故內外空清淨何以故若一切智智清淨若
一來不還阿羅漢果清淨若內外空清淨无
二无二分无別无斷故善現一切智智清淨
故獨覺菩提清淨獨覺菩提清淨故內外空
清淨何以故若一切智智清淨若獨覺菩提
清淨若內外空清淨无二无二分无別无斷
故善現一切智智清淨故一切菩薩摩訶薩
行清淨一切菩薩摩訶薩行清淨故內外空
清淨何以故若一切智智清淨若一切菩薩
摩訶薩行清淨若內外空清淨无二无二分
无別无斷故善現一切智智清淨故諸佛无
上正等菩提清淨諸佛无上正等菩提清淨

BD13966號　大般若波羅蜜多經卷二四九　（24–11）

行清淨一切菩薩摩訶薩行清淨故內外空
清淨何以故若一切智智清淨若一切菩薩
摩訶薩行清淨若內外空清淨无二无二分
无別无斷故善現一切智智清淨故諸佛无
上正等菩提清淨諸佛无上正等菩提清淨
故內外空清淨何以故若一切智智清淨若
諸佛无上正等菩提清淨若內外空清淨无
二无二分无別无斷故
復次善現一切智智清淨故色清淨色清淨
故空空清淨何以故若一切智智清淨若色
清淨若空空清淨无二无二分无別无斷故
一切智清淨故受想行識清淨受想行識
清淨故空空清淨何以故若一切智智清淨
若受想行識清淨若空空清淨无二无二分
无別无斷故善現一切智智清淨故眼處清
淨眼處清淨故空空清淨何以故若一切智
智清淨若眼處清淨若空空清淨无二无二
分无別无斷故一切智智清淨故耳鼻舌身
意處清淨耳鼻舌身意處清淨故空空清淨
何以故若一切智智清淨若耳鼻舌身意處
清淨若空空清淨无二无二分无別无斷故
善現一切智智清淨故色處清淨色處清淨
故空空清淨何以故若一切智智清淨若色
處清淨若空空清淨无二无二分无別无斷
故一切智智清淨故聲香味觸法處清淨聲
香味觸法處清淨故空空清淨何以故若一

BD13966號　大般若波羅蜜多經卷二四九　（24–12）

善現一切智智清淨故色處清淨色處清淨
故空空清淨何以故若一切智智清淨若色
處清淨若空空清淨无二无二分无別无斷
故一切智智清淨故聲香味觸法處清淨聲
香味觸法處清淨故空空清淨何以故若一
切智智清淨若聲香味觸法處清淨若空空
清淨无二无二分无別无斷故善現一切智
智清淨故眼界清淨眼界清淨故空空清淨
何以故若一切智智清淨若眼界清淨若空
空清淨无二无二分无別无斷故一切智智
清淨故色界眼識界及眼觸眼觸為緣所生
諸受清淨色界乃至眼觸為緣所生諸受清
淨故空空清淨何以故若一切智智清淨若
色界乃至眼觸為緣所生諸受清淨若空空
清淨无二无二分无別无斷故善現一切智
智清淨故耳界清淨耳界清淨故空空清淨
何以故若一切智智清淨若耳界清淨若空
空清淨无二无二分无別无斷故一切智智
清淨故聲界耳識界及耳觸耳觸為緣所生
諸受清淨聲界乃至耳觸為緣所生諸受清
淨故空空清淨何以故若一切智智清淨若
聲界乃至耳觸為緣所生諸受清淨若空空
清淨无二无二分无別无斷故善現一切智
智清淨故鼻界清淨鼻界清淨故空空清
淨何以故若一切智智清淨若鼻界清淨若
空空清淨无二无二分无別无斷故一切智智
清淨故香界鼻識界及鼻觸鼻觸為緣所生



智清淨故鼻界清淨鼻界清淨故空空清
淨何以故若一切智智清淨若鼻界清淨若
空空清淨无二无二分无別无斷故一切智智
清淨故香界鼻識界及鼻觸鼻觸為緣所生
諸受清淨香界乃至鼻觸為緣所生諸受清
淨故空空清淨何以故若一切智智清淨若
香界乃至鼻觸為緣所生諸受清淨若空空
清淨无二无二分无別无斷故善現一切智
智清淨故舌界清淨舌界清淨故空空清
淨何以故若一切智智清淨若舌界清淨若空
空清淨无二无二分无別无斷故一切智智
清淨故味界舌識界及舌觸舌觸為緣所生
諸受清淨味界乃至舌觸為緣所生諸受清
淨故空空清淨何以故若一切智智清淨若
味界乃至舌觸為緣所生諸受清淨若空空
清淨无二无二分无別无斷故善現一切智
智清淨故身界清淨身界清淨故空空清
淨何以故若一切智智清淨若身界清淨若空
空清淨无二无二分无別无斷故一切智智
清淨故觸界身識界及身觸身觸為緣所生
諸受清淨觸界乃至身觸為緣所生諸受清
淨故空空清淨何以故若一切智智清淨若
觸界乃至身觸為緣所生諸受清淨若空空
清淨无二无二分无別无斷故善現一切智
智清淨故意界清淨意界清淨故空空清
淨何以故若一切智智清淨若意界清淨若空

觸界乃至身觸為緣所生諸受清淨若空
清淨无二无二分无別无斷故善現一切智
智清淨故意界清淨意界清淨故空空清
淨何以故若一切智智清淨若意界清淨若空
空清淨无二无二分无別无斷故一切智智
清淨故法界意識界及意觸意觸為緣所生
諸受清淨法界乃至意觸為緣所生諸受清
淨故空空清淨何以故若一切智智清淨若
法界乃至意觸為緣所生諸受清淨若空空
清淨无二无二分无別无斷故善現一切智
智清淨故地界清淨地界清淨故空空清淨
何以故若一切智智清淨若地界清淨若空
空清淨无二无二分无別无斷故一切智智
清淨故水火風空識界清淨水火風空識界
清淨故空空清淨何以故若一切智智清淨
若水火風空識界清淨若空空清淨无二无
二分无別无斷故善現一切智智清淨故无
明清淨无明清淨故空空清淨何以故若一
切智智清淨若无明清淨若空空清淨无二
无二分无別无斷故一切智智清淨故行識
名色六處觸受愛取有生老死愁歎苦憂惱
清淨行乃至老死愁歎苦憂惱清淨故空空
清淨何以故若一切智智清淨若行乃至老
死愁歎苦憂惱清淨若空空清淨无二无二

BD13966號　大般若波羅蜜多經卷二四九　（24–15）

名色六處觸受愛取有生老死愁歎苦憂惱
清淨行乃至老死愁歎苦憂惱清淨故空空
清淨何以故若一切智智清淨若行乃至老
死愁歎苦憂惱清淨若空空清淨无二无二
分无別无斷故
善現一切智智清淨故布施波羅蜜多清淨
布施波羅蜜多清淨故空空清淨何以故若
一切智智清淨若布施波羅蜜多清淨若空
空清淨无二无二分无別无斷故一切智智
清淨故淨戒安忍精進靜慮般若波羅蜜多
清淨淨戒乃至般若波羅蜜多清淨故空空
清淨何以故若一切智智清淨若淨戒乃至
般若波羅蜜多清淨若空空清淨无二无二
分无別无斷故善現一切智智清淨故內空
清淨內空清淨故空空清淨何以故若一切
智智清淨若內空清淨若空空清淨无二无
二分无別无斷故一切智智清淨故外空內
外空大空勝義空有為空无為空畢竟空无
際空散空无變異空本性空自相空共相空
一切法空不可得空无性空自性空无性自
性空清淨外空乃至无性自性空清淨故空
空清淨何以故若一切智智清淨若外空乃
至无性自性空清淨若空空清淨无二无二
分无別无斷故善現一切智智清淨故真如
清淨真如清淨故空空清淨何以故若一切

BD13966號　大般若波羅蜜多經卷二四九　（24–16）

性空清淨外空乃至无性自性空清淨若外空乃
至无性自性空清淨若空空清淨无二无二
分无別无斷故善現一切智智清淨故真如
清淨真如清淨故空空清淨何以故若一切
智智清淨若真如清淨若空空清淨无二无
二分无別无斷故一切智智清淨故法界法
性不虛妄性不變異性平等性離生性法定
法住實際虛空界不思議界清淨法界乃至
不思議界清淨故空空清淨何以故若一切
智智清淨若法界乃至不思議界清淨若空
空清淨无二无二分无別无斷故善現一切
智智清淨故苦聖諦清淨苦聖諦清淨故空
空清淨何以故若一切智智清淨若苦聖諦
清淨若空空清淨无二无二分无別无斷故
一切智智清淨故集滅道聖諦清淨集滅道
聖諦清淨故空空清淨何以故若一切智智
清淨若集滅道聖諦清淨若空空清淨无二
无二分无別无斷故善現一切智智清淨故
四靜慮清淨四靜慮清淨故空空清淨何以
故若一切智智清淨若四靜慮清淨若空空
清淨无二无二分无別无斷故一切智智清
淨故四无量四无色定清淨四无量四无色
定清淨故空空清淨何以故若一切智智清
淨若四无量四无色定清淨若空空清淨无二

BD13966 號　大般若波羅蜜多經卷二四九　（24–17）

故若一切智智清淨若四靜慮清淨若空空
清淨无二无二分无別无斷故一切智智清
淨故四无量四无色定清淨四无量四无色
定清淨故空空清淨何以故若一切智智清
淨若四无量四无色定清淨若空空清淨无二
无二分无別无斷故善現一切智智清淨故
八解脫清淨八解脫清淨故空空清淨何以
故若一切智智清淨若八解脫清淨若空空
清淨无二无二分无別无斷故一切智智清
淨故八勝處九次第定十遍處清淨八勝處
九次第定十遍處清淨故空空清淨何以故
若一切智智清淨若八勝處九次第定十遍
處清淨若空空清淨无二无二分无別无斷
故善現一切智智清淨故四念住清淨四念
住清淨故空空清淨何以故若一切智智清
淨若四念住清淨若空空清淨无二无二分
无別无斷故一切智智清淨故四正斷四神
足五根五力七等覺支八聖道支清淨四正
斷乃至八聖道支清淨故空空清淨何以故
若一切智智清淨若四正斷乃至八聖道
支清淨若空空清淨无二无二分无別无斷
故善現一切智智清淨故空解脫門清淨空
解脫門清淨故空空清淨何以故若一切智
智清淨若空解脫門清淨若空空清淨无二
无二分无別无斷故一切智智清淨故无相

BD13966 號　大般若波羅蜜多經卷二四九　（24–18）

故善現一切智智清淨故空解脫門清淨空
解脫門清淨故空空清淨何以故若一切智
智清淨若空解脫門清淨若空空清淨无二
无二分无別无斷故一切智智清淨故无相
无願解脫門清淨无相无願解脫門清淨故
空空清淨何以故若一切智智清淨若无相
无願解脫門清淨若空空清淨无二无二分
无別无斷故善現一切智智清淨故菩薩十
地清淨菩薩十地清淨故空空清淨何以故
若一切智智清淨若菩薩十地清淨若空空
清淨无二无二分无別无斷故
善現一切智智清淨故五眼清淨五眼清淨
故空空清淨何以故若一切智智清淨若五
眼清淨若空空清淨无二无二分无別无斷
故一切智智清淨故六神通清淨六神通清
淨故空空清淨何以故若一切智智清淨若
六神通清淨若空空清淨无二无二分无別
无斷故善現一切智智清淨故佛十力清淨
佛十力清淨故空空清淨何以故若一切智
智清淨若佛十力清淨若空空清淨无二无
二分无別无斷故一切智智清淨故四无所
畏四无礙解大慈大悲大喜大捨十八佛不共
法清淨四无所畏乃至十八佛不共法清淨
故空空清淨何以故若一切智智清淨若四
无所畏乃至十八佛不共法清淨若空空清

BD13966 號　大般若波羅蜜多經卷二四九　（24–19）

二分无別无斷故一[illegible]
畏四无礙解大慈大悲大喜大捨十八佛不共
法清淨四无所畏乃至十八佛不共法清淨
故空空清淨何以故若一切智智清淨若四
无所畏乃至十八佛不共法清淨若空空清
淨无二无二分无別无斷故善現一切智智
清淨故无忘失法清淨无忘失法清淨故空
空清淨何以故若一切智智清淨若无忘失
法清淨若空空清淨无二无二分无別无斷
故一切智智清淨故恒住捨性清淨恒住捨
性清淨故空空清淨何以故若一切智智清
淨若恒住捨性清淨若空空清淨无二无二
分无別无斷故善現一切智智清淨故一切
智　清淨一切智清淨故空空清淨何以故
若一切智智清淨若一切智清淨若空空清
淨无二无二分无別无斷故一切智智清淨
故道相智一切相智清淨道相智一切相智
清淨故空空清淨何以故若一切智智清淨
若道相智一切相智清淨若空空清淨无二
无二分无別无斷故善現一切智智清淨故
一切陁羅尼門清淨一切陁羅尼門清淨故
空空清淨何以故若一切智智清淨若一切
陁羅尼門清淨若空空清淨无二无二分无
別无斷故一切智智清淨故一切三摩地門
清淨一切三摩地門清淨故空空清淨何以

BD13966 號　大般若波羅蜜多經卷二四九　（24–20）

空空清淨何以故若一切智智清淨若一切
陁羅尼門清淨若空空清淨无二无二分无
別无斷故一切智智清淨故一切三摩地門
清淨一切三摩地門清淨故空空清淨何以
故若一切智智清淨若一切三摩地門清淨
若空空清淨无二无二分无別无斷故
善現一切智智清淨故預流果清淨預流果
清淨故空空清淨何以故若一切智智清淨
若預流果清淨若空空清淨无二无二分无
別无斷故一切智智清淨故一來不還阿羅
漢果清淨一來不還阿羅漢果清淨故空空
清淨何以故若一切智智清淨若一來不還
阿羅漢果清淨若空空清淨无二无二分无
別无斷故善現一切智智清淨故獨覺菩提
清淨獨覺菩提清淨故空空清淨何以故若
一切智智清淨若獨覺菩提清淨若空空清
淨无二无二分无別无斷故善現一切智智
清淨故一切菩薩摩訶薩行清淨一切菩薩
摩訶薩行清淨故空空清淨何以故若一切
智智清淨若一切菩薩摩訶薩行清淨若空
空清淨无二无二分无別无斷故善現一切
智智清淨故諸佛无上正等菩提清淨諸佛
无上正等菩提清淨故空空清淨何以故若
一切智智清淨若諸佛无上正等菩提清淨
若空空清淨无二无二分无別无斷故

BD13966號　大般若波羅蜜多經卷二四九　（24–21）

空清淨无二无二分无別无斷故善現一切
智智清淨故諸佛无上正等菩提清淨諸佛
无上正等菩提清淨故空空清淨何以故若
一切智智清淨若諸佛无上正等菩提清淨
若空空清淨无二无二分无別无斷故
復次善現一切智智清淨故色清淨色清淨
故大空清淨何以故若一切智智清淨若色
清淨若大空清淨无二无二分无別无斷故
一切智智清淨故受想行識清淨受想行識
清淨故大空清淨何以故若一切智智清淨
若受想行識清淨若大空清淨无二无二分
无別无斷故善現一切智智清淨故眼處清
淨眼處清淨故大空清淨何以故若一切智
智清淨若眼處清淨若大空清淨无二无
二分无別无斷故一切智智清淨故耳鼻舌身
意處清淨耳鼻舌身意處清淨故大空清淨
何以故若一切智智清淨若耳鼻舌身意處
清淨若大空清淨无二无二分无別无斷故
善現一切智智清淨故色處清淨色處清淨
故大空清淨何以故若一切智智清淨若色
處清淨若大空清淨无二无二分无別无斷
故一切智智清淨故聲香味觸法處清淨聲
香味觸法處清淨故大空清淨何以故若一
切智智清淨若聲香味觸法處清淨若大空
清淨无二无二分无別无斷故善現一切智

BD13966號　大般若波羅蜜多經卷二四九　（24–22）

香味觸法處清淨故大空清淨何以故若一
切智智清淨若聲香味觸法處清淨若大空
清淨无二无二分无別无斷故善現一切智
智清淨故眼界清淨眼界清淨故大空清淨
何以故若一切智智清淨若眼界清淨若大
空清淨无二无二分无別无斷故一切智智
清淨故色界眼識界及眼觸眼觸為緣所生
諸受清淨色界乃至眼觸為緣所生諸受清
淨故大空清淨何以故若一切智智清淨若
色界乃至眼觸為緣所生諸受清淨若大空
清淨无二无二分无別无斷故善現一切智
清淨故耳界清淨耳界清淨故大空清淨何
以故若一切智智清淨若耳界清淨若大空
清淨无二无二分无別无斷故一切智智清
淨故聲界耳識界及耳觸耳觸為緣所生諸
受清淨聲界乃至耳觸為緣所生諸受清
淨故大空清淨何以故若一切智智清淨若
聲界乃至耳觸為緣所生諸受清淨若大空
清淨无二无二分无別无斷故善現一切智
智清淨故鼻界清淨鼻界清淨故大空清淨
何以故若一切智智清淨若鼻界清淨若大
空清淨无二无二分无別无斷故一切智智
清淨故香界鼻識界及鼻觸鼻觸為緣所生
諸受清淨香界乃至鼻觸為緣所生諸受清

BD13966號　大般若波羅蜜多經卷二四九　（24–23）

清淨无二无二分无別无斷故善現一切智
智清淨故鼻界清淨鼻界清淨故大空清淨
何以故若一切智智清淨若鼻界清淨若大
空清淨无二无二分无別无斷故一切智智
清淨故香界鼻識界及鼻觸鼻觸為緣所生
諸受清淨香界乃至鼻觸為緣所生諸受清
淨故大空清淨何以故若一切智智清淨若
香界乃至鼻觸為緣所生諸受清淨若大
空清淨无二无二分无別无斷故

大般若波羅蜜多經卷第二百卌九

王昌寫　像海勘兩遍

BD13966號　大般若波羅蜜多經卷二四九　（24–24）

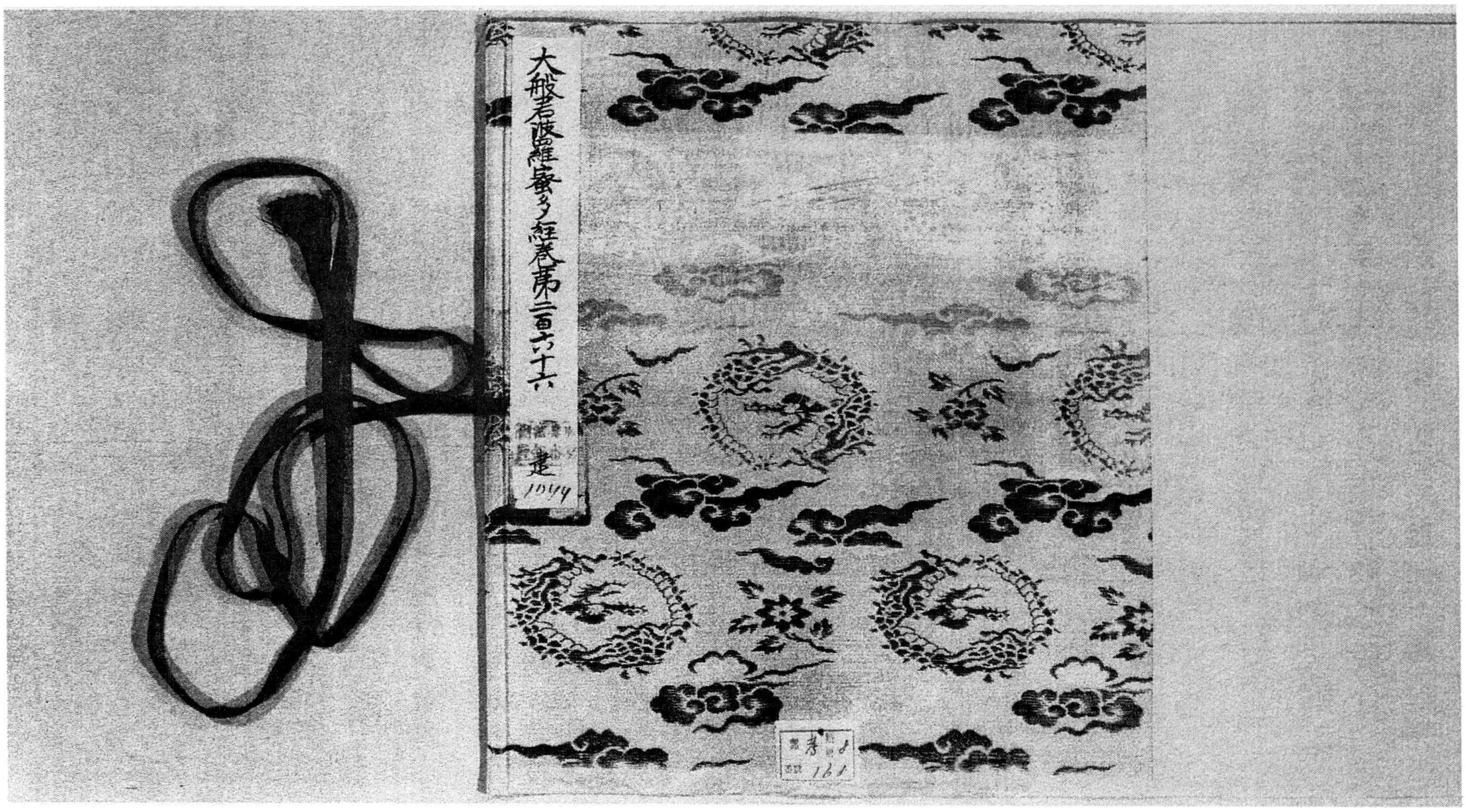


BD13967 號背　現代護首　　(1–1)

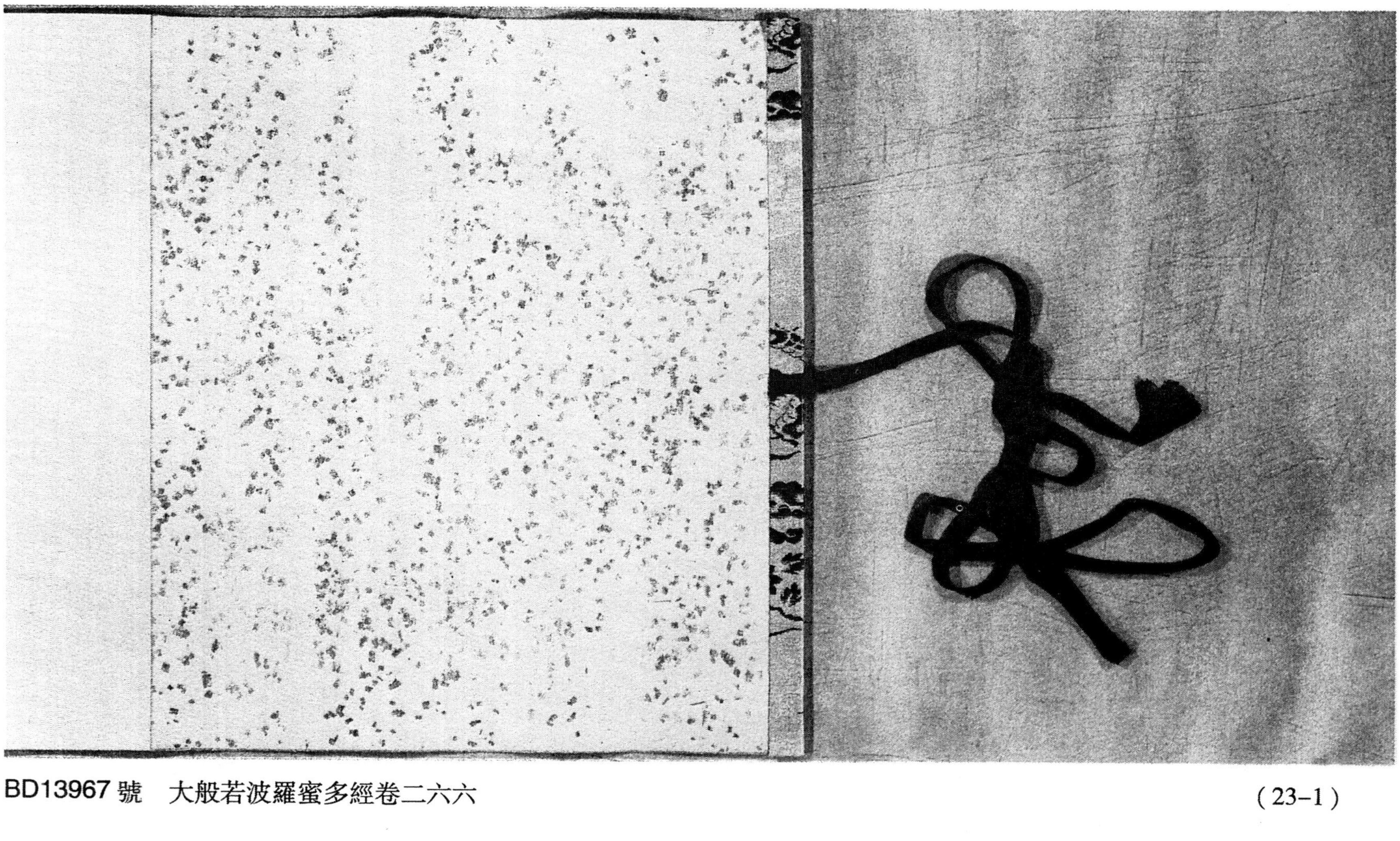

BD13967 號　大般若波羅蜜多經卷二六六　　(23–1)

……清淨故四無量清
淨何以故若一切智智清淨若獨覺菩提清
淨若四無量清淨無二無二分無別無斷故
善現一切智智清淨故一切菩薩摩訶薩行
清淨一切菩薩摩訶薩行清淨故四無量清
淨何以故若一切智智清淨若一切菩薩摩
訶薩行清淨若四無量清淨無二無二分無
別無斷故善現一切智智清淨故諸佛無上
正等菩提清淨諸佛無上正等菩提清淨故
四無量清淨何以故若一切智智清淨若諸
佛無上正等菩提清淨若四無量清淨無二
無二分無別無斷故
復次善現一切智智清淨故色清淨色清淨

BD13967號　大般若波羅蜜多經卷二六六　（23–2）

正等菩提清淨諸佛無上正等菩提清淨故
四無量清淨何以故若一切智智清淨若諸
佛無上正等菩提清淨若四無量清淨無二
無二分無別無斷故
復次善現一切智智清淨故色清淨色清淨
故四無色定清淨何以故若一切智智清淨
若色清淨若四無色定清淨無二無二分無
別無斷故一切智智清淨故受想行識清淨
受想行識清淨故四無色定清淨何以故若一
切智智清淨若受想行識清淨若四無色定
清淨無二無二分無別無斷故善現一切智
智清淨故眼處清淨眼處清淨故四無色定
清淨何以故若一切智智清淨若眼處清淨
若四無色定清淨無二無二分無別無斷故
一切智智清淨故耳鼻舌身意處清淨耳鼻
舌身意處清淨故四無色定清淨何以故若
一切智智清淨若耳鼻舌身意處清淨若四
無色定清淨無二無二分無別無斷故善現
一切智智清淨故色處清淨色處清淨故四
無色定清淨何以故若一切智智清淨若色
處清淨若四無色定清淨無二無二分無別
無斷故一切智智清淨故聲香味觸法處清
淨聲香味觸法處清淨故四無色定清淨何
以故若一切智智清淨若聲香味觸法處清
淨若四無色定清淨無二無二分無別無斷
故善現一切智智清淨故眼界清淨眼界清淨

BD13967號　大般若波羅蜜多經卷二六六　（23–3）

淨聲香味觸法處清淨故四無色定清淨何
以故若一切智智清淨若聲香味觸法處清
淨若四無色定清淨無二無二分無別無斷
故善現一切智智清淨故眼界清淨眼界清淨
故四無色定清淨何以故若一切智智清淨
若眼界清淨若四無色定清淨無二無二分
無別無斷故一切智智清淨故色界眼識界
及眼觸眼觸為緣所生諸受清淨色界乃至
眼觸為緣所生諸受清淨故四無色定清淨
何以故若一切智智清淨若色界乃至眼觸
為緣所生諸受清淨若四無色定清淨無二
無二分無別無斷故善現一切智智清淨故
耳界清淨耳界清淨故四無色定清淨何以
故若一切智智清淨若耳界清淨若四無色
定清淨無二無二分無別無斷故一切智智
清淨故聲界耳識界及耳觸耳觸為緣所生
諸受清淨聲界乃至耳觸為緣所生諸受清
淨故四無色定清淨何以故若一切智智清
淨若聲界乃至耳觸為緣所生諸受清淨若
四無色定清淨無二無二分無別無斷故善
現一切智智清淨故鼻界清淨鼻界清淨故
四無色定清淨何以故若一切智智清淨若
鼻界清淨若四無色定清淨無二無二分無
別無斷故一切智智清淨故香界鼻識界及
鼻觸鼻觸為緣所生諸受清淨香界乃至鼻
觸為緣所生諸受清淨故四無色定清淨何
以故若一切智智清淨若香界乃至鼻觸為



鼻界清淨若四無色定清淨無二無二分無
別無斷故一切智智清淨故香界鼻識界及
鼻觸鼻觸為緣所生諸受清淨香界乃至鼻
觸為緣所生諸受清淨故四無色定清淨何
以故若一切智智清淨若香界乃至鼻觸為
緣所生諸受清淨若四無色定清淨無二無
二分無別無斷故善現一切智智清淨故舌
界清淨舌界清淨故四無色定清淨何以故
若一切智智清淨若舌界清淨若四無色定
清淨無二無二分無別無斷故一切智智清淨
故味界舌識界及舌觸舌觸為緣所生諸受清
淨味界乃至舌觸為緣所生諸受清淨故
四無色定清淨何以故若一切智智清淨若
味界乃至舌觸為緣所生諸受清淨若四無
色定清淨無二無二分無別無斷故
善現一切智智清淨故身界清淨身界清淨
故四無色定清淨何以故若一切智智清淨
若身界清淨若四無色定清淨無二無二分
無別無斷故一切智智清淨故觸界身識界
及身觸身觸為緣所生諸受清淨觸界乃至
身觸為緣所生諸受清淨故四無色定清淨
何以故若一切智智清淨若觸界乃至身觸
為緣所生諸受清淨若四無色定清淨無二
無二分無別無斷故善現一切智智清淨故
意界清淨意界清淨故四無色定清淨何以
故若一切智智清淨若意界清淨若四無色

為緣所生諸受清淨若四無色定清淨無二
無二分無別無斷故善現一切智智清淨故
意界清淨意界清淨故四無色定清淨何以
故若一切智智清淨若意界清淨若四無色
定清淨無二無二分無別無斷故一切智智
清淨故法界意識界及意觸意觸為緣所生
諸受清淨法界乃至意觸為緣所生諸受清
淨故四無色定清淨何以故若一切智智清
淨若法界乃至意觸為緣所生諸受清淨若
四無色定清淨無二無二分無別無斷故善
現一切智智清淨故地界清淨地界清淨故
四無色定清淨何以故若一切智智清淨若
地界清淨若四無色定清淨無二無二分無
別無斷故一切智智清淨故水火風空識界
清淨水火風空識界清淨故四無色定清淨
何以故若一切智智清淨若水火風空識界
清淨若四無色定清淨無二無二分無別無
斷故善現一切智智清淨故無明清淨無明
清淨故四無色定清淨何以故若一切智智
清淨若無明清淨若四無色定清淨無二無
二分無別無斷故一切智智清淨故行識名
色六處觸受愛取有生老死愁歎苦憂惱清
淨行乃至老死愁歎苦憂惱清淨故四無色
定清淨何以故若一切智智清淨若行乃至
老死愁歎苦憂惱清淨若四無色定清淨無
二無二分無別無斷故

BD13967 號　大般若波羅蜜多經卷二六六　（23–6）

淨行乃至老死愁歎苦憂惱清淨故四無色
定清淨何以故若一切智智清淨若行乃至
老死愁歎苦憂惱清淨若四無色定清淨無
二無二分無別無斷故
善現一切智智清淨故布施波羅蜜多清淨
布施波羅蜜多清淨故四無色定清淨何以
故若一切智智清淨若布施波羅蜜多清淨
若四無色定清淨無二無二分無別無斷故
一切智智清淨故淨戒安忍精進靜慮般若
波羅蜜多清淨淨戒乃至般若波羅蜜多清
淨故四無色定清淨何以故若一切智智清
淨若淨戒乃至般若波羅蜜多清淨若四無
色定清淨無二無二分無別無斷故善現一
切智智清淨故內空清淨內空清淨故四無
色定清淨何以故若一切智智清淨若內空
清淨若四無色定清淨無二無二分無別無
斷故一切智智清淨故外空內外空空空大
空勝義空有為空無為空畢竟空無際空散
空無變異空本性空自相空共相空一切法空
不可得空無性空自性空無性自性空清淨
外空乃至無性自性空清淨故四無色定清
淨何以故若一切智智清淨若外空乃至無
性自性空清淨若四無色定清淨無二無二分
無別無斷故善現一切智智清淨故真如清
淨真如清淨故四無色定清淨何以故若一
切智智清淨若真如清淨若四無色定清淨

BD13967 號　大般若波羅蜜多經卷二六六　（23–7）

性自性空清淨若四無色定清淨無二無二分
無別無斷故善現一切智智清淨故真如清
淨真如清淨故四無色定清淨何以故若一
切智智清淨若真如清淨若四無色定清淨
無二無二分無別無斷故一切智智清淨故
法界法性不虛妄性不變異性平等性離生
性法定法住實際虛空界不思議界清淨法
界乃至不思議界清淨故四無色定清淨何
以故若一切智智清淨若法界乃至不思議
界清淨若四無色定清淨無二無二分無別
無斷故善現一切智智清淨故苦聖諦清淨
苦聖諦清淨故四無色定清淨何以故若一
切智智清淨若苦聖諦清淨若四無色定清
淨無二無二分無別無斷故一切智智清淨
故集滅道聖諦清淨集滅道聖諦清淨故四
無色定清淨何以故若一切智智清淨若集
滅道聖諦清淨若四無色定清淨無二無二
分無別無斷故善現一切智智清淨故四靜
慮清淨四靜慮清淨故四無色定清淨何以
故若一切智智清淨若四靜慮清淨若四無
色定清淨無二無二分無別無斷故一切智
智清淨故四無量清淨四無量清淨故四無
色定清淨何以故若一切智智清淨若四無
量清淨若四無色定清淨無二無二分無別
無斷故善現一切智智清淨故八解脫清淨
八解脫清淨故四無色定清淨何以故若一
切智智清淨若八解脫清淨若四無色定清



色定清淨何以故若一切智智清淨若四無
量清淨若四無色定清淨無二無二分無別
無斷故善現一切智智清淨故八解脫清淨
八解脫清淨故四無色定清淨何以故若一
切智智清淨若八解脫清淨若四無色定清
淨無二無二分無別無斷故一切智智清淨
故八勝處九次第定十遍處清淨八勝處九
次第定十遍處清淨故四無色定清淨何以
故若一切智智清淨若八勝處九次第定十
遍處清淨若四無色定清淨無二無二分無
別無斷故善現一切智智清淨故四念住清
淨四念住清淨故四無色定清淨何以故若
一切智智清淨若四念住清淨若四無色定
清淨無二無二分無別無斷故一切智智清
淨故四正斷四神足五根五力七等覺支八
聖道支清淨四正斷乃至八聖道支清淨故
四無色定清淨何以故若一切智智清淨若
四正斷乃至八聖道支清淨若四無色定清
淨無二無二分無別無斷故善現一切智智
清淨故空解脫門清淨空解脫門清淨故四
無色定清淨何以故若一切智智清淨若空
解脫門清淨若四無色定清淨無二無二分
無別無斷故一切智智清淨故無相無願解
脫門清淨無相無願解脫門清淨故四無色
定清淨何以故若一切智智清淨若無相無
願解脫門清淨若四無色定清淨無二無二
分無別無斷故善現一切智智清淨故菩薩

無別無斷故一切智智清淨故無相無願解
脫門清淨無相無願解脫門清淨故四無色
定清淨何以故若一切智智清淨若無相無
願解脫門清淨若四無色定清淨無二無二
分無別無斷故善現一切智智清淨故菩薩
十地清淨菩薩十地清淨故四無色定清淨
何以故若一切智智清淨若菩薩十地清淨
若四無色定清淨無二無二分無別無斷故
善現一切智智清淨故五眼清淨五眼清淨
故四無色定清淨何以故若一切智智清淨
若五眼清淨若四無色定清淨無二無二分
無別無斷故善現一切智智清淨故六神通
清淨六神通清淨故四無色定清淨何以故
若一切智智清淨若六神通清淨若四無色
定清淨無二無二分無別無斷故善現一切
智智清淨故佛十力清淨佛十力清淨故四
無色定清淨何以故若一切智智清淨若佛
十力清淨若四無色定清淨無二無二分無
別無斷故一切智智清淨故四無所畏四無
礙解大慈大悲大喜大捨十八佛不共法清
淨四無所畏乃至十八佛不共法清淨故四
無色定清淨何以故若一切智智清淨若四
無所畏乃至十八佛不共法清淨若四無色
定清淨無二無二分無別無斷故善現一切
智智清淨故無忘失法清淨無忘失法清淨
故四無色定清淨何以故若一切智智清淨
若無忘失法清淨若四無色定清淨無二無

BD13967 號　大般若波羅蜜多經卷二六六　（23–10）

定清淨無二無二分無別無斷故善現一切
智智清淨故無忘失法清淨無忘失法清淨
故四無色定清淨何以故若一切智智清淨
若無忘失法清淨若四無色定清淨無二無
二分無別無斷故一切智智清淨故恒住捨
性清淨恒住捨性清淨故四無色定清淨何
以故若一切智智清淨若恒住捨性清淨若
四無色定清淨無二無二分無別無斷故善
現一切智智清淨故一切智清淨一切智清
淨故四無色定清淨何以故若一切智智清淨
若一切智清淨若四無色定清淨無二無
二分無別無斷故一切智智清淨故道相智
一切相智清淨道相智一切相智清淨故四
無色定清淨何以故若一切智智清淨若道
相智一切相智清淨若四無色定清淨無二
無二分無別無斷故善現一切智智清淨故
一切陁羅尼門清淨一切陁羅尼門清淨故
四無色定清淨何以故若一切智智清淨若
一切陁羅尼門清淨若四無色定清淨無二
無二分無別無斷故一切智智清淨故一切
三摩地門清淨一切三摩地門清淨故四無
色定清淨何以故若一切智智清淨若一
切三摩地門清淨若四無色定清淨無二無
二分無別無斷故
善現一切智智清淨故預流果清淨預流果
清淨故四無色定清淨何以故若一切智智

BD13967 號　大般若波羅蜜多經卷二六六　（23–11）

色定清淨何以故若一切智智清淨若一
切三摩地門清淨若四無色定清淨無二無
二分無別無斷故
善現一切智智清淨故預流果清淨預流果
清淨故四無色定清淨何以故若一切智智
清淨若預流果清淨若四無色定清淨無二
無二分無別無斷故一切智智清淨故一來
不還阿羅漢果清淨一來不還阿羅漢果清
淨故四無色定清淨何以故若一切智智清
淨若一來不還阿羅漢果清淨若四無色定
清淨無二無二分無別無斷故善現一切智
智清淨故獨覺菩提清淨獨覺菩提清淨故
四無色定清淨何以故若一切智智清淨若
獨覺菩提清淨若四無色定清淨無二無二
分無別無斷故善現一切智智清淨故一切
菩薩摩訶薩行清淨一切菩薩摩訶薩行
清淨故四無色定清淨何以故若一切智智清
淨若一切菩薩摩訶薩行清淨若四無色定
清淨無二無二分無別無斷故善現一切智
智清淨故諸佛無上正等菩提清淨諸佛無
上正等菩提清淨故四無色定清淨何以故
若一切智智清淨若諸佛無上正等菩提清
淨若四無色定清淨無二無二分無別無斷
故
復次善現一切智智清淨故色清淨色清淨
故八解脫清淨何以故若一切智智清淨若
色清淨若八解脫清淨無二無二分無別無



故
復次善現一切智智清淨故色清淨色清淨
故八解脫清淨何以故若一切智智清淨若
色清淨若八解脫清淨無二無二分無別無
斷故一切智智清淨故受想行識清淨受想
行識清淨故八解脫清淨何以故若一切智
智清淨若受想行識清淨若八解脫清淨無
二無二分無別無斷故善現一切智智清淨
故眼處清淨眼處清淨故八解脫清淨何以
故若一切智智清淨若眼處清淨若八解脫
清淨無二無二分無別無斷故一切智智清
淨故耳鼻舌身意處清淨耳鼻舌身意處清
淨故八解脫清淨何以故若一切智智清淨
若耳鼻舌身意處清淨若八解脫清淨無二
無二分無別無斷故善現一切智智清淨故
色處清淨色處清淨故八解脫清淨何以故
若一切智智清淨若色處清淨若八解脫清
淨無二無二分無別無斷故一切智智清淨
故聲香味觸法處清淨聲香味觸法處清淨
故八解脫清淨何以故若一切智智清淨若
聲香味觸法處清淨若八解脫清淨無二無
二分無別無斷故善現一切智智清淨故眼
界清淨眼界清淨故八解脫清淨何以故若
一切智智清淨若眼界清淨若八解脫清淨
無二無二分無別無斷故一切智智清淨故色
界眼識界及眼觸眼觸為緣所生諸受清

二分無別無斷故善現一切智智清淨故眼
界清淨眼界清淨故八解脫清淨何以故若
一切智智清淨若眼界清淨若八解脫清淨
無二無二分無別無斷故一切智智清淨故色
界眼識界及眼觸眼觸為緣所生諸受清
淨色界乃至眼觸為緣所生諸受清淨故八
解脫清淨何以故若一切智智清淨若色界
乃至眼觸為緣所生諸受清淨若八解脫清
淨無二無二分無別無斷故善現一切智智
清淨故耳界清淨耳界清淨故八解脫清淨
何以故若一切智智清淨若耳界清淨若八
解脫清淨無二無二分無別無斷故一切智
智清淨故聲界耳識界及耳觸耳觸為緣所
生諸受清淨聲界乃至耳觸為緣所生諸受
清淨故八解脫清淨何以故若一切智智清淨
若聲界乃至耳觸為緣所生諸受清淨若
八解脫清淨無二無二分無別無斷故善現
一切智智清淨故鼻界清淨鼻界清淨故八
解脫清淨何以故若一切智智清淨若鼻界
清淨若八解脫清淨無二無二分無別無斷
故一切智智清淨故香界鼻識界及鼻觸鼻
觸為緣所生諸受清淨香界乃至鼻觸為緣
所生諸受清淨故八解脫清淨何以故若一
切智智清淨若香界乃至鼻觸為緣所生諸
受清淨若八解脫清淨無二無二分無別無
斷故善現一切智智清淨故舌界清淨舌界
清淨故八解脫清淨何以故若一切智智清

BD13967號　大般若波羅蜜多經卷二六六　（23–14）

切智智清淨若香界乃至鼻觸為緣所生諸
受清淨若八解脫清淨無二無二分無別無
斷故善現一切智智清淨故舌界清淨舌界
清淨故八解脫清淨何以故若一切智智清
淨若舌界清淨若八解脫清淨無二無二分
無別無斷故一切智智清淨故味界舌識界
及舌觸舌觸為緣所生諸受清淨味界乃至
舌觸為緣所生諸受清淨故八解脫清淨何
以故若一切智智清淨若味界乃至舌觸為
緣所生諸受清淨若八解脫清淨無二無二
分無別無斷故善現一切智智清淨故身界
清淨身界清淨故八解脫清淨何以故若一
切智智清淨若身界清淨若八解脫清淨無
二無二分無別無斷故一切智智清淨故觸
界身識界及身觸身觸為緣所生諸受清淨
觸界乃至身觸為緣所生諸受清淨故八解
脫清淨何以故若一切智智清淨若觸界乃
至身觸為緣所生諸受清淨若八解脫清淨
無二無二分無別無斷故善現一切智智清
淨故意界清淨意界清淨故八解脫清淨何
以故若一切智智清淨若意界清淨若八解
脫清淨無二無二分無別無斷故一切智智
清淨故法界意識界及意觸意觸為緣所生
諸受清淨法界乃至意觸為緣所生諸受清
淨故八解脫清淨何以故若一切智智清淨
若法界乃至意觸為緣所生諸受清淨若八
解脫清淨無二無二分無別無斷故善現一

BD13967號　大般若波羅蜜多經卷二六六　（23–15）

清淨故法界意識界及意觸意觸為緣所生
諸受清淨法界乃至意觸為緣所生諸受清
淨故八解脫清淨何以故若一切智智清淨
若法界乃至意觸為緣所生諸受清淨若八
解脫清淨無二無二分無別無斷故善現一
切智智清淨故地界清淨地界清淨故八解
脫清淨何以故若一切智智清淨若地界清
淨若八解脫清淨無二無二分無別無斷故
一切智智清淨故水火風空識界清淨水火
風空識界清淨故八解脫清淨何以故若一
切智智清淨若水火風空識界清淨若八解
脫清淨無二無二分無別無斷故善現一切
智智清淨故無明清淨無明清淨故八解脫
清淨何以故若一切智智清淨若無明清淨
若八解脫清淨無二無二分無別無斷故一切
智智清淨故行識名色六處觸受愛取有生
老死愁歎苦憂惱清淨行乃至老死愁歎苦
憂惱清淨故八解脫清淨何以故若一切智
智清淨若行乃至老死愁歎苦憂惱清淨若
八解脫清淨無二無二分無別無斷故
善現一切智智清淨故布施波羅蜜多清淨
布施波羅蜜多清淨故八解脫清淨何以故
若一切智智清淨若布施波羅蜜多清淨若
八解脫清淨無二無二分無別無斷故一切
智智清淨故淨戒安忍精進靜慮般若波羅
蜜多清淨淨戒乃至般若波羅蜜多清淨故

BD13967 號　大般若波羅蜜多經卷二六六　（23–16）

若一切智智清淨若布施波羅蜜多清淨若
八解脫清淨無二無二分無別無斷故一切
智智清淨故淨戒安忍精進靜慮般若波羅
蜜多清淨淨戒乃至般若波羅蜜多清淨故
八解脫清淨何以故若一切智智清淨若淨
戒乃至般若波羅蜜多清淨若八解脫清淨
無二無二分無別無斷故善現一切智智清
淨故內空清淨內空清淨故八解脫清淨何
以故若一切智智清淨若內空清淨若八解
脫清淨無二無二分無別無斷故一切智智
清淨故外空內外空空空大空勝義空有為
空無為空畢竟空無際空散空無變異空本
性空自相空共相空一切法空不可得空無
性空自性空無性自性空清淨外空乃至無
性自性空清淨故八解脫清淨何以故若一
切智智清淨若外空乃至無性自性空清淨
若八解脫清淨無二無二分無別無斷故
善現一切智智清淨故真如清淨真如清淨
故八解脫清淨何以故若一切智智清淨若
真如清淨若八解脫清淨無二無二分無別
無斷故一切智智清淨故法界法性不虛妄
性不變異性平等性離生性法定法住實際
虛空界不思議界清淨法界乃至不思議界
清淨故八解脫清淨何以故若一切智智清
淨若法界乃至不思議界清淨若八解脫清
淨無二無二分無別無斷故善現一切智智
清淨故苦聖諦清淨苦聖諦清淨故八解脫

BD13967 號　大般若波羅蜜多經卷二六六　（23–17）

清淨故八解脫清淨何以故若一切智智清
淨若法界乃至不思議界清淨若八解脫清
淨無二無二分無別無斷故善現一切智智
清淨故苦聖諦清淨苦聖諦清淨故八解脫
清淨何以故若一切智智清淨若苦聖諦清
淨若八解脫清淨無二無二分無別無斷故
一切智智清淨故集滅道聖諦清淨集滅道
聖諦清淨故八解脫清淨何以故若一切智
智清淨若集滅道聖諦清淨若八解脫清淨
無二無二分無別無斷故善現一切智智清
淨故四靜慮清淨四靜慮清淨故八解脫清
淨何以故若一切智智清淨若四靜慮清淨
若八解脫清淨無二無二分無別無斷故一
切智智清淨故四無量四無色定清淨四無
量四無色定清淨故八解脫清淨何以故若
一切智智清淨若四無量四無色定清淨若
八解脫清淨無二無二分無別無斷故善現
一切智智清淨故八勝處清淨八勝處清淨
故八解脫清淨何以故若一切智智清淨若
八勝處清淨若八解脫清淨無二無二分無
別無斷故一切智智清淨故九次第定十遍
處清淨九次第定十遍處清淨故八解脫清
淨何以故若一切智智清淨若九次第定十
遍處清淨若八解脫清淨無二無二分無別
無斷故善現一切智智清淨故四念住清淨
四念住清淨故八解脫清淨何以故若一切
智智清淨若四念住清淨若八解脫清淨無

BD13967 號　大般若波羅蜜多經卷二六六　（23–18）

遍處清淨若八解脫清淨無二無二分無別
無斷故善現一切智智清淨故四念住清淨
四念住清淨故八解脫清淨何以故若一切
智智清淨若四念住清淨若八解脫清淨無
二無二分無別無斷故一切智智清淨故四正
斷四神足五根五力七等覺支八聖道支清
淨四正斷乃至八聖道支清淨故八解脫
清淨何以故若一切智智清淨若四正斷乃
至八聖道支清淨若八解脫清淨無二無二
分無別無斷故善現一切智智清淨故空解
脫門清淨空解脫門清淨故八解脫清淨何
以故若一切智智清淨若空解脫門清淨若
八解脫清淨無二無二分無別無斷故一切
智智清淨故無相無願解脫門清淨無相無
願解脫門清淨故八解脫清淨何以故若一
切智智清淨若無相無願解脫門清淨若八
解脫清淨無二無二分無別無斷故善現一
切智智清淨故菩薩十地清淨菩薩十地清
淨故八解脫清淨何以故若一切智智清淨
若菩薩十地清淨若八解脫清淨無二無二
分無別無斷故
善現一切智智清淨故五眼清淨五眼清淨
故八解脫清淨何以故若一切智智清淨若
五眼清淨若八解脫清淨無二無二分無別
無斷故善現一切智智清淨故六神通清淨
六神通清淨故八解脫清淨何以故若一切

BD13967 號　大般若波羅蜜多經卷二六六　（23–19）

善現一切智智清淨故五眼清淨五眼清淨
故八解脫清淨何以故若一切智智清淨若
五眼清淨若八解脫清淨無二無二分無別
無斷故善現一切智智清淨故六神通清淨
六神通清淨故八解脫清淨何以故若一切
智智清淨若六神通清淨若八解脫清淨無
二無二分無別無斷故善現一切智智清淨
故佛十力清淨佛十力清淨故八解脫清淨
何以故若一切智智清淨若佛十力清淨若
八解脫清淨無二無二分無別無斷故一切
智智清淨故四無所畏四無礙解大慈大悲
大喜大捨十八佛不共法清淨四無所畏乃
至十八佛不共法清淨故八解脫清淨何以
故若一切智智清淨若四無所畏乃至十
八佛不共法清淨若八解脫清淨無二無二
分無別無斷故善現一切智智清淨故無忘
失法清淨無忘失法清淨故八解脫清淨何
以故若一切智智清淨若無忘失法清淨若
八解脫清淨無二無二分無別無斷故一切
智智清淨故恒住捨性清淨恒住捨性清淨
故八解脫清淨何以故若一切智智清淨若
恒住捨性清淨若八解脫清淨無二無二分
無別無斷故善現一切智智清淨故一切智
清淨一切智清淨故八解脫清淨何以故若
一切智智清淨若一切智清淨若八解脫清
淨無二無二分無別無斷故一切智智清淨
故道相智一切相智清淨道相智一切相智

BD13967號　大般若波羅蜜多經卷二六六　（23–20）

清淨一切智清淨故八解脫清淨何以故若
一切智智清淨若一切智清淨若八解脫清
淨無二無二分無別無斷故一切智智清淨
故道相智一切相智清淨道相智一切相智
清淨故八解脫清淨何以故若一切智智清
淨若道相智一切相智清淨若八解脫清淨
無二無二分無別無斷故善現一切智智清
淨故一切陀羅尼門清淨一切陀羅尼門清
淨故八解脫清淨何以故若一切智智清淨
若一切陀羅尼門清淨若八解脫清淨無二
無二分無別無斷故一切智智清淨故一切
三摩地門清淨一切三摩地門清淨故八解
脫清淨何以故若一切智智清淨若一切三
摩地門清淨若八解脫清淨無二無二分無
別無斷故
善現一切智智清淨故預流果清淨預流果
清淨故八解脫清淨何以故若一切智智清
淨若預流果清淨若八解脫清淨無二無二
分無別無斷故一切智智清淨故一來不還
阿羅漢果清淨一來不還阿羅漢果清淨故
八解脫清淨何以故若一切智智清淨若一
來不還阿羅漢果清淨若八解脫清淨無二
無二分無別無斷故善現一切智智清淨故
獨覺菩提清淨獨覺菩提清淨故八解脫清
淨何以故若一切智智清淨若獨覺菩提清
淨若八解脫清淨無二無二分無別無斷故

BD13967號　大般若波羅蜜多經卷二六六　（23–21）

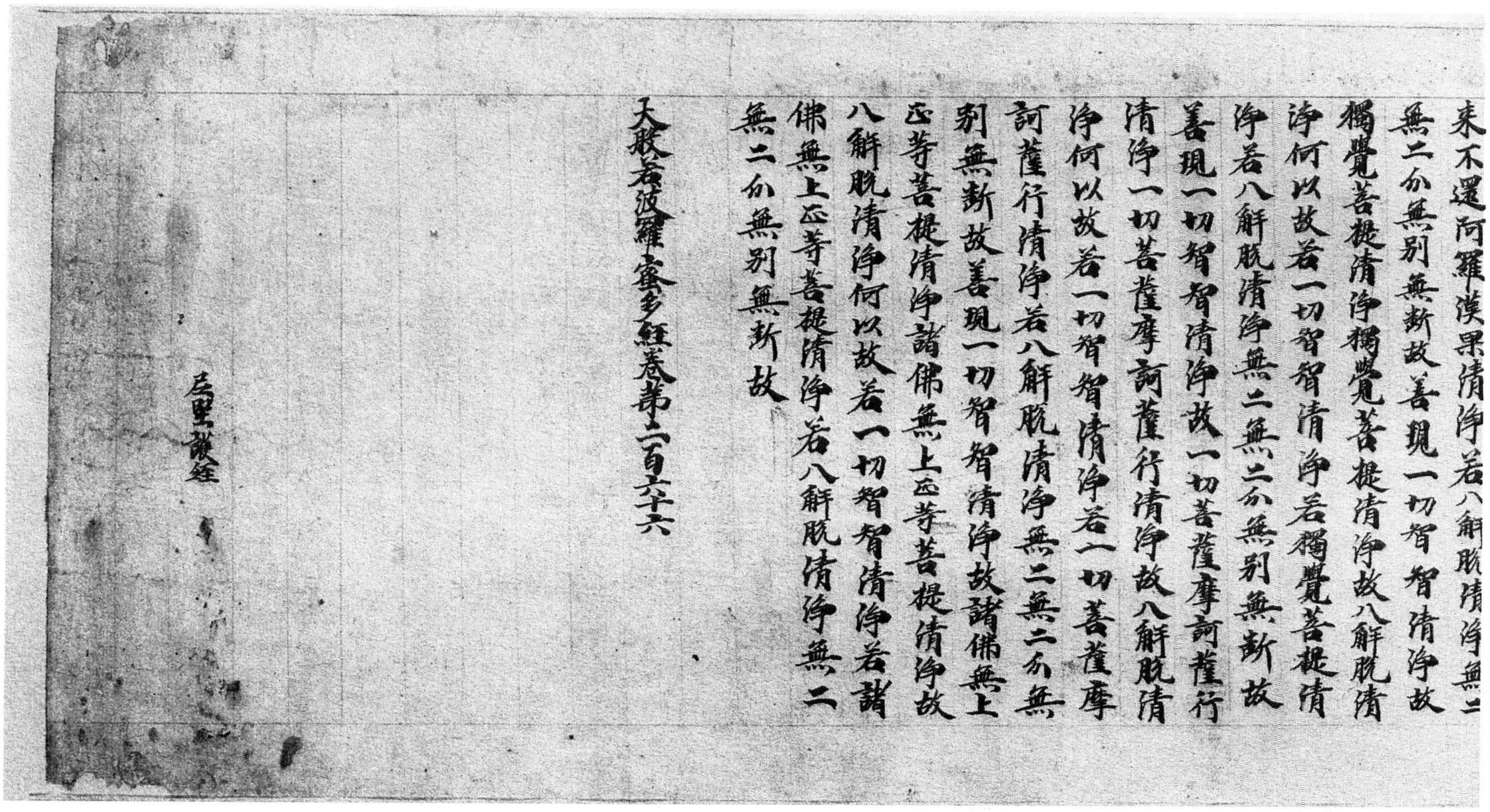

來不還阿羅漢果清淨若八解脫清淨無二
無二分無別無斷故善現一切智智清淨故
獨覺菩提清淨獨覺菩提清淨故八解脫清
淨何以故若一切智智清淨若獨覺菩提清
淨若八解脫清淨無二無二分無別無斷故
善現一切智智清淨故一切菩薩摩訶薩行
清淨一切菩薩摩訶薩行清淨故八解脫清
淨何以故若一切智智清淨若一切菩薩摩
訶薩行清淨若八解脫清淨無二無二分無
別無斷故善現一切智智清淨故諸佛無上
正等菩提清淨諸佛無上正等菩提清淨故
八解脫清淨何以故若一切智智清淨若諸
佛無上正等菩提清淨若八解脫清淨無二
無二分無別無斷故

大般若波羅蜜多經卷第二百六十六

辰堅讀經

BD13967 號　大般若波羅蜜多經卷二六六　（23–22）

大般若波羅蜜多經卷第二百六十六

辰堅讀經

BD13967 號　大般若波羅蜜多經卷二六六　（23–23）

BD13968 號背　現代護首　　（1–1）

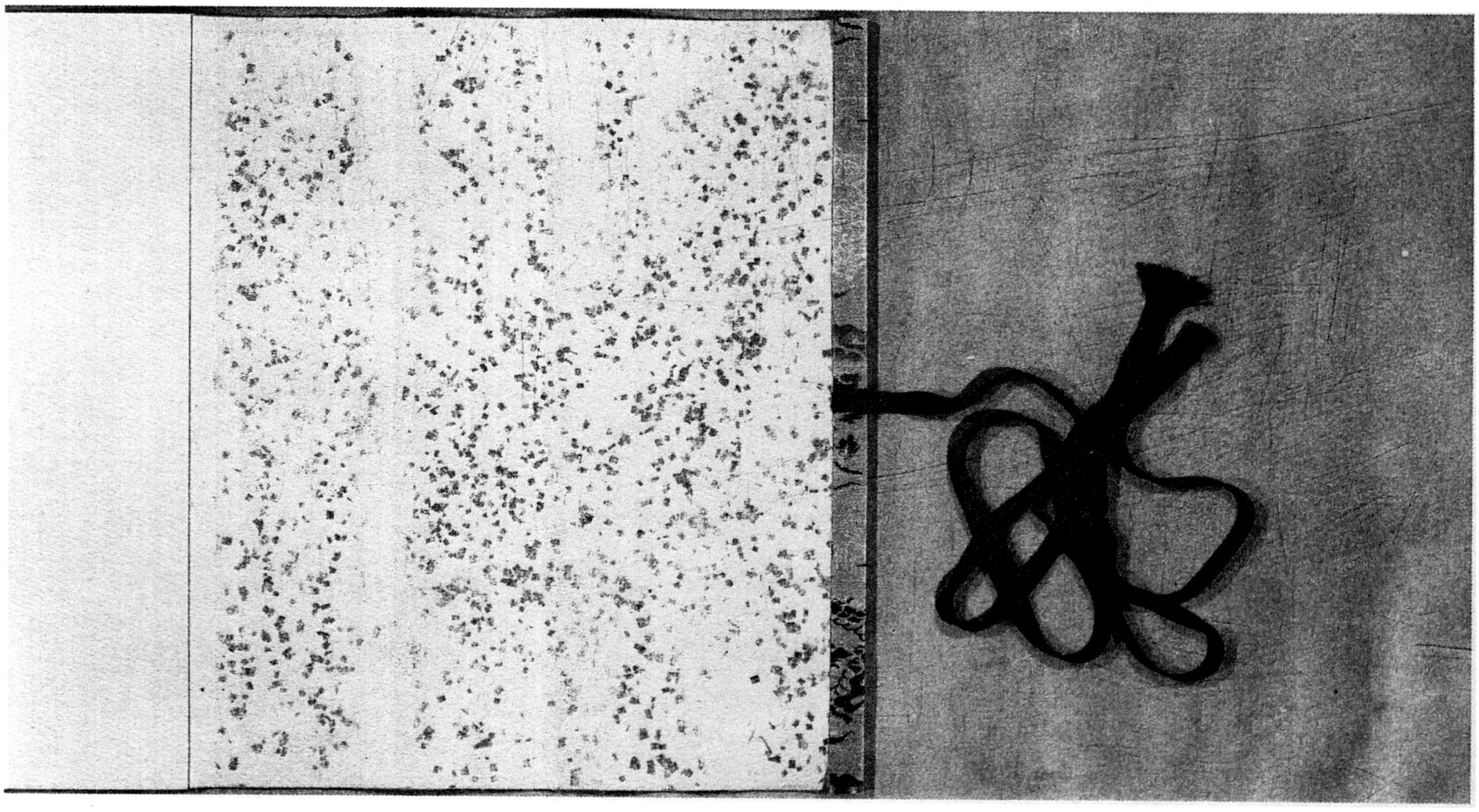

BD13968 號　大般若波羅蜜多經卷二六九　　（18–1）

正斷清淨何以故若一切智智清淨若八解
脫清淨若四正斷清淨无二无二分无別无斷
故一切智智清淨故八勝處九次第定十
遍處清淨八勝處九次第定十遍處清淨故
四正斷清淨何以故若一切智智清淨若八
勝處九次第定十遍處清淨若四正斷清淨
无二无二分无別无斷故善現一切智智清
淨故四念住清淨四念住清淨故四正斷清
淨何以故若一切智智清淨若四念住清淨
若四正斷清淨无二无二分无別无斷故一
切智智清淨故四神足五根五力七等覺支
八聖道支清淨四神足乃至八聖道支清淨
故四正斷清淨何以故若一切智智清淨若
四神足乃至八聖道支清淨若四正斷清淨
无二无二分无別无斷故一切智智

BD13968號　大般若波羅蜜多經卷二六九　（18–2）

淨何以故若一切智智清淨若四念住清淨
若四正斷清淨无二无二分无別无斷故一
切智智清淨故四神足五根五力七等覺支
八聖道支清淨四神足乃至八聖道支清淨
故四正斷清淨何以故若一切智智清淨若
四神足乃至八聖道支清淨若四正斷清淨
无二无二分无別无斷故善現一切智智清
淨故空解脫門清淨空解脫門清淨故四正
斷清淨何以故若一切智智清淨若空解脫
門清淨若四正斷清淨无二无二分无別无
斷故一切智智清淨故无相无願解脫門清
淨无相无願解脫門清淨故四正斷清淨何
以故若一切智智清淨若无相无願解脫門
清淨若四正斷清淨无二无二分无別无斷
故善現一切智智清淨故菩薩十地清淨菩
薩十地清淨故四正斷清淨何以故若一切
智智清淨若菩薩十地清淨若四正斷清淨
无二无二分无別无斷故
善現一切智智清淨故五眼清淨五眼清淨
故四正斷清淨何以故若一切智智清淨若
五眼清淨若四正斷清淨无二无二分无別
无斷故一切智智清淨故六神通清淨六神
通清淨故四正斷清淨何以故若一切智智
清淨若六神通清淨若四正斷清淨无二无
二分无別无斷故善現一切智智清淨故佛
十力清淨佛十力清淨故四正斷清淨何以
故若一切智智清淨若佛十力清淨若四正
斷清淨无二无二分无別无斷故一切智智

BD13968號　大般若波羅蜜多經卷二六九　（18–3）

清淨若六神通清淨若四正斷清淨无二无
二分无別无斷故善現一切智智清淨故佛
十力清淨佛十力清淨故四正斷清淨何以
故若一切智智清淨若佛十力清淨若四正
斷清淨无二无二分无別无斷故一切智智
清淨故四无所畏四无礙解大慈大悲大喜
大捨十八佛不共法清淨四无所畏乃至十
八佛不共法清淨故四正斷清淨何以故若
一切智智清淨若四无所畏乃至十八佛不
共法清淨若四正斷清淨无二无二分无別无
斷故善現一切智智清淨故无忘失法清
淨无忘失法清淨故四正斷清淨何以故若
一切智智清淨若无忘失法清淨若四正斷
清淨无二无二分无別无斷故一切智智清
淨故恒住捨性清淨恒住捨性清淨故四正
斷清淨何以故若一切智智清淨若恒住捨
性清淨若四正斷清淨无二无二分无別无
斷故善現一切智智清淨故一切智清淨一
切智清淨故四正斷清淨何以故若一切智
智清淨若一切智清淨若四正斷清淨无二
无二分无別无斷故一切智智清淨故道相
智一切相智清淨道相智一切相智清淨故
四正斷清淨何以故若一切智智清淨若道
相智一切相智清淨若四正斷清淨无二无
二分无別无斷故善現一切智智清淨故一
切陁羅尼門清淨一切陁羅尼門清淨故四
正斷清淨何以故若一切智智清淨若一切
陁羅尼門清淨若四正斷清淨无二无二分

BD13968 號　大般若波羅蜜多經卷二六九　（18–4）

相智一切相智清淨若四正斷清淨无二无
二分无別无斷故善現一切智智清淨故一
切陁羅尼門清淨一切陁羅尼門清淨故四
正斷清淨何以故若一切智智清淨若一切
陁羅尼門清淨若四正斷清淨无二无二分
无別无斷故一切智智清淨故一切三摩地
門清淨一切三摩地門清淨故四正斷清淨
何以故若一切智智清淨若一切三摩地門
清淨若四正斷清淨无二无二分无別无
斷故
善現一切智智清淨故預流果清淨預流果
清淨故四正斷清淨何以故若一切智智清
淨若預流果清淨若四正斷清淨无二无二
分无別无斷故一切智智清淨故一來不還
阿羅漢果清淨一來不還阿羅漢果清淨故
四正斷清淨何以故若一切智智清淨若一
來不還阿羅漢果清淨若四正斷清淨无二
无二分无別无斷故善現一切智智清淨故
獨覺菩提清淨獨覺菩提清淨故四正斷清
淨何以故若一切智智清淨若獨覺菩提清
淨若四正斷清淨无二无二分无別无斷故
善現一切智智清淨故一切菩薩摩訶薩行
清淨一切菩薩摩訶薩行清淨故四正斷清
淨何以故若一切智智清淨若一切菩薩摩
訶薩行清淨若四正斷清淨无二无二分无
別无斷故善現一切智智清淨故諸佛无上
正等菩提清淨諸佛无上正等菩提清淨故
四正斷清淨何以故若一切智智清淨若諸

BD13968 號　大般若波羅蜜多經卷二六九　（18–5）

清淨一切菩薩摩訶薩行清淨故四正斷清
淨何以故若一切智智清淨若一切菩薩摩
訶薩行清淨若四正斷清淨无二无二分无
別无斷故善現一切智智清淨故諸佛无上
正等菩提清淨諸佛无上正等菩提清淨故
四正斷清淨何以故若一切智智清淨若諸
佛无上正等菩提清淨若四正斷清淨无二
无二分无別无斷故
復次善現一切智智清淨故色清淨色清淨
故四神足清淨何以故若一切智智清淨若
色清淨若四神足清淨无二无二分无別无
斷故一切智智清淨故受想行識清淨受想
行識清淨故四神足清淨何以故若一切智
智清淨若受想行識清淨若四神足清淨无
二无二分无別无斷故善現一切智智清淨
故眼處清淨眼處清淨故四神足清淨何以
故若一切智智清淨若眼處清淨若四神足清
淨无二无二分无別无斷故一切智智清
淨故耳鼻舌身意處清淨耳鼻舌身意處清
淨故四神足清淨何以故若一切智智清淨
若耳鼻舌身意處清淨若四神足清淨无二
无二分无別无斷故善現一切智智清淨故
色處清淨色處清淨故四神足清淨何以故
若一切智智清淨若色處清淨若四神足清
淨无二无二分无別无斷故一切智智清淨
故聲香味觸法處清淨聲香味觸法處清淨
故四神足清淨何以故若一切智智清淨若
聲香味觸法處清

BD13968 號　大般若波羅蜜多經卷二六九　（18–6）

若一切智智清淨若色處清淨若四神足清
淨无二无二分无別无斷故一切智智清淨
故聲香味觸法處清淨聲香味觸法處清淨
故四神足清淨何以故若一切智智清淨若
聲香味觸法處清淨若四神足清淨无二无
二分无別无斷故善現一切智智清淨故眼
界清淨眼界清淨故四神足清淨何以故若
一切智智清淨若眼界清淨若四神足清淨
无二无二分无別无斷故一切智智清淨故
色界眼識界及眼觸眼觸為緣所生諸受清
淨色界乃至眼觸為緣所生諸受清淨故四
神足清淨何以故若一切智智清淨若色界
乃至眼觸為緣所生諸受清淨若四神足清
淨无二无二分无別无斷故善現一切智智
清淨故耳界清淨耳界清淨故四神足清淨
何以故若一切智智清淨若耳界清淨若四
神足清淨无二无二分无別无斷故一切智
智清淨故聲界耳識界及耳觸耳觸為緣所
生諸受清淨聲界乃至耳觸為緣所生諸受
清淨故四神足清淨何以故若一切智智清
淨若聲界乃至耳觸為緣所生諸受清淨若
四神足清淨无二无二分无別无斷故善現
一切智智清淨故鼻界清淨鼻界清淨故四
神足清淨何以故若一切智智清淨若鼻界
清淨若四神足清淨无二无二分无別无斷
故一切智智清淨故香界鼻識界及鼻觸鼻
觸為緣所生諸受清淨香界乃至鼻觸為緣

BD13968 號　大般若波羅蜜多經卷二六九　（18–7）

神是清淨何以故若一切智智清淨若鼻界
清淨若四神是清淨无二无二分无別无斷
故一切智智清淨故香界鼻識界及鼻觸鼻
觸為緣所生諸受清淨香界乃至鼻觸為緣
所生諸受清淨故四神是清淨何以故若一
切智智清淨若香界乃至鼻觸為緣所生
諸受清淨若四神是清淨无二无二分无別
无斷故善現一切智智清淨故舌界清淨舌
界清淨故四神是清淨何以故若一切智智
清淨若舌界清淨若四神是清淨无二无二
分无別无斷故一切智智清淨故味界舌識
界及舌觸舌觸為緣所生諸受清淨味界乃
至舌觸為緣所生諸受清淨故四神是清淨
何以故若一切智智清淨若味界乃至舌觸
為緣所生諸受清淨若四神是清淨无二无
二分无別无斷故善現一切智智清淨故身界
清淨身界清淨故四神是清淨何以故若
一切智智清淨若身界清淨若四神是清淨
无二无二分无別无斷故一切智智清淨故
觸界身識界及身觸身觸為緣所生諸受清
淨觸界乃至身觸為緣所生諸受清淨故四
神是清淨何以故若一切智智清淨若觸界
乃至身觸為緣所生諸受清淨若四神是清
淨无二无二分无別无斷故善現一切智智
清淨故意界清淨意界清淨故四神是清淨
何以故若一切智智清淨若意界清淨若四
神是清淨无二无二分无別无斷故一切智

BD13968號　大般若波羅蜜多經卷二六九　（18–8）

淨无二无二分无別无斷故善現一切智智
清淨故意界清淨意界清淨故四神是清淨
何以故若一切智智清淨若意界清淨若四
神是清淨无二无二分无別无斷故一切智
智清淨故法界意識界及意觸意觸為緣所
生諸受清淨法界乃至意觸為緣所生諸受
清淨故四神是清淨何以故若一切智智清
淨若法界乃至意觸為緣所生諸受清淨若
四神是清淨无二无二分无別无斷故善現
一切智智清淨故地界清淨地界清淨故四
神是清淨何以故若一切智智清淨若地界
清淨若四神是清淨无二无二分无別无斷
故一切智智清淨故水火風空識界清淨水
火風空識界清淨故四神是清淨何以故若
一切智智清淨若水火風空識界清淨若四
神是清淨无二无二分无別无斷故善現一切
切智智清淨故无明清淨无明清淨故四神
是清淨何以故若一切智智清淨若无明清
淨若四神是清淨无二无二分无別无斷故
一切智智清淨故行識名色六處觸受愛取
有生老死愁歎苦憂惱清淨行乃至老死愁
歎苦憂惱清淨故四神是清淨何以故若一
切智智清淨若行乃至老死愁歎苦憂惱清
淨若四神是清淨无二无二分无別无斷故
善現一切智智清淨故布施波羅蜜多清淨
布施波羅蜜多清淨故四神是清淨何以故
若一切智智清淨若布施波羅蜜多清淨若

BD13968號　大般若波羅蜜多經卷二六九　（18–9）

切智智清淨若行乃至老死愁歎苦憂惱清
淨若四神足清淨无二无二分无別无斷故
善現一切智智清淨故布施波羅蜜多清淨
布施波羅蜜多清淨故四神足清淨何以故
若一切智智清淨若布施波羅蜜多清淨若
四神足清淨无二无二分无別无斷故一切
智智清淨故淨戒安忍精進靜慮般若波羅
蜜多清淨淨戒乃至般若波羅蜜多清淨故
四神足清淨何以故若一切智智清淨若淨
戒乃至般若波羅蜜多清淨若四神足清淨
无二无二分无別无斷故善現一切智智清
淨故內空清淨內空清淨故四神足清淨何
以故若一切智智清淨若內空清淨若四神
足清淨无二无二分无別无斷故一切智智
清淨故外空內外空空空大空勝義空有為
空无為空畢竟空无際空散空无變異空本
性空自相空共相空一切法空不可得空无
性空自性空无性自性空清淨外空乃至无
性自性空清淨故四神足清淨何以故若一
切智智清淨若外空乃至无性自性空清淨
若四神足清淨无二无二分无別无斷故
善現一切智智清淨故真如清淨真如清淨故
四神足清淨何以故若一切智智清淨若真
如清淨若四神足清淨无二无二分无別无斷
故一切智智清淨故法界法性不虛妄性不
變異性平等性離生性法定法住實際虛
空界不思議界清淨法界乃至不思議界清
淨故四神足清淨何以故若一切智智清淨

BD13968號　大般若波羅蜜多經卷二六九　（18–10）

如清淨若四神足清淨无二无二分无別无斷
故一切智智清淨故法界法性不虛妄性不
變異性平等性離生性法定法住實際虛
空界不思議界清淨法界乃至不思議界清
淨故四神足清淨何以故若一切智智清淨
若法界乃至不思議界清淨若四神足清淨
无二无二分无別无斷故善現一切智智清
淨故苦聖諦清淨苦聖諦清淨故四神足清
淨何以故若一切智智清淨若苦聖諦清淨
若四神足清淨无二无二分无別无斷故一
切智智清淨故集滅道聖諦清淨集滅道聖
諦清淨故四神足清淨何以故若一切智智
清淨若集滅道聖諦清淨若四神足清淨无
二无二分无別无斷故善現一切智智清淨
故四靜慮清淨四靜慮清淨故四神足清淨
何以故若一切智智清淨若四靜慮清淨若
四神足清淨无二无二分无別无斷故一切
智智清淨故四无量四无色定清淨四无量
四无色定清淨故四神足清淨何以故若一
切智智清淨若四无量四无色定清淨若四
神足清淨无二无二分无別无斷故善現一
切智智清淨故八解脫清淨八解脫清淨
故四神足清淨何以故若一切智智清淨若
八解脫清淨若四神足清淨无二无二分无
別无斷故一切智智清淨故八勝處九次第
定十遍處清淨八勝處九次第定十遍處清
淨故四神足清淨何以故若一切智智清淨
若八勝處九次第定十遍處清淨若四神足

BD13968號　大般若波羅蜜多經卷二六九　（18–11）

八解脫清淨若四神足清淨无二无二分无
別无斷故一切智智清淨故八勝處九次第
定十遍處清淨八勝處九次第定十遍處清
淨故四神足清淨何以故若一切智智清淨
若八勝處九次第定十遍處清淨若四神足
清淨无二无二分无別无斷故善現一切智
智清淨故四念住清淨四念住清淨故四神
足清淨何以故若一切智智清淨若四念住
清淨若四神足清淨无二无二分无別无斷故
一切智智清淨故四正斷五根五力七等
覺支八聖道支清淨四正斷乃至八聖道支
清淨故四神足清淨何以故若一切智智清
淨若四正斷乃至八聖道支清淨若四神足
清淨无二无二分无別无斷故善現一切智
智清淨故空解脫門清淨空解脫門清淨故
四神足清淨何以故若一切智智清淨若空
解脫門清淨若四神足清淨无二无二分无
別无斷故一切智智清淨故无相无願解脫
門清淨无相无願解脫門清淨故四神足清
淨何以故若一切智智清淨若无相无願解脫
門清淨若四神足清淨无二无二分无別无
斷故善現一切智智清淨故菩薩十地清
淨菩薩十地清淨故四神足清淨何以故若
一切智智清淨若菩薩十地清淨若四神足
清淨无二无二分无別无斷故
善現一切智智清淨故五眼清淨五眼清淨故
四神足清淨何以故若一切智智清淨若
五眼清淨若四神足清淨无二无二分无別



清淨无二无二分无別无斷故
善現一切智智清淨故五眼清淨五眼清淨故
四神足清淨何以故若一切智智清淨若
五眼清淨若四神足清淨无二无二分无別
无斷故一切智智清淨故六神通清淨六神
通清淨故四神足清淨何以故若一切智智
清淨若六神通清淨若四神足清淨无二无
二分无別无斷故善現一切智智清淨故佛
十力清淨佛十力清淨故四神足清淨何以故
若一切智智清淨若佛十力清淨若四神
足清淨无二无二分无別无斷故一切智智
清淨故四无所畏四无礙解大慈大悲大喜
大捨十八佛不共法清淨四无所畏乃至十
八佛不共法清淨故四神足清淨何以故若
一切智智清淨若四无所畏乃至十八佛不
共法清淨若四神足清淨无二无二分无別
无斷故善現一切智智清淨故无忘失法清
淨无忘失法清淨故四神足清淨何以故若
一切智智清淨若无忘失法清淨若四神足
清淨无二无二分无別无斷故一切智智清
淨故恒住捨性清淨恒住捨性清淨故四神
足清淨何以故若一切智智清淨若恒住捨
性清淨若四神足清淨无二无二分无別无
斷故善現一切智智清淨故一切智清淨一
切智清淨故四神足清淨何以故若一切智
智清淨若一切智清淨若四神足清淨无二
无二分无別无斷故一切智智清淨故道相

清淨若四神足清淨无二无二分无别无
斷故善現一切智智清淨故一切智清淨一
切智清淨故四神足清淨何以故若一切
智清淨若一切智清淨若四神足清淨无二
无二分无别无斷故一切智智清淨故道相
智一切相智清淨道相智一切相智清淨故
四神足清淨何以故若一切智智清淨若道
相智一切相智清淨若四神足清淨无二无
二分无别无斷故善現一切智智清淨故一
切陁羅尼門清淨一切陁羅尼門清淨故四
神足清淨何以故若一切智智清淨若一切
陁羅尼門清淨若四神足清淨无二无二分
无别无斷故一切智智清淨故一切三摩地
門清淨一切三摩地門清淨故四神足清淨
何以故若一切智智清淨若一切三摩地門
清淨若四神足清淨无二无二分无别无斷
故
善現一切智智清淨故預流果清淨預流果
清淨故四神足清淨何以故若一切智智清
淨若預流果清淨若四神足清淨无二无二
分无别无斷故一切智智清淨故一來不還
阿羅漢果清淨一來不還阿羅漢果清淨故
四神足清淨何以故若一切智智清淨若一
來不還阿羅漢清淨若四神足清淨无二
无二分无别无斷故善現一切智智清淨故
獨覺菩提清淨獨覺菩提清淨故四神足清
淨何以故若一切智智清淨若獨覺菩提清
淨若四神足清淨无二无二分无别无斷故

BD13968號　大般若波羅蜜多經卷二六九　（18–14）

四神足清淨何以故若一切智智清淨若一
來不還阿羅漢清淨若四神足清淨无二
无二分无别无斷故善現一切智智清淨故
獨覺菩提清淨獨覺菩提清淨故四神足清
淨何以故若一切智智清淨若獨覺菩提清
淨若四神足清淨无二无二分无别无斷故
善現一切智智清淨故一切菩薩摩訶薩行
清淨一切菩薩摩訶薩行清淨故四神足清
淨何以故若一切智智清淨若一切菩薩摩
訶薩行清淨若四神足清淨无二无二分无
别无斷故善現一切智智清淨故諸佛无上
正等菩提清淨諸佛无上正等菩提清淨故
四神足清淨何以故若一切智智清淨若諸
佛无上正等菩提清淨若四神足清淨无二
无二分无别无斷故
復次善現一切智智清淨故色清淨色清淨
故五根清淨何以故若一切智智清淨若色
清淨若五根清淨无二无二分无别无斷故
一切智智清淨故受想行識清淨受想行識
清淨故五根清淨何以故若一切智智清淨
若受想行識清淨若五根清淨无二无二分
无别无斷故善現一切智智清淨故眼處清
淨眼處清淨故五根清淨何以故若一切智
智清淨若眼處清淨若五根清淨无二无二
分无别无斷故一切智智清淨故耳鼻舌身
意處清淨耳鼻舌身意處清淨故五根清淨
何以故若一切智智清淨若耳鼻舌身意處

BD13968號　大般若波羅蜜多經卷二六九　（18–15）

智清淨若眼處清淨若五根清淨无二无二
分无別无斷故一切智智清淨故耳鼻舌身
意處清淨耳鼻舌身意處清淨故五根清淨
何以故若一切智智清淨若耳鼻舌身意處
清淨若五根清淨无二无二分无別无斷故
善現一切智智清淨故色處清淨色處清淨
故五根清淨何以故若一切智智清淨若色
處清淨若五根清淨无二无二分无別无斷
故一切智智清淨故聲香味觸法處清淨聲
香味觸法處清淨故五根清淨何以故若一
切智智清淨若聲香味觸法處清淨若五根
清淨无二无二分无別无斷故善現一切智
智清淨故眼界清淨眼界清淨故五根清淨
何以故若一切智智清淨若眼界清淨若五根
清淨无二无二分无別无斷故一切智智清
淨故色界眼識界及眼觸眼觸為緣所生
諸受清淨色界乃至眼觸為緣所生諸受清
淨故五根清淨何以故若一切智智清淨若
色界乃至眼觸為緣所生諸受清淨若五根
清淨无二无二分无別无斷故善現一切智
智清淨故耳界清淨耳界清淨故五根清淨
何以故若一切智智清淨若耳界清淨若五
根清淨无二无二分无別无斷故一切智智清
淨故聲界耳識界及耳觸耳觸為緣所生
諸受清淨聲界乃至耳觸為緣所生諸受清
淨故五根清淨何以故若一切智智清淨若聲
界乃至耳觸為緣所生諸受清淨若五根
清淨无二无二分无別无斷故善現一切智

BD13968號　大般若波羅蜜多經卷二六九　（18–16）

智清淨故耳界清淨耳界清淨故五根清淨
何以故若一切智智清淨若耳界清淨若五
根清淨无二无二分无別无斷故一切智智清
淨故聲界耳識界及耳觸耳觸為緣所生
諸受清淨聲界乃至耳觸為緣所生諸受清
淨故五根清淨何以故若一切智智清淨若聲
界乃至耳觸為緣所生諸受清淨若五根
清淨无二无二分无別无斷故善現一切智
智清淨故鼻界清淨鼻界清淨故五根清淨
何以故若一切智智清淨若鼻界清淨若五根
清淨无二无二分无別无斷故一切智智清
淨故香界鼻識界及鼻觸鼻觸為緣所生諸
受清淨香界乃至鼻觸為緣所生諸受清淨
故五根清淨何以故若一切智智清淨若香
界乃至鼻觸為緣所生諸受清淨若五根清
淨无二无二分无別无斷故善現一切智智
清淨故舌界清淨舌界清淨故五根清淨何
以故若一切智智清淨若舌界清淨若五根
清淨无二无二分无別无斷故一切智智清
淨故味界舌識界及舌觸舌觸為緣所生諸
受清淨味界乃至舌觸為緣所生諸受清淨
故五根清淨何以故若一切智智清淨若味
界乃至舌觸為緣所生諸受清淨若五根清
淨无二无二分无別无斷故

大般若波羅蜜多經卷第二百六十九

BD13968號　大般若波羅蜜多經卷二六九　（18–17）

BD13968 號　大般若波羅蜜多經卷二六九　（18–18）

BD13969 號背　現代護首　（1–1）

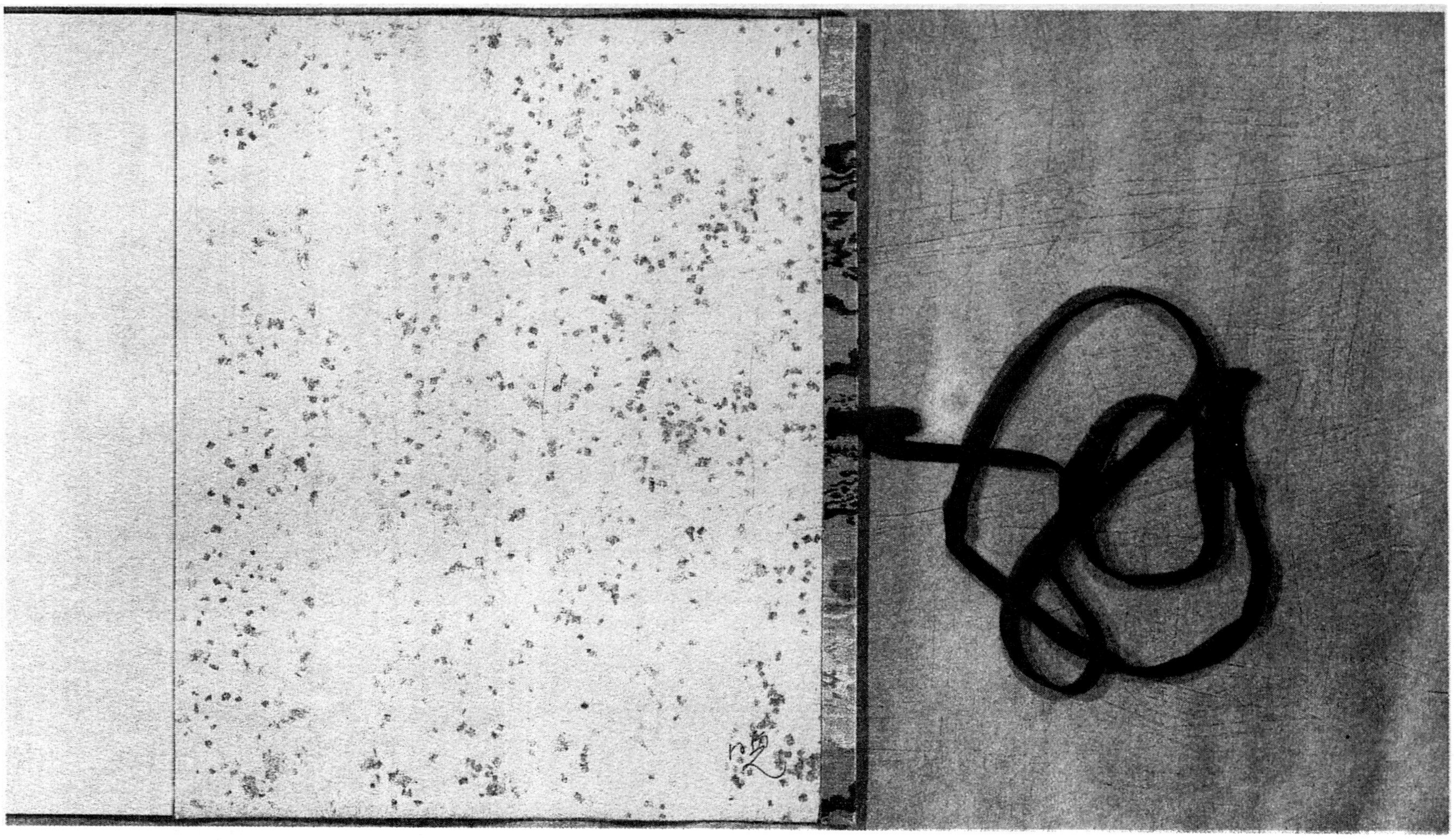

BD13969 號　大般若波羅蜜多經卷二七六　（22–1）

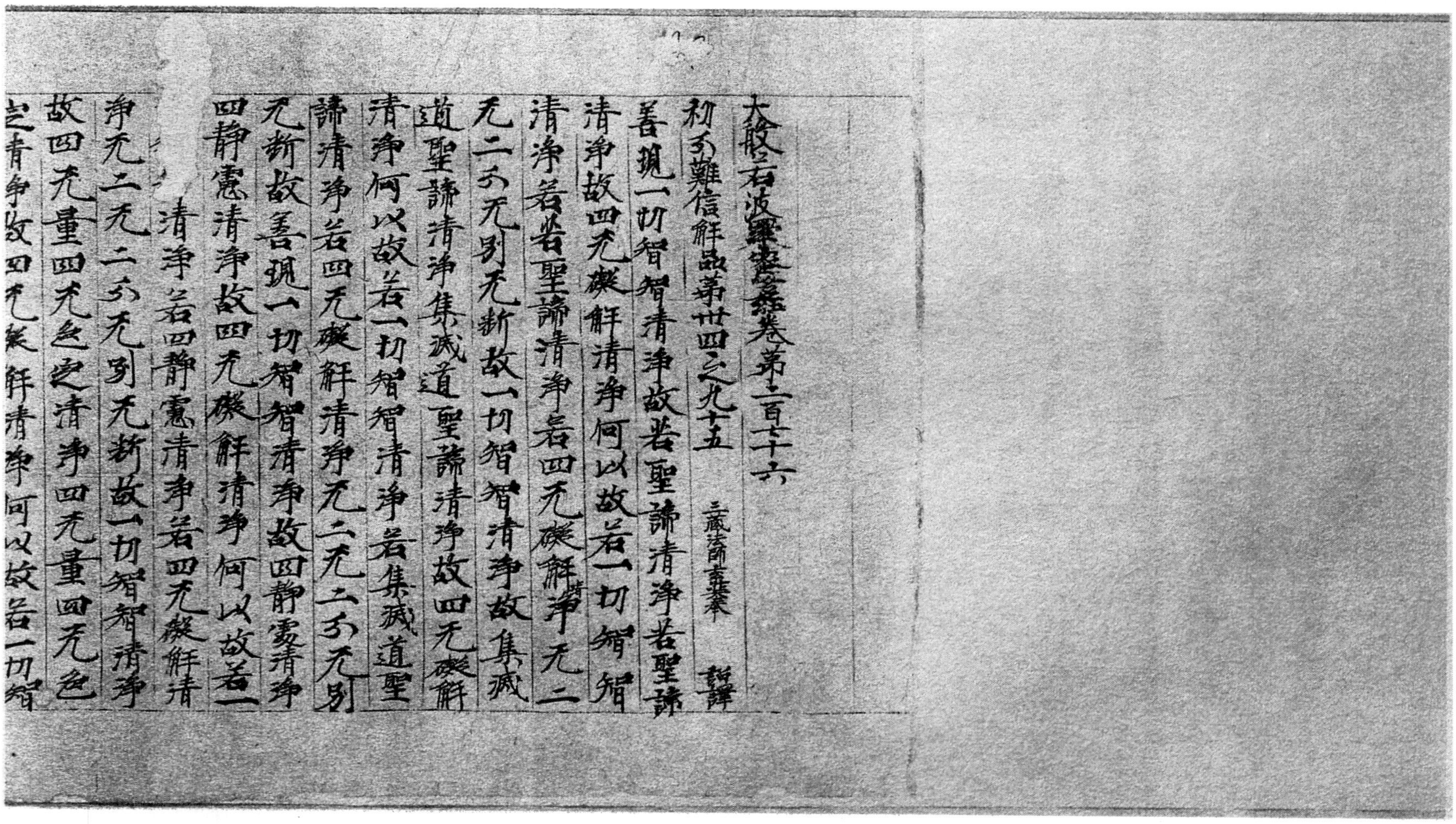

大般若波羅蜜多經卷第二百七十六
初分難信解品第卅四之九十五　三藏法師玄奘奉　詔譯
善現一切智智清淨故若聖諦清淨若聖諦
清淨故四无礙解清淨何以故若一切智智
清淨若苦聖諦清淨若四无礙解清淨无二
无二分无別无斷故一切智智清淨故集滅
道聖諦清淨集滅道聖諦清淨故四无礙解
清淨何以故若一切智智清淨若集滅道聖
諦清淨若四无礙解清淨无二无二分无別
无斷故善現一切智智清淨故四靜慮清淨
四靜慮清淨故四无礙解清淨何以故若一
清淨若四靜慮清淨若四无礙解清
淨无二无二分无別无斷故一切智智清淨
故四无量四无色定清淨四无量四无色
定清淨故四无礙解清淨何以故若一切智

BD13969 號　大般若波羅蜜多經卷二七六　（22–2）

四靜慮清淨故四无礙解清淨何以故若一
清淨若四靜慮清淨若四无礙解清
淨无二无二分无別无斷故一切智智清淨
故四无量四无色定清淨四无量四无色
定清淨故四无礙解清淨何以故若一切智
智清淨若四无量四无色定清淨若四无礙
解清淨无二无二分无別无斷故善現一切
智智清淨故八解脫清淨八解脫清淨故四
无礙解清淨何以故若一切智智清淨若八
解脫清淨若四无礙解清淨无二无二无
別无斷故一切智智清淨故八勝處九次第
定十遍處清淨八勝處九次第定十遍處清
四无礙解清淨何以故若一切智智清
淨若八勝處九次第定十遍處清淨若四無
礙解清淨无二无二分无別无斷故善現一
切智智清淨故四念住清淨四念住清淨故
四无礙解清淨何以故若一切智智清淨若
四念住清淨若四无礙解清淨无二无二分
无別无斷故一切智智清淨故四正斷四神
足五根五力七等覺支八聖道支清淨四正
斷乃至八聖道支清淨故四无礙解清淨何
以故若一切智智清淨若四正斷乃至八聖
清淨若四无礙解清淨无二无二分无
別无斷故善現一切智智清淨故空解脫門
清淨空解脫門清淨故四无礙解清淨何以
故若一切智智清淨若空解脫門清淨若四
无礙解清淨无二无二分无別无斷故一切



別无斷故善現一切智智清淨故空解脫門
清淨空解脫門清淨故四无礙解清淨何以
故若一切智智清淨若空解脫門清淨若四
无礙解清淨无二无二分无別无斷故一切
智智清淨故无相无願解脫門清淨无相无
願解脫門清淨故四无礙解清淨何以故若
一切智智清淨若无相无願解脫門清淨若
四无礙解清淨无二无二分无別无斷故善
現一切智智清淨故菩薩十地清淨菩薩十
地清淨故四无礙解清淨何以故若一切智
智清淨若菩薩十地清淨若四无礙解清淨
无二无二分无別无斷故善現一切智智清
淨故五眼清淨五眼清淨故四无礙解清淨
何以故若一切智智清淨若五眼清淨若四
無礙解清淨无二无二分无別无斷故一切
智智清淨故六神通清淨六神通清淨故四
无礙解清淨何以故若一切智智清淨若六
神通清淨若四无礙解清淨无二无二分无
別无斷故善現一切智智清淨佛十力清
淨佛十力清淨故四无礙解清淨何以故若
一切智智清淨若佛十力清淨若四无礙解
清淨无二无二分无別无斷故一切智智清
淨故四无所畏大慈大悲大喜大捨十八佛
不共清淨四无所畏乃至十八佛不共法
清淨故四无礙解清淨何以故若一切智智
清淨若四无所畏乃至十八佛不共法清淨
若四无礙解清淨无二无二分无別无斷故

不共清淨四无所畏乃至十八佛不共法
清淨故四无礙解清淨何以故若一切智智
清淨若无所畏乃至十八佛不共法清淨
若四无礙解清淨无二无二分无別无斷故
善現一切智智清淨无忘失法清淨无忘
失法清淨故四无礙解清淨何以故若一切
智智清淨若无忘失法法淨若无礙解清
淨无二无二分无別无斷故一切智智清淨
故恒住捨性清淨恒住捨性清淨故四无礙
解清淨何以故若一切智智清淨若恒住捨
性清淨若四无礙解清淨无二无二分无別
无斷故善現一切智智清淨故一切智清淨
一切智智清淨故四无礙解清淨何以故若一
切智智清淨若一切智清淨若四无礙解清
淨无二无二分无別无斷故一切智智清淨
故道相智一切相智清淨道相智一切相智
清淨故四无礙解清淨何以故若一切智智
清淨若道相智一切相智清淨若四无礙解
清淨无二无二分无別无斷故善現一切智
智清淨故一切陀羅尼門清淨一切陀羅尼
門清淨故四无礙解清淨何以故若一切智
智清淨若一切陀羅尼門清淨若四无礙解
清淨无二无二分无別无斷故一切智智清
淨故一切三摩地門清淨一切三摩地門清
淨故四无礙解清淨何以故若一切智智清
淨若一切三摩地門清淨若四无礙解清淨

BD13969號　大般若波羅蜜多經卷二七六　（22–5）

淨故一切三摩地門清淨一切三摩地門清
淨故四无礙解清淨何以故若一切智智清
淨若一切三摩地門清淨若四无礙解清淨
无二无二分无別无斷故
善現一切智智清淨故預流果清淨預流果
清淨故四无礙解清淨何以故若一切智智
清淨若預流果清淨若四无礙解清淨无二
无二分无別无斷故一切智智清淨故一來
不還阿羅漢果清淨一來不還阿羅漢果清
淨故四无礙解清淨何以故若一切智智清
淨若一來不還阿羅漢果清淨若四无礙解
清淨无二无二分无別无斷故善現一切智
智清淨故獨覺菩提清淨獨覺菩提清淨故
四无礙解清淨何以故若一切智智清淨若
獨覺菩提清淨若四无礙解清淨无二无二
分无別无斷故善現一切智智清淨故一切
菩薩摩訶薩行清淨一切菩薩摩訶薩行
清淨故四无礙解清淨何以故若一切智智清
淨若一切菩薩摩訶薩行清淨若四无礙解
清淨无二无二分无別无斷故善現一切智
智清淨故諸佛无上正等菩提清淨諸佛无
上正等菩提清淨故四无礙解清淨何以故
若一切智智清淨若諸佛无上正等菩提清
淨若四无礙解清淨无二无二分无別无斷
故
復次善現一切智智清淨故色清淨色清淨

BD13969號　大般若波羅蜜多經卷二七六　（22–6）

若一切智智清淨若諸佛上正等菩提清
淨若四无㝵解清淨无二无二分无別无斷
故
復次善現一切智智清淨故色清淨色清淨
故大慈清淨何以故若一切智智清淨若色
清淨若大慈清淨无二无二分无別无斷故
一切智智清淨故受想行識清淨受想行識
清淨故大慈清淨何以故若一切智智清淨
若受想行識清淨若大慈清淨无二无二
分无別无斷故
善現一切智智清淨故眼處清淨眼處清淨
故大慈清淨何以故若一切智智清淨若眼
處清淨若大慈清淨无二无二分无別无斷
故一切智智清淨故耳鼻舌身意處清淨耳
鼻舌身意處清淨故大慈清淨何以故若一
切智智清淨若耳鼻舌身意處清淨若大慈
清淨无二无二分无別无斷故
善現一切智智清淨故色處清淨色處清淨
故大慈清淨何以故若一切智智清淨若色
處清淨若大慈清淨无二无二分无別无斷
故一切智智清淨故聲香味觸法處清淨聲
香味觸法處清淨故大慈清淨何以故若一
切智智清淨若聲香味觸法處清淨若大
慈清淨无二无二分无別无斷故善現一
切智智清淨故眼界清淨眼界清淨故大
慈清淨何以故若一切智智清淨若眼界
清淨若大慈清淨无二无二分无別无斷



香味觸法處清淨故大慈清淨何以故若一
切智智清淨若聲香味觸法處清淨若大
慈清淨无二无二分无別无斷故善現一
切智智清淨故眼界清淨眼界清淨故大
慈清淨何以故若一切智智清淨若眼界
清淨若大慈清淨无二无二分无別无斷
故一切智智清淨故色界眼識界及眼觸
眼觸為緣所生諸受清淨色界乃至眼觸
為緣所生諸受清淨故大慈清淨何以故
若一切智智清淨若色界乃至眼觸為緣所
生諸受清淨若大慈清淨无二无二分无別
无斷故
善現一切智智清淨故耳界清淨耳界清淨
故大慈清淨何以故若一切智智清淨若耳
界清淨若大慈清淨无二无二分无別无斷
故一切智智清淨故聲界耳識界及耳觸耳
觸為緣所生諸受清淨聲界乃至耳觸
為緣所生諸受清淨故大慈清淨何以故
若一切智智清淨若聲界乃至耳觸為緣所
生諸受清淨若大慈清淨无二无二分无
別无斷故
善現一切智智清淨故鼻界清淨鼻界清
淨故大慈清淨何以故若一切智智清淨若
鼻界清淨若大慈清淨无二无二分无別
无斷故一切智智清淨故香界鼻識界及
鼻觸鼻觸為緣所生諸受清淨香界乃
至鼻觸為緣所生諸受清淨故大慈清淨
何以故若一切智智清淨若香界乃至鼻

鼻界清淨若大慈清淨无二无二分无別
无斷故一切智智清淨故香界鼻識界及
鼻觸鼻觸為緣所生諸受清淨香界乃
至鼻觸為緣所生諸受清淨故大慈清淨
何以故若一切智智清淨若界乃至鼻
觸為緣所生諸受清淨若大慈清淨無二
無二分無別無斷故善現一切智智清淨
故舌界清淨舌界清淨故大慈清淨何以
故若一切智智清淨若舌界清淨若大慈
清淨无二无二分无別无斷故一切智智清
淨故味界舌識界及舌觸舌觸為緣所生諸
受清淨味界乃至舌觸為緣所生諸受清淨
故大慈清淨何以故若一切智智清淨若味
界乃至舌觸為緣所生諸受清淨若大慈清
淨无二无二分无別无斷故
善現一切智智清淨故身界清淨身界清淨
故大慈清淨何以故若一切智智清淨
若身界清淨若大慈清淨无二无二分无
別无斷故一切智智清淨故觸界身識界
及身觸身觸為緣所生諸受清淨觸界乃
至身觸為緣所生諸受清淨故大慈清淨
何以故若一切智智清淨若觸界乃至身
觸為緣所生諸受清淨若大慈清淨无二
无二分无別无斷故
善現一切智智清淨故意界清淨意界清
淨故大慈清淨何以故若一切智智清淨

BD13969 號　大般若波羅蜜多經卷二七六　（22–9）

何以故若一切智智清淨若觸界乃至身
觸為緣所生諸受清淨若大慈清淨无二
无二分无別无斷故
善現一切智智清淨故意界清淨意界清
淨故大慈清淨何以故若一切智智清淨
若意界清淨若大慈清淨无二无二分无別
无斷故一切智智清淨故法界意識界及
意觸意觸為緣所生諸受清淨法界乃
至意觸為緣所生諸受清淨故大慈清淨
何以故若一切智智清淨若法界乃至意
觸為緣所生諸受清淨若大慈清淨无二
无二分无別无斷故
善現一切智智清淨故地界清淨地界清淨
故大慈清淨何以故若一切智智清淨若
地界清淨若大慈清淨无二无二分无
別无斷故一切智智清淨故水火風空識
界清淨水火風空識界清淨故大慈清淨
何以故若一切智智清淨若水火風空識
界清淨若大慈清淨无二无二分无別无
斷故
善現一切智智清淨故无明清淨无明清淨
故大慈清淨何以故若一切智智清淨
若无明清淨若大慈清淨无二无二分无
別无斷故一切智智清淨故行識名色六
處觸受愛取有生老死愁歎苦憂惱清淨
行乃至老死愁歎苦憂惱清淨故大慈清淨
何以故若一切智智清淨若行乃至老死

BD13969 號　大般若波羅蜜多經卷二七六　（22–10）

處觸受愛取有生老死愁歎苦憂惱清淨
行乃至老死愁歎苦憂惱清淨故大慈清淨
何以故若一切智智清淨若行乃至老死
愁歎苦憂惱清淨若大慈清淨无二无
二分无別无斷故
善現一切智智清淨故布施波羅蜜多清淨
布施波羅蜜多清淨故大慈清淨何以故若
一切智智清淨若布施波羅蜜多清淨若大
慈清淨无二无二分无別无斷故一切智智
清淨故淨戒安忍精進靜慮般若波羅蜜多
清淨淨戒乃至般若波羅蜜多清淨故大慈清
淨何以故若一切智智清淨若淨戒乃至般
若波羅蜜多清淨若大慈清淨无二无二分
无別无斷故善現一切智智清淨故內空
清淨內空清淨故大慈清淨何以故若一切
智智清淨若內空清淨若大慈清淨无二无
二分无別无斷故一切智智清淨故外空內
外空空空大空勝義空有為空无為空畢竟
空无際空散空无變異空本性空自相空共
相空一切法空不可得空无性空自性空无
性自性空清淨外空乃至无性自性空清淨
故大慈清淨何以故若一切智智清淨若外
空乃至无性自性空清淨若大慈清淨无二
无二分无別无斷故善現一切智智清淨故
真如清淨真如清淨故大慈清淨何以故若
一切智智清淨若真如清淨若大慈清淨无
二无二分无別无斷故一切智智清淨故法

BD13969號　大般若波羅蜜多經卷二七六　　（22–11）

无二分无別无斷故善現一切智智清淨故
真如清淨真如清淨故大慈清淨何以故若
一切智智清淨若真如清淨若大慈清淨无
二无二分无別无斷故一切智智清淨故法
界法性不虛妄性不變異性平等性離生性
法定法住實際虛空界不思議界清淨法界
乃至不思議界清淨故大慈清淨何以故若
一切智智清淨若法界乃至不思議界清淨
若大慈清淨无二无二分无別无斷故善現
一切智智清淨故苦聖諦清淨苦聖諦清淨
故大慈清淨何以故若一切智智清淨若苦
聖諦清淨若大慈清淨无二无二分无別无
斷故一切智智清淨故集滅道聖諦清淨集
滅道聖諦清淨故大慈清淨何以故若一切
智智清淨若集滅道聖諦清淨若大慈清淨
无二无二分无別无斷故善現一切智智清
淨故四靜慮清淨四靜慮清淨故大慈清淨
何以故若一切智智清淨若四靜慮清淨若
大慈清淨无二无二分无別无斷故一切智
智清淨故四无量四无色定清淨四无量四
无色定清淨故大慈清淨何以故若一切智
智清淨若四无量四无色定清淨若大慈清
淨无二无二分无別无斷故善現一切智智
清淨故八解脫清淨八解脫清淨故大慈清
淨何以故若一切智智清淨若八解脫清淨
若大慈清淨无二无二分无別无斷故一切
智智清淨故八勝處九次第定十遍處清淨

BD13969號　大般若波羅蜜多經卷二七六　　（22–12）

淨无二无二分无別无斷故善現一切智智
清淨故八解脫清淨八解脫清淨故大慈清
淨何以故若一切智智清淨若八解脫清淨
若大慈清淨无二无二分无別无斷故一切
智智清淨故八勝處九次第定十遍處清淨
八勝處九次第定十遍處清淨故大慈清淨
何以故若一切智智清淨若八勝處九次第
定十遍處清淨若大慈清淨无二无二分无
別无斷故善現一切智智清淨故四念住清
淨四念住清淨故大慈清淨何以故若一切
智智清淨若四念住清淨若大慈清淨无二
无二分无別无斷故一切智智清淨故四正
斷四神足五根五力七等覺支八聖道支清
淨四正斷乃至八聖道支清淨故大慈清淨
何以故若一切智智清淨若四正斷乃至八
聖道支清淨若大慈清淨无二无二分无別
无斷故善現一切智智清淨故空解脫門清
淨空解脫門清淨故大慈清淨何以故若一
切智智清淨若空解脫門清淨若大慈清淨
无二无二分无別无斷故一切智智清淨故
无相无願解脫門清淨无相无願解脫門清
淨故大慈清淨何以故若一切智智清淨若
无相无願解脫門清淨若大慈清淨无二无
二分无別无斷故善現一切智智清淨故菩
薩十地清淨菩薩十地清淨故大慈清淨何
以故若一切智智清淨若菩薩十地清淨故
若大慈清淨无二无二分无別无斷故

BD13969號　大般若波羅蜜多經卷二七六　（22–13）

二分无別无斷故善現一切智智清淨故菩
薩十地清淨菩薩十地清淨故大慈清淨何
以故若一切智智清淨若菩薩十地清淨故
若大慈清淨无二无二分无別无斷故
善現一切智智清淨故五眼清淨五眼清淨
故大慈清淨何以故若一切智智清淨若五
眼清淨若大慈清淨无二无二分无別无斷
故一切智智清淨故六神通清淨六神通清
淨故大慈清淨何以故若一切智智清淨若
六神通清淨若大慈清淨无二无二分无別
无斷故善現一切智智清淨故佛十力清淨
佛十力清淨故大慈清淨何以故若一切智
智清淨若佛十力清淨若大慈清淨无二无
二分无別无斷故一切智智清淨故四无所
畏四无礙解大悲大喜大捨十八佛不共法
清淨四无所畏乃至十八佛不共法清淨故
大慈清淨何以故若一切智智清淨若四无
所畏乃至十八佛不共法清淨若大慈清淨
无二无二分无別无斷故善現一切智智清
淨故无忘失法清淨无忘失法清淨故大慈
清淨何以故若一切智智清淨若无忘失法
清淨若大慈清淨无二无二分无別无斷故
一切智智清淨故恒住捨性清淨恒住捨性
清淨故大慈清淨何以故若一切智智清淨
若恒住捨性清淨若大慈清淨无二无二分
无別无斷故善現一切智智清淨故一切智
清淨一切智清淨故大慈清淨何以故若一

BD13969號　大般若波羅蜜多經卷二七六　（22–14）

清淨故大慈清淨何以故若一切智智清淨
若恒住捨性清淨若大慈清淨无二无二分
无別无斷故善現一切智智清淨故一切智
清淨一切智清淨故大慈清淨何以故若一
切智智清淨若一切智清淨若大慈清淨无
二无二分无別无斷故一切智智清淨故道
想智一切想智清淨道想智一切想智清淨
故大慈清淨何以故若一切智智清淨道道
相智一切相智清淨若大慈清淨无二无二
分无別无斷故善現一切智智清淨故一切
陀羅尼門清淨一切陀羅尼門清淨故大慈
清淨何以故若一切智智清淨若一切陀羅
尼門清淨若大慈清淨无二无二分无別无
斷故一切智智清淨故一切三摩地門清淨
一切三摩地門清淨故大慈清淨何以故若
一切智智清淨若一切三摩地門清淨若大
慈清淨无二无二分无別无斷故
善現一切智智清淨故預流果清淨預流果
清淨故大慈清淨何以故若一切智智清淨
若預流果清淨若大慈清淨无二无二分无
別无斷故一切智智清淨故一來不還阿羅
漢果清淨一來不還阿羅漢果清淨故大慈
清淨何以故若一切智智清淨若一來不還
阿羅漢果清淨若大慈清淨无二无二分无
別无斷故善現一切智智清淨故獨覺菩提
清淨獨覺菩提清淨大慈清淨何以故若
一切智智清淨若獨覺菩提清淨若大慈清

BD13969 號　大般若波羅蜜多經卷二七六　（22–15）

阿羅漢果清淨若大慈清淨无二无二分无
別无斷故善現一切智智清淨故獨覺菩提
清淨獨覺菩提清淨大慈清淨何以故若
一切智智清淨若獨覺菩提清淨若大慈清
淨无二无二分无別无斷故善現一切智智
清淨故一切菩薩摩訶薩行清淨一切菩薩
摩訶薩行清淨故大慈清淨何以故若一切
智智清淨若一切菩薩摩訶薩行清淨若大
慈清淨无二无二分无別无斷故善現一切
智智清淨故諸佛无上正等菩提清淨諸佛
无上正等菩提清淨故大慈清淨何以故若
一切智智清淨若諸佛无上正等菩提清淨
若大慈清淨无二无二分无別无斷故
復次善現一切智智清淨故色清淨色清淨
故大悲清淨故何以故若一切智智清淨若色
清淨若大悲清淨无二无二分无別无斷故
一切智智清淨故受想行識清淨受想行識
清淨故大悲清淨何以故若一切智智清淨
若受想行識清淨若大悲清淨无二无二分
无別无斷故善現一切智智清淨故眼處清
淨眼處清淨故大悲清淨何以故若一切智
智清淨若眼處清淨若大悲清淨无二无二
分无別无斷故一切智智清淨故耳鼻舌身
意處清淨耳鼻舌身意處清淨故大悲清淨
何以故若一切智智清淨若耳鼻舌身意處
清淨若大悲清淨无二无二分无別无斷故
善現一切智智清淨故色處清淨色處清淨

BD13969 號　大般若波羅蜜多經卷二七六　（22–16）

意處清淨耳鼻舌身意處清淨故大悲清淨
何以故若一切智智清淨若耳鼻舌身意處
清淨若大悲清淨无二无二分无別无斷故
善現一切智智清淨故色處清淨色處清淨
故大悲清淨何以故若一切智智清淨若色
處清淨若大悲清淨无二无二分无別无斷
故一切智智清淨故聲香味觸法清淨聲
香味觸法處清淨故大悲清淨何以故若一
切智智清淨若聲香味觸法處清淨若大悲
清淨无二无二分无別无斷故善現一切智
智清淨故眼界清淨眼界清淨故大悲清淨
何以故若一切智智清淨若眼界清淨若大
悲清淨无二无二分无別无斷故一切智智
清淨故色界眼識界及眼觸眼觸為緣所生
諸受清淨色界乃至眼觸為緣所生諸受清
淨故大悲清淨何以故若一切智智清淨若
色界乃至眼觸為緣所生諸受清淨若大悲
清淨无二无二分无別无斷故
善現一切智智清淨故耳界清淨耳界清淨
故大悲清淨何以故若一切智智清淨若耳
界清淨若大悲清淨无二无二分无別无斷
故一切智智清淨故聲界耳識界及耳觸耳
觸為緣所生諸受清淨聲界乃至耳觸為緣
所生諸受清淨故大悲清淨何以故若一切
智智清淨若聲界乃至耳觸為緣所生諸受
清淨若大悲清淨无二无二分无別无斷故
善現一切智智清淨故鼻界清淨鼻界清淨

BD13969號　大般若波羅蜜多經卷二七六　（22–17）

所生諸受清淨故大悲清淨何以故若一切
智智清淨若聲界乃至耳觸為緣所生諸受
清淨若大悲清淨无二无二分无別无斷故
善現一切智智清淨故鼻界清淨鼻界清淨
故大悲清淨何以故若一切智智清淨若鼻
界清淨若大悲清淨无二无二分无別无斷
故一切智智清淨故香界鼻識界及鼻觸鼻
觸為緣所生諸受清淨香界乃至鼻觸為緣
所生諸受清淨故大悲清淨何以故若一切
智智清淨若香界乃至鼻觸為緣所生諸受
清淨若大悲清淨无二无二分无別无斷故
善現一切智智清淨故香界清淨香清淨
故大悲清淨何以故若一切智智清淨若舌
界清淨若大悲清淨无二无二分无別无斷
故一切智智清淨故味界舌識界及舌觸舌
觸為緣所生諸受清淨味界乃至舌觸為緣
所生諸受清淨故大悲清淨何以故若一切
智智清淨若味界乃至舌觸為緣所生諸受
清淨若大悲清淨无二无二分无別无斷故
善現一切智智清淨故身界清淨身界清淨
故大悲清淨何以故若一切智智清淨若身
界清淨若大悲清淨无二无二分无別无斷
觸為緣所生諸受清淨觸界乃至身觸為緣
所生諸受清淨故大悲清淨何以故若一切
智智清淨若觸界乃至身觸為緣所生諸受
清淨若大悲清淨无二无二分无別无斷故
善現一切智智清淨故意界清淨意界清淨

BD13969號　大般若波羅蜜多經卷二七六　（22–18）

觸為緣所生諸受清淨觸界乃至身觸為緣
所生諸受清淨故大悲清淨何以故若一切
智智清淨若觸界乃至身觸為緣所生諸受
清淨若大悲清淨无二无二分无別无斷故
善現一切智智清淨故意界清淨意界清淨
故大悲清淨何以故若一切智智清淨若意
界清淨若大悲清淨无二无二分无別无斷
故一切智智清淨故法界意識界及意觸意
觸為緣所生諸受清淨法界乃至意觸為緣
所生諸受清淨故大悲清淨何以故若一切
智智清淨若法界乃至意觸為緣所生諸受
清淨若大悲清淨无二无二分无別无斷故
善現一切智智清淨故地界清淨地界清淨
故大悲清淨何以故若一切智智清淨若地
界清淨若大悲清淨无二无二分无別无斷
故一切智智清淨故水火風空識界清淨水
火風空識界清淨故大悲清淨何以故若一
切智智清淨若水火風空識界清淨若大悲
清淨无二无二分无別无斷故善現一切智
智清淨故无明清淨无明清淨故大悲清淨
何以故若一切智智清淨若无明清淨若大
悲清淨无二无二分无別无斷故一切智智
清淨故行識名色六處觸受愛取有生老死
愁歎苦憂惱清淨行乃至老死愁歎苦憂惱
清淨故大悲清淨何以故若一切智智清淨
若行乃至老死愁歎苦憂惱清淨若大悲清



清淨故行識名色六處觸受愛取有生老死
愁歎苦憂惱清淨行乃至老死愁歎苦憂惱
清淨故大悲清淨何以故若一切智智清淨
若行乃至老死愁歎苦憂惱清淨若大悲清
淨无二无二分无別无斷故
善現一切智智清淨故布施波羅蜜多清淨
布施波羅蜜多清淨故大悲清淨何以故若
一切智智清淨若布施波羅蜜多清淨若大
悲清淨无二无二分无別无斷故一切智智
清淨故戒安忍精進靜慮般若波羅蜜多
清淨戒乃至般若波羅蜜多清淨故大悲
清淨何以故若一切智智清淨若淨戒乃至
般若波羅蜜多清淨若大悲清淨无二无二
分无別无斷故善現一切智智清淨故內空
清淨內空清淨故大悲清淨何以故若一切
智智清淨若內空清淨若大悲清淨无二无
二分无別无斷故一切智智清淨故外空內
外空空空大空勝義空有為空无為空畢竟
空无際空散空无變異空本性空自相空共
相空一切法空不可得空无性空自性空无
性自性空清淨外空乃至无性自性空清淨
故大悲清淨何以故若一切智智清淨若外
空乃至无性自性空清淨若大悲清淨无二
无二分无別无斷故善現一切智智清淨故
真如清淨真如清淨故大悲清淨何以故若
一切智智清淨若真如清淨若大悲清淨无
二无二分无別无斷故一切智智清淨故法

无二分无別无斷故善現一切智智清淨故
真如清淨真如清淨故大悲清淨何以故若
一切智智清淨若真如清淨若大悲清淨无
二无二分无別无斷故一切智智清淨故法
界法性不虛妄性不變異性平等性離生性
法定法住實際虛空界不思議界清淨法界
乃至不思議界清淨故大悲清淨何以故若
一切智智清淨若法界乃至不思議界清淨
若大悲清淨无二无二分无別无斷故善現
一切智智清淨故苦聖諦清淨苦聖諦清淨
故大悲清淨何以故若一切智智清淨若苦
聖諦清淨若大悲清淨无二无二分无別无
斷故一切智智清淨故集滅道聖諦清淨集
滅道聖諦清淨故大悲清淨何以故若一切
智智清淨若集滅道聖諦清淨若大悲清淨
无二无二分无別无斷故善現一切智智清
淨故四靜慮清淨四靜慮清淨故大悲清淨
何以故若一切智智清淨若四靜慮清淨若
大悲清淨无二无二分无別无斷故一切智
智清淨故四无量四无色定清淨四无量四
无色定清淨故大悲清淨何以故若一切智
智清淨若四无量四无色定清淨若大悲清
淨无二无二分无別无斷故

大般若波羅蜜多經卷第二百七十六

道善寫

BD13969號　大般若波羅蜜多經卷二七六　（22–21）

智智清淨若集滅道聖諦清淨若大悲清淨
无二无二分无別无斷故善現一切智智清
淨故四靜慮清淨四靜慮清淨故大悲清淨
何以故若一切智智清淨若四靜慮清淨若
大悲清淨无二无二分无別无斷故一切智
智清淨故四无量四无色定清淨四无量四
无色定清淨故大悲清淨何以故若一切智
智清淨若四无量四无色定清淨若大悲清
淨无二无二分无別无斷故

大般若波羅蜜多經卷第二百七十六

道善寫

BD13969號　大般若波羅蜜多經卷二七六　（22–22）

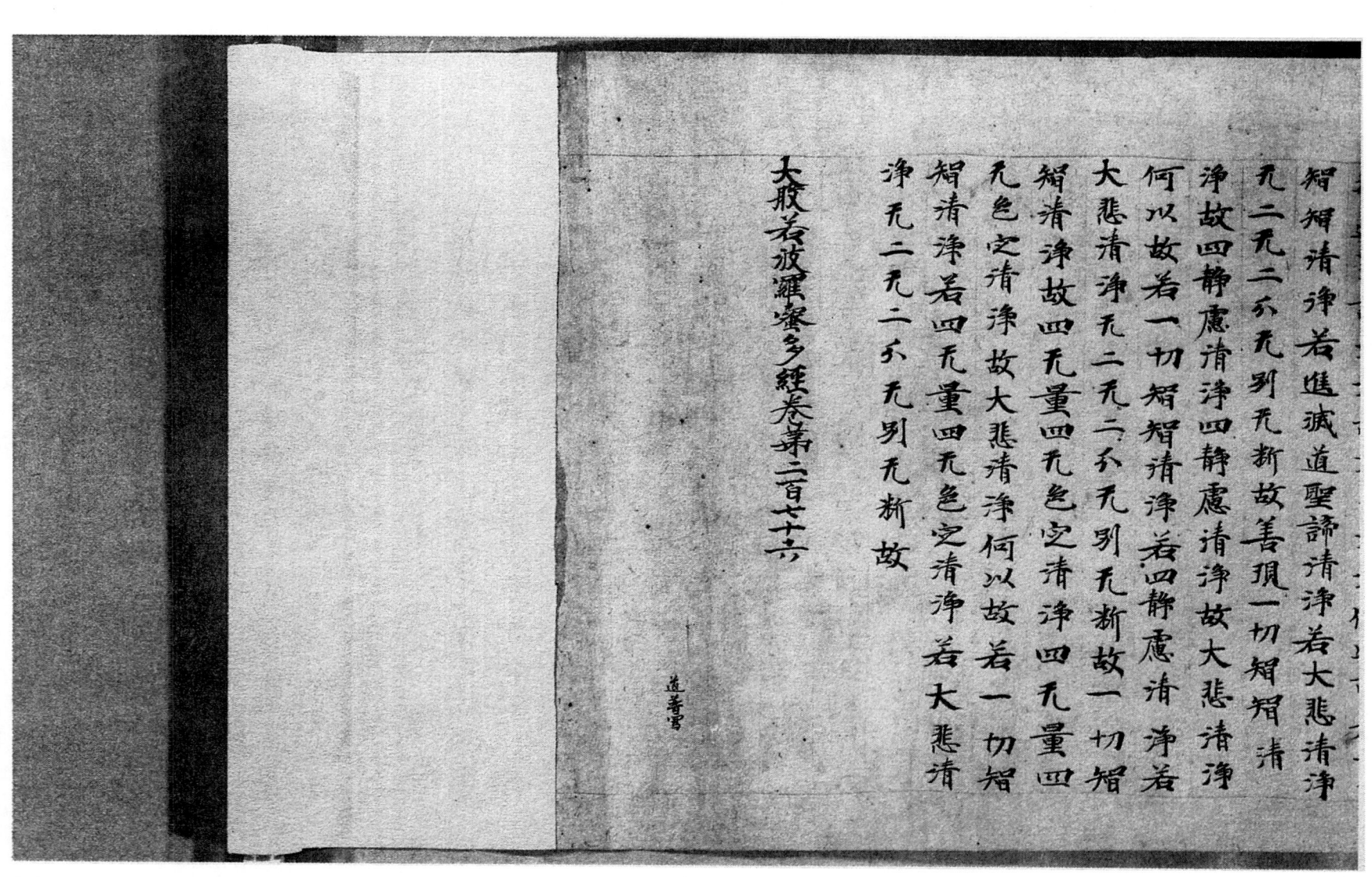

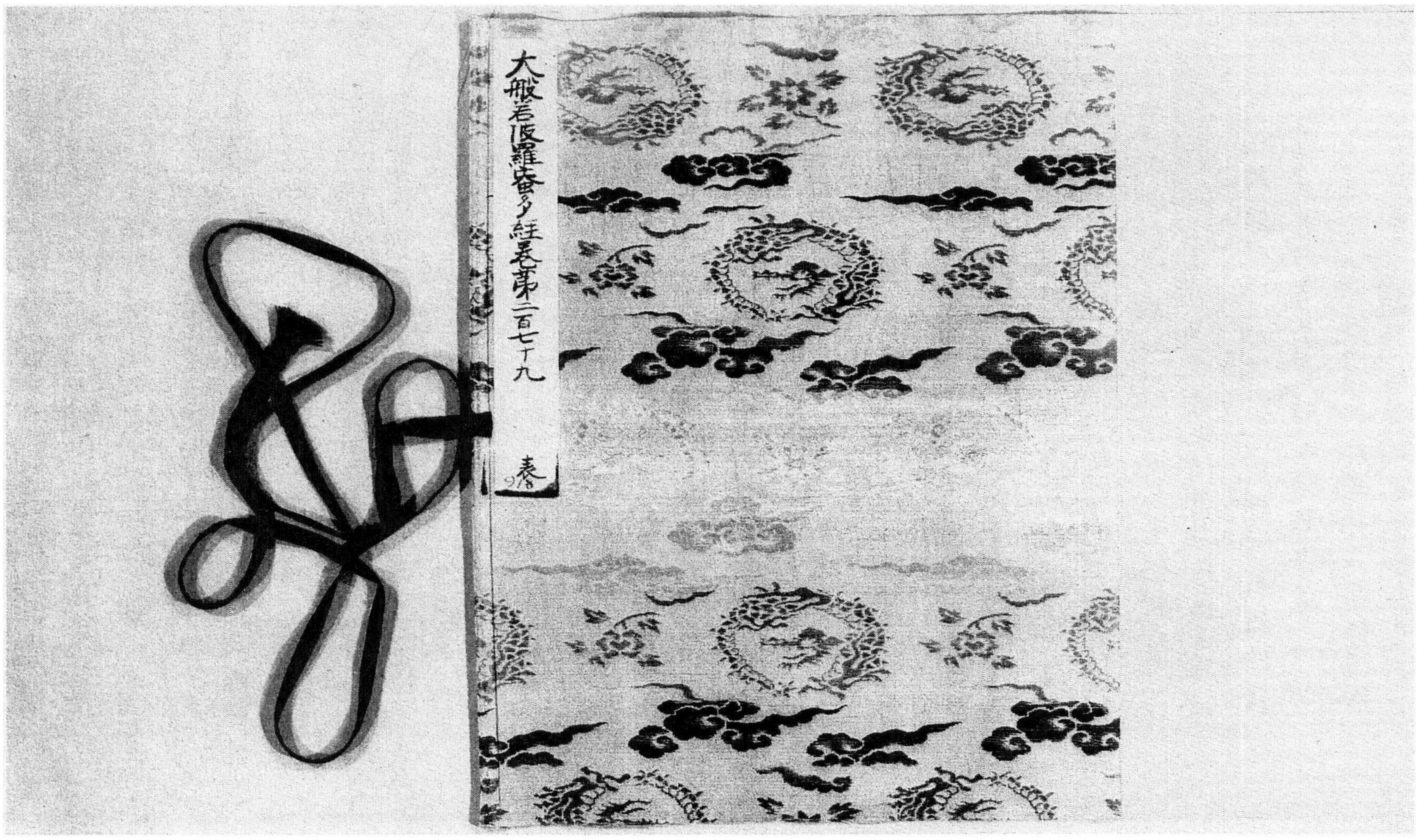


BD13970 號背　現代護首　　　　　　　　　　　　　　　　　　　　　　　　　　　　（1–1）

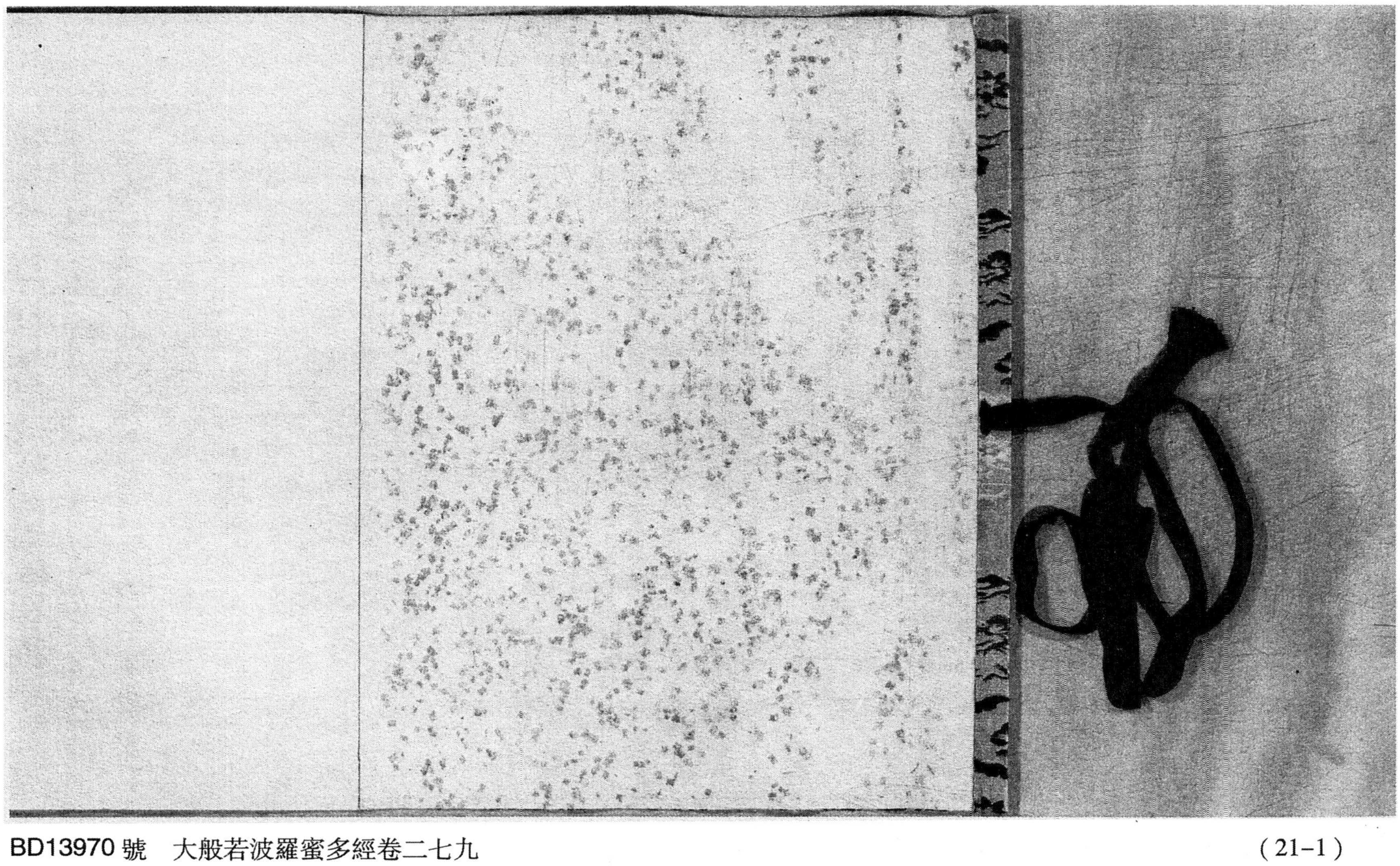

BD13970 號　大般若波羅蜜多經卷二七九　　　　　　　　　　　　　　　　　　　　　　（21–1）

大般若波羅蜜多經卷第二百七十九
初分難信解品第卅四之九十八
三藏法師玄奘奉　詔譯
復次善現一切智智清淨故色清淨色清淨故
恒住捨性清淨何以故若一切智智清淨
若色清淨若恒住捨性清淨无二无二分无
别无斷故一切智智清淨故受想行識清
淨受想行識清淨故恒住捨性清淨何以故
一切智智清淨若受想行識清淨若恒住捨
性清淨无二无二分无别无斷故善現一切
智智清淨故眼處清淨眼處清淨故恒住捨
性清淨何以故若一切智智清淨若眼處清

BD13970號　大般若波羅蜜多經卷二七九　（21–2）

别无斷故一切智智清淨故受想行識清
淨受想行識清淨故恒住捨性清淨何以故
一切智智清淨若受想行識清淨若恒住捨
性清淨无二无二分无别无斷故善現一切
智智清淨故眼處清淨眼處清淨故恒住捨
性清淨何以故若一切智智清淨若眼處清
淨若恒住捨性清淨无二无二分无别无斷
故一切智智清淨故耳鼻舌身意處清淨耳
鼻舌身意處清淨故恒住捨性清淨何以故
若一切智智清淨若耳鼻舌身意處清淨若
恒住捨性清淨无二无二分无别无斷故善
現一切智智清淨故色處清淨色處清淨故
恒住捨性清淨何以故若一切智智清淨若
色處清淨若恒住捨性清淨无二无二分无
别无斷故一切智智清淨故聲香味觸法處
清淨聲香味觸法處清淨故恒住捨性清淨
何以故若一切智智清淨若聲香味觸法處
清淨若恒住捨性清淨无二无二分无别无
斷故善現一切智智清淨故眼界清淨眼界
清淨故恒住捨性清淨何以故若一切智智
清淨若眼界清淨若恒住捨性清淨无二无
二分无别无斷故一切智智清淨故色界眼
識界及眼觸眼觸爲緣所生諸受清淨色界
乃至眼觸爲緣所生諸受清淨故恒住捨性
清淨何以故若一切智智清淨若色界乃至
眼觸爲緣所生諸受清淨若恒住捨性清淨
无二无二分无别无斷故善現一切智智清
淨故耳界清淨耳界清淨故恒住捨性清淨

BD13970號　大般若波羅蜜多經卷二七九　（21–3）

識界及眼觸眼觸爲緣所生諸受清淨色界
乃至眼觸爲緣所生諸受清淨故恒住捨性
清淨何以故若一切智智清淨若色界乃至
眼觸爲緣所生諸受清淨若恒住捨性清淨
无二无二分无別无斷故善現一切智智清
淨故耳界清淨耳界清淨故恒住捨性清淨
何以故若一切智智清淨若耳界清淨若恒
住捨性清淨无二无二分无別无斷故一切
智智清淨故聲界耳識界耳觸耳觸爲緣
所生諸受清淨聲界乃至耳觸爲緣所生諸
受清淨故恒住捨性清淨何以故若一切智
智清淨若聲界乃至耳觸爲緣所生諸受清
淨若恒住捨性清淨无二无二分无別无斷
故善現一切智智清淨故鼻界清淨鼻界清
淨故恒住捨性清淨何以故若一切智智清
淨若鼻界清淨若恒住捨性清淨无二无二
分无別无斷故一切智智清淨故香界鼻識
界及鼻觸鼻觸爲緣所生諸受清淨香界乃
至鼻觸爲緣所生諸受清淨故恒住捨性清
淨何以故若一切智智清淨若香界乃至鼻
觸爲緣所生諸受清淨若恒住捨性清淨无
二无二分无別无斷故善現一切智智清淨
故舌界清淨舌界清淨故恒住捨性清淨何
以故若一切智智清淨若舌界清淨若恒住
捨性清淨无二无二分无別无斷故一切智
智智清淨故味界舌識界及舌觸舌觸爲緣所
生諸受清淨味界乃至舌觸爲緣所生諸受
清淨故恒住捨性清淨何以故若一切智智

BD13970號　大般若波羅蜜多經卷二七九　（21–4）

捨性清淨无二无二分无別无斷故一切智
智智清淨故味界舌識界及舌觸舌觸爲緣所
生諸受清淨味界乃至舌觸爲緣所生諸受
清淨故恒住捨性清淨何以故若一切智智
清淨若味界乃至舌觸爲緣所生諸受清淨
若恒住捨性清淨无二无二分无別无斷故
善現一切智智清淨故身界清淨身界清淨
故恒住捨性清淨何以故若一切智智清淨
若身界清淨若恒住捨性清淨无二无二分
无別无斷故一切智智清淨故觸界身識界
及身觸身觸爲緣所生諸受清淨觸界乃至
身觸爲緣所生諸受清淨故恒住捨性清淨
何以故若一切智智清淨若觸界乃至身觸
爲緣所生諸受清淨若恒住捨性清淨无二
无二分无別无斷故善現一切智智清淨故
意界清淨意界清淨故恒住捨性清淨何以
故若一切智智清淨若意界清淨若恒住捨
性清淨无二无二分无別无斷故一切智智
清淨故法界意識界及意觸意觸爲緣所生
諸受清淨法界乃至意觸爲緣所生諸受清
淨故恒住捨性清淨何以故若一切智智清
淨若法界乃至意觸爲緣所生諸受清淨若
恒住捨性清淨无二无二分无別无斷故善
現一切智智清淨故地界清淨地界清淨故
恒住捨性清淨何以故若一切智智清淨若
地界清淨若恒住捨性清淨无二无二分无
別无斷故一切智智清淨故水火風空識界
清淨水火風空識界清淨故恒住捨性清淨

BD13970號　大般若波羅蜜多經卷二七九　（21–5）

恒住捨性清淨无二无二分无別无斷故善
現一切智智清淨故地界清淨地界清淨故
恒住捨性清淨何以故若一切智智清淨若
地界清淨若恒住捨性清淨无二无二分无
別无斷故一切智智清淨故水火風空識界
清淨水火風空識界清淨故恒住捨性清淨
何以故若一切智智清淨若水火風空識界
清淨若恒住捨性清淨无二无二分无別无
斷故善現一切智智清淨故无明清淨无明
清淨故恒住捨性清淨何以故若一切智智
清淨若无明清淨若恒住捨性清淨无二无
二分无別无斷故一切智智清淨故行識名
色六處觸受愛取有生老死愁歎苦憂惱清
淨行乃至老死愁歎苦憂惱清淨故恒住捨
性清淨何以故若一切智智清淨若行乃至
老死愁歎苦憂惱清淨若恒住捨性清淨无
二无二分无別无斷故
善現一切智智清淨故布施波羅蜜多清淨
布施波羅蜜多清淨故恒住捨性清淨何以
故若一切智智清淨若布施波羅蜜多清淨
若恒住捨性清淨无二无二分无別无斷故
一切智智清淨故淨戒安忍精進靜慮般若
波羅蜜多清淨淨戒乃至般若波羅蜜多清淨
恒住捨性清淨何以故若一切智智清淨
若淨戒乃至般若波羅蜜多清淨若恒住
捨性清淨无二无二分无別无斷故善現一
切智智清淨故內空清淨內空清淨故恒住
捨性清淨何以故若一切智智清淨若內空



恒住捨性清淨何以故若一切智智清淨
若淨戒乃至般若波羅蜜多清淨若恒住
捨性清淨无二无二分无別无斷故善現一
切智智清淨故內空清淨內空清淨故恒住
捨性清淨何以故若一切智智清淨若內空
清淨若恒住捨性清淨无二无二分无別无
斷故一切智智清淨故外空內外空空空大
空勝義空有為空无為空畢竟空无際空散
空无變異空本性空自相空共相空一切法
空不可得空无性空自性空无性自性空清
淨外空乃至无性自性空清淨故恒住捨性
清淨何以故若一切智智清淨若外空乃至
无性自性空清淨若恒住捨性清淨无二无
二分无別无斷故善現一切智智清淨故真
如清淨真如清淨故恒住捨性清淨何以故
若一切智智清淨若真如清淨若恒住捨性
清淨无二无二分无別无斷故一切智智清
淨故法界法性不虛妄性不變異性平等性
離生性法定法住實際虛空界不思議界清淨
法界乃至不思議界清淨故恒住捨性清
淨何以故若一切智智清淨若法界乃至不
思議界清淨若恒住捨性清淨无二无二分
无別无斷故善現一切智智清淨故苦聖諦
清淨苦聖諦清淨故恒住捨性清淨何以故
若一切智智清淨若苦聖諦清淨若恒住捨
性清淨无二无二分无別无斷故一切智智
清淨故集滅道聖諦清淨集滅道聖諦清淨
故恒住捨性清淨何以故若一切智智清淨

无别无断故善現一切智智清淨故苦聖諦
清淨苦聖諦清淨故恒住捨性清淨何以故
若一切智智清淨若苦聖諦清淨若恒住捨
性清淨无二无二分无别无断故一切智智
清淨故集滅道聖諦清淨集滅道聖諦清淨
故恒住捨性清淨何以故若一切智智清淨
若集滅道聖諦清淨若恒住捨性清淨无二
无二分无别无断故善現一切智智清淨故
四靜慮清淨四靜慮清淨故恒住捨性清淨
何以故若一切智智清淨若四靜慮清淨若
恒住捨性清淨无二无二分无别无断故一
切智智清淨故四无量四无色定清淨四无
量四无色定清淨故恒住捨性清淨何以故
若一切智智清淨若四无量四无色定清淨
若恒住捨性清淨无二无二分无别无断故
善現一切智智清淨故八解脫清淨八解脫
清淨故恒住捨性清淨何以故若一切智智
清淨若八解脫清淨若恒住捨性清淨无
无二分无别无断故一切智智清淨故八勝
處九次第定十遍處清淨八勝處九次第定
十遍處清淨故恒住捨性清淨何以故若一
切智智清淨若八勝處九次第定十遍處清
淨若恒住捨性清淨无二无二分无别无断
故善現一切智智清淨故四念住清淨四念
住清淨故恒住捨性清淨何以故若一切智
智清淨若四念住清淨若恒住捨性清淨无
二无二分无别无断故一切智智清淨故四
正断四神足五根五力七等覺支八聖道支

BD13970號　大般若波羅蜜多經卷二七九　（21–8）

故善現一切智智清淨故四念住清淨四念
住清淨故恒住捨性清淨何以故若一切智
智清淨若四念住清淨若恒住捨性清淨无
二无二分无别无断故一切智智清淨故四
正断四神足五根五力七等覺支八聖道支
清淨四正断乃至八聖道支清淨故恒住捨
性清淨何以故若一切智智清淨若四正断
乃至八聖道支清淨若恒住捨性清淨无二
无二分无别无断故善現一切智智清淨故
空解脫門清淨空解脫門清淨故恒住捨性
清淨何以故若一切智智清淨若空解脫門
清淨若恒住捨性清淨无二无二分无别无
断故一切智智清淨故无相无願解脫門清
淨无相无願解脫門清淨故恒住捨性清淨
何以故若一切智智清淨若无相无願解脫
門清淨若恒住捨性清淨无二无二分无别
无断故善現一切智智清淨故菩薩十地清
淨菩薩十地清淨故恒住捨性清淨何以故
若一切智智清淨若菩薩十地清淨若恒住
捨性清淨无二无二分无别无断故
善現一切智智清淨故五眼清淨五眼清淨
故恒住捨性清淨何以故若一切智智清淨
若五眼清淨若恒住捨性清淨无二无二分
无别无断故一切智智清淨故六神通清淨
六神通清淨故恒住捨性清淨何以故若一
切智智清淨若六神通清淨若恒住捨性清
淨无二无二分无别无断故善現一切智智

BD13970號　大般若波羅蜜多經卷二七九　（21–9）

无別无斷故一切智智清淨故六神通清淨
六神通清淨故恒住捨性清淨何以故若一
切智智清淨若六神通清淨若恒住捨性清
淨无二无二分无別无斷故善現一切智智
清淨故佛十力清淨佛十力清淨故恒住捨
性清淨何以故若一切智智清淨若佛十力
清淨若恒住捨性清淨无二无二分无別无
斷故一切智智清淨故四无所畏四无礙解
大慈大悲大喜大捨十八佛不共法清淨四
无所畏乃至十八佛不共法清淨故恒住捨
性清淨何以故若一切智智清淨若四无所
畏乃至十八佛不共法清淨若恒住捨性清
淨无二无二分无別无斷故善現一切智智
清淨故无妄失法清淨无忘失法清淨故恒
住捨性清淨何以故若一切智智淨清若无
忘失法清淨若恒住捨性清淨无二无二分
无別无斷故善現一切智智清淨故一切智
清淨一切智清淨故恒住捨性清淨何以故
若一切智智清淨若一切智清淨若恒住捨
性清淨无二无二分无別无斷故善現一切
智智清淨故道相智一切相智智清淨道相智
一切相智清淨故恒住捨性清淨何以故若
一切智智清淨若道相智一切相智清淨若
恒住捨性清淨无二无二分无別无斷故善
現一切智智清淨故一切陀羅尼門清淨一
切陀羅尼門清淨故恒住捨性清淨何以故
若一切智智清淨若一切陀羅尼門清淨若



一切智智清淨若道相智一切相智清淨若
恒住捨性清淨无二无二分无別无斷故善
現一切智智清淨故一切陀羅尼門清淨一
切陀羅尼門清淨故恒住捨性清淨何以故
若一切智智清淨若一切陀羅尼門清淨若
恒住捨性清淨无二无二分无別无斷故一
切智智清淨故一切三摩地門清淨一切三
摩地門清淨故恒住捨性清淨何以故若一
切智智清淨若一切三摩地門清淨若恒住
捨性清淨无二无二分无別无斷故
善現一切智智清淨故預流果清淨預流果
淨故恒住捨性清淨何以故若一切智智
清淨若預流果清淨若恒住捨性清淨无二
无二分无別无斷故一切智智清淨故一來
不還阿羅漢果清淨一來不還阿羅漢果清
淨故恒住捨性清淨何以故若一切智智清
淨若一來不還阿羅漢果清淨若恒住捨性
清淨无二无二分无別无斷故善現一切智
智清淨故獨覺菩提清淨獨覺菩提清淨故
恒住捨性清淨何以故若一切智智清淨若
獨覺菩提清淨若恒住捨性清淨无二无二
分无別无斷故善現一切智智清淨故一切
菩薩摩訶薩行清淨一切菩薩摩訶薩行清
淨故恒住捨性清淨何以故若一切智智清
淨若一切菩薩摩訶薩行清淨若恒住捨性
清淨无二无二分无別无斷故善現一切智
智清淨故諸佛无上正等菩提清淨諸佛无

菩薩摩訶薩行清淨一切菩薩摩訶薩行清
淨故恒住捨性清淨何以故若一切智智清
淨若一切菩薩摩訶薩行清淨若恒住捨性
清淨无二无二分无別无斷故善現一切智
智清淨故諸佛无上正等菩提清淨諸佛无
上正等菩提清淨故恒住捨性清淨何以故
若一切智智清淨若諸佛无上正等菩提清
淨若恒住捨性清淨无二无二分无別无斷
故
復次善現一切智智清淨故色清淨色清淨
故一切智智清淨何以故若一切智智清淨若
色清淨若一切智智清淨无二无二分无別无
斷故一切智智清淨故受想行識清淨受想
行識清淨故一切智智清淨何以故若一切智
智清淨若受想行識清淨若一切智智清淨无
二无二分无別无斷故善現一切智智清淨
故眼處清淨眼處清淨故一切智智清淨何以
故若一切智智清淨若眼處清淨若一切智
清淨无二无二分无別无斷故一切智智清
淨故耳鼻舌身意處清淨耳鼻舌身意處
清淨故一切智智清淨何以故若一切智智清淨
若耳鼻舌身意處清淨若一切智智清淨无二
无二分无別无斷故善現一切智智清淨故
色處清淨色處清淨故一切智智清淨何以
故若一切智智清淨若色處清淨若一切智
清淨无二无二分无別无斷故一切智智清
淨故聲香味觸法處清淨聲香味觸法處清
淨故一切智智清淨何以故若一切智智清淨
若聲香味觸法處清淨若一切智智清淨

BD13970 號　大般若波羅蜜多經卷二七九　（21–12）

色處清淨色處清淨故一切智智清淨何以
故若一切智智清淨若色處清淨若一切智
清淨无二无二分无別无斷故一切智智清
淨故聲香味觸法處清淨聲香味觸法處清
淨故一切智智清淨何以故若一切智智清淨
若聲香味觸法處清淨若一切智智清淨无二无
二分无別无斷故善現一切智智清淨故眼
界清淨眼界清淨故一切智智清淨何以故若
一切智智清淨若眼界清淨若一切智智清淨
无二无二分无別无斷故一切智智清淨故
色界眼識界及眼觸眼觸爲緣所生諸受清
淨色界乃至眼觸爲緣所生諸受清淨故一
切智智清淨何以故若一切智智清淨若色界
乃至眼觸爲緣所生諸受清淨若一切智智清
淨无二无二分无別无斷故善現一切智智
清淨故耳界清淨耳界清淨故一切智智清淨
何以故若一切智智清淨若耳界清淨若
一切智智清淨无二无二分无別无斷故一切智
智清淨故聲界耳識界及耳觸耳觸爲緣所
生諸受清淨聲界乃至耳觸爲緣所生諸受
清淨故一切智智清淨何以故若一切智智清
淨若聲界乃至耳觸爲緣所生諸受清淨若
一切智智清淨无二无二分无別无斷故善現
一切智智清淨故鼻界清淨鼻界清淨故一
切智智清淨何以故若一切智智清淨若鼻界
清淨若一切智智清淨无二无二分无別无斷故
一切智智清淨故香界鼻識界及鼻觸鼻觸
爲緣所生諸受清淨香界乃至鼻觸爲緣所

BD13970 號　大般若波羅蜜多經卷二七九　（21–13）

一切智清淨无二无二分无別无斷故鼻
一切智智清淨故鼻界清淨鼻界清淨故一
切智智清淨何以故若一切智智清淨若鼻界
清淨若一切智清淨无二无二分无別无斷故
一切智智清淨故香界鼻識界及鼻觸鼻觸
爲緣所生諸受清淨香界乃至鼻觸爲緣所
生諸受清淨故一切智清淨何以故若一切
智智清淨若香界乃至鼻觸爲緣所生諸受
清淨若一切智清淨无二无二分无別无斷
故善現一切智智清淨故舌界清淨舌界清
淨故一切智淨清淨何以故若一切智智清淨
若舌界清淨若一切智智清淨无二无二分无
別无斷故一切智智清淨故味界舌識界及
舌觸舌觸爲緣所生諸受清淨味界乃至舌
觸爲緣所生諸受清淨故一切智智清淨何以
故若一切智智清淨若味界乃至舌觸爲緣
所生諸受清淨若一切智智清淨无二无二分
无別无斷故善現一切智智清淨故身界清
淨身界清淨故一切智智清淨何以故若一切
智智清淨若身界清淨若一切智智清淨无
无二分无別无斷故一切智智清淨觸界
身識界及身觸身觸爲緣所生諸受清淨觸
界乃至身觸爲緣所生諸受清淨故一切智
清淨何以故若一切智智清淨若觸界乃至
身觸爲緣所生諸受清淨若一切智清淨无
二无二分无別无斷故善現一切智智清淨
故意界清淨意界清淨故一切智清淨何以
故若一切智智清淨若意界清淨若一切智

BD13970號　大般若波羅蜜多經卷二七九　（21–14）

身觸爲緣所生諸受清淨若一切智智清淨无
二无二分无別无斷故善現一切智智清淨
故意界清淨意界清淨故一切智智清淨何以
故若一切智智清淨若意界清淨若一切智
清淨无二无二分无別无斷故一切智智清
淨故法界意識界及意觸意觸爲緣所生諸
受清淨法界乃至意觸爲緣所生諸受清淨
故一切智清淨何以故若一切智智清淨若
法界乃至意觸爲緣所生諸受清淨若一切
智清淨无二无二分无別无斷故善現一切
智智清淨故地界清淨地界清淨故一切智
清淨何以故若一切智智清淨若地界清淨
若一切智清淨无二无二分无別无斷故一
切智智清淨故水火風空識界清淨水火風
空識界清淨故一切智智清淨何以故若一切
智智清淨若水火風空識界清淨若一切智
清淨无二无二分无別无斷故善現一切智
智清淨故无明清淨无明清淨故一切智智
淨何以故若一切智智清淨若无明清淨若
一切智清淨无二无二分无別无斷故一切
智智清淨故行識名色六處觸受愛取有生
老死愁歎苦憂惱清淨行乃至老死愁歎苦
憂惱清淨故一切智清淨何以故若一切智
智清淨若行乃至老死愁歎苦憂惱清淨若
一切智清无二无二分无別无斷故
善現一切智智清淨故布施波羅蜜多清淨
布施波羅蜜多清淨故一切智清淨何以故

BD13970號　大般若波羅蜜多經卷二七九　（21–15）

憂惱清淨故一切智智清淨何以故若一切智
智清淨若行乃至老死愁歎苦憂惱清淨若
一切智清无二无二分无别无断故
善現一切智智清淨故布施波羅蜜多清淨
布施波羅蜜多清淨故一切智清淨何以故
若一切智智清淨若布施波羅蜜多清淨若
一切智清淨无二无二分无别无断故一切
智智清淨故淨戒安忍精進靜慮般若波羅
蜜多清淨淨戒乃至般若波羅蜜多清淨故
一切智清淨何以故若一切智智清淨若
淨戒乃至般若波羅蜜多清淨若一切智清淨
无二无二分无别无断故善現一切智智清
淨故内空清淨内空清淨故一切智清淨何
以故若一切智智清淨若内空清淨若一切
智清淨无二无二分无别无断故一切智智
清淨故外空内外空空空大空勝義空有為
空无為空畢竟空无際空散空无變異空本
性空自相空共相空一切法空不可得空无
性空自性空无性自性空清淨外空乃至无
性自性空清淨故一切智清淨何以故若一
切智智清淨若外空乃至无性自性空清淨
若一切智清淨无二无二分无别无断故善
現一切智智清淨故真如清淨真如清淨故
一切智清淨何以故若一切智智清淨若真
如清淨若一切智清淨无二无二分无别无
断故一切智智清淨故法界法性不虚妄性
不變異性平等性離生性法定法住實際虚
空界不思議界清淨法界乃至不思議界清

BD13970號　大般若波羅蜜多經卷二七九　（21–16）

現一切智智清淨故真如清淨真如清淨故
一切智清淨何以故若一切智智清淨若真
如清淨若一切智清淨无二无二分无别无
断故一切智智清淨故法界法性不虚妄性
不變異性平等性離生性法定法住實際虚
空界不思議界清淨法界乃至不思議界清
淨故一切智清淨何以故若一切智智清淨
若法界乃至不思議界清淨若一切智清淨
无二无二分无别无断故善現一切智智清
淨故苦聖諦清淨苦聖諦清淨故一切智清
淨何以故若一切智智清淨若苦聖諦清淨
若一切智清淨无二无二分无别无断故一
切智智清淨故集滅道聖諦清淨集滅道聖
諦清淨故一切智清淨何以故若一切智智
清淨若集滅道聖諦清淨若一切智清淨无
无二无二分无别无断故
善現一切智智清淨故四靜慮清淨四靜慮
清淨故一切智清淨何以故若一切智智清
淨若四靜慮清淨若一切智清淨无二无二
分无别无断故一切智智清淨故四无量四
无色定清淨四无量四无色定清淨故一切
智清淨何以故若一切智智清淨若四无量
四无色定清淨若一切智清淨无二无二分
无别无断故善現一切智智清淨故八解脱
清淨八解脱清淨故一切智清淨何以故若
一切智智清淨若八解脱清淨若一切智清
淨无二无二分无别无断故一切智智清淨

BD13970號　大般若波羅蜜多經卷二七九　（21–17）

四无色定清淨若一切智智清淨无二无二分
无别无斷故善現一切智智清淨故八解脫
清淨八解脫清淨故一切智智清淨何以故若
一切智智清淨若八解脫清淨若一切智智
淨无二无二分无别无斷故一切智智清淨
故八勝處九次第定十遍處清淨八勝處九
次第定十遍處清淨故一切智智清淨何以故
若一切智智清淨若八勝處九次第定十遍
處清淨若一切智智清淨无二无二分无别无
斷故善現一切智智清淨故四念住清淨四念
住清淨故一切智智清淨何以故若一切智智
清淨若四念住清淨若一切智智清淨无二无
二分无别无斷故一切智智清淨故四正斷
四神足五根五力七等覺支八聖道支清淨
四正斷乃至八聖道支清淨故一切智清淨
何以故若一切智智清淨若四正斷乃至八
聖道支清淨若一切智清淨无二无二分无
别无斷故善現一切智智清淨故空解脫門
清淨空解脫門清淨故一切智清淨何以故
若一切智智清淨若空解脫門清淨若一切
智清淨无二无二分无别无斷故一切智智
清淨故无相无願解脫門清淨无相无願解
脫門清淨故一切智智清淨何以故若一切智
智清淨若无相无願解脫門清淨若一切智
清淨无二无二分无别无斷故善現一切智
智清淨故菩薩十地清淨菩薩十地清淨故
一切智清淨何以故若一切智智清淨若菩
薩十地清淨若一切清淨无二无二分无



清淨无二无二分无别无斷故善現一切智
智清淨故菩薩十地清淨菩薩十地清淨故
一切智清淨何以故若一切智智清淨若菩
薩十地清淨若一切清淨无二无二分无
别无斷故
善現一切智智清淨故五眼清淨五眼清淨
故一切智智清淨何以故若一切智智清淨若
五眼清淨若一切智智清淨无二无二分无别
无斷故善現一切智智清淨故六神通清淨
六神通清淨故一切智智清淨何以故一切智
智清淨若六神通清淨若一切智清无二
无二分无别无斷故善現一切智智清淨
故佛十力清淨佛十力清淨故一切智智清淨
何以故若一切智智清淨若佛十力清淨若
一切智清淨无二无二分无别无斷故一切
智智清淨故四无所畏四无礙解大慈大悲
大喜大捨十八佛不共法清淨四无所畏乃
至十八佛不共法清淨故一切智清淨何以
故若一切智智清淨若四无所畏乃至十八
佛不共法清淨若一切智清淨无二无二分
无别无斷故善現一切智智清淨故无忘失
故若一切智智清淨若无忘失清淨若一
故若一切智智清淨若无忘失法清淨若一
切智清淨无二无二分无别无斷故一切智
智清淨故恒住捨性清淨恒住捨性清淨故
一切智清淨何以故一切智智清淨若恒
住捨性清淨若一切智清淨无二无二分无
别无斷故善現一切智智清淨道相智智清

至十八佛不共法清淨故一切智清淨何以
故若一切智智清淨若四无所畏乃至十八
佛不共法清淨若一切智清淨无二无二分
无別无斷故善現一切智智清淨故无忘失
故若一切智智清淨若无忘失清淨若一
故若一切智智清淨若无忘失法清淨若一
切智清淨无二无二分无別无斷故一切智
智清淨故恒住捨性清淨恒住捨性清淨故
一切智清淨何以故一切智智清淨若恒
住捨性清淨若一切智清淨无二无二分无
別无斷故善現一切智智清淨故道相智清
淨道相智清淨故一切智清淨何以故若一
切智智清淨若道相智清淨若一切智清淨无
二无二分无別无斷故一切智智清淨故一
切相智清淨一切相智清淨故一切智清淨
何以故若一切智智清淨若一切相智清淨
若一切智清淨无二无二分无別无斷故

大般若波羅蜜多經卷第二百七十九

道香

BD13970號　大般若波羅蜜多經卷二七九　（21–20）

二无二分无別无斷故一切智智清淨故一
切相智清淨一切相智清淨故一切智清淨
何以故若一切智智清淨若一切相智清淨
若一切智清淨无二无二分无別无斷故

大般若波羅蜜多經卷第二百七十九

道香

BD13970號　大般若波羅蜜多經卷二七九　（21–21）

BD13971 號背　現代護首　　（1–1）

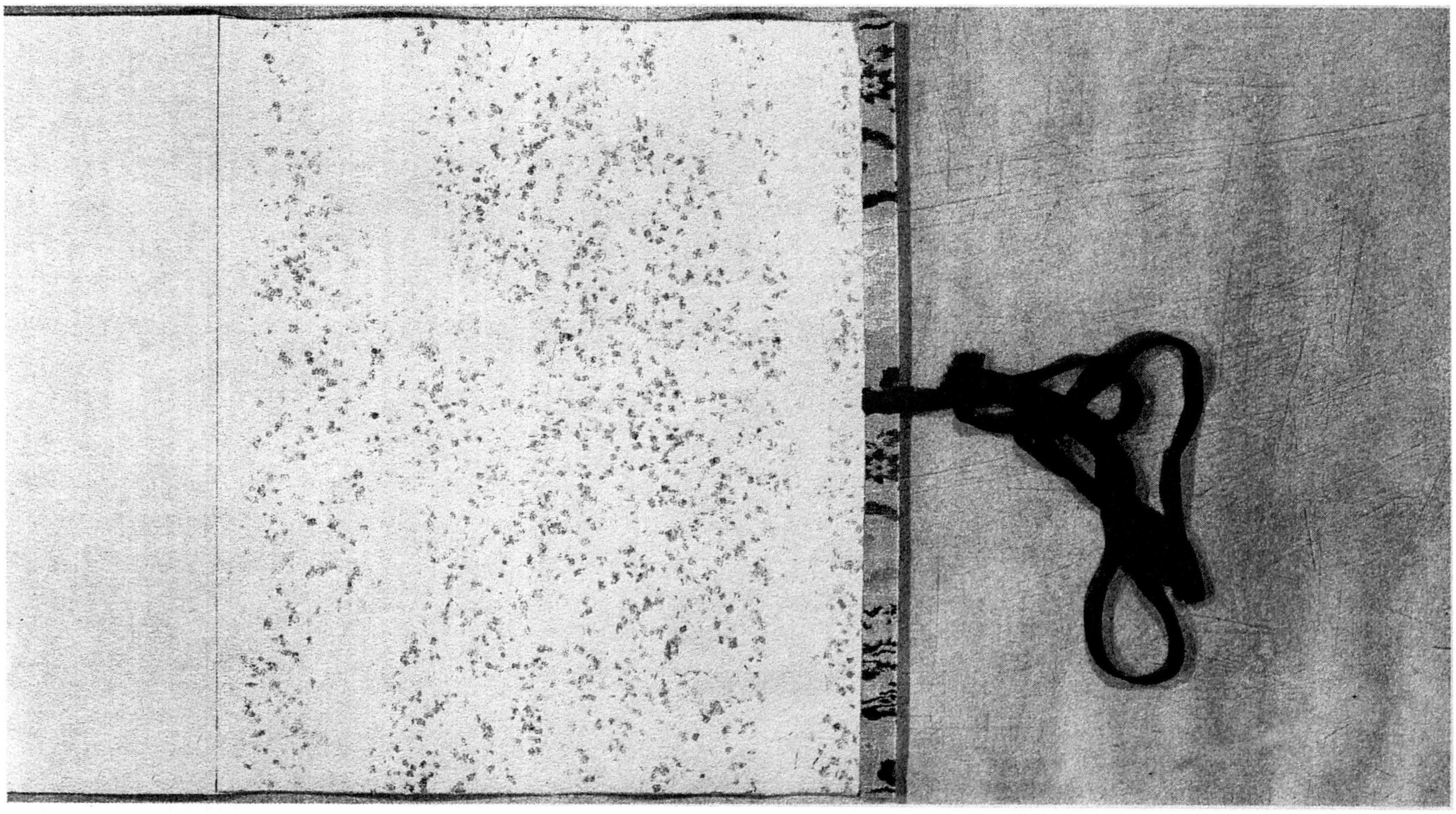

BD13971 號　大般若波羅蜜多經卷二八四　　（24–1）

大般若波羅蜜多經卷第二百八十四
初分難信解品第卅四之一百三　　三藏法師玄奘奉　詔
復次善現一切智智清淨故色清淨色清
故一切菩薩摩訶薩行清淨何以故若
智智清淨若色清淨若一切菩薩摩訶
清淨无二无二分无別无斷故一切智智清
淨故受想行識清淨受想行識清淨故
菩薩摩訶薩行清淨何以故若一切智智
淨若受想行識清淨若一切菩薩摩訶
清淨无二无二分无別无斷故善現一切智
智清淨故眼處清淨眼處清淨故一切菩薩
摩訶薩行清淨何以故若一切智智清淨若
眼處清淨若一切菩薩摩訶薩行清淨无二

BD13971號　大般若波羅蜜多經卷二八四　（24–2）

菩薩摩訶薩行清淨何以故若一切智智
淨若受想行識清淨若一切菩薩摩訶
清淨无二无二分无別无斷故善現一切智
智清淨故眼處清淨眼處清淨故一切菩薩
摩訶薩行清淨何以故若一切智智清淨若
眼處清淨若一切菩薩摩訶薩行清淨无二
无二分无別无斷故一切智智清淨故耳鼻
舌身意處清淨耳鼻舌身意處清淨故一切
菩薩摩訶薩行清淨何以故若一切智智清
淨若耳鼻舌身意處清淨若一切菩薩摩訶
薩行清淨无二无二分无別无斷故善現一
切智智清淨故色處清淨色處清淨故一切
菩薩摩訶薩行清淨何以故若一切智智清
淨若色處清淨若一切菩薩摩訶薩行清淨
无二无二分无別无斷故一切智智清淨故
聲香味觸法處清淨聲香味觸法處清淨故
一切菩薩摩訶薩清淨何以故若一切智智
清淨若聲香味觸法處清淨若一切菩薩
摩訶薩行清淨无二无二分无別无斷故善
現一切智智清淨故眼界清淨眼界清淨故
一切菩薩摩訶薩行清淨何以故若一切智
智清淨若眼界清淨若一切菩薩摩訶薩行
清淨无二无二分无別无斷故一切智智清
淨故色界眼識界及眼觸眼觸為緣所生諸
受清淨色界乃至眼觸為緣所生諸受清淨
故一切菩薩摩訶薩行清淨何以故若一切
智智清淨若色界乃至眼觸為緣所生諸受
清淨若一切菩薩摩訶薩行清淨无二无二
分无別无斷故善現一切智智清淨故耳界

BD13971號　大般若波羅蜜多經卷二八四　（24–3）

淨故色界眼識界及眼觸眼觸爲緣所生諸
受清淨色界乃至眼觸爲緣所生諸受清淨
故一切菩薩摩訶薩行清淨何以故若一切
智智清淨若色界乃至眼觸爲緣所生諸受
清淨若一切菩薩摩訶薩行清淨无二无二
分无別无斷故善現一切智智清淨故耳界
清淨耳界清淨故一切菩薩摩訶薩行清淨
何以故若一切智智清淨若耳界清淨若一
切菩薩摩訶薩行清淨无二无二分无別无
斷故一切智智清淨故聲界耳識界及耳觸
耳觸爲緣所生諸受清淨聲界乃至耳觸爲
緣所生諸受清淨故一切菩薩摩訶薩行清
淨何以故若一切智智清淨若聲界乃至耳
觸爲緣所生諸受清淨若一切菩薩摩訶薩
行清淨无二无二分无別无斷故善現一切
智智清淨故鼻界清淨鼻界清淨故一切菩
薩摩訶薩行清淨何以故若一切智智清淨
若鼻界清淨若一切菩薩摩訶薩行清淨无
二无二分无別无斷故一切智智清淨故香
界鼻識界及鼻觸鼻觸爲緣所生諸受清淨
香界乃至鼻觸爲緣所生諸受清淨故一切
菩薩摩訶薩行清淨何以故若一切智智清
淨若香界乃至鼻觸爲緣所生諸受清淨若
一切菩薩摩訶薩行清淨无二无二分无別
无斷故善現一切智智清淨故舌界清淨舌
界清淨故一切菩薩摩訶薩行清淨何以故
若一切智智清淨若舌界清淨若一切菩薩
摩訶薩行清淨无二无二分无別无斷故一
切智智清淨故味界舌識界及舌觸舌觸爲

BD13971號　大般若波羅蜜多經卷二八四　（24–4）

一切菩薩摩訶薩行清淨无二无二分无別
无斷故善現一切智智清淨故舌界清淨舌
界清淨故一切菩薩摩訶薩行清淨何以故
若一切智智清淨若舌界清淨若一切菩薩
摩訶薩行清淨无二无二分无別无斷故一
切智智清淨故味界舌識界及舌觸舌觸爲
緣所生諸受清淨味界乃至舌觸爲緣所生
諸受清淨故一切菩薩摩訶薩行清淨何以
故若一切智智清淨若味界乃至舌觸爲緣
所生諸受清淨若一切菩薩摩訶薩行清淨
无二无二分无別无斷故善現一切智智清
淨故身界清淨身界清淨故一切菩薩摩訶
薩行清淨何以故若一切智智清淨若身界
清淨若一切菩薩摩訶薩行清淨无二无二
分无別无斷故一切智智清淨故觸界身識
界及身觸身觸爲緣所生諸受清淨觸界乃
至身觸爲緣所生諸受清淨故一切菩薩摩
訶薩行清淨何以故若一切智智清淨若觸
界乃至身觸爲緣所生諸受清淨若一切菩
薩摩訶薩行清淨无二无二分无別无斷故
善現一切智智清淨故意界清淨意界清淨
故一切菩薩摩訶薩行清淨何以故若一切
智智清淨若意界清淨若一切菩薩摩訶薩
行清淨无二无二分无別无斷故一切智智
清淨故法界意識界及意觸意觸爲緣所生
諸受清淨法界乃至意觸爲緣所生諸受清
淨故一切菩薩摩訶薩行清淨何以故若一
切智智清淨若法界乃至意觸爲緣所生諸

BD13971號　大般若波羅蜜多經卷二八四　（24–5）

行清淨无二无二分无別无斷故一切智智
清淨故法界意識界及意觸意觸為緣所生
諸受清淨法界乃至意觸為緣所生諸受清
淨故一切菩薩摩訶薩行清淨何以故若一
切智智清淨若法界乃至意觸為緣所生諸
受清淨若一切菩薩摩訶薩行清淨无二无
二分无別无斷故善現一切智智清淨故地
界清淨地界清淨故一切菩薩摩訶薩行清
淨何以故若一切智智清淨若地界清淨若
一切菩薩摩訶薩行清淨无二无二分无別
无斷故一切智智清淨故水火風空識界清
淨水火風空識界清淨故一切菩薩摩訶薩
行清淨何以故若一切智智清淨若水火風空
識界清淨若一切菩薩摩訶薩行清淨无二
无二分无別无斷故善現一切智智清淨故
无明清淨无明清淨故一切菩薩摩訶薩行
清淨何以故若一切智智清淨若无明清淨
若一切菩薩摩訶薩行清淨无二无二分无
別无斷故一切智智清淨故行識名色六處
觸受愛取有生老死愁歎苦憂惱清淨行乃
至老死愁歎苦憂惱清淨故一切菩薩摩訶
薩行清淨何以故若一切智智清淨若行乃
至老死愁歎苦憂惱清淨若一切菩薩摩訶
薩行清淨无二无二分无別无斷故
善現一切智智清淨故布施波羅蜜多清淨
布施波羅蜜多清淨故一切菩薩摩訶薩行
清淨何以故若一切智智清淨若布施波羅
蜜多清淨若一切菩薩摩訶薩行清淨无二

BD13971號　大般若波羅蜜多經卷二八四　（24–6）

薩行清淨无二无二分无別无斷故
善現一切智智清淨故布施波羅蜜多清淨
布施波羅蜜多清淨故一切菩薩摩訶薩行
清淨何以故若一切智智清淨若布施波羅
蜜多清淨若一切菩薩摩訶薩行清淨无二
无二分无別无斷故一切智智清淨故淨戒
安忍精進靜慮般若波羅蜜多清淨淨戒乃
至般若波羅蜜多清淨故一切菩薩摩訶薩
行清淨何以故若一切智智清淨若淨戒乃
至般若波羅蜜多清淨若一切菩薩摩訶薩
行清淨无二无二分无別无斷故善現一切
智智清淨故內空清淨內空清淨故一切菩
薩摩訶薩行清淨何以故若一切智智清淨
若內空清淨若一切菩薩摩訶薩行清淨无
二无二分无別无斷故一切智智清淨故外
空內外空空空大空勝義空有為空无為空
畢竟空无際空散空无變異空本性空自相
空共相空一切法空不可得空无性空自性空
无性自性空清淨外空乃至无性自性空清
淨故一切菩薩摩訶薩行清淨何以故若一
切智智清淨若外空乃至无性自性空清
淨若一切菩薩摩訶薩行清淨无二无二分
无別无斷故善現一切智智清淨故真如清
淨真如清淨故一切菩薩摩訶薩行清淨何
以故若一切智智清淨若真如清淨若一切
菩薩摩訶薩行清淨无二无二分无別无斷
故一切智智清淨故法界法性不虛妄性不
變異性平等性離生性法定法住實際虛空
界不思議界清淨法界乃至不思議界清淨

BD13971號　大般若波羅蜜多經卷二八四　（24–7）

以故若一切智智清淨若真如清淨若一切
菩薩摩訶薩行清淨无二无二分无別无斷
故一切智智清淨故法界法性不虛妄性不
變異性平等性離生性法定法住實際虛空
界不思議界清淨法界乃至不思議界清淨
故一切菩薩摩訶薩行清淨何以故若一切智
智清淨若法界乃至不思議界清淨若一
切菩薩摩訶薩行清淨无二无二分无別无
斷故善現一切智智清淨故苦聖諦清淨苦
聖諦清淨故一切菩薩摩訶薩行清淨何以
故若一切智智清淨若苦聖諦清淨若一切
菩薩摩訶薩行清淨无二无二分无別无斷
故一切智智清淨故集滅道聖諦清淨集滅
道聖諦清淨故一切菩薩摩訶薩行清淨何
以故若一切智智清淨若集滅道聖諦清淨
若一切菩薩摩訶薩行清淨无二无二分无
別无斷故
善現一切智智清淨故四靜慮清淨四靜慮
清淨故一切菩薩摩訶薩行清淨何以故若
一切智智清淨若四靜慮清淨若一切菩薩
摩訶薩行清淨无二无二分无別无斷故一
切智智清淨故四无量四无色定清淨四无
量四无色定清淨故一切菩薩摩訶薩行清
淨何以故若一切智智清淨若四无量四无
色定清淨若一切菩薩摩訶薩行清淨无二
无二分无別无斷故善現一切智智清淨故
八解脫清淨八解脫清淨故一切菩薩摩訶
薩行清淨何以故若一切智智清淨若八解

BD13971號　大般若波羅蜜多經卷二八四　（24–8）

淨何以故若一切智智清淨若四无量四无
色定清淨若一切菩薩摩訶薩行清淨无二
无二分无別无斷故善現一切智智清淨故
八解脫清淨八解脫清淨故一切菩薩摩訶
薩行清淨何以故若一切智智清淨若八解
脫清淨若一切菩薩摩訶薩行清淨无二无
二分无別无斷故一切智智清淨故八勝處
九次第定十遍處清淨八勝處九次第定十
遍處清淨故一切菩薩摩訶薩行清淨何以
故若一切智智清淨若八勝處九次第定十
遍處清淨若一切菩薩摩訶薩行清淨无二
无二分无別无斷故善現一切智智清淨故
四念住清淨四念住清淨故一切菩薩摩訶
薩行清淨何以故若一切智智清淨若四念
住清淨若一切菩薩摩訶薩行清淨无二无
二分无別无斷故一切智智清淨故四正斷
四神足五根五力七等覺支八聖道支清淨
四正斷乃至八聖道支清淨故一切菩薩摩
訶薩行清淨何以故若一切智智清淨若四
正斷乃至八聖道支清淨若一切菩薩摩訶
薩行清淨无二无二分无別无斷故善現一
切智智清淨故空解脫門清淨空解脫門清
淨故一切菩薩摩訶薩行清淨何以故若一
切智智清淨若空解脫門清淨若一切菩薩
摩訶薩行清淨无二无二分无別无斷故一
切智智清淨故无相无願解脫門清淨无相
无願解脫門清淨故一切菩薩摩訶薩行清
淨何以故若一切智智清淨若无相无願解

BD13971號　大般若波羅蜜多經卷二八四　（24–9）

切智智清淨若空解脫門清淨若一切菩薩
摩訶薩行清淨无二无二分无別无斷故一
切智智清淨故无相无願解脫門清淨无相
无願解脫門清淨故一切菩薩摩訶薩行清
淨何以故若一切智智清淨若无相无願解
脫門清淨若一切菩薩摩訶薩行清淨无二
无二分无別无斷故善現一切智智清淨故
菩薩十地清淨菩薩十地清淨故一切菩薩
摩訶薩行清淨何以故若一切智智清淨若
菩薩十地清淨若一切菩薩摩訶薩行清淨
無二無二分無別無斷故
善現一切智智清淨故五眼清淨五眼清淨
故一切菩薩摩訶薩行清淨何以故若一切
智智清淨若五眼清淨若一切菩薩摩訶薩
行清淨无二无二分无別无斷故一切智智
清淨故六神通清淨六神通清淨故一切菩
薩摩訶薩行清淨何以故若一切智智清淨
若六神通清淨若一切菩薩摩訶薩行清淨
无二无二分无別无斷故善現一切智智清
淨故佛十力清淨佛十力清淨故一切菩薩
摩訶薩行清淨何以故若一切智智清淨若
佛十力清淨若一切菩薩摩訶薩行清淨无
二无二分无別无斷故一切智智清淨故四
无所畏四无礙解大慈大悲大喜大捨十八
佛不共法清淨四无所畏乃至十八佛不共
法清淨故一切菩薩摩訶薩行清淨何以故
若一切智智清淨若四无所畏乃至十八佛
不共法清淨若一切菩薩摩訶薩行清淨无

BD13971號　大般若波羅蜜多經卷二八四　（24–10）

佛不共法清淨四无所畏乃至十八佛不共
法清淨故一切菩薩摩訶薩行清淨何以故
若一切智智清淨若四无所畏乃至十八佛
不共法清淨若一切菩薩摩訶薩行清淨无
二无二分无別无斷故
善現一切智智清淨故无忘失法清淨无忘
失法清淨故一切菩薩摩訶薩行清淨何以
故若一切智智清淨若无忘失法清淨若一
切菩薩摩訶薩行清淨无二无二分无別无
斷故一切智智清淨故恒住捨性清淨恒住
捨性清淨故一切菩薩摩訶薩行清淨何以
故若一切智智清淨若恒住捨性清淨若一
切菩薩摩訶薩行清淨无二无二分无別无
斷故善現一切智智清淨故一切智清淨一
切智清淨故一切菩薩摩訶薩行清淨何以
故若一切智智清淨若一切智清淨若一切
菩薩摩訶薩行清淨无二无二分无別无斷
故一切智智清淨故道相智一切相智清淨
道相智一切相智清淨故一切菩薩摩訶薩
行清淨何以故若一切智智清淨若道相智
一切相智清淨若一切菩薩摩訶薩行清淨
无二无二分无別无斷故善現一切智智清
淨故一切陁羅尼門清淨一切陁羅尼門清
淨故一切菩薩摩訶薩行清淨何以故若一
切智智清淨若一切陁羅尼門清淨若一切
菩薩摩訶薩行清淨无二无二分无別无斷
故一切智智清淨故一切三摩地門清淨一
切三摩地門清淨故一切菩薩摩訶薩行清

BD13971號　大般若波羅蜜多經卷二八四　（24–11）

淨故一切菩薩摩訶薩行清淨何以故若一
切智智清淨若一切陁羅尼門清淨若一切
菩薩摩訶薩行清淨无二无二分无別无斷
故一切智智清淨故一切三摩地門清淨一
切三摩地門清淨故一切菩薩摩訶薩行清
淨何以故若一切智智清淨若一切三摩地
門清淨若一切菩薩摩訶薩行清淨无二
无二分无別无斷故
善現一切智智清淨故預流果清淨預流果
清淨故一切菩薩摩訶薩行清淨何以故若
一切智智清淨若預流果清淨若一切菩薩
摩訶薩行清淨无二无二分无別无斷故一
切智智清淨故一來不還阿羅漢果清淨一
來不還阿羅漢果清淨故一切菩薩摩訶薩
行清淨何以故若一切智智清淨若一來不
還阿羅漢果清淨若一切菩薩摩訶薩行清
淨无二无二分无別无斷故善現一切智智
清淨故獨覺菩提清淨獨覺菩提清淨故
一切菩薩摩訶薩行清淨何以故若一切智智
清淨若獨覺菩提清淨若一切菩薩摩訶薩
行清淨无二无二分无別无斷故善現一切智
智清淨故諸佛无上正等菩提清淨諸佛无
上正等菩提清淨故一切菩薩摩訶薩行清
淨何以故若一切智智清淨若諸佛无上正
等菩提清淨若一切菩薩摩訶薩行清淨
无二无二分无別无斷故
復次善現一切智智清淨故色清淨色清淨
故諸佛无上正等菩提清淨何以故若一切

BD13971號　大般若波羅蜜多經卷二八四　（24–12）

上正等菩提清淨故一切菩薩摩訶薩行清
淨何以故若一切智智清淨若諸佛无上正
等菩提清淨若一切菩薩摩訶薩行清淨
无二无二分无別无斷故
復次善現一切智智清淨故色清淨色清淨
故諸佛无上正等菩提清淨何以故若一切
智智清淨若色清淨若諸佛无上正等菩提
清淨无二无二分无別无斷故一切智智清
淨故受想行識清淨受想行識清淨故諸佛
无上正等菩提清淨何以故若一切智智清
淨若受想行識清淨若諸佛无上正等菩提
清淨无二无二分无別无斷故善現一切智
智清淨故眼處清淨眼處清淨故諸佛无上
正等菩提清淨何以故若一切智智清淨若
眼處清淨若諸佛无上正等菩提清淨无二
无二分无別无斷故一切智智清淨故耳鼻
舌身意處清淨耳鼻舌身意處清淨故諸佛
无上正等菩提清淨何以故若一切智智清
淨若耳鼻舌身意處清淨若諸佛无上正等
菩提清淨无二无二分无別无斷故善現一
切智智清淨故色處清淨色處清淨故諸佛
无上正等菩提清淨何以故若一切智智清
淨若色處清淨若諸佛无上正等菩提清淨
无二无二分无別无斷故一切智智清淨故
聲香味觸法處清淨聲香味觸法處清淨
故諸佛无上正等菩提清淨何以故若一切智
智清淨若聲香味觸法處清淨若諸佛无
上正等菩提清淨无二无二分无別无斷故善

BD13971號　大般若波羅蜜多經卷二八四　（24–13）

无二无二分无別无斷故一切智智清淨故
聲香味觸法處清淨聲香味觸法處清淨
故諸佛无上正等菩提清淨何以故若一切智
智清淨若聲香味觸法處清淨若諸佛无
上正等菩提清淨无二无二分无別无斷故善
現一切智智清淨故眼界清淨眼界清淨故
諸佛无上正等菩提清淨何以故若一切智
智清淨若眼界清淨若諸佛无上正菩提
清淨无二无二分无別无斷故一切智智清
淨故色界眼識界及眼觸眼觸為緣所生諸
受清淨色界乃至眼觸為緣所生諸受清淨
故諸佛无上正等菩提清淨何以故若一切
智智清淨若色界乃至眼觸為緣所生諸受
清淨若諸佛无上正等菩提清淨无二无二
分无別无斷故善現一切智智清淨故耳界
清淨耳界清淨故諸佛无上正等菩提清淨
何以故若一切智智清淨若耳界清淨若諸
佛无上正等菩提清淨无二无二分无別无
斷故一切智智清淨故聲界耳識界及耳觸
耳觸為緣所生諸受清淨聲界乃至耳觸為
緣所生諸受清淨故諸佛无上正等菩提清
淨何以故若一切智智清淨若聲界乃至耳
觸為緣所生諸受清淨若諸佛无上正等菩
提清淨无二无二分无別无斷故善現一切
智智清淨故鼻界清淨鼻界清淨故諸佛无
上正等菩提清淨何以故若一切智智清淨
若鼻界清淨若諸佛无上正菩提清淨无
二无二分无別无斷故一切智智清淨故香

BD13971 號　大般若波羅蜜多經卷二八四　（24–14）

提清淨无二无二分无別无斷故善現一切
智智清淨故鼻界清淨鼻界清淨故諸佛无
上正等菩提清淨何以故若一切智智清淨
若鼻界清淨若諸佛无上正等菩提清淨无
二无二分无別无斷故一切智智清淨故香
界鼻識界及鼻觸鼻觸為緣所生諸受清淨
香界乃至鼻觸為緣所生諸受清淨故諸佛
无上正等菩提清淨何以故若一切智智清
淨若香界乃至鼻觸為緣所生諸受清淨若
諸佛无上正等菩提清淨无二无二分无別
无斷故善現一切智智清淨故舌界清淨舌
界清淨故諸佛无上正等菩提清淨何以故
若一切智智清淨若舌界清淨若諸佛无上
正等菩提清淨无二无二分无別无斷故一
切智智清淨故味界舌識界及舌觸舌觸為
緣所生諸受清淨味界乃至舌觸為緣所生
諸受清淨故諸佛无上正等菩提清淨何以
故若一切智智清淨若味界乃至舌觸為緣
所生諸受清淨若諸佛无上正等菩提清淨
无二无二分无別无斷故善現一切智智清
淨故身界清淨身界清淨故諸佛无上正等
菩提清淨何以故若一切智智清淨若身界
清淨若諸佛无上正等菩提清淨无二无二
分无別无斷故一切智智清淨故觸界身識
界及身觸身觸為緣所生諸受清淨觸界乃
至身觸為緣所生諸受清淨故諸佛无上正
等菩提清淨何以故若一切智智清淨若觸
界乃至身觸為緣所生諸受清淨若諸佛无

BD13971 號　大般若波羅蜜多經卷二八四　（24–15）

分无別无斷故一切智智清淨故觸界身觸
界及身觸身觸爲緣所生諸受清淨觸界乃
至身觸爲緣所生諸受清淨故諸佛无上正
等菩提清淨何以故若一切智智清淨若觸
界乃至身觸爲緣所生諸受清淨若諸佛无
上正等菩提清淨无二无二分无別无斷故
善現一切智智清淨故意界清淨意界清淨
故諸佛无上正等菩提清淨何以故若一切智
智清淨若意界清淨若諸佛无上正等菩
提清淨无二无二分无別无斷故一切智智
清淨故法界意識界及意觸意觸爲緣所生
諸受清淨法界乃至意觸爲緣所生諸受清
淨故諸佛无上正等菩提清淨何以故若一
切智智清淨若法界乃至意觸爲緣所生諸
受清淨若諸佛无上正等菩提清淨无二无
二分无別无斷故善現一切智智清淨故地
界清淨地界清淨故諸佛无上正等菩提清
淨何以故若一切智智清淨若地界清淨若
諸佛无上正等菩提清淨无二无二分无別
无斷故一切智智清淨故水火風空識界清
淨水火風空識界清淨故諸佛无上正等菩
提清淨何以故若一切智智清淨若水火風
空識界清淨若諸佛无上正等菩提清淨无
二无二分无別无斷故善現一切智智清淨
故无明清淨无明清淨故諸佛无上正等菩
提清淨何以故若一切智智清淨若无明清
淨若諸佛无上正等菩提清淨无二无二分
无別无斷故一切智智清淨故行識名色六

BD13971 號　大般若波羅蜜多經卷二八四　（24–16）

故无明清淨无明清淨故諸佛无上正等菩
提清淨何以故若一切智智清淨若无明清
淨若諸佛无上正等菩提清淨无二无二分
无別无斷故一切智智清淨故行識名色六
處觸受愛取有生老死愁歎苦憂惱清淨行
乃至老死愁歎苦憂惱清淨故諸佛无上正
等菩提清淨何以故若一切智智清淨若行
乃至老死愁歎苦憂惱清淨若諸佛无上正
等菩提清淨无二无二分无別无斷故
善現一切智智清淨故布施波羅蜜多清淨
布施波羅蜜多清淨故諸佛无上正等菩提
清淨何以故若一切智智清淨若布施波羅
蜜多清淨若諸佛无上正等菩提清淨无二
无二分无別无斷故一切智智清淨故淨戒
安忍精進靜慮般若波羅蜜多清淨淨戒乃
至般若波羅蜜多清淨故諸佛无上正等菩
提清淨何以故若一切智智清淨若淨戒
乃至般若波羅蜜多清淨若諸佛无上正等
菩提清淨无二无二分无別无斷故善現一
切智智清淨故內空清淨內空清淨故諸佛
无上正等菩提清淨何以故若一切智智清淨
若內空清淨若諸佛无上正等菩提清淨无
二无二分无別无斷故一切智智清淨故外
空內外空空空大空勝義空有爲空无爲空
畢竟空无際空散空无變異空本性空自相空
空共相空一切法空不可得空无性空自性
空无性自性空清淨外空乃至无性自性空
清淨故諸佛无上正等菩提清淨何以故若

BD13971 號　大般若波羅蜜多經卷二八四　（24–17）

空内外空空空大空勝義空有為空无為空
畢竟空无際空散空无變異空本性空自相空
空共相空一切法空不可得空无性空自性
空无性自性空清淨外空乃至无性自性空
清淨故諸佛无上正等菩提清淨何以故若
一切智智清淨若外空乃至无性自性空清
淨若諸佛无上正等菩提清淨无二无二分
无別无斷故善現一切智智清淨故真如清
淨真如清淨故諸佛无上正等菩提清淨何
以故若一切智智清淨若真如清淨若諸佛
无上正等菩提清淨无二无二分无別无斷
故一切智智清淨故法界法性不虛妄性不
變異性平等性離生性法定法住實際虛空
界不思議界清淨法界乃至不思議界清淨
故諸佛无上正等菩提清淨何以故若一切智
智清淨若法界乃至不思議界清淨若諸
佛无上正等菩提清淨无二无二分无別无
斷故善現一切智智清淨故苦聖諦清淨苦
聖諦清淨故諸佛无上正等菩提清淨何以
故若一切智智清淨若苦聖諦清淨若諸佛
无上正等菩提清淨无二无二分无別无斷
故一切智智清淨故集滅道聖諦清淨集滅
道聖諦清淨故諸佛无上正等菩提清淨何
以故若一切智智清淨若集滅道聖諦清淨
若諸佛无上正等菩提清淨无二无二分无別
无斷故
善現一切智智清淨故四靜慮清淨四靜慮
清淨故諸佛无上正等菩提清淨何以故若



以故若一切智智清淨若集滅道聖諦清淨
若諸佛无上正等菩提清淨无二无二分无別
无斷故
善現一切智智清淨故四靜慮清淨四靜慮
清淨故諸佛无上正等菩提清淨何以故若
一切智智清淨若四靜慮清淨若諸佛无上
正等菩提清淨无二无二分无別无斷故一
切智智清淨故四无量四无色定清淨四无
量四无色定清淨故諸佛无上正等菩提清
淨何以故若一切智智清淨若四无量四无
色定清淨若諸佛无上正等菩提清淨无二
无二分无別无斷故善現一切智智清淨故
八解脫清淨八解脫清淨故諸佛无上正等
菩提清淨何以故若一切智智清淨若八解
脫清淨若諸佛无上正等菩提清淨无二无
二分无別无斷故一切智智清淨故八勝處
九次第定十遍處清淨八勝處九次第定十
遍處清淨故諸佛无上正等菩提清淨何以
故若一切智智清淨若八勝處九次第定十
遍處清淨若諸佛无上正等菩提清淨无二无
二分无別无斷故善現一切智智清淨故四
念住清淨四念住清淨故諸佛无上正等菩
提清淨何以故若一切智智清淨若四念住
清淨若諸佛无上正等菩提清淨无二无二
分无別无斷故一切智智清淨故四正斷四
神足五根五力七等覺支八聖道支清淨
四正斷乃至八聖道支清淨故諸佛无上正等
菩提清淨何以故若一切智智清淨若四正
斷乃至八聖道支清淨若諸佛无上正等菩

分无别无断故一切智智清淨故四正断四
神足五根五力七等覺支八聖道支清淨
四正断乃至八聖道支清淨故諸佛无上正等
菩提清淨何以故若一切智智清淨若四正
断乃至八聖道支清淨若諸佛无上正等菩
提清淨无二无二分无别无断故善現一切
智智清淨故空解脫門清淨空解脫門清淨
故諸佛无上正等菩提清淨何以故若一切
智智清淨若空解脫門清淨若諸佛无上正
等菩提清淨无二无二分无别无断故一切
智智清淨故无相无願解脫門清淨无相无
願解脫門清淨故諸佛无上正等菩提清淨
何以故若一切智智清淨若无相无願解脫
門清淨若諸佛无上正等菩提清淨无二无
二分无别无断故善現一切智智清淨故菩
薩十地清淨菩薩十地清淨故諸佛无上正
等菩提清淨何以故若一切智智清淨若菩
薩十地清淨若諸佛无上正等菩提清淨无
二无二分无别无断故
善現一切智智清淨故五眼清淨五眼清淨
故諸佛无上正等菩提清淨何以故若一切
智智清淨若五眼清淨若諸佛无上正等菩
提清淨无二无二分无别无断故一切智智
清淨故六神通清淨六神通清淨故諸佛无
上正等菩提清淨何以故若一切智智清淨
若六神通清淨若諸佛无上正等菩提清淨
无二无二分无别无断故善現一切智智清
淨故佛十力清淨佛十力清淨故諸佛无上



上正等菩提清淨何以故若一切智智清淨
若六神通清淨若諸佛无上正等菩提清淨
无二无二分无别无断故善現一切智智清
淨故佛十力清淨佛十力清淨故諸佛无上
正等菩提清淨何以故若一切智智清淨若
佛十力清淨若諸佛无上正等菩提清淨无
二无二分无别无断故一切智智清淨故四
无所畏四无礙解大慈大悲大喜大捨十八
佛不共法清淨四无所畏乃至十八佛不共
法清淨故諸佛无上正等菩提清淨何以故
若一切智智清淨若四无所畏乃至十八佛
不共法清淨若諸佛无上正等菩提清淨無
二无二分无别无断故善現一切智智清淨
故无忘失法清淨无忘失法清淨故諸佛无
上正等菩提清淨何以故若一切智智清淨
若无忘失法清淨若諸佛无上正等菩提清
淨无二无二分无别无断故一切智智清淨
故恒住捨性清淨恒住捨性清淨故諸佛无
上正等菩提清淨何以故若一切智智清淨
若恒住捨性清淨若諸佛无上正等菩提清
淨无二无二分无别无断故善現一切智智
清淨故一切智清淨一切智清淨故諸佛无
上正等菩提清淨何以故若一切智智清淨
若一切智清淨若諸佛无上正等菩提清淨
无二无二分无别无断故一切智智清淨故道
相智一切相智清淨道相智一切相智清
淨故諸佛无上正等菩提清淨何以故若一

若一切智清淨若諸佛无上正等菩提清淨
无二无二分无別无斷故一切智智清淨故道
相智一切相智清淨道相智一切相智清
淨故諸佛无上正等菩提清淨何以故若一
切智智清淨若道相智一切相智清淨若諸
佛无上正等菩提清淨无二无二分无別无
斷故善現一切智智清淨故一切陁羅尼門
清淨一切陁羅尼門清淨故諸佛无上正等
菩提清淨何以故若一切智智清淨若一切
陁羅尼門清淨若諸佛无上正等菩提清
淨无二无二分无別无斷故一切智智清淨故
一切三摩地門清淨一切三摩地門清淨故
諸佛无上正等菩提清淨何以故若一切智
智清淨若一切三摩地門清淨若諸佛无上
正等菩提清淨无二无二分无別无斷故善
現一切智智清淨故預流果清淨預流果
清淨故諸佛无上正等菩提清淨何以故若
一切智智清淨若預流果清淨若諸佛无上
正等菩提清淨无二无二分无別无斷故一
切智智清淨故一來不還阿羅漢果清淨一
來不還阿羅漢果清淨故諸佛无上正等菩
提清淨何以故若一切智智清淨若一來不
還阿羅漢果清淨若諸佛无上正等菩提清
淨无二无二分无別无斷故善現一切智智
清淨故獨覺菩提清淨獨覺菩提清淨故
諸佛无上正等菩提清淨何以故若一切智智
清淨若獨覺菩提清淨若諸佛无上正等菩
提清淨无二无二分无別无斷故善現一切



正等菩提清淨无二无二分无別无斷故善
現一切智智清淨故預流果清淨預流果
清淨故諸佛无上正等菩提清淨何以故若
一切智智清淨若預流果清淨若諸佛无上
正等菩提清淨无二无二分无別无斷故一
切智智清淨故一來不還阿羅漢果清淨一
來不還阿羅漢果清淨故諸佛无上正等菩
提清淨何以故若一切智智清淨若一來不
還阿羅漢果清淨若諸佛无上正等菩提清
淨无二无二分无別无斷故善現一切智智
清淨故獨覺菩提清淨獨覺菩提清淨故
諸佛无上正等菩提清淨何以故若一切智智
清淨若獨覺菩提清淨若諸佛无上正等菩
提清淨无二无二分无別无斷故善現一切
智智清淨故一切菩薩摩訶薩行清淨一切
菩薩摩訶薩行清淨故諸佛无上正等菩提
清淨何以故若一切智智清淨若一切菩薩
摩訶薩行清淨若諸佛无上正等菩提清淨
无二无二分无別无斷故
復次善現有為清淨故无為清淨无為清淨
故有為清淨何以故若有為清淨若无為清
淨无二无二分无別无斷故復次善現過去
清淨故未來現在清淨未來現在清淨盪
去清淨何以故若過去清淨若未來現在清
淨无二无二分无別无斷故善現未來清淨
故過去現在清淨過去現在清淨故未來清
淨何以故若未來清淨若過去現在清淨无
二无二分无別无斷故善現現在清淨故過

提清淨无二无二分无別无斷故善現一切
智智清淨故一切菩薩摩訶薩行清淨一切
菩薩摩訶薩行清淨故諸佛无上正等菩提
清淨何以故若一切智智清淨若一切菩薩
摩訶薩行清淨若諸佛无上正等菩提清淨
无二无二分无別无斷故
復次善現有爲清淨故无爲清淨无爲清淨
故有爲清淨何以故若有爲清淨若无爲清
淨无二无二分无別无斷故復次善現過去
清淨故未來現在清淨未來現在清淨盬
去清淨何以故若過去清淨若未來現在清
淨无二无二分无別无斷故善現未來清淨
故過去現在清淨過去現在清淨故未來清
淨何以故若未來清淨若過去現在清淨无
二无二分无別无斷故善現在清淨故過
去未來清淨過去未來清淨故現在清淨
何以故若現在清淨若過去未來清淨無
二無二分無別無斷故
大般若波羅蜜多經卷第二百八十四

BD13971 號　大般若波羅蜜多經卷二八四　（24–24）

BD13972 號背　現代護首　（1–1）

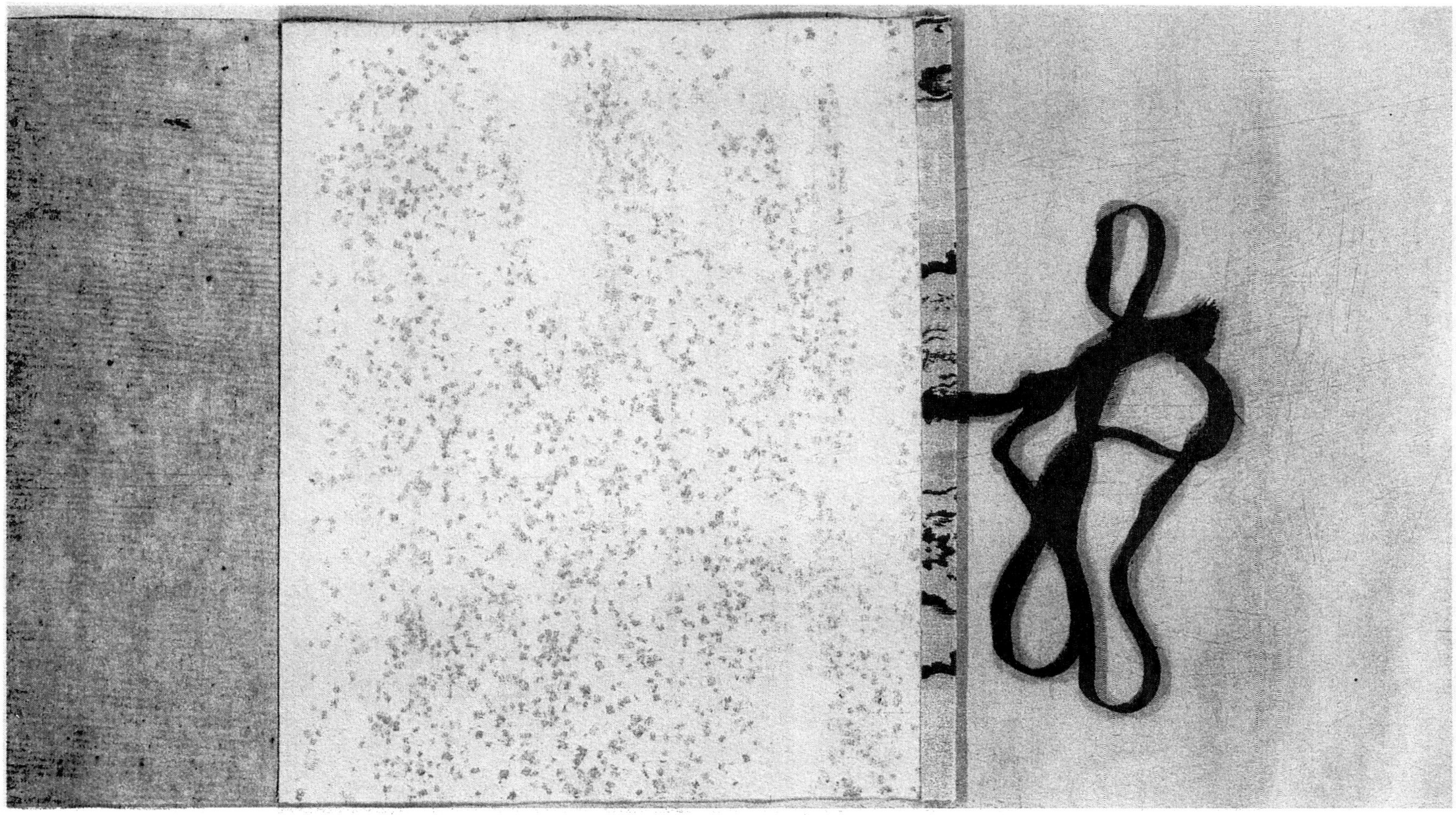

BD13972 號　大般若波羅蜜多經卷二八七　（22–1）

大般若波羅蜜多經卷第二百八十七
初分讚清淨品第卅五之三　三藏法師玄奘奉　詔譯
世尊我清淨故五眼清淨佛言如是畢竟淨
故世尊何緣而說我清淨故五眼清淨是畢
竟淨善現我无所有故五眼无所有是畢竟
淨世尊我清淨故六神通清淨佛言如是畢
竟淨故世尊何緣而說我清淨故六神通清
淨是畢竟淨善現我无所有故六神通无所
有是畢竟淨世尊我清淨故佛十力清淨佛
言如是畢竟淨故世尊何緣而說我清淨故
佛十力清淨是畢竟淨善現我无所有故佛
十力无所有是畢竟淨世尊我清淨故四无
所畏四无礙解大慈大悲大喜大捨十八佛

BD13972 號　大般若波羅蜜多經卷二八七　（22–2）

言如是畢竟淨故世尊何緣而說我清淨故
佛十力清淨是畢竟淨善現我无所有故佛
十力无所有是畢竟淨世尊我清淨故四无
所畏四无礙解大慈大悲大喜大捨十八佛
不共法清淨佛言如是畢竟淨故世尊何緣
而說我清淨故四无所畏乃至十八佛不共
法清淨是畢竟淨善現我无所有故四无所
畏乃至十八佛不共法无所有是畢竟淨世
尊我清淨故无忘失法清淨佛言如是畢竟
淨故世尊何緣而說我清淨故无忘失法清
淨是畢竟淨善現我无所有故无忘失法无
所有是畢竟淨世尊我清淨故恒住捨性清
淨佛言如是畢竟淨故世尊何緣而說我清
淨故恒住捨性清淨是畢竟淨善現我无所
有故恒住捨性无所有是畢竟淨世尊我清
淨故一切智清淨佛言如是畢竟淨故世尊
何緣而說我清淨故一切智清淨是畢竟淨
善現我无所有故一切智无所有是畢竟淨
世尊我清淨故道相智一切相智清淨佛言
如是畢竟淨故世尊何緣而說我清淨故道
相智一切相智清淨是畢竟淨善現我无所
有故道相智一切相智无所有是畢竟淨世
尊我清淨故一切陀羅尼門清淨佛言如是
畢竟淨故世尊何緣而說我清淨故一切陀
羅尼門清淨是畢竟淨善現我无所有故一
切陀羅尼門无所有是畢竟淨世尊我清淨
故一切三摩地門清淨佛言如是畢竟淨故

BD13972 號　大般若波羅蜜多經卷二八七　（22–3）

尊我清淨故一切陀羅尼門清淨佛言如是
畢竟淨故世尊何緣而說我清淨故一切陀
羅尼門清淨是畢竟淨善現我无所有故一
切陀羅尼門无所有是畢竟淨世尊我清淨
故一切三摩地門清淨佛言如是畢竟淨故
世尊何緣而說我清淨故一切三摩地門清
淨是畢竟淨善現我无所有故一切三摩地
門无所有是畢竟淨
世尊我淨清故預流果清淨佛言如是畢竟
淨故世尊何緣而說我清淨故預流果清淨
是畢竟淨善現我自相空故預流果自相空
是畢竟淨世尊我清淨故一來不還阿羅漢
果清淨佛言如是畢竟淨故世尊何緣而說
我清淨故一來不還阿羅漢果清淨是畢竟
淨善現我自相空故一來不還阿羅漢果自
相空是畢竟淨世尊我清淨故獨覺菩提清
淨佛言如是畢竟淨故世尊何緣而說我清
淨故獨覺菩提清淨是畢竟淨善現我自相
空故獨覺菩提自相空是畢竟淨世尊我清
淨故一切菩薩摩訶薩行清淨佛言如是畢
竟淨故世尊何緣而說我清淨故一切菩薩
摩訶薩行清淨是畢竟淨善現我自相空故
一切菩薩摩訶薩行自相空是畢竟淨世尊
我清淨故諸佛无上正等菩提清淨佛言如
是畢竟淨故世尊何緣而說我清淨故諸佛
无上正等菩提清淨是畢竟淨善現我自相
空故諸佛无上正等菩提自相空是畢竟淨
世尊我清淨故一切智智清淨佛言如是畢

BD13972 號　大般若波羅蜜多經卷二八七　（22–4）

我清淨故諸佛无上正等菩提清淨佛言如
是畢竟淨故世尊何緣而說我清淨故諸佛
无上正等菩提清淨是畢竟淨善現我自相
空故諸佛无上正等菩提自相空是畢竟淨
世尊我清淨故一切智智清淨佛言如是畢
竟淨故世尊何緣而說我清淨故一切智智
清淨是畢竟淨善現我无相无得无念无知
故一切智智无相无得无念无知是畢竟淨
世尊无二清淨无得无觀佛言如是畢竟淨
故世尊何緣而說无二清淨无得无觀是畢
竟淨善現无染淨故是畢竟淨
尒時具壽善現復白佛言世尊我无邊故色
无邊佛言如是畢竟淨故世尊何緣而說我
无邊故色无邊是畢竟淨善現以畢竟空无
際空故是畢竟淨世尊我无邊故受想行識
无邊佛言如是畢竟淨故世尊何緣而說我
无邊故受想行識无邊是畢竟淨善現以畢
竟空无際空故是畢竟淨世尊我无邊故眼
處无邊佛言如是畢竟淨故世尊何緣而說
我无邊故眼處无邊是畢竟淨善現以畢竟
空无際空故是畢竟淨世尊我无邊故耳鼻
舌身意處无邊佛言如是畢竟淨故世尊何
緣而說我无邊故耳鼻舌身意處无邊是畢
竟淨善現以畢竟空无際空故是畢竟淨世
尊我无邊故色處无邊佛言如是畢竟淨故
世尊何緣而說我无邊故色處无邊是畢竟
淨善現以畢竟空无際空故是畢竟淨世尊

BD13972號　大般若波羅蜜多經卷二八七　（22–5）

竟淨善現以畢竟空无際空故是畢竟淨世
尊我无邊故色處无邊佛言如是畢竟淨故
世尊何緣而說我无邊故色處无邊是畢竟
淨善現以畢竟空无際空故是畢竟淨世尊
我无邊故聲香味觸法處无邊佛言如是畢
竟淨故世尊何緣而說我无邊故聲香味觸
法處无邊是畢竟淨善現以畢竟空无際空
故是畢竟淨世尊我无邊故眼界无邊佛言
如是畢竟淨故世尊何緣而說我无邊故眼
界无邊是畢竟淨善現以畢竟空无際空故
是畢竟淨世尊我无邊故色界眼識界及眼
觸眼觸為緣所生諸受无邊佛言如是畢竟
淨故世尊何緣而說我无邊故色界乃至眼
觸為緣所生諸受无邊是畢竟淨善現以畢
竟空无際空故是畢竟淨世尊我无邊故耳
界无邊佛言如是畢竟淨故世尊何緣而說
我无邊故耳界无邊是畢竟淨善現以畢竟
空无際空故是畢竟淨世尊我无邊故聲界
耳識界及耳觸耳觸為緣所生諸受无邊佛言
如是畢竟淨故世尊何緣而說我无邊故
聲界乃至耳觸為緣所生諸受无邊是畢竟
淨善現以畢竟空无際空故是畢竟淨世尊
我无邊故鼻界无邊佛言如是畢竟淨故世
尊何緣而說我无邊故鼻界无邊是畢竟淨
善現以畢竟空无際空故是畢竟淨世尊我
无邊故香界鼻識界及鼻觸鼻觸為緣所
生諸受无邊佛言如是畢竟淨故世尊何緣而

BD13972號　大般若波羅蜜多經卷二八七　（22–6）

我无邊故鼻界无邊佛言如是畢竟淨故世
尊何緣而說我无邊故鼻界无邊是畢竟淨
善現以畢竟空无際空故是畢竟淨世尊我
无邊故香界鼻識界及鼻觸鼻觸為緣所
生諸受无邊佛言如是畢竟淨故世尊何緣而
說我无邊故香界乃至鼻觸為緣所生諸受
无邊是畢竟淨善現以畢竟空无際空故是
畢竟淨世尊我无邊故舌界无邊佛言如是
畢竟淨故世尊何緣而說我无邊故舌界无
邊是畢竟淨善現以畢竟空无際空故是畢
竟淨世尊我无邊故味界舌識界及舌觸舌
觸為緣所生諸受无邊佛言如是畢竟淨故
世尊何緣而說我无邊故味界乃至舌觸為
緣所生諸受无邊是畢竟淨善現以畢竟空
无際空是畢竟淨世尊我无邊故身界无
邊佛言如是畢竟淨故世尊何緣而說我无
邊故身界无邊是畢竟淨善現以畢竟空无
際空故是畢竟淨世尊我无邊故觸界身識
界及身觸身觸為緣所生諸受无邊佛言如
是畢竟淨故世尊何緣而說我无邊故觸界
乃至身觸為緣所生諸受无邊是畢竟淨善
現以畢竟空无際空故是畢竟淨世尊我无
邊故意界无邊佛言如是畢竟淨故世尊何
緣而說我无邊故意界无邊是畢竟淨善現
以畢竟空无際空故是畢竟淨世尊我无邊
故法界意識界及意觸意觸為緣所生諸受
无邊佛言如是畢竟淨故世尊何緣而說我
无邊故法界乃至意觸為緣所生諸受无邊

BD13972 號　大般若波羅蜜多經卷二八七　（22–7）

緣而說我无邊故意界无邊是畢竟淨善現
以畢竟空无際空故是畢竟淨世尊我无邊
故法界意識界及意觸意觸為緣所生諸受
无邊佛言如是畢竟淨故世尊何緣而說我
无邊故法界乃至意觸為緣所生諸受无邊
是畢竟淨善現以畢竟空无際空故是畢竟
淨世尊我无邊故地界无邊佛言如是畢竟
淨故世尊何緣而說我无邊故地界无邊是
畢竟淨善現以畢竟空无際空故是畢竟淨
世尊我无邊故水火風空識界无邊佛言如
是畢竟淨故世尊何緣而說我无邊故水火
風空識界无邊是畢竟淨善現以畢竟空无
際空故是畢竟淨世尊我无邊故无明无邊
佛言如是畢竟淨故世尊何緣而說我无邊
故无明无邊是畢竟淨善現以畢竟空无際
空故是畢竟淨世尊我无邊故行識名色六
處觸受愛取有生老死愁歎苦憂惱无邊佛
言如是畢竟淨故世尊何緣而說我无邊故
行乃至老死愁歎苦憂惱无邊是畢竟淨
善現以畢竟空无際空故是畢竟淨
世尊我无邊故布施波羅蜜多无邊佛言如
是畢竟淨故世尊何緣而說我无邊故布施
波羅蜜多无邊是畢竟淨善現以畢竟空无
際空故是畢竟淨世尊我无邊故淨戒安忍
精進靜慮般若波羅蜜多无邊佛言如是畢
竟淨如世尊何緣而說我无邊故淨戒乃至
般若波羅蜜多无邊是畢竟淨善現以畢竟
空无際空故是畢竟淨世尊我无邊故内空

BD13972 號　大般若波羅蜜多經卷二八七　（22–8）

際空故是畢竟淨世尊我无邊故淨
精進靜慮般若波羅蜜多无邊佛言如是畢
竟淨如世尊何緣而說我无邊故淨戒乃至
般若波羅蜜多无邊是畢竟淨善現以畢竟
空无際空故是畢竟淨世尊我无邊故內空
无邊佛言如是畢竟淨故世尊何緣而說我
无邊故內空无邊是畢竟淨善現以畢竟空
无際空故是畢竟淨世尊我无邊故外空內
外空空空大空勝義空有為空无為空畢竟
空无際空散空无變異空本性空自相空共
相空一切法空不可得空无性空自性空无
性自性空无邊佛言如是畢竟淨故世尊何
緣而說我无邊故外空乃至无性自性空无
邊是畢竟淨善現以畢竟空无際空故是畢
竟淨世尊我无邊故真如无邊佛言如是畢
竟淨故世尊何緣而說我无邊故真如无邊
是畢竟淨善現以畢竟空无際空故是畢竟
淨世尊我无邊故法界法性不虛妄性不變
異性平等性離生性法定法住實際虛空界
不思議界无邊佛言如是畢竟淨故世尊何
緣而說我无邊故法界乃至不思議界无邊
是畢竟淨善現以畢竟空无際空故是畢竟
淨世尊我无邊故苦聖諦无邊佛言如是畢
竟淨故世尊何緣而說我无邊故苦聖諦
无邊是畢竟淨善現以畢竟空无際空故是
畢竟淨世尊我无邊故集滅道聖諦无邊佛
言如是畢竟淨故世尊何緣而說我无邊故集
滅道聖諦无邊是畢竟淨善現以畢竟空无

BD13972 號　大般若波羅蜜多經卷二八七　（22–9）

竟淨故世尊何緣而說我无邊故苦聖諦
无邊是畢竟淨善現以畢竟空无際空故是
畢竟淨世尊我无邊故集滅道聖諦无邊佛
言如是畢竟淨故世尊何緣而說我无邊故集
滅道聖諦无邊是畢竟淨善現以畢竟空无
際空故是畢竟淨世尊我无邊故四靜慮无
邊佛言如是畢竟淨故世尊何緣而說我无
邊故四靜慮无邊是畢竟淨善現以畢竟空
无際空故是畢竟淨世尊我无邊故四无量
四无色定无邊佛言如是畢竟淨故世尊何
緣而說我无邊故四无量四无色定无邊是
畢竟淨善現以畢竟空无際空故是畢竟淨
世尊我无邊故八解脫无邊佛言如是畢竟
淨故世尊何緣而說我无邊故八解脫无邊
是畢竟淨善現以畢竟空无際空故是畢竟
淨世尊我无邊故八勝處九次第定十遍處
无邊佛言如是畢竟淨故世尊何緣而說我
无邊故八勝處九次第定十遍處无邊是畢
竟淨善現以畢竟空无際空故是畢竟淨世
尊我无邊故四念住无邊佛言如是畢竟淨
故世尊何緣而說我无邊故四念住无邊是
畢竟淨善現以畢竟空无際空故是畢竟淨
世尊我无邊故四正斷四神足五根五力七
等覺支八聖道支无邊佛言如是畢竟淨故
世尊何緣而說我无邊故四正斷乃至八聖
道支无邊是畢竟淨善現以畢竟空无際空
故是畢竟淨世尊我无邊故空解脫門无邊
佛言如是畢竟淨故世尊何緣而說我无邊

BD13972 號　大般若波羅蜜多經卷二八七　（22–10）

世尊何緣而說我无邊故四正斷乃至八聖
道支无邊是畢竟淨善現以畢竟空无際空
故是畢竟淨世尊我无邊故空解脫門无邊
佛言如是畢竟淨故世尊何緣而說我无邊
故空解脫門无邊是畢竟淨善現以畢竟空
无際空故是畢竟淨世尊我无邊故无相无
願解脫門无邊佛言如是畢竟淨故世尊何
緣而說我无邊故无相无願解脫門无邊是
畢竟淨善現以畢竟空无際空故是畢竟淨
世尊我无邊故菩薩十地无邊故佛言如是畢竟
淨故世尊何緣而說我无邊故菩薩十地
无邊是畢竟淨善現以畢竟空无際空故是
畢竟淨
世尊我无邊故五眼无邊佛言如是畢竟淨
故世尊何緣而說我无邊故五眼无邊是畢
竟淨善現以畢竟空无際空故是畢竟淨世
尊我无邊故六神通无邊佛言如是畢竟淨
故世尊何緣而說我无邊故六神通无邊是
畢竟淨善現以畢竟空无際空故是畢竟淨
世尊我无邊故佛十力无邊佛言如是畢竟
淨故世尊何緣而說我无邊故佛十力无邊
是畢竟淨善現以畢竟空无際空故是畢
竟淨世尊我无邊故四无所畏四无礙解大慈
大悲大喜大捨十八佛不共法无邊佛言如是
是畢竟淨故世尊何緣而說我无邊故四无
所畏乃至十八佛不共法无邊是畢竟淨善
現以畢竟空无際空故是畢竟淨世尊我

BD13972 號　大般若波羅蜜多經卷二八七　（22–11）

竟淨世尊我无邊故四无所畏四无礙解大慈
大悲大喜大捨十八佛不共法无邊佛言如是
是畢竟淨故世尊何緣而說我无邊故四无
所畏乃至十八佛不共法无邊是畢竟淨善
現以畢竟空无際空故是畢竟淨世尊我
无邊故无忘失法无邊佛言如是畢竟淨故世
尊何緣而說我无邊故无忘失法无邊是
畢竟淨善現以畢竟空无際空故是畢竟淨世
尊我无邊故恒住捨性无邊佛言如是畢竟
淨故世尊何緣而說我无邊故恒住捨性无
邊是畢竟淨善現以畢竟空无際空故是畢
竟淨世尊我无邊故一切智无邊佛言如是
畢竟淨故世尊何緣而說我无邊故一切智
无邊是畢竟淨善現以畢竟空无際空故是
畢竟淨世尊我无邊故道相智一切相智无
邊佛言如是畢竟淨故世尊何緣而說我无
邊故道相智一切相智无邊是畢竟淨善現
以畢竟空无際空故是畢竟淨世尊我无邊
故一切陁羅尼門无邊佛言如是畢竟淨故
世尊何緣而說我无邊故一切陁羅尼門无
邊是畢竟淨善現以畢竟空无際空故是
畢竟淨世尊我无邊故一切三摩地門无邊佛
言如是畢竟淨故世尊何緣而說我无邊故
一切三摩地門无邊是畢竟淨善現以畢竟
空无際空故是畢竟淨
世尊我无邊故預流果无邊佛言如是畢竟
淨故世尊何緣而說我无邊故預流果无邊

BD13972 號　大般若波羅蜜多經卷二八七　（22–12）

一切三摩地門无邊是畢竟淨善現以畢竟
空无際空故是畢竟淨
世尊我无邊故預流果无邊佛言如是畢竟
淨故世尊何緣而說我无邊故預流果无邊
是畢竟淨善現以畢竟空无際空故是畢竟
淨世尊我无邊故一來不還阿羅漢果无邊
佛言如是畢竟淨故世尊何緣而說我无邊
故一來不還阿羅漢果无邊是畢竟淨善現
以畢竟空无際空故是畢竟淨世尊我无邊
故獨覺菩提无邊佛言如是畢竟淨故世尊
何緣而說我无邊故獨覺菩提无邊是畢竟
淨善現以畢竟空无際空故是畢竟淨世尊
我无邊故一切菩薩摩訶薩行无邊佛言如
是畢竟淨故世尊何緣而說我无邊故一切
菩薩摩訶薩行无邊是畢竟淨善現以畢竟
空无際空故是畢竟淨世尊我无邊故諸佛
无上正等菩提无邊佛言如是畢竟淨故世
尊何緣而說我无邊故諸佛无上正等菩提
无邊是畢竟淨善現以畢竟空无際空故是
畢竟淨
尒時善現復白佛言世尊若菩薩摩訶薩能
如是覺知是為菩薩摩訶薩般若波羅蜜多
佛言如是畢竟淨故世尊何緣而說若菩薩
摩訶薩能如是覺知是為菩薩摩訶薩般若
波羅蜜多即畢竟淨善現以畢竟空无際空
故氐道相智世尊若菩薩摩訶薩脩行般若
波羅蜜多不住此岸不住彼岸不住中流是
為菩薩摩訶薩般若波羅蜜多佛言如是畢

BD13972號　大般若波羅蜜多經卷二八七　（22-13）

佛言如是畢竟淨故世尊何緣而說若菩薩
摩訶薩能如是覺知是為菩薩摩訶薩般若
波羅蜜多即畢竟淨善現以畢竟空无際空
故氐道相智世尊若菩薩摩訶薩脩行般若
波羅蜜多不住此岸不住彼岸不住中流是
為菩薩摩訶薩般若波羅蜜多佛言如是畢
竟淨故世尊何緣而說若菩薩摩訶薩脩行
般若波羅蜜多不住此岸不住彼岸不住中
流是為菩薩摩訶薩般若波羅蜜多即畢
竟淨善現以三世法性平等故氐道相智
初分著不著相品第卌六
尒時具壽善現白佛言世尊住菩薩乘諸善
男子善女人等若无方便善巧於此般若波
羅蜜多起般若波羅蜜多想以有所得為方
便故棄捨遠離甚深般若波羅蜜多佛言善
現善哉善哉如是如是如汝所說彼善男子
善女人等於此般若波羅蜜多著名著相是
故於此棄捨遠離具壽善現復白佛言世尊
云何彼善男子善女人等於此般若波羅蜜
多著名著相佛言善現彼善男子善女人等
於此般若波羅蜜多取名取相取名相已耽
著般若波羅蜜多不能證得實相般若是故
彼類棄捨遠離甚深般若波羅蜜多復次善
現住菩薩乘諸善男子善女人等若无方便
善巧於此般若波羅蜜多取名取相取名相
已恃此般若波羅蜜多而生憍慢不能證得
實相般若由斯彼類棄捨遠離甚深般若波
羅蜜多復次善現住菩薩乘諸善男子善女

BD13972號　大般若波羅蜜多經卷二八七　（22-14）

現住菩薩乘諸善男子善女人等若无方便
善巧於此般若波羅蜜多取名取相取名相
已恃此般若波羅蜜多而生憍慢不能證得
實相般若由斯故漸棄捨遠離甚深般若波
羅蜜多復次善現住菩薩乘諸善男子善女
人等若有方便善巧以无所得為方便於此
般若波羅蜜多不取名相不起耽著不生憍
慢便能證得實相般若當知此類名不棄捨
遠離般若波羅蜜多具壽善現即白佛言甚
奇世尊善為菩薩摩訶薩衆於此般若波羅
蜜多開示分別著不著相
尒時具壽舍利子問具壽善現言菩薩摩訶
薩行般若波羅蜜多時云何為著及不著相
善現答言舍利子住菩薩乘諸善男子善女
人等若无方便善巧行般若波羅蜜多時於
色謂空起空想著於受想行識謂空起空想
著若於眼處謂空起空想著於耳鼻舌身意
處謂空起空想著若於色處謂空起空想著
於聲香味觸法處謂空起空想著若於眼界
謂空起空想著於色界眼識界及眼觸眼觸
為緣所生諸受謂空起空想著若於耳界謂
空起空想著於聲界耳識界及耳觸耳觸為
緣所生諸受謂空起空想著若於鼻界謂空
起空想著於香界鼻識界及鼻觸鼻觸為緣
所生諸受謂空起空想著若於舌界謂空起
空想著於味界舌識界及舌觸舌觸為緣所
生諸受謂空起空想著若於身界謂空起空

BD13972號　大般若波羅蜜多經卷二八七　（22–15）

起空想著於香界鼻識界及鼻觸鼻觸為緣
所生諸受謂空起空想著若於舌界謂空起
空想著於味界舌識界及舌觸舌觸為緣所
生諸受謂空起空想著若於身界謂空起空
想著於觸界身識界及身觸身觸為緣所生
諸受謂空起空想著若於意界謂空起空想
著於法界意識界及意觸意觸為緣所生諸
受謂空起空想著若於地界謂空起空想著
於水火風空識界謂空起空想著若於无明
謂空起空想著於行識名色六處觸受愛取
有生老死愁歎苦憂惱謂空起空想著若於
布施波羅蜜多謂空起空想著於淨戒安忍
精進靜慮般若波羅蜜多謂空起空想著若
於內空謂空起空想著於外空內外空空空
大空勝義空有為空无為空畢竟空无際空
散空无變異空本性空自相空共相空一切
法空不可得空无性空自性空无性自性空
謂空起空想著若於真如謂空起空想著於
法界法性不虛妄性不變異性平等性離生
性法定法住實際虛空界不思議界謂空起
空想著若於苦聖諦謂空起空想著於集滅
道聖諦謂空起空想著若於四靜慮謂空起
空想著於四无量四无色定謂空起空想著
若於八解脫謂空起空想著於八勝處九次
第定十遍處謂空起空想著若於四念住謂
空起空想著於四正斷四神足五根五力七等
覺支八聖道支謂空起空想著若於空解

BD13972號　大般若波羅蜜多經卷二八七　（22–16）

空想著於四无量四无色定謂空起空想著
若於八解脫謂空起空想著於八勝處九次
第定十遍處謂空起空想著若於四念住謂
空起空想著於四正斷四神足五根五力七等
等覺支八聖道支謂空起空想著若於空解
脫門謂空起空想著於无相无願解脫門謂
空起空想著若於菩薩十地謂空起空想著
若於五眼謂空起空想著於六神通謂空起
空想著若於佛十力謂空起空想著於四无
所畏四无礙解大慈大悲大喜大捨十八佛
不共法謂空起空想著若於无忘失法謂空
起空想著於恒住捨性謂空起空想著若於
一切智謂空起空想著於道相智一切相智
謂空起空想著若於一切陁羅尼門謂空起
空想著於一切三摩地門謂空起空想著
若於預流果謂空起空想著於一來不還阿
羅漢果謂空起空想著若於獨覺菩提謂空
起空想著若於一切菩薩摩訶薩行謂空起
空想著若於諸佛无上正等菩提謂空起空
想著若於過去法謂空起空想著於未來現
在法謂空起空想著
復次舍利子住菩薩乘諸善男子善女人等
若无方便善巧行般若波羅蜜多時於色謂
色起色想著於受想行識謂受想行識起
受想行識想著若於眼處謂眼處起眼處想著
於耳鼻舌身意處謂耳鼻舌身意處起耳鼻
舌身意處想著若於色處謂色處起色處想
著於聲香味觸法處謂聲香味觸法處起聲

BD13972號　大般若波羅蜜多經卷二八七　（22–17）

色起色想著於受想行識謂受想行識起
受想行識想著若於眼處謂眼處起眼處想著
於耳鼻舌身意處謂耳鼻舌身意處起耳鼻
舌身意處想著若於色處謂色處起色處想
著於聲香味觸法處謂聲香味觸法處起聲
香味觸法處想著若於眼界謂眼界起眼界
想著於色界眼識界及眼觸眼觸為緣所生
諸受謂色界乃至眼觸為緣所生諸受起色
界乃至眼觸為緣所生諸受想著若於耳界
謂耳界起耳界想著於聲界耳識界及耳觸
耳觸為緣所生諸受謂聲界乃至耳觸為緣
所生諸受起聲界乃至耳觸為緣所生諸受
想著若於鼻界謂鼻界起鼻界想著於香界
鼻識界及鼻觸鼻觸為緣所生諸受謂香界
乃至鼻觸為緣所生諸受起香界乃至鼻觸
為緣所生諸受想著若於舌界謂舌界起舌
界想著於味界舌識界及舌觸舌觸為緣所
生諸受謂味界乃至舌觸為緣所生諸受起
味界乃至舌觸為緣所生諸受想著若於身
界謂身界起身界想著於觸界身識界及身
觸身觸為緣所生諸受謂觸界乃至身觸為
緣所生諸受起觸界乃至身觸為緣所生諸受
想著若於意界謂意界起意界想著於法界
意識界及意觸意觸為緣所生諸受謂法界
乃至意觸為緣所生諸受起法界乃至意觸
為緣所生諸受想著若於地界謂地界起地
界想著於水火風空識界謂水火風空識界

BD13972號　大般若波羅蜜多經卷二八七　（22–18）

意識界及意觸意觸為緣所生諸受謂法界
乃至意觸為緣所生諸受起法界乃至意觸
為緣所生諸受想著若於地界謂地界起地
界想著於水火風空識界謂水火風空識界
起水火風空識界想著若於无明謂无明起
无明想著於行識名色六處觸受愛取有
生老死愁歎苦憂惱謂行乃至老死愁歎苦
憂惱起行乃至老死愁歎苦憂惱想著
若於布施波羅蜜多謂布施波羅蜜多起布
施波羅蜜多想著於淨戒安忍精進靜慮般
若波羅蜜多謂淨戒乃至般若波羅蜜多起
淨戒乃至般若波羅蜜多想著若於內空謂
內空起內空想著於外空內外空空空大空
勝義空有為空无為空畢竟空无際空散空
无變異空本性空自相空共相空一切法空
不可得空无性空自性空无性自性空謂外
空乃至无性自性空起外空乃至无性自性
空想著若於真如謂真如起真如想著於
法界法性不虛妄性不變異性平等性離生性
法定法住實際虛空界不思議界謂法界乃
至不思議界起法界乃至不思議界想著若
於苦聖諦謂苦聖諦起苦聖諦想著於集
滅道聖諦謂集滅道聖諦起集滅道聖諦想著
若於四靜慮謂四靜慮起四靜慮想著於四
无量四无色定謂四无量四无色定起四无量
四无色定想著若於八解脫謂八解脫起
八解脫想著於八勝處九次第定十遍處謂

BD13972 號　大般若波羅蜜多經卷二八七　（22–19）

滅道聖諦謂集滅道聖諦起集滅道聖諦想著
若於四靜慮謂四靜慮起四靜慮想著於四
无量四无色定謂四无量四无色定起四无量
四无色定想著若於八解脫謂八解脫起
八解脫想著於八勝處九次第定十遍處謂
八勝處九次第定十遍處起八勝處九次第
定十遍處想著若於四念住謂四念住起四念
住想著於四正斷四神足五根五力七等
覺支八聖道支謂四正斷乃至八聖道支起
四正斷乃至八聖道支想著若於空解脫門
謂空解脫門起空解脫門想著於无相无願
解脫門謂无相无願解脫門起无相无願解
脫門想著若於菩薩十地謂菩薩十地起菩
薩十地想著
若於五眼謂五眼起五眼想著於六神通謂
六神通起六神通想著若於佛十力謂佛十
力起佛十力想著於四无所畏四无礙解大
慈大悲大喜大捨十八佛不共法謂四无所
畏乃至十八佛不共法起四无所畏乃至十
八佛不共法想著若於无忘失法謂无忘失
法起无忘失法想著於恒住捨性謂恒住捨
性起恒住捨性想著若於一切智謂一切智起
一切智想著於道相智一切相智謂道相
智一切相智起道相智一切相智想著若於
一切陀羅尼門謂一切陀羅尼門起一切陀羅
尼門想著於一切三摩地門謂一切三摩地
門起一切三摩地門想著

BD13972 號　大般若波羅蜜多經卷二八七　（22–20）

六神通起六神通想著若於佛十力謂佛十
力起佛十力想著於四无所畏四无礙解大
慈大悲大喜大捨十八佛不共法謂四无所
畏乃至十八佛不共法起四无所畏乃至十
八佛不共法想著若於无忘失法謂无忘失
法起无忘失法想著於恒住捨性謂恒住捨
性起恒住捨性想著若於一切智謂一切智
起一切智想著於道相智一切相智謂道相
智一切相智起道相智一切相智想著若於
一切陁羅尼門謂一切陁羅尼門起一切陁羅
尼門想著於一切三摩地門謂一切三摩地
門起一切三摩地門想著
若於預流果謂預流果起預流果想著於一
來不還阿羅漢果謂一來不還阿羅漢果起
一來不還阿羅漢果想著若於獨覺菩提謂
獨覺菩提起獨覺菩提想著若於一切菩薩
摩訶薩行謂一切菩薩摩訶薩行起一切菩
薩摩訶薩行想著若於諸佛无上正等菩提
謂諸佛无上正等菩提起諸佛无上正等菩
提想著若於過去法謂過去法起過去法想
著於未來現在法謂未來現在法起未來
現在法想著

大般若波羅蜜多經卷第二百八十七

BD13972號　大般若波羅蜜多經卷二八七　（22–21）

來不還阿羅漢果謂一來不還阿羅漢果起
一來不還阿羅漢果想著若於獨覺菩提謂
獨覺菩提起獨覺菩提想著若於一切菩薩
摩訶薩行謂一切菩薩摩訶薩行起一切菩
薩摩訶薩行想著若於諸佛无上正等菩提
謂諸佛无上正等菩提起諸佛无上正等菩
提想著若於過去法謂過去法起過去法想
著於未來現在法謂未來現在法起未來
現在法想著

大般若波羅蜜多經卷第二百八十七

BD13972號　大般若波羅蜜多經卷二八七　（22–22）

BD13973 號背　現代護首　（1–1）

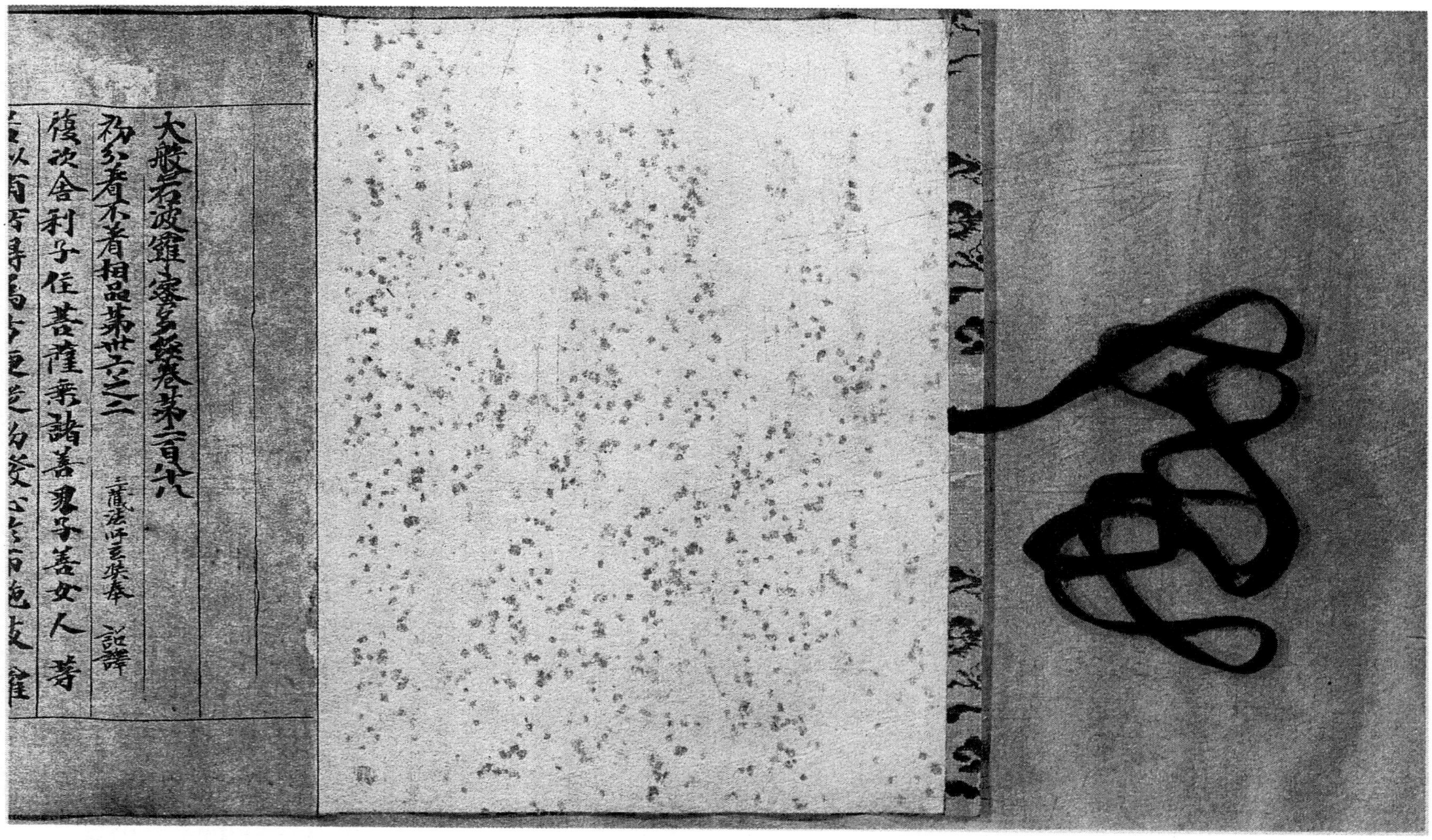


BD13973 號　大般若波羅蜜多經卷二八八　（21–1）

大般若波羅蜜多經卷第二百八十八
初分著不著相品第卅六之二
三藏法師玄奘奉　詔譯
復次舍利子住菩薩乘諸善男子善女人等
若以有所得為方便從初發心於布施波羅
蜜多起行想著於淨戒安忍精進靜慮般若
波羅蜜多起行想著若於內空起行想著於
外空內外空空空大空勝義空有為空無為
空畢竟空無際空散空無變異空本性空自
相空共相空一切法空不可得空無性空自
性空無性自性空起行想著若於真如起行
想著法界法性不虛妄性不變異性平等
性離生性法定法住實際虛空界不思議界
起行想著若於苦聖諦起行想著集滅道
聖諦起行想著若於四靜慮起行想著於四
無量四無色定起行想著若於八解脫起行
想著於八勝處九次第定十遍處起行想著
若於四念住起行想著於四正斷四神足五
根五力七等覺支八聖道支起行想著若於
空解脫門起行想著於無相無願解脫門起
行想著若於菩薩十地起行想著若於五眼
起行想著於六神通起行想著若於佛十力
起行想著於四無所畏四無礙解大慈大悲
大喜大捨十八佛不共法起行想著若於無
忘失法起行想著於恒住捨性起行想著若

BD13973號　大般若波羅蜜多經卷二八八　（21–2）

空解脫門起行想著於無相無願解脫門起
行想著若於菩薩十地起行想著若於五眼
起行想著於六神通起行想著若於佛十力
起行想著於四無所畏四無礙解大慈大悲
大喜大捨十八佛不共法起行想著若於無
忘失法起行想著於恒住捨性起行想著若
於一切智起行想著於道相智一切相智起
行想著若於一切陀羅尼門起行想著於一
切三摩地門起行想著若於預流果起行
想著於一來不還阿羅漢果起行想著若
於獨覺菩提起行想著若於一切菩薩摩訶薩
行起行想著若於諸佛無上正等菩提起行想
著舍利子菩薩摩訶薩行般若波羅蜜多時
著無方便善巧以有所得為方便起如是等
種種想著名為著想復次舍利子先所問
言云何菩薩摩訶薩行般若波羅蜜多時不著
相者舍利子菩薩摩訶薩行般若波羅蜜多
時有方便著巧於色不起空不空想於受想
行識亦不起空不空想於眼處不起空不空想
於耳鼻舌身意處亦不起空不空想於色處
不起空不空想於聲香味觸法處亦不起空
不空想於眼界不起空不空想於色界眼識
界及眼觸眼觸為緣所生諸受亦不起空不空
想於耳界不起空不空想於聲界耳識界
及耳觸耳觸為緣所生諸受亦不起空不空
想於鼻界不起空不空想於香界鼻識
界及鼻觸鼻觸為緣所生諸受亦不起空
不空想於舌界不起空不空想於味界舌

BD13973號　大般若波羅蜜多經卷二八八　（21–3）

界及眼觸眼觸為緣所生諸受亦不起空不空
想於耳界不起空不空想於聲界耳識界
及耳觸耳觸為緣所生諸受亦不起空不空
想於鼻界不起空不空想於香界鼻識
界及鼻觸鼻觸為緣所生諸受亦不起空
不空想於舌界不起空不空想於味界舌
識界及舌觸舌觸為緣所生諸受亦不起空不
空想於身界不起空不空想於觸界身識
界及身觸身觸為緣所生諸受亦不起空不空
想於意界不起空不空想於法界意識界及
意觸意觸為緣所生諸受亦不起空不空想於
地界不起空不空想於水火風空識界亦不
起空不空想於無明不起空不空想於行識
名色六處觸受愛取有生老死愁歎苦憂
惱亦不起空不空想
於布施波羅蜜多不起空不空想於淨戒安
忍精進靜慮般若波羅蜜多亦不起空不空
想於內空不起空不想於外空內外空空空
大空勝義空有為空無為空畢竟空無際
空散空無變異空本性空自相空共相空一
切法空不可得空無性空自性空無性自性
空亦不起空不空想於真如不起空不空想
於法界法性不虛妄性不變異性平等性離
生性法定法住實際虛空界不思議界亦不起
空不空想於苦聖諦不起空不空想於集
滅道聖諦亦不起空不空想於四靜慮不起
空不空想於四無量四無色定亦不起空不



於法界法性不虛妄性不變異性平等性離
生性法定法住實際虛空界不思議界亦不起
空不空想於苦聖諦不起空不空想於集
滅道聖諦亦不起空不空想於四靜慮不起
空不空想於四無量四無色定亦不起空不
空想於八解脫不起空不空想於八勝處九
次第定十遍處亦不起空不空想於四念住
不起空不空想於四正斷四神足五根五力
七等覺支八聖道支亦不起空不空想於空
解脫門不起空不空想於無相無願解脫門
亦不起空不空想於菩薩十地不起空不空
想
於五眼不起空不空想於六神通亦不起空
不空想於佛十力不起空不空想於四無所
畏四無礙解大慈大悲大喜大捨十八佛不
共法亦不起空不空想於無忘失法不起
空不空想於恒住捨性亦不起空不空想於
一切智不起空不空想於道相智一切相智亦
不起空不空想於一切陀羅尼門不起空不
空想於一切三摩地門亦不起空不空想
於預流果不起空不空想於一來不還阿
羅漢果亦不起空不空想於獨覺菩提不起
空不空想於一切菩薩摩訶薩行不起空不
空想於諸佛無上正等菩提不起空不空想於
過去法不起空不空想於未來現在法不起
空不空想
復次舍利子菩薩摩訶薩行般若波羅蜜

空不空想於一切菩薩摩訶薩行不起空不
空想於諸佛無上正等菩提不起空不空想於
過去法不起空不空想於未來現在法 不起
空不空想
復次舍利子菩薩摩訶薩行般若波羅蜜
多時以無所得為方便不作是念我能行施
慧彼受者此所施物及慧施性不作是念我能
護戒此所護戒不作是念我能脩忍此所脩
忍不作是念我能精進此是精進不作是念
我能入定此所入定不作是念我能脩慧此
所脩慧不作是念我能殖福此所殖福及所
得果不作是念我能入菩薩正性離生不作
是念我能成熟有情不作是念我能嚴淨
佛土不作是念我能證得一切智智不作是念
我能住空證法實性不作是念我能脩習諸
菩薩行不作是念我能具證諸佛功德念利
子若菩薩摩訶薩有方便善巧以無所得為
方便行般若波羅蜜多時無如是等一切分別
妄想執着由善通達內空外空內外空空
空大空勝義空有為空無為空畢竟空無際
空散空無變異空本性空自相空共相空一
切法空不可得空無性空自性空無性自性
空故舍利子是名菩薩摩訶薩行般若波羅
蜜多時有方便善巧無所得為方便無執着
相
尒時天帝釋問具壽善現言大德住菩薩乘
諸善男子善女人等脩行般若波羅蜜多

BD13973號　大般若波羅蜜多經卷二八八　（21–6）

蜜多時有方便善巧無所得為方便無執着
相
尒時天帝釋問具壽善現言大德住菩薩乘
諸善男子善女人等脩行般若波羅蜜多
時云何着相善現答言憍尸迦住菩薩乘諸
善男子善女人等脩行般若波羅蜜多時無
方便善巧有所得為方便起心想着起布施
波羅蜜多想着起淨戒安忍精進靜慮般
若波羅蜜多想着內空想着起外空內外空
空空大空勝義空有為空無為空畢竟空無
際空散空無變異空本性空自相空共相空一
切法空不可得空無性空自性空無性自性空
想着起真如想着起法界法性不虛妄性
不變異性平等性離生性法定法住實際
虛空界不思議界想着起苦聖諦想着集
滅道聖諦想着起四靜慮想着起四無量四
无色定想着起八解脫想着起八勝處九次
第定十遍處想着起四念住想着起四正斷
四神足五根五力七等覺支八聖道支想着起
空解脫門想着起無相無願解脫門想着
起菩薩十地想着起五眼想着起六神通想
着起佛十力想着起四无所畏四无礙解大慈
大悲大喜大捨十八佛不共法想着起无忘
失法想着起恒住捨性想着起一切智想
着起道想智一切想智想着起一切陁羅尼門
想着起一切三摩地門想着起預流果想着
起一來不還阿羅漢果想着起獨覺菩提

BD13973號　大般若波羅蜜多經卷二八八　（21–7）

想着起十八佛不共法想着起无忘
失法想着起恒住捨性想着起一切智想
着起道想智一切想智想着起一切陁羅尼門
想着起一切三摩地門想着起預流果想着
起一來不還阿羅漢果想着起獨覺菩提
想着起一切菩薩摩訶薩行想着起諸佛无
上正等菩提想着起諸菩薩摩訶薩想着
起諸如來應正等覺想着起於佛所種諸着根
想着起以如是所種善根和合迴向阿耨多羅
三藐三菩提想着憍尸迦是名住菩薩乘
諸善男子善女人等无方便善巧有所得為
方便脩行般若波羅蜜多時所有着想
憍尸迦住菩薩乘諸善男子善女人等由着
想故不能脩行無着般若波羅蜜多迴向无
上正等菩提何以故憍尸迦非色本性可能
迴向非受想行識本性可能迴向故非眼處
本性可能迴向非耳鼻舌身意處本性可
能迴向故非色處本性可能迴向非聲香味觸
法處本性可能迴向故非眼界本性可能迴
向非色界眼識界及眼觸眼觸為緣所生
諸受本性可能迴向故非耳界本性可能迴
向非聲界耳識界及耳觸耳觸為緣所生
諸受本性可能迴向故非鼻界本性可能迴向
非香界鼻識界及鼻觸鼻觸為緣所生諸
受本性可能迴向故非舌界本性可能迴向非味
界舌識界及舌觸舌觸為緣所生諸受本
性可能迴向故非身界本性可能迴向非觸
界身識界及身觸身觸為緣所生諸受本

BD13973號　大般若波羅蜜多經卷二八八　（21–8）

非香界鼻識界及鼻觸鼻觸為緣所生諸
受本性可能迴向故非舌界本性可能迴向非味
界舌識界及舌觸舌觸為緣所生諸受本
性可能迴向故非身界本性可能迴向非觸
界身識界及身觸身觸為緣所生諸受本
性可能迴向故非意界本性可能迴向非法界
意識界及意觸意觸為緣所生諸受本性可
能迴向故非地界本性可能迴向非水火風空
識界本性可能迴向故非无明本性可能
迴向非行識名色六處觸受愛取有生老死
愁歎苦憂惱本性可能迴向故
憍尸迦非布施波羅蜜多本性可能迴向非
淨戒安忍精進靜慮般若波羅蜜多本
性可能迴向故非內空本性可能迴向非外空內
外空空空大空勝義空有為空無為空畢
竟空无際空散空無變異空本性空自相空
共相空一切法空不可得空無性空自性空無
性自性空本性可能迴向故非真如本性可
能迴向非法界法性不虛妄性不變異性平
等性離生性法定法住實際虛空界不思
議界本性可能迴向故非苦聖諦本性可能迴
向非集滅道聖諦本性可能迴向故非四靜
慮本性可能迴向非四無量四無色定本性
可能迴向故非八解脫本性可能迴向非
八勝處九次第定十遍處本性可能迴向
故非四念住本性可能迴向非四正斷四神足五
根五力七等覺支八聖道支本性可能迴向

BD13973號　大般若波羅蜜多經卷二八八　（21–9）

可能迴向故非八解脫本性可能迴向非
八勝處九次第定十遍處本性可能迴向
故非四念住本性可能迴向非四正斷四神足五
根五力七等覺支八聖道支本性可能迴向
故非空解脫門本性可能迴向非无相无願
解脫門本性可能迴向故非菩薩十地本性
可能迴向故非五眼本性可能迴向非六神
通本性可能迴向故非佛十力本性可能迴
向非四無所畏四无礙解大慈大悲大喜大
捨十八佛不共法本性可能迴向故非无忘
失法本性可能迴向非恒住捨性本性可能
迴向故非一切智本性可能迴向非道相智
一切相智本性可能迴向故非一切陁羅尼
門本性可能迴向非一切三摩地門本性可
能迴向故非預流果本性可能迴向非一來
不還阿羅漢果本性可能迴向故非獨覺菩
提本性可能迴向故非一切菩薩摩訶薩行
本性可能迴向故非諸佛無上正等菩提本
性可能迴向故
復次憍尸迦若菩薩摩訶薩欲於無上正等
菩提示現教導勸勵讚喜他有情者應如
實相意示現教導勸勵讚喜復應如是示現
教導勸勵讚喜謂行布施波羅蜜多時不應
分別我能惠捨若行淨戒波羅蜜多時不應
分別我能護戒若行安忍波羅蜜多時不應
分別我能脩忍若行精進波羅蜜多時不應
分別我能精進若行靜慮波羅蜜多時不應



教導勸勵讚喜謂行布施波羅蜜多時不應
分別我能惠捨若行淨戒波羅蜜多時不應
分別我能護戒若行安忍波羅蜜多時不應
分別我能脩忍若行精進波羅蜜多時不應
分別我能精進若行靜慮波羅蜜多時不應
分別我能入定若行般若波羅蜜多時不應
分別我能習慧若行內空時不應分別我能
住內空若行外空內外空空空大空勝義空
有為空無為空畢竟空無際空散空无變
異空本性空自相空共相空一切法空不可得
空無性空自性空無性自性空時不應分別我
能住外空乃至無性自性空若行真如時
不應分別我能住真如若行法界法性不
虛妄性不變異性平等性離生性法定法住
實際虛空界不思議界時不應分別我能
住法界乃至不思議界若行苦聖諦時不應
分別我能住苦聖諦若行集滅道聖諦時
不應分別我住集滅道聖諦若行四靜慮時
不應分別我能脩四靜慮若行四無量四無色定
時不應分別我能脩四無量四無色定若行八
解脫時不應分別我能脩八解脫若行八勝
處九次第定十遍處時不應分別我能脩
八勝處九次第定十遍處若行四念住時不
應分別我能脩四念住若行四正斷四神足五
根五力七等覺支八聖道支時不應分別我
能脩四正斷乃至八聖道支若行空解脫門
時不應分別我能脩空解脫門若行無相無

八勝處九次第定十遍處若行四念住時不
應分別我能修四念住若行四正斷四神足五
根五力七等覺支八聖道支時不應分別我
能修四正斷乃至八聖道支行空解脫門
時不應分別我能修空解脫門若行無相無
願解脫門時不應分別我能修無相無願解
脫門若行菩薩十地時不應分別我能修菩
薩十地若行五眼時不應分別我能修五眼
若行六神通時不應分別我能修六神通若
行佛十力時不應分別我能修佛十力若行
四無所畏四無礙解大慈大悲大喜大捨十
八佛不共法時不應分別我能修四無所畏
乃至十八佛不共法若行無忘失法時不應
分別我能修無忘失法若行恒住捨性時不
應分別我能修恒住捨性若行一切智時不
應分別我能修一切智若行道相智一切相智
時不應分別我能修道相智一切相智若行
一切陀羅尼門時不應分別我能修一切陀
羅尼門若行一切三摩地門時不應分別我
能修一切三摩地門若行預流果相似法時
不應分別我能修預流果相似法若行一來
不還阿羅漢果相似法時不應分別我能修一
來不還阿羅漢果相似法若行獨覺菩提
相似法時不應分別我能修獨覺菩提相似
法若行一切菩薩摩訶薩行時不應分別我
能修一切菩薩摩訶薩行若諸佛無上正
等菩提時不應分別我能修諸佛無上正等
菩提



來不還阿羅漢果相似法若行獨覺菩提
相似法時不應分別我能修獨覺菩提相似
法若行一切菩薩摩訶薩行時不應分別我
能修一切菩薩摩訶薩行若諸佛無上正
等菩提時不應分別我能修諸佛無上正等
菩提憍尸迦諸菩薩摩訶薩於無上正等菩
提應如是示現教導勸勵讚喜他有情類若
菩薩摩訶薩於無上正等菩提能如是示現
教導勸勵讚喜他有情者於自無損亦不損
他如諸如來所應許可示現教導勸勵讚喜
諸有情故憍尸迦住菩薩乘諸善男子善女
人等若能如是示現教導勸勵讚喜趣菩薩
乘諸有情類便能遠離一切想著
尒時世尊讚具壽善現言善哉善哉如汝所
說汝今善能為諸菩薩說執着相善現復
有此餘微細着相當為汝說汝應諦聽極善思
惟善現白言唯然願說我等樂聞佛言善現
住菩薩乘諸善男子善女人等欲趣無上正
等菩提若於如來應正等覺取相憶念皆是
執着若於過去未來現在一切如來應正等
覺無着功德從初發心乃至法住所有善根
取相憶念既憶念已迴向無上正等菩提如
是一切取相憶念皆名執着若於一切如來
弟子及餘有情所修善法取相憶念迴向无
上正等菩提如是一切亦名執着所以者何
一切如來應正等覺所有無着功德善根不
應取相而憶念故於佛弟子及餘有情所有
善法不應取相而憶念故諸取相者皆虛妄

異生及餘有情所修集法取相憶念於
上正等菩提如是一切亦名執著所以者何
一切如來應正等覺所有無着功德善根不
應取相而憶念故於佛弟子及餘有情所有
善法不應取相而憶念故諸取相者皆虛妄
故
尒時具壽善現白佛言世尊如是般若波羅
蜜多最為甚深佛言如是以一切法本性離
故具壽善現復白佛言世尊如是般若波羅
蜜多皆應礼敬佛言如是功德多故然此般
若波羅蜜多無造無作無能覺者具壽善現
復白佛言世尊一切法性皆難可覺佛言如
是以一切法一性非二善現當知諸法一性
即是无性諸法无性即是一性如是諸法一
性無性無造無作若菩薩摩訶薩能如實
知諸所有法一性無性無造無作則能遠離一
切執着具壽善現復白佛言世尊如是般若
波羅蜜多難可覺了佛言如是由此般若波
羅蜜多無能見者無能聞者無能覺者無能
知者離諸相故具壽善現復白佛言世尊如
是般若波羅蜜多不可思議佛言如是所以
者何如是般若波羅蜜多不可以心知離心
相故如是般若波羅蜜多不可以色知離色相
故不可以受想行識知離受想行識相故
如是般若波羅蜜多不可以眼處知離眼處
相故不可以耳鼻舌身意處知離耳鼻舌
身意處相故如是般若波羅蜜多不可以色

BD13973號　大般若波羅蜜多經卷二八八　（21–14）

相故如是般若波羅蜜多不可以色知離色相
故不可以受想行識知離受想行識相故
如是般若波羅蜜多不可以眼處知離眼處
相故不可以耳鼻舌身意處知離耳鼻舌
身意處相故如是般若波羅蜜多不可以色
處知離色處相故不可以聲香味觸法處知
離聲香味觸法處相故如是般若波羅蜜
多不可以眼界知離眼界相故不可以色界眼
識界及眼觸眼觸為緣所生諸受知離色界
乃至眼觸為緣所生諸受相故如是般若波羅
蜜多不可以耳界知離耳界相故不可以
聲界耳識界及耳觸耳觸為緣所生諸受
知離聲界乃至耳觸為緣所生諸受相故如
是般若波羅蜜多不可以鼻界知離鼻界
相故不可以香界鼻識界及鼻觸鼻觸為緣所生
諸受知離香界乃至鼻觸為緣所生諸受相故
如是般若波羅蜜多不可以舌界知離舌界
相故不可以味界舌識界及舌觸舌觸為緣
所生諸受知離味界乃至舌觸為緣所生諸
受相故如是般若波羅蜜多不可以身界知
離身界相故不可以觸界身識界及身觸
身觸為緣所生諸受知離觸界乃至身觸為
緣所生諸受相故如是般若波羅蜜多不可以
意界知離意界相故不可以法界意識界及
意觸意觸為緣所生諸受知離法界乃至意
觸為緣所生諸受相故如是般若波羅蜜多
不可以地界知離地界相故不可以水火風
空識界知離水火風空識界相故

BD13973號　大般若波羅蜜多經卷二八八　（21–15）

意界知離意界相故不可以法界意識界及
意觸意觸為緣所生諸受知離法界乃至意
觸為緣所生諸受相故如是般若波羅蜜多
不可以地界知離地界相故不可以水火風
空識界知離水火風空識界相故如是般若
波羅蜜多不可以無明知離無明相故不可
以行識名色六處觸受愛取有生老死愁歎
苦憂惱知離行乃至老死愁歎苦憂惱相故
如是般若波羅蜜多不可以布施波羅蜜多
知離布施波羅蜜多相故不可以淨戒安忍
精進靜慮般若波羅蜜多知離淨戒乃至般
若波羅蜜多相故如是般若波羅蜜多不可
以內空知離內空相故不可以外空內外空
空空大空勝義空有為空無為空畢竟空無
際空散空無變異空本性空自相空共相空
一切法空不可得空無性空自性空無性自
性空知離外空乃至無性自性空相故如是
般若波羅蜜多不可以真如知離真如相故
不可以法界法性不虛妄性不變異性平等
性離生性法定法住實際虛空界不思議界
知離法界乃至不思議界相故如是般若波羅
蜜多不可以苦聖諦知離苦聖諦相故不
可以集滅道聖諦知離集滅道聖諦相故如
是般若波羅蜜多不可以四靜慮知離四靜
慮相故不可以四無量四無色定知離四無
量四無色定相故如是般若波羅蜜多不可
以八解脫知離八解脫相故不可以八勝處

BD13973號　大般若波羅蜜多經卷二八八　（21–16）

是般若波羅蜜多不可以四靜慮知離四靜
慮相故不可以四無量四無色定知離四無
量四無色定相故如是般若波羅蜜多不可
以八解脫知離八解脫相故不可以八勝處
九次第定十遍處知離八勝處九次第定十
遍處相故如是般若波羅蜜多不可以四念
住知離四念住相故不可以四正斷四神足五
根五力七等覺支八聖道支知離四正斷
乃至八聖道支相故如是般若波羅蜜多不
可以空解脫門知離空解脫門相故不可以
無相無願解脫門知離無相無願解脫門相
故如是般若波羅蜜多不可以菩薩十地知
離菩薩十地相故
如是般若波羅蜜多不可以五眼知離五眼
相故不可以六神通知離六神通相故如是
般若波羅蜜多不可以佛十力知離佛十力
相故不可以四無所畏四無礙解大慈大
悲大喜大捨十八佛不共法知離四無所畏乃
至十八佛不共法相故如是般若波羅蜜多
不可以無忘失法知離無忘失法相故不可
以恒住捨性知離恒住捨性相故如是般若波
羅蜜多不可以一切智知離一切智相故不
可以道相智一切相智知離道相智一切相
智相故如是般若波羅蜜多不可以一切陀
羅尼門知離一切陀羅尼門相故不可以一
切三摩地門知離一切三摩地門相故
如是般若波羅蜜多不可以預流果知離預

BD13973號　大般若波羅蜜多經卷二八八　（21–17）

可以道相智一切相智知離道相智一切相
智相故如是般若波羅蜜多不可以一切陁
羅尼門知離一切陁羅尼門相故不可以一
切三摩地門知離一切三摩地門相故
如是般若波羅蜜多不可以預流果知離預
流果相故不可以一來不還阿羅漢果知離
一來不還阿羅漢果相故如是般若波羅蜜
多不可以獨覺菩提知離獨覺菩提相故如
是般若波羅蜜多不可以一切菩薩摩訶薩
行知離一切菩薩摩訶薩行相故如是般若
波羅蜜多不可以諸佛無上正等菩提知離
諸佛無上正等菩提相故
尒時具壽善現復白佛言世尊如是般若波
羅蜜多無所造作佛言如是以諸作者不可
得故善現色不可得故作者不可得受想行
識不可得故作者不可得善現眼處不可得
故作者不可得耳鼻舌身意處不可得故作
者不可得善現色處不可得故作者不可得
聲香味觸法處不可得故作者不可得善現
眼界不可得故作者不可得色界眼識界及
眼觸眼觸為緣所生諸受不可得故作者不
可得善現耳界不可得故作者不可得聲界
耳識界及耳觸耳觸為緣所生諸受不可得
故作者不可得善現鼻界可得故作者不
可得香界鼻識及鼻觸鼻觸為緣所生諸
受不可得故作者不可得善現舌界不可得
故作者不可得味界香識界及舌觸舌觸為

BD13973號　大般若波羅蜜多經卷二八八　（21-18）

耳識界及耳觸耳觸為緣所生諸受不可得
故作者不可得善現鼻界可得故作者不
可得香界鼻識及鼻觸鼻觸為緣所生諸
受不可得故作者不可得善現舌界不可得
故作者不可得味界香識界及舌觸舌觸為
緣所生諸受不可得故作者不可得善現身
界不可得故作者不可得觸界身識界及身
觸身觸為緣所生諸受不可得故作者不可
得善現意界不可得故作者不可得法界意
識界及意觸意觸為緣所生識受不可得
故作者不可得善現地界不可得故作者不可
得水火風空識界不可得故作者不可得善
現無明不可得故作者不可得行識名色六
處觸受愛取有生老死愁歎苦憂惱不可得
故作者不可得
善現布施波羅蜜多不可得故作者不可得
淨戒安忍精進靜慮般若波羅蜜多不得
故作者不可得善現內空不可得故作者不
可得外空內外空空空大空勝義空有為空
無為空畢竟空無際空散空無變異空本性
空自相空共相空一切法空不可得空無性
空自性空無性自性空不可得故作者不可
得善現真如不可得故作者不可得法界法
性不虛妄性不變異性平等性離生性法定
法住實際虛空界不思議界不可得故作者
不可得善現四靜慮不可得故作者不可得
四無量四無色定不可得故作者不可得善

BD13973號　大般若波羅蜜多經卷二八八　（21-19）

得善現真如不可得故作者不可得法界法
性不虛妄性不變異性平等性離生性法定
法住實際虛空界不思議界不可得故作者
不可得善現四靜慮不可得故作者不可得
四無量四無色定不可得故作者不可得善
現八解脫不可得故作者不可得八勝處九
次第定十遍處不可得故作者不可得善現
四念住不可得故作者不可得四正斷四神
足五根五力七等覺支八聖道支不可得
故作者不可得善現空解脫門不可得故作者
不可得無相無願解脫門不可得故作者不
可得善現菩薩十地不可得故作者不可得
善現五眼不可得故者不可得六神通不
可得故作者不可得善現佛十力不可得故
作者不可得四無所畏四無礙解大慈大悲
大喜大捨十八佛不共法不可得故作者不
可得善現無忘失法不可得故作者不可得
恒住捨性不可得故作者不可得善現一切
智不可得故作者不可得道相智一切相智
不可得故作者不可得善現一切陀羅尼門
不可得故作者不可得一切三摩地門不可
得故作者不可得善現預流果不可得故作
者不可得一來不還阿羅漢果不可得故作
者不可得善現獨覺菩提不可得故作者不
可得善現一切菩薩摩訶薩行不可得故作
者不可得善現諸佛無上正等菩提不可得
故作者不可得善現由諸作者及色等法不

BD13973號　大般若波羅蜜多經卷二八八　（21–20）

不可得故作者不可得一切三摩地門不可
得故作者不可得善現預流果不可得故作
者不可得一來不還阿羅漢果不可得故作
者不可得善現獨覺菩提不可得故作者不
可得善現一切菩薩摩訶薩行不可得故作
者不可得善現諸佛無上正等菩提不可得
故作者不可得善現由諸作者及色等法不
可得故如是般若波羅蜜多無所造作

大般若波羅蜜多經卷第二百八十八

BD13973號　大般若波羅蜜多經卷二八八　（21–21）

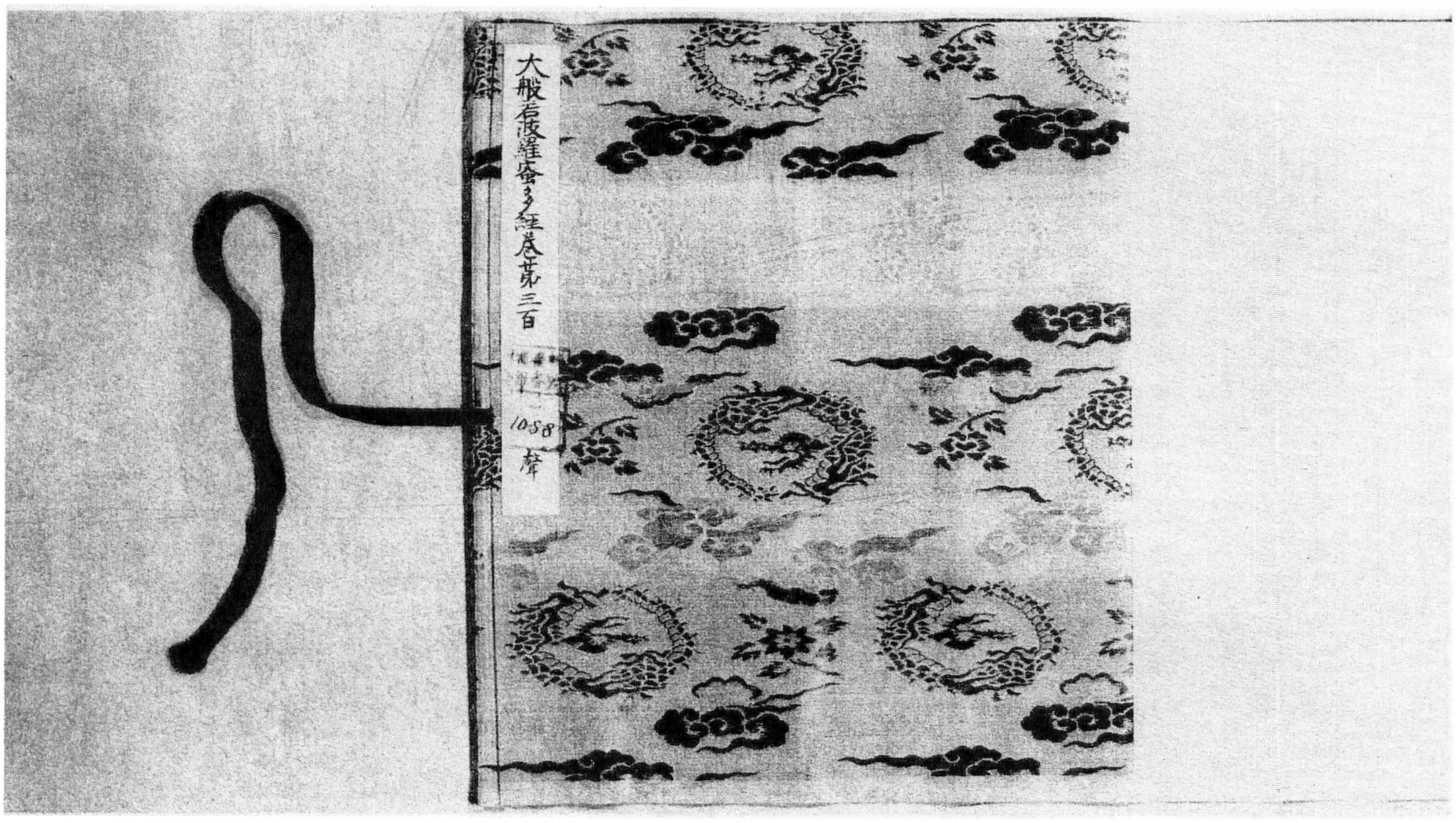


BD13974 號背　現代護首　　　　（1–1）

BD13974 號　大般若波羅蜜多經卷三〇〇　　　　（20–1）

近當
男子善女人等如住
薩摩訶薩疾得无上正等菩提由
此得聞甚深般若波羅蜜多能深信解受持
讀誦如理思惟隨教脩行為他演說
世尊譬如有人遊涉曠野經過險路百踰繕
那或二或三或四五百見諸城邑王都前相
謂放牧人園林田等見諸相已便作是念城
邑王都去此非遠作是念已身意泰然不畏
惡獸惡賊飢渴世尊諸菩薩摩訶薩亦復如
是若得聞此甚深般若波羅蜜多受持讀
誦如理思惟深生信解應知不久當得受記或
已得受速證无上正等菩提是菩薩摩訶薩
无墮聲聞獨覺地畏何以故是菩薩摩訶薩
已得見聞恭敬供養甚深般若波羅蜜多无
上菩提之前相故尒時佛告舍利子言如是

BD13974 號　大般若波羅蜜多經卷三〇〇

（20–2）

是若得聞此甚深般若波羅蜜多受持讀
誦如理思惟深生信解應知不久當得受記或
已得受速證无上正等菩提是菩薩摩訶薩
无墮聲聞獨覺地畏何以故是菩薩摩訶薩
已得見聞恭敬供養甚深般若波羅蜜多无
上菩提之前相故尒時佛告舍利子言如是
如是如汝所說汝承佛力當復說之時舍利
子復白佛言世尊譬如有人欲觀大海漸次
往趣經於多時不見山林便作是念今觀此
相大海非遠所以者何夫近海岸地必漸下
定无山林彼人尒時雖未見海而見近相歡
喜踊躍世尊諸菩薩摩訶薩亦復如是若得
聞此甚深般若波羅蜜多受持讀誦如理思
惟深生信解是菩薩摩訶薩雖未得佛現前
授記汝於未來世經尒所劫若經百劫若經千
劫若經百千劫乃至若經百千俱胝那庾多
劫當得无上正等菩提而應自知受記非遠
何以故是菩薩摩訶薩已得見聞恭敬供養
受持讀誦如理思惟甚深般若波羅蜜多无
上菩提之前相故世尊譬如春時花菓樹等
陳葉已落枝條滋潤衆人見已咸作是言新
花菓葉當出不久所以者何此諸樹等新花
菓葉先相現故贍部洲人男女大小見此相
已歡喜踊躍皆作是言我等不久當得見此
花菓茂盛世尊諸菩薩摩訶薩亦復如是若
得聞此甚深般若波羅蜜多受持讀誦如理
思惟深生信解當知宿世善根成熟多供養
佛多事善友不久當受大菩提記世尊是菩

BD13974 號　大般若波羅蜜多經卷三〇〇

（20–3）

葉葉先相現故贍部洲人男女大小見此相
已歡喜踊躍皆作是言我等不久當得見此
花葉茂盛世尊諸菩薩摩訶薩亦復如是若
得聞此甚深般若波羅蜜多受持讀誦如理
思惟深生信解當知宿世善根成熟多供養
佛多事善友不久當受大菩提記世尊是菩
薩摩訶薩應作是念我先定有勝善根力能
引无上正等菩提故今見聞恭敬供養甚深
般若波羅蜜多讀誦受持深生信解如理思
惟隨力脩習世尊此會中有諸天子衆見過
去佛說是法者皆生歡喜咸共議言昔諸菩
薩聞說般若波羅蜜多便得受記今諸菩薩
既聞說此甚深般若波羅蜜多不久定當受
菩提記世尊譬如女人懷孕漸久其身轉重
動止不安飲食睡眠悉皆減少不憙多語猒
常所作受苦痛故衆事頓息有異母人見是
相已即知此女不久產生世尊諸菩薩摩訶
薩亦復如是宿種善根多供養佛久事善友
善根熟故今得聞此甚深般若波羅蜜多受
持讀誦如理思惟深生信解隨力脩習世尊
當知是菩薩摩訶薩由此因緣不久得受阿
耨多羅三藐三菩提記尒時佛讚舍利子言
善哉善哉汝善能說得聞如是甚深般若波
羅蜜多菩薩譬喻當知皆是佛威神力
尒時具壽善現白佛言世尊一切如來應正
等覺甚奇希有善能付囑諸菩薩摩訶薩
善能攝受諸菩薩摩訶薩佛言善現如是如是
何以故善現諸菩薩摩訶薩求趣无上正等



羅蜜多菩薩譬喻當知皆是佛威神力
尒時具壽善現白佛言世尊一切如來應正
等覺甚奇希有善能付囑諸菩薩摩訶薩
善能攝受諸菩薩摩訶薩佛言善現如是如是
何以故善現諸菩薩摩訶薩求趣无上正等
菩提為多有情得利樂故憐愍饒益諸天人
故是諸菩薩摩訶薩行菩薩道時為欲饒益
无量百千俱胝那庾多諸有情類故以四攝
事而攝受之何等為四一者布施二者愛語
三者利行四者同事亦安立彼令勤脩習十
善業道善現是諸菩薩摩訶薩自行四靜
慮亦教他行四靜慮自行四无量亦教他行四
无量自行四无色定亦教他行四无色定自
行六波羅蜜多亦教他行六波羅蜜多善現
是諸菩薩摩訶薩依止般若波羅蜜多巧方
便力雖教有情證預流果而自不證雖教有
情證一來不還阿羅漢果而自不證雖教有
情證獨覺菩提而自不證善現是諸菩薩摩
訶薩自脩布施淨戒安忍精進靜慮般若波
羅蜜多亦勸无量百千俱胝那庾多菩薩摩
訶薩脩布施淨戒安忍精進靜慮般若波羅
蜜多自住不退轉地亦勸彼住不退轉地自
嚴淨佛土亦勸彼嚴淨佛土自成熟有情亦
勸彼成熟有情自起菩薩神通亦勸彼起菩
薩神通自淨陁羅尼門亦勸彼淨陁羅尼門
自淨三摩地門亦勸彼淨三摩地門自具无
礙辯亦勸彼具无礙辯自具妙色身亦勸彼
具妙色身自具相好亦勸彼具相好自

慮波羅蜜多亦勸彼慮波羅蜜多自成熟有情亦
勸彼成熟有情自起菩薩神通亦勸彼起菩
薩神通自淨陁羅尼門亦勸彼淨陁羅尼門
自淨三摩地門亦勸彼淨三摩地門自具无
礙辯亦勸彼具无礙辯自具妙色身亦勸彼
具妙色身自具諸相好亦勸彼具諸相好自
具童真行亦勸彼具童真行自修四念住亦
教彼修四念住自修四正斷亦教彼修四正
斷自修四神足亦教彼修四神足自修五根
亦教彼修五根自修五力亦教彼修五力自
修七等覺支亦教彼修七等覺支自修八聖
道支亦教彼修八聖道支自住內空亦教彼
住內空自住外空內外空空空大空勝義空
有為空无為空畢竟空无際空散空无變異
空本性空自相空共相空一切法空不可得
空无性空自性空无性自性空亦教彼住外
空乃至无性自性空自住真如亦教彼住真
如自住法界法性不虛妄性不變異性平等
性離生性法定法住實際虛空界不思議界
亦教彼住法界乃至不思議界自住苦聖諦
亦教彼住苦聖諦自住集滅道聖諦亦教彼
住集滅道聖諦自修四靜慮亦教彼修四靜
慮自修四无量亦教彼修四无量自修四无
色定亦教彼修四无色定自修八解脫亦教
彼修八解脫自修八勝處亦教彼修八勝處
自修九次第定亦教彼修九次第定自修十
遍處亦教彼修十遍處自修三解脫門亦教
彼修三解脫門自修菩薩十地亦教彼修菩

BD13974 號　大般若波羅蜜多經卷三〇〇　（20–6）

色定亦教彼修四无色定自修八解脫亦教
彼修八解脫自修八勝處亦教彼修八勝處
自修九次第定亦教彼修九次第定自修十
遍處亦教彼修十遍處自修三解脫門亦教
彼修三解脫門自修菩薩十地亦教彼修菩
薩十地自修五眼亦教彼修五眼自修六神
通亦教彼修六神通自修一切陁羅尼門亦
教彼修一切陁羅尼門自修一切三摩地門
亦教彼修一切三摩地門自修佛十力亦教
彼修佛十力自修四无礙解亦教彼修四无
礙解自修大慈大悲大喜大捨亦教彼修大
慈大悲大喜大捨自修十八佛不共法亦教
彼修十八佛不共法自修一切智亦教彼修
一切智自修道相智一切相智亦教彼修道
相智一切相智自修无忘失法恒住捨性亦
教彼修无忘失法恒住捨性自斷一切煩惱
習氣亦教彼斷一切煩惱習氣自證无上正
等菩提轉妙法輪度无量衆亦教彼證无上
正等菩提轉妙法輪度无量衆
具壽善現復白佛言甚奇世尊希有善逝是
諸菩薩摩訶薩衆成就如是大功德聚為欲
饒益一切有情修行般若波羅蜜多求證无
上正等菩提世尊云何菩薩摩訶薩修行般
若波羅蜜多速得圓滿佛言善現若菩薩摩
訶薩行般若波羅蜜多時不見色若增若減
不見受想行識若增若減是菩薩摩訶薩修
行般若波羅蜜多速得圓滿善現若菩薩摩
訶薩行般若波羅蜜多時不見眼處若增若

BD13974 號　大般若波羅蜜多經卷三〇〇　（20–7）

若波羅蜜多速得圓滿佛言善現若菩薩摩
訶薩行般若波羅蜜多時不見色若增若減
不見受想行識若增若減是菩薩摩訶薩修
行般若波羅蜜多速得圓滿善現若菩薩摩
訶薩行般若波羅蜜多時不見眼處若增若
減不見耳鼻舌身意處若增若減是菩薩摩
訶薩修行般若波羅蜜多速得圓滿善現若
菩薩摩訶薩行般若波羅蜜多時不見色處
若增若減不見聲香味觸法處若增若減是
菩薩摩訶薩修行般若波羅蜜多速得圓滿
善現若菩薩摩訶薩行般若波羅蜜多時不
見眼界若增若減不見色界眼識界及眼觸
眼觸為緣所生諸受若增若減是菩薩摩訶
薩修行般若波羅蜜多速得圓滿善現若菩
薩摩訶薩行般若波羅蜜多時不見耳界若
增若減不見聲界耳識界及耳觸耳觸為緣
所生諸受若增若減是菩薩摩訶薩修行般
若波羅蜜多速得圓滿善現若菩薩摩訶薩
行般若波羅蜜多時不見鼻界若增若減不
見香界鼻識界及鼻觸鼻觸為緣所生諸受
若增若減是菩薩摩訶薩修行般若波羅
蜜多速得圓滿善現若菩薩摩訶薩行般若波
羅蜜多時不見舌界若增若減不見味界舌
識界及舌觸舌觸為緣所生諸受若增若減
是菩薩摩訶薩修行般若波羅蜜多速得圓
滿善現若菩薩摩訶薩行般若波羅蜜多時
不見身界若增若減不見觸界身識界及身
觸身觸為緣所生諸受若增若減是菩薩摩

BD13974 號　大般若波羅蜜多經卷三〇〇　（20–8）

識界及舌觸舌觸為緣所生諸受若增若減
是菩薩摩訶薩修行般若波羅蜜多速得圓
滿善現若菩薩摩訶薩行般若波羅蜜多時
不見身界若增若減不見觸界身識界及身
觸身觸為緣所生諸受若增若減是菩薩摩
訶薩修行般若波羅蜜多速得圓滿善現若
菩薩摩訶薩行般若波羅蜜多時不見意界
若增若減不見法界意識界及意觸意觸為
緣所生諸受若增若減是菩薩摩訶薩修行
般若波羅蜜多速得圓滿善現若菩薩摩訶
薩行般若波羅蜜多時不見地界若增若減
不見水火風空識界若增若減是菩薩摩訶
薩修行般若波羅蜜多速得圓滿善現若
菩薩摩訶薩行般若波羅蜜多時不見无明
若增若減不見行識名色六處觸受愛取有生
老死愁歎苦憂惱若增若減是菩薩摩訶薩
修行般若波羅蜜多速得圓滿善現若菩薩
摩訶薩行般若波羅蜜多時不見布施波羅
蜜多若增若減不見淨戒安忍精進靜慮般
若波羅蜜多若增若減是菩薩摩訶薩修行
般若波羅蜜多速得圓滿善現若菩薩摩訶
薩行般若波羅蜜多時不見內空若增若減
不見外空內外空空空大空勝義空有為空
无為空畢竟空无際空散空无變異空本性
空自相空共相空一切法空不可得空无性
空自性空无性自性空若增若減是菩薩摩
訶薩修行般若波羅蜜多速得圓滿善現若

BD13974 號　大般若波羅蜜多經卷三〇〇　（20–9）

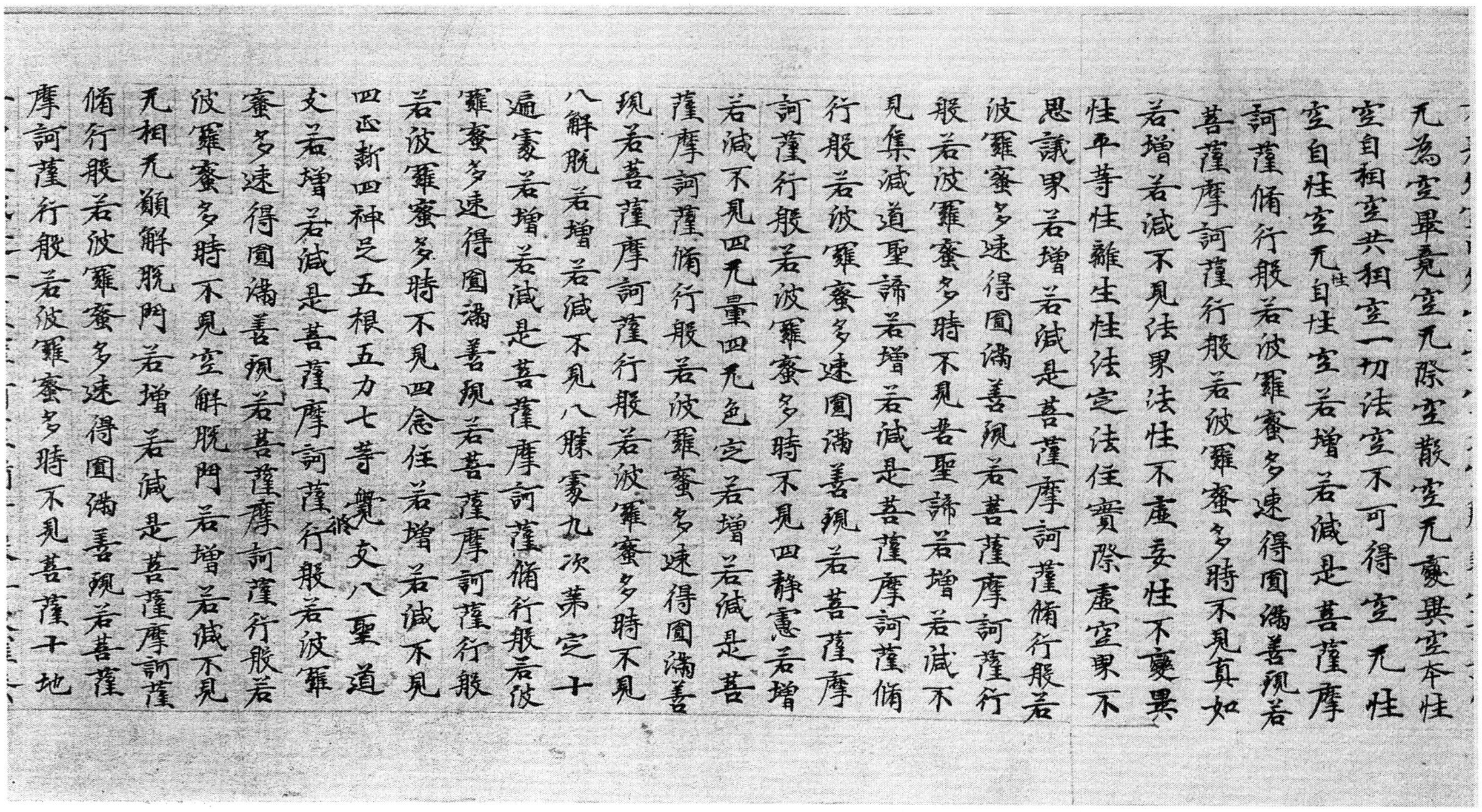
无為空畢竟空无際空散空无變異空本性
空自相空共相空一切法空不可得空无性
空自性空无性自性空若增若減是菩薩摩
訶薩脩行般若波羅蜜多速得圓滿善現若
菩薩摩訶薩行般若波羅蜜多時不見真如
若增若減不見法界法性不虛妄性不變異
性平等性離生性法定法住實際虛空界不
思議界若增若減是菩薩摩訶薩脩行般若
波羅蜜多速得圓滿善現若菩薩摩訶薩行
般若波羅蜜多時不見苦聖諦若增若減不
見集滅道聖諦若增若減是菩薩摩訶薩脩
行般若波羅蜜多速圓滿善現若菩薩摩
訶薩行般若波羅蜜多時不見四靜慮若增
若減不見四无量四无色定若增若減是菩
薩摩訶薩脩行般若波羅蜜多速得圓滿善
現若菩薩摩訶薩行般若波羅蜜多時不見
八解脫若增若減不見八勝處九次第定十
遍處若增若減是菩薩摩訶薩脩行般若波
羅蜜多速得圓滿善現若菩薩摩訶薩行般
若波羅蜜多時不見四念住若增若減不見
四正斷四神足五根五力七等覺支八聖道
支若增若減是菩薩摩訶薩行般若波羅
蜜多速得圓滿善現若菩薩摩訶薩行般若
波羅蜜多時不見空解脫門若增若減不見
无相无願解脫門若增若減是菩薩摩訶薩
脩行般若波羅蜜多速得圓滿善現若菩薩
摩訶薩行般若波羅蜜多時不見菩薩十地

BD13974 號　大般若波羅蜜多經卷三〇〇　（20–10）

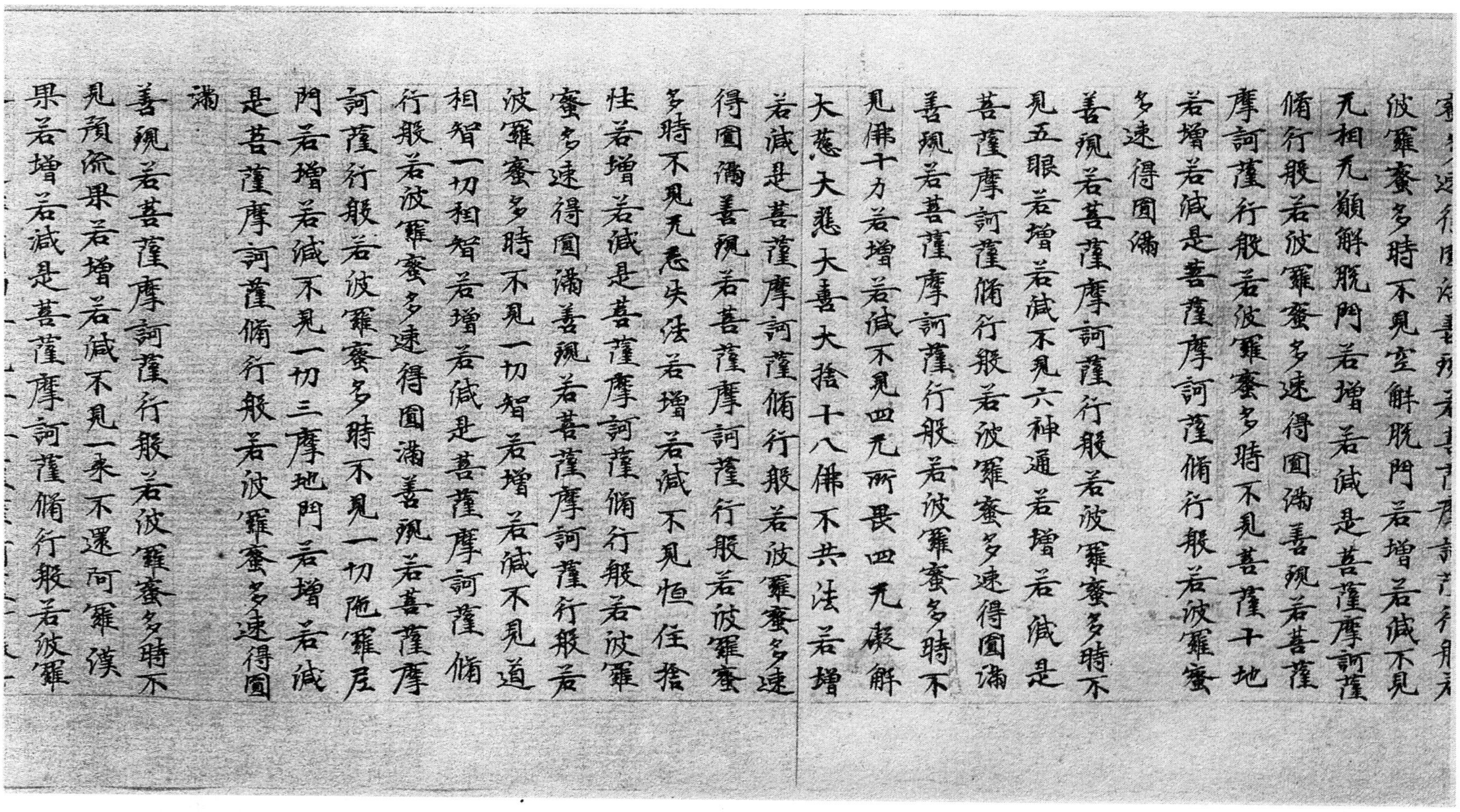
波羅蜜多時不見空解脫門若增若減不見
无相无願解脫門若增若減是菩薩摩訶薩
脩行般若波羅蜜多速得圓滿善現若菩薩
摩訶薩行般若波羅蜜多時不見菩薩十地
若增若減是菩薩摩訶薩脩行般若波羅蜜
多速得圓滿
善現若菩薩摩訶薩行般若波羅蜜多時不
見五眼若增若減不見六神通若增若減是
菩薩摩訶薩脩行般若波羅蜜多速得圓滿
善現若菩薩摩訶薩行般若波羅蜜多時不
見佛十力若增若減不見四无所畏四无礙解
大慈大悲大喜大捨十八佛不共法若增
若減是菩薩摩訶薩脩行般若波羅蜜多速
得圓滿善現若菩薩摩訶薩行般若波羅蜜
多時不見无忘失法若增若減不見恒住捨
性若增若減是菩薩摩訶薩脩行般若波羅
蜜多速得圓滿善現若菩薩摩訶薩行般若
波羅蜜多時不見一切智若增若減不見道
相智一切相智若增若減是菩薩摩訶薩脩
行般若波羅蜜多速得圓滿善現若菩薩摩
訶薩行般若波羅蜜多時不見一切陁羅尼
門若增若減不見一切三摩地門若增若減
是菩薩摩訶薩脩行般若波羅蜜多速得圓
滿
善現若菩薩摩訶薩行般若波羅蜜多時不
見預流果若增若減不見一來不還阿羅漢
果若增若減是菩薩摩訶薩脩行般若波羅

BD13974 號　大般若波羅蜜多經卷三〇〇　（20–11）

是菩薩摩訶薩脩行般若波羅蜜多速得圓
滿
善現若菩薩摩訶薩行般若波羅蜜多時不
見預流果若增若減不見一來不還阿羅漢
果若增若減是菩薩摩訶薩脩行般若波羅
蜜多速得圓滿善現若菩薩摩訶薩行般若
波羅蜜多時不見獨覺菩提若增若減是菩
薩摩訶薩脩行般若波羅蜜多速得圓滿善
現若菩薩摩訶薩行般若波羅蜜多時不見
一切菩薩摩訶薩行若增若減是菩薩摩訶
薩脩行般若波羅蜜多速得圓滿善現若菩
薩摩訶薩行般若波羅蜜多時不見諸佛无
上正等菩提若增若減是菩薩摩訶薩脩行
般若波羅蜜多速得圓滿
復次善現若菩薩摩訶薩行般若波羅蜜多
時不見是法不見非法不見有漏不見无漏
不見有為不見无為是菩薩摩訶薩脩行般
若波羅蜜多速得圓滿善現若菩薩摩訶薩
行般若波羅蜜多時不見過去不見未來不
見現在不見善不見不善不見无記不見欲
界不見色界不見无色界是菩薩摩訶薩脩
行般若波羅蜜多速得圓滿善現若菩薩摩
訶薩行般若波羅蜜多時不見布施波羅蜜
多不見淨戒安忍精進靜慮般若波羅蜜多
是菩薩摩訶薩脩行般若波羅蜜多速得圓
滿善現若菩薩摩訶薩行般若波羅蜜多時
不見内空不見外空内外空空空大空勝義
空有為空无為空畢竟空无際空散空无變

BD13974號　大般若波羅蜜多經卷三〇〇　（20–12）

是菩薩摩訶薩脩行般若波羅蜜多速得圓
滿善現若菩薩摩訶薩行般若波羅蜜多時
不見内空不見外空内外空空空大空勝義
空有為空无為空畢竟空无際空散空无變
異空本性空自相空共相空一切法空不可
得空无性空自性空无性自性空是菩薩摩
訶薩脩行般若波羅蜜多速得圓滿善現若
菩薩摩訶薩行般若波羅蜜多時不見真如
不見法界法性不虛妄性不變異性平等性
離生性法定法住實際虛空界不思議界是
菩薩摩訶薩脩行般若波羅蜜多速得圓滿
善現若菩薩摩訶薩行般若波羅蜜多時不
見苦聖諦不見集滅道聖諦是菩薩摩訶薩
脩行般若波羅蜜多速得圓滿
善現若菩薩摩訶薩行般若波羅蜜多時不
見四念住不見四正斷四神足五根五力七等
覺支八聖道支是菩薩摩訶薩脩行般若
波羅蜜多速得圓滿善現若菩薩摩訶薩行
般若波羅蜜多時不見四靜慮不見四无量
四无色定是菩薩摩訶薩脩行般若波羅蜜
多速得圓滿善現若菩薩摩訶薩行般若波
羅蜜多時不見八解脫不見八勝處九次第
定十遍處是菩薩摩訶薩脩行般若波羅蜜
多速得圓滿善現若菩薩摩訶薩行般若波
羅蜜多時不見空解脫門不見无相无願解
脫門是菩薩摩訶薩脩行般若波羅蜜多速
得圓滿善現若菩薩摩訶薩行般若波羅蜜

BD13974號　大般若波羅蜜多經卷三〇〇　（20–13）

定十遍處是菩薩摩訶薩脩行般若波羅蜜
多速得圓滿善現若菩薩摩訶薩行般若波
羅蜜多時不見空解脫門不見无相无願解
脫門是菩薩摩訶薩脩行般若波羅蜜多速
得圓滿善現若菩薩摩訶薩行般若波羅蜜
多時不見五眼不見六神通是菩薩摩訶薩
脩行般若波羅蜜多速得圓滿善現若菩薩
摩訶薩行般若波羅蜜多時不見一切陁羅
尼門不見一切三摩地門是菩薩摩訶薩脩
行般若波羅蜜多速得圓滿善現若菩薩摩
訶薩行般若波羅蜜多時不見无忘失法不
見恒住捨性是菩薩摩訶薩脩行般若波羅
蜜多速得圓滿善現若菩薩摩訶薩行般若
波羅蜜多時不見佛十力不見四无所畏四
无礙解大慈大悲大喜大捨十八佛不共法
是菩薩摩訶薩脩行般若波羅蜜多速得圓
滿善現若菩薩摩訶薩行般若波羅蜜多時
不見一切智不見道相智一切相智是菩薩
摩訶薩脩行般若波羅蜜多速得圓滿何以
故善現以一切法无性相故无作用故不可
轉故虛妄誑詐性不堅實不自在故无覺受
故離我有情命者生者廣說乃至知見者故
尒時具壽善現白佛言世尊如來所說不可
思議佛告善現如是如是如來所說不可思
議善現色不可思議故如來所說不可思議
受想行識不可思議故如來所說不可思議
善現眼處不可思議故如來所說不可思議
耳鼻舌身意處不可思議故如來所說不可

BD13974號　大般若波羅蜜多經卷三〇〇　　（20–14）

思議佛告善現如是如是如來所說不可思
議善現色不可思議故如來所說不可思議
受想行識不可思議故如來所說不可思議
善現眼處不可思議故如來所說不可思議
耳鼻舌身意處不可思議故如來所說不可
思議善現色處不可思議故如來所說不可
思議聲香味觸法處不可思議故如來所說
不可思議善現眼界不可思議故如來所說
不可思議色界眼識界及眼觸眼觸為緣所
生諸受不可思議故如來所說不可思議善
現耳界不可思議故如來所說不可思議聲
界耳識界及耳觸耳觸為緣所生諸受不可
思議故如來所說不可思議善現鼻界不可
思議故如來所說不可思議香界鼻識界及
鼻觸鼻觸為緣所生諸受不可思議故如來
所說不可思議善現舌界不可思議故如來
所說不可思議味界舌識界及舌觸舌觸為
緣所生諸受不可思議故如來所說不可思
議善現身界不可思議故如來所說不可思
議觸界身識界及身觸身觸為緣所生諸受
不可思議故如來所說不可思議善現意界
不可思議故如來所說不可思議法界意識
界及意觸意觸為緣所生諸受不可思議故
如來所說不可思議善現地界不可思議故
如來所說不可思議水火風空識界不可思
議故如來所說不可思議善現无明不可思
議故如來所說不可思議行識名色六處觸
受愛取有生老死愁歎苦憂惱不可思議故

BD13974號　大般若波羅蜜多經卷三〇〇　　（20–15）

如来所說不可思議善現地界不可思議故
如来所說不可思議水火風空識界不可思
議故如来所說不可思議善現无明不可思
議故如来所說不可思議行識名色六處觸
受愛取有生老死愁歎苦憂惱不可思議故
如来所說不可思議
善現布施波羅蜜多不可思議故如来所說
不可思議淨戒安忍精進靜慮般若波羅蜜
多不可思議故如来所說不可思議善現内
空不可思議故如来所說不可思議外空内
外空空空大空勝義空有為空无為空畢竟
空无際空散空无變異空本性空自相空共
相空一切法空不可得空无性空自性空无
性自性空不可思議故如来所說不可思議
善現真如不可思議故如来所說不可思議
法界法性不虚妄性不變異性平等性離生
性法定法住實際虚空界不思議界不可思
議故如来所說不可思議善現苦聖諦不可
思議故如来所說不可思議集滅道聖諦不
可思議故如来所說不可思議善現四靜慮
不可思議故如来所說不可思議四无量四
无色定不可思議故如来所說不可思議善
現八解脫不可思議故如来所說不可思議
八勝處九次第定十遍處不可思議故如来
所說不可思議善現四念住不可思議故如
来所說不可思議四正斷四神足五根五力
七等覺支八聖道支不可思議故如来所說

BD13974號　大般若波羅蜜多經卷三〇〇　　(20–16)

八勝處九次第定十遍處不可思議故如来
所說不可思議善現四念住不可思議故如
来所說不可思議四正斷四神足五根五力
七等覺支八聖道支不可思議故如来所說
不可思議善現空解脫門不可思議故如来
所說不可思議无相无願解脫門不可思議
故如来所說不可思議善現菩薩十地不可
思議故如来所說不可思議
善現五眼不可思議故如来所說不可思議
六神通不可思議故如来所說不可思議善
現佛十力不可思議故如来所說不可思議
四无所畏四无礙解大慈大悲大喜大捨十
八佛不共法不可思議故如来所說不可思
議善現无忘失法不可思議故如来所說不
可思議恒住捨性不可思議故如来所說不
可思議善現一切智不可思議故如来所說
不可思議道相智一切相智不可思議故如
来所說不可思議善現一切陁羅尼門不可
思議故如来所說不可思議一切三摩地門
不可思議故如来所說不可思議善現預流
果不可思議故如来所說不可思議一来不
還阿羅漢果不可思議故如来所說不可思
議善現獨覺菩提不可思議故如来所說不
可思議善現一切菩薩摩訶薩行不可思議
故如来所說不可思議善現諸佛无上正等
菩提不可思議故如来所說不可思議
善現若菩薩摩訶薩行般若波羅蜜多時於

BD13974號　大般若波羅蜜多經卷三〇〇　　(20–17)

故如來所說不可思議善現諸佛无上正等
菩提不可思議故如來所說不可思議
善現若菩薩摩訶薩行般若波羅蜜多時於
色不起不思議想於受想行識不起不思
議想是菩薩摩訶薩脩行般若波羅蜜多速
得圓滿善現若菩薩摩訶薩行般若波羅蜜多
時於眼處不起不思議想於耳鼻舌身意處
不起不思議想是菩薩摩訶薩脩行般若波
羅蜜多速得圓滿善現若菩薩摩訶薩行般
若波羅蜜多時於色處不起不思議想於聲
香味觸法處不起不思議想是菩薩摩訶薩
脩行般若波羅蜜多速得圓滿善現若菩薩
摩訶薩行般若波羅蜜多時於眼界不起不
思議想於色界眼識界及眼觸眼觸為緣所
生諸受不起不思議想是菩薩摩訶薩脩行
般若波羅蜜多速得圓滿善現若菩薩摩訶
薩行般若波羅蜜多時於耳界不起不思議
想於聲界耳識界及耳觸耳觸為緣所生諸
受不起不思議想是菩薩摩訶薩脩行般若
波羅蜜多速得圓滿善現若菩薩摩訶薩行
般若波羅蜜多時於鼻界不起不思議想於
香界鼻識界及鼻觸鼻觸為緣所生諸受不
起不思議想是菩薩摩訶薩脩行般若波羅
蜜多速得圓滿善現若菩薩摩訶薩行般若
波羅蜜多時於舌界不起不思議想於味界
舌識界及舌觸舌觸為緣所生諸受不起不
思議想是菩薩摩訶薩脩行般若波羅蜜多



般若波羅蜜多時於鼻界不起不思議想於
香界鼻識界及鼻觸鼻觸為緣所生諸受不
起不思議想是菩薩摩訶薩脩行般若波羅
蜜多速得圓滿善現若菩薩摩訶薩行般若
波羅蜜多時於舌界不起不思議想於味界
舌識界及舌觸舌觸為緣所生諸受不起不
思議想是菩薩摩訶薩脩行般若波羅蜜多
速得圓滿善現若菩薩摩訶薩行般若波羅
蜜多時於身界不起不思議想於觸界身識
界及身觸身觸為緣所生諸受不起不思議
想是菩薩摩訶薩脩行般若波羅蜜多速得
圓滿善現若菩薩摩訶薩行般若波羅蜜多
時於意界不起不思議想於法界意識界及
意觸意觸為緣所生諸受不起不思議想是
菩薩摩訶薩脩行般若波羅蜜多速得圓滿
善現若菩薩摩訶薩行般若波羅蜜多時於
地界不起不思議想於水火風空識界不起
不思議想是菩薩摩訶薩脩行般若波羅蜜
多速得圓滿善現若菩薩摩訶薩行般若波
羅蜜多時於无明不起不思議想於行識名
色六處觸受愛取有生老死愁歎苦憂惱不
起不思議想是菩薩摩訶薩脩行般若波羅
蜜多速得圓滿

大般若波羅蜜多經卷第三百

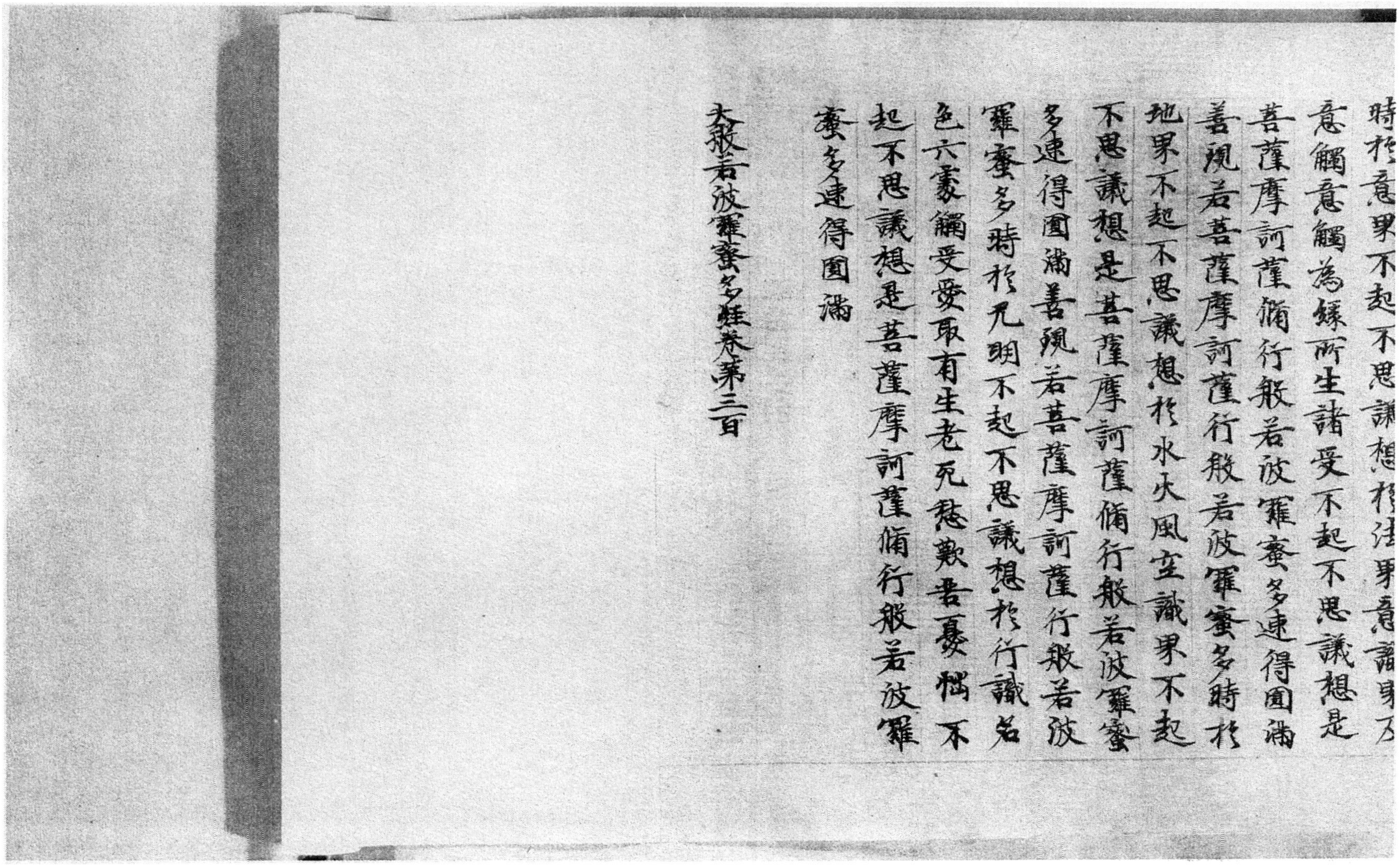


**BD13974** 號　大般若波羅蜜多經卷三〇〇　　（20–20）

**BD13975** 號背　現代護首　　（1–1）

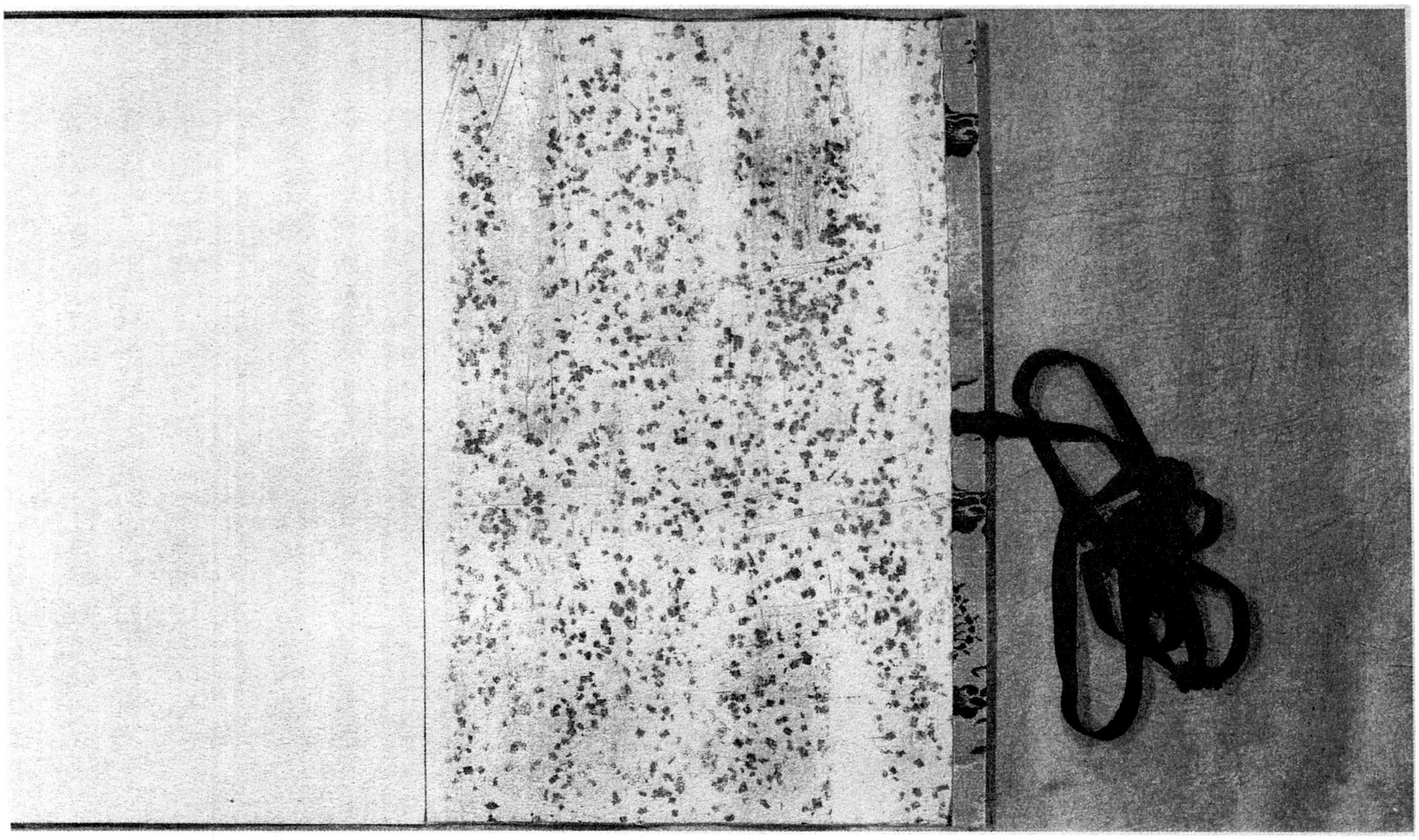

BD13975 號　大般若波羅蜜多經卷三二三　　（24–1）

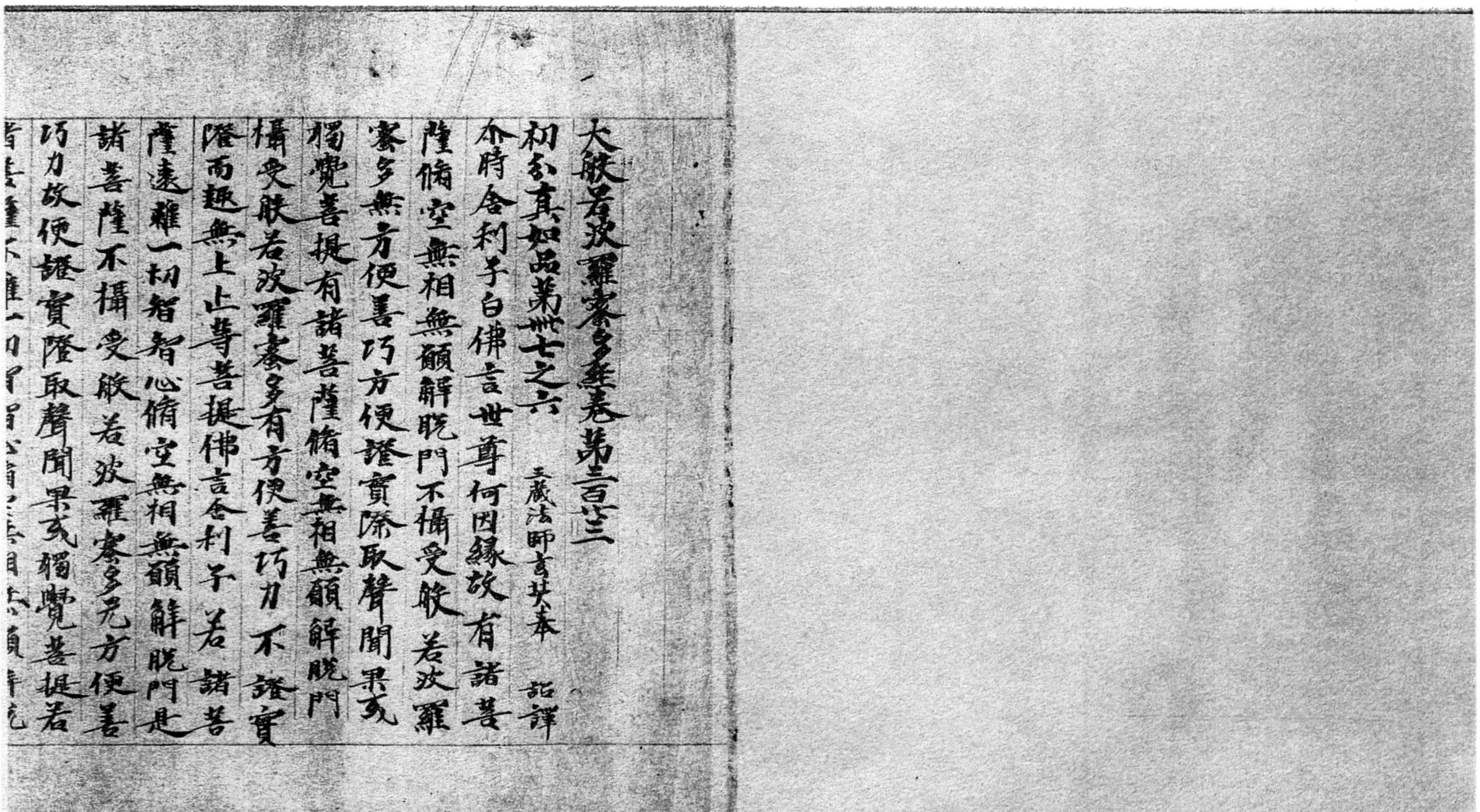

大般若波羅蜜多經卷第三百廿三
初分真如品第卌七之六　　三藏法師玄奘奉　詔譯
爾時舍利子白佛言世尊何因緣故有諸菩
薩脩空無相無願解脫門不攝受般若波羅
蜜多無方便善巧方便證實際取聲聞果或
獨覺菩提有諸菩薩脩空無相無願解脫門
攝受般若波羅蜜多有方便善巧力不證實
際而趣無上正等菩提佛言舍利子若諸菩
薩遠離一切智智心脩空無相無願解脫門是
諸菩薩不攝受般若波羅蜜多无方便善
巧力故便證實際取聲聞果或獨覺菩提若
諸菩薩不離一切智智心脩空無相無願解脫

BD13975 號　大般若波羅蜜多經卷三二三　　（24–2）

住受般若波羅蜜多有方便善巧力不證實
際而趣無上正等菩提佛言舍利子若諸菩
薩遠離一切智智心脩空無相無願解脫門是
諸菩薩不攝受般若波羅蜜多无方便善
巧力故便證實際取聲聞果或獨覺菩提若
諸菩薩不離一切智智心脩空無相無願解脫
門是諸菩薩攝受般若波羅蜜多有方便
善巧力故能入菩薩正性離生住得阿耨多羅
三藐三菩提
舍利子譬如有鳥其身長大百踰繕那或復
二百乃至五百踰繕那量而無有翅是鳥從於
三十三天投身而下趣贍部洲於其中道
便作是念我欲還上三十三天舍利子於汝
意云何是鳥能還三十三天不舍利子言不也
世尊佛言舍利子是鳥中道或作是願重
贍部洲當令我身無損無惱舍利子於汝意
云何是鳥所願可得遂不舍利子言不也世
尊是鳥重此贍部洲時其身決定有損有
惱或致命終或近死苦何以故世尊是鳥身大
從遠而墮無有翅故佛言舍利子如是如是
如汝所說舍利子有諸菩薩亦復如是雖經
殑伽沙數大劫勤脩布施淨戒安忍精進靜
慮亦脩空無相無願解脫門作廣大事發廣
大心欲證無量無所攝受微妙無上正等菩提
而無般若波羅蜜多遠離方便善巧力故便
墮聲聞或獨覺地何以故舍利子是諸菩薩
遠離一切智智心雖經多劫勤脩布施淨戒
安忍精進靜慮亦脩空無相無願解脫門而



大心欲證無量無所攝受微妙無上正等菩提
而無般若波羅蜜多遠離方便善巧力故便
墮聲聞或獨覺地何以故舍利子是諸菩薩
遠離一切智智心雖經多劫勤脩布施淨戒
安忍精進靜慮亦脩空無相無願解脫門而
無般若波羅蜜多亦無方便善巧力故遂墮
聲聞或獨覺地舍利子是諸菩薩雖念過去
未來現在一切如來應正等覺戒蘊定蘊慧
蘊解脫蘊解脫智見蘊恭敬供養隨順脩
行而於其中執取相故不能正解是諸如來
應正等覺戒蘊定蘊慧蘊解脫蘊解脫智見
蘊真實功德舍利子是諸菩薩不能正解佛
功德故雖聞菩薩道空無相無願解脫門聲
而依此聲執取其相執取相已迴向無上正
等菩提此諸菩薩如是迴向不德無上正等
菩提住於聲聞或獨覺地何以故舍利子是
諸菩薩遠離般若波羅蜜多及無方便善巧
力故雖以種種所脩善根迴向無上正等菩
提而住聲聞或獨覺地
舍利子有諸菩薩從初發心常不遠離一切
智智心勤脩布施淨戒安忍精進靜慮不離
般若波羅蜜多方便善巧雖念過去未來現
在一切如來應正等覺戒蘊定蘊慧蘊解脫
蘊解脫智見蘊而不取相雖脩一切空無相
無願解脫門亦不取相雖念自他種種功德
善根與諸有情同共迴向無上正等菩提亦
不取相舍利子當知是菩薩摩訶薩不住聲
聞及獨覺地直趣無上正等菩提何以故舍

蘊解脫智見蘊而不取相雖脩一切空無相
無願解脫門亦不取相雖念自他種種功德
善根與諸有情同共迴向無上正等菩提亦
不取相舍利子當知是菩薩摩訶薩不住聲
聞及獨覺地直趣無上正等菩提何以故舍
利子是菩薩摩訶薩從初發心乃至究竟常
能不遠離一切智智心雖脩布施而不取相
雖脩淨戒安忍精進靜慮般若亦不取相雖
念過去未來現在一切如來應正等覺所有
戒蘊定蘊慧蘊解脫蘊解脫智見蘊亦不
取相雖脩一切菩薩道空無相無願解脫門亦不
取相舍利子是菩薩摩訶薩有方便善巧故
以離相心脩行布施波羅蜜多以離相心脩
行淨戒安忍精進靜慮般若波羅蜜多舍利
子是菩薩摩訶薩有方便善巧故以離相心
安住內空以離相心安住外空內外空空空大
空勝義空有為空無為空畢竟空無際空散
空無變異空本性空自相空共相空一切法
空不可得空無性空自性空無性自性空
舍利子是菩薩摩訶薩有方便善巧故以
離相心安住真如以離相心安住法界法性
不虛妄性不變異性平等性離生性法定法
住實際虛空界不思議界舍利子是菩薩
摩訶薩有方便善巧故以離相心脩行四念住
以離相心脩行四正斷四神足五根五力七
等覺支八聖道支舍利子是菩薩摩訶
薩有方便善巧故以離相心安住苦聖諦以離相

BD13975號　大般若波羅蜜多經卷三二三　(24–5)

住實際虛空界不思議界舍利子是菩薩
摩訶薩有方便善巧故以離相心脩行四念住
以離相心脩行四正斷四神足五根五力七
等覺支八聖道支舍利子是菩薩摩訶
薩有方便善巧故以離相心安住苦聖諦以離相
心安住集滅道聖諦舍利子是菩薩摩訶
薩有方便善巧故以離相心脩行四靜慮以離
相心脩行四無量四無色定舍利子是菩薩
摩訶薩有方便善巧故以離相心脩行八解
脫以離相心脩行八勝處九次第定十遍處
舍利子是菩薩摩訶薩有方便善巧故以離
相心脩行空解脫門以離相心脩行無相無
願解脫門舍利子是菩薩摩訶薩有方便
善巧故以離相心脩行五眼以離相心脩行六神
通舍利子是菩薩摩訶薩有方便善巧故以
離相心脩行三摩地門以離相心脩行陀羅
尼門舍利子是菩薩摩訶薩有方便善巧
故以離相心脩行佛十力以離相心脩行四無
所畏四無礙解大慈大悲大喜大捨十八佛
不共法舍利子是菩薩摩訶薩有方便善
巧故以離相心脩行一切智以離相心脩行道
相智一切相智
時舍利子白佛言世尊如我解佛所說義者
若菩薩摩訶薩從初發心乃至究竟攝受
般若波羅蜜多不離方便善巧力者是菩薩
摩訶薩必近無上正等菩提何以故世尊是菩
薩摩訶薩從初發心乃至究竟都不見有少
法可得謂若能證若所證若證處若證時若

BD13975號　大般若波羅蜜多經卷三二三　(24–6)

若菩薩摩訶薩從初發心乃至究竟攝受
般若波羅蜜多不離方便善巧力者是菩薩
摩訶薩必近無上正等菩提何以故世尊是菩
薩摩訶薩從初發心乃至究竟都不見有少
法可得謂若能證若所證若證處若證時若
由此證都不可得若色若受想行識都不可
得若眼處若耳鼻舌身意處都不可得若
色處若聲香味觸法處都不可得若眼界若
耳鼻舌身意界都不可得若色界若聲香味
觸法界都不可得若眼識界若耳鼻舌身意
識界都不可得若眼觸若耳鼻舌身意觸都不
可得若眼觸為緣所生諸受若耳鼻舌身意
觸為緣所生諸受都不可得若地界若水火
風空識界都不可得若無明若行識名色六
處觸受愛取有生老死都不可得若布施波
羅蜜多若淨戒安忍精進靜慮般若波羅蜜
多都不可得若內空若外空內外空空空大
空勝義空有為空無為空畢竟空無際空散
空無變異空本性空自相空共相空一切法
空不可得空無性空自性空無性自性空都
不可得若真如若法界法性不虛妄性不變
異性平等性離生性法定法住實際虛空界
不思議界都不可得若四念住若四正斷四神
足五根五力七等覺支八聖道支都不可得
若苦聖諦若集滅道聖諦都不可得若四靜
慮若四無量四無色定都不可得若八解脫
若八勝處九次第定十遍處都不可得若空
解脫門若無相無願解脫門都不可得若五

BD13975 號　大般若波羅蜜多經卷三二三　（24–7）

不思議界都不可得若四念住若四正斷四神
足五根五力七等覺支八聖道支都不可得
若苦聖諦若集滅道聖諦都不可得若四靜
慮若四無量四無色定都不可得若八解脫
若八勝處九次第定十遍處都不可得若空
解脫門若無相無願解脫門都不可得若五
眼若六神通都不可得若三摩地門若陀羅
尼門都不可得若佛十力若四無所畏四無礙
解大慈大悲大喜大捨十八佛不共法都不
可得若預流果若一來不還阿羅漢果都不
可得若獨覺菩提都不可得若一切智若道
相智一切相智都不可得
世尊有菩薩乘諸善男子善女人等遠離般
若波羅蜜多方便善巧而求無上正等菩提
當知彼於所求無上正等菩提或得不得何
以故世尊是菩薩乘諸善男子善女人等遠
離般若波羅蜜多方便善巧於所修行布施
淨戒安忍精進靜慮般若波羅蜜多皆取相
故於所安住內空外空內外空空空大空勝義
空有為空無為空畢竟空無際空散空無
變異空本性空自相空共相空一切法空不
可得空無性空自性空無性自性空皆取相
故於所安住真如法界法性不虛妄性不變
異性平等性離生性法定法住實際虛空界
不思議界皆取相故於所修行四念住四正
斷四神足五根五力七等覺支八聖道支皆
取相故於所安住苦集滅道聖諦皆取相故
於所修行四靜慮四無量四無色定皆取相故

BD13975 號　大般若波羅蜜多經卷三二三　（24–8）

不思議界皆取相故於所修行四念住四正
斷四神足五根五力七等覺支八聖道支皆
取相故於所安住苦集滅道聖諦皆取相故
於所修行四靜慮四無量四無色定皆取相故
於所修行八解脫八勝處九次第定十遍處
皆取相故於所修行空無相無願解脫門皆
取相故於所修行五眼六神通皆取相故於
所修行三摩地門陀羅尼門皆取相故於所
修行佛十力四無所畏四無礙解大慈大悲大
喜大捨十八佛不共法皆取相故於所修行一
切智道相智一切相智皆取相故世尊由此
因緣是菩薩乘諸善男子善女人等皆於
無上正等菩提或得不得
世尊由此因緣若菩薩摩訶薩欲證無上
正等菩提決定不應遠離般若波羅蜜多方
便善巧世尊是菩薩摩訶薩安住般若波羅
蜜多方便善巧用無所得而為方便以無相俱
行心應修布施波羅蜜多應修淨戒安忍精
進靜慮般若波羅蜜多世尊是菩薩摩
訶薩安住般若波羅蜜多方便善巧用無所得為
方便以無相俱行心應住內空應住外空內
外空空空大空勝義空有為空無為空畢竟
空無際空散空無變異空本性空自相空共
相空一切法空不可得空無性空自性空無性
自性空世尊是菩薩摩訶薩安住般若波
羅蜜多方便善巧用無所得為方便以無相
俱行心應住真如應住法界法性不虛妄性



相空一切法空不可得空無性空自性空無性
自性空世尊是菩薩摩訶薩安住般若波
羅蜜多方便善巧用無所得為方便以無相
俱行心應住真如應住法界法性不虛妄性
不變異性平等性離生性法定法住實際虛
空界不思議界世尊是菩薩摩訶薩安住般
若波羅蜜多方便善巧用無所得為方便以
無相俱行心應修四念住應修四正斷四神
足五根五力七等覺支八聖道支世尊是菩
薩摩訶薩安住般若波羅蜜多方便善巧用
無所得為方便以無相俱行心應住苦聖諦
應住集滅道聖諦世尊是菩薩摩訶薩安住
般若波羅蜜多方便善巧用無所得為方便
以無相俱行心應修四靜慮應修四無量四無
色定世尊是菩薩摩訶薩安住般若波羅
蜜多方便善巧用無所得為方便以無相俱
行心應修八解脫應修八勝處九次第定十遍
處世尊是菩薩摩訶薩安住般若波羅蜜多
方便善巧用無所得為方便以無相俱行心
應修空解脫門應修無相無願解脫門世
尊是菩薩摩訶薩安住般若波羅蜜多方便
善巧用無所得為方便以無相俱行心應修五眼
應修六神通世尊是菩薩摩訶薩安住
般若波羅蜜多方便善巧用無所得為方便
以無相俱行心應修三摩地門應修陀羅尼
門世尊是菩薩摩訶薩安住般若波羅蜜多
方便善巧用無所得為方便以無相俱行心

般若波羅蜜多方便善巧用無所得為方便
以無相俱行心應脩三摩地門應脩陁羅尼
門世尊是菩薩摩訶薩安住般若波羅蜜多
方便善巧用無所得為方便以無相俱行心
應脩佛十力應脩四無所畏四無礙解大慈
大悲大喜大捨十八佛不共法世尊是菩薩
摩訶薩安住般若波羅蜜多方便善巧用無
所得為方便以無相俱行心應脩一切智應
脩道相智一切相智世尊是菩薩摩訶薩
安住般若波羅蜜多方便善巧用無所得為方
便以無相俱行心脩住如是一切佛法必得
無上正等菩提
尒時欲色界諸天子白佛言世尊諸佛無上
正等菩提極難信解甚難證得所以者何諸
菩薩摩訶薩於一切法自相共相皆應證知
方能獲得所求無上正等菩提而諸菩薩所
知法相都無所有皆不可得尒時佛告諸天
子言如是如是如汝所說諸佛無上正等菩
提極難信解甚難可得天子當知我亦現覺
一切法相證得無上正等菩提而都不得勝
義法相可說名為此是能證此是所證此是
證處此是證時及可說為由此而證何以故
諸天子以一切法畢竟淨故有為無為畢竟
空故
尒時具壽善現白佛言世尊如佛所說諸佛
無上正等菩提極難信解甚難證得如我思
惟佛所說義諸佛無上正等菩提極易信解



諸天子以一切法畢竟淨故有為無為畢竟
空故
尒時具壽善現白佛言世尊如佛所說諸佛
無上正等菩提極難信解甚難證得如我思
惟佛所說義諸佛無上正等菩提極易信解
甚易證得所以者何若能信解無法能證無
法所證無有證處無有證時亦無由此而有所
證則能信解諸佛無上正等菩提若有證
如無法能證無法所證無有證處無有證時
亦無由此而有所證則能證得所求無上正等
菩提何以故世尊以一切法皆畢竟空畢竟
空中都無有法可名能證可名所證可名
證處可名證時可名由此而有所證所以者
何諸法皆空若增若減都無所有皆不可得
世尊諸菩薩摩訶薩所脩布施淨戒安忍精
進靜慮般若波羅蜜多都無所有皆不可得
世尊諸菩薩摩訶薩所住內空外空內外空
空空大空勝義空有為空無為空畢竟空
無際空散空無變異空本性空自相空共相空一
切法空不可得空無性空自性空無性自性
空都無所有皆不可得世尊諸菩薩摩訶薩
所住真如法界法性不虛妄性不變異性平
等性離生性法定法住實際虛空界不思議
界都無所有皆不可得世尊諸菩薩摩訶
薩所脩四念住四正斷四神足五根五力七等覺
支八聖道支都無所有皆不可得世尊諸
菩薩摩訶薩所住苦集滅道聖諦都無所
有皆不可得世尊諸菩薩摩訶薩所脩四靜

者無所有不可得世尊諸菩薩摩訶
薩所修四念住四正斷四神足五根五力七等覺
支八聖道支都無所有皆不可得世尊諸
菩薩摩訶薩所住苦集滅道聖諦都無所
有皆不可得世尊諸菩薩摩訶薩所修四靜
慮四無量四無色定都無所有皆不可得世
尊諸菩薩摩訶薩所修八解脫八勝處九次
第定十遍處都無所有皆不得世尊諸菩
薩摩訶薩所修空無相無願解脫門都無所
有皆不可得世尊諸菩薩摩訶薩所學五眼
六神通都無所有皆不可得世尊諸菩薩摩
訶薩所學三摩地門陀羅尼門都無所有皆
不可得世尊諸菩薩摩訶薩所學佛十力四
無所畏四無礙解大慈大悲大喜大捨十八
佛不共法都無所有皆不可得世尊諸菩薩
摩訶薩所學一切智道相智一切相智都無
所有皆不可得世尊諸菩薩摩訶薩所觀諸
法若有色若無色若有見若無見若有對若
無對若有漏若無漏若有為若無為都無所
有皆不可得世尊以是因緣我思惟佛所說
義趣諸佛無上正等菩提極易信解甚易
證得諸菩薩摩訶薩不應於中謂難信解及難
證得所以者何
世尊色色自性空受想行識受想行識自性
空世尊眼處眼處自性空耳鼻舌身意處
耳鼻舌身意處自性空世尊色處色處自性
空聲香味觸法處聲香味觸法處自性空世尊
眼界眼界自性空耳鼻舌身意界耳鼻舌身意



證得所以者何
世尊色色自性空受想行識受想行識自性
空世尊眼處眼處自性空耳鼻舌身意處
耳鼻舌身意處自性空世尊色處色處自性
空聲香味觸法處聲香味觸法處自性空世尊
眼界眼界自性空耳鼻舌身意界耳鼻舌身意
界自性空世尊色界色界自性空聲香味觸
法界聲香味觸法界自性空世尊眼識界眼
識界自性空耳鼻舌身意識界耳鼻舌身意
識界自性空世尊眼觸眼觸自性空耳鼻舌
身意觸耳鼻舌身意觸自性空世尊眼觸為
緣所生諸受眼觸為緣所生諸受自性空耳
鼻舌身意觸為緣所生諸受耳鼻舌身意觸
為緣所生諸受自性空世尊地界地界自性
空水火風空識界水火風空識界自性空世
尊無明無明自性空行識名色六處觸受愛
取有生老死行乃至老死自性空世尊布施
波羅蜜多布施波羅蜜多自性空淨戒安忍
精進靜慮般若波羅蜜多淨戒乃至般若波
羅蜜多自性空世尊內空內空自性空外空
內外空空空大空勝義空有為空無為空畢
竟空無際空散空無變異空本性空自相空
共相空一切法空不可得空無性空自性空
無性自性空外空乃至無性自性空自性空
世尊真如真如自性空法界法性不虛妄性
不變異性平等性離生性法定法住實際虛
空界不思議界法界乃至不思議界自性空
世尊四念住四念住自性空四正斷四神足五

無性自性空外空乃至無性自性空自性空
世尊真如真如自性空法界法性不虛妄性
不變異性平等性離生性法定法住實際虛
空界不思議界法界乃至不思議界自性空
世尊四念住四念住自性空四正斷四神足五
根五力七等覺支八聖道支四正斷乃至八
聖道支自性空世尊苦聖諦苦聖諦自性
空集滅道聖諦集滅道聖諦自性空世尊四
靜慮四靜慮自性空四無量四無色定四無
量四無色定自空世尊八解脫八解脫自
性空八勝處九次第定十遍處八勝處九次
第定十遍處自性空世尊空解脫門空解脫
門自性空無相無願解脫門無相無願解脫
門自性空世尊五眼五眼自性空六神通六神
通自性空世尊三摩地門三摩地門自性空
陀羅尼門陀羅尼門自性空世尊佛十力佛
十力自性空四無所畏四無礙解大慈大悲
大喜大捨十八佛不共法四無所畏乃至十
八佛不共法自性空世尊預流果預流果自
性空來不還阿羅漢果一來不還阿羅漢
果自性空世尊獨覺菩提獨覺菩提自性
空世尊一切智一切智自性空道相智一切
智道相智一切相智自性空世尊若菩薩摩
訶薩於如是自性空深生信解無倒證知
便得無上正等菩提由此緣故我說無上正等
菩提非難信解非難證得
時舍利子謂善現言具壽善現由是因緣諸
佛無上正等菩提極難信解甚難證得所以



訶薩於如是自性空深生信解無倒證知
便得無上正等菩提由此緣故我說無上正等
菩提非難信解非難證得
時舍利子謂善現言具壽善現由是因緣諸
佛無上正等菩提極難信解甚難證得所以
者何諸菩薩摩訶薩觀一切法都無自性皆
如虛空譬如虛空不作是念我當信解速證
無上正等菩提諸菩薩摩訶薩亦應如是
不作是念我當信解速證無上正等菩提何以
故善現諸法皆空與虛空等諸菩薩摩訶薩
要信解一切法與虛空等及能證知乃得無
上正等菩提善現若菩薩摩訶薩信解一切
法皆與虛空等便於無上正等菩提易生信
解易證得者則不應有殑伽沙等菩薩摩訶
薩擐大功德鎧發趣無上正等菩提於其中
間而有退屈故知無上正等菩提極難信解
甚難證得
爾時具壽善現白尊者舍利子言舍利子於
意云何色於無上正等菩提有退屈不舍利
子言不也善現舍利子於意云何受想行識
於無上正等菩提有退屈不舍利子言不也
善現舍利子於意云何離色有法於無上正
等菩提有退屈不舍利子言不也善現舍利
子於意云何離受想行識有法於無上正等
菩提有退屈不舍利子言不也善現舍利子
於意云何色真如於無上正等菩提有退屈
不舍利子言不也善現舍利子於意云何受想

子於意云何離受想行識有法於無上正等
菩提有退屈不舍利子言不也善現舍利子
於意云何色真如於無上正等菩提有退屈
不舍利子言不也善現舍利子於意云何受想
行識真如於無上正等菩提有退屈不舍利
子言不也善現舍利子於意云何離色真如
有法於無上正等菩提有退屈不舍利子言
不也善現舍利子於意云何離受想行識真
如有法於無上正等菩提有退屈不舍利子
言不也善現
舍利子於意云何眼處於無上正等菩提有
退屈不舍利子言不也善現舍利子於意云
何耳鼻舌身意處於無上正等菩提有退屈
不舍利子言不也善現舍利子於意云何離眼
處有法於無上正等菩提有退屈不舍利子
言不也善現舍利子於意云何離耳鼻舌身
意處有法於無上正等菩提有退屈不舍利
子言不也善現舍利子於意云何眼處真如
於無上正等菩提有退屈不舍利子言不也
善現舍利子於意云何耳鼻舌身意處真如
於無上正等菩提有退屈不舍利子言不也
善現舍利子於意云何離眼處真如有法於
無上正等菩提有退屈不舍利子言不也
善現舍利子於意云何離耳鼻舌身意處
真如有法於無上正等菩提有退屈不舍利子
言不也善現
舍利子於意云何色處於無上正等菩提有
退屈不舍利子言不也善現舍利子於意云



真如有法於無上正等菩提有退屈不舍利子
言不也善現
舍利子於意云何色處於無上正等菩提有
退屈不舍利子言不也善現舍利子於意云
何聲香味觸法處於無上正等菩提有退屈
不舍利子言不也善現舍利子於意云何離
色處有法於無上正等菩提有退屈不舍利
子言不也善現舍利子於意云何離聲香味
觸法處有法於無上正等菩提有退屈不舍
利子言不也善現舍利子於意云何色處真
如於無上正等菩提有退屈不舍利子言不也
善現舍利子於意云何聲香味觸法處真如
於無上正等菩提有退屈不舍利子言不也
善現舍利子於意云何離色處真如有法於
無上正等菩提有退屈不舍利子言不也
善現舍利子於意云何離聲香味觸法處真
如有法於無上正等菩提有退屈不舍利子
言不也善現
舍利子於意云何眼界於無上正等菩提有
退屈不舍利子言不也善現舍利子於意云
何耳鼻舌身意界於無上正等菩提有退
屈不舍利子言不也善現舍利子於意云何離
眼界有法於無上正等菩提有退屈不舍利
子言不也善現舍利子於意云何離耳鼻舌
身意界有法於無上正等菩提有退屈不
舍利子言不也善現舍利子於意云何眼界真
如於無上正等菩提有退屈不舍利子言不也

眼[illegible]法於[illegible]退屈不舍利
子言不也善現舍利子於意云何離耳鼻舌
身意界有法於無上正等菩提有退屈不
舍利子言不也善現舍利子於意云何眼界真
如於無上正等菩提有退屈不舍利子言不也
善現舍利子於意云何耳鼻舌身意界真
如於無上正等菩提有退屈不舍利子言不也
善現舍利子於意云何離眼界真如有法於
無上正等菩提有退屈不舍利子言不也
善現舍利子於意云何離耳鼻舌身意界
真如有法於無上正等菩提有退屈不舍利子
言不也善現
舍利子於意云何色界於無上正等菩提有
退屈不舍利子言不也善現舍利子於意云
何聲香味觸法界於無上正等菩提有退屈
不舍利子言不也善現舍利子於意云何離色
界有法於無上正等菩提有退屈不舍利子
言不也善現舍利子於意云何離聲香味觸
法界有法於無上正等菩提有退屈不舍利
子言不也善現舍利子於意云何色界真如
於無上正等菩提有退屈不舍利子言 不
也善現舍利子於意云何聲香味觸法界真
如於無上正等菩提有退屈不舍利子言不也
善現舍利子於意云何離色界真如有法
於無上正等菩提有退屈不舍利子言不也
善現舍利子於意云何離聲香味觸法界真
如有法於無上正等菩提有退屈不舍利子
言不也善現



善現舍利子於意云何離色界真如有法
於無上正等菩提有退屈不舍利子言不也
善現舍利子於意云何離聲香味觸法界真
如有法於無上正等菩提有退屈不舍利子
言不也善現
舍利子於意云何眼識界於無上正等菩提
有退屈不舍利子言不也善現舍利子於意
云何耳鼻舌身意識界於無上正等菩提有
退屈不舍利子言不也善現舍利子於意云
何離眼識界有法於無上正等菩提有退屈
不舍利子言不也善現舍利子於意云何離
耳鼻舌身意識界有法於無上正等菩提有
退屈不舍利子言不也善現舍利子於意云
何眼識界真如於無上正等菩提有退屈不
舍利子言不也善現舍利子於意云何耳鼻
舌身意識界真如於無上正等菩提有退屈
不舍利子言不也善現舍利子於意云何離
眼識界真如有法於無上正等菩提有退屈
不舍利子言不也善現舍利子於意云何離
耳鼻舌身意識界真如有法於無上正等菩
提有退屈不舍利子言不也善現
舍利子於意云何眼觸於無上正等菩提有
退屈不舍利子言不也善現舍利子於意云
何耳鼻舌身意觸於無上正等菩提有退
屈不舍利子言不也善現舍利子於意云何離
眼觸有法於無上正等菩提有退屈不舍利子
言不也善現舍利子於意云何離耳鼻舌身
意觸有法於無上正等菩提有退屈不舍利子

何耳鼻舌身意觸於無上正等菩提有退
屈不舍利子言不也善現舍利子於意云何離
眼觸有法於無上正等菩提有退屈不舍利子
言不也善現舍利子於意云何離耳鼻舌身
意觸有法於無上正等菩提有退屈不舍利子
言不也善現舍利子於意云何眼觸真如於
無上正等菩提有退屈不舍利子言不也善
現舍利子於意云何耳鼻舌身意觸真如
於無上正等菩提有退屈不舍利子言不也
善現舍利子於意云何離眼觸真如有法
於無上正等菩提有退屈不舍利子言不也
善現舍利子於意云何離耳鼻舌身意觸
真如有法於無上正等菩提有退屈不舍利子
言不也善現
舍利子於意云何眼觸為緣所生諸受於無
上正等菩提有退屈不舍利子言不也 善現
舍利子於意云何耳鼻舌身意觸為緣所生
諸受於無上正等菩提有退屈不舍利子言
不也善現舍利子於意云何離眼觸為緣所生
諸受有法於無上正等菩提有退屈不舍利
子言不也善現舍利子於意云何離耳鼻舌
身意觸為緣所生諸受有法於無上正菩提
提有退屈不舍利子言不也善現舍利子於
意云何眼觸為緣所生諸受真如於無上正等
菩提有退屈不舍利子言不也善現舍 利子
於意云何耳鼻舌身意觸為緣所生諸受真
如於無上正等菩提有退屈不舍利子言不
也善現舍利子於意云何離眼觸為緣所生



意云何眼觸為緣所生諸受真如於無上正等
菩提有退屈不舍利子言不也善現舍 利子
於意云何耳鼻舌身意觸為緣所生諸受真
如於無上正等菩提有退屈不舍利子言不
也善現舍利子於意云何離眼觸為緣所生
諸受真如有法於無上正等菩提有退屈不
舍利子言不也善現舍利子於意云何離耳
鼻舌身意觸為緣所生諸受真如有法於無上
正等菩提有退屈不舍利子言不也善現
舍利子於意云何地界於無上正等菩提有退
屈不舍利子言不也善現舍利子於意云何水火風
空識界於無上正等菩提有退屈不舍利子言
不也善現舍利子於意云何離地界有法於無
上正等菩提有退屈不舍利子言不也善現舍、
利子於意云何離水火風空識界有法於無上正
等菩提有退屈不舍利子言不也善現舍利子於
意云何地界真如於無上正等菩提有退屈不舍利子
言不也善現舍利子於意云何水火風空識界真如於
無上正等菩提有退屈不舍利子言不也善現舍利
子於意云何離地界真如有法於無上正等菩提
有退屈不舍利子言不也善現舍利子於意云
何離水火風空識界真如有法於無上正等菩
提有退屈不舍利子言不也善現
舍利子於意云何無明於無上正等菩提有退
屈不舍利子言不也善現舍利子於意云何行
識名色六處觸受愛取有生老死於無上正等
菩提有退屈不舍利子言不也善現舍利子於
意云何離無明有法於無上正等菩提有退屈

言不也善現舍利子於意云何水火風空識界真如於
無上正等菩提有退屈不舍利子言不也善現舍利
子於意云何離地界真如有法於無上正等菩提
有退屈不舍利子言不也善現舍利子於意云
何離水火風空識界真如有法於無上正等菩
提有退屈不舍利子言不也善現
舍利子於意云何無明於無上正等菩提有退
屈不舍利子言不也善現舍利子於意云何行
識名色六處觸受愛取有生老死於無上正等
菩提有退屈不舍利子言不也善現舍利子於
意云何離無明有法於無上正等菩提有退屈
不舍利子言不也善現舍利子於意云何離行
乃至老死有法於無上正等菩提有退屈不舍利
子言不也善現舍利子於意云何無明真如於
無上正等菩提有退屈不舍利子言不也善現舍
利子於意云何行乃至老死真如於無上正等
菩提有退屈不舍利子言不也善現舍利子於意云
何離無明真如有法於無上正等菩提有退屈
不舍利子言不也善現舍利子於意云何離行乃
至老死真如有法於無上正等菩提有退屈
不舍利子言不也善現

大般若波羅蜜多經卷第三百廿三

比丘明振寫

BD13975號　大般若波羅蜜多經卷三二三　（24–23）

無上正等菩提有退屈不舍利子言不也善現舍
利子於意云何行乃至老死真如於無上正等
菩提有退屈不舍利子言不也善現舍利子於意云
何離無明真如有法於無上正等菩提有退屈
不舍利子言不也善現舍利子於意云何離行乃
至老死真如有法於無上正等菩提有退屈
不舍利子言不也善現

大般若波羅蜜多經卷第三百廿三

比丘明振寫

BD13975號　大般若波羅蜜多經卷三二三　（24–24）

BD13975 號背　勘記　　　　（1–1）

BD13976 號背　現代護首　　　　（1–1）

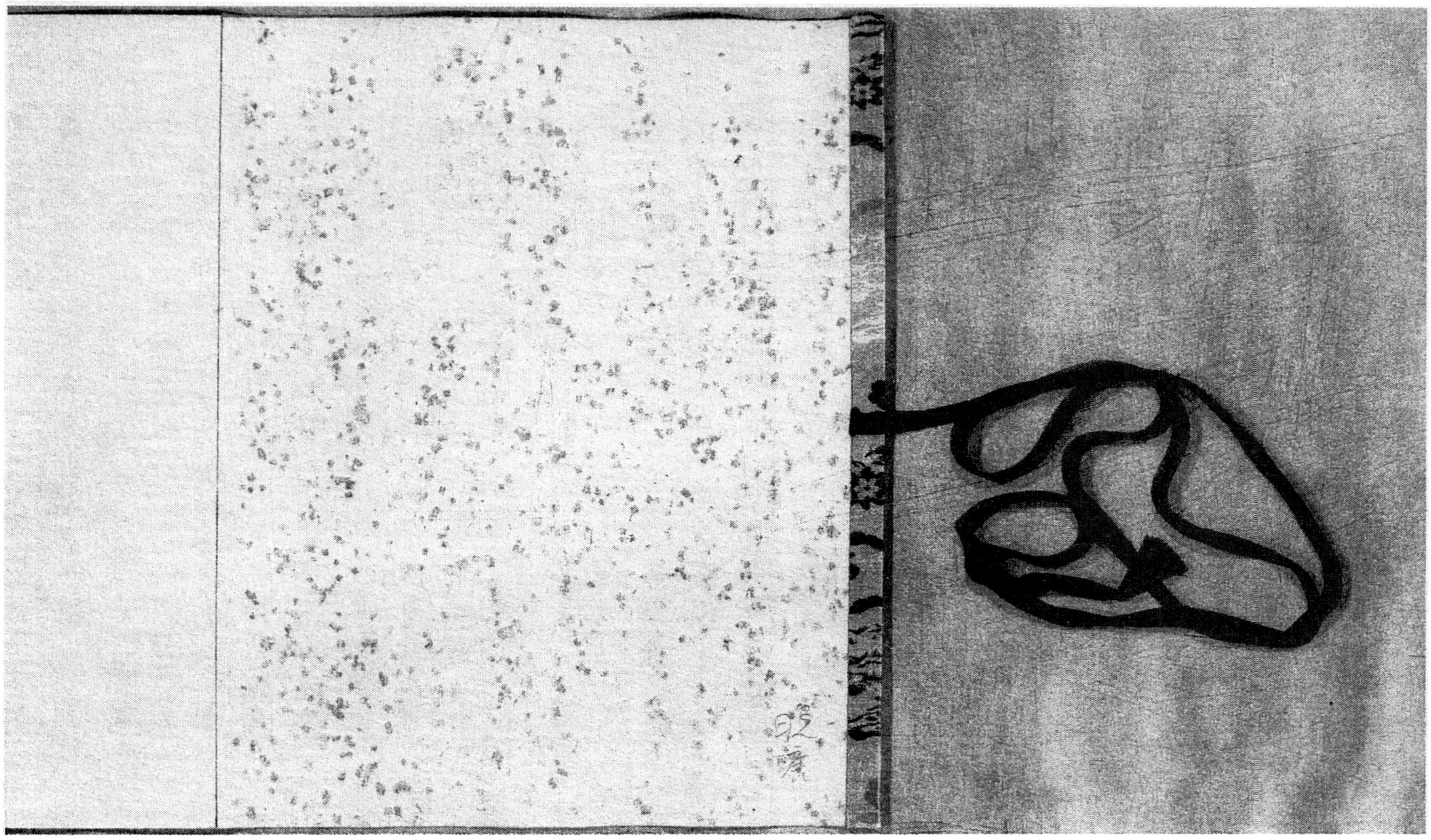

BD13976 號　大般若波羅蜜多經卷三二四　　（23–1）

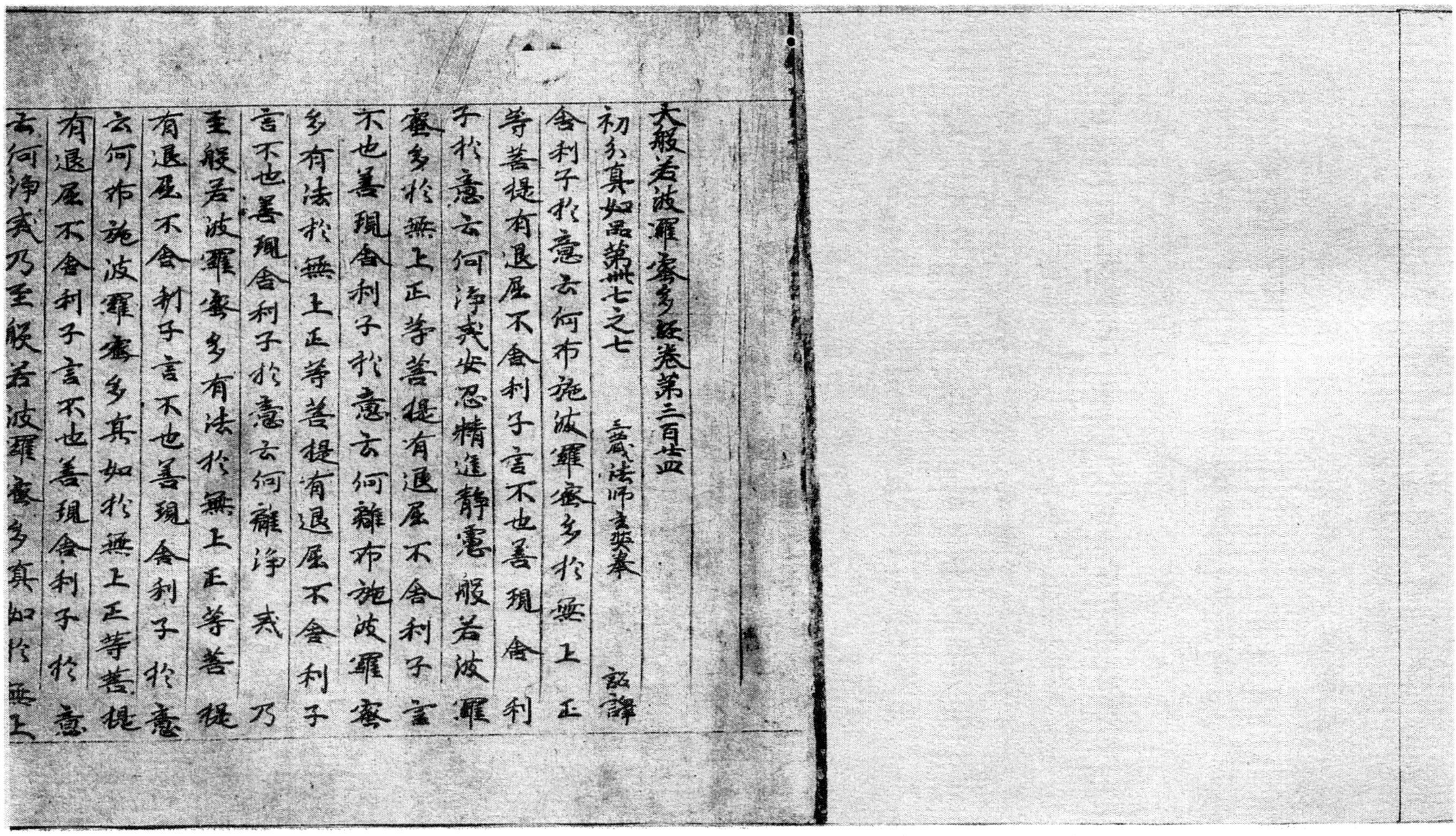

大般若波羅蜜多經卷第三百廿四
初分真如品第卌七之七　　三藏法師玄奘奉　詔譯
舍利子於意云何布施波羅蜜多於無上正
等菩提有退屈不舍利子言不也善現舍利
子於意云何淨戒安忍精進靜慮般若波羅
蜜多於無上正等菩提有退屈不舍利子言
不也善現舍利子於意云何離布施波羅蜜
多有法於無上正等菩提有退屈不舍利子
言不也善現舍利子於意云何離淨戒乃
至般若波羅蜜多有法於無上正等菩提
有退屈不舍利子言不也善現舍利子於意
云何布施波羅蜜多真如於無上正等菩提
有退屈不舍利子言不也善現舍利子於意
云何淨戒乃至般若波羅蜜多真如於無上

BD13976 號　大般若波羅蜜多經卷三二四　　（23–2）

言不也善現舍利子於意云何離淨戒乃
至般若波羅蜜多有法於無上正等菩提
有退屈不舍利子言不也善現舍利子於意
云何布施波羅蜜多真如於無上正等菩提
有退屈不舍利子言不也善現舍利子於意
云何淨戒乃至般若波羅蜜多真如於無上
正等菩提有退屈不舍利子言不也善現舍
利子於意云何離布施波羅蜜多真如有法
於無上正等菩提有退屈不舍利子言不也
善現舍利子於意云何離淨戒乃至般若波
羅蜜多真如有法於無上正等菩提有退屈
不舍利子言不也善現
舍利子於意云何內空於無上正等菩提有
退屈不舍利子言不也善現舍利子於意云何
外空內外空空空大空勝義空有為空無
為空畢竟空無際空散空無變異空本性空
自相空共相空一切法空不可得空無性空
自性空無性自性空於無上正等菩提有退
屈不舍利子言不也善現舍利子於意云何
離內空有法於無上正等菩提有退屈不舍
利子言不也善現舍利子於意云何離外
空乃至無性自性空有法於無上正等菩提
有退屈不舍利子言不也善現舍利子於意
云何內空真如於無上正等菩提有退屈不
舍利子言不也善現舍利子於意云何外空
乃至無性自性空真如無上正等菩提有退
屈不舍利子言不也善現舍利子於意云何
離內空真如有法於無上正等菩提有退屈
不舍利子言不也善現舍利子於意云何離

BD13976號　大般若波羅蜜多經卷三二四　（23–3）

舍利子言不也善現舍利子於意云何外空
乃至無性自性空真如無上正等菩提有退
屈不舍利子言不也善現舍利子於意云何
離內空真如有法於無上正等菩提有退屈
不舍利子言不也善現舍利子於意云何離
外空乃至無性自性空真如有法於無上
正等菩提有退屈不舍利子言不也善現舍
利子於意云何真如於無上正等菩提有
退屈不舍利子言不也善現舍利子於意
云何法界法性不虛妄性不變異性平等性
離生性法定法住實際虛空界不思議界
於無上正等菩提有退屈不舍利子言不也
善現舍利子於意云何離真如有法於無上
正等菩提有退屈不舍利子言不也善現
舍利子於意云何離法界乃至不思議界
有法於無上正等菩提有退屈不舍利子
言不也善現舍利子於意云何真如真如於無
上正等菩提有退屈不舍利子言不也善現舍
利子於意云何法界乃至不思議界真如
於無上正等菩提有退屈不舍利子言不也
善現舍利子於意云何離真如真如有法於
無上正等菩提有退屈不舍利子言不也善
現舍利子於意云何離法界乃至不思議界
真如有法於無上正等菩提有退屈不舍利
子言不也善現
舍利子於意云何四念住於無上正等菩提有
退屈不舍利子言不也善現舍利子於
意云何四正斷四神足五根五力七等覺支

BD13976號　大般若波羅蜜多經卷三二四　（23–4）

現舍利子於意云何離法界乃至不思議界
真如有法於無上正等菩提有退屈不舍利
子言不也善現
舍利子於意云何四念住於無上正等菩提有
退屈不舍利子言不也善現舍利子於
意云何四正斷四神足五根五力七等覺支
八聖道支於無上正等菩提有退屈不舍利
子言不也善現舍利子於意云何離四念住
有法於無上正等菩提有退屈不舍利子
言不也善現舍利子於意云何離四正斷乃至
八聖道支有法於無上正等菩提有退屈
不舍利子言不也善現舍利子於云何四念
住真如於無上正等菩提有退屈不舍利
子言不也善現舍利子於云何四正斷乃至
八聖道支真如於無上正等菩提有退屈不
舍利子言不也善現舍利子於意云何離四念住
真如有法於無上正等菩提有退屈不舍利
子言不也善現舍利於意云何離四正斷
乃至八聖道支真如有法於無上正等菩提
有退屈不舍利子言不也善現
舍利子於意云何苦聖諦於無上正等菩提
有退屈不舍利子言不也善現舍利子於意
云何集滅道聖諦於無上正等菩提有退屈
不舍利子言不也善現舍利子於意云何離
苦聖諦有法於無上正等菩提有退屈不
舍利子言不也善現舍利子於意云何離集
滅道聖諦有法於無上正等菩提有退屈不
舍利子言不也善現舍利子於意云何苦聖
諦真如於無上正等菩提有退屈不舍利

BD13976 號　大般若波羅蜜多經卷三二四　（23–5）

苦聖諦有法於無上正等菩提有退屈不
舍利子言不也善現舍利子於意云何離集
滅道聖諦有法於無上正等菩提有退屈不
舍利子言不也善現舍利子於意云何苦聖
諦真如於無上正等菩提有退屈不舍利
子言不也善現舍利子於意云何集滅道
聖諦真如於無上正等菩提有退屈不舍
利子言不也善現舍利子於意云何離苦聖諦
真如有法於無上正等菩提有退屈不舍利
子言不也善現舍利子於意云何離集滅道
聖諦真如有法於無上正等菩提有退屈不
舍利子言不也善現
舍利子於意云何四靜慮於無上正等菩提
有退屈不舍利子言不也善現舍利子於意
云何四無量四無色定於無上正等菩提有
退屈不舍利子言不也善現舍利子於意云
何離四靜慮有法於無上正等菩提有退
屈不舍利子言不也善現舍利子於意云何
離四無量四無色定有法於無上正等菩提
有退屈不舍利子言不也善現舍利子於意
云何四靜慮真如於無上正等菩提有退屈
不舍利子言不也善現舍利子於意云何四
無量四無色定真如於無上正等菩提有
退屈不舍利子言不也善現舍利子於意云
何離四靜慮真如有法於無上正等菩提有
退屈不舍利子言不也善現舍利子於意云
何離四無量四無色定真如有法於無上正
等菩提有退屈不舍利子言不也善現舍利
子於意云何八解脫於無上正等菩提

BD13976 號　大般若波羅蜜多經卷三二四　（23–6）

退屈不舍利子言不也善現舍利子於意云
何離四靜慮真如有法於無上正等菩提有
退屈不舍利子言不也善現舍利子於意云
何離四無量四無色定真如有法於無上正
等菩提有退屈不舍利子言不也善現舍利
子於意云何八解脫於無上正等菩提有
退屈不舍利子言不也善現舍利子於意云
何八勝處九次第定十遍處於無上正等
菩提有退屈不舍利子言不也善現舍利子
於意云何離八解脫有法於無上正等菩
提有退屈不舍利子言不善現舍利子於意
云何離八勝處九次第定十遍處有法於無上
正等菩提有退屈不舍利子言不也善現舍
利子於意云何八解脫真如於無上正等
菩提有退屈不舍利子言不也善現舍利子
於意云何八勝處九次第定十遍處真如於
無上正等菩提有退屈不舍利子言不也
善現舍利子於意云何離八解脫真如有法
於無上正等菩提有退屈不舍利子言不也
善現舍利子於意云何離八勝處九次第定
十遍處真如有法於無上正等菩提有退屈
不舍利子言不也善現舍利子於意云何空解
脫門於無上正等菩提有退屈不舍利子言
不也善現舍利子於意云何無相無願解
脫門於無上正等菩提有退屈不舍利子言
不也現舍利子於意云何離空解脫門有
法於無上正等菩提有退屈不舍利子言不
也善現舍利子於意云何離無相無願解脫
門有法於無上正等菩提有退屈不舍利子

BD13976號　大般若波羅蜜多經卷三二四　（23-7）

脫門於無上正等菩提有退屈不舍利子言
不也現舍利子於意云何離空解脫門有
法於無上正等菩提有退屈不舍利子言不
也善現舍利子於意云何離無相無願解脫
門有法於無上正等菩提有退屈不舍利子
言不也善現舍利子於意云何空解脫門真
如於無上正等菩提有退屈不舍利子言不
也善現舍利子於意云何無相無願解脫門
真如於無上正等菩提有退屈不舍利子言
不也善現舍利子於意云何離空解脫門真
如有法於無上正等菩提有退屈不舍利子
言不也善現舍利子於意云何離無相無願
解脫門真如有法於無上正等菩提有退
屈不舍利子言不也善現
舍利子於意云何五眼於無上正等菩提有
退屈不舍利子言不也善現舍利子於意云
何六神通於無上正等菩提有退屈不
舍利子言不也善現舍利子於意云何離五
眼有法於無上正等菩提有退屈不舍利
子言不也善現舍利子於意云何離六神通有
法於無上正等菩提有退屈不舍利子言不也
善現舍利子於意云何五眼真如於無上正
等菩提有退屈不舍利子言不也善現舍利
子於意云何六神通真如於無上正等菩提
有退屈不舍利子言不也善現舍利子於意云
何離五眼真如有法於無上正等菩提有
退屈不舍利子言不也善現舍利子於意云
何離六神通真如有法於無上正等菩提有
退屈不舍利子言不也善現

BD13976號　大般若波羅蜜多經卷三二四　（23-8）

有退屈不舍利子言不也善現舍利子於意云
何離五眼真如有法於無上正等菩提有
退屈不舍利子言不也善現舍利子於意云
何離六神通真如有法於無上正等菩提有
退屈不舍利子言不也善現
舍利子於意云何三摩地門於無上正等菩
提有退屈不舍利子言不也善現舍利子於
意云何陁羅尼門於無上正等菩提有退屈
不舍利子言不也善現舍利子於意云何離
三摩地門有法於無上正等菩提有退屈
不舍利子言不也善現舍利子於意云何離
陁羅尼門有法於無上正等菩提有退屈
不舍利子言不也善現舍利子於意云何三
摩地門真如於無上正等菩提有退屈不
舍利子言不也善現舍利子於意云何陁羅尼
門真如於無上正等菩提有退屈不舍利子
言不也善現舍利子於意云何離三摩地門
真如有法於無上正等菩提有退屈不舍利
子言不也善現舍利子於意云何離陁羅尼
門真如有法於無上正等菩提有退屈不舍
利子言不也善現
舍利子於意云何佛十力於無上正等菩提
有退屈不舍利子言不也善現舍利子於意
云何四無所畏四無礙解大慈大悲大喜大
捨十八佛不共法於無上正等菩提有退屈
不舍利子言不也善現舍利子於意云何離
佛十力有法於無上正等菩提有退屈不
舍利子言不也善現舍利子於意云何離四
無所畏乃至十八佛不共法有法於無上正

BD13976號　大般若波羅蜜多經卷三二四　（23–9）

捨十八佛不共法於無上正等菩提有退屈
不舍利子言不也善現舍利子於意云何離
佛十力有法於無上正等菩提有退屈不
舍利子言不也善現舍利子於意云何離四
無所畏乃至十八佛不共法有法於無上正
等菩提有退屈不舍利子言不也善現舍利
子於意云何佛十力真如於無上正等菩提
有退屈不舍利子言不也善現舍利子於意
云何四無所畏乃至十八佛不共法真如於
無上正等菩提有退屈不舍利子言不也
善現舍利子於意云何離佛十力真如有法
於無上正等菩提有退屈不舍利子言不也
善現舍利子於意云何離四無所畏乃至十
八佛不共法真如有法於無上正等菩提
有退屈不舍利子言不也善現
舍利子於意云何預流果於無上正等菩提
有退屈不舍利子言不也善現舍利子於意
云何一來不還阿羅漢果於無上正等菩
提有退屈不舍利子言不也善現舍利子於
意云何離預流果有法於無上正等菩提有
退屈不舍利子言不也善現舍利子於意云
何離一來不還阿羅漢果有法於無上正等
菩提有退屈不舍利子言不也善現舍利子
於意云何預流果真如於無上正等菩提有
退屈不舍利子言不也善現舍利子於意云
何一來不還阿羅漢果真如於無上正等菩
提有退屈不舍利子言不也善現舍利子於
意云何離預流果真如有法於無上正等菩

BD13976號　大般若波羅蜜多經卷三二四　（23–10）

於意云何預流果真如於無上正等菩提有
退屈不舍利子言不也善現舍利子於意云
何一來不還阿羅漢果真如於無上正等菩
提有退屈不舍利子言不也善現舍利子於
意云何離預流果真如有法於無上正等菩
提有退屈不舍利子言不也善現舍利子於
意云何離一來不還阿羅漢果真如有法於
無上正等菩提有退屈不舍利子言不也善
現舍利子於意云何獨覺菩提於無上正等
菩提有退屈不舍利子言不也善現舍利子
於意云何離獨覺菩提有法於無上正等菩
提有退屈不舍利子言不也善現舍利子於
意云何獨覺菩提真如於無上正等菩提有
退屈不舍利子言不也善現舍利子於意云
何離獨覺菩提真如有法於無上正等菩提
有退屈不舍利子言不也善現
舍利子於意云何一切智於無上正等菩提
有退屈不舍利子言不也善現舍利子於意
云何道相智一切相智於無上正等菩提有
退屈不舍利子言不也善現舍利子於意云
何離一切智有法於無上正等菩提有退屈
不舍利子言不也善現舍利子於意云何
離道相智一切相智有法於無上正等菩
提有退屈不舍利子言不也善現舍利子於
意云何一切智真如於無上正等菩提有退
屈不舍利子言不也善現舍利子於意云何
道相智一切相智真如於無上正等菩提有
退屈不舍利子言不也善現舍利子於意云何離
一切智真如有法於無上正等菩提有退屈



屈不舍利子言不也善現舍利子於意云何
道相智一切相智真如於無上正等菩提有
退屈不舍利子言不也善現舍利子於意云何離
一切智真如有法於無上正等菩提有退屈
不舍利子言不也善現舍利子於意云何離
道相智一切相智真如有法於無上正等菩
提有退屈不舍利子言不也善現
尒時具壽善現語舍利子言若一切法歸故
住故都無所有皆不可得說何等法可於無
上正等菩提而有退屈時舍利子語善現言
如仁者所說無生法忍中都無有法亦無菩
薩可於無上正等菩提說有退屈若尒何
故佛說三種住菩薩乘補特伽羅但應說一
又如仁說應無三乘菩薩差別但應有一正
等覺乘時具壽滿慈子語舍利子言應問善
現為許有一菩薩乘不然後可難應無三乘
建立差別但應有一正等覺乘時舍利子問
善現言為許有一菩薩乘不尒時善現語舍
利子言舍利子於意云何一切法真如中為
有三種住菩薩乘補特伽羅差別相不謂於
無上正等菩提定有退屈定無退屈及不定
耶舍利子言不也善現舍利子於意云何一
切法真如中為有三乘菩薩異不謂聲聞乘
菩薩獨覺乘菩薩正等覺乘菩薩耶舍利
子言不也善現舍利子於意云何一切法真如
中為實有一定無退屈菩薩乘不舍利子言
不也善現舍利子於意云何一切法真如中為
實有一正等覺乘諸菩薩不舍利子言不

菩薩獨覺乘菩薩正等覺乘菩薩耶舍利
子言不也善現舍利子於意云何一切法真如
中為實有一定無退屈菩薩乘不舍利子言
不也善現舍利子於意云何一切法真如中為
實有一正等覺乘諸菩薩不舍利子言不
也善現舍利子於意云何諸法真如有一有二
有三相不舍利子言不也善現舍利子於意
云何一切法真如中為有一法或一菩薩而可
得不舍利子言不也善現尒時善現語舍利
子言若一切法諦故住故都無所有皆不
可得云何舍利子可作是念言如是菩薩
於佛無上正等菩提定有退屈如是菩薩
於佛無上正等菩提定無退屈如是菩薩於
佛無上正等菩提說不決定如是菩薩是聲
聞乘如是菩薩是獨覺乘如是菩薩是正等覺
乘如是為三如是為一舍利子若菩薩摩訶
薩於一切法都無所得於一切法真如亦善
能信解都無所得於諸菩薩亦無所得於佛
無上正等菩提亦無所得當知是為真菩
薩摩訶薩舍利子若菩薩摩訶薩聞說如
是諸法真如不可得相其心不驚不恐不
怖不疑不悔不退不沒是菩薩摩訶薩疾
得無上正等菩提
尒時佛告具壽善現言善現善哉善哉汝今
能為諸菩薩摩訶薩善說法要汝之所說
皆是如來威神加被非汝自力善現若菩薩
摩訶薩於法真如不可得相深生信解知一
切法無差別相聞說如是諸法真如不可得

BD13976號　大般若波羅蜜多經卷三二四　（23–13）

尒時佛告具壽善現言善現善哉善哉汝今
能為諸菩薩摩訶薩善說法要汝之所說
皆是如來威神加被非汝自力善現若菩薩
摩訶薩於法真如不可得相深生信解知一
切法無差別相聞說如是諸法真如不可得
相其心不驚不恐不怖不疑不悔不退不沒
是菩薩摩訶薩疾得無上正等菩提尒時舍
利子白佛言世尊若菩薩摩訶薩成就此法
疾得阿耨多羅三藐三菩提耶佛言舍利子
如是如是若菩薩摩訶薩成就此法疾得無
上正等菩提不墮聲聞及獨覺地

初分菩薩住品第卌八

尒時具壽善現白佛言世尊若菩薩摩訶薩
欲得無上正等菩提當於何住應云何住佛
言善現若菩薩摩訶薩欲得無上正等
菩提當於一切有情住平等心不應住不平
等心當於一切有情起平等心不應起不平
等心當於一切有情以平等心與語不應以
不平等心與語當於一切有情起大慈心不
應起瞋恚心當於一切有情以大慈心與語
不應以瞋恚心與語當於一切有情起大悲
心不應起惱害心當於一切有情以大悲心
與語不應以惱害心與語當於一切有情起
大喜心不應起嫉妬心當於一切有情以大
喜心與語不應以嫉妬心與語當於一切有
情起大捨心不應起偏黨心當於一切有情
以大捨心與語不應以偏黨心與語當於一切
有情起恭敬心不應起憍慢心當於一切有

BD13976號　大般若波羅蜜多經卷三二四　（23–14）

喜心與語不應以嫉妬心與語當於一切有
情起大捨心不應起偏黨心當於一切有情
以大捨心與語不應以偏黨心與語當於一切
有情起恭敬心不應起憍慠心當於一切有
情以恭敬心與語不應以憍慠心與語當於
一切有情起質直心不應起諂詐心當於一切
有情以質直心與語不應以諂詐心與語當
於一切有情起調柔心不應起剛強心當於
一切有情以調柔心與語不應以剛強心與語
當於一切有情起利益心不應起不利益
心當於一切有情以利益心與語不應
以不利益心與語當於一切有情起安樂心
不應起不安樂心當於一切有情以安樂心
與語不應以不安樂心與語當於一切有情
起無礙心不應起有礙心當於一切有情以
無礙心與語不應以有礙心與語當於一切
有情起如父母如兄弟如姉妹如男女如親
族心亦以此心應與其語當於一切有情起
朋友心亦以此心應與其語當於一切有情
起如親教師如軌範師如弟子如同學心亦
以此心應與其語當於一切有情起如預流一
來不還阿羅漢心亦以此心應與其語當於
一切有情起如獨覺心亦以此心應與其語
當於一切有情起如菩薩摩訶薩心亦以此
心應與其語當於一切有情起如如來應正
等覺心亦以此心應與其語當於一切有情
起應供養恭敬尊重讚歎心亦以此心應
與其語當於一切有情起應救濟攝慈覆

BD13976號　大般若波羅蜜多經卷三二四　（23–15）

一切有情起如獨覺心亦以此心應與其語
當於一切有情起如菩薩摩訶薩心亦以此
心應與其語當於一切有情起如如來應正
等覺心亦以此心應與其語當於一切有情
起應供養恭敬尊重讚歎心亦以此心應
與其語當於一切有情起應救濟攝慈覆
護心亦以此心應與其語當於一切有情起
畢竟空無所有不可得心亦以此心應與
其語當於一切有情起空無相無願心亦
以此心應與其語善現若菩薩摩訶薩欲
得無上正等菩提以無所得而為方便
當於此住
復次善現若菩薩摩訶薩欲得無上正等菩
提應自離害生命亦勸他離害生命恒正稱
揚離害生命法歡喜讚歎離害生命者應
自離不與取欲邪行亦勸他離不與取欲邪
行恒正稱揚離不與取欲邪行法歡喜讚
歎離與取欲邪行者善現若菩薩摩訶
薩欲得無上正等菩提應自離虛誑語亦
勸他離虛誑語恒正稱揚離虛誑語法歡喜
讚歎離虛誑語者應自離麁惡語離間
語雜穢語亦勸他離麁惡語離間語雜穢
語恒正稱揚離麁惡語離間語雜穢語法
歡喜讚歎離麁惡語離間語雜穢語者善
現若菩薩摩訶薩欲得無上正等菩提應
自離貪欲亦勸他離貪欲恒正稱揚離貪
欲法歡喜讚歎離貪欲者應自離瞋恚邪見
亦勸他離瞋恚邪見恒正稱揚離瞋恚邪見

BD13976號　大般若波羅蜜多經卷三二四　（23–16）

現若菩薩摩訶薩欲得無上正等菩提應
自離貪欲亦勸他離貪欲恒正稱揚離貪
欲法歡喜讚歎離貪欲者應自離瞋恚邪見
亦勸他離瞋恚邪見恒正稱揚離瞋恚邪見
法歡喜讚歎離瞋恚邪見者
善現若菩薩摩訶薩欲得無上正等菩提應
自修初靜慮亦勸他修初靜慮恒正稱揚修
初靜慮法歡喜讚歎修初靜慮者應自修
第二第三第四靜慮亦勸他修第二第三第
四靜慮恒正稱揚修第二第三第四靜慮法
歡喜讚歎修第二第三第四靜慮者善現若
菩薩摩訶薩欲得無上正等菩提應自修慈
無量亦勸他修慈無量恒正稱揚修慈無
量法歡喜讚歎修慈無量者應自修悲喜捨
無量亦勸他修悲喜捨無量恒正稱揚修悲
喜捨無量法歡喜讚歎修悲喜捨無量者
善現若菩薩摩訶薩欲得無上正等菩提應
自修空無邊處定亦勸他修空無邊處定恒正
稱揚修空無邊處定法歡喜讚歎修空無
邊處定者應自修識無邊處無所有處非
想非非想處定亦勸他修識無邊處無所有處
非想非非想處定恒正稱揚修識無邊處無所
有處非想非非想處定法歡喜讚歎修識無
邊處無所有處非想非非想處定者
善現若菩薩摩訶薩欲得無上正等菩提
應自圓滿布施波羅蜜多亦勸他圓滿布施
波羅蜜多恒正稱揚圓滿布施波羅蜜多法
歡喜讚歎圓滿布施波羅蜜多者應自圓滿
淨戒安忍精進靜慮般若波羅蜜多亦勸他



善現若菩薩摩訶薩欲得無上正等菩提
應自圓滿布施波羅蜜多亦勸他圓滿布施
波羅蜜多恒正稱揚圓滿布施波羅蜜多法
歡喜讚歎圓滿布施波羅蜜多者應自圓滿
淨戒安忍精進靜慮般若波羅蜜多亦勸他
圓滿淨戒安忍精進靜慮般若波羅蜜多恒
正稱揚圓滿淨戒安忍精進靜慮般若波羅
蜜多法歡喜讚歎圓滿淨戒安忍精進靜慮
般若波羅蜜多者
善現若菩薩摩訶薩欲得無上正等菩提應
自住內空亦勸他住內空恒正稱揚住內空法
歡喜讚歎住內空者應自住外空內外空空
空大空勝義空有為空無為空畢竟空
無際空散空無變異空本性空自相空共相空
一切法空不可得空無性空自性空無性自性
性空亦勸他住外空乃至無性自性空恒正
稱揚住外空乃至無性自性空法歡喜讚歎
住外空乃至無性自性空者
善現若菩薩摩訶薩欲得無上正等菩提應
自住真如亦勸他住真如恒正稱揚住真如
法歡喜讚歎住真如者應自住法界法性
不虛妄性不變異性平等性離生性法定
法住實際虛空界不思議界亦勸他住法界
乃至不思議界恒正稱揚住法界乃至不思議
界法歡喜讚歎住法界乃至不思議界者
善現若菩薩摩訶薩欲得無上正等菩提
應自修四念住亦勸他修四念住恒正稱揚
修四念住法歡喜讚歎修四念住者應自修
四正斷四神足五根五力七等覺支八聖道

界法歡喜讚歎住法界乃至不思議界者
善現若菩薩摩訶薩欲得無上正等菩提
應自脩四念住亦勸他脩四念住恒正稱揚
脩四念住法歡喜讚歎脩四念住者應自脩
四正斷四神足五根五力七等覺支八聖道
支亦勸他脩四正斷乃至八聖道支恒正稱
揚脩四正斷乃至八聖道支法歡喜讚歎脩四
正斷乃至八聖道支者
善現若菩薩摩訶薩欲得無上正等菩提
應自住苦聖諦亦勸他住苦聖諦恒正稱揚住
苦聖諦法歡喜讚歎住苦聖諦者應自住集
滅道聖諦亦勸他住集滅道聖諦恒正稱
揚住集滅道聖諦法歡喜讚歎住集滅道
聖諦者
善現若菩薩摩訶薩欲得無上正等提應自
脩八解脫亦勸他脩八解脫恒正稱揚脩
八解脫法歡喜讚歎脩八解脫者應自脩
八勝處九次第定十遍處亦勸他脩八勝處
九次第定十遍處恒正稱揚脩八勝處九次
第定十遍處法歡喜讚歎脩八勝處九次
第定十遍處者
善現若菩薩摩訶薩欲得無上正等菩提
應自脩空解脫門亦勸他脩空解脫門恒正
稱揚脩空解脫門法歡喜讚歎脩空解脫門
者應自脩無相無願解脫門亦勸他脩無相
無願解脫門恒正稱揚脩無相無願解脫門
法歡喜讚歎脩無相無願解脫門者
善現若菩薩摩訶薩欲得無上正等菩提
應自圓滿極喜地亦勸他圓滿極喜地恒正

BD13976 號　大般若波羅蜜多經卷三二四　（23–19）

者應自脩無相無願解脫門亦勸他脩無相
無願解脫門恒正稱揚脩無相無願解脫門
法歡喜讚歎脩無相無願解脫門者
善現若菩薩摩訶薩欲得無上正等菩提
應自圓滿極喜地亦勸他圓滿極喜地恒正
稱揚圓滿極喜地法歡喜讚歎圓滿極喜地
者應自圓滿離垢地發光地焰慧地極難勝地
現前地遠行地不動地善慧地法雲地亦勸
他圓滿離垢地乃至法雲地恒正稱揚圓滿
離垢地乃至法雲地法歡喜讚歎圓滿離垢
地乃至法雲地者
善現若菩薩摩訶薩欲得無上正等菩提應
自圓滿五眼亦勸他圓滿五眼恒正稱揚圓滿
五眼法歡喜讚歎圓滿五眼者應自圓
滿六神通亦勸他圓滿六神通恒正稱揚圓
滿六神通法歡喜讚歎圓滿六神通者
善現若菩薩摩訶薩欲得無上正等菩提
應自圓滿三摩地門亦勸他圓滿三摩地門
恒正稱揚圓滿三摩地門法歡喜讚歎圓滿
三摩地門者應自圓滿陁羅尼門亦勸他圓
喜讚歎圓滿陁羅尼門者
善現若菩薩摩訶薩欲得無上正等菩提
應自圓滿佛十力亦勸他圓滿佛十力恒正
稱揚圓滿佛十力法歡喜讚歎圓滿佛十力
者應自圓滿四無所畏四無礙解大慈大悲
大喜大捨十八佛不共法亦勸他圓滿四無
所畏乃至十八佛不共法恒正稱揚圓滿四

BD13976 號　大般若波羅蜜多經卷三二四　（23–20）

應自圓滿佛十力亦勸他圓滿佛十力恒正
稱揚圓滿佛十力法歡喜讚歎圓滿佛十力
者應自圓滿四無所畏四無礙解大慈大悲
大喜大捨十八佛不共法亦勸他圓滿四無
所畏乃至十八佛不共法恒正稱揚圓滿四
無所畏乃至十八佛不共法歡喜讚歎圓滿
四無所畏乃至十八佛不共法者
善現若菩薩摩訶薩欲得無上正等菩提
應自順逆觀十二支緣起亦勸他順逆觀十
二支緣起恒正稱揚順逆觀十二支緣起法
歡喜讚歎順逆觀十二支緣起者善現若菩
薩摩訶薩欲得無上正等菩提應自知苦斷
集證滅脩道亦勸他知苦斷集證滅脩道恒
正稱揚知苦斷集證滅脩道法歡喜讚歎知
苦斷集證滅脩道者善現若菩薩摩訶薩欲得
無上正等菩提應自起證預流果智而不證實際
得預流果亦勸他起證預流果智及證實際得預
流果恒正稱揚起證預流果智及證實際得預流
果法歡喜讚歎起證預流果智及證實際得
預流果智者應自起證一來不還阿羅漢果智而不
證實際得一來不還阿羅漢果亦勸他起證一來
不還阿羅漢果智及證實際得一來不還阿羅
漢果恒正稱揚起證一來不還阿羅漢果智
及證實際得一來不還阿羅漢果法歡喜讚
歎起證一來不還阿羅漢果智及證實際得一
來不還阿羅漢果者善現若菩薩摩訶薩欲
得無上正等菩提應自起證獨覺菩提智而不
證實際得獨覺菩提亦勸他證獨覺菩提智



證實際得一來不還阿羅漢果法歡喜讚
歎起證一來不還阿羅漢果智及證實際得一
來不還阿羅漢果者善現若菩薩摩訶薩欲
得無上正等菩提應自起證獨覺菩提智而不
證實際得獨覺菩提亦勸他證獨覺菩提智
及證實際得獨覺菩提恒正稱揚起獨覺菩
提智交證實際得獨覺菩提法歡喜讚歎起證
獨覺菩提智及證實際得獨覺菩提者
善現若菩薩摩訶薩欲得無上正等菩提應
自入菩薩正性離生位亦勸他入菩薩正性
離生位恒正稱揚入菩薩正性離生位法歡
喜讚歎入菩薩正性離生位者善現若菩
薩摩訶薩欲得无上等菩提應自嚴淨佛土法
亦勸他嚴淨佛土恒正稱揚嚴淨佛土法
歡喜讚歎嚴淨佛土者善現若菩薩摩
薩欲得无等正菩提應自成熟有情亦教他
成熟有情恒正稱揚成熟有情法歡喜讚
歎成熟有情者善現若菩薩摩訶薩欲得無
上正等菩提應自起菩薩神通亦教他起菩
薩神通恒正稱揚起菩薩神通法歡喜讚歎
起菩薩神通者善現若菩薩摩訶薩欲得無
上正等菩提應自起一切智亦教他起一切智
恒正稱揚起一切智法歡喜讚歎起一切智
者應自起道相智一切相智亦勸他起道相
智一切相智恒正稱揚起道相智一切相智
法歡喜讚歎起道相智一切相智者善現若
菩薩摩訶薩欲得無上正等菩提應自斷
一切煩惱相續習氣亦勸他斷一切煩惱相

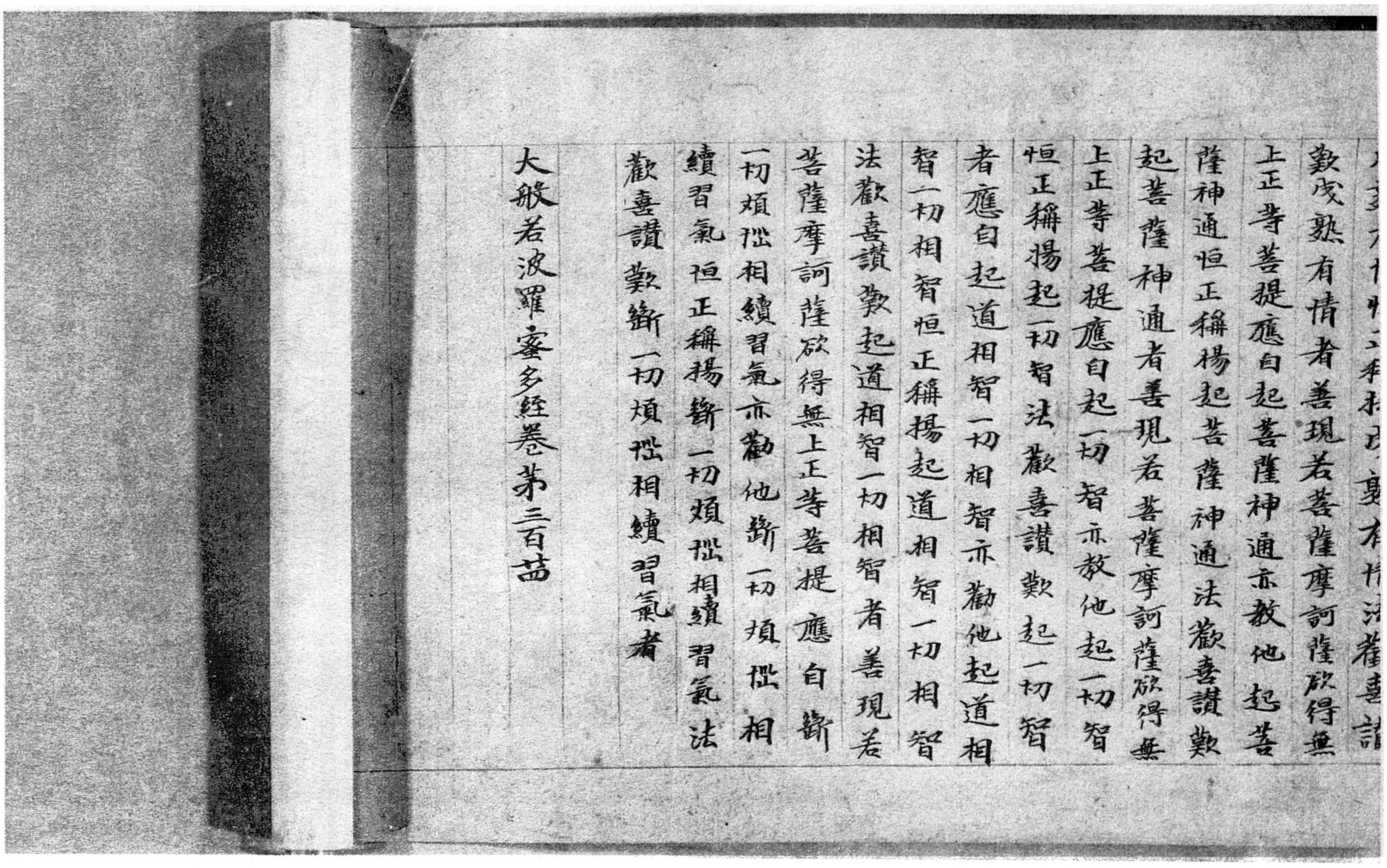

歎戊歎有情者善現若菩薩摩訶薩證得無
上正等菩提應自起菩薩神通亦教他起菩
薩神通恒正稱揚起菩薩神通法歡喜讚歎
起菩薩神通者善現若菩薩摩訶薩證得無
上正等菩提應自起一切智亦教他起一切智
恒正稱揚起一切智法歡喜讚歎起一切智
者應自起道相智一切相智亦勸他起道相
智一切相智恒正稱揚起道相智一切相智
法歡喜讚歎起道相智一切相智者善現若
菩薩摩訶薩證得無上正等菩提應自斷
一切煩惱相續習氣亦勸他斷一切煩惱相
續習氣恒正稱揚斷一切煩惱相續習氣法
歡喜讚歎斷一切煩惱相續習氣者

大般若波羅蜜多經卷第三百廿四

BD13976 號　大般若波羅蜜多經卷三二四

(23–23)

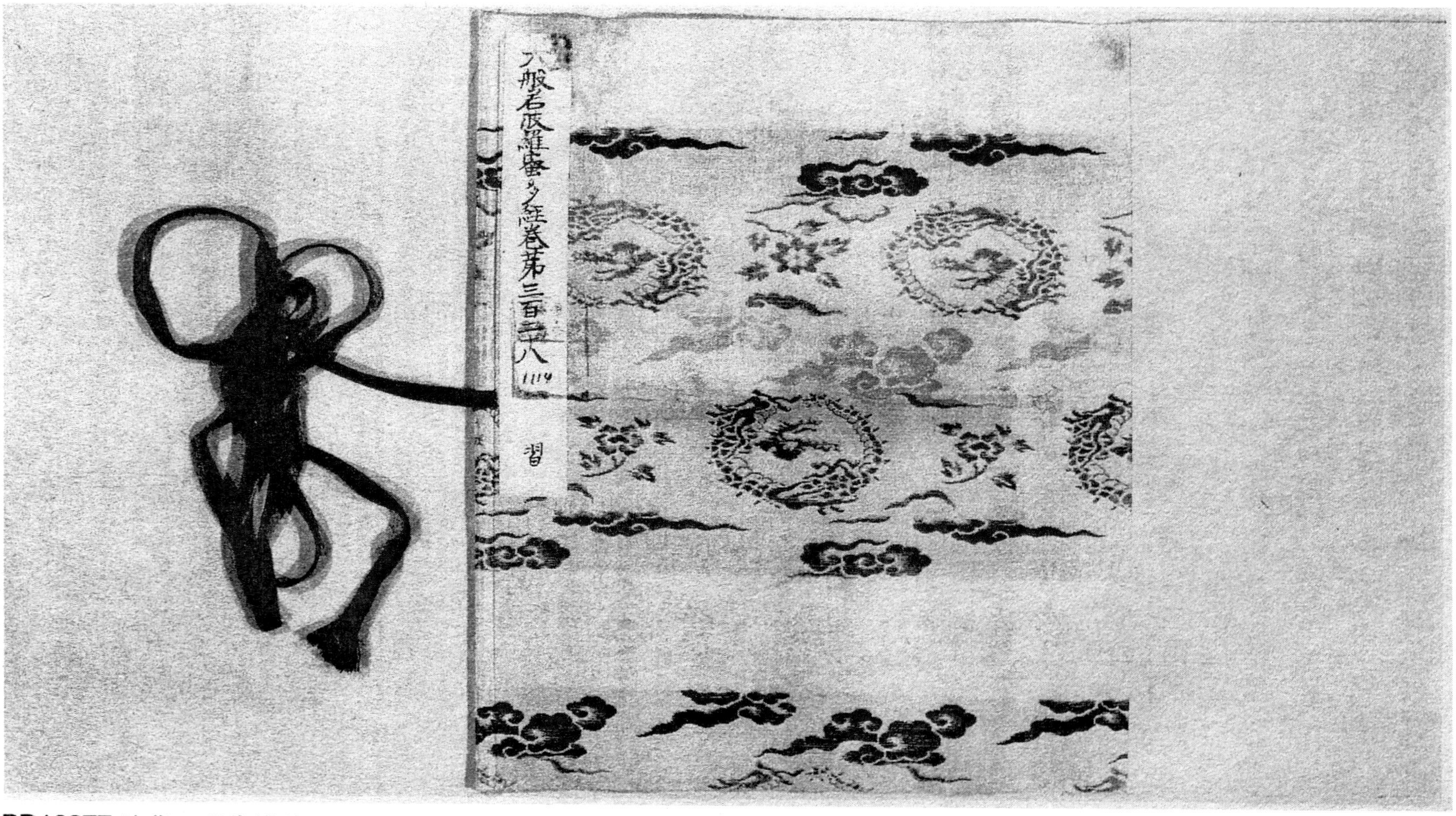


BD13977 號背　現代護首

(1–1)

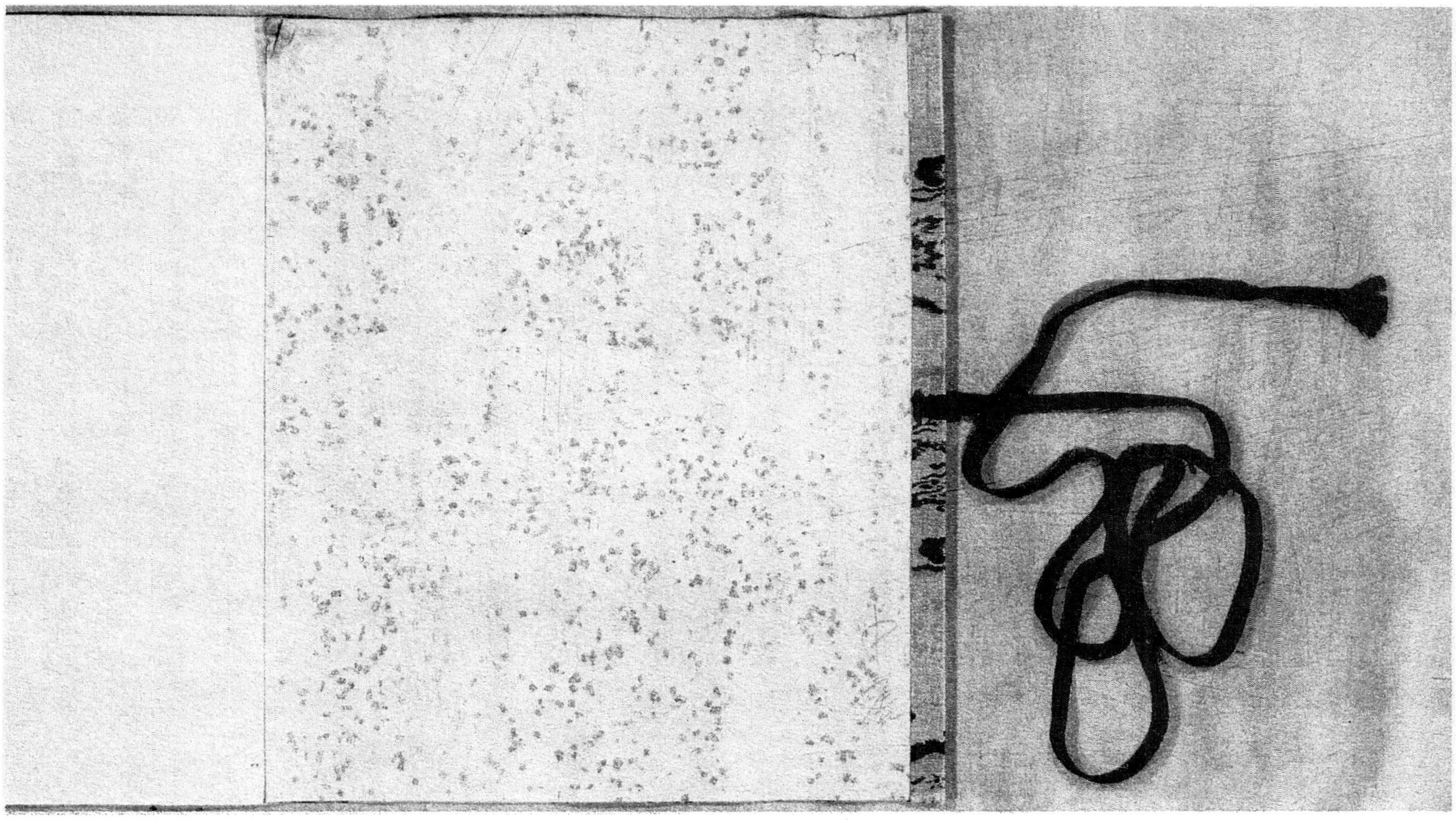

BD13977號　大般若波羅蜜多經卷三二八　　（23–1）

深耳鼻舌身意處亦名甚
名甚深聲香味觸法處亦
界亦名甚深耳鼻舌身音
現色界亦名甚深聲香味
善現眼識界亦名甚深耳鼻舌身意識
名甚深善現眼觸亦名甚深耳鼻舌身音
亦名甚深善現眼觸為緣所生諸受亦名甚
深耳鼻舌身意觸為緣所生諸受亦名甚深
善現地界亦名甚深水火風空識界亦名甚
深善現無明亦名甚深行識名色六處觸受
愛取有生老死愁歎苦憂惱亦名甚深善現
羅蜜多亦名甚深淨戒安忍精進
靜慮般若波羅蜜多亦名甚深善現內空亦

BD13977號　大般若波羅蜜多經卷三二八　　（23–2）

善現地界亦名甚深水火風空識界亦名甚
深善現無明亦名甚深行識名色六處觸受
愛取有生老死愁歎苦憂惱亦名甚深善現
羅蜜多亦名甚深淨戒安忍精進
靜慮般若波羅蜜多亦名甚深善現內空亦
名甚深外空內外空空空大空勝義空有
為空無為空畢竟空無際空散空無變異空
本性空自相空共相空一切法空不可得空
無性空自性空無性自性空亦名甚深善現
真如亦名甚深法界法性不虛妄性不變異
性平等性離生性法定法住實際虛空界不
思議界亦名甚深善現四念住亦名甚深四
正斷四神足五根五力七等覺支八聖道支
亦名甚深善現苦聖諦亦名甚深集滅道聖
諦亦名甚深善現四靜慮亦名甚深四無量四
無色定亦名甚深善現八解脫亦名甚深
八勝處九次第定十遍處亦名甚深善現
空解脫門亦名甚深無相無願解脫門亦名
甚深善現極喜地亦名甚深離垢地發光地
焰慧地極難勝地現前地遠行地不動地善慧
地法雲地亦名甚深善現五眼亦名甚深六神
通亦名甚深善現三摩地門亦名甚深陀羅
尼門亦名甚深善現佛十力亦名甚深四
無所畏四無礙解大慈大悲大喜大捨十八佛
不共法亦名甚深善現無忘失法亦名甚深
恒住捨性亦名甚深善現預流果亦名甚深
一來不還阿羅漢果亦名甚深善現獨覺菩

BD13977號　大般若波羅蜜多經卷三二八

（23–3）

尼門亦名甚深善現佛十力亦名甚深四
無所畏四無礙解大慈大悲大喜大捨十八佛
不共法亦名甚深善現無忘失法亦名甚深
恒住捨性亦名甚深善現預流果亦名甚深
一來不還阿羅漢果亦名甚深善現獨覺菩
提亦名甚深善現一切智亦名甚深道相智
一切相智亦名甚深善現一切菩薩摩訶薩
行亦名甚深善現諸佛無上正等菩提亦名
甚深時具壽善現白佛言世尊云何色亦名甚
深云何受想行識亦名甚深世尊云何眼處
亦名甚深云何耳鼻舌身意處亦名甚深世
尊云何色處亦名甚深云何聲香味觸法處
亦名甚深世尊云何眼界亦名甚深云何耳鼻
舌身意界亦名甚深世尊云何色界亦名甚
深云何聲香味觸法界亦名甚深世尊云
何眼識界亦名甚深云何耳鼻舌身意識界
亦名甚深世尊云何眼觸亦名甚深云何耳
鼻舌身意觸亦名甚深世尊云何眼觸為緣
所生諸受亦名甚深云何耳鼻舌身意觸為
緣所生諸受亦名甚深世尊云何地界亦名
甚深云何水火風空識界亦名甚深世尊
云何無明亦名甚深云何行識名色六處觸
受愛取有生老死愁歎苦憂惱亦名甚深
世尊云何布施波羅蜜多亦名甚深云何淨
戒安忍精進靜慮般若波羅蜜多亦名甚
深世尊云何內空亦名甚深云何外空內外空空
空大空勝義空有為空無為空畢竟空無際空散

BD13977號　大般若波羅蜜多經卷三二八

（23–4）

受愛取有生老死愁歎苦憂惱亦名甚深
世尊云何布施波羅蜜多亦名甚深云何淨
戒安忍精進靜慮般若波羅蜜多亦名甚
深世尊云何內空亦名甚深云何外空內外空
空空大空勝義空有為空無為空畢竟空無
際空散空無變異空本性空自相空共相空
一切法空不可得空无性空自性空无性自
性空亦名甚深世尊云何真如亦名甚深云
何法界法性不虛妄性不變異性平等性離
生性法定法住實際虛空界不思議界亦名
甚深世尊云何四念住亦名甚深云何四正
斷四神足五根五力七等覺支八聖道支亦
名甚深世尊云何苦聖諦亦名甚深云何集
滅道聖諦亦名甚深世尊云何四靜慮亦名
甚深云何四无量四无色定亦名甚深世尊
云何八解脫亦名甚深云何八勝處九次第
定十遍處亦名甚深世尊云何空解脫門亦
名甚深云何无相无願解脫門亦名甚深世
尊云何極喜地亦名甚深云何離垢地發光地
焰慧地極難勝地現前地遠行地不動地善
慧地法雲地亦名甚深世尊云何五眼亦名
甚深云何六神通亦名甚深世尊云何三
摩地門亦名甚深云何陁羅尼門亦名甚深
世尊云何佛十力亦名甚深云何四无所畏四
无礙解大慈大悲大喜大捨十八佛不共法亦
名甚深世尊云何无忘失法亦名甚深云何



甚深云何六神通亦名甚深世尊云何三
摩地門亦名甚深云何陁羅尼門亦名甚深
世尊云何佛十力亦名甚深云何四无所畏四
无礙解大慈大悲大喜大捨十八佛不共法亦
名甚深世尊云何无忘失法亦名甚深云何
恒住捨性亦名甚深世尊云何預流果亦名
甚深云何一來不還阿羅漢果亦名甚深世尊
云何獨覺菩提亦名甚深世尊云何一切菩
薩摩訶薩行亦名甚深世尊云何諸佛无上
正等菩提亦名甚深
佛言善現色真如甚深故色亦甚深受想行
識真如甚深故受想行識亦甚深善現眼處
真如甚深故眼處亦甚深耳鼻舌身意處
真如甚深故耳鼻舌身意處亦甚深善現色處
真如甚深故色處亦甚深聲香味觸法處真
如甚深故聲香味觸法處亦甚深善現眼界
真如甚深故眼界亦甚深耳鼻舌身意界真
如甚深故耳鼻舌身意界亦甚深善現色界
真如甚深故色界亦甚深聲香味觸法界真
如甚深故聲香味觸法界亦甚深善現眼識
界真如甚深故眼識界亦甚深耳鼻舌身意
識界真如甚深故耳鼻舌身意識界亦甚深
善現眼觸真如甚深故眼觸亦甚深耳鼻
舌身意觸真如甚深故耳鼻舌身意觸亦
甚深善現眼觸為緣所生諸受真如甚深故
眼觸為緣所生諸受亦甚深耳鼻舌身意觸
為緣所生諸受真如甚深故耳鼻舌身意

善現眼觸真如甚深故眼觸亦甚深耳鼻
舌身意觸真如甚深故耳鼻舌身意觸亦
甚深善現眼觸為緣所生諸受真如甚深故
眼觸為緣所生諸受亦甚深耳鼻舌身意觸
為緣所生諸受真如甚深故耳鼻舌身意
觸為緣所生諸受亦甚深善現地界真如甚
深故地界亦甚深水火風空識界真如甚深
故水火風空識界亦甚深善現无明真如甚
深故无明亦甚深行識名色六處觸受愛取
有生老死愁歎苦憂惱真如甚深故行識名
色六處觸受愛取有生老死愁歎苦憂惱亦
甚深善現布施波羅蜜多真如甚深故布施波
羅蜜多亦甚深淨戒安忍精進靜慮般若波
羅蜜多真如甚深故淨戒安忍精進靜慮般
若波羅蜜多亦甚深善現內空真如甚深故
內空亦甚深外空內外空空空大空勝義空
有為空無為空畢竟空無際空散空無變異
空本性空自相空共相空一切法空不可得空
无性空自性空无性自性空真如甚深故外
空乃至無性自性空亦甚深善現真如真如
甚深故真如亦甚深法界法性不虛妄性不
變異性平等性離生性法定法住實際虛空
界不思議界真如甚深故法界乃至不思議
界亦甚深善現四念住真如甚深故四念住
亦甚深四正斷四神足五根五力七等覺
支八聖道支真如甚深故四正斷四神足五根



界不思議界真如甚深故法界乃至不思議
界亦甚深善現四念住真如甚深故四念住
亦甚深四正斷四神足五根五力七等覺
支八聖道支真如甚深故四正斷四神足五根
五力七等覺支八聖道支亦甚深善現苦
聖諦真如甚深故苦聖諦亦甚深集滅道聖
諦真如甚深故集滅道聖諦亦甚深善現四
靜慮真如甚深故四靜慮亦甚深四無量四
无色定真如甚深故四无量四无色定亦
甚深善現八解脫真如甚深故八解脫亦
甚深八勝處九次第定十遍處真如甚深故
八勝處九次第定十遍處亦甚深善現空解
脫門真如甚深故空解脫門亦甚深无相无
願解脫門真如甚深故无相无願解脫門亦
甚深善現極喜地真如甚深故極喜地亦甚
深離垢地發光地焰慧地極難勝地現前地
遠行地不動地善慧地法雲地真如甚深故
離垢地乃至法雲地亦甚深善現五眼真如
甚深故五眼亦甚深六神通真如甚深故六
神通亦甚深善現三摩地門真如甚深故三
摩地門亦甚深陀羅尼門真如甚深故陀羅
尼門亦甚深善現佛十力真如甚深故佛十
力亦甚深四無所畏四無礙解大慈大悲大
喜大捨十八佛不共法真如甚深故四无所
畏乃至十八佛不共法亦甚深善現无忘
失法真如甚深故无忘失法亦甚深恒住捨

善大捨十八佛不共法真如甚深故四无所
畏乃至十八佛不共法亦甚深善現无忘
失法真如甚深故无忘失法亦甚深恒住捨
性真如甚深故恒住捨性亦甚深善現預流
果真如甚深故預流果亦甚深一來不還阿
羅漢果真如甚深故一來不還阿羅漢果亦
甚深善現獨覺菩提真如甚深故獨覺菩
提亦甚深善現一切智真如甚深故一切智亦
甚深道相智一切相智真如甚深故道相智
一切相智亦甚深善現一切菩薩摩訶薩行
真如甚深故一切菩薩摩訶薩行亦甚深善
現諸佛无上正等菩提真如甚深故諸佛无
上正等菩提亦甚深
時具壽善現白佛言世尊云何色真如甚深
云何受想行識真如甚深世尊云何眼處真
如甚深云何耳鼻舌身意處真如甚深世尊
云何色處真如甚深云何聲香味觸法處真
如甚深世尊云何眼界真如甚深云何耳鼻
舌身意界真如甚深世尊云何色界真如甚
深云何聲香味觸法界真如甚深世尊云何
眼識界真如甚深云何耳鼻舌身意識界
真如甚深世尊云何眼觸真如甚深云何
耳鼻舌身意觸真如甚深世尊云何眼觸爲
緣所生諸受真如甚深云何鼻舌身意觸
爲緣所生諸受真如甚深世尊云何地界
真如甚深云何水火風空識界真如甚深

BD13977 號　大般若波羅蜜多經卷三二八　（23–9）

耳鼻舌身意觸真如甚深世尊云何眼觸爲
緣所生諸受真如甚深云何鼻舌身意觸
爲緣所生諸受真如甚深世尊云何地界
真如甚深云何水火風空識界真如甚深
世尊云何無明真如甚深云何行識名色
六處觸受愛取有生老死愁歎苦憂惱真
如甚深世尊云何布施波羅蜜多真如甚深云
何淨戒安忍精進靜慮般若波羅蜜多真如
甚深世尊云何內空真如甚深云何外空內外
空空空大空勝義空有爲空无爲空畢竟
空无際空散空无變異空本性空自相空共相
空一切法空不可得空无性空自性空无性
自性空真如甚深世尊云何真如真如甚深
云何法界法性不虛妄性不變異性平等性
離生性法定法住實際虛空界不思議界真如
甚深世尊云何四念住真如甚深云何四正斷
四神足五根五力七等覺支八聖道支真
如甚深世尊云何苦聖諦真如甚深云何集
滅道聖諦真如甚深世尊云何四靜慮真如
甚深云何四无量四无色定真如甚深世尊
云何八解脫真如甚深云何八勝處九次第定
十遍處真如甚深世尊云何空解脫門真如
甚深云何无相无願解脫門真如甚深世尊云
何極喜地真如甚深云何離垢地發光地焰
慧地極難勝地現前地遠行地不動地善慧
地法雲地真如甚深世尊云何五眼真如甚

BD13977 號　大般若波羅蜜多經卷三二八　（23–10）

十遍處真如甚深世尊云何空解脫門真如
甚深云何无相无願解脫門真如甚深世尊云
何極喜地真如甚深云何離垢地發光地焰
慧地極難勝地現前地遠行地不動地善慧
地法雲地真如甚深世尊云何五眼真如甚
深云何六神通真如甚深世尊云何三摩地門
真如甚深云何陁羅尼門真如甚深世尊
云何佛十力真如甚深云何四無所畏四無礙
解大慈大悲大喜大捨十八佛不共法真如
甚深世尊云何無忘失法真如甚深云何
恒住捨性真如甚深世尊云何預流果真
如甚深云何一來不還阿羅漢果真如甚深
世尊云何獨覺菩提真如甚深世尊云何一切
智真如甚深云何道相智一切相智真如甚
深世尊云何一切菩薩摩訶薩行真如甚深
世尊云何諸佛無上正等菩提真如甚深佛
言善現色真如非即色非離色是故甚深
受想行識真如非即受想行識非離受想行
識是故甚深善現眼處真如非即眼處非離
眼處是故甚深耳鼻舌身意處真如非即
耳鼻舌身意處非離耳鼻舌身意處是故
甚深善現色處真如非即色處非離色處是
故甚深聲香味觸法處真如非即聲香味觸
法處非離聲香味觸法處是故甚深善現眼
界真如非即眼界非離眼界是故甚深耳鼻
舌身意界真如非即耳鼻舌身意界非離耳
鼻舌身意界是故甚深善現色界真如非

BD13977 號　大般若波羅蜜多經卷三二八

（23–11）

甚深善現色處真如非即色處非離色處是
故甚深聲香味觸法處真如非即聲香味觸
法處非離聲香味觸法處是故甚深善現眼
界真如非即眼界非離眼界是故甚深耳鼻
舌身意界真如非即耳鼻舌身意界非離耳
鼻舌身意界是故甚深善現色界真如非
即色界非離色界是故甚深聲香味觸法界
真如非即聲香味觸法界非離聲香味觸法
界是故甚深善現眼識界真如非即眼識界
非離眼識界是故甚深耳鼻舌身意識界真
如非即耳鼻舌身意識界非離耳鼻舌身
意識界是故甚深善現眼觸真如非即眼
觸非離眼觸是故甚深耳鼻舌身意觸真
如非即耳鼻舌身意觸非離耳鼻舌身意觸
是故甚深善現眼觸為緣所生諸受真如非
即眼觸為緣所生諸受非離眼觸為緣所生
諸受是故甚深耳鼻舌身意觸為緣所
生諸受真如非即耳鼻舌身意觸為緣所
生諸受非離耳鼻舌身意觸為緣所生諸
受是故甚深善現地界真如非即地界非離
地界是故甚深水火風空識界真如非即水
火風空識界非離水火風空識界是故甚
深善現无明真如非即无明非離无明是故甚
深行識名色六處觸受愛取有生老死愁歎
苦憂惱真如非即行乃至老死愁歎苦憂惱
非離行乃至老死愁歎苦憂惱是故甚深善

BD13977 號　大般若波羅蜜多經卷三二八

（23–12）

火風空識界非離水火風空識界是故甚
深善現无明真如非无明非離无明是故甚
深行識名色六處觸受愛取有生老死愁歎
苦憂惱真如非即行乃至老死愁歎苦憂惱
非離行乃至老死愁歎苦憂惱是故甚深善
現布施波羅蜜多真如非即布施波羅蜜多
非離布施波羅蜜多是故甚深淨戒安忍
精進靜慮般若波羅蜜多真如非即淨戒
安忍精進靜慮般若波羅蜜多非離淨戒安
忍精進靜慮般若波羅蜜多是故甚深善現
內空真如非即內空非離內空是故甚深外
空內外空空空大空勝義空有為空無為空
畢竟空無際空散空无變異空本性空自相
空共相空一切法空不可得空無性空自性
空無性自性空真如非即外空乃至无性自
性空非離外空乃至無性自性空是故甚深
善現真如真如非即真如非離真如是故甚
深法界法性不虛妄性不變異性平等性離
生性法定法住實際虛空界不思議界真如
非即法界乃至不思議界非離法界乃至不
思議界是故甚深善現四念住真如非即四
念住非離四念住是故甚深四正斷四神足
五根五力七等覺支八聖道支真如非即
四正斷乃至八聖道支非離四正斷乃至八聖
道支是故甚深善現苦聖諦真如非即苦
聖諦非離苦聖諦是故甚深集滅道聖諦真

BD13977 號　大般若波羅蜜多經卷三二八　（23–13）

念住非離四念住是故甚深四正斷四神足
五根五力七等覺支八聖道支真如非即
四正斷乃至八聖道支非離四正斷乃至八聖
道支是故甚深善現苦聖諦真如非即苦
聖諦非離苦聖諦是故甚深集滅道聖諦真
如非即集滅道聖諦非離集滅道聖諦是故
甚深善現四靜慮真如非即四靜慮非離四
靜慮是故甚深四無量四无色定真如非即
四无量四无色定非離四無量四无色定是
故甚深善現八解脫真如非即八解脫非離
八解脫是故甚深八勝處九次第定十遍處
真如非即八勝處九次第定十遍處非離八
勝處九次第定十遍處是故甚深善現空
解脫門真如非即空解脫門非離空解脫門
是故甚深无相無願解脫門真如非即無相
无願解脫門非離无相无願解脫門是故甚
深善現極喜地真如非即極喜地非離極喜
地是故甚深離垢地發光地焰慧地極難勝
地現前地遠行地不動地善慧地法雲地真
如非即離垢地乃至法雲地非離離垢地乃至
法雲地是故甚深
善現五眼真如非即五眼非離五眼是故甚深
六神通真如非即六神通非離六神通是故
甚深善現三摩地門真如非即三摩地門非
離三摩地門是故甚深陀羅尼門真如非即
陀羅尼門非離陀羅尼門是故甚深善現

BD13977 號　大般若波羅蜜多經卷三二八　（23–14）

六神通真如非即六神通非離六神通是故
甚深善現三摩地門真如非即三摩地門非
離三摩地門是故甚深陁羅尼門真如非即
陁羅尼門非離陁羅尼門是故甚深善現
佛十力真如非即佛十力非離佛十力是故
甚深四无所畏四无礙解大慈大悲大喜大捨
十八佛不共法真如非即四无所畏乃至十八
佛不共法非離四无所畏乃至十八佛不
共法是故甚深善現無忘失法真如非即
無忘失法非離无忘失法是故甚深恒住捨
性真如非即恒住捨性非離恒住捨性是故
甚深善現預流果真如非即預流果非離
預流果是故甚深一來不還阿羅漢果真
如非即一來不還阿羅漢果非離一來不
還阿羅漢果是故甚深善現獨覺菩提真
如非即獨覺菩提非離獨覺菩提是故甚
深善現一切智真如非即一切智非離一切智
是故甚深道相智一切相智真如非即道相
智一切相智非離道相智一切相智是故
甚深善現一切菩薩摩訶薩行真如非即
一切菩薩摩訶薩行非離一切菩薩摩訶薩
行是故甚深善現佛諸无上正等菩提真如
非即諸佛无上正等菩提非離諸佛无上正
等菩提是故甚深
尒時具壽善現白佛言世尊甚奇微妙方便
為不退轉地菩薩摩訶薩遮遣諸色顯示涅



一切菩薩摩訶薩行非離一切菩薩摩訶薩
行是故甚深善現佛諸无上正等菩提真如
非即諸佛无上正等菩提非離諸佛无上正
等菩提是故甚深
尒時具壽善現白佛言世尊甚奇微妙方便
為不退轉地菩薩摩訶薩遮遣諸色顯示涅
槃遮遣受想行識顯示涅槃世尊甚奇微妙方
便為不退轉地菩薩摩訶薩遮遣眼處顯示
涅槃遮遣耳鼻舌身意處顯示涅槃世尊
甚奇微妙方便為不退轉地菩薩摩訶薩
遮遣色處顯示涅槃遮遣聲香味觸法處
顯示涅槃世尊甚奇微妙方便為不退轉
地菩薩摩訶薩遮遣眼界顯示涅槃遮遣耳
鼻舌身意界顯示涅槃世尊甚奇微妙方便
為不退轉地菩薩摩訶薩遮遣色界顯示涅
槃遮遣聲香味觸法界顯示涅槃世尊甚奇
微妙方便為不退轉地菩薩摩訶薩遮遣眼
識界顯示涅槃遮遣耳鼻舌身意識界顯示
涅槃世尊甚奇微妙方便為不退轉地菩薩
摩訶薩遮遣眼觸顯示涅槃遮遣耳鼻舌身
意觸顯示涅槃世尊甚奇微妙方便為不退
轉地菩薩摩訶薩遮遣眼觸為緣所生諸受
顯示涅槃遮遣耳鼻舌身意觸為緣所生諸
受顯示涅槃世尊甚奇微妙方便為不退轉
地菩薩摩訶薩遮遣地界顯示涅槃遮遣水
火風空識界顯示涅槃世尊甚奇微妙方便

顯示涅槃遮耳鼻舌身意觸為緣所生諸
受顯示涅槃世尊甚奇微妙方便為不退轉
地菩薩摩訶薩遮遣地界顯示涅槃遮遣水
火風空識界顯示涅槃世尊甚奇微妙方便
為不退轉地菩薩摩訶薩遮遣无明顯示涅槃
遮遣行識名色六處觸受愛取有生老死愁
歎苦憂惱顯示涅槃
世尊甚奇微妙方便為不退轉地菩薩摩訶
薩遮遣布施波羅蜜多顯示涅槃遮遣淨戒
安忍精進靜慮般若波羅蜜多顯示涅槃世
尊甚奇微妙方便為不退轉地菩薩摩訶薩
遮遣內空顯示涅槃遮遣外空內外空空空
大空勝義空有為空无為空畢竟空无際空
散空无變異空本性空自相空共相空一切
法空不可得空無性空自性空无性自性空
顯示涅槃世尊甚奇微妙方便為不退轉地
菩薩摩訶薩遮遣真如顯示涅槃遮遣法界
法性不虛妄性不變異性平等性離生性法
定法住實際虛空界不思議界顯示涅槃世
尊甚奇微妙方便為不退轉地菩薩摩訶薩
遮遣四念住顯示涅槃遮遣四正斷四神足
五根五力七等覺支八聖道支顯示涅槃世
尊甚奇微妙方便為不退轉地菩薩摩訶薩
遮遣苦聖諦顯示涅槃遮遣集滅道聖諦
顯示涅槃世尊甚奇微妙方便為不退轉地
菩薩摩訶薩遮遣四靜慮顯示涅槃遮遣

BD13977號　大般若波羅蜜多經卷三二八　（23–17）

尊甚奇微妙方便為不退轉地菩薩摩訶薩
遮遣苦聖諦顯示涅槃遮遣集滅道聖諦
顯示涅槃世尊甚奇微妙方便為不退轉地
菩薩摩訶薩遮遣四靜慮顯示涅槃遮遣
四无量四无色定顯示涅槃世尊甚奇微
妙方便為不退轉地菩薩摩訶薩遮遣八解
脫顯示涅槃遮遣八勝處九次第定十遍處
顯示涅槃世尊甚奇微妙方便為不退轉地
菩薩摩訶薩遮遣空解脫門顯示涅槃遮遣
无相无願解脫門顯示涅槃世尊甚奇微妙
方便為不退轉地菩薩摩訶薩遮遣極喜
地顯示涅槃遮遣離垢地發光地焰慧地極
難勝地現前地遠行地不動地善慧地法雲
地顯示涅槃世尊甚奇微妙方便為不退轉
地菩薩摩訶薩遮遣五眼顯示涅槃遮遣
六神通顯示涅槃世尊甚奇微妙方便為不退
轉地菩薩摩訶薩遮遣三摩地門顯示涅
槃遮遣陀羅尼門顯示涅槃世尊甚奇微
妙方便為不退轉地菩薩摩訶薩遮遣佛十
力顯示涅槃遮遣四无所畏四无礙解大慈
大悲大喜大捨十八佛不共法顯示涅槃世尊
甚奇微妙方便為不退轉地菩薩摩訶薩遮
遣无忘失法顯示涅槃遮遣恒住捨性顯示涅槃
世尊甚奇微妙方便為不退轉地菩薩摩訶
薩遮遣預流果顯示涅槃遮遣一來不還阿羅
漢果顯示涅槃世尊甚奇微妙方便為不退

BD13977號　大般若波羅蜜多經卷三二八　（23–18）

遣无忘失法顯示涅槃遍遣恒住捨性顯示涅槃
世尊甚奇微妙方便為不退轉地菩薩摩訶
薩遍遣預流果顯示涅槃遍遣一來不還阿羅
漢果顯示涅槃世尊甚奇微妙方便為不退
轉地菩薩摩訶薩遍遣獨覺菩提顯示涅槃
世尊甚奇微妙方便為不退轉地菩薩摩訶
薩遍遣一切智顯示涅槃遍遣道相智一切相
智顯示涅槃世尊甚奇微妙方便為不退轉
地菩薩摩訶薩遍遣一切菩薩摩訶薩行顯
示涅槃世尊甚奇微妙方便為不退轉地菩
薩摩訶薩遍遣諸佛無上正等菩提顯示
涅槃世尊甚奇微妙方便為不退轉地菩薩
摩訶薩遍遣一切若世間若出世間若共若
不共若有漏若无漏若有為若无為法顯示
涅槃佛言善現如是如是如汝所說佛以甚
奇微妙方便為不退轉地菩薩摩訶薩遍遣
諸色顯示涅槃遍遣受想行識顯示涅槃佛以
甚奇微妙方便為不退轉地菩薩摩訶薩遍
遣眼處顯示涅槃遍遣耳鼻舌身意處顯示
涅槃佛以甚奇微妙方便為不退轉地菩薩
摩訶薩遍遣色處顯示涅槃遍遣聲香味
觸法處顯示涅槃佛以甚奇微妙方便為不
退轉地菩薩摩訶薩遍遣眼界顯示涅槃
遍遣耳鼻舌身意界顯示涅槃佛以甚奇微妙
方便為不退轉地菩薩摩訶薩遍遣色界顯
示涅槃遍遣聲香味觸法界顯示涅槃佛以

BD13977 號　大般若波羅蜜多經卷三二八　（23–19）

觸法處顯示涅槃佛以甚奇微妙方便為不
退轉地菩薩摩訶薩遍遣眼界顯示涅槃
遍遣耳鼻舌身意界顯示涅槃佛以甚奇微妙
方便為不退轉地菩薩摩訶薩遍遣色界顯
示涅槃遍遣聲香味觸法界顯示涅槃佛以
甚奇微妙方便為不退轉地菩薩摩訶薩
遍遣眼識界顯示涅槃遍遣耳鼻舌身意識
界顯示涅槃佛以甚奇微妙方便為不退轉
地菩薩摩訶薩遍遣眼觸顯示涅槃遍遣耳
鼻舌身意觸顯示涅槃佛以甚奇微妙方
便為不退轉地菩薩摩訶薩遍遣眼觸為緣
所生諸受顯示涅槃遍遣耳鼻舌身意觸為
緣所生諸受顯示涅槃佛以甚奇微妙方便
為不退轉地菩薩摩訶薩遍遣地界顯示
涅槃遍遣水火風空識界顯示涅槃佛以甚
奇微妙方便為不退轉地菩薩摩訶薩遍遣
无明顯示涅槃遍遣行識名色六處觸受愛
取有生老死愁歎苦憂惱顯示涅槃
佛以甚奇微妙方便為不退轉地菩薩摩訶
薩遍遣布施波羅蜜多顯示涅槃遍遣淨戒
安忍精進靜慮般若波羅蜜多顯示涅槃佛以
甚奇微妙方便為不退轉地菩薩摩訶薩
遍遣內空顯示涅槃遍遣外空內外空空空大
空勝義空有為空无為空畢竟空无際空
散空无變異空本性空自相空共相空一切
法空不可得空无性空自性空无性自性空
顯示涅槃佛以甚奇微妙方便為不退轉地菩

BD13977 號　大般若波羅蜜多經卷三二八　（23–20）

遮遣内空顯示涅槃遮遣外空内外空空空大
空勝義空有為空无為空畢竟空无際空
散空无變異空本性空自相空共相空一切
法空不可得空无性空自性空无性自性空
顯示涅槃佛以甚奇微妙方便為不退轉地菩
薩摩訶薩遮遣真如顯示涅槃遮遣法界法
性不虛妄性不變異性平等性離生性法定
法住實際虛空界不思議界顯示涅槃佛以
甚奇微妙方便為不退轉地菩薩摩訶薩
遮遣四念住顯示涅槃遮遣四正斷四神足五
根五力七等覺支八聖道支顯示涅槃佛以
甚奇微妙方便為不退轉地菩薩摩訶薩遮
遣苦聖諦顯示涅槃遮遣集滅道聖諦顯示
涅槃佛以甚奇微妙方便為不退轉地菩薩
摩訶薩遮遣四靜慮顯示涅槃遮遣四无量
四无色定顯示涅槃佛以甚奇微妙方便
為不退轉地菩薩摩訶薩遮遣八解脫顯示
涅槃遮遣八勝處九次第定十遍處顯示涅
槃佛以甚奇微妙方便為不退轉地菩薩摩
訶薩遮遣空解脫門顯示涅槃遮遣无相
无願解脫門顯示涅槃佛以甚奇微妙方便為
不退轉地菩薩摩訶薩遮遣極喜地顯示涅
槃遮遣離垢地發光地焰慧地極難勝地現
前地遠行地不動地善慧地法雲地顯示涅槃
佛以甚奇微妙方便為不退轉地菩薩摩訶
薩遮遣五眼顯示涅槃遮遣六神通顯示涅槃
佛以甚奇微妙方便為不退轉地菩薩摩訶
薩遮遣三摩地門顯示涅槃遮遣陁羅尼門

BD13977號　大般若波羅蜜多經卷三二八　（23-21）

不退轉地菩薩摩訶薩遮遣極喜地顯示涅
槃遮遣離垢地發光地焰慧地極難勝地現
前地遠行地不動地善慧地法雲地顯示涅槃
佛以甚奇微妙方便為不退轉地菩薩摩訶
薩遮遣五眼顯示涅槃遮遣六神通顯示涅槃
佛以甚奇微妙方便為不退轉地菩薩摩訶
薩遮遣三摩地門顯示涅槃遮遣陁羅尼門
顯示涅槃佛以甚奇微妙方便為不退轉地
菩薩摩訶薩遮遣佛十力顯示涅槃遮遣
四无所畏四无礙解大慈大悲大喜大捨十
八佛不共法顯示涅槃佛以甚奇微妙方便為
不退轉地菩薩摩訶薩遮遣无忘失法顯
示涅槃遮遣恒住捨性顯示涅槃佛以甚奇
微妙方便為不退轉地菩薩摩訶薩遮遣預
流果顯示涅槃遮遣一來不還阿羅漢果顯示
涅槃佛以甚奇微妙方便為不退轉地菩薩
摩訶薩遮遣獨覺菩提顯示涅槃佛以甚
奇微妙方便為不退轉地菩薩摩訶薩遮遣
一切智顯示涅槃遮遣道相智一切相智顯示
涅槃佛以甚奇微妙方便為不退轉地菩薩
摩訶薩遮遣一切菩薩摩訶薩行顯示涅
槃佛以甚奇微妙方便為不退轉地菩薩摩
訶薩遮遣諸佛无上正等菩提顯示涅槃佛
以甚奇微妙方便為不退轉地菩薩摩訶薩
遮遣一切若世間若出世間若共若不共若
有漏若无漏若有為若无為法顯示涅槃

BD13977號　大般若波羅蜜多經卷三二八　（23-22）

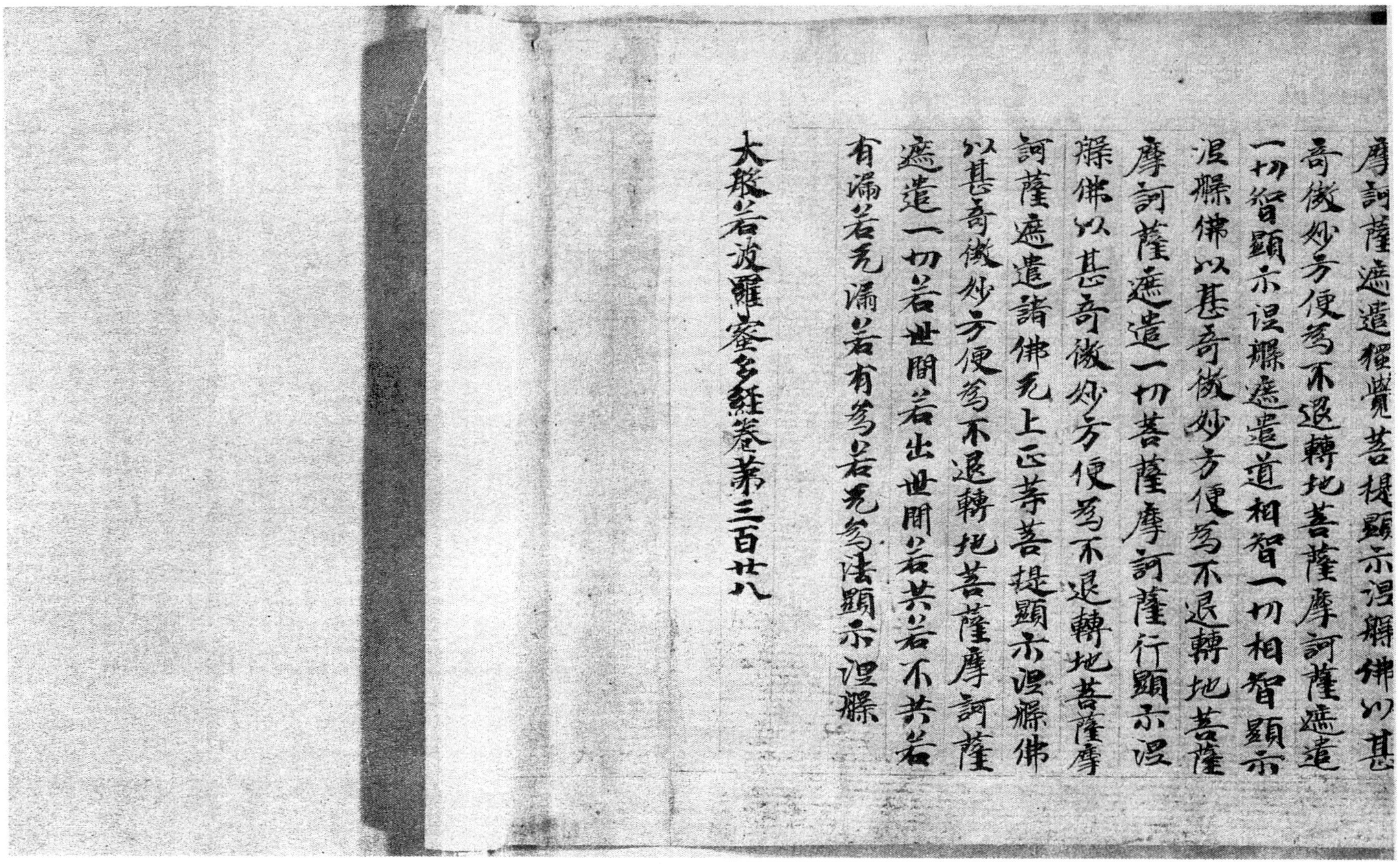

摩訶薩遮遣獨覺菩提顯示涅槃佛以甚
奇微妙方便爲不退轉地菩薩摩訶薩遮遣
一切智顯示涅槃遮遣道相智一切相智顯示
涅槃佛以甚奇微妙方便爲不退轉地菩薩
摩訶薩遮遣一切菩薩摩訶薩行顯示涅
槃佛以甚奇微妙方便爲不退轉地菩薩摩
訶薩遮遣諸佛无上正等菩提顯示涅槃佛
以甚奇微妙方便爲不退轉地菩薩摩訶薩
遮遣一切若世間若出世間若共若不共若
有漏若无漏若有爲若无爲法顯示涅槃

大般若波羅蜜多經卷第三百廿八

BD13977 號　大般若波羅蜜多經卷三二八　　　　（23–23）

大般若波羅蜜多經卷第三百六十五



BD13978 號背　現代護首　　　　（1–1）

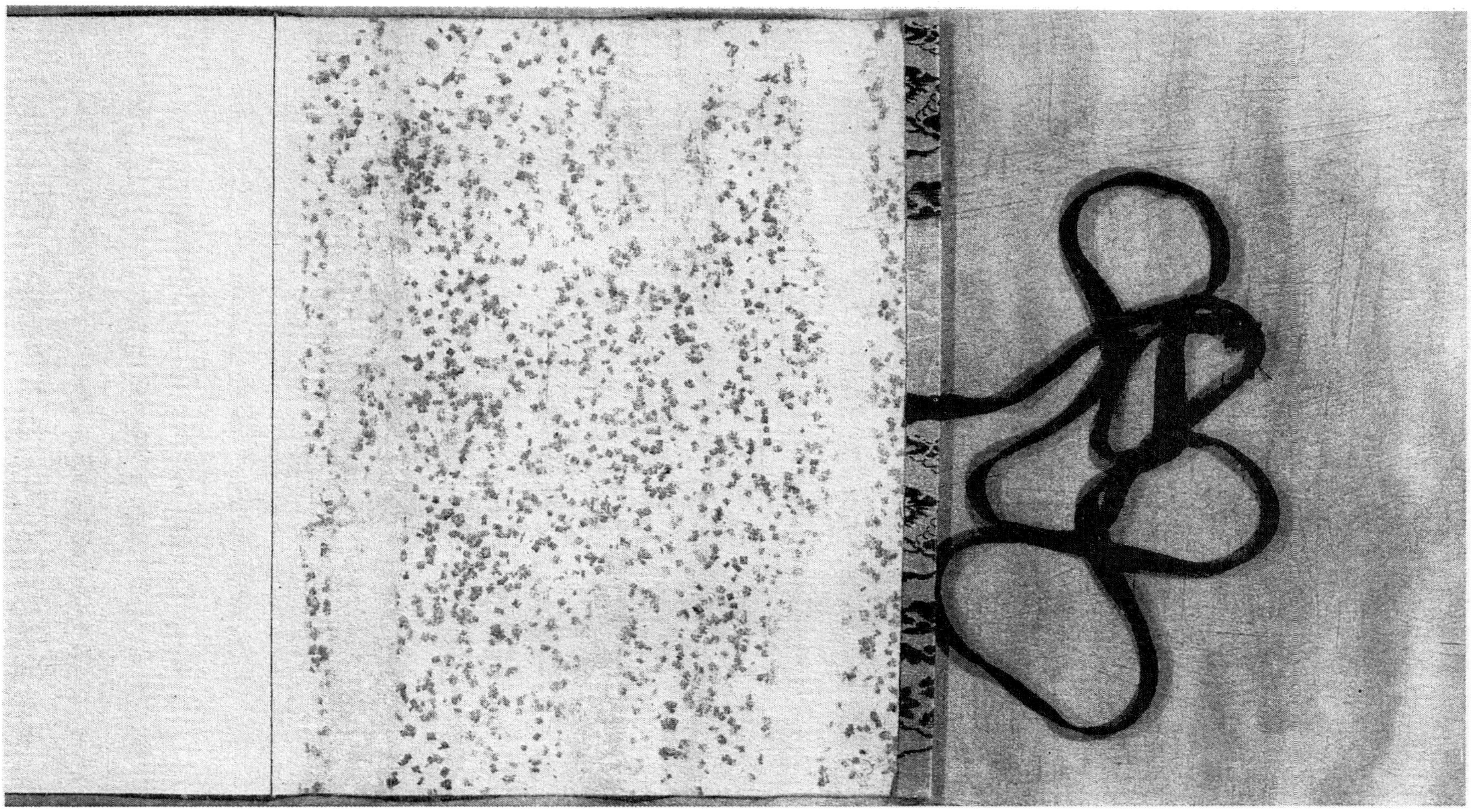

BD13978號　大般若波羅蜜多經卷三六五　（22–1）

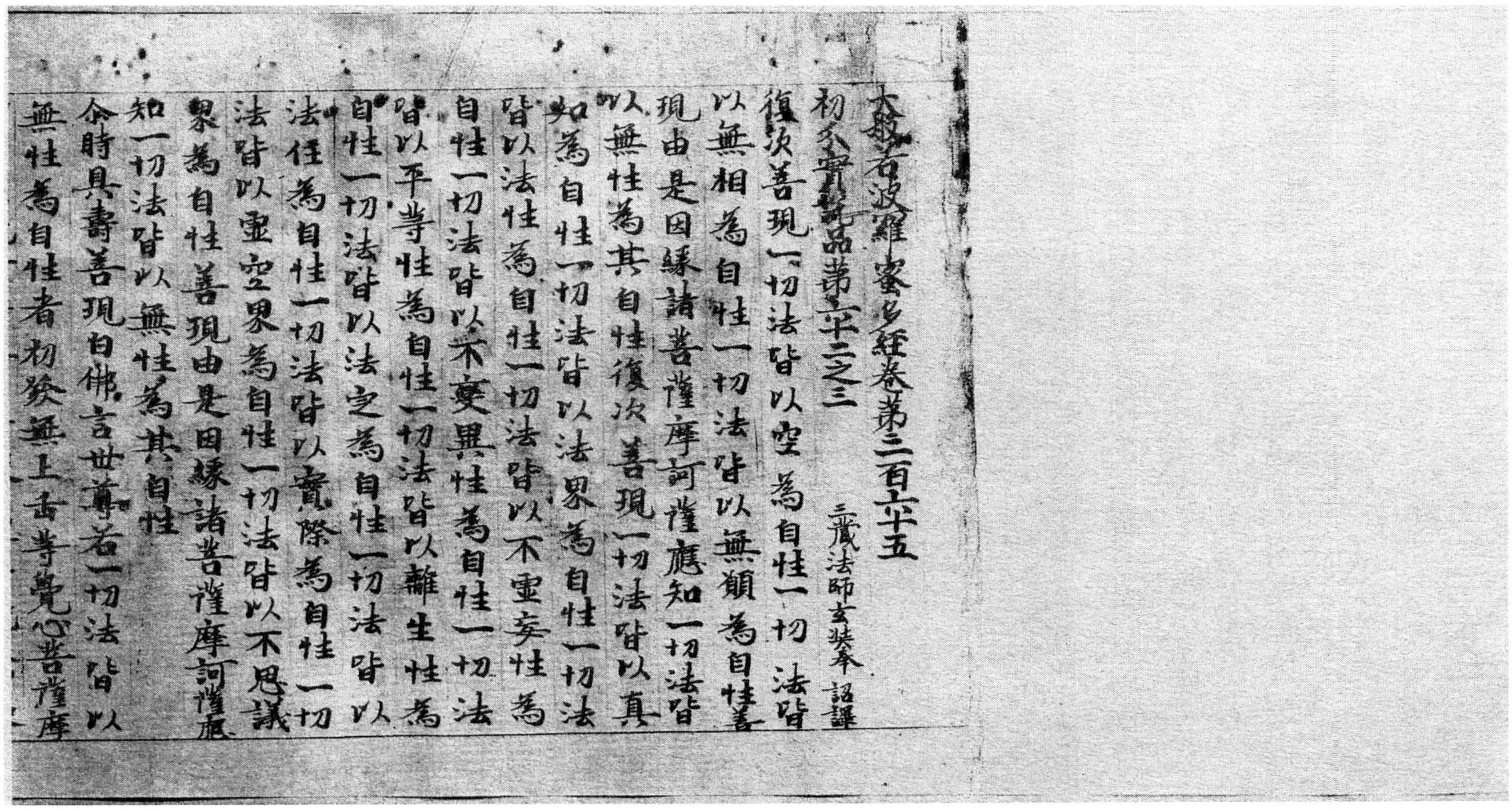

大般若波羅蜜多經卷第三百六十五
三藏法師玄奘奉　詔譯
初分實說品第六十二之三
復次善現一切法皆以空為自性一切法皆
以無相為自性一切法皆以無願為自性善
現由是因緣諸菩薩摩訶薩應知一切法皆
以無性為其自性復次善現一切法皆以真
如為自性一切法皆以法界為自性一切法
皆以法性為自性一切法皆以不虛妄性為
自性一切法皆以不變異性為自性一切法
皆以平等性為自性一切法皆以離生性為
自性一切法皆以法定為自性一切法皆以
法住為自性一切法皆以實際為自性一切
法皆以虛空界為自性一切法皆以不思議
界為自性善現由是因緣諸菩薩摩訶薩應
知一切法皆以無性為其自性
尒時具壽善現白佛言世尊若一切法皆以
無性為自性者初發無上正等覺心菩薩摩

BD13978號　大般若波羅蜜多經卷三六五　（22–2）

法皆以虛空界為自性一切法皆以不思議
界為自性善現由是因緣諸菩薩摩訶薩應
知一切法皆以無性為其自性
爾時具壽善現白佛言世尊若一切法皆以
無性為自性者初發無上正等覺心菩薩摩
訶薩成就何等善巧方便能行布施波羅蜜
多成熟有情嚴淨佛土能行淨戒安忍精進
靜慮般若波羅蜜多成熟有情嚴淨佛土成
就何等善巧方便能住內空成熟有情嚴淨
佛土能住外空內外空空空大空勝義空有
為空無為空畢竟空無際空散空無變異空
本性空自相空共相空一切法空不可得空
無性空自性空無性自性空成熟有情嚴淨
佛土成熟何等善巧方便能住真如成熟有
情嚴淨佛土能住法界法性不虛妄性不變
異性平等性離生性法定法住實際虛空界
不思議界成熟有情嚴淨佛土成就何等善
巧方便能行四念住成熟有情嚴淨佛土能
行四正斷四神足五根五力七等覺支八聖
道支成熟有情嚴淨佛土成熟何等善巧方
便能住苦聖諦成熟有情嚴淨佛土能住集
滅道聖諦成熟有情嚴淨佛土成就何等善
巧方便能行初靜慮成熟有情嚴淨佛土能
行第二第三第四靜慮成熟有情嚴淨佛土
成就何等善巧方便能行慈無量成熟有情
嚴淨佛土能行悲喜捨無量成熟有情嚴淨
佛土成就何等善巧方便能行空無邊處定
成熟有情嚴淨佛土能行識無邊處無所有



巧方便能行初靜慮成熟有情嚴淨佛土能
行第二第三第四靜慮成熟有情嚴淨佛土
成就何等善巧方便能行慈無量成熟有情
嚴淨佛土能行悲喜捨無量成熟有情嚴淨
佛土成就何等善巧方便能行空無邊處定
成熟有情嚴淨佛土能行識無邊處無所有
處非想非非想處定成熟有情嚴淨佛土成
就何等善巧方便能行八解脫成熟有情嚴
淨佛土能行八勝處九次第定十遍處成
熟有情嚴淨佛土成就何等善巧方便能行
一切三摩地門成熟有情嚴淨佛土能行一切
陁羅尼門成熟有情嚴淨佛土成就何等善
巧方便能行空解脫門成熟有情嚴淨佛土
能行無相無願解脫門成熟有情嚴淨佛土
成就何等善巧方便能行五眼成熟有情嚴
淨佛土能行六神通成熟有情嚴淨佛土成
就何等善巧方便能行佛十力成熟有情嚴
淨佛土能行四無所畏四無礙解十八佛不
共法成熟有情嚴淨佛土成就何等善巧方
便能行大慈成熟有情嚴淨佛土能行大悲
大喜大捨成熟有情嚴淨佛土成就何等善
巧方便能行無忘失法成熟有情嚴淨佛土
能行恒住捨性成熟有情嚴淨佛土成就何
等善巧方便能行一切智成熟有情嚴淨佛
土能行道相智一切相智成熟有情嚴淨佛
土
佛言善現是菩薩摩訶薩成就如是善巧方
便謂雖脩學知一切法皆以無性為其自性
而常精勤成熟有情嚴淨佛土雖常精勤

等善巧方便能行一切智成熟有情嚴淨佛
土能行道相智一切相智成熟有情嚴淨佛
土
佛言善現是菩薩摩訶薩成就如是善巧方
便謂雖脩學知一切法皆以無性為其自性
而常精勤成熟有情嚴淨佛土雖常精勤
成熟有情嚴淨佛土而勤脩學知諸有情及諸
佛土皆以無性為其自性善現是菩薩摩訶
薩雖行布施波羅蜜多學菩提道而知菩提
道無性為自性雖行淨戒安忍精進靜慮般
若波羅蜜多學菩提道而知菩提道無性為
自性雖住內空學菩提道而知菩提道無性
為自性雖住外空內外空空空大空勝義空
有為空無為空畢竟空無際空散空無變異
空本性空自相空共相空一切法空不可得
空無性空自性空無性自性空學菩提道而
知菩提道無性為自性雖住真如學菩提道
而知菩提道無性為自性雖住法界法性不
虛妄性不變異性平等性離生性法定法住
實際虛空界不思議界學菩提道而知菩提
道無性為自性雖行四念住學菩提道而知
菩提道無性為自性雖行四正斷四神足五
根五力七等覺支八聖道支學菩提道而知
菩提道無性為自性雖住苦聖諦學菩提道
而知菩提道無性為自性雖住集滅道聖諦
學菩提道而知菩提道無性為自性雖行初
靜慮學菩提道而知菩提道無性為自性雖
行第二第三第四靜慮學菩提道而知菩提
道無性為自性雖行慈無量學菩提道

BD13978號　大般若波羅蜜多經卷三六五　（22–5）

菩提道無性為自性雖住苦聖諦學菩提道
而知菩提道無性為自性雖住集滅道聖諦
學菩提道而知菩提道無性為自性雖行初
靜慮學菩提道而知菩提道無性為自性雖
行第二第三第四靜慮學菩提道而知菩提
道無性為自性雖行慈無量學菩提道而知
菩提道無性為自性雖行悲喜捨無量學菩
提道而知菩提道無性為自性雖住空無邊處
定學菩提道而知菩提道無性為自性雖行
識無邊處無所有處非想非非想處定學菩
提道而知菩提道無性為自性雖行八解脫
學菩提道而知菩提道無性為自性雖行八
勝處九次第定十遍處學菩提道而知菩提
道無性為自性雖行一切三摩地門學菩提
道而知菩提道無性為自性雖行一切陀羅
尼門學菩提道而知菩提道無性為自性雖
行空解脫門學菩提道而知菩提道無性為
自性雖行無相無願解脫門學菩提道而知
菩提道無性為自性雖行五眼學菩提道而
知菩提道無性為自性雖行六神通學菩提
道而知菩提道無性為自性雖行佛十力學
菩提道而知菩提道無性為自性雖行四無
所畏四無礙解十八佛不共法學菩提道而
知菩提道無性為自性雖行大慈學菩提道
而知菩提道無性為自性雖行大悲大喜大
捨學菩提道而知菩提道無性為自性雖行
無忘失法學菩提道而知菩提道無性為自
性雖行恒住捨性學菩提道而知菩提道無
性為自性雖行一切

BD13978號　大般若波羅蜜多經卷三六五　（22–6）

知菩提道無性為自性雖行大慈學菩提道
而知菩提道無性為自性雖行大悲大喜大
捨學菩提道而知菩提道無性為自性雖行
無忘失法學菩提道而知菩提道無性為自
性雖行恒住捨性學菩提道而知菩提道無
性為自性雖行一切智學菩提道而知菩提
道無性為自性雖行道相智一切相智學菩
提道而知菩提道無性為自性
善現是菩薩摩訶薩如是脩行布施波羅蜜
多學菩提道如是脩行淨戒安忍精進靜慮
般若波羅蜜多學菩提道如是安住內空學
菩提道如是安住外空內外空空空大空勝
義空有為空無為空畢竟空無際空散空無
變異空本性空自相空共相空一切法空不
可得空無性空自性空無性自性空學菩提
道如是安住真如學菩提道如是安住法界
法性不虛妄性不變異性平等性離生性法
定法住實際虛空界不思議界學菩提道如
是脩行四念住學菩提道如是脩行四正斷
四神足五根五力七等覺支八聖道支學菩
提道如是安住苦聖諦學菩提道如是安住
集滅道聖諦學菩提道如是脩行初靜慮學
菩提道如是脩行第二第三第四靜慮學菩
提道如是脩行慈無量學菩提道如是脩行
悲喜捨無量學菩提道如是脩行空無邊處
定學菩提道如是脩行識無邊處無所有處
非想非非想處定學菩提道如是脩行八解
脫學菩提道如是脩行八勝處九次第定十
遍處學菩提道如是脩行一切三摩地門學

BD13978 號　大般若波羅蜜多經卷三六五　（22–7）

悲喜捨無量學菩提道如是脩行空無邊處
定學菩提道如是脩行識無邊處無所有處
非想非非想處定學菩提道如是脩行八解
脫學菩提道如是脩行八勝處九次第定十
遍處學菩提道如是脩行一切三摩地門學
菩提道如是脩行一切陁羅尼門學菩提道
如是脩行空解脫門學菩提道如是脩行無
相無願解脫門學菩提道如是脩行五眼學
菩提道如是脩行六神通學菩提道如是脩
行佛十力學菩提道如是脩行四無所畏四
無礙解十八佛不共法學菩提道如是脩行
大慈學菩提道如是脩行大悲大喜大捨學
菩提道如是脩行無忘失法學菩提道如是
脩行恒住捨性學菩提道如是脩行一切智
學菩提道如是脩行道相智一切相智學菩
提道乃至未得如來十力四無所畏四無礙
解十八佛不共法大慈大悲大喜大捨無忘
失法恒住捨性一切智道相智一切相智皆
名學菩提道未得圓滿若於此道已得圓滿
則於一切波羅蜜多亦以圓滿波羅蜜多已
圓滿故由一剎那相應妙慧證得如來一切
相智介時一切微細煩惱習氣相續永不生
故名無餘斷則名如來應正等覺以無障礙
清淨佛眼遍觀十方三界諸法尚不得無況
當得有
如是善現諸菩薩摩訶薩應行般若波羅蜜
多觀一切法皆以無性為其自性善現是名
菩薩摩訶薩最勝善巧方便謂行般若波羅
蜜多觀一切法尚不得無況當得有善現是

BD13978 號　大般若波羅蜜多經卷三六五　（22–8）

當行布
如是善現諸菩薩摩訶薩應行般若波羅蜜
多觀一切法皆以無性為其自性善現是名
菩薩摩訶薩最勝善巧方便謂行般若波羅
蜜多觀一切法尚不得無況當得有善現是
菩薩摩訶薩脩行布施波羅蜜多時於此布
施施者受者諸所施物及菩提心尚不觀無
況觀為有脩行淨戒波羅蜜多時於此淨戒
護淨戒處持淨戒者守淨戒心尚不觀無況
觀為有脩行安忍波羅蜜多時於此安忍脩
安忍處能安忍者脩安忍心尚不觀無況觀
為有脩行精進波羅蜜多時於此精進脩精
進處能精進者脩精進心尚不觀無況觀為
有脩行靜慮波羅蜜多時於此靜慮脩靜慮
處能靜慮者脩靜慮心尚不觀無況觀為有
脩行般若波羅蜜多時於此般若脩般若處
脩般若者脩般若心尚不觀無況觀為有善
現是菩薩摩訶薩安住內空外空內外空空
空大空勝義空有為空無為空畢竟空無際
空散空無變異空本性空自相空共相空一
切法空不可得空無性空自性空無性自性
空時於此內空乃至無性自性空能安住者
由此安住脩安住處尚不觀無況觀為有善
現是菩薩摩訶薩安住真如法界法性不虛
妄性不變異性平等性離生性法定法住實
際虛空界不思議界時於此真如乃至不思
議界能安住者由此安住脩安住處尚不觀
無況觀為有善現是菩薩摩訶薩脩行四念

BD13978 號　大般若波羅蜜多經卷三六五　（22–9）

由此安住脩安住處尚不觀無況觀為有
現是菩薩摩訶薩安住真如法界法性不虛
妄性不變異性平等性離生性法定法住實
際虛空界不思議界時於此真如乃至不思
議界能安住者由此安住脩安住處尚不觀
無況觀為有善現是菩薩摩訶薩脩行四念
住四正斷四神足五根五力七等覺支八聖
道支時於此四念住乃至八聖道支能脩行
者由此脩行及脩行處尚不觀無況觀為有
善現是菩薩摩訶薩安住苦聖諦集滅道聖諦
時於此苦聖諦集滅道聖諦能安住者由此
安住脩安住處尚不觀無況觀為有善現是
菩薩摩訶薩脩行四靜慮四無量四無色定
時於此四靜慮四無量四無色定能脩行者
由此脩行及脩行處尚不觀無況觀為有善
現是菩薩摩訶薩脩行八解脫八勝處九次
第定十遍處時於此八解脫八勝處九次第
定十遍處能脩行者由此脩行及脩行處尚
不觀無況觀為有善現菩薩摩訶薩脩行
一切三摩地門一切陀羅尼門時於此一切
三摩地門一切陀羅尼門能脩行者由此脩
行及脩行處尚不觀無況觀為有善現是菩
薩摩訶薩脩行空解脫門無相無願解脫門
時於此空解脫門無相無願解脫門能脩行
者由此脩行及脩行處尚不觀無況觀為有
善現是菩薩摩訶薩脩行五眼六神通時於
此五眼六神通能脩行者由此脩行及脩行
處尚不觀無況觀為有善現是菩薩摩訶薩
脩行佛十力四無所畏四無礙解大慈大悲

BD13978 號　大般若波羅蜜多經卷三六五　（22–10）

薩摩訶薩脩行空解脫門無相無願解脫門
時於此空解脫門無相無願解脫門能脩行
者由此脩行及脩行處尚不觀無況觀為有
善現是菩薩摩訶薩脩行五眼六神通時於
此五眼六神通能脩行者由此脩行及脩行
處尚不觀無況觀為有善現是菩薩摩訶薩
脩行佛十力四無所畏四無礙解大慈大悲
大喜大捨十八佛不共法時於此佛十力乃
至十八佛不共法能脩行者由此脩行及脩
行處尚不觀無況觀為有善現是菩薩摩訶
薩脩行無忘失法恒住捨性時於此無忘失
法恒住捨性能脩行者由此脩行及脩行處
尚不觀無況觀為有善現是菩薩摩訶薩
脩行一切智道相智一切相智時於此一切智
道相智一切相智能脩行者由此脩脩行及脩
行處尚不觀無況觀為有善現是菩薩摩訶
薩隨證得一切智智時於此一切智智能隨
證得者由此隨證得及隨證得處尚不觀無
況觀為有何以故善現是菩薩摩訶薩當作
是念諸法皆以無性為性如是無性本性自
尒非佛所作非獨覺作非聞聲作亦非餘作
以一切法皆無作者離作者故
尒時具壽善現白佛言世尊豈不諸法離諸
法性佛言善現如是如是如汝所說諸法無
不離諸法性具壽善現復白佛言世尊若一
切法離法性者云何離法能知離法若有若
無何以故世尊無法不應能知無法有法不
應能知有法無法不應能知有法有法不應
能知無法世尊如是一切法皆無知為性云

BD13978 號　大般若波羅蜜多經卷三六五　（22–11）

法性佛言善現如是如是如汝所說諸法無
不離諸法性具壽善現復白佛言世尊若一
切法離法性者云何離法能知離法若有若
無何以故世尊無法不應能知無法有法不
應能知有法無法不應能知有法有法不應
能知無法世尊如是一切法皆無知為性云
何菩薩摩訶薩脩行般若波羅蜜多顯示諸
法若有若無佛言善現諸菩薩摩訶薩脩行
般若波羅蜜多隨世俗故顯示諸法若有若
無非隨勝義世尊世俗勝義為有異不不也
善現非異世俗別有勝義何以故善現世俗
真如即是勝義諸情類顛倒妄執於此真
如不知不見菩薩摩訶薩哀愍彼故隨世俗
相顯示諸法若有若無復次善現諸有情類
於蘊等法起實有想不知非有菩薩摩訶薩
哀愍彼故分別諸法若有若無如何當令彼
有情類知蘊等法皆非實有善現諸菩薩
摩訶薩應行如是甚深般若波羅蜜多

初分巧便行品第六十三

尒時具壽善現白佛言世尊如來常說菩薩
行菩薩行何等名為菩薩行耶佛言善現菩
薩行者謂為無上正等菩提故行是名菩薩
行具壽善現復白佛言世尊菩薩摩訶薩當
於何處行菩薩行佛言善現菩薩摩訶薩當
於色空行菩薩行當於受想行識空行菩薩
行菩薩摩訶薩當於眼處空行菩薩行當於
耳鼻舌身意處空行菩薩行菩薩摩訶薩
當於色處空行菩薩行當於聲香味觸法處空
行菩薩行菩薩摩訶薩當於眼界空行菩薩

BD13978 號　大般若波羅蜜多經卷三六五　（22–12）

於何處行菩薩行佛言善現菩薩摩訶薩當
於色空行菩薩行當於受想行識空行菩薩
行菩薩摩訶薩當於眼處空行菩薩行當於
耳鼻舌身意處空行菩薩行菩薩摩訶薩
當於色處空行菩薩行當於聲香味觸法處空
行菩薩行菩薩摩訶薩當於眼界空行菩薩
行當於耳鼻舌身意界空行菩薩行菩薩摩
訶薩當於色界空行菩薩行當於聲香味觸
法界空行菩薩行菩薩摩訶薩當於眼識界
空行菩薩行當於耳鼻舌身意識界空行菩
薩行菩薩摩訶薩當於眼觸空行菩薩行當
於耳鼻舌身意觸空行菩薩行菩薩摩訶薩
當於眼觸為緣所生諸受空行菩薩行當於
耳鼻舌身意觸為緣所生諸受空行菩薩行
菩薩摩訶薩當於地界空行菩薩行當於水
火風空識界空行菩薩行菩薩摩訶薩當於
無明空行菩薩行當於行識名色六處觸受
愛取有生老死愁歎苦憂惱空行菩薩行菩
薩摩訶薩當於內法空行菩薩行當於外法
空行菩薩行菩薩摩訶薩當於布施波羅蜜
多空行菩薩行當於淨戒安忍精進靜慮般
若波羅蜜多空行菩薩行菩薩摩訶薩當於
內空空行菩薩行當於外空內外空空空大
空勝義空有為空無為空畢竟空無際空散
空無變異空本性空自相空共相空一切法
空不可得空無性空自性空無性自性空空
行菩薩行菩薩摩訶薩當於初靜慮空行菩
薩行當於第二第三第四靜慮空行菩薩行

BD13978 號　大般若波羅蜜多經卷三六五　（22-13）

若波羅蜜多空行菩薩行菩薩摩訶薩當於
內空空行菩薩行當於外空內外空空空大
空勝義空有為空無為空畢竟空無際空散
空無變異空本性空自相空共相空一切法
空不可得空無性空自性空無性自性空空
行菩薩行菩薩摩訶薩當於初靜慮空行菩
薩行當於第二第三第四靜慮空行菩薩行
菩薩摩訶薩當於慈無量空行菩薩行當於
悲喜捨無量空行菩薩行菩薩摩訶薩當於
空無邊處定空行菩薩行當於識無邊處定
無所有處定非想非非想處定空行菩薩行
菩薩摩訶薩當於四念住空行菩薩行當於
四正斷四神足五根五力七等覺支八聖道
支空行菩薩行菩薩摩訶薩當於和合空行
菩薩行當於不和合空行菩薩行菩薩摩訶
薩當於空解脫門空行菩薩行當於無相無
願解脫門空行菩薩行菩薩摩訶薩當於八
解脫空行菩薩行當於八勝處九次第定十
遍處空行菩薩行菩薩摩訶薩當於苦聖諦
空行菩薩行當於集滅道聖諦空行菩薩行
菩薩摩訶薩當於佛十力空行菩薩行當於
四無所畏四無礙解十八佛不共法空行菩
薩行菩薩摩訶薩當於大慈空行菩薩行當
於大悲大喜大捨空行菩薩行菩薩摩訶薩
當於五眼空行菩薩行當於六神通空行菩
薩行菩薩摩訶薩當於一切三摩地門空行
菩薩行當於一切陀羅尼門空行菩薩行菩
薩摩訶薩當於嚴淨土空行菩薩行當於
成熟有情空行菩薩行菩薩摩訶薩當於引

BD13978 號　大般若波羅蜜多經卷三六五　（22-14）

於大悲大喜大捨空行菩薩行菩薩摩訶薩
當於五眼空行菩薩行當於六神通空行菩
薩行菩薩摩訶薩當於一切三摩地門空行
菩薩行當於一切陁羅尼門空行菩薩行菩
薩摩訶薩當於嚴淨土空行菩薩行當於
成熟有情空行菩薩行菩薩摩訶薩當於引
發辯才陁羅尼空行菩薩行當於引發文字
陁羅尼空行菩薩行菩薩摩訶薩當於悟入
文字陁羅尼空行菩薩行當於悟入無文字
陁羅尼空行菩薩行菩薩摩訶薩當於有為
界空行菩薩行當於無為界空行菩薩行菩
薩摩訶薩如是行菩薩行時如佛無上正等
菩提於諸法中不作二相善現若菩薩摩訶
薩如是行般若波羅蜜多時名為無上正等
菩提行菩薩行
尒時具壽善現白佛言世尊如來常說佛陁
佛陁以何義故名為佛陁佛言善現隨覺實
義故名佛陁復次善現現覺實法故名佛陁
復次善現通達實義故名佛陁復次善現於
一切法如實現覺故名佛陁復次善現於一
切法自相共相有相無相自然開覺故名佛
陁復次善現於三世法及無為法一切種相
無障智轉故名佛陁復次善現如實開覺一
切有情令離顛倒惡業衆苦故名佛陁復次
善現能如實覺一切法相所謂無相故名佛
陁
尒時具壽善現白佛言世尊如來常說菩提
菩提以何義故名為菩提佛言善現證法空
義是菩提義證真如義是菩提義證實際義

BD13978號　大般若波羅蜜多經卷三六五

（22–15）

切有情令離顛倒惡業衆苦故名佛陁復次
善現能如實覺一切法相所謂無相故名佛
陁
尒時具壽善現白佛言世尊如來常說菩提
菩提以何義故名為菩提佛言善現證法空
義是菩提義證真如義是菩提義證實際義
是菩提義證法性義是菩提義證法界義是
菩提義復次善現假立名相施設言說能真
實覺最上勝妙故名菩提復次善現不可破
壞不可分別故名菩提復次善現法真如性
不虛妄性不變異性無顛倒性故名菩提復
次善現唯假名相謂為菩提而無真實名相
可得故名菩提復次善現諸佛所有真淨妙
覺故名菩提復次善現諸佛由此現覺諸
法一切種相故名菩提
尒時具壽善現白佛言世尊菩薩摩訶薩為
菩提故行布施淨戒安忍精進靜慮般若波
羅蜜多時於何等法為益為損為增為減為
生為滅為染為淨世尊菩薩摩訶薩為菩提
故住內空外空內外空空空大空勝義空有
為空無為空畢竟空無際空散空無變異空
本性空自相空共相空一切法空不可得空
無性空自性空無性自性空時於何等法為
益為損為增為減為生為滅為染為淨世尊
菩薩摩訶薩為菩提故住真如法界法性不
虛妄性不變異性平等性離生性法定法住
實際虛空界不思議界時於何等法為益為損
為增為減為生為滅為染為淨世尊菩薩摩
訶薩為菩提故脩四念住四正斷四神足五

BD13978號　大般若波羅蜜多經卷三六五

（22–16）

菩薩摩訶薩為菩提故住真如法界法性不
虛妄性不變異性平等性離生性法定法住
實際虛空界思不議界時於何等法為益為損
為增為減為生為滅為染為淨世尊菩薩摩
訶薩為菩提故脩四念住四正斷四神足五
根五力七等覺支八聖道支時於何等法為
益為損為增為減為生為滅為染為淨世尊
菩薩摩訶薩為菩提故住苦聖諦集滅道聖
諦時於何等法為益為損為增為減為生為
滅為染為淨世尊菩薩摩訶薩為菩提故脩
四靜慮四無量四無色定時於何等法為益
為損為增為減為生為滅為染為淨世尊菩
薩摩訶薩為菩提故脩八解脫八勝處九次
第定十遍處時於何等法為益為損為增為
減為生為滅為染為淨世尊菩薩摩訶薩為
菩提故脩三摩地門陀羅尼門時於何等法
為益為損為增為減為生為滅為染為淨世
尊菩薩摩訶薩為菩提故脩空解脫門無相
無願解脫門時於何等法為益為損為增為
減為生為滅為染為淨世尊菩薩摩訶薩為
菩提故脩五眼六神通時於何等法為益為
損為增為減為生為滅為染為淨世尊菩薩
摩訶薩為菩提故脩佛十力四無所畏四無
礙解十八佛不共法時於何等法為益為損
為增為減為生為滅為染為淨世尊菩薩摩
訶薩為菩提故脩大慈大悲大喜大捨時於
何等法為益為損為增為減為生為滅為染
為淨世尊菩薩摩訶薩為菩提故脩無忘失
法恒住捨性時於何等法為益為損為增為

BD13978號　大般若波羅蜜多經卷三六五　（22–17）

礙解十八佛不共法時於何等法為益為損
為增為減為生為滅為染為淨世尊菩薩摩
訶薩為菩提故脩大慈大悲大喜大捨時於
何等法為益為損為增為減為生為滅為染
為淨世尊菩薩摩訶薩為菩提故脩無忘失
法恒住捨性時於何等法為益為損為增為
減為生為滅為染為淨世尊菩薩摩訶薩為
菩提故脩一切智道相智一切相智時於何等
法為益為損為增為減為生為滅為染為淨
佛言善現菩薩摩訶薩為菩提故行布施淨
戒安忍精進靜慮般若波羅蜜多時於一切
法無益無損無增無減無生無滅無染無淨
善現菩薩摩訶薩為菩提故住內空外空內
外空空空大空勝義空有為空無為空畢竟
空無際空散空無變異空本性空自相空共
相空一切法空不可得空無性空自性空無
性自性空時於一切法無益無損無增無減
無生無滅無染無淨善現菩薩摩訶薩為菩
提故住真如法界法性不虛妄性不變異性
平等性離生性法定法住實際虛空界不思
議界時於一切法無益無損無增無減無生
無滅無染無淨善現菩薩摩訶薩為菩提故
脩四念住四正斷四神足五根五力七等覺
支八聖道支時於一切法無益無損無增無
減無生無滅無染無淨善現菩薩摩訶薩為
菩提故住苦聖諦集滅道聖諦時於一切法
無益無損無增無減無生無滅無染無淨善
現菩薩摩訶薩為菩提故脩四靜慮四無量
四無色定時於一切法無益無損無增無減

BD13978號　大般若波羅蜜多經卷三六五　（22–18）

脩四念住四正斷四神足五根五力七等覺
支八聖道支時於一切法無益無損無增無
減無生無滅無染無淨善現菩薩摩訶薩為
菩提故住苦聖諦集滅道聖諦時於一切法
無益無損無增無減無生無滅無染無淨善
現菩薩摩訶薩為菩提故脩四靜慮四無量
四無色定時於一切法無益無損無增無減
無生無滅無染無淨善現菩薩摩訶薩為
菩提故脩八解脫八勝處九次第定十遍處時
於一切法無益無損無增無減無生無滅無
染無淨善現菩薩摩訶薩為菩提故脩三摩
地門陀羅尼門時於一切法無益無損無增
無減無生無滅無染無淨善現菩薩摩訶薩
為菩提故脩空解脫門無相無願解脫門時
於一切法無益無損無增無減無生無滅無
染無淨善現菩薩摩訶薩為菩提故脩五眼
六神通時於一切法無益無損無增無減無
生無滅無染無淨善現菩薩摩訶薩為菩提
故脩佛十力四無所畏四無礙解十八佛不
共法時於一切法無益無損無增無減無生
無滅無染無淨善現菩薩摩訶薩為菩提故
脩大慈大悲大喜大捨時於一切法無益無
損無增無減無生無滅無染無淨善現菩薩
摩訶薩為菩提故脩無忘失法恒住捨性時
於一切法無益無損無增無減無生無滅無
染無淨善現菩薩摩訶薩為菩提故脩一切
智道相智一切相智時於一切法無益無損
無增無減無生無滅無染無淨何以故善現
菩薩摩訶薩為菩提故行深般若波羅蜜多

BD13978號　大般若波羅蜜多經卷三六五　（22–19）

摩訶薩為菩提故脩無忘失法恒住捨性時
於一切法無益無損無增無減無生無滅無
染無淨善現菩薩摩訶薩為菩提故脩一切
智道相智一切相智時於一切法無益無損
無增無減無生無滅無染無淨何以故善現
菩薩摩訶薩為菩提故行深般若波羅蜜多
於一切法都無所緣而為方便不為益損不
為增減不為生滅不為染淨現在前故
具壽善現白佛言世尊若菩薩摩訶薩為菩
提故行深般若波羅蜜多於一切法都無所
緣而為方便不為益不為損不為增不為減
不為生不為滅不為染不為淨故現在前者
云何菩薩摩訶薩行深般若波羅蜜多時攝
受布施波羅蜜多攝受淨戒安忍精進靜慮
般若波羅蜜多云何菩薩摩訶薩行深般若
波羅蜜多時攝受內空攝受外空內外空空
空大空勝義空有為空無為空畢竟空無際
空散空無變異空本性空自相空共相空一
切法空不可得空無性空自性空無性自性
空云何菩薩摩訶薩行深般若波羅蜜多時
攝受真如攝受法界法性不虛妄性不變異
性平等性離生性法定法住實際虛空界不
思議界云何菩薩摩訶薩行深般若波羅蜜
多時攝受四念住攝受四正斷四神足五根
五力七等覺支八聖道支云何菩薩摩訶薩
行深般若波羅蜜多時攝受苦聖諦攝受集
滅道聖諦云何菩薩摩訶薩行深般若波羅
蜜多時攝受四靜慮攝受四無量四無色定

BD13978號　大般若波羅蜜多經卷三六五　（22–20）

攝受真如攝受法界法性不虛妄性不變異
性平等性離生性法定法住實際虛空界不
思議界云何菩薩摩訶薩行深般若波羅蜜
多時攝受四念住攝受四正斷四神足五根
五力七等覺支八聖道支云何菩薩摩訶薩
行深般若波羅蜜多時攝受苦聖諦攝受集
滅道聖諦云何菩薩摩訶薩行深般若波羅
蜜多時攝受四靜慮攝受四無量四無色定
云何菩薩摩訶薩行深般若波羅蜜多時攝
受八解脫攝受八勝處九次第定十遍處云
何菩薩摩訶薩行深般若波羅蜜多攝受
三摩地門攝受陁羅尼門云何菩薩摩訶薩
行深般若波羅蜜多時攝受空解脫門攝
受無相無願解脫門云何菩薩摩訶薩行深
般若波羅蜜多時攝受五眼攝受六神通云
何菩薩摩訶薩行深般若波羅蜜多時攝受
佛十力攝受四無所畏四無礙解十八佛不
共法云何菩薩摩訶薩行深般若波羅蜜多
時攝受大慈攝受大悲大喜大捨云何菩薩
摩訶薩行深般若波羅蜜多時攝受無忘失
法攝受恒住捨性云何菩薩摩訶薩行深般
若波羅蜜多時攝受一切智攝受道相智一
切相智云何菩薩摩訶薩行深般若波羅蜜
多時起諸聲聞及獨覺地趣入菩薩正性離
生脩行菩薩十地正行證得無上正等菩提

大般若波羅蜜多經卷第三百六十五

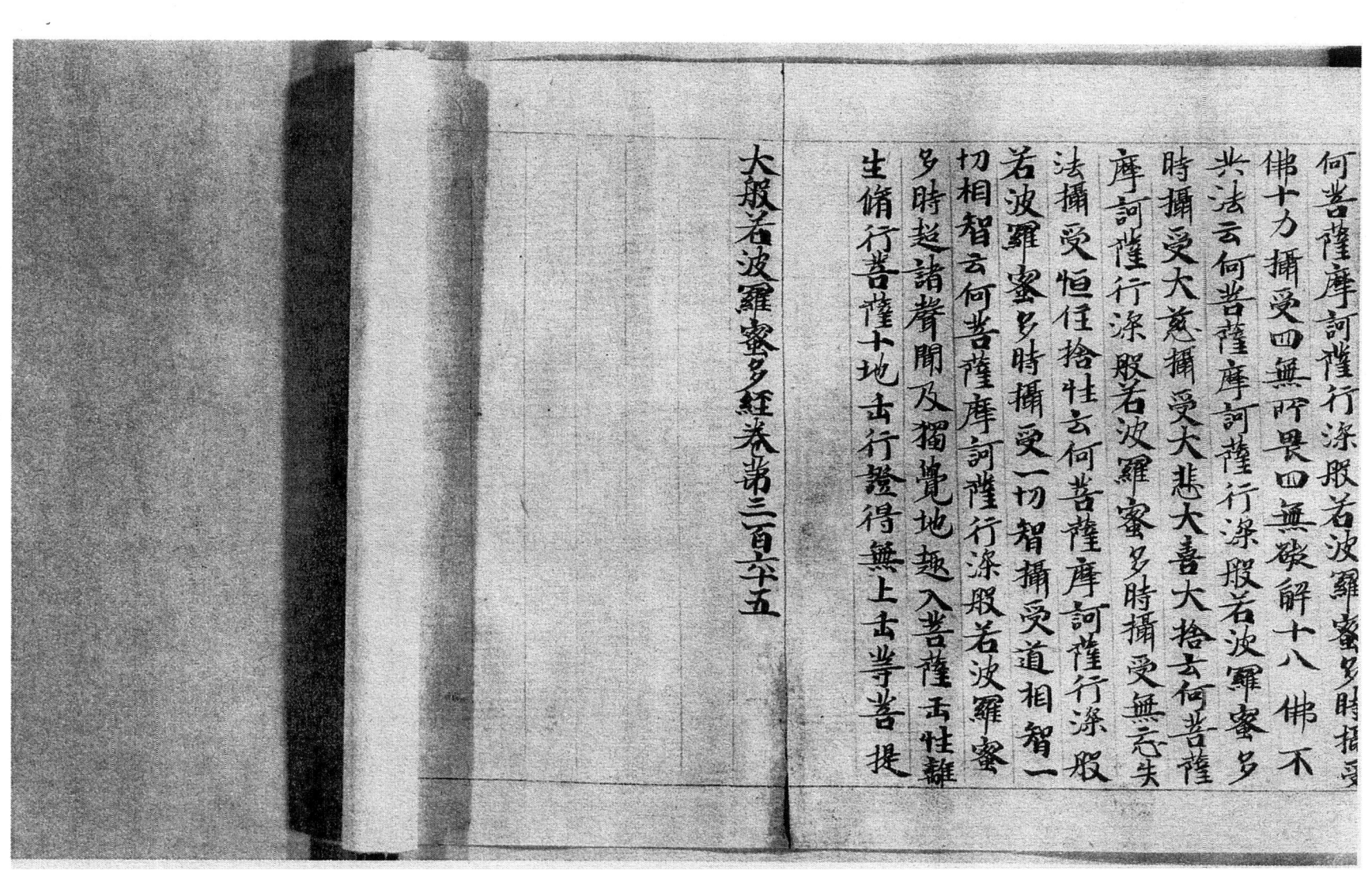

BD13978號　大般若波羅蜜多經卷三六五　（22–21）

何菩薩摩訶薩行深般若波羅蜜多時攝受
佛十力攝受四無所畏四無礙解十八佛不
共法云何菩薩摩訶薩行深般若波羅蜜多
時攝受大慈攝受大悲大喜大捨云何菩薩
摩訶薩行深般若波羅蜜多時攝受無忘失
法攝受恒住捨性云何菩薩摩訶薩行深般
若波羅蜜多時攝受一切智攝受道相智一
切相智云何菩薩摩訶薩行深般若波羅蜜
多時起諸聲聞及獨覺地趣入菩薩正性離
生脩行菩薩十地正行證得無上正等菩提

大般若波羅蜜多經卷第三百六十五

BD13978號　大般若波羅蜜多經卷三六五　（22–22）

BD13979 號背　現代護首　　　　（1–1）

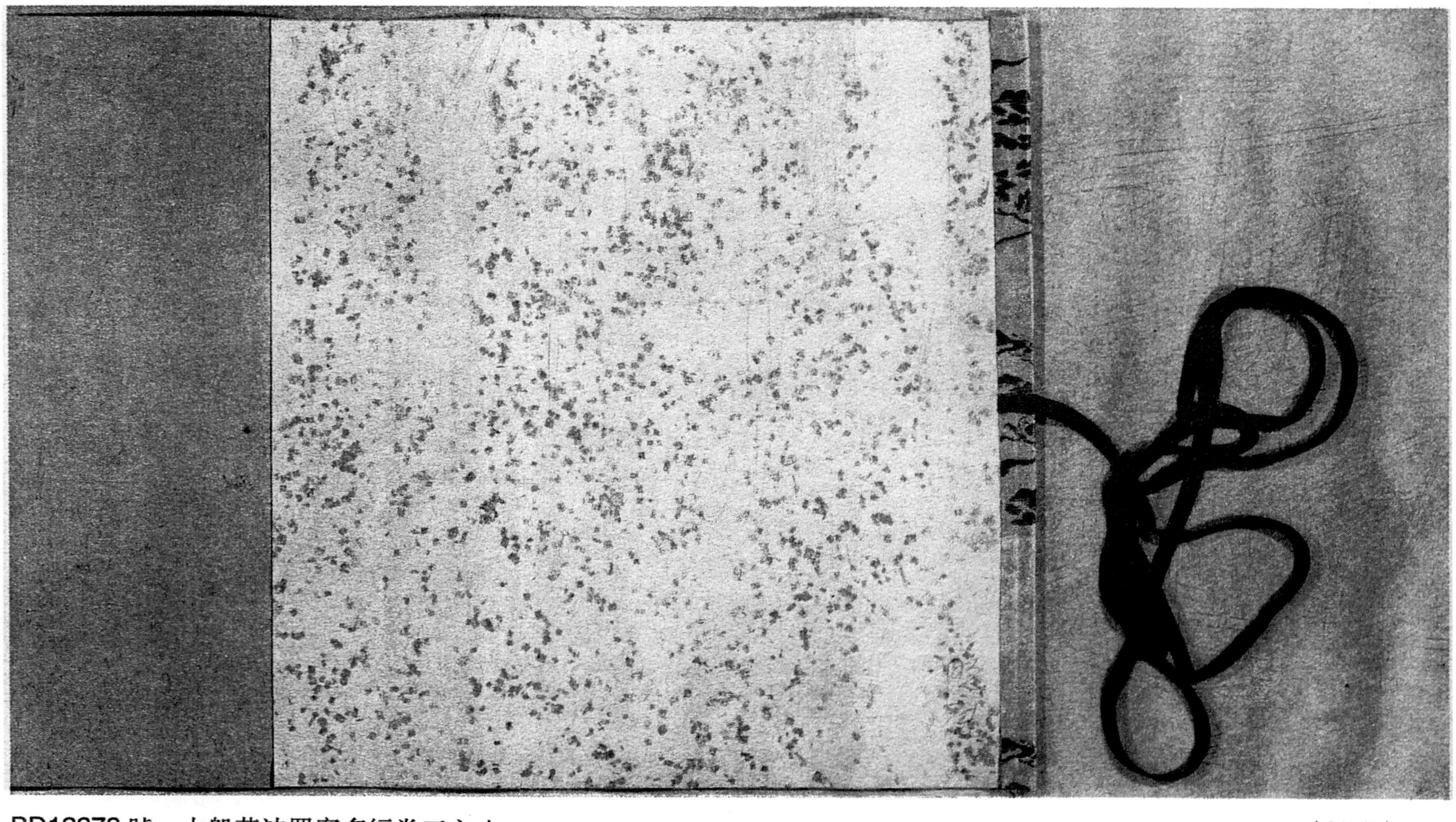

BD13979 號　大般若波羅蜜多經卷三六八　　　　（23–1）

大般若波羅蜜多經卷第三百六十八

大般若波羅蜜多經卷第三百六十八

初分遍學道品第六十四之三　三藏法師玄奘奉　詔譯

復次善現菩薩摩訶薩行深般若波羅蜜多
時應觀色若常若無常不可戲論故不應戲
論應觀受想行識若常若無常不可戲論故
不應戲論應觀色若樂若苦不可戲論故不
應戲論應觀受想行識若樂若苦不可戲論
故不應戲論應觀色若我若無我不可戲論
故不應戲論應觀受想行識若我若無我不
可戲論故不應戲論應觀色若淨若不淨不

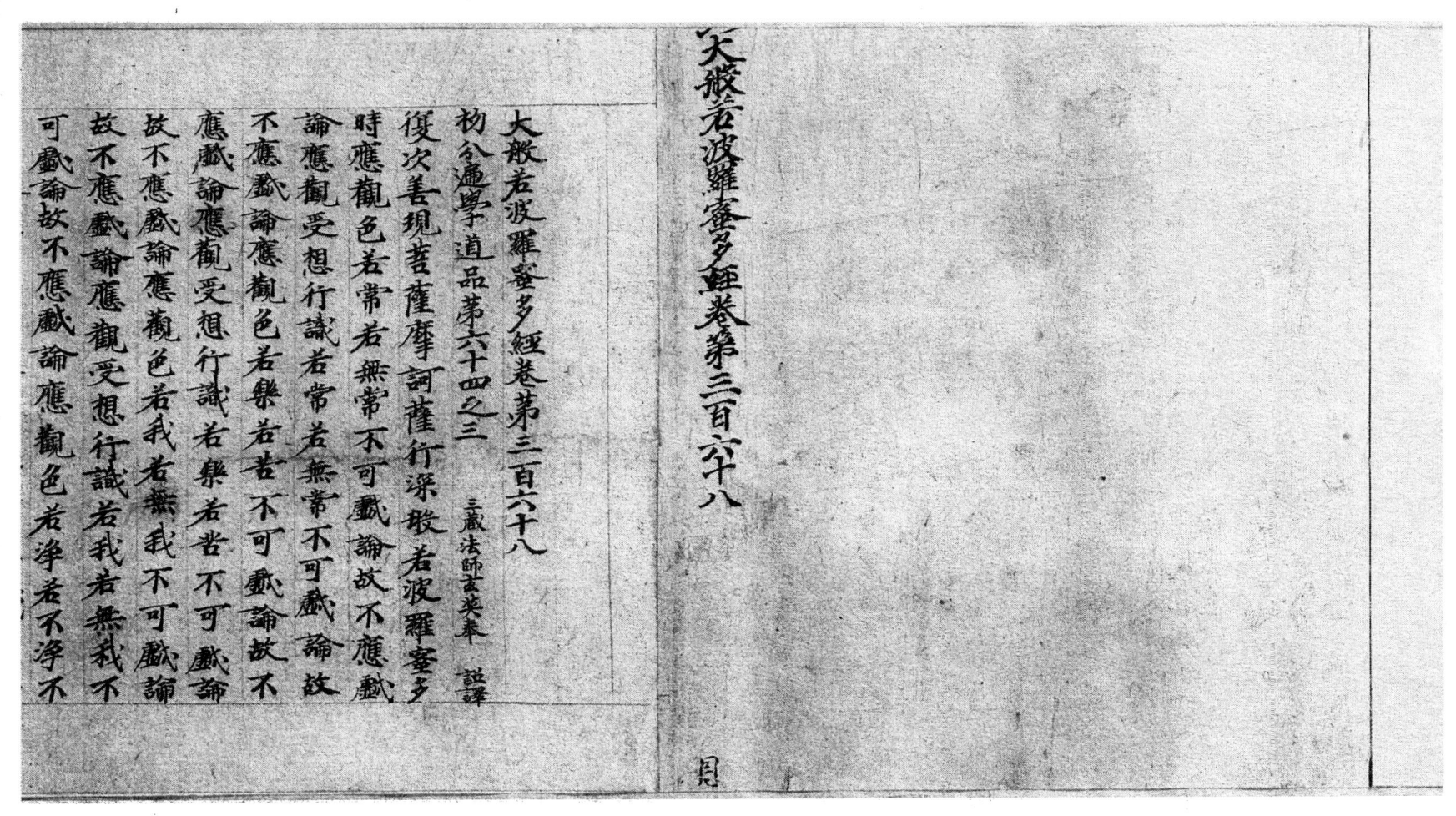

BD13979 號　大般若波羅蜜多經卷三六八　（23–2）

應戲論應觀受想行識若樂若苦不可戲論
故不應戲論應觀色若我若無我不可戲論
故不應戲論應觀受想行識若我若無我不
可戲論故不應戲論應觀色若淨若不淨不
可戲論故不應戲論應觀受想行識若淨若
不淨不可戲論故不應戲論應觀色若寂靜
若不寂靜不可戲論故不應戲論應觀受想
行識若寂靜若不寂靜不可戲論故不應戲
論應觀色若遠離若不遠離不可戲論故
不應戲論應觀受想行識若遠離若不遠離
不可戲論故不應戲論應觀色若是所遍知若
非所遍知不可戲論故不應戲論應觀受想
行識若是所遍知若非所遍知不可戲論故
不應戲論

善現菩薩摩訶薩行深般若波羅蜜多時應
觀眼處若常若無常不可戲論故不應戲論
應觀耳鼻舌身意處若常若無常不可戲
論故不應戲論應觀眼處若樂若苦不可戲論
故不應戲論應觀耳鼻舌身意處若樂若苦
不可戲論故不應戲論應觀眼處若我若無
我不可戲論故不應戲論應觀耳鼻舌身意
處若我若無我不可戲論故不應戲論應觀
眼處若淨若不淨不可戲論故不應戲論應
觀耳鼻舌身意處若淨若不淨不可戲論故
不應戲論應觀眼處若寂靜若不寂靜不可
戲論故不應戲論應觀耳鼻舌身意處若

BD13979 號　大般若波羅蜜多經卷三六八　（23–3）

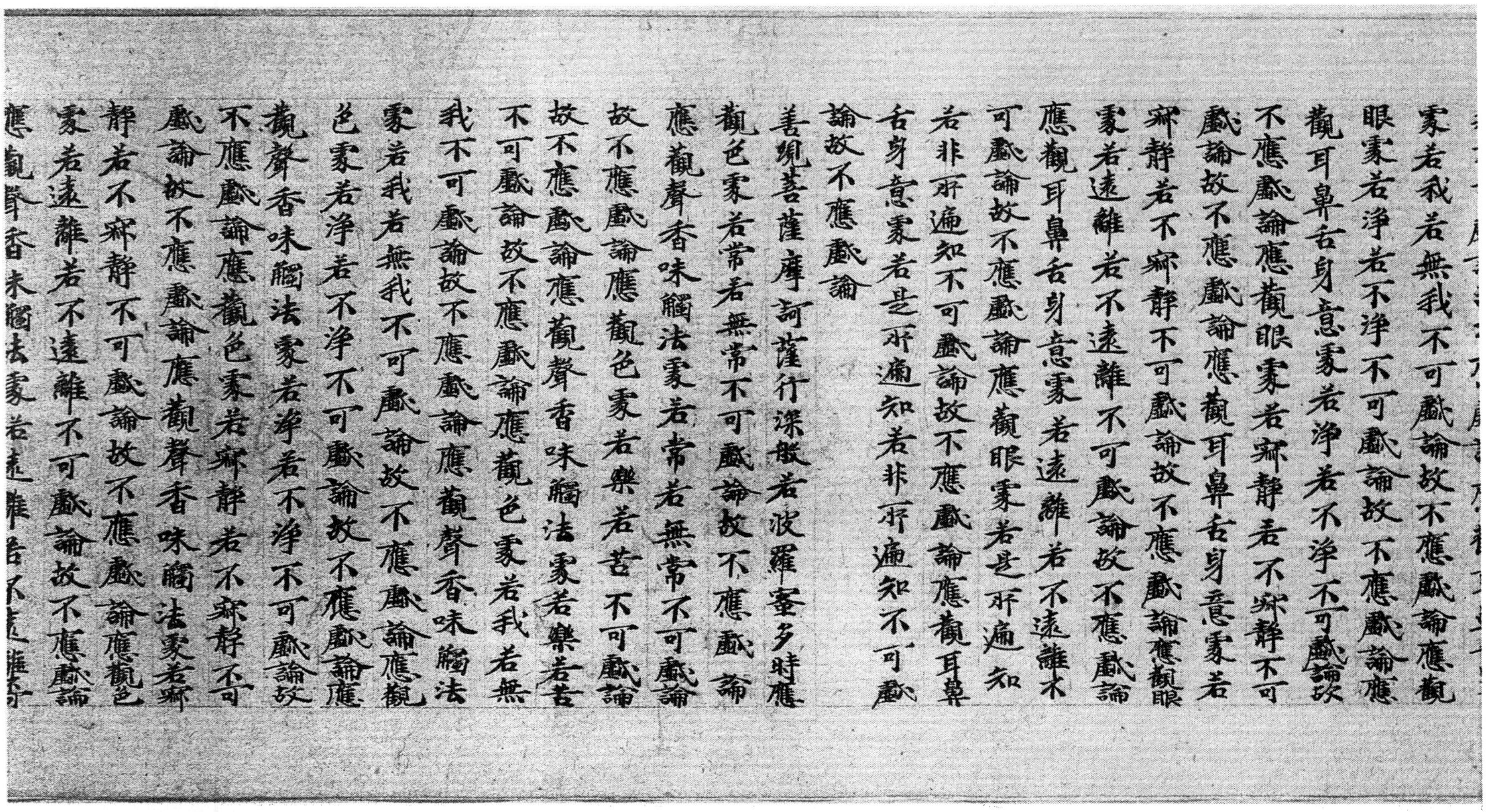

處若我若無我不可戲論故不應戲論應觀
眼處若淨若不淨不可戲論故不應戲論應
觀耳鼻舌身意處若淨若不淨不可戲論故
不應戲論應觀眼處若寂靜若不寂靜不可
戲論故不應戲論應觀耳鼻舌身意處若
寂靜若不寂靜不可戲論故不應戲論應觀眼
處若遠離若不遠離不可戲論故不應戲論
應觀耳鼻舌身意處若遠離若不遠離不
可戲論故不應戲論應觀眼處若是所遍知
若非所遍知不可戲論故不應戲論應觀耳鼻
舌身意處若是所遍知若非所遍知不可戲
論故不應戲論
善現菩薩摩訶薩行深般若波羅蜜多時應
觀色處若常若無常不可戲論故不應戲論
應觀聲香味觸法處若常若無常不可戲論
故不應戲論應觀色處若樂若苦不可戲論
故不應戲論應觀聲香味觸法處若樂若苦
不可戲論故不應戲論應觀色處若我若無
我不可戲論故不應戲論應觀聲香味觸法
處若我若無我不可戲論故不應戲論應觀
色處若淨若不淨不可戲論故不應戲論應
觀聲香味觸法處若淨若不淨不可戲論故
不應戲論應觀色處若寂靜若不寂靜不可
戲論故不應戲論應觀聲香味觸法處若寂
靜若不寂靜不可戲論故不應戲論應觀色
處若遠離若不遠離不可戲論故不應戲論
應觀聲香味觸法處若遠離若不遠離不可

BD13979 號　大般若波羅蜜多經卷三六八　（23–4）

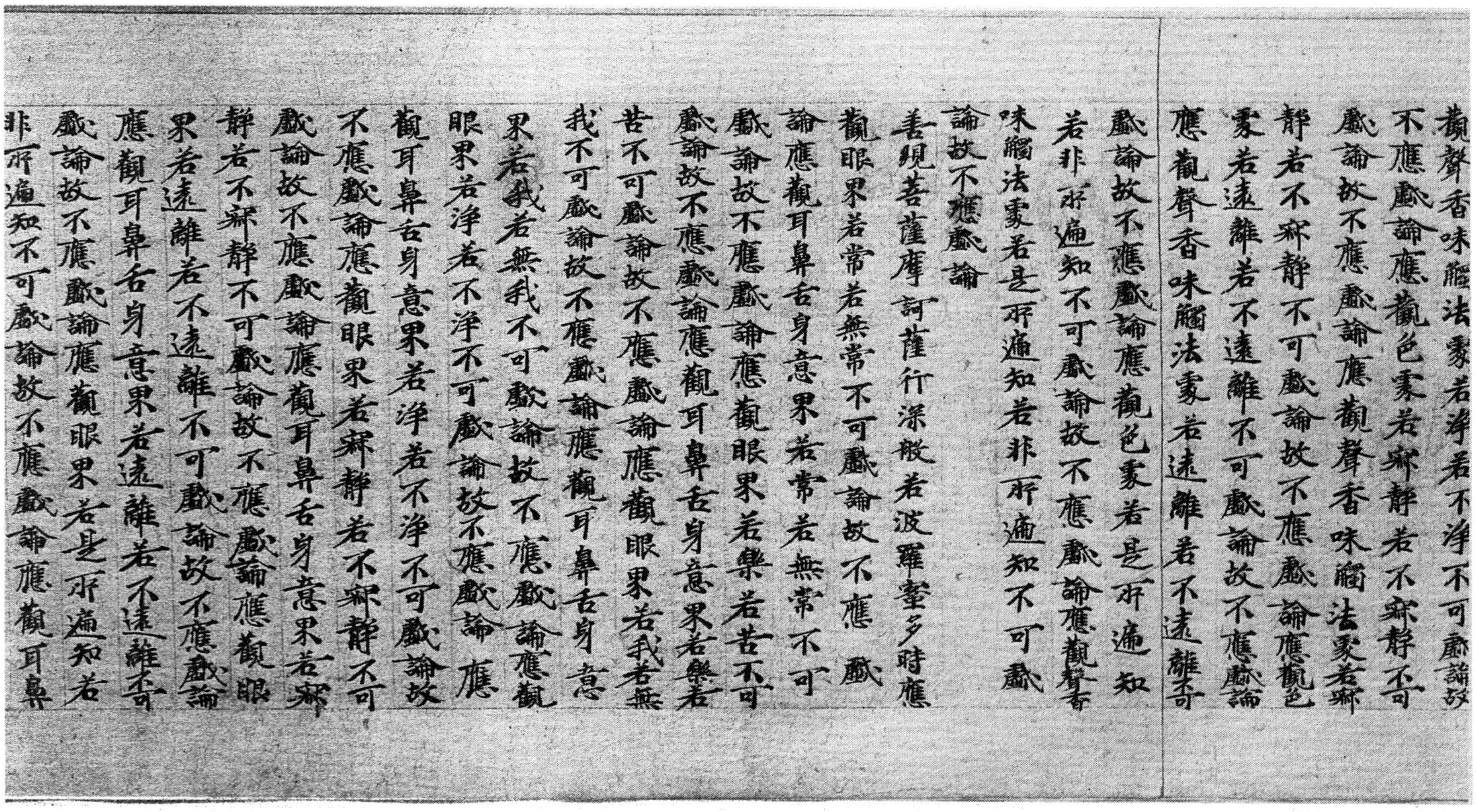

觀聲香味觸法處若淨若不淨不可戲論故
不應戲論應觀色處若寂靜若不寂靜不可
戲論故不應戲論應觀聲香味觸法處若寂
靜若不寂靜不可戲論故不應戲論應觀色
處若遠離若不遠離不可戲論故不應戲論
應觀聲香味觸法處若遠離若不遠離不可
戲論故不應戲論應觀色處若是所遍知
若非所遍知不可戲論故不應戲論應觀聲香
味觸法處若是所遍知若非所遍知不可戲
論故不應戲論
善現菩薩摩訶薩行深般若波羅蜜多時應
觀眼界若常若無常不可戲論故不應戲
論應觀耳鼻舌身意界若常若無常不可
戲論故不應戲論應觀眼界若樂若苦不可
戲論故不應戲論應觀耳鼻舌身意界若樂若
苦不可戲論故不應戲論應觀眼界若我若無
我不可戲論故不應戲論應觀耳鼻舌身意
界若我若無我不可戲論故不應戲論應觀
眼界若淨若不淨不可戲論故不應戲論應
觀耳鼻舌身意界若淨若不淨不可戲論故
不應戲論應觀眼界若寂靜若不寂靜不可
戲論故不應戲論應觀耳鼻舌身意界若寂
靜若不寂靜不可戲論故不應戲論應觀眼
界若遠離若不遠離不可戲論故不應戲論
應觀耳鼻舌身意界若遠離若不遠離不可
戲論故不應戲論應觀眼界若是所遍知若
非所遍知不可戲論故不應戲論應觀耳鼻

BD13979 號　大般若波羅蜜多經卷三六八　（23–5）

静若不寂静不可戲論故不應戲論應觀眼
界若遠離若不遠離不可戲論故不應戲論
應觀耳鼻舌身意界若遠離若不遠離不可
戲論故不應戲論應觀眼界若是所遍知若
非所遍知不可戲論故不應戲論應觀耳鼻
舌身意界若是所遍知若非所遍知不可戲
論故不應戲論
善現菩薩摩訶薩行深般若波羅蜜多時應
觀色界若常若無常不可戲論故不應戲論
應觀聲香味觸法界若常若無常不可戲
論故不應戲論應觀色界若樂若苦不可戲論
故不應戲論應觀聲香味觸法界若樂若苦
不可戲論故不應戲論應觀色界若我若無
我不可戲論故不應戲論應觀聲香味觸法
界若我若無我不可戲論故不應戲論應觀
色界若淨若不淨不可戲論故不應戲論應
應觀聲香味觸法界若淨若不淨不可戲論故
不應戲論應觀色界若寂静若不寂静不可
戲論故不應戲論應觀聲香味觸法界若寂
静若不寂静不可戲論故不應戲論應觀色
界若遠離若不遠離不可戲論故不應戲論
應觀聲香味觸法界若遠離若不遠離不
可戲論故不應戲論應觀色界若是所遍知
若非所遍知不可戲論故不應戲論應觀聲香
味觸法界若是所遍知若非所遍知不可戲
論故不應戲論
善現菩薩摩訶薩行深般若波羅蜜多時應

BD13979號　大般若波羅蜜多經卷三六八　（23-6）

應觀聲香味觸法界若遠離若不遠離不
可戲論故不應戲論應觀色界若是所遍知
若非所遍知不可戲論故不應戲論應觀聲香
味觸法界若是所遍知若非所遍知不可戲
論故不應戲論
善現菩薩摩訶薩行深般若波羅蜜多時應
觀眼識界若常若無常不可戲論故不應戲
論應觀耳鼻舌身意識界若常若無常不可
戲論故不應戲論應觀眼識界若樂若苦不
可戲論故不應戲論應觀耳鼻舌身意識界
若樂若苦不可戲論故不應戲論應觀眼
識界若我若無我不可戲論故不應戲論應
觀耳鼻舌身意識界若我若無我不可戲論故
不應戲論應觀眼識界若淨若不淨不可戲
論故不應戲論應觀耳鼻舌身意識界若淨
若不淨不可戲論故不應戲論應觀眼識界
若寂静若不寂静不可戲論故不應戲論應
觀耳鼻舌身意識界若寂静若不寂静不可
戲論故不應戲論應觀眼識界若遠離若不
遠離不可戲論故不應戲論應觀耳鼻舌身
意識界若遠離若不遠離不可戲論故不應
戲論應觀眼識界若是所遍知若非所遍知
不可戲論故不應戲論應觀耳鼻舌身意識
界若是所遍知若非所遍知不可戲論故不
應戲論
善現菩薩摩訶薩行深般若波羅蜜多時
應觀眼觸若常若無常不可戲論故不應戲論

BD13979號　大般若波羅蜜多經卷三六八　（23-7）

不可戲論故不應戲論應觀耳鼻舌身意識
界若是所遍知若非所遍知不可戲論故不
應戲論
善現菩薩摩訶薩行深般若波羅蜜多時
應觀眼觸若常若無常不可戲論故不應戲論
應觀耳鼻舌身意觸若常若無常不可戲論
故不應戲論應觀眼觸若樂若苦不可戲論
故不應戲論應觀耳鼻舌身意觸若樂若苦
不可戲論故不應戲論應觀眼觸若我若無
我不可戲論故不應戲論應觀耳鼻舌身意
觸若我若無我不可戲論故不可戲論應觀
眼觸若淨若不淨不可戲論故不應戲論應
觀耳鼻舌身意觸若淨若不淨不可戲論故
不應戲論應觀眼觸若寂靜若不寂靜不可
戲論故不應戲論應觀耳鼻舌身意觸若寂
靜若不寂靜不可戲論故不應戲論應觀眼
觸若遠離若不遠離不可戲論故不應戲論
應觀耳鼻舌身意觸若遠離若不遠離不可
戲論故不應戲論應觀眼觸若是所遍知若
非所遍知不可戲論故不應戲論應觀耳鼻
舌身意觸若是所遍知若非所遍知不可戲
論故不應戲論
善現菩薩摩訶薩行深般若波羅蜜多時應
觀眼觸為緣所生諸受若常若無常不可戲
論故不應戲論應觀耳鼻舌身意觸為緣所
生諸受若常若無常不可戲論故不應戲論
應觀眼觸為緣所生諸受若樂若苦不可戲

BD13979號　大般若波羅蜜多經卷三六八　（23-8）

善現菩薩摩訶薩行深般若波羅蜜多時應
觀眼觸為緣所生諸受若常若無常不可戲
論故不應戲論應觀耳鼻舌身意觸為緣所
生諸受若常若無常不可戲論故不應戲論
應觀眼觸為緣所生諸受若樂若苦不可戲
論故不應戲論應觀耳鼻舌身意觸為緣所
生諸受若樂若苦不可戲論故不應戲論應
觀眼觸為緣所生諸受若我若無我不可戲
論故不應戲論應觀耳鼻舌身意觸為緣所
生諸受若我若無我不可戲論故不應戲論
應觀眼觸為緣所生諸受若淨若不淨不可
戲論故不應戲論應觀耳鼻舌身意觸為
緣所生諸受若淨若不淨不可戲論故不應戲
論應觀眼觸為緣所生諸受若寂靜若不寂
靜不可戲論故不應戲論應觀耳鼻舌身意
觸為緣所生諸受若寂靜若不寂靜不可戲
論故不應戲論應觀眼觸為緣所生諸受若
遠離若不遠離不可戲論故不應戲論應觀
耳鼻舌身意觸為緣所生諸受若遠離若不
遠離不可戲論故不應戲論應觀眼觸為緣
所生諸受若是所遍知若非所遍知不可戲
論故不應戲論應觀耳鼻舌身意觸為緣所
生諸受若是所遍知若非所遍知不可戲論
故不應戲論
善現菩薩摩訶薩行深般若波羅蜜多時應
觀地界若常若無常不可戲論故不應戲論

BD13979號　大般若波羅蜜多經卷三六八　（23-9）

諸故不應戲論應觀耳鼻舌身意觸為緣所
生諸受若是所遍知若非所遍知不可戲論
故不應戲論
善現菩薩摩訶薩行深般若波羅蜜多時應
觀地界若常若無常不可戲論故不應戲論
應觀水火風空識界若常若無常不可戲論
故不應戲論應觀地界若樂若苦不可戲論
故不應戲論應觀水火風空識界若樂若苦
不可戲論故不應戲論應觀地界若我若無
我不可戲論故不應戲論應觀水火風空識
界若我若無我不可戲論故不應戲論應觀
地界若淨若不淨不可戲論故不應戲論應
觀水火風空識界若淨若不淨不可戲論故
不應戲論應觀地界若寂靜若不寂靜不可
戲論故不應戲論應觀水火風空識界若寂
靜若不寂靜不可戲論故不應戲論應觀地
界若遠離若不遠離不可戲論故不應戲論
應觀水火風空識界若遠離若不遠離不可
戲論故不應戲論應觀地界若是所遍知若
非所遍知不可戲論故不應戲論應觀水火
風空識界若是所遍知若非所遍知不可戲
論故不應戲論
善現菩薩摩訶薩行深般若波羅蜜多時應
觀無明若常若無常不可戲論故不應戲論
應觀行識名色六處觸受愛取有生老死愁
歎苦憂惱若常若無常不可戲論故不應戲
論應觀無明若樂若苦不可戲論故不應戲



善現菩薩摩訶薩行深般若波羅蜜多時應
觀無明若常若無常不可戲論故不應戲論
應觀行識名色六處觸受愛取有生老死愁
歎苦憂惱若常若無常不可戲論故不應戲
論應觀無明若樂若苦不可戲論故不應戲
論應觀行乃至老死愁歎苦憂惱若樂若苦
不可戲論故不應戲論應觀無明若我若無
我不可戲論故不應戲論應觀行乃至老死
愁歎苦憂惱若我若無我不可戲論故不應
戲論應觀無明若淨若不淨不可戲論故不
應戲論應觀行乃至老死愁歎苦憂惱若淨
若不淨不可戲論故不應戲論應觀無明若
寂靜若不寂靜不可戲論故不應戲論應觀
行乃至老死愁歎苦憂惱若寂靜若不寂靜
不可戲論故不應戲論應觀無明若遠離若
不遠離不可戲論故不應戲論應觀行乃至
老死愁歎苦憂惱若遠離若不遠離不可戲
論故不應戲論應觀無明若是所遍知若非
所遍知不可戲論故不應戲論應觀行乃至
老死愁歎苦憂惱若是所遍知若非所遍知
不可戲論故不應戲論
善現菩薩摩訶薩行深般若波羅蜜多時應
觀布施波羅蜜多若常若無常不可戲論故
不應戲論應觀淨戒安忍精進靜慮般若波
羅蜜多若常若無常不可戲論故不應戲論
應觀布施波羅蜜多若樂若苦不可戲論故

善現菩薩摩訶薩行深般若波羅蜜多時應
觀布施波羅蜜多若常若無常不可戲論故
不應戲論應觀淨戒安忍精進靜慮般若波
羅蜜多若常若無常不可戲論故不應戲論
應觀布施波羅蜜多若樂若苦不可戲論故
不應戲論應觀淨戒乃至般若波羅蜜多若
樂若苦不可戲論故不應戲論應觀布施波
羅蜜多若我若無我不可戲論故不應戲論
應觀淨戒乃至般若波羅蜜多若我若無我
不可戲論故不應戲論應觀布施波羅蜜多
若淨若不淨不可戲論故不應戲論應觀淨
戒乃至般若波羅蜜多若淨若不淨不可戲
論故不應戲論應觀布施波羅蜜多若寂靜
若不寂靜不可戲論故不應戲論應觀淨戒
乃至般若波羅蜜多若寂靜若不寂靜不可
戲論故不應戲論應觀布施波羅蜜多若遠
離若不遠離不可戲論故不應戲論應觀淨
戒乃至般若波羅蜜多若遠離若不遠離不可
戲論故不應戲論應觀布施波羅蜜多若
是所遍知若非所遍知不可戲論故不應戲
論應觀淨戒乃至般若波羅蜜多若是所遍
知若非所遍知不可戲論故不應戲論
善現菩薩摩訶薩行深般若波羅蜜多時應
觀內空若常若無常不可戲論故不應戲論
應觀外空內外空空空大空勝義空有為空
無為空畢竟空無際空散空無變異空本性

BD13979號　大般若波羅蜜多經卷三六八　（23–12）

善現菩薩摩訶薩行深般若波羅蜜多時應
觀內空若常若無常不可戲論故不應戲論
應觀外空內外空空空大空勝義空有為空
無為空畢竟空無際空散空無變異空本性
空自相空共相空一切法空不可得空無性
空自性空無性自性空若常若無常不可戲
論故不應戲論應觀內空若樂若苦不可戲
論故不應戲論應觀外空乃至無性自性空
若樂若苦不可戲論故不應戲論應觀內空
若我若無我不可戲論故不應戲論應觀外
空乃至無性自性空若我若無我不可戲論
故不應戲論應觀內空若淨若不淨不可戲
論故不應戲論應觀外空乃至無性自性空
若淨若不淨不可戲論故不應戲論應觀內
空若寂靜若不寂靜不可戲論故不應戲論
應觀外空乃至無性自性空若寂靜若不寂
靜不可戲論故不應戲論應觀內空若遠離
若不遠離不可戲論故不應戲論應觀外空
乃至無性自性空若遠離若不遠離不可戲
論故不應戲論應觀內空若是所遍知若非
所遍知不可戲論故不應戲論應觀外空乃
至無性自性空若是所遍知若非所遍知不
可戲論故不應戲論
善現菩薩摩訶薩行深般若波羅蜜多時應
觀真如若常若無常不可戲論故不應戲論
應觀法界法性不虛妄性不變異性平等性

BD13979號　大般若波羅蜜多經卷三六八　（23–13）

可戲論故不應戲論
善現菩薩摩訶薩行深般若波羅蜜多時應
觀真如若常若無常不可戲論故不應戲論
應觀法界法性不虛妄性不變異性平等性
離生性法定法住實際虛空界不思議界
若常若無常不可戲論故不應戲論應觀真如
若樂若苦不可戲論故不應戲論應觀法界
乃至不思議界若樂若苦不可戲論故不應
戲論應觀真如若我若無我不可戲論故不
應戲論應觀法界乃至不思議界若我若無
我不可戲論故不應戲論應觀真如若淨若
不淨不可戲論故不應戲論應觀法界乃至
不思議界若淨若不淨不可戲論故不應戲
論應觀真如若寂靜若不寂靜不可戲論故
不應戲論應觀法界乃至不思議界若寂靜
若不寂靜不可戲論故不應戲論應觀真如
若遠離若不遠離不可戲論故不應戲論應
觀法界乃至不思議界若遠離若不遠離不
可戲論故不應戲論應觀真如若是所遍知
若非所遍知不可戲論故不應戲論應觀法
界乃至不思議界若是所遍知若非所遍知
不可戲論故不應戲論
善現菩薩摩訶薩行深般若波羅蜜多時應
觀四念住若常若無常不可戲論故不應戲
論應觀四正斷四神足五根五力七等覺支
八聖道支若常若無常不可戲論故不應戲
論應觀四念住若樂若苦不可戲論故不應

BD13979 號　大般若波羅蜜多經卷三六八　（23–14）

不可戲論故不應戲論
善現菩薩摩訶薩行深般若波羅蜜多時應
觀四念住若常若無常不可戲論故不應戲
論應觀四正斷四神足五根五力七等覺支
八聖道支若常若無常不可戲論故不應戲
論應觀四念住若樂若苦不可戲論故不應
戲論應觀四正斷乃至八聖道支若樂若苦
不可戲論故不應戲論應觀四念住若我若
無我不可戲論故不應戲論應觀四正斷乃
至八聖道支若我若無我不可戲論故不應
戲論應觀四念住若淨若不淨不可戲論故
不應戲論應觀四正斷乃至八聖道支若淨
若不淨不可戲論故不應戲論應觀四念住
若寂靜若不寂靜不可戲論故不應戲論應
觀四正斷乃至八聖道支若寂靜若不寂靜
不可戲論故不應戲論應觀四念住若遠離
若不遠離不可戲論故不應戲論應觀四
正斷乃至八聖道支若遠離若不遠離不可
戲論故不應戲論應觀四念住若是所遍知若
非所遍知不可戲論故不應戲論應觀四正
斷乃至八聖道支若是所遍知若非所遍知
不可戲論故不應戲論
善現菩薩摩訶薩行深般若波羅蜜多時應
觀苦聖諦若常若無常不可戲論故不應戲
論應觀集滅道聖諦若常若無常不可戲論
故不應戲論應觀苦聖諦若樂若苦不可戲
論故不應戲論應觀集滅道聖諦若樂若苦

BD13979 號　大般若波羅蜜多經卷三六八　（23–15）

善現菩薩摩訶薩行深般若波羅蜜多時應觀苦聖諦若常若無常不可戲論故不應戲論應觀集滅道聖諦若常若無常不可戲論故不應戲論應觀苦聖諦若樂若苦不可戲論故不應戲論應觀集滅道聖諦若樂若苦不可戲論故不應戲論應觀苦聖諦若我若無我不可戲論故不應戲論應觀集滅道聖諦若我若無我不可戲論故不應戲論應觀苦聖諦若淨若不淨不可戲論故不應戲論應觀集滅道聖諦若淨若不淨不可戲論故不應戲論應觀苦聖諦若寂靜若不寂靜不可戲論故不應戲論應觀集滅道聖諦若寂靜若不寂靜不可戲論故不應戲論應觀苦聖諦若遠離若不遠離不可戲論故不應戲論應觀集滅道聖諦若遠離若不遠離不可戲論故不應戲論應觀苦聖諦若是所遍知若非所遍知不可戲論故不應戲論應觀集滅道聖諦若是所遍知若非所遍知不可戲論故不應戲論

善現菩薩摩訶薩行深般若波羅蜜多時應觀四靜慮若常若無常不可戲論故不應戲論應觀四無量四無色定若常若無常不可戲論故不應戲論應觀四靜慮若樂若苦不可戲論故不應戲論應觀四無量四無色定若樂若苦不可戲論故不應戲論應觀四靜慮若我若無我不可戲論故不應戲論應觀四無量四無色定若我若無我不可戲論故



論應觀四無量四無色定若常若無常不可戲論故不應戲論應觀四靜慮若樂若苦不可戲論故不應戲論應觀四無量四無色定若樂若苦不可戲論故不應戲論應觀四靜慮若我若無我不可戲論故不應戲論應觀四無量四無色定若我若無我不可戲論故不應戲論應觀四靜慮若淨若不淨不可戲論故不應戲論應觀四無量四無色定若淨若不淨不可戲論故不應戲論應觀四靜慮若寂靜若不寂靜不可戲論故不應戲論應觀四無量四無色定若寂靜若不寂靜不可戲論故不應戲論應觀四靜慮若遠離若不遠離不可戲論故不應戲論應觀四無量四無色定若遠離若不遠離不可戲論故不應戲論應觀四靜慮若是所遍知若非所遍知不可戲論故不應戲論應觀四無量四無色定若是所遍知若非所遍知不可戲論故不應戲論

善現菩薩摩訶薩行深般若波羅蜜多時應觀八解脫若常若無常不可戲論故不應戲論應觀八勝處九次第定十遍處若常若無常不可戲論故不應戲論應觀八解脫若樂若苦不可戲論故不應戲論應觀八勝處九次第定十遍處若樂若苦不可戲論故不應戲論應觀八解脫若我若無我不可戲論故不應戲論應觀八勝處九次第定十遍處若

若苦不可戲論故不應戲論應觀八勝處九
次第定十遍處若樂若苦不可戲論故不應
戲論應觀八解脫若我若無我不可戲論故
不應戲論應觀八勝處九次第定十遍處若
若我若無我不可戲論故不應戲論應觀八解
脫若淨若不淨不可戲論故不應戲論應觀
八勝處九次第定十遍處若淨若不淨不可
戲論故不應戲論應觀八解脫若寂靜若
不寂靜不可戲論故不應戲論應觀八勝處
九次第定十遍處若寂靜若不寂靜不可戲論
故不應戲論應觀八解脫若遠離若不遠離
不可戲論故不應戲論應觀八勝處九次第
定十遍處若遠離若不遠離不可戲論故不
應戲論應觀八解脫若是所遍知若非所遍
知不可戲論故不應戲論應觀八勝處九次
第定十遍處若是所遍知若非所遍知不可
戲論故不應戲論
善現菩薩摩訶薩行深般若波羅蜜多時
應觀三摩地門若常若無常不可戲論故不應
戲論應觀陁羅尼門若常若無常不可戲論
故不應戲論應觀三摩地門若樂若苦不可
戲論故不應戲論應觀陁羅尼門若樂若苦
不可戲論故不應戲論應觀三摩地門若我
若無我不可戲論故不應戲論應觀陁羅
尼門若我若無我不可戲論故不應戲論應觀
三摩地門若淨若不淨不可戲論故不應戲

BD13979 號　大般若波羅蜜多經卷三六八　（23–18）

戲論故不應戲論應觀陁羅尼門若樂若苦
不可戲論故不應戲論應觀三摩地門若我
若無我不可戲論故不應戲論應觀陁羅
尼門若我若無我不可戲論故不應戲論應觀
三摩地門若淨若不淨不可戲論故不應戲
論應觀陁羅尼門若淨若不淨不可戲論故
不應戲論應觀三摩地門若寂靜若不寂靜
不可戲論故不應戲論應觀陁羅尼門若寂
靜若不寂靜不可戲論故不應戲論應觀
三摩地門若遠離若不遠離不可戲論故不應
戲論應觀陁羅尼門若遠離若不遠離不可
戲論故不應戲論應觀三摩地門若是所遍
知若非所遍知不可戲論故不應戲論應觀
陁羅尼門若是所遍知若非所遍知不可戲
論故不應戲論
善現菩薩摩訶薩行深般若波羅蜜多時
應觀空解脫門若常若無常不可戲論故不應
戲論應觀無相無願解脫門若常若無常不
可戲論故不應戲論應觀空解脫門若樂若
苦不可戲論故不應戲論應觀無相無願解
脫門若樂若苦不可戲論故不應戲論應觀
空解脫門若我若無我不可戲論故不應戲
論應觀無相無願解脫門若我若無我不可
戲論故不應戲論應觀空解脫門若淨若不
淨不可戲論故不應戲論應觀無相無願解
脫門若淨若不淨不可戲論故不應戲論應
觀空解脫門若寂靜若不寂靜不可戲論故

BD13979 號　大般若波羅蜜多經卷三六八　（23–19）

空解脫門若我若無我不可戲論故不應戲
論應觀無相無願解脫門若我若無我不可
戲論故不應戲論應觀空解脫門若淨若不
淨不可戲論故不應戲論應觀無相無願解
脫門若淨若不淨不可戲論故不應戲論　應
觀空解脫門若寂靜若不寂靜不可戲論故
不應戲論應觀無相無願解脫門若寂靜若
不寂靜不可戲論故不應戲論應觀空解脫
門若遠離若不遠離不可戲論故不應戲論
應觀無相無願解脫門若遠離若不遠離不
可戲論故不應戲論應觀空解脫門若是所
遍知若非所遍知不可戲論故不應戲論應
觀無相無願解脫門若是所遍知若非所遍知
不可戲論故不應戲論
善現菩薩摩訶薩行深般若波羅蜜多時
應觀極喜地若常若無常不可戲論故不應戲
論應觀離垢地發光地焰慧地極難勝地現
前地遠行地不動地善慧地法雲地若常若
無常不可戲論故不應戲論應觀極喜地若
樂若苦不可戲論故不應戲論應觀離垢地
乃至法雲地若樂若苦不可戲論故不應戲
論應觀極喜地若我若無我不可戲論故不
應戲論應觀離垢地乃至法雲地若我若無
我不可戲論故不應戲論應觀極喜地若淨
若不淨不可戲論故不應戲論應觀離垢地
乃至法雲地若淨若不淨不可戲論故不應
戲論應觀極喜地若寂靜若不寂靜不可戲

BD13979號　大般若波羅蜜多經卷三六八　(23–20)

論應觀極喜地若我若無我不可戲論故不
應戲論應觀離垢地乃至法雲地若我若無
我不可戲論故不應戲論應觀極喜地若淨
若不淨不可戲論故不應戲論應觀離垢地
乃至法雲地若淨若不淨不可戲論故不應
戲論應觀極喜地若寂靜若不寂靜不可戲
論故不應戲論應觀離垢地乃至法雲地若
寂靜若不寂靜不可戲論故不應戲論應觀
極喜地若遠離若不遠離不可戲論故不應
戲論應觀離垢地乃至法雲地若遠離若不
遠離不可戲論故不應戲論應觀極喜地若
是所遍知若非所遍知不可戲論故不應戲
論應觀離垢地乃至法雲地若是所遍知若
非所遍知不可戲論故不應戲論
善現菩薩摩訶薩行深般若波羅蜜多時
應觀五眼若常若無常不可戲論故不應戲論
應觀六神通若常若無常不可戲論故不應
戲論應觀五眼若樂若苦不可戲論故不應
戲論應觀六神通若樂若苦不可戲論故不
應戲論應觀五眼若我若無我不可戲論故
不應戲論應觀六神通若我若無我不可戲
論故不應戲論應觀五眼若淨若不淨不可
戲論故不應戲論應觀六神通若淨若不淨
不可戲論故不應戲論應觀五眼若寂靜若
不寂靜不可戲論故不應戲論應觀六神通
若寂靜若不寂靜不可戲論故不應戲論應
觀五眼若遠離若不遠離不可戲論故不應

BD13979號　大般若波羅蜜多經卷三六八　(23–21)

戲論故不應戲論應觀六神通若淨若不淨
不可戲論故不應戲論應觀五眼若寂靜若
不寂靜不可戲論故不應戲論應觀六神通
若寂靜若不寂靜不可戲論故不應戲論應
觀五眼若遠離若不遠離不可戲論故不應
戲論應觀六神通若遠離若不遠離不可戲
論故不應戲論應觀五眼若是所遍知若非
所遍知不可戲論故不應戲論應觀六神通
若是所遍知若非所遍知不可戲論故不應
戲論
善現菩薩摩訶薩行深般若波羅蜜多時應
觀佛十力若常若無常不可戲論故不應戲
論應觀四無所畏四無礙解十八佛不共法
若常若無常不可戲論故不應戲論應觀
佛十力若樂若苦不可戲論故不應戲論應
觀四無所畏四無礙解十八佛不共法若樂若
苦不可戲論故不應戲論應觀佛十力若我
若無我不可戲論故不應戲論應觀四無所
畏四無礙解十八佛不共法若我若無我不可
戲論故不應戲論應觀佛十力若淨若不淨
不可戲論故不應戲論應觀四無所畏四無
礙解十八佛不共法若淨若不淨不可戲論
故不應戲論應觀佛十力若寂靜若不寂靜
不可戲論故不應戲論應觀四無所畏四無
礙解十八佛不共法若寂靜若不寂靜不可
戲論故不應戲論應觀佛十力若遠離若不
遠離不可戲論故不應戲論應觀四無所畏

BD13979 號　大般若波羅蜜多經卷三六八　（23–22）

礙解十八佛不共法若寂靜若不寂靜不可
戲論故不應戲論應觀佛十力若遠離若不
遠離不可戲論故不應戲論應觀四無所畏
四無礙解十八佛不共法若遠離若不遠離
不可戲論故不應戲論應觀佛十力若是所
遍知若非所遍知不可戲論故不應戲論應
觀四無所畏四無礙解十八佛不共法若是
所遍知若非所遍知不可戲論故不應戲論

大般若波羅蜜多經卷苐三百六十八

BD13979 號　大般若波羅蜜多經卷三六八　（23–23）

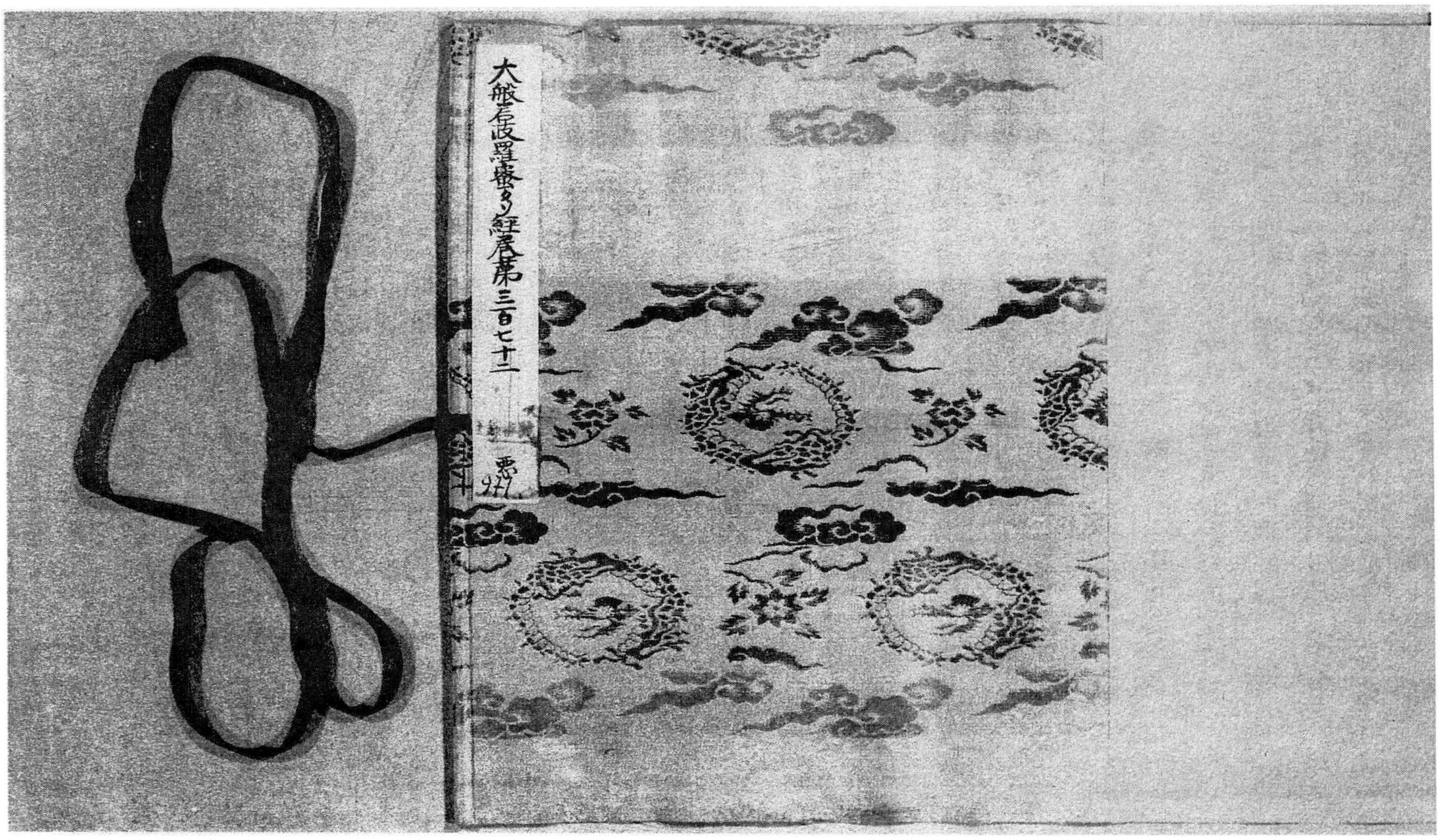

BD13980 號背　現代護首　　（1–1）

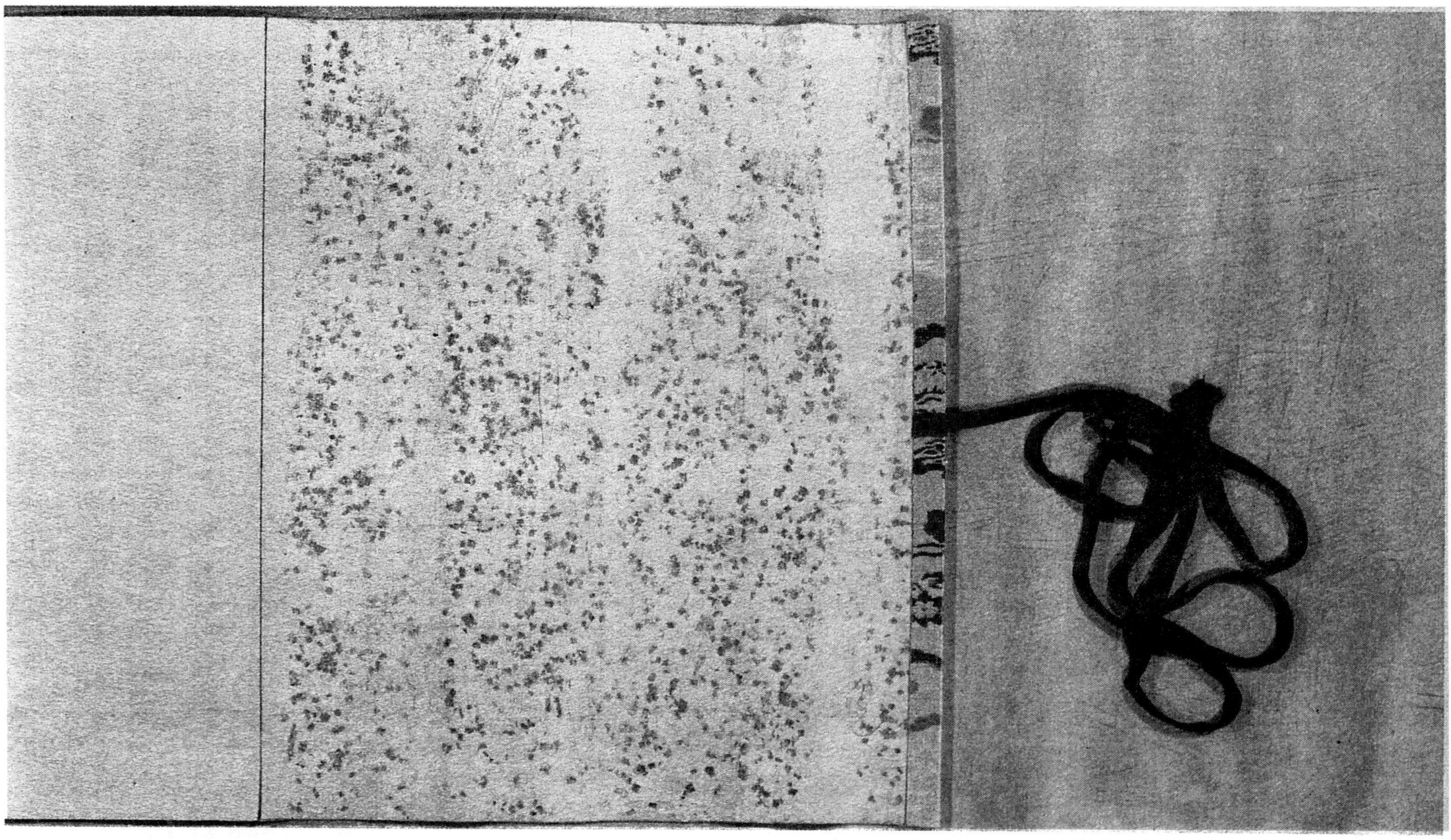

BD13980 號　大般若波羅蜜多經卷三七二　　（23–1）

大般若波羅蜜多經卷第三百七十二
初分遍學道品第六十四之七　三藏法師玄奘奉　詔譯
善現由此因緣當知一切有二想者定無布
施波羅蜜多亦無淨戒波羅蜜多亦無安忍
波羅蜜多亦無精進波羅蜜多亦無靜慮波
羅蜜多亦無般若波羅蜜多無道無果亦無
現觀下至順忍狀尚非有況有色遍知況有
受想行識遍知況有眼處遍知況有耳鼻舌
身意處遍知況有色處遍知況有聲香味觸
法處遍知況有眼界遍知況有耳鼻舌身意
界遍知況有色界遍知況有聲香味觸法界
遍知況有眼識界遍知況有耳鼻舌身意識
界遍知有有眼觸遍知況有耳鼻舌身意觸
遍知況有眼觸為緣所生諸受遍知況有耳

BD13980 號　大般若波羅蜜多經卷三七二　（23–2）

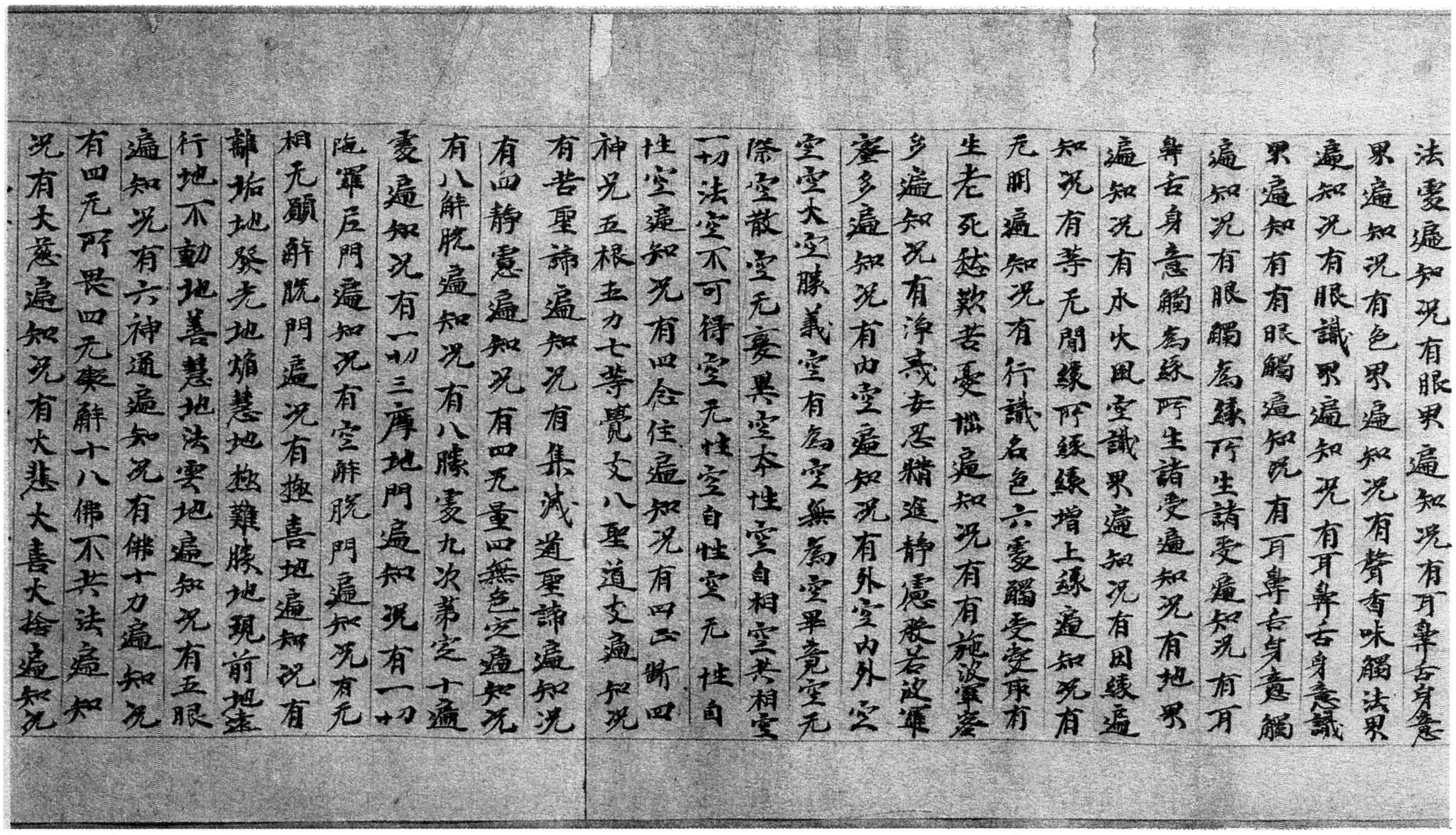

法處遍知況有眼界遍知況有耳鼻舌身意
界遍知況有色界遍知況有聲香味觸法界
遍知況有眼識界遍知況有耳鼻舌身意識
界遍知有有眼觸遍知況有耳鼻舌身意觸
遍知況有眼觸為緣所生諸受遍知況有耳
鼻舌身意觸為緣所生諸受遍知況有地界
遍知況有水火風空識界遍知況有因緣遍
知況有等無間緣所緣緣增上緣遍知況有
無明遍知況有行識名色六處觸受愛取有
生老死愁歎苦憂惱遍知況有布施波羅蜜
多遍知況有淨戒安忍精進靜慮般若波羅
蜜多遍知況有內空遍知況有外空內外空
空空大空勝義空有為空無為空畢竟空無
際空散空無變異空本性空自相空共相空
一切法空不可得空無性空自性空無性自
性空遍知況有四念住遍知況有四正斷四
神足五根五力七等覺支八聖道支遍知況
有苦聖諦遍知況有集滅道聖諦遍知況
有四靜慮遍知況有四無量四無色定遍知況
有八解脫遍知況有八勝處九次第定十遍
處遍知況有一切三摩地門遍知況有一切
陀羅尼門遍知況有空解脫門遍知況有無
相無願解脫門遍知況有極喜地遍知況有
離垢地發光地焰慧地極難勝地現前地遠
行地不動地善慧地法雲地遍知況有五眼
遍知況有六神通遍知況有佛十力遍知況
有四無所畏四無礙解十八佛不共法遍知
況有大慈遍知況有大悲大喜大捨遍知況

BD13980 號　大般若波羅蜜多經卷三七二　（23–3）

離垢地發光地焰慧地極難勝地現前地遠
行地不動地善慧地法雲地遍知況有五眼
遍知況有六神通遍知況有佛十力遍知況
有四无所畏四无礙解十八佛不共法遍知
況有大慈遍知況有大悲大喜大捨遍知況
有无忘失法遍知況有恒住捨性遍知況有
一切智遍知況有道相智一切相智遍知況
有預流果遍知況有一來不還阿羅漢果
獨覺菩提遍知況有一切菩薩摩訶薩行遍
知況有諸佛无上正等菩提遍知彼尚不能修
諸聖道況得預流一來不還阿羅漢果獨
覺菩提況復能得一切智智及能永斷一切煩
惱習氣相續

初分三漸次品第六十五之二

爾時具壽善現白佛言世尊住有想者若无
順忍无道无亦无現觀住无想者豈有順
忍若淨觀地若種性地若第八地若見地若
薄地若離欲地若已辦地若獨覺地若菩薩
地若如來地若修聖道因修聖道斷諸煩惱
或聲聞相應或獨覺相應由斯煩惱所覆障
故諸菩薩摩訶薩豈能入菩薩正性離生若
不能入菩薩正性離生豈能證得一切相智
若不能證得一切相智豈能永斷一切煩惱
習氣相續世尊若一切法都无所有无生无
滅无染无淨如是諸法既都不生豈能證
得一切智智佛言善現如是如是如汝所說住
无相者亦无順忍无淨觀地種姓地无第
八地无見地无薄地无離欲地无辦地无

BD13980號　大般若波羅蜜多經卷三七二　（23–4）

習氣相續世尊若一切法都无所有无生无
滅无染无淨如是諸法既都不生豈能證
得一切智智佛言善現如是如是如汝所說住
无相者亦无順忍无淨觀地種姓地无第
八地无見地无薄地无離欲地无辦地无
獨覺地无菩薩地无如來地无修聖道因
修聖道斷諸煩惱或聲聞相應或覺相應由
斯煩惱所覆障故諸菩薩摩訶薩應不能
入菩薩正性離生若不能入菩薩正性離生應
不能證得一切相智若不能證得一切相智應
不能永斷一切煩惱習氣相續善現若一切
法都无所有无生无滅无染无淨如是諸
法既都不生何能證得一切智智

具壽善現白佛言世尊菩薩摩訶薩行深般
若波羅蜜多時為有想有无想不為有色
想有受想行識想不為有眼處想有耳鼻
舌身意處想不為有色處想有聲香味觸
法處想不為有眼界想有耳鼻舌身意界想不
為有色界想有聲香味觸法界想不為有眼識
界想有耳鼻舌身意識界想不為有眼觸想
有耳鼻舌身意觸想不為有眼觸為緣所生
諸受想有耳鼻舌身意觸為緣所生諸受想
不為有地界想有水火風空識界想不為有
因緣想有等无間緣所緣緣增上想不為
有貪想有嗔癡想不為有无明想有行識名
色六處觸受愛取有生老死愁歎苦憂惱想
不為有布施波羅蜜多想有淨戒安忍精進
靜慮般若波羅蜜多想不為有內空想有外

BD13980號　大般若波羅蜜多經卷三七二　（23–5）

因緣想有等无間緣所緣緣增上想不為
有貪想有嗔癡想不為有无明想有行識名
色六處觸受愛取有生老死愁歎苦憂惱想
不為有布施波羅蜜多想淨戒安忍精進
靜慮般若波羅蜜多想不為有內空想有外
空內外空空空大空勝義空有為空无為空
畢竟空无際空散空无變異空本性空自相
空共相空一切法空不可得空无性空　自性
空无性自性空想不為有四念住想有四正
斷四神足五根五力七等覺支八聖道支想
不為有苦聖諦想有集滅道聖諦想不為有
四靜慮想有四无量四无色定想不為有八
解脫想有八勝處九次第定十遍處想不為
有三摩地門想有陀羅尼門想不為有空解
脫門想有无相无願解脫門想不為有極喜
地想有離垢地發光地焰慧地極難勝地現
前地遠行地不動地善慧地法雲地想不為
有五眼想有六神通想不為有佛十力想　有
四无所畏四无礙解十八佛不共法想　不為
有大慈想有大悲大喜大捨想不為有无忘
失法想有恒住捨性想不為有一切智想有
道相智一切相智想不為有預流果想有一
來不還阿羅漢果獨覺菩提想不為有菩薩
摩訶薩行想有諸佛无上正等菩提想不為
有一切智智想不為有永斷一切煩惱習氣
相續想不為有色想有色斷想不為有受想
行識想有受想行識斷想不為有眼處想有
眼處斷想不為有耳鼻舌身意處想有耳鼻



摩訶薩行想有諸佛无上正等菩提想不為
有一切智智想不為有永斷一切煩惱習氣
相續想不為有色想有色斷想不為有受想
行識想有受想行識斷想不為有眼處想有
眼處斷想不為有耳鼻舌身意處想有耳鼻
舌身意處斷想不為有色處想有色處斷
想不為有聲香味觸法處想有聲香味觸法
處斷想不為有眼界想有眼界斷想不為有耳
鼻舌身意界想有耳鼻舌身意界斷想不為
有色界想有色界斷想不為有聲香味觸法
界想有聲香味觸法界斷想不為有眼識界
想有眼識界斷想不為有耳鼻舌身意識界
想有耳鼻舌身意識界斷想不為有眼觸想
有眼觸斷想不為有耳鼻舌身意觸想有耳
鼻舌身意觸斷想不為有眼觸為緣所生諸
受想有眼觸為緣所生諸受斷想不為有耳
鼻舌身意觸為緣所生諸受想有耳鼻舌身
意觸為緣所生諸受斷想不為有地界想有
地界斷想不為有水火風空識界想有水火
風空識界斷想不為有因緣想有因緣斷想
不為有等无間緣所緣緣增上緣想有等无
間緣所緣緣增上緣斷想不為有貪想　有貪
斷想不為有嗔癡想有嗔癡斷想不為有无
明想有无明斷想不為有行識識色六處觸
受愛取有生老死愁歎苦憂惱想有行乃至
老死愁歎苦憂惱斷想不為有布施波羅蜜
多想有布施波羅蜜多斷想不為有淨戒安
忍精進靜慮般若波羅蜜多想有淨戒乃至

[illegible]
明想有无明斷想不為有行識名色六處觸
受愛取有生老死愁歎苦憂惱想有行乃至
老死愁歎苦憂惱斷想不為有布施波羅蜜
多想有布施波羅蜜多斷想不為有淨戒安
忍精進靜慮般若波羅蜜多想有淨戒乃至
般若波羅蜜多斷想不為有內空想有內空
斷想不為有外空內外空空空大空勝義空
有為空无為空畢竟空无際空散空无變異
空本性空自相空共相空一切法空不可得空
无性空自性空无性自性空想有外空乃
至无性自性空斷想不為有四念住想有四
念住斷想不為有四正斷四神足五根五力
七等覺支八聖道支想有四正斷乃至八聖
道支斷想不為有苦聖諦想有苦聖諦斷想
不為有集滅道聖諦想有集滅道聖諦斷想
不為有四靜慮想有四靜慮斷想不為有四
无量四无色定想有四无量四无色定斷想
不為有八解脫想有八解脫斷想不為有八勝
處九次第定十遍處想有八勝處九次第
定十遍處斷想不為有三摩地門想有三摩地
門斷想不為有陀羅尼門想有陀羅尼門斷
想不為有空解脫門想有空解脫門斷想不
為有无相无願解脫門想有无相无願解脫
門斷想不為有極喜地想有極喜地斷想不
為有離垢地發光地焰慧地極難勝地現前
地遠行地不動地善慧地法雲地想有離垢
地乃至法雲地斷想不為有五眼想有五眼
斷想不為有六神通想有六通斷想不為

BD13980號 大般若波羅蜜多經卷三七二 （23–8）

門斷想不為有極喜地想有極喜地斷想不
為有離垢地發光地焰慧地極難勝地現前
地遠行地不動地善慧地法雲地想有離垢
地乃至法雲地斷想不為有五眼想有五眼
斷想不為有六神通想有六通斷想不為
有佛十力想有佛十力斷想不為有四无所
畏四无礙解十八佛不共法想有四无所畏
四无礙解十八佛不共法斷想不為有大慈
想有大慈斷想不為有大悲大喜大捨想有
大悲大喜大捨斷想不為有无忘失法想有
无忘失法斷想不為有恒住捨性想有恒住
捨性斷想不為有一切智想有一切智斷想
不為有道相智一切相智想有道相智一切
相智斷想不為有預流果想有預流果斷想
不為有一來不還阿羅漢果獨覺菩提想有
一來不還阿羅漢果獨覺菩提斷想不為有
菩薩摩訶薩行想有菩薩摩訶薩行斷想
為有諸佛无上正等菩提想有諸佛無上正
等菩提斷想不為有一切智智想有一切智
智斷想不為有所斷一切煩惱習氣相續想
有所斷一切煩惱習氣相續斷想不佛言善
現菩薩摩訶薩修般若波羅蜜多時於一
切法皆無有想亦無無想善現若無有想亦
無無想當知即是菩薩順忍若无有想亦无
无想即是脩道若无有想亦无无想即是得
果善現當知无性即是菩薩摩訶薩道无
即是菩薩摩訶薩觀善現由此因緣應知
一切法皆以无性為其自性

BD13980號 大般若波羅蜜多經卷三七二 （23–9）

切法皆無有相亦無無相善現若無有相亦
无无相當知即是菩薩順忍若无有相亦无
无相即是脩道若无有相亦无无相即是得
果善現當知无性即是菩薩摩訶菩薩道无
即是菩薩摩訶薩現觀善現由此因緣應知
一切法皆以无性為其自性
具壽善現白佛言世尊若一切法皆以無性
為自性者云何如來於一切法無性為性現
等正覺現等覺已於一切法及諸境界皆得
自在佛言善現如是如是一切法皆以無性
為自性我本脩學菩薩道時無倒脩行布
施淨戒安忍精進靜慮般若波羅蜜多離欲
惡不善法有尋有伺離生喜樂入初靜慮具
足住尋伺寂靜內等淨心一趣性無尋无伺定
生喜樂入第二靜慮具足住離喜住捨正念
正知身受樂聖說應捨入第三靜慮具足
住斷樂斷苦先喜憂沒不苦不樂捨念清淨
入第四靜慮具足住我於爾時於諸靜慮及
靜慮支雖善取相而無所執於諸靜慮及靜
慮支都無味著於諸靜慮及靜慮支覺
所得我於爾時於諸靜慮以清淨行相無所分
別具足安住我於爾時於諸靜慮及靜慮支
善淨練已令心發起神境智證通亦令心發
起天耳智證通亦令心發起他心智證通亦令
心發起宿住隨念智證通亦令心發起天眼
智證通我於爾時於所發起諸智證通雖善
取相而無所執於所發起諸智證通都无味
著於所發起諸智證通都無所得我於爾時



心發起宿住隨念智證通亦令心發起天眼
智證通我於爾時於所發起諸智證通雖善
取相而無所執於所發起諸智證通都无味
著於所發起諸智證通都無所得我於爾時
於所發起諸智證通以如虛空見无所分別
具足安住善現我於爾時以一剎那相應妙
慧證得无上正等菩提謂現等覺是苦聖諦
是集聖諦是滅聖諦是道聖諦都无所有
成就十力四無所畏四無礙解大慈大悲大喜
大捨十八佛不共法等無邊功德安立三聚
有情差別隨其所應方便教導令獲殊勝
利益安樂
具壽善現白佛言世尊云何如來應正等覺
能起無性為自性四靜慮能發無性為自性
五神通能證無性為自性無上正等菩提能
立無性為自性有情作三聚已隨其所應方
便教導令獲殊勝利益安樂佛告善現若諸
欲惡不善法等有少自性或復他性為自性
者我本脩行菩薩時不應通達一切欲惡
不善法等皆以無性為自性已能入初靜慮
具足住能入第二第三第四靜慮具足住以
諸欲惡不善法等無自他性但以無性為自
性故我本脩行菩薩行時通達欲惡不善法
等皆以無性為自性已能離欲惡不善法故
有尋有伺離生喜樂入初靜慮具足住尋
伺寂靜內等淨心一趣性無尋無伺定生喜樂
入第二靜慮具足住離喜住捨正念正知身受
樂聖說應捨入第三靜慮具足住斷樂斷苦

等皆以無性爲自性已能離欲惡不善法故
有尋有伺離生喜樂入初靜慮具足住尋
伺寂靜內等淨心一趣性無尋無伺定生喜樂
入第二靜慮具足住離喜住捨正念正知身受
樂聖說應捨入第三靜慮具足住斷樂斷苦
先喜憂沒不苦不樂捨念清淨入第四靜慮
具足住善現若諸神通有少自性或復他性
爲自性者我本脩行菩薩行時不應通達一
切神通皆以無性爲性已發起種種自在
神通以諸神通無自他性但以無性爲自性
故我本脩行菩薩行時通達神通皆以無性
爲自性已能令心發起神境智證通亦令心
發起天耳他心宿住隨念天眼智證通於諸
境界自在無礙善現若佛無上正等菩提有
少自性或復他性爲自性者我本脩行菩薩
行時不應通達諸佛無上正等菩提皆以無
性爲自性已證得無上正等菩提以佛無上
正等菩提無自他性但以無性爲自性故我
本脩行菩薩行時通達無上正等菩提皆以
無性爲自性已能用一念相應妙慧證得無上
正等菩提如實覺知若集滅道聖諦都無
所有成就十力四無所畏四無礙解大慈大
悲大喜大捨十八佛不共法等無邊功德善
現若諸有情有少自性或復他性爲自性者
我成佛已不應通達一切有情皆以無性爲
自性已安立三聚有情差別以諸有情無自
他性但以無性爲自性故我成佛已通達有
情皆以無性爲自性已能立三聚有情差別



悲大喜大捨十八佛不共法等無邊功德善
現若諸有情有少自性或復他性爲自性者
我成佛已不應通達一切有情皆以無性爲
自性已安立三聚有情差別以諸有情無自
他性但以無性爲自性故我成佛已通達有
情皆以無性爲自性已能立三聚有情差別
隨其所應方便教導令獲殊勝利益安樂
尒時具壽善現白佛言世尊若菩薩摩訶薩
依無性爲自性法起四靜慮發五神通證得
無上正等菩提安立三聚有情差別隨其所
應方便教導令獲殊勝利樂事者云何菩
薩摩訶薩於無性爲自性法中有漸次業漸次
學漸次行由此漸次業漸次學漸次行故證
無上正等菩提佛言善現諸菩薩摩訶薩
衆初從佛世尊所聞若從已多供養諸佛菩
薩摩訶薩所聞若從獨覺所聞若從阿羅
漢所聞若從不還一來預流所聞諸佛世尊以
無性爲自性究竟證得以無性爲自性法故
名佛世尊諸菩薩摩訶薩亦以無爲自性
漸次證得以無性爲自性法故名菩薩摩
訶薩一切獨覺亦以無性爲自性漸次證得以
無性爲自性法故名爲獨覺諸阿羅漢亦以
無性爲自性漸次證得以無性爲自性法故
名阿羅漢一切不還一來預流亦以無性爲
自性漸次證得以無性爲自性法故名爲不
還一來預流諸賢善士亦以無性爲自性決
定信解以無性爲自性法故名賢善士諸餘
有情一切得一切法皆以無性爲自性乃至
無有如毛端量若行若法實有自性而可得

自性漸次證得以無性為自性法故名為不
還一來預流諸賢善士亦以無性為自性決
定信解以無性為自性法故名賢善士諸餘
有情一切得一切法皆以無性為自性乃至
無有如毛端量若行若法實有自性而可得
者是菩薩摩訶薩聞此事已作是思惟若一
切有情一切行一切法皆以無性為自性證
得信解以無性為自性法故名佛菩薩獨覺
聲聞賢善士者我於無上正等菩提若當
證得若不證得一切有情一切行一切法常以
無性為自性故我定應發起無上等菩提
得菩提已若諸有情行有相者方便安立令
住無相善現是菩薩摩訶薩既思惟已發起
無上正等菩提為普救度諸有情故作漸次
業脩漸次學行漸次行如過去世諸菩薩摩
訶薩發趣無上正等菩提先脩漸次業學行
故證得無上正等菩提是菩薩摩訶薩亦復
如是先應脩行布施波羅蜜多次應脩行淨戒
波羅蜜多次應脩行安忍波羅蜜多次應脩
行精進波羅蜜多次應脩行靜慮波羅蜜多
後應脩行般若波羅蜜多
善現是菩薩摩訶薩從初發心脩行布施波
羅蜜多時應自行布施波羅蜜多亦勸他行
布施波羅蜜多稱揚讚歎布施波羅蜜多功
德歡喜讚歎行布施波羅蜜多者由此因緣
布施圓滿生天人中得大財位常行布施離
慳悋心隨諸有情須食須飲施飲須衣
施衣須乘施乘須香華施香華須瓔珞施瓔

BD13980號　大般若波羅蜜多經卷三七二　（23–14）

布施波羅蜜多稱揚讚歎布施波羅蜜多功
德歡喜讚歎行布施波羅蜜多者由此因緣
布施圓滿生天人中得大財位常行布施離
慳悋心隨諸有情須食須飲施飲須衣
施衣須乘施乘須香華施香華須瓔珞施瓔
珞須房舍施房舍須臥具施臥具須燈明施
燈明須財寶施財寶須童僕施童僕隨餘
須種種資具皆悉施與是菩薩摩訶薩由布
施故受持戒蘊生天人中得大尊貴由施戒
故復得定蘊由施戒定故復得惠蘊由施戒
定惠故復得解脫蘊由施戒定惠解脫故復
得解脫智見蘊由施戒定惠解脫智見
蘊圓滿故起施聲聞及獨覺地趣入菩薩正
性離生入菩薩正性離生位已便能嚴淨佛
土成熟有情嚴淨佛土成熟有情得圓滿已
便能證得無上正等菩提證得無上正等菩
提已便能轉正法輪由轉正法輪故安立有
情於三乘法有情安住三乘法已解脫生死
證得涅槃善現是菩薩摩訶薩由布施故
雖能如是作漸次業脩漸次學行漸次行而
觀一切都不可得何以故以一切法自性無故
復次善現是菩薩摩訶薩從初發心脩行淨
戒波羅蜜多時應自行淨戒波羅蜜多亦勸
他行淨戒波羅蜜多稱揚讚歎淨戒波羅蜜
多功德歡喜讚歎行淨戒波羅蜜多者是菩
薩摩訶薩由此因緣戒蘊清淨生天人中得
大尊貴施貧窮者種種財物既行施已安住
戒蘊定蘊惠蘊解脫蘊解脫智見蘊由戒定

BD13980號　大般若波羅蜜多經卷三七二　（23–15）

他行淨戒波羅蜜多稱揚顯示淨戒波羅蜜
多功德歡喜讚歎行淨戒波羅蜜多者是菩
薩摩訶薩由此因緣戒蘊清淨生天人中得
大尊貴施貧窮者種種財物既行施已安住
戒蘊定蘊慧蘊解脫蘊解脫智見蘊由戒定
慧解脫解脫智見蘊清淨故超諸聲聞及獨
覺地趣入菩薩正性離生入菩薩正性離
生位已便能嚴淨佛土成熟有情嚴淨佛土
成熟有情得圓滿已能證得無上正等菩提
證得無上正等菩提已便能轉正法輪由轉
正法輪故安立有情於三乘法有情安住三
乘法已解脫生死證得涅槃善現是菩薩摩
訶薩由淨戒故雖能如是作漸次業脩漸次
學行漸次行而觀一切都不可得何以故以
一切法自性無故
復次善現是菩薩摩訶薩從初發心脩行安
忍波羅蜜多時應自行安忍波羅蜜多亦勸
他行安忍波羅蜜多稱揚顯示安忍波羅蜜
多功德歡喜讚歎行安忍波羅蜜多者是菩
薩摩訶薩行安忍時能以財物施諸有情皆
令滿足既行施已安住戒蘊安住安忍安住
定蘊慧蘊解脫蘊解脫智見蘊由戒定慧解
脫解脫智見蘊清淨故超諸聲聞及獨覺地
趣入菩薩正性離生入菩薩正性離生位已便
能嚴淨佛土成熟有情嚴淨佛土成熟有
情得圓滿已便能證得無上正等菩提證得
無上正等菩提已便能轉正法輪由轉正法
輪故安立有情於三乘法有情安住三乘法

BD13980號　大般若波羅蜜多經卷三七二　(23-16)

脫解脫智見蘊清淨故超諸聲聞及獨覺地
趣入菩薩正性離生入菩薩正性離生位已便
能嚴淨佛土成熟有情嚴淨佛土成熟有
情得圓滿已便能證得無上正等菩提證得
無上正等菩提已便能轉正法輪由轉正法
輪故安立有情於三乘法有情安住三乘法
已解脫生死證得涅槃善現是菩薩摩訶薩
由安忍故雖能如是作漸次業脩漸次學行
漸次行而觀一切都不可得何以故以一切法
法自性無故
復次善現是菩薩摩訶薩從初發心脩行精
進波羅蜜多時應自於諸善法發勤精進
波羅蜜多亦勸他於諸善法發勤精進波羅
蜜多稱揚顯示於諸善法發勤精進波羅蜜多
功德歡喜讚歎於諸善法發勤精進波羅蜜
多者是菩薩摩訶薩行精進時能以財物施
諸有情皆令滿足既行施已安住戒蘊安住安
忍安住精進安住定蘊慧蘊解脫蘊解脫
智見蘊由戒定慧解脫解脫智見蘊清淨
故超諸聲聞及獨覺地趣入菩薩正性離生入
菩薩正性離生位已便能嚴淨佛土成熟有
情嚴淨佛土成熟有情得圓滿已便能證得
無上正等菩提證得無上正等菩提已便能
轉正法輪由轉正法輪故安立有情於三乘
法有情安住三乘法已解脫生死證得涅槃
善現是菩薩摩訶薩由精進故雖能如是作
漸次業脩漸次學行漸次行而觀一切都不
可得何以故以一切法自性無故
復次善現是菩薩摩訶

BD13980號　大般若波羅蜜多經卷三七二　(23-17)

法有情安住三乘法已解脫生死證得涅槃
善現是菩薩摩訶薩由精進故雖能如是作
漸次業脩漸次學行漸次行而觀一切都不
可得何以故以一切法自性無故
復次善現是菩薩摩訶薩從初發心脩行靜
慮波羅蜜多時應自入四靜慮四無量四無色
定亦勸他入四靜慮四無量四無色定稱揚
顯示入四靜慮四無量四無色定之功德歡
喜讚歎入四靜慮四無量四無色定者是菩
薩摩訶薩安住四靜慮四無量四無色定能
以財物施諸有情皆令滿足既行施已安住
戒蘊安住安忍安住精進安住定蘊慧蘊解
脫蘊解脫智見蘊由戒定慧解脫解脫智見
蘊清淨故超諸聲聞及獨覺地趣入菩薩正
性離生入菩薩正性離生位已便能嚴淨佛
土成熟有情嚴淨佛土成熟有情得圓滿已
便能證得無上正等菩提證得無上正等菩
提已便能轉正法轉由轉正法轉故安立有
情於三乘法有情安住三乘法已解脫生死證
得涅槃善現是菩薩摩訶薩由靜慮故雖
能如是作漸次業脩漸次學行漸次行而觀
一切都不可得何以故以一切法自性無故
復次善現是菩薩摩訶薩從初發心行般
若波羅蜜多時施諸有情種種財物安住戒
蘊安住安忍安住精進安住定蘊慧蘊解脫
蘊解脫智見蘊自行布施淨戒安忍精進靜
慮般若波羅蜜多亦勸他行布施淨戒安忍
精進靜慮般若波羅蜜多稱揚顯示布施淨

BD13980號　大般若波羅蜜多經卷三七二　（23–18）

蘊安住安忍安住精進安住定蘊慧蘊解脫
蘊解脫智見蘊自行布施淨戒安忍精進靜
慮般若波羅蜜多亦勸他行布施淨戒安忍
精進靜慮般若波羅蜜多稱揚顯示布施淨
戒安忍精進靜慮般若波羅蜜多功德歡
讚歎行布施淨戒安忍精進靜慮般若波羅
蜜多者是菩薩摩訶薩由布施淨戒安忍精
進靜慮般若波羅蜜多方便善巧力故超諸
聲聞及獨覺地趣入菩薩正性離生入菩薩
正性離生位已便能嚴淨佛土成熟有情嚴
淨佛土成熟有情得圓滿已便能證得無上
正等菩提證得無上正等菩提已便能轉正
法輪由轉正法輪故安立有情於三乘法有
情安住三乘法已解脫生死證得涅槃善現
是菩薩摩訶薩由般若故雖能如是作漸
次業脩漸次學行漸次行而觀一切都不可得
何以故以一切法自生無故善現是為菩薩
摩訶薩脩行六種波羅蜜多作漸次業脩漸
次學行漸次行
復次善現菩薩摩訶薩作漸次業脩漸次學
行漸次行時從初發心以一切智智相應作意
信解諸法皆以無性為其自性先應脩佛隨
念次應脩法隨念次應脩僧隨念次應脩
戒隨念次應脩捨隨念後應脩天隨念善現
云何菩薩摩訶薩脩佛隨念善現是菩薩
摩訶薩脩行般若波羅蜜多時不應以色思惟如
來應正等覺不應以受想行識思惟如來
應正等覺何以故善現色無自性受想行識

BD13980號　大般若波羅蜜多經卷三七二　（23–19）

念次應脩法隨念次應脩僧隨念次應脩
戒隨念次應脩捨隨念後應脩天隨念善現
云何菩薩摩訶薩脩佛隨念善現是菩薩
摩訶薩脩行般若波羅蜜多時不應以色思惟如
來應正等覺不應以受想行識思惟如來
應正等覺何以故善現色無自性受想行識
無自性若法無自性則無所有若無所有則
不可念所以者何善現若無念無思惟是為
佛隨念復次善現菩薩摩訶薩不應以三十
二大士相思惟如來應正等覺不應以真金
色身思惟如來應正等覺不應以身有常光
面各一尋思惟如來應正等覺不應以八十隨
好思惟如來應正等覺何以故善現如是相
好金光色身都無自性若法無自性則無
所有若無所有則不可念所以者何善現若
無念無思惟是為佛隨念復次善現菩薩摩
訶薩不應以戒蘊思惟如來應正等覺不應
以定蘊慧蘊解脫蘊解脫智見蘊思惟如來
應正等覺何以故善現如是諸蘊皆無自性
若法無自性則無所有若無所有則不可念
所以者何善現若無念無思惟是為佛隨念
復次善現菩薩摩訶薩不應以五眼六神通
思惟如來應正等覺不應以佛十力四無所
畏四無礙解十八佛不共法思惟如來應正
等覺不應以大慈大悲大喜大捨思惟如來
應正等覺不應以無忘失法恒住捨性思惟
如來應正等覺不應以一切智道相智一切
相智思惟如來應正等覺何以故若善現如是
皆無自性若法無自性則無所有若無所有

BD13980號　大般若波羅蜜多經卷三七二　（23–20）

畏四無礙解十八佛不共法思惟如來應正
等覺不應以大慈大悲大喜大捨思惟如來
應正等覺不應以無忘失法恒住捨性思惟
如來應正等覺不應以一切智道相智一切
相智思惟如來應正等覺何以故若善現如是
諸法皆無自性若法無自性則無所有若無
所有則不可念所以者何善現若無念無思
惟是為佛隨念復次善現菩薩摩訶薩不
應以緣起之法思惟如來應正等覺何以故善
現緣起之法都無自性若法無自性則無所有
若無所有則不可念所以者何善現若無念
無思惟是為佛隨念善現菩薩摩訶薩脩行
般若波羅蜜多時應如是脩佛隨念若如是
脩佛隨念是為菩薩摩訶薩作漸次業脩漸
次學行漸次行善現是菩薩摩訶薩如是作
漸次業脩漸次學行漸次行時則能圓滿四
念住亦能圓滿四正斷四神足五根五力七等
覺支八聖道支則能圓滿空解脫門亦能圓
滿無相無願解脫門則能圓滿初靜慮亦能
圓滿第二第三第四靜慮則能圓滿慈無量
亦能圓滿悲喜捨無量則能圓滿空無邊處
定亦能圓滿識無邊處無所有處非想非非
想處定則能圓滿八解脫亦能圓滿八勝處
九次第定十遍處則能圓滿一切三摩地門
亦能圓滿一切陀羅尼門則能滿布施波羅
蜜多亦能圓滿淨戒安忍精進靜慮般若
波羅蜜多則能圓滿內空亦能圓滿外空內
外空空空大空勝義空有為空無為空畢
竟空無際空散空無變異空本性空自相

BD13980號　大般若波羅蜜多經卷三七二　（23–21）

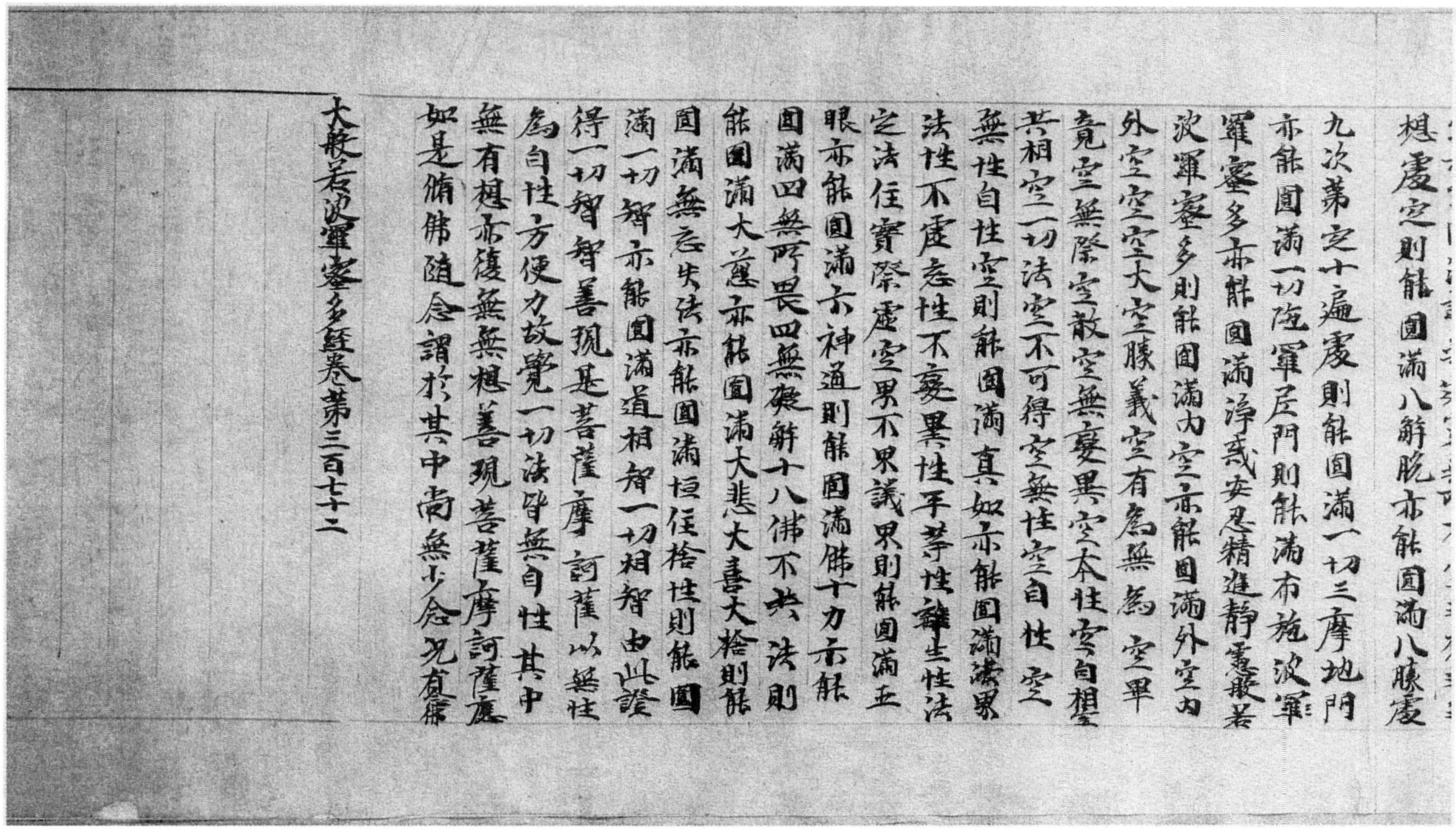
想處定則能圓滿八解脫亦能圓滿八勝處
九次第定十遍處則能圓滿一切三摩地門
亦能圓滿一切陀羅尼門則能滿布施波羅
蜜多亦能圓滿淨戒安忍精進靜慮般若
波羅蜜多則能圓滿內空亦能圓滿外空內
外空空空大空勝義空有為空無為空畢
竟空無際空散空無變異空本性空自相空
共相空一切法空不可得空無性空自性空
無性自性空則能圓滿真如亦能圓滿法界
法性不虛妄性不變異性平等性離生性法
定法住實際虛空界不思議界則能圓滿五
眼亦能圓滿六神通則能圓滿佛十力亦能
圓滿四無所畏四無礙解十八佛不共法則
能圓滿大慈亦能圓滿大悲大喜大捨則能
圓滿無忘失法亦能圓滿恒住捨性則能圓
滿一切智亦能圓滿道相智一切相智由此證
得一切智智善現是菩薩摩訶薩以無性
為自性方便力故覺一切法皆無自性其中
無有想亦復無無想善現菩薩摩訶薩應
如是脩佛隨念謂於其中尚無少念況有佛
大般若波羅蜜多經卷第三百七十二

BD13980 號　大般若波羅蜜多經卷三七二　（23–22）

滿一切智亦能圓滿道相智一切相智由此證
得一切智智善現是菩薩摩訶薩以無性
為自性方便力故覺一切法皆無自性其中
無有想亦復無無想善現菩薩摩訶薩應
如是脩佛隨念謂於其中尚無少念況有佛
大般若波羅蜜多經卷第三百七十二

BD13980 號　大般若波羅蜜多經卷三七二　（23–23）

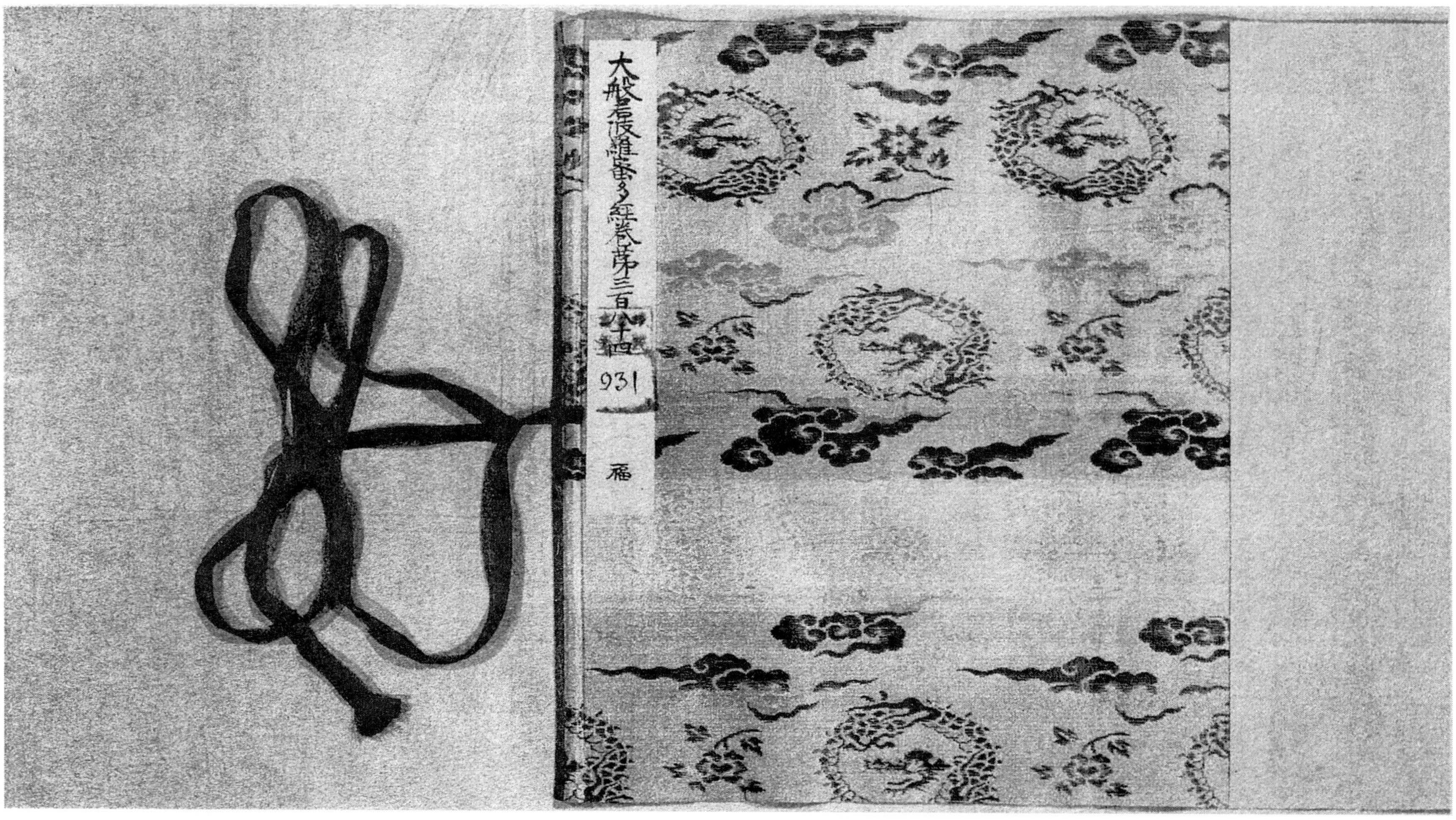


BD13981 號背　現代護首　　（1–1）

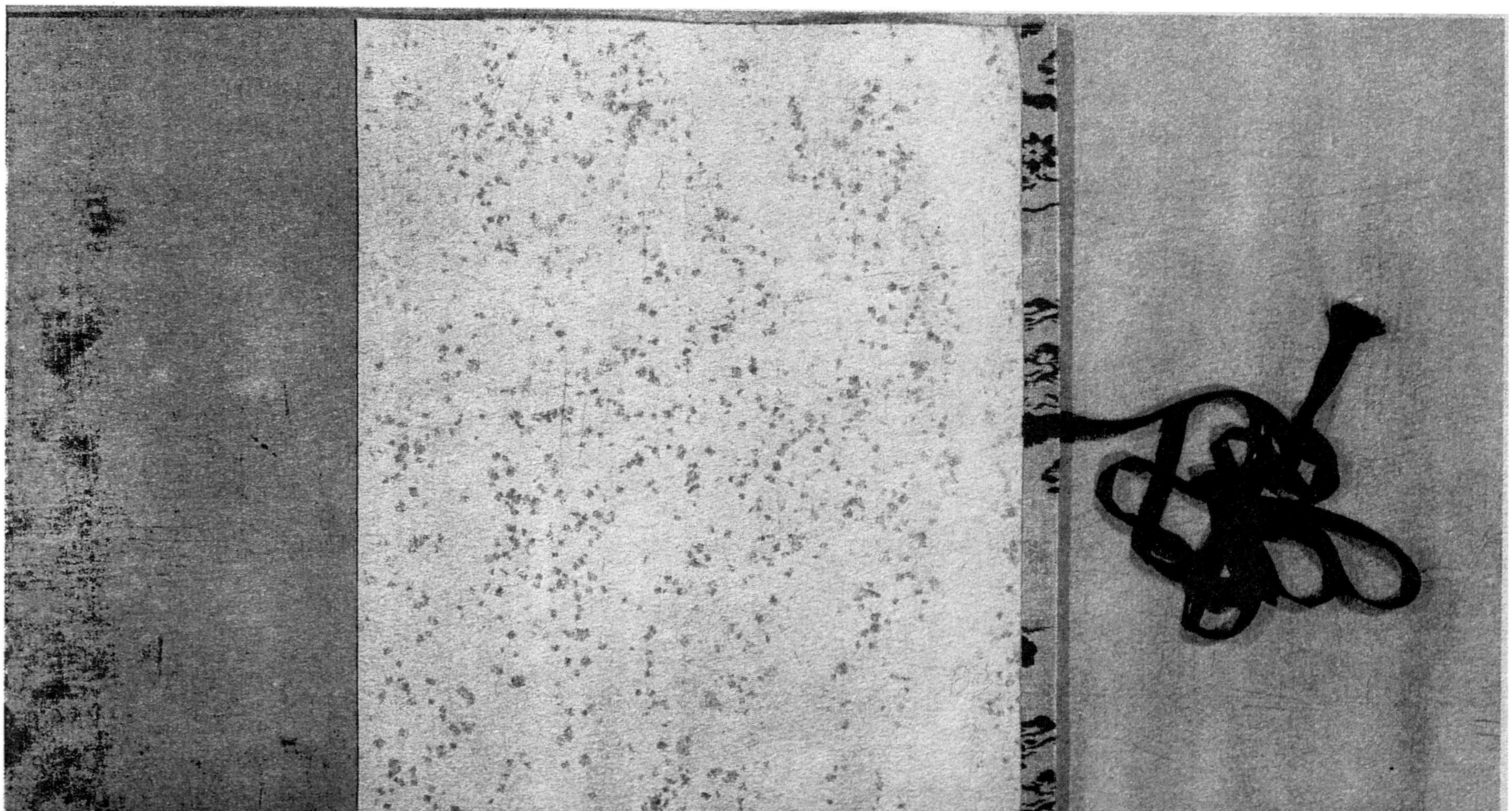

BD13981 號　大般若波羅蜜多經卷三八四　　（24–1）

大般若波羅蜜多經卷第三百廿一
廿三

大般若波羅蜜多經卷第三百八十四
初分諸法平等品第六十九之二　　三藏法師玄奘奉　詔譯
時具壽善現白佛言世尊若一切法皆如化
者諸所變化皆无實色亦无實受想行識
諸所變化皆无實處亦无實耳鼻舌身意處
諸所變化皆无實色處亦无實聲香味觸法
處諸所變化皆无實眼界亦无實耳鼻舌身
意界諸所變化皆无實色界亦无實聲香味
觸法界諸所變化皆无實眼識界亦无實耳
鼻舌身意識界諸所變化皆无實眼觸亦无
實耳鼻舌身意觸諸所變化皆无實眼觸為
緣所生諸受亦无實耳鼻舌身意觸為緣所
生諸受諸所所變化皆无實地亦无實水火
風空識界諸所變化皆无實因緣亦无實等

BD13981 號　大般若波羅蜜多經卷三八四　　（24–2）

意界諸所變化皆无實色界亦无實聲香味
觸法界諸所變化皆无實眼識界亦无實耳
鼻舌身意識界諸所變化皆无實眼觸亦无
實耳鼻舌身意觸諸所變化皆无實眼觸為
緣所生諸受亦无實耳鼻舌身意觸為緣所
生諸受諸所所變化皆无實地亦无實水火
風空識界諸所變化皆无實因緣亦无實等
无間緣所緣緣增上緣諸所變化皆无實從
緣所生諸法諸所變化皆无實无明亦无實
行識名色六處觸受愛取有生老死愁歎苦
憂惱諸所變化皆无實世間法亦无實出世
法諸所變化皆无實有漏法亦无實无漏法
諸所變化皆无實有為法亦无實无為法諸
所變化皆无實雜染法亦无實清淨法諸所
變化皆无實輪迴五趣生死亦无實解脫五
趣生死云何菩薩摩訶薩於諸有情有勝士
用佛告善現於意云何諸菩薩摩訶薩本行
菩薩道時頗見有情可脫地獄傍生鬼界人
天趣不善現荅言不也世尊不也善逝佛告
善現如是如是諸菩薩摩訶薩本行菩薩道
時不見有情可脫三界何以故善現諸菩薩摩
訶薩於一切法知見通達皆如幻化都非
實有
具壽善現復白佛言世尊若菩薩摩訶薩於
一切法知見通達皆如幻化都非實有菩薩
摩訶薩為何事故脩行布施淨戒安忍精進
靜慮般若波羅蜜多為何事故脩行四靜慮
四无量四无色定為何事故脩行四念住四正

BD13981 號　大般若波羅蜜多經卷三八四　　（24–3）

訶薩於一切法知見通達皆如幻化都非
實有
具壽善現復白佛言世尊若菩薩摩訶薩於
一切法知見通達皆如幻化都非實有菩薩
摩訶薩為何事故脩行布施淨戒安忍精進
靜慮般若波羅蜜多為何事故脩行四靜慮
四无量四无色定為何事故脩行四念住四正
斷四神足五根五力七等覺支八聖道支
為何事故脩行空无相无願解脫門為何事
故脩行八解脫八勝處九次第定十遍處 為
何事故脩行一切陁羅尼門一切三摩地門
為何事故脩行極喜離垢地發光地焰慧地
極難勝地現前地遠行地不動地善慧地
法雲地為何事故脩行五眼六神通為何事
故脩行佛十力四无所畏四无礙解大慈大
悲大喜大捨十八佛不共法為何事故脩行
无忘失法恒住捨性為何事故脩行一切智
道相智一切相智為何事故脩行一切菩薩
摩訶薩行為何事故脩行諸佛无上正等菩
提為何事故嚴淨佛土為何事故成就有情
佛告善現若諸有情於一切法能自了知皆
如幻化都非實有則菩薩摩訶薩不應无數
劫為諸有情行菩薩道以諸有情於一切法
自不能知皆如幻化都非實有是故菩薩摩
訶薩於无數劫為諸有情行菩薩道復次善
現若菩薩摩訶薩於一切法不如實知皆如
幻化都非實有則不應无數劫為諸有情脩

BD13981號　大般若波羅蜜多經卷三八四　（24–4）

自不能知皆如幻化都非實有是故菩薩摩
訶薩於无數劫為諸有情行菩薩道復次善
現若菩薩摩訶薩於一切法不如實知皆如
幻化都非實有則不應无數劫為諸有情脩
菩薩行嚴淨佛土成熟有情以菩薩摩訶
薩於一切法如實了知皆如幻化都非實有故
无數劫為諸有情脩菩薩行嚴淨佛土成就
有情
尒時具壽善現白佛言世尊若一切法如夢
如幻如響如像如光影如陽焰如變化事如
尋香城所化有情住在何處諸菩薩摩訶薩
行深般若波羅蜜多拔濟令出佛告善現所
化有情住在名相虛妄分別諸菩薩摩訶薩
行深般若波羅蜜多從彼名相虛妄分別拔
濟令出具壽善現復白佛言世尊何謂為名
何謂為相佛言善現名皆是客皆是假言
屬施設謂此名色此名受想行識此名眼處
此名耳鼻舌身意處此名色處此名聲香味
觸法處此名眼界此名耳鼻舌身意界此名
色界此名聲香味觸法界此名眼識界此名
耳鼻舌身意識界此名男此名女此名小此
名大此名地獄此名傍生此名鬼界此名人
此名天此名世間法此名出世法此名有漏
法此名无漏法此名有為法此名无為法此
名預流果此名一來果此名不還果此名阿羅
漢果此名獨覺菩提此名一切菩薩摩訶

BD13981號　大般若波羅蜜多經卷三八四　（24–5）

耳鼻舌身意諸界此名男此名女此名
名大此名地獄此名傍生此名鬼界此名人
此名天此名世間法此名出世法此名有漏
法此名无漏法此名有為法此名无為法此
名預流果此名一來果此名不還果此名阿羅
漢果此名獨覺菩提此名一切菩薩摩訶
薩此名諸佛无上正等菩提此名異生此名
聲聞此名獨覺此名菩薩此名如來善現如
是等一切名皆是假立為表諸義施設諸名
故一切名皆非實有諸有為法亦但有名由
此无為亦非實有愚夫異生於中妄執菩薩
摩訶薩行深般若波羅蜜多時方便善巧教
令遠離作如是言名是分別妄想所起亦是
衆緣和合假立汝等不應於中執著名无
實事自性皆空非有智者執著空法如是善
現菩薩摩訶薩行深般若波羅蜜多時方便
善巧為諸有情說離名法善現是謂為名云
何為相善現相有二種愚夫異生於中執著何
等為二一者色相二者无色相何謂色相善
現諸所有色若過去若未來若現在若內若
外若麁若細若劣若勝若遠若近於此剎那
諸色法中愚夫異生分別執著是名色相何
謂无色相善現謂諸所有无色法中愚夫異
生取相分別生諸煩惱是名无色相菩薩摩
訶薩行深般若波羅蜜多時方便善巧教諸
有情遠離二相復教安住无相界中雖教安

BD13981號　大般若波羅蜜多經卷三八四　（24–6）

諸色法中愚夫異生分別執著是名色相何
謂无色相善現謂諸所有无色法中愚夫異
生取相分別生諸煩惱是名无色相菩薩摩
訶薩行深般若波羅蜜多時方便善巧教諸
有情遠離二相復教安住无相界中雖教安
住无相界中而不令其隨二邊執謂此是相
此是无相如是善現菩薩摩訶薩行深般若
波羅蜜多時方便善巧令諸有情遠離衆相
住无相界而无執著
爾時具壽善現白佛言世尊若一切法但有
名相所有名相皆是假立分別所起非實有
性云何菩薩摩訶薩行深般若波羅蜜多時
於諸善法能自增進亦能令他增進善法由
自善法得增進故能令諸地漸次圓滿亦能
安立諸有情類隨其所應得三乘果佛告善
現若諸法中少有實事非但假立有名相者
則菩薩摩訶薩行深般若波羅蜜多時應於
善法不自增進亦不令他增進善法善現以
諸法无少實事但有假立諸名及相是故
菩薩摩訶薩行深般若波羅蜜多時以无相
為方便能圓滿般若波羅蜜多以无相為方
便能圓滿靜慮波羅蜜多以无相為方便能
圓滿精進波羅蜜多以无相為方便能圓滿
安忍波羅蜜多以无相為方便能圓滿淨戒
波羅蜜多以无相為方便能圓滿布施波羅
蜜多以无相為方便能圓滿四靜慮四无量
四无色定以无相為方便能圓滿四念住四

BD13981號　大般若波羅蜜多經卷三八四　（24–7）

圓滿精進波羅蜜多以无相為方便能圓滿
安忍波羅蜜多以无相為方便能圓滿淨戒
波羅蜜多以无相為方便能圓滿布施波羅
蜜多以无相為方便能圓滿四靜慮四无量
四无色定以无相為方便能圓滿四念住四
正斷四神足五根五力七等覺支八聖道支
以无相為方便能圓滿空无相无願解脫門
以无相為方便能圓滿內空外空內外空空
空大空勝義空有為空无為空畢竟空无際
空散空无變異空本性空自相空共相空一
切法空不可得空无性空自性空无性自性
空以无相為方便能圓滿真如法界法性不
虛妄性不變異性平等性離生性法定法住
實際虛空界不思議界以无相為方便能圓
滿苦集滅道聖諦以无相為方便能圓滿八
解脫八勝處九次第定十遍處以无相為方
便能圓滿一切陁羅尼門一切三摩地門以无
相為方便能圓滿極喜地離垢地發光地
焰慧地極難勝地現前地遠行地不動地善
慧地法雲地以无相為方便能圓滿五眼六
神通以无相為方便能圓滿佛十力四无所
畏四无礙解大慈大悲大喜大捨十八佛不
共法以无相為方便能圓滿无忘失法恒住
捨性以无相為方便能圓滿一切智道相智
一切相智以无相為方便於諸善法自圓滿
已亦能令他圓滿善法如是善現以一切法
无少實事但有假立諸名及相諸菩薩摩訶



畏四无礙解大慈大悲大喜大捨十八佛不
共法以无相為方便能圓滿无忘失法恒住
捨性以无相為方便能圓滿一切智道相智
一切相智以无相為方便於諸善法自圓滿
已亦能令他圓滿善法如是善現以一切法
无少實事但有假立諸名及相諸菩薩摩訶
薩於中不起顛倒執著於諸善法能自增進
亦能令他增進善法復次善現若諸法中有
毛端量實法相者則菩薩摩訶薩行深般若
波羅蜜多時於一切法不應覺知无相无念
亦无作意无漏性已證得无上正等菩提安
立有情於无漏法何以故善現諸无漏法皆无
相无念无作意故如是善現菩薩摩訶薩行
深般若波羅蜜多時安立有情於无漏法
乃至真實饒益他事
時具壽善現白佛言世尊若一切真无漏
性无相无念亦无作意何緣世尊常如是說此
是世間法此是出世法此是有漏法此是无
漏法此是有為法此是无為法此是有罪
法此是无罪法此是有諍法此是无諍法此
是流轉法此是還滅法此是共法此是不共
法此是聲聞法此是獨覺法此是菩薩法此
是如來法耶佛告善現於意云何世間等法
與无相等无漏法性為有異不善現答言不
也世尊不也善逝佛告善現於意云何聲聞
等法與无相等无漏法性為有異不善現答
言不也世尊不也善逝佛告善現世間等法

與无相等无漏法性為有異不善現答言不
也世尊不也善逝佛告善現於意云何聲聞
等法與无相等无漏法性為有異不善現答
言不也世尊不也善逝佛告善現世間等法
豈不即是无相念等无漏法性善現答言如
是世尊如是善逝佛告善現若預流果若一
來果若不還果若阿羅漢果若獨覺菩提若
諸菩薩摩訶薩法若佛无上正等菩提豈不
即是无相念等无漏法性善現答言如是世
尊如是善逝佛言善現由此因緣當知一切
法皆是无相等善現菩薩摩訶薩學一切法
皆是无相无念无作意時常能增益所行善
法所謂布施淨戒安忍精進靜慮般若波羅
蜜多若四靜慮四无量四无色定若四念住
四正斷四神足五根五力七等覺支八聖道
支若內空外空內外空空空大空勝義空
有為空无為空畢竟空无際空散空无變
異空本性空自相空共相空一切法空不可得
空无性空自性空无性自性空若真如法界
法性不虛妄性不變異性平等性離生性法
定法住實際虛空界不思議界若苦集滅道
聖諦若空无相无願解脫門若八解脫八勝
處九次第定十遍處若一切陁羅尼門一切
三摩地門若極喜地離垢地發光地焰慧地
極難勝地現前地遠行地不動地善慧地法
雲地若五眼六神通若佛十力四无所畏四
无礙解十八佛不共法若大慈大悲大喜大

BD13981 號　大般若波羅蜜多經卷三八四　（24–10）

處九次第定十遍處若一切陁羅尼門一切
三摩地門若極喜地離垢地發光地焰慧地
極難勝地現前地遠行地不動地善慧地法
雲地若五眼六神通若佛十力四无所畏四
无礙解十八佛不共法若大慈大悲大喜大
捨若无忘失法恒住捨性若一切智道相
智一切相智諸如是等一切佛法皆由學无
相无念无作意而得增益所以者何善現菩
薩摩訶薩除无相无願解脫門更无餘要所
應學法何以故善現三解脫門能攝一切妙
善法故所以者何善現空解脫門觀一切法
自相皆空无相解脫門觀一切法遠離諸相
无願解脫門觀一切法遠離所願由此三門
能攝一切殊勝善法離此三門所應脩習殊
勝善法不生長故
復次善現若菩薩摩訶薩能學如是三解
脫門能學五蘊亦能學十二處亦能學十八
界亦能學六界亦能學四聖諦亦能學四
緣亦能學從緣所生諸法亦能學十二緣起亦
能學內空外空內外空空空大空勝義空有
為空无為空畢竟空无際空散空无變異
空本性空自相空共相空一切法空不可得空
无性空自性空无性自性空亦能學真如法
界法性不虛妄性不變異性平等性離生性
法定法住實際虛空界不思議界亦能學布
施淨戒安忍精進靜慮般若方便善巧妙願
力智波羅蜜多亦能學極喜地離垢地發光

BD13981 號　大般若波羅蜜多經卷三八四　（24–11）

无性空自性空无性自性空亦能學真如法
界法性不虛妄性不變異性平等性離生性
法定法住實際虛空界不思議界亦能學布
施淨戒安忍精進靜慮般若方便善巧妙願
力智波羅蜜多亦能學極喜地離垢地發光
地焰慧地極難勝地現前地遠行地不動地
善慧地法雲地亦能學四念住四正斷四神
足五根五力七等覺支八聖道支亦能學四
靜慮四无量四无色定亦能學八解脫八勝
處九次第定十遍處亦能學一切陁羅尼門
一切三摩地門亦能學五眼六神通亦能學
如來十力四无所畏四无礙解十八佛不共法
亦能學大慈大悲大喜大捨亦能學无忘
失法恒住捨性亦能學一切智道相智一切
相智亦能學嚴淨佛土成熟有情亦能
學諸餘无量无邊佛法
尒時具壽善現白佛言世尊云何菩薩摩訶
薩脩行般若波羅蜜多時能學五蘊佛告
善現若菩薩摩訶薩行般若波羅蜜多時
如實知色受想行識是為能學五蘊善現
阿菩薩摩訶薩脩行般若波羅蜜多時如實知
色善現若菩薩摩訶薩脩行般若波羅蜜
多時如實知色相如實知色生如實知色滅如
實知色真如是為如實知色善現云何菩薩
摩訶薩脩行般若波羅蜜多時如實知色相
善現若菩薩摩訶薩脩行般若波羅蜜多時
如實知色畢竟有孔畢竟有隙猶如聚沫性



多時如實知色相如實知色生如實知色滅如
實知色真如是為如實知色善現云何菩薩
摩訶薩脩行般若波羅蜜多時如實知色相
善現若菩薩摩訶薩脩行般若波羅蜜多時
如實知色畢竟有孔畢竟有隙猶如聚沫性
不堅固善現是名如實知色相善現云何菩
薩摩訶薩脩行般若波羅蜜多時如實知色
生善現若菩薩摩訶薩脩行般若波羅蜜多
時如實知色來无所從去无所趣雖无來无
去而生法相應善現是名如實知色生善現
云何菩薩摩訶薩脩行般若波羅蜜多時如
實知色滅善現若菩薩摩訶薩脩行般若波
羅蜜多時如實知色來无所從去无所趣雖
无來无去而滅法相應善現是名如實知色
滅善現云何菩薩摩訶薩脩行般若波羅蜜
多時如實知色真如善現若菩薩摩訶薩脩
行般若波羅蜜多時如實知色真如无生无
滅无來无去无染无淨无增无減常如其性
不虛妄不變異故名真如善現是名如實
知色真如善現云何菩薩摩訶薩行般若波
羅蜜多時如實知受善現若菩薩摩訶薩脩
行般若波羅蜜多時如實知受相如實知受
生如實知受滅如實知受真如是為如實知
受善現云何菩薩摩訶薩脩行般若波羅
蜜多時如實知受相善現若菩薩摩訶薩脩
行般若波羅蜜多時如實知受畢竟如癰畢
竟如箭猶若浮泡虛偽任速起速滅善現是

受善現云何菩薩摩訶薩脩行般若波羅
蜜多時如實知受相善現若菩薩摩訶薩脩
行般若波羅蜜多時如實知受畢竟如癰畢
竟如箭猶若浮泡虛為任速起速滅善現是
名如實知受相善現云何菩薩摩訶薩脩行
般若波羅蜜多時如實知受生善現若菩薩
摩訶薩脩行般若波羅蜜多時如實知受來
无所從去无所趣雖无來无去而生法相應
善現是名如實知受生善現云何菩薩摩訶
薩脩行般若波羅蜜多時如實知受滅善現
若菩薩摩訶薩脩行般若波羅蜜多時如實
知受來无所從去无所趣雖无來无去而滅
法相應善現是名如實知受滅善現云何菩
薩摩訶薩脩行般若波羅蜜多時如實知受
真如善現若菩薩摩訶薩脩行般若波羅蜜
多時如實知受真如无生无滅无來无去无染
无淨无增无減常如其性不虛妄不變易
故名真如善現是名如實知受真如善現
云何菩薩摩訶薩脩行般若波羅蜜多時如實
知想善現若菩薩摩訶薩脩行般若波羅蜜
多時如實知想相如實知想生如實知想滅
如實知想真如是為如實知想善現云何菩
薩摩訶薩脩行般若波羅蜜多時如實知想
想善現若菩薩摩訶薩脩行般若波羅蜜
多時如實知想猶如陽焰水不可得虛妄渴愛
而起是想假施設有發假言說善現是名如
實知想相善現云何菩薩摩訶薩脩行般
若波羅蜜多時實知想生善現若菩薩摩

BD13981 號　大般若波羅蜜多經卷三八四　（24–14）

薩摩訶薩脩行般若波羅蜜多時如實知想
想善現若菩薩摩訶薩脩行般若波羅蜜
多時如實知想猶如陽焰水不可得虛妄渴愛
而起是想假施設有發假言說善現是名如
實知想相善現云何菩薩摩訶薩脩行般
若波羅蜜多時實知想生善現若菩薩摩
訶薩脩行般若波羅蜜多時如實知想來无
所從去无所趣雖无來无去而生法相應善
現是名實知想生善現云何菩薩摩訶薩脩
行般若波羅蜜多時如實知想滅善現若菩
薩摩訶薩脩行般若波羅蜜多時如實知想
來无所從去无所趣雖无來无去而滅法相
應善現是名如實知想滅善現云何菩薩
摩訶薩脩行般若波羅蜜多時如實知想真
如善現若菩薩摩訶薩脩行般若波羅蜜多
時如實知想真如无生无滅无來无去无染无
淨无增无減常如其性不虛妄不變易故名
真如善現是名如實知想真如善現云何菩
薩摩訶薩脩行般若波羅蜜多時如實知行
善現若菩薩摩訶薩脩行般若波羅蜜多時如
實知行相如實知行生如實知行滅如實知行
真如是為如實知行善現云何菩薩摩訶薩
脩行般若波羅蜜多時如實知行相善現
若菩薩摩訶薩脩行般若波羅蜜多時如實
知行猶若芭蕉葉葉析除實不可得明无明
等衆緣所成業煩惱等和合假立善現是名如
實知行相善現云何菩薩摩訶薩脩行般若

BD13981 號　大般若波羅蜜多經卷三八四　（24–15）

真如是為如實知行善現云何菩薩摩訶薩
脩行般若波羅蜜多時如實知行相善現
若菩薩摩訶薩脩行般若波羅蜜多時如實
知行猶若芭蕉葉葉析除實不可得朋无明
等衆緣所成業煩惱等和合假立善現是名如
實知行相善現云何菩薩摩訶薩脩行般若
波羅蜜多時如實知行生善現若菩薩摩訶
薩脩行般若波羅蜜多時如實知行來无所
從去无所趣雖无來无去而生法相應善現
是名如實知行生善現云何菩薩摩訶薩脩
行般若波羅蜜多時如實知行滅善現若菩
薩摩訶薩脩行般若波羅蜜多時如實知行
來无所從去无所趣雖无來无去而滅法相
應善現是名如實知行滅善現云何菩薩摩
訶薩脩行般若波羅蜜多時如實知行真如
善現若菩薩摩訶薩脩行般若波羅蜜多時
如實智行真如无生无滅无來无去无染无
淨无增无減常如其性不虛妄不變易故名
真如善現是名如實知行真如善現云何菩
薩摩訶薩脩行般若波羅蜜多時如實知識
善現若菩薩摩訶薩脩行般若波羅蜜多時
如實知識相如實知識生如實知識滅如實
知識真如是為如實知識善現云何菩薩摩
訶薩脩行般若波羅蜜多時如實知識相善
現若菩薩摩訶薩脩行般若波羅蜜多時如
實知識猶如幻事衆緣和合假施設有實不
不可謂如幻師或彼弟子於四衢道幻作四



知識真如是為如實知識善現云何菩薩摩
訶薩脩行般若波羅蜜多時如實知識相善
現若菩薩摩訶薩脩行般若波羅蜜多時如
實知識猶如幻事衆緣和合假施設有實不
不可謂如幻師或彼弟子於四衢道幻作四
軍所謂象軍馬軍車軍步軍或復幻作諸餘
色類相雖似有而无其實識亦如是實不可
得善現是名如實知識相善現云何菩薩摩
訶薩脩行般若波羅蜜多時如實知識生善
現若菩薩摩訶薩脩行般若波羅蜜多時如
實知識來无所從去无所趣雖无來无去而
生法相應善現是名如實知識生善現云何
菩薩摩訶薩脩行般若波羅蜜多時如實知
識滅善現若菩薩摩訶薩脩行般若波羅蜜
多時如實知識來无所從去无所趣雖无來
无去而滅法相應善現是名如實知識滅善
現云何菩薩摩訶薩脩行般若波羅蜜多時
如實知識真如善現若菩薩摩訶薩脩行般
若波羅蜜多時如實知識真如无生无滅无
來无去无染无淨无增无減常如其性不虛
妄不變易故名真如善現是名如實知識真
如復次善現若菩薩摩訶薩脩行般若波羅
蜜多時如實知色色自性空如實知受受自
性空如實知想想自性空如實知行行自性
空如實知識識自性空善現是為菩薩摩
訶薩脩行般若波羅蜜多時能學五蘊
具壽善現白佛言世尊云何菩薩摩訶薩脩

如復次善現若菩薩摩訶薩修行般若波羅
蜜多時如實知色色自性空如實知受受自
性空如實知想想自性空如實知行行自性
空如實知識識自性空善現是為菩薩摩
訶薩修行般若波羅蜜多時能學五蘊
具壽善現白佛言世尊云何菩薩摩訶薩修
行般若波羅蜜多時能學十二處佛告善現
若菩薩摩訶薩修行般若波羅蜜多時如實
知眼處眼處自性空如實知耳鼻舌身意處
耳鼻舌身意處自性空如實知色處色處自
性空如實知聲香味觸法處聲香味觸法處
自性空如實知內處內處自性空如實知外
處外處自性空善現是為菩薩摩訶薩修行
般若波羅蜜多時能學十二處具壽善現白
佛言世尊云何菩薩摩訶薩修行般若波羅
蜜多時能學十八界佛告善現若菩薩摩訶
薩修行般若波羅蜜多時如實知眼界眼界
自性空如實知色界眼識界及眼觸眼觸為
緣所生諸受色界乃至眼觸為緣所生諸受
自性空如實知耳界耳界自性空如實知聲
界耳識界及耳觸耳觸為緣所生諸受聲界
乃至耳觸為緣所生諸受自性空如實知鼻
界鼻界自性空如實知香界鼻識界及鼻觸
鼻觸為緣所生諸受香界乃至鼻觸為緣所
生諸受自性空如實知舌界舌界自性空如實
知味界舌識界及舌觸舌觸為緣所生諸受
味界乃至舌觸為緣所生諸受自性空如



界鼻界自性空如實知香界鼻識界及鼻觸
鼻觸為緣所生諸受香界乃至鼻觸為緣所
生諸受自性空如實知舌界舌界自性空如實
知味界舌識界及舌觸舌觸為緣所生諸受
味界乃至舌觸為緣所生諸受自性空如
實知身界身界自性空如實知觸界身識界
及身觸身觸為緣所生諸受觸界乃至身觸
為緣所生諸受自性空如實知意界意界自性
空如實知法界意識界及意觸意觸為緣
所生諸受法界乃至意觸為緣所生諸受自
性空善現是為菩薩摩訶薩修行般若波羅
蜜多時能學十八界具壽善現白佛言世尊
云何菩薩摩訶薩修行般若波羅蜜多時能
學六界佛告善現若菩薩摩訶薩修行般若
波羅蜜多時如實知地界地界自性空如實
知水火風空識界水火風空識界自性空善
現是為菩薩摩訶薩修行般若波羅蜜多
時能學六界
具壽善現白佛言世尊云何菩薩摩訶薩
修行般若波羅蜜多時能學四聖諦佛告善
現若菩薩摩訶薩修行般若波羅蜜多時如實
知苦聖諦如實知集聖諦如實知滅聖諦如
實知道聖諦是為能學四聖諦善現若菩
薩摩訶薩修行般若波羅蜜多時如實知苦
聖諦善現若菩薩摩訶薩修行般若波羅蜜
多時如實知苦是逼迫相自性本空遠離二
法是聖者諦苦即真如真如即苦无二无别

實知道聖諦是為能學四聖諦善現云何善
薩摩訶薩脩行般若波羅蜜多時如實知苦
聖諦善現若菩薩摩訶薩脩行般若波羅蜜
多時如實知苦是逼迫相自性本空遠離二
法是聖者諦苦即真如真如即苦无二无別
唯真聖者能如實知善現是名如實知苦聖
諦善現云何菩薩摩訶薩脩行般若波羅蜜
多時如實知集聖諦善現若菩薩摩訶薩
脩行般若波羅蜜多時如實知集是生起相
性本空遠離二法是聖者諦集即真如真如
即集无二无別唯真聖者能如實知善現是
名如實知集聖諦善現云何菩薩摩訶薩脩
行般若波羅蜜多時如實知滅聖諦善現若
菩薩摩訶薩脩行般若波羅蜜多時如實知
滅是寂靜相自性本空遠離二法是聖者諦
滅即真如真如即滅无二无別唯真聖者能
如實知善現是名如實知滅聖諦善現云何
菩薩摩訶薩脩行般若波羅蜜多時如實知
道聖諦善現若菩薩摩訶薩脩行般若波羅
蜜多時如實知道是出離相自性本空遠離
二法是聖者諦道即真如真如即道无二无
別唯真聖者能如實知善現是名實知道
聖諦善現是為菩薩摩訶薩脩行般若波
羅蜜多時能學四聖諦
具壽善現白佛言世尊云何菩薩摩訶薩脩
行般若波羅蜜多時能學四緣佛告善現若
菩薩摩訶薩脩行般若波羅蜜多時如實知

BD13981 號　大般若波羅蜜多經卷三八四　（24–20）

聖諦善現是為菩薩摩訶薩脩行般若波
羅蜜多時能學四聖諦
具壽善現白佛言世尊云何菩薩摩訶薩脩
行般若波羅蜜多時能學四緣佛告善現若
菩薩摩訶薩脩行般若波羅蜜多時如實知
因緣如實知等无間緣如實知所緣緣如實
知增上緣是為能學四緣善現云何菩薩摩
訶薩脩行般若波羅蜜多時如實知因緣善
現若菩薩摩訶薩脩行般若波羅蜜多時如
實知因緣是種子相自性本空遠離二法善
現是名如實知因緣善現云何菩薩摩訶薩
脩行般若波羅蜜多時如實知等无間緣善
現若菩薩摩訶薩脩行般若波羅蜜多時如
實知等无間緣是開發相自性本空遠離二
法善現是名如實知等无間緣善現云何菩
薩摩訶薩脩行般若波羅蜜多時如實知所
緣緣善現善菩薩摩訶薩脩行般若波羅蜜
多時如實知所緣緣是任持相自性本空遠
離二法善現是名如實知所緣緣善云何菩
薩摩訶薩脩行般若波羅蜜多時如實知
增上緣善現若菩薩摩訶薩脩行般若波羅
蜜多時如實知增上緣是不礙相自性本空
遠離二法善現是名如實知增上緣善現是
為菩薩摩訶薩脩行般若波羅蜜多時能學
四緣具壽善現白佛言世尊云何菩薩摩訶
薩脩行般若波羅蜜多時能學從緣所生諸
法佛告善現若菩薩摩訶薩脩行般若波

BD13981 號　大般若波羅蜜多經卷三八四　（24–21）

遠離二法善現是名如實知增上緣善現是
為菩薩摩訶薩脩行般若波羅蜜多時能學
四緣具壽善現白佛言世尊云何菩薩摩訶
薩脩行般若波羅蜜多時能學從緣所生諸
法佛告善現若菩薩摩訶薩脩行般若波
羅蜜多時如實知一切從緣所生法不生不滅
不斷不常不一不異不來不出絶諸戲論本
性淡泊善現是為菩薩摩訶薩脩行般若波
羅蜜多時能學從緣所生諸法具壽善現白
佛言世尊云何菩薩摩訶薩脩行般若波羅
蜜多時能學十二緣起佛告善現若菩薩摩
訶薩脩行般若波羅蜜多時如實知无明无
生无滅无染无淨自性本空遠離二法如實
知行識名色六處觸受取有生老死愁歎
苦憂惱无生无滅无染无淨自性本空遠離
二法善現是為菩薩摩訶薩脩行般若波羅
蜜多時能學十二緣起
具壽善現白佛言世尊云何菩薩摩訶薩脩
行般若波羅蜜多時能學內空外空內外空
空空大空勝義空有為空无為空畢竟空无
際空散空无變異空本性空自相空共相空
一切法空不可得空无性空自性空无性自性
空佛告善現若菩薩摩訶薩脩行般若波
羅蜜多時如實知內空无自性不可得而能
安住如實知外空乃至无性自性空无自性
不可得而能安住善現是為菩薩摩訶薩脩
行般若波羅蜜多時能學內空乃至无性自

BD13981號　大般若波羅蜜多經卷三八四　（24–22）

苦憂惱无生无滅无染无淨自性本空遠離
二法善現是為菩薩摩訶薩脩行般若波羅
蜜多時能學十二緣起
具壽善現白佛言世尊云何菩薩摩訶薩脩
行般若波羅蜜多時能學內空外空內外空
空空大空勝義空有為空无為空畢竟空无
際空散空无變異空本性空自相空共相空
一切法空不可得空无性空自性空无性自性
空佛告善現若菩薩摩訶薩脩行般若波
羅蜜多時如實知內空无自性不可得而能
安住如實知外空乃至无性自性空无自性
不可得而能安住善現是為菩薩摩訶薩脩
行般若波羅蜜多時能學內空乃至无性自
性空具壽善現白佛言世尊云何菩薩摩訶
薩脩行般若波羅蜜多時能學真如法界
法性不虛妄性不變異性平等性離生性法
定法住實際虛空界不思議界佛告善現若
菩薩摩訶薩脩行般若波羅蜜多時如實知
真如无戲論无分別而能安住如實知法界
乃至不思議界无戲論无分別而能安住善
現是為菩薩摩訶薩脩行般若波羅蜜多
時能學真如乃至不思議界

大般若波羅蜜多經卷第三百八十四

BD13981號　大般若波羅蜜多經卷三八四　（24–23）

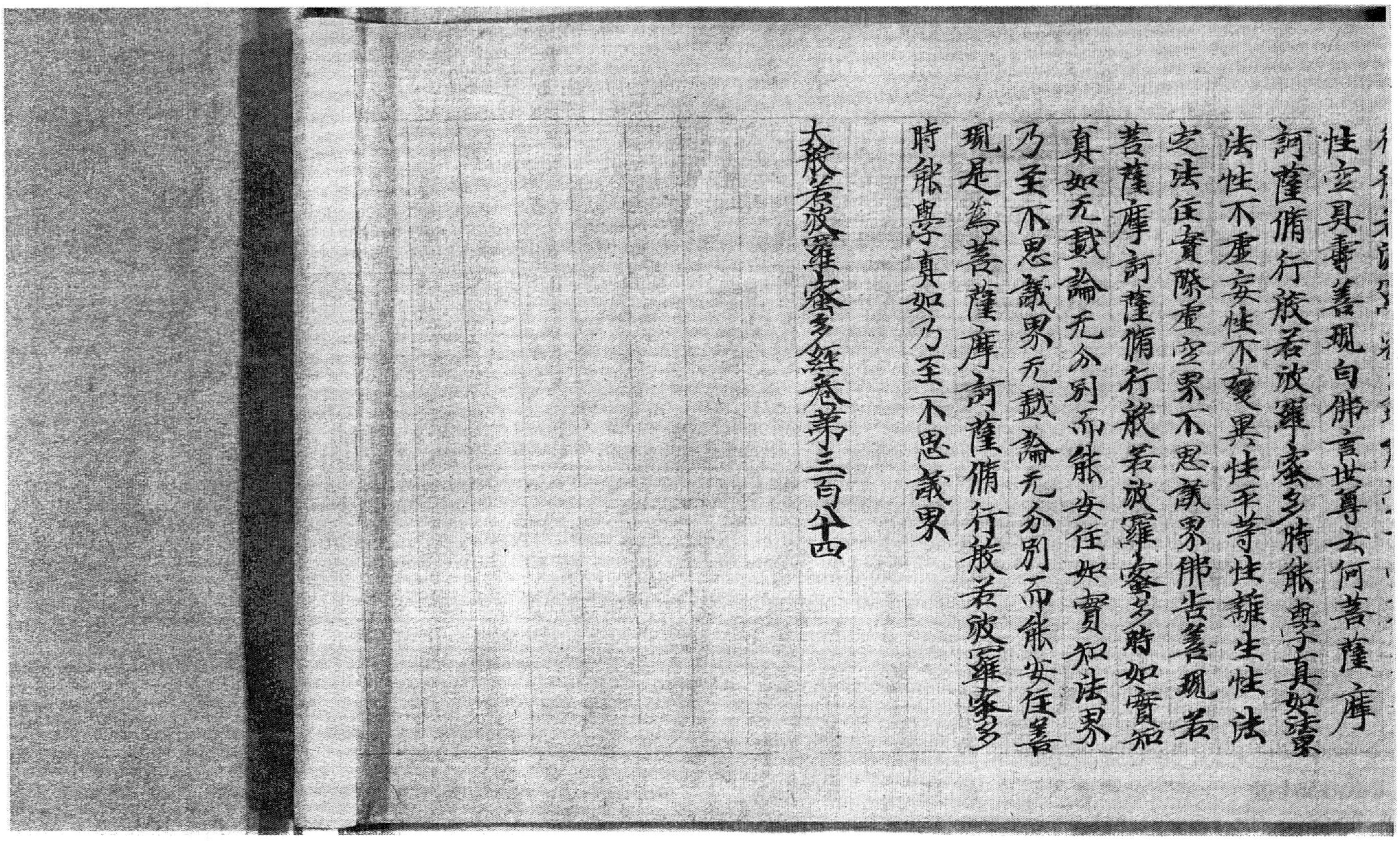

性空異壽善現白佛言世尊云何菩薩摩
訶薩脩行般若波羅蜜多時能學真如實
法性不虛妄性不變異性平等性離生性法
定法住實際虛空界不思議界佛告善現若
菩薩摩訶薩脩行般若波羅蜜多時如實知
真如无戲論无分別而能安住如實知法界
乃至不思議界无戲論无分別而能安住善
現是爲菩薩摩訶薩脩行般若波羅蜜多
時能學真如乃至不思議界

大般若波羅蜜多經卷第三百八十四

BD13981 號　大般若波羅蜜多經卷三八四　（24–24）

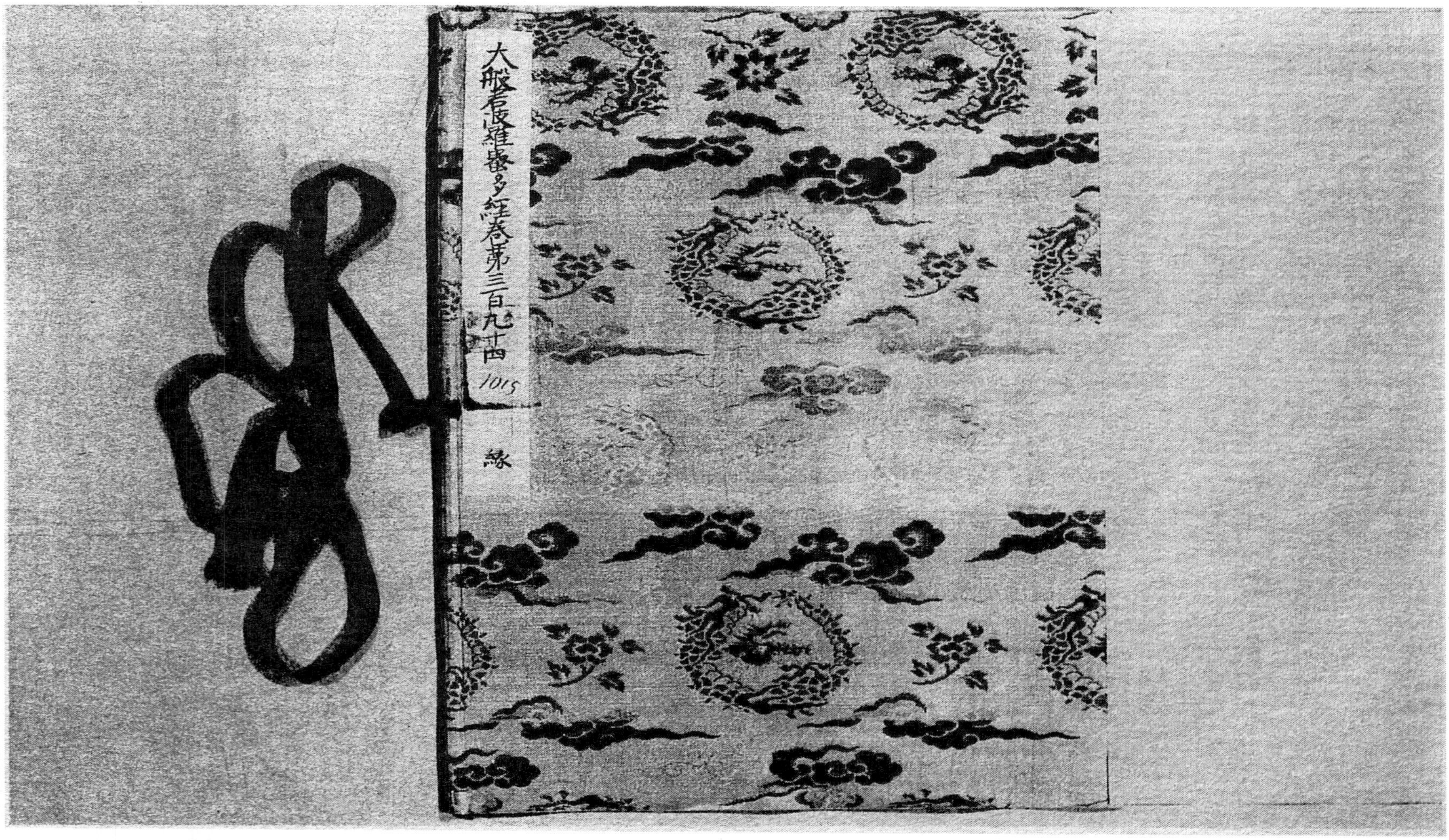


BD13982 號背　現代護首　（1–1）

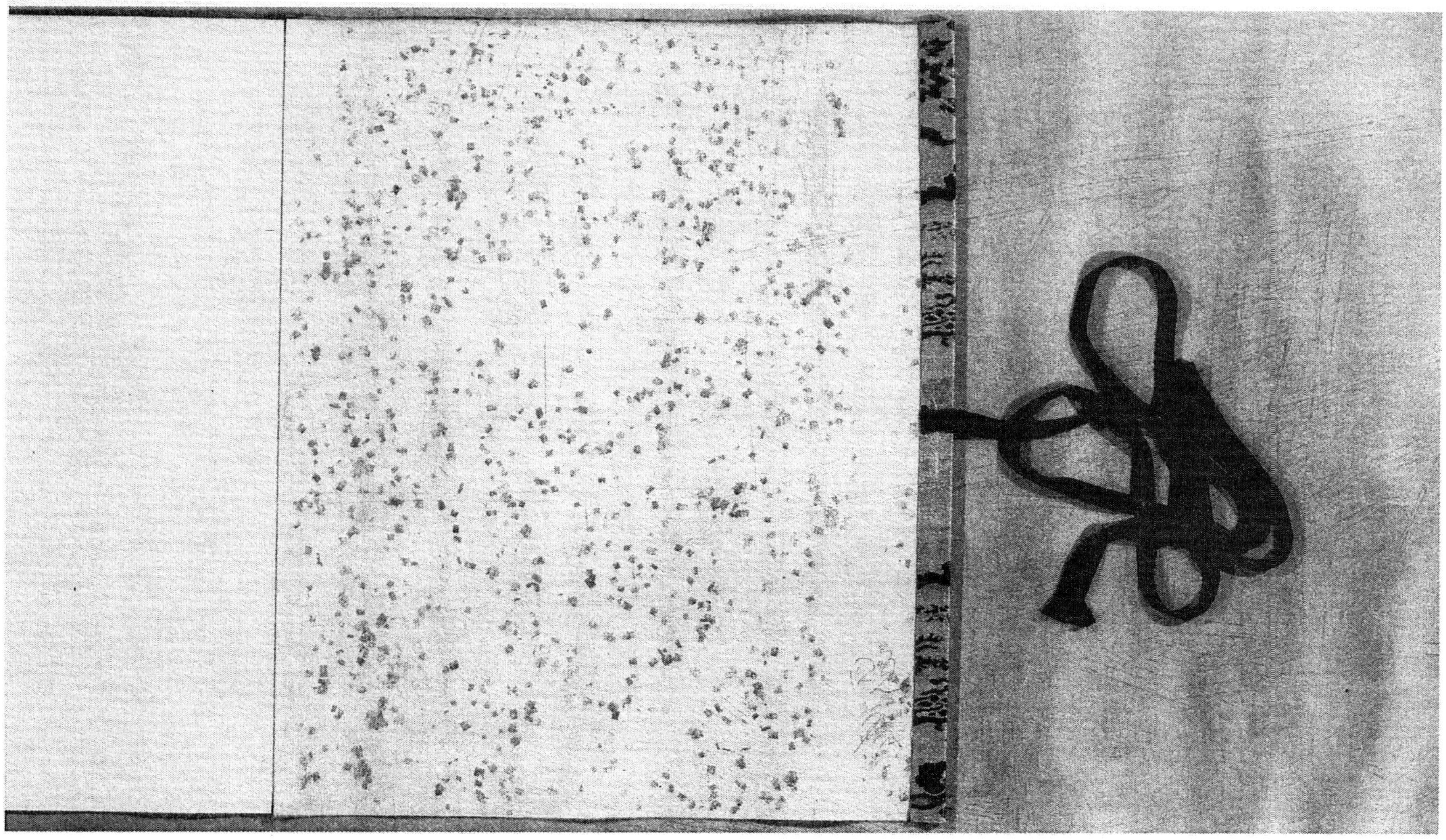

BD13982 號　大般若波羅蜜多經卷三九四　　　　（23–1）

BD13982 號　大般若波羅蜜多經卷三九四　　　　（23–2）

大般若波羅蜜多經卷第三百九十四

大般若波羅蜜多經卷第三百九十四

初分嚴淨佛土品第七十二之二　三藏法師玄奘奉　詔譯

復次善現有菩薩摩訶薩以通願力盛滿三
千大千世界上妙七寶施佛法僧施已歡
發弘誓願我持如是所種善根與諸有
等共有迴向所求嚴淨佛土當令我土七寶
莊嚴一切有情隨意受用種種珍寶而无染
著復次善現有菩薩摩訶薩以通願力擊奏
无量天上人中諸妙音樂供養三寶及佛制
多供已歡喜發弘誓願我持如是所種善根
與諸有情平等共有迴向所求嚴淨佛土當
令我土常奏如是上妙樂音有情聞之身心
悅豫而无染著復次善現有菩薩摩訶薩以
通願力盛滿三千大千世界人中天上　諸　妙
香花供養三寶及佛制多供已歡喜發弘誓
願我持如是所種善根與諸有情平等共有
迴向所求嚴淨佛土當令我土常有如是諸
妙香花有情受用身心悅豫而无染著復次
善現有菩薩摩訶薩以通願力營辦百味上
妙飲食供養諸佛獨覺聲聞及諸菩薩摩
訶薩衆供已歡喜發弘誓願我持如是所種　善
根與諸有情平等共有迴向所求嚴淨佛土
當得无上正等覺時令我土中諸有情　類皆
食如是百味飲食資悅身心而无染著復次
善現有菩薩摩訶薩以通願力營辦種種天

BD13982 號　大般若波羅蜜多經卷三九四　（23–3）

訶薩衆供已歡喜發弘誓願我持如是所種　善
根與諸有情平等共有迴向所求嚴淨佛土
當得无上正等覺時令我土中諸有情類皆
食如是百味飲食資悅身心而无染著復次
善現有菩薩摩訶薩以通願力營辦種種天
上人中上妙塗香細滑衣服奉施諸佛獨覺
聲聞及諸菩薩摩訶薩衆或復施法并佛
制多施已歡喜發弘誓願我持如是所種善　根
與諸有情平等共有迴向所求嚴淨佛土當
得无上正等覺時令我土中諸有情類常得
如是衣服塗香隨意受用而无染著復次善
現有菩薩摩訶薩以通願力嚴辦種種人中
天上隨意所生上妙色聲香味觸境供養諸
佛及佛制多獨覺聲聞并諸菩薩施餘生類
歡喜踴躍發弘誓願我持如是所種善根與
諸有情平等共有迴向所求嚴淨佛土　當得
无上正等覺時令我土中諸有情類隨心所
樂上妙色聲香味觸境應念而至歡喜受用
而无染著

復次善現有菩薩摩訶薩脩行般若波羅蜜
多發弘誓願精勤勇猛自住內空亦勸他住
內空自住外空內外空空空大空勝義空有
為空无為空畢竟空无際空散空无變異空
本性空自相空共相空一切法空不可得空
无性空自性空无性自性空亦勸他住外空
乃至无性自性空作此事已復發願言當得
无上正等覺時令我土中諸有情類皆不遠
離內空乃至无性自性空復次善現有菩薩
摩訶薩脩行般若波羅蜜多發弘誓願精勤

BD13982 號　大般若波羅蜜多經卷三九四　（23–4）

无性空自性空无性自性空亦勸他住外空
乃至无性自性空作此事已復發願言當得
无上正等覺時令我土中諸有情類皆不遠
離內空乃至无性自性空復次善現有菩薩
摩訶薩脩行般若波羅蜜多發弘誓願精勤
勇猛自脩四念住亦勸他脩四念住自脩四正
斷四神足五根五力七等覺支八聖道支
亦勸他脩四正斷乃至八聖道支作此事已
復發願言當得无上正等覺時令我土中諸
有情類皆不遠離四念住乃至八聖道支復次
善現有菩薩摩訶薩脩行般若波羅蜜多發
弘誓願精勤勇猛自住苦聖諦亦勸他住苦
聖諦自住集滅道聖諦亦勸他住集滅道聖
諦作此事已復發願言當得无上正等覺時
令我土中諸有情類皆不遠離苦聖諦集
滅道聖諦復次善現有菩薩摩訶薩脩行般
若波羅蜜多發弘誓願精勤勇猛自脩四靜
慮亦勸他脩四靜慮自脩四无量四无色定
亦勸他脩四无量四无色定作此事已復發
願言當得无上正等覺時令我土中諸有情
類皆不遠離四靜慮四无量四无色定復次
善現有菩薩摩訶薩脩行般若波羅蜜多
發弘誓願精勤勇猛自脩八解脫亦勸他脩八
解脫自脩八勝處九次第定十遍處亦勸他
脩八勝處九次第定十遍處作此事已復發
願言當得无上正等覺時令我土中諸有情
類皆不遠離八解脫乃至十遍處復次善現
有菩薩摩訶薩脩行般若波羅蜜多發弘誓
願精勤勇猛自脩陁羅尼門亦勸他脩陁羅

BD13982 號　大般若波羅蜜多經卷三九四　(23–5)

脩八勝處九次第定十遍處作此事已復發
願言當得无上正等覺時令我土中諸有情
類皆不遠離八解脫乃至十遍處復次善現
有菩薩摩訶薩脩行般若波羅蜜多發弘誓
願精勤勇猛自脩陁羅尼門亦勸他脩陁羅
尼門自脩三摩地門亦勸他脩三摩地門作
此事已復發願言當得无上正等覺時令我
土中諸有情類皆不遠離陁羅尼門三摩地
門復次善現有菩薩摩訶薩脩行般若波羅
蜜多發弘誓願精勤勇猛自脩空解脫門亦
勸他脩空解脫門自脩无相无願解脫門亦
勸他脩无相无願解脫門作此事已復發願
言當得无上正等覺時令我土中諸有情
類皆不遠離空解脫門无相无願解脫門
復次善現菩薩摩訶薩脩行般若波羅蜜多
發弘誓願精勤勇猛自脩極喜地亦勸他脩極
喜地自脩離垢地發光地焰慧地極難勝地現
前地遠行地不動地善慧地法雲地亦勸他
脩離垢地乃至法雲地作此事已復發願
言當得无上正等覺時令我土中諸有情
類皆不遠離極喜地乃至法雲地復次善現
菩薩摩訶薩脩行般若波羅蜜多發弘誓願
精勤勇猛自脩五眼亦勸他脩五眼自脩六
神通亦勸他脩六神通作此事已復發願言當
得无上正等覺時令我土中諸有情類皆不
遠離五眼六神通復次善現有菩薩摩訶薩
脩行般若波羅蜜多發弘誓願精勤勇猛自
脩佛十力亦勸他脩佛十力自脩四无所畏四
无礙解大慈大悲大喜大捨十八佛不共

BD13982 號　大般若波羅蜜多經卷三九四　(23–6)

不道亦勸他修不不道作此事已復發願言當
得无上正等覺時令我土中諸有情類皆不
遠離五眼六神通復次善現有菩薩摩訶薩
脩行般若波羅蜜多發弘誓願精勤勇猛自
脩佛十力亦勸他脩佛十力自脩四无所畏四
无礙辭大慈大悲大喜大捨十八佛不共
法亦勸他脩四无所畏乃至十八佛不共法
作此事已復發願言當得无上正等覺時令
我土中諸有情類皆不遠離佛力十乃至十
八佛不共法復次善現有菩薩摩訶薩脩行
般若波羅蜜多發弘誓願精勤勇猛自脩三十
二大士相亦勸他脩三十二大士相自脩八十隨
好亦勸他脩八十隨好作是事已復發願言當
得无上正等覺時令我土中諸有情類皆不
遠離三十二大士相八十隨好復次善現有
菩薩摩訶薩脩行般若波羅蜜多發弘誓願
精勤勇猛自脩无忘失法亦勸他脩无忘失
法自脩恒住捨性亦勸他脩恒住捨性作是事
已復發願言當得无上正等覺時令我土
中諸有情類皆不遠離无忘失法恒住捨性
復次善現有菩薩摩訶薩脩行般若波羅蜜
多發弘誓願精勤勇猛自脩一切智亦勸他
脩一切智自脩道相智一切相智亦勸他脩
道相智一切相智作此事已復發願言當得
无上正等覺時令我土中諸有情類皆不遠
離一切智道相智一切相智復次善現有菩薩
摩訶薩脩行般若波羅蜜多發弘誓願精勤
勇猛自脩一切菩薩摩訶薩行亦勸他脩一切
菩薩摩訶薩行自脩諸佛无上正等菩提
亦勸他脩諸佛无上正等菩提作是事已復

BD13982 號　大般若波羅蜜多經卷三九四　（23–7）

无上正等覺時令我土中諸有情類皆不遠
離一切智道相智一切相智復次善現有菩薩
摩訶薩脩行般若波羅蜜多發弘誓願精勤
勇猛自脩一切菩薩摩訶薩行亦勸他脩一切
菩薩摩訶薩行自脩諸佛无上正等菩提
亦勸他脩諸佛无上正等菩提作是事已復
發願言當得无上正等覺時令我土中諸有
情類皆不遠離一切菩薩摩訶薩行諸佛无
上正等菩提善現是菩薩摩訶薩脩行般
若波羅蜜多由此行願便能嚴淨所求佛土
善現是諸菩薩摩訶薩隨尒所時行菩提道
應得圓滿所起行願即尒所時精勤脩學由
此因緣自能成熟一切善法亦能令他漸次
成熟一切善法自能脩得殊勝相好所莊嚴
身亦能令他漸次脩得殊勝相好所莊嚴身
由廣大福所攝受故善現是諸菩薩摩訶薩
各於所求嚴淨佛土證得无上正等覺時所
化有情亦生彼土共受淨土大乘法樂善現
是諸菩薩摩訶薩應脩如是嚴淨佛土謂彼
土中常不聞有三種惡趣亦不聞有諸惡見
趣亦不聞有貪瞋癡毒亦不聞有男女形相
亦不聞有聲聞獨覺亦不聞有苦无常等亦
不聞有攝受資具亦不聞有我我所執亦不
聞有隨眠纏結亦不聞有顛倒執著亦不聞
有安立諸果、八位差別但聞說空无相无願
无生无滅无性等聲謂隨有情所樂差別於
樹林等內外物中常有微風吹相衝擊發起
種種微妙音聲彼音聲中說一切法皆无自
性无性故空空故无相无相故无願无願故

BD13982 號　大般若波羅蜜多經卷三九四　（23–8）

[illegible]
有安立諸果分位差別但聞說空无相无願
无生无滅无性等聲謂隨有情所樂差別於
樹林等內外物中常有微風吹相衝擊發起
種種微妙音聲彼音聲中說一切法皆无自
性无性故空空故无相无相故无願无願故
无生无生故无滅无滅是故諸法本來寂靜自性
涅槃若佛出世若不出世法相常尒彼佛土
中諸有情類若晝若夜若行若立若坐若卧
常聞如是說法之聲善現是諸菩薩摩訶薩
各於所住嚴淨佛土證得无上正等覺時十
方如來應正等覺皆共稱讚彼彼佛名若諸
有情得聞如是所讚佛名定於无上正等菩
提得不退轉善現是諸菩薩摩訶薩各於所
住嚴淨佛土證得无上正等覺時為諸有情
宣說正法有情聞已必不生疑謂為是法為
是非法所以者何彼有情類了達諸法皆即
真如法界法性不虛妄性不變異性一切是法
无非法者善現是諸菩薩摩訶薩皆能嚴
淨如是佛土
復次善現是諸菩薩摩訶薩有所化生且不
善根未於諸佛菩薩獨覺及聲聞所種諸善
根為諸惡友所攝受故離善友故不聞正法
常為種種我有情見及諸見趣之所執蔵墮
在斷常二邊偏執是諸有情自起邪執亦常
教他令起邪執於佛起非佛想於非佛起佛
想於法起非法想於非法起法想於僧起非
僧想於非僧起僧想由是因緣誹毀正法謗
正法故身壞命終墮諸惡趣生地獄中受諸
[illegible]

BD13982號　大般若波羅蜜多經卷三九四　（23–9）

教化令起邪執於佛起非佛想於非佛起佛
想於法起非法想於非法起法想於僧起非
僧想於非僧起僧想由是因緣誹毀正法謗
正法故身壞命終墮諸惡趣生地獄中受諸
劇苦是諸菩薩摩訶薩各於自土證得无上
正等覺已見彼有情沉輪生死受无量苦以
神通力方便教化令捨惡見住正見中從地
獄出生於人趣生人趣已復以種種神通方
便教化令住正定聚中由此畢竟不墮惡趣
復令脩習殊勝行願命終得生嚴淨佛土受
用淨土大乘法樂善現是諸菩薩摩訶薩
能如是嚴淨佛土由所居土極清淨故生彼
有情於一切法不起虛妄猶豫分別謂此是
世間法此是出世間法此是有漏法此是无
漏法此是有為法此是无為法如是種種猶
豫分別畢竟不起由此因緣彼有情類定得
无上正等菩提善現如是菩薩摩訶薩嚴淨
佛土
初分淨土方便品第七十三
尒時具壽善現白佛言世尊是諸菩薩摩訶
薩為住正性定聚為住不定聚邪佛言善現
是諸菩薩摩訶薩皆住正性定聚非不定聚
具壽善現復白佛言世尊是諸菩薩摩訶薩
為住何等正性定聚為聲聞乘為獨覺乘為
佛乘邪佛言善現是諸菩薩摩訶薩皆住佛
乘正性定聚非住二乘正性定聚具壽善現
復白佛言世尊是諸菩薩摩訶薩為何時住
正性定聚初發心耶不退位耶最後身耶佛
言善現是諸菩薩摩訶薩若初發心若不退
[illegible]

BD13982號　大般若波羅蜜多經卷三九四　（23–10）

佛乘於佛言善現是諸菩薩摩訶薩皆住佛
乘正性定聚非住二乘正性定聚具壽善現
復白佛言世尊是諸菩薩摩訶薩為何時住
正性定聚初發心耶不退位耶最後身耶佛
言善現是諸菩薩摩訶薩若初發心若不退
位若最後身皆住菩薩正性定聚具壽善現
復白佛言世尊住正性定聚諸菩薩摩訶薩
為復墮於諸惡趣不佛言善現住正性 定聚
諸菩薩摩訶薩決定不復墮惡趣復告善
現於汝意云何諸第八者若預流若一來若
不還若阿羅漢若獨覺為有復墮惡趣者不
善現答言不也世尊不也善逝佛言善現住
正性定聚諸菩薩摩訶薩亦復如是決定不
復墮諸惡趣何以故善現是諸菩薩摩訶薩
從初發心循行布施波羅蜜多循行淨戒安
忍精進靜慮般若波羅蜜多安住內空安住
外空內外空空空大空勝義空有為空无為
空畢竟空无際空散空无變異空本性空自
相空共相空一切法空不可得空无性空 自性
空无性自性空循行四念住循行四正 斷
四神足五根五力七等覺支八聖道支 安住
苦聖諦安住集滅道聖諦循行四靜慮循行
四无量四无色定循行八解脫循行八勝處
九次第定十遍處循行陁羅尼門循行三摩
地門循行空解脫門循行无相无願解脫門
循行極喜地循行離垢地發光地焰慧地極
難勝地現前地遠行地不動地善慧地法雲
地循行五眼循行六神通循行佛十力循行
四无所畏四无礙解大慈大悲大喜大捨十
八佛不共法循行无忘失法循行恒住捨性



地門循行空解脫門循行无相无願解脫門
循行極喜地循行離垢地發光地焰慧地極
難勝地現前地遠行地不動地善慧地法雲
地循行五眼循行六神通循行佛十力循行
四无所畏四无礙解大慈大悲大喜大捨十
八佛不共法循行无忘失法循行恒住 捨性
循行一切智循行道相智一切相智循行一
切菩薩摩訶薩行循行諸佛无上正等菩提
斷伏一切惡不善法善現由此因緣是諸菩薩
摩訶薩復墮惡趣无有是處是諸菩薩摩
訶薩若生長壽天亦无是處謂於彼處諸勝
善法不得現行是諸菩薩摩訶薩若生邊鄙
或生達絮蔑戾車中无有是處謂於 彼
處不能循行殊勝善法多起惡見不信因果
常樂習行諸穢惡業不聞佛名法名僧名亦
无四衆謂苾芻苾芻尼衆近事男衆 近事
女衆是諸菩薩摩訶薩若生邪見家无有是
處謂生彼家執著種種諸惡見趣撥无妙行
惡行及果不循諸善樂作諸惡善現初發无
上正等覺心諸菩薩摩訶薩求趣无 上正
等菩提以勝意樂受行十種不善業道无
有是處
尒時具壽善現白佛言世尊若菩薩摩訶薩
從初發心成就如是善根功德於諸惡處不
復受生何故世尊每為衆說自本生事若百
若千於中亦有生諸惡處尒時善根為何所
在佛告善現非菩薩摩訶薩由不淨業受惡
趣身但為利樂諸有情類由故思願而受彼
身善現諸阿羅漢獨覺豈有方便善巧如菩

復受生何故世尊每為衆說自本生事若百
若千於中亦有生諸惡處尒時善根為何所
在佛告善現非菩薩摩訶薩由不淨業受惡
趣身但為利樂諸有情類由故思願而受彼
身善現諸阿羅漢獨覺豈有方便善巧如菩
薩摩訶薩成就如是方便善巧受傍生身有
獵者來欲為損害便起无上安忍慈悲欲令
彼人得利樂故自捨身命而不害彼善現由
是因緣當知菩薩摩訶薩為欲饒益諸有情
故為大慈悲速圓滿故雖現受種種傍生之
身而不為傍生過失所染具壽善現復白佛
言世尊諸菩薩摩訶薩住何善法為欲利樂
諸有情故受如是身佛告善現諸菩薩摩訶
薩有何善法不應圓滿善現諸菩薩摩訶薩
為得无上正等菩提一切善法皆應圓滿善
現諸菩薩摩訶薩從初發心乃至安坐妙
菩提座於其中間无有善法不應圓滿要具
圓滿一切善法方得无上正等菩提若一善
法未能圓滿而得无上正等菩提无有是處
是故善現諸菩薩摩訶薩從初發心乃至安
坐妙菩提座於其中間常學圓滿一切善法
學已當得一切相智永斷一切習氣相續
得无上正等菩提
時具壽善現白佛言世尊云何菩薩摩訶薩
成就如是一切白淨聖无漏法而生惡趣受傍
生身佛言善現於意云何如來成就一切
白淨无漏法不善現荅言如是世尊如
是善逝如來成就一切白淨无漏之法佛言
善現於意云何如來化作傍生趣身饒益有



成就如是一切白淨聖无漏法而生惡趣受傍
生身佛言善現於意云何如來成就一切
白淨无漏法不善現荅言如是世尊如
是善逝如來成就一切白淨无漏之法佛言
善現於意云何如來化作傍生趣身饒益有
情作佛事不善現荅言如是世尊如是善逝
如來化作傍生趣身饒益有情作諸佛事佛
言善現於意云何如來化作傍生身時是實
傍生受彼苦不善現荅言不也世尊不也善
逝如來化作傍生身時非實傍生不受彼苦
佛告善現諸菩薩摩訶薩亦復如是雖成就
一切白淨无漏法而為成熟諸有情故方便
善巧受傍生身由受彼身如應成熟諸有情
類復次善現於意云何有阿羅漢諸漏永盡
能化作身起諸事業由彼事業令他生喜不善
現荅言如是世尊如是善逝有阿羅漢諸漏
永盡能化作身起諸事業由彼事業令他生
喜佛告善現諸菩薩摩訶薩亦復如是雖成
就一切白淨无漏法而為利樂諸有情故方便
善巧受惡趣身如應成熟諸有情類雖受
彼身而不同彼受諸苦惱亦復不為彼趣過
失之所雜染復次善現於意云何有巧幻師
或彼弟子幻作種種象馬等事令諸人見歡
喜踴躍於彼有實象馬等不善現荅言不也
世尊不也善逝於彼實无象馬等事佛告
善現諸菩薩摩訶薩亦復如是雖成就一切
白淨无漏法而為饒益諸有情故現受種種
傍生等身雖受彼身而實非彼亦不為彼過
所染汙

世尊不也善逝於彼實无[illegible]
善現諸菩薩摩訶薩亦復如是雖成就一切
白淨无漏法而為饒益諸有情故現受種種
傍生等身雖受彼身而實非彼亦不為彼過
所涤汙
時具壽善現白佛言世尊諸菩薩摩訶薩方
便善巧如是廣大雖成就白淨无漏聖智而
為有情故受種種身隨其所宜現作饒益世
尊諸菩薩摩訶薩安住何等白淨勝法能住
如是方便善巧雖受種種傍生等身而不為
彼過失所涤佛告善現諸菩薩摩訶薩安住
般若波羅蜜多能作如是方便善巧雖往十
方无量殑伽沙等世界現種種身　利　益　安
樂彼有情類而於其中不生涤著何以故
善現是菩薩摩訶薩於一切法都无所得謂
都不得能涤所涤及涤因緣何以故以一切
法自性空故善現空不能涤著空空亦不
能涤著餘法亦无餘法能涤著空所以者何空
中空性尚不可得況有餘法而可得者善現
如是名為不可得空諸菩薩摩訶薩安住此
中能證无上正等菩提
尒時具壽善現白佛言世尊諸菩薩摩訶薩
為但安住如是般若波羅蜜多能作如是方
便善巧為亦住餘法耶佛告善現豈有餘法
不入般若波羅蜜多云何復疑為住餘法世
尊如是般若波羅蜜多若自性空云何般若波
羅蜜多攝一切法世尊非於空中可說有法攝
與不攝善現豈不諸法自性皆空如是世尊
如是善逝善現若一切法自性皆空豈不空
中攝一切法



不入般若波羅蜜多云何復疑為住餘法世
尊如是般若波羅蜜多若自性空云何般若波
羅蜜多攝一切法世尊非於空中可說有法攝
與不攝善現豈不諸法自性皆空如是世尊
如是善逝善現若一切法自性皆空豈不空
中攝一切法
尒時具壽善現白佛言世尊云何菩薩摩訶
薩脩行般若波羅蜜多時往一切法自性空
中引發神通波羅蜜多諸菩薩摩訶薩住
是神通波羅蜜多能往十方无量殑伽沙等世
界供養諸佛聽受正法於諸佛所種諸善
根佛告善現若菩薩摩訶薩脩行般若波羅
蜜多時遍觀十方无量殑伽沙等世界及諸
佛衆并所說法自性皆空唯有世俗假說名
字如是世俗假說名字亦自性空善現若十
方界及諸佛衆并所說法假說名字自性
不空則所說空應不周遍以所說空非不周
遍故一切法自性皆空善現是菩薩摩訶薩
脩行般若波羅蜜多時由遍觀空方便善巧
便能引發殊勝神通波羅蜜多住此神通
波羅蜜多復能引發天眼天耳神境他心
宿住隨念及知漏盡殊勝通慧善現諸菩薩
摩訶薩非離神通波羅蜜多有能自在成熟
有情嚴淨佛土證得无上正等菩提善現是
故神通波羅蜜多是菩提道諸菩薩摩訶薩
皆依此道求趣无上正等菩提於求趣時能
自圓滿一切善法亦能令他脩諸善法雖作是
事而於善法不生執著所以者何是菩薩
摩訶薩知諸善法自性皆空非自性空有所
[illegible]

皆依此道求趣无上正等菩提於求趣時能
自圓滿一切善法亦能令他脩諸善法雖作是
事而於善法不生執著所以者何是菩薩
摩訶薩知諸善法自性皆空非自性空有所
執著若有執著則有愛味由无執著亦无愛
味自性空中无愛味故
善現是菩薩摩訶薩脩行般若波羅蜜多時
住勝神通波羅蜜多引發天眼清淨過人用
是天眼觀一切法皆自性空善現是菩薩摩
訶薩見一切法自性空故不依法相造作諸
業雖為有情說如是法而亦不得諸有情相及
彼施設善現是菩薩摩訶薩以无所得而為
方便引發神通波羅蜜多用是神通波羅蜜
多能作悲願神通作事善現是菩薩摩訶薩
用殊勝清淨過人天眼能見十方无量殑伽沙
等世界見已引發神境智通往彼饒益諸有
情類或以布施波羅蜜多而為饒益或以淨
戒安忍精進靜慮般若波羅蜜多而為饒益
或以四念住而為饒益或以四正斷四神足
五根五力七等覺支八聖道支而為饒益或
以四靜慮而為饒益或以四无量四无色定
而為饒益或以八解脫而為饒益或以八勝
處九次第定十遍處而為饒益或以聲聞法
而為饒益或以獨覺法而饒益或以菩薩
法而為饒益或以諸佛法而為饒益善現是
菩薩摩訶薩於十方界若見有情多慳貪者
深生憐愍說如是法汝等有情當行布施諸
慳貪者受貧窮苦由貧窮故无有威得尚不自
益況能益他是故汝等當勤布施既自安樂

BD13982號　大般若波羅蜜多經卷三九四　（23–17）

法而為饒益或以諸佛法而為饒益善現是
菩薩摩訶薩於十方界若見有情多慳貪者
深生憐愍說如是法汝等有情當行布施諸
慳貪者受貧窮苦由貧窮故无有威得尚不自
益況能益他是故汝等當勤布施既自安樂
亦安樂他勿以貧窮互相食噉俱不解脫諸
惡趣苦善現是菩薩摩訶薩於十方界若見
有情毀淨戒者深生憐愍說如是法汝等有情
當持淨戒諸破戒者受惡趣苦破戒之人无
有威德尚不自益況能益他破戒因緣或生
地獄受苦異熟或生傍生受苦異熟或生鬼
界受苦異熟汝等若墮諸惡趣中受苦異熟
尚不自救況能救他是故汝等當持淨戒不
應容納破戒之心經剎那頃況經多時而經
自心後生憂悔善現是菩薩摩訶薩於十方
界若見有情更相瞋忿展轉結恨互相損惱
深生憐愍說如是法汝等有情當脩安忍勿相
瞋忿結恨相害諸瞋恨心不順善法增長惡
法極現衰損汝等由此瞋恨心故身壞命終
當墮地獄傍生鬼界受諸劇苦是故汝等不
應容納瞋恨之心經剎那頃何況令其多時
相續汝等今者應起慈心展轉相緣作饒益
事善現是菩薩摩訶薩於十方界若見有情
懶惰懈怠深生憐愍說如是法汝等有情當
勤精進勿於善法懶墮懈怠諸懈怠者於諸
善法及諸勝事皆不能成汝等由斯當墮地
獄傍生鬼界受无量苦是故汝等不應容納
此懈怠心經剎那頃何況令其長時相續善
現是菩薩摩訶薩於十方界若見有情失念
散亂心不寂靜深生憐愍說如是法汝等有

BD13982號　大般若波羅蜜多經卷三九四　（23–18）

勤精進勿於善法懈墮懈怠諸懈怠者於諸
善法及諸勝事皆不能成汝等由斯當墮地
獄傍生鬼界受无量苦是故汝等不應容納
此懈怠心經剎那頃何況令其長時相續善
現是菩薩摩訶薩於十方界若見有情失念
散亂心不寂靜深生憐愍說如是法汝等有
情當脩靜慮勿生失念散亂之心如是之心
不順善法增長惡法招現衰損汝等由此身
壞命終當墮地獄傍生鬼界受无量苦是故
汝等不應容納失念散亂相應之心經剎那
頃何況令其長時相續善現是菩薩摩訶薩
於十方界若見有情愚癡惡慧深生憐愍說
如是法汝等有情當脩勝慧勿起惡慧起惡
慧者於諸善趣尚不能往況得解脫汝等由此
惡慧因緣當墮地獄傍生鬼界受无量苦是
故汝等不應容納愚癡惡慧相應之心經剎
那頃何況令其長時相續善現是菩薩摩訶
薩於十方界若見有情多貪欲者深生憐愍
方便教導令脩不淨觀若見有情多瞋恚者
深生憐愍方便教導令脩慈悲觀若見有情
愚癡多者深生憐愍方便教導令脩緣起觀
若見有情我慢多者深生憐愍方便教導令
脩界別觀若見有情尋伺多者深生憐愍方
便教導令脩持息念若見有情行邪道者深
生憐愍方便教導令入正道謂聲聞道或獨
覺道或如來道方便為彼說如是法汝等所
執自性皆空非空法中可有所執以无所執
為空相故
如是善現諸菩薩摩訶薩脩行般若波羅蜜

BD13982號　大般若波羅蜜多經卷三九四　（23–19）

生憐愍方便教導令入正道謂聲聞道或獨
覺道或如來道方便為彼說如是法汝等所
執自性皆空非空法中可有所執以无所執
為空相故
如是善現諸菩薩摩訶薩脩行般若波羅蜜
多時要住神通波羅蜜多方能自有宣說正
法利益安樂諸有情類若善現菩薩摩訶薩
遠離神通波羅蜜多不能自在宣說正法與
諸有情作饒益事善現如鳥无翅不能自在
飛翔虛空遠有所至諸菩薩摩訶薩亦復如
是若无神通波羅蜜多不能自在宣說正法與
諸有情作饒益事是故善現諸菩薩摩訶
薩有情作饒益事是故善現諸菩薩摩訶薩
多若引發神通波羅蜜多則能隨意宣說正
法利益安樂諸有情類善現是菩薩摩訶
薩以清淨過人天眼遍觀十方无量殑伽沙
等世界及觀生彼諸有情類見已引發神境
智通經須臾頃往到彼界以他心智如實了
知彼諸有心心所法隨其所宜為說法要
謂說布施或說淨戒或說安忍或說精進或
說靜慮或說般若或說四念住或說四正斷
四神足五根五力七等覺支八聖道支或說
四靜慮或說四无量四无色定或說八解脫
或說八勝處九次第定十遍處或說陀羅尼
門或說三摩地門或說空解脫門或說无相
无願解脫門或說內空或說外空內外空空
空大空勝義空有為空无為空畢竟空无際
空散空无變異空本性空自相空共相空一
切法空不可得空无性空自性空无性自性
[illegible]

BD13982號　大般若波羅蜜多經卷三九四　（23–20）

无願解脫門或說內空或說外空內外空空
空大空勝義空有為空无為空畢竟空无際
空散空无變異空本性空自相空共相空一
切法空不可得空无性空自性空无性自性
空或說苦聖諦或說集滅道聖諦或說因緣
或說等无間緣所緣緣增上緣或說從緣所
生諸法或說无明或說行識名色六處觸受
愛取有生老死愁歎苦憂惱或說蘊處界或
說聲聞道或說獨覺道或說菩薩道或說
菩提或說涅槃令彼有情聞是法已皆得殊勝
利益安樂善現是菩薩摩訶薩以最清淨過
人天耳能聞一切人非人聲由此天耳能聞
十方无量殑伽沙等世界諸佛說法聞已无
倒皆能受持為諸有情如實宣說或說布施
或說淨戒或說安忍或說精進或說靜慮或
說般若如是乃至或說涅槃令彼有情聞是
法已皆得殊勝利益安樂善現是菩薩摩訶
薩以最清淨他心智通如實了知諸有情類
心心所法隨其所宜為說法要謂說布施或
說淨戒或說安忍或說精進或說靜慮或
說般若如是乃至或說涅槃令彼有情聞是
法已皆得殊勝利益安樂善現是菩薩摩訶
薩以淨宿住隨念智通能憶自他諸本生事
由此宿住隨念智通如實念知過去諸佛及
弟子衆名號差別若諸有情樂聞過去諸宿
住事而得益者便為宣說諸宿住事因此方
便為說正法謂說布施或說淨戒或說安忍或
說精進或說靜慮或說般若如是乃至或說
涅槃令彼有情聞是法已皆得殊勝利益安

BD13982 號　大般若波羅蜜多經卷三九四　（23–21）

由此宿住隨念智通如實念知過去諸佛及
弟子衆名號差別若諸有情樂聞過去諸宿
住事而得益者便為宣說諸宿住事因此方
便為說正法謂說布施或說淨戒或說安忍或
說精進或說靜慮或說般若如是乃至或說
涅槃令彼有情聞是法已皆得殊勝利益安
樂善現是菩薩摩訶薩以極迅速神境智通
往到十方无量殑伽沙等世界親近供養諸佛
世尊於諸佛所植衆德本還歸本土為諸
有情宣說他方種種勝因斯方便為說正
法謂說布施或說淨戒或說安忍或說精進
或說靜慮或說般若如是乃至或說涅槃令
彼有情聞是法已皆得殊勝利益安樂善現
是菩薩摩訶薩以隨所得漏盡智通如實
了知諸有情類漏盡未盡亦如實知漏盡方
便為未盡者宣說法要謂說布施或說淨戒
或說安忍或說精進或說靜慮或說般若如
是乃至或說涅槃令彼有情聞是法已皆得
殊勝利益安樂如是善現諸菩薩摩訶薩脩
行般若波羅蜜多時應引發神通波羅蜜多
是菩薩摩訶薩脩習神通波羅蜜多得圓
故隨意所樂受種種身不為苦樂過失所染
如佛化身雖能施作種種事業而不為彼苦
樂過失之所雜染善現諸菩薩摩訶薩脩行
般若波羅蜜多時應遊戲神通波羅蜜多若
遊戲神通波羅蜜多則能成熟有情嚴淨佛
土速證无上正等菩提善現若菩薩摩訶薩
不成熟有情嚴淨佛土終不能所求无上
正等菩提何以故善現諸菩薩摩訶薩菩提

BD13982 號　大般若波羅蜜多經卷三九四　（23–22）

土速證无上正等菩提善現若菩薩摩訶薩
不成熟有情嚴淨佛土終不能所求无上
正等菩提何以故善現諸菩薩摩訶薩菩提
資糧若未具者必不能得所求无上正等菩
提

大般若波羅蜜多經卷第三百九十四

索和子經陰文寫

BD13982號　大般若波羅蜜多經卷三九四　（23–23）

# 著　錄　凡　例

本目錄採用條目式著錄法。諸條目意義如下：

1.1　著錄編號。用漢語拼音首字“BD”表示，意為“北京圖書館藏敦煌遺書”，簡稱“北敦號”。文獻寫在背面者，標註為“背”。一件遺書上抄有多個文獻者，用數字 1、2、3 等標示小號。一號中包括幾件遺書，且遺書形態各自獨立者，用字母 A、B、C 等區別。

1.2　著錄分類號。本條記目錄暫不分類，該項空缺。

1.3　著錄文獻的名稱、卷本、卷次。

1.4　著錄千字文編號。

1.5　著錄縮微膠卷號。

2.1　著錄遺書的總體數據。包括長度、寬度、紙數、正面抄寫總行數與每行字數、背面抄寫總行數與每行字數。如該遺書首尾有殘破，則對殘破部分單獨度量，用加號加在總長度上。凡屬這種情況，長度用括弧標註。

2.2　著錄每紙數據。包括每紙長度及抄寫行數或界欄數。

2.3　著錄遺書的外觀。包括：（1）裝幀形式。（2）首尾存況。（3）護首、軸、軸頭、天竿、縹帶，經名是書寫還是貼簽，有無經名號，扉頁、扉畫。（4）卷面殘破情況及其位置。（5）尾部情況。（6）有無附加物（蟲繭、油污、線繩及其他）。（7）有無裱補及其年代。（8）界欄。（9）修整。（10）其他需要交待的問題。

2.4　著錄一件遺書抄寫多個文獻的情況。

3.1　著錄文獻首部文字與對照本核對的結果。

3.2　著錄文獻尾部文字與對照本核對的結果。

3.3　著錄錄文。

3.4　著錄對文獻的説明。

4.1　著錄文獻首題。

4.2　著錄文獻尾題。

5　著錄本文獻與對照本的不同之處。

6.1　著錄本遺書首部可與另一遺書綴接的編號。

6.2　著錄本遺書尾部可與另一遺書綴接的編號。

7.1　著錄題記、題名、勘記等。

7.2　著錄印章。

7.3　著錄雜寫。

7.4　著錄護首及扉頁的內容。

8　著錄年代。

9.1　著錄字體。如有武周新字、合體字、避諱字等，予以説明。

9.2　著錄卷面二次加工的情況。包括句讀、點標、科分、間隔號、行間加行、行間加字、硃筆、墨塗、倒乙、刪除、兑廢等。

10　著錄敦煌遺書發現後，近現代人所加內容，裝裱、題記、印章等。

11　備註。著錄揭裱互見、圖版本出處及其他需要説明的問題。

上述諸條，有則著錄，無則空缺。

為避文繁，上述著錄中出現的各種參考、對照文獻，暫且不列版本説明。全目結束時，將統一編制本條記目錄出現的各種參考書目。

本條記目錄為農曆年份標註其公曆紀年時，未進行歲頭年末之換算，請讀者使用時注意自行換算。

# 條　記　目　錄

## BD13942—BD13982

1.1　BD13942 號
1.3　大般若波羅蜜多經卷一四三
1.4　新 0142
2.1　（6 + 714.6）×26.2 厘米；17 紙；444 行，行 17 字。
2.2　01：43.9，26；　02：44.1，28；　03：43.9，28；
04：44.4，28；　05：44.1，28；　06：43.9，28；
07：44.2，28；　08：44.0，28；　09：43.9，28；
10：44.3，28；　11：45.3，28；　12：44.7，28；
13：44.7，28；　14：45.4，28；　15：45.0，28；
16：44.4，28（空 2）；　17：10.4，07（空 7）。
2.3　卷軸裝。首殘尾全。首紙右下殘缺，末行留空，但前後行文相接。有烏絲欄。未入潢。近代已托裱。
3.1　首 3 行下殘→大正 0220，05/0773B09 ~ 14。
3.2　尾全→大正 0220，05/0778B19。
4.1　大般若波羅蜜多經卷□…□，/初分校量功德品第卅之卅，□…□/（首）。
4.2　大般若波羅蜜多經卷第一百卌三（尾）。
7.2　第 16 紙尾部鈐一長方形陽文硃印，4 × 5 厘米；印文作"報恩寺/藏經印"。尾紙前端鈐長方形陽文墨印，2.5 × 8 厘米；印文作"三界寺藏經"。
8　9 ~ 10 世紀。歸義軍時期寫本。
9.1　楷書。有武周新字"正"，使用周遍。
9.2　有行間校加字。
10　此件原為日本大谷探險隊所得並托裱。護首為黃底雲龍織錦。卷端有題簽，作"大般若波羅蜜多經卷第一百四十三"。並鈐有藍色長方形印章，2.4 × 3.4 厘米；印文為作"圖書臺帳/登錄番號 982"，數字係手寫。有千字文編號"己"。尾有軸，人工水晶軸頭。下端軸頭粘有紙簽，上書"類別 8，番號 143"。首紙裝裱時粘一紙簽，後撕去，留有殘痕。

1.1　BD13943 號
1.3　大般若波羅蜜多經卷一四三
1.4　新 0143
2.1　（5.1 + 774）×25.1 厘米；19 紙；443 行，行 17 字。
2.2　01：46.8，26；　02：48.2，28；　03：48.9，28；
04：48.6，28；　05：42.0，24；　06：48.3，28；
07：48.7，28；　08：47.2，27；　09：47.1，30；
10：46.6，27；　11：07.5，04；　12：48.9，28；
13：48.7，28；　14：48.2，28；　15：20.1，12；
16：49.7，28；　17：15.0，09；　18：48.5，28；
19：20.1，11（空 7）。
2.3　卷軸裝。首殘尾全。首紙有殘缺，後人用鉛筆補殘字。有烏絲欄。本卷非一人所抄，字跡、紙張呈多種樣態。近代已托裱。
3.1　首 2 行中下殘→大正 0220，05/0773B09 ~ 13。
3.2　尾全→大正 0220，05/0778B19。
4.1　大般若［波羅蜜多經卷第］一百卌三，/初分校量□□品第卅之卅一，三藏法師玄奘奉詔譯/（首）。
4.2　大般若波羅蜜多經卷第一百卌三（尾）。
7.1　卷尾有勘記"勘了"。
7.3　第 4 紙下邊有"淨"字。
8　9 ~ 10 世紀。歸義軍時期寫本。
9.1　楷書。
9.2　有行間校加字。
10　此件原為日本大谷探險隊所得並托裱。護首為黃底雲龍織錦。卷端有題簽，作"大般若波羅蜜多經卷第一百四十三"。並鈐有藍色長方形印章，2.4 × 3.4 厘米；印文為作"圖書臺帳/登錄番號 1005"，數字係手寫。有千字文編號"長"。尾有軸，人工水晶軸頭。下端軸頭粘有紙簽，上書"類別 8，番號 144"。

1.1　BD13944 號
1.3　大般若波羅蜜多經卷一四四
1.4　新 0144
2.1　723.6 × 25.2 厘米；16 紙；429 行，行 17 字。
2.2　01：43.5，26；　02：46.5，28；　03：46.7，28；
04：46.7，28；　05：46.8，28；　06：46.9，28；

07：46.9，28；　08：46.9，28；　09：46.8，28；
10：46.7，28；　11：46.9，28；　12：46.8，28；
13：46.4，28；　14：46.8，28；　15：46.9，28；
16：25.4，15（空4）。
2.3　卷軸裝。首尾均全。有烏絲欄。近代已托裱。
3.1　首全→大正0220，05/0778B22。
3.2　尾全→大正0220，05/0783B18。
4.1　大般若波羅蜜多經卷第一百卌四，/初分校量功德品第卌之卌二，三藏法師玄奘奉詔譯/（首）。
4.2　大般若波羅蜜多經卷第一百卌四（尾）。
8　9～10世紀。歸義軍時期寫本。
9.1　楷書。
9.2　有行間校加字。
10　此件原為日本大谷探險隊所得並托裱。護首為黄底雲龍織錦。卷端有題簽，作“大般若波羅蜜多經卷第一百四十四”。並鈐有藍色長方形印章，2.4×3.4厘米；印文為作“圖書臺帳/登錄番號903”，數字係手寫。有千字文編號“信”。尾有軸，人工水晶軸頭。下端軸頭粘有紙簽，上書“類別8，番號145”。

1.1　BD13945號
1.3　大般若波羅蜜多經卷一四九
1.4　新0145
2.1　688×26.6厘米；15紙；411行，行17字。
2.2　01：45.7，26；　02：46.1，28；　03：46.1，28；
04：45.6，28；　05：46.3，28；　06：46.2，28；
07：45.4，28；　08：46.2，28；　09：46.0，28；
10：45.5，28；　11：46.1，28；　12：45.8，28；
13：45.3，28；　14：46.1，28；　15：45.6，28（空7）。
2.3　卷軸裝。首尾均全。有烏絲欄。未入潢。近代已托裱。
3.1　首全→大正0220，05/0804A02。
3.2　尾全→大正0220，05/0808C11。
4.1　大般若波羅蜜多經卷第一百卌九，/初分校量功德品第卌之卌七，三藏法師玄奘奉詔譯/（首）。
4.2　大般若波羅蜜多經卷第一百卌九（尾）。
8　9～10世紀。歸義軍時期寫本。
9.1　楷書。
10　此件原為日本大谷探險隊所得並托裱。護首為黄底雲龍織錦。卷端有題簽，作“大般若波羅蜜多經卷第一百四十九”。並鈐有藍色長方形印章，2.4×3.4厘米；印文為作“圖書臺帳/登錄番號997”，數字係手寫。有千字文編號“使”。尾有軸，人工水晶軸頭。下端軸頭粘有紙簽，上書“類別8，番號146”。

1.1　BD13946號
1.3　大般若波羅蜜多經卷一五一
1.4　新0146
2.1　789.4×25厘米；17紙；440行，行17字。
2.2　01：12.7，00；　02：45.9，26；　03：49.0，28；
04：48.8，28；　05：48.9，28；　06：48.8，28；
07：48.5，28；　08：48.7，28；　09：48.7，28；
10：48.9，28；　11：48.7，28；　12：48.7，28；
13：48.7，28；　14：48.4，28；　15：48.8，28；
16：48.7，28；　17：48.5，26（空4）。
2.3　卷軸裝。首尾均全。原卷有護首，近代裝裱時改為扉頁。第1紙與第2紙近代裝裱後被蟲蛀，有殘洞5個。有烏絲欄。近代已托裱。
3.1　首全→大正0220，05/0815A02。
3.2　尾全→大正0220，05/0820A10。
4.1　大般若波羅蜜多經卷第一百五十一，/初分校量功德品第卌之卌九，三藏法師玄奘奉詔譯/（首）。
4.2　大般若波羅蜜多經卷第一百五十一（尾）。
8　8～9世紀。吐蕃統治時期寫本。
9.1　楷書。
10　此件原為日本大谷探險隊所得並托裱。護首為黄底雲龍織錦。卷端有題簽，作“大般若波羅蜜多經卷第一百五十一”。並鈐有藍色長方形印章，2.4×3.4厘米；印文為作“圖書臺帳/登錄番號1040”，數字係手寫。有千字文編號“可”。尾有軸，人工水晶軸頭。下端軸頭粘有紙簽，上書“類別8，番號147”。

1.1　BD13947號
1.3　大般若波羅蜜多經卷一七○
1.4　新0147
2.1　788.9×26.6厘米；17紙；445行，行17字。
2.2　01：47.0，26；　02：47.1，28；　03：47.2，28；
04：46.8，28；　05：47.2，28；　06：47.1，28；
07：46.8，28；　08：46.9，28；　09：47.5，28；
10：46.9，28；　11：47.1，28；　12：47.0，28；
13：47.0，28；　14：47.1，28；　15：47.1，28；
16：46.9，28（空1）；17：36.2，22（空22）。
2.3　卷軸裝。首尾均全。有烏絲欄。未入潢。近代已托裱。
3.1　首全→大正0220，05/0912C23。
3.2　尾全→大正0220，05/0918A07。
4.1　大般若波羅蜜多經卷第一百七十，/初分隨喜迴向品第卌一之三，三藏法師玄奘奉詔譯/（首）。
4.2　大般若波羅蜜多經卷第一百七十（尾）。
8　9～10世紀。歸義軍時期寫本。
9.1　楷書。
10　此件原為日本大谷探險隊所得並托裱。護首為黄底雲龍織錦。卷端有題簽，作“大般若波羅蜜多經卷第一百七十”。並鈐有藍色長方形印章，2.4×3.4厘米；印文為作“圖書臺帳/登錄番號924”，數字係手寫。有千字文編號“覆”。尾有軸，人工水晶軸頭。

1.1　BD13948號
1.3　大般若波羅蜜多經卷一七五

1.4　新 0148

2.1　785.7×25.1 厘米；17 紙；460 行，行 17 字。

2.2　01：44.9，26；　02：47.2，28；　03：47.4，28；
04：47.6，28；　05：47.4，28；　06：47.7，28；
07：47.7，28；　08：47.5，28；　09：47.5，28；
10：47.6，28；　11：47.3，28；　12：47.8，28；
13：47.6，28；　14：47.5，28；　15：46.7，28；
16：40.2，24；　17：36.1，22（空 4）。

2.3　卷軸裝。首尾均全。首紙上邊有 1 處殘缺。有烏絲欄。近代已托裱。

3.1　首全→大正 0220，05/0938C19。

3.2　尾全→大正 0220，05/0944A17。

4.1　大般若波羅蜜多經卷第一百七十五，/初分讃般若品第卅二之四，三藏法師玄奘奉詔譯/（首）。

4.2　大般若波羅蜜多經卷第一百七十五（尾）。

8　8～9 世紀。吐蕃統治時期寫本。

9.1　楷書。

10　此件原為日本大谷探險隊所得並托裱。護首為黄底雲龍織錦。卷端有題簽，作“大般若波羅蜜多經卷第一百七十五”。並鈐有藍色長方形印章，2.4×3.4 厘米；印文為作“圖書臺帳/登録番號 1009”，數字係手寫。有千字文編號“欲”。尾有軸，人工水晶軸頭。下端軸頭粘有紙簽，上書“類別 8，番號 149”。

1.1　BD13949 號

1.3　大般若波羅蜜多經卷一八〇

1.4　新 0149

2.1　798.5×25.2 厘米；19 紙；480 行，行 17 字。

2.2　01：20.1，01；　02：43.3，26；　03：44.7，28；
04：45.5，28；　05：45.5，28；　06：45.2，28；
07：45.5，28；　08：45.5，28；　09：45.4，28；
10：45.3，28；　11：45.4，28；　12：45.1，28；
13：45.4，28；　14：45.4，28；　15：45.5，28；
16：45.4，28；　17：45.3，28；　18：45.3，28；
19：09.7，06（空 1）。

2.3　卷軸裝。首尾均全。原卷有護首，近代裝裱時改裝為扉頁。護首上有古代裱補。有烏絲欄。原卷首紙（現第 2 紙）為後補。近代已托裱。

3.1　首全→大正 0220，05/0967C17。

3.2　尾全→大正 0220，05/0973B08。

4.1　大般若波羅蜜多經卷第一百八十，/初分讃般若品第卅二之九，三藏法師玄奘奉詔譯/（首）。

4.2　大般若波羅蜜多經卷第一百八十（尾）。

7.4　護首有經名“大般若波羅蜜多經卷第一百八十，□…□”，經名上有經名號。

8　8～9 世紀。吐蕃統治時期寫本。

9.1　楷書。

9.2　有行間校加字。

10　此件原為日本大谷探險隊所得並托裱。護首為黄底雲龍織錦。卷端有題簽，作“大般若波羅蜜多經卷第一百八十”。並鈐有藍色長方形印章，2.4×3.4 厘米；印文為作“圖書臺帳/登録番號 969”，數字係手寫。有千字文編號“難”。尾有軸，人工水晶軸頭。下端軸頭粘有紙簽，上書“類別 8，番號 150”。首紙裝裱時粘一紙簽，上書“八十”。

1.1　BD13950 號

1.3　大般若波羅蜜多經卷一八七

1.4　新 0150

2.1　741.2×25.6 厘米；18 紙；453 行，行 17 字。

2.2　01：12.6，00；　02：41.5，26；　03：44.6，28；
04：44.4，28；　05：44.1，28；　06：44.0，28；
07：44.3，28；　08：44.7，28；　09：44.5，28；
10：44.9，28；　11：44.8，28；　12：44.7，28；
13：44.8，28；　14：44.8，28；　15：44.6，28；
16：44.5，28；　17：44.6，28；　18：18.8，12（空 5）。

2.3　卷軸裝。首尾均全。原卷有護首，下殘，近代裝裱時改裝為扉頁。有烏絲欄。近代已托裱。

3.1　首全→大正 0220，05/1003C19。

3.2　尾全→大正 0220，05/1009A06。

4.1　大般若波羅蜜多經卷第一百八十七，/初分難信解品第卅四之六，三藏法師玄奘奉詔譯/（首）。

4.2　大般若波羅蜜多經卷第一百八十七（尾）。

7.1　卷尾有題名“張□”。

8　9～10 世紀。歸義軍時期寫本。

9.1　楷書。

9.2　有行間校加字。

10　此件原為日本大谷探險隊所得並托裱。護首為黄底雲龍織錦。卷端有題簽，作“大般若波羅蜜多經卷第一百八十七”。並鈐有藍色長方形印章，2.4×3.4 厘米；印文為作“圖書臺帳/登録番號 1148”，數字係手寫。有千字文編號“量”。尾有軸，人工水晶軸頭。下端軸頭粘有紙簽，上書“類別 8，番號 151”。

1.1　BD13951 號

1.3　大般若波羅蜜多經卷一九四

1.4　新 0151

2.1　833.9×25.2 厘米；18 紙；452 行，行 17 字。

2.2　01：20.6，01；　02：43.3，24；　03：49.2，28；
04：49.2，28；　05：48.8，28；　06：49.1，28；
07：49.2，28；　08：48.8，28；　09：49.2，28；
10：48.9，28；　11：48.5，28；　12：49.0，28；
13：48.6，28；　14：48.4，28；　15：48.8，28；
16：48.8，28；　17：48.7，28；　18：36.8，20（空 13）。

2.3　卷軸裝。首尾均全。原卷有護首，近代裝裱時改為扉頁。尾 2 紙接縫處下開裂。有烏絲欄。近代已托裱。

3.1　首全→大正 0220，05/1038A15。

3.2　尾全→大正 0220，05/1043A29。

4.1　大般若波羅蜜多經卷第一百九十四，/初分難信解品第卅四之十三，三藏法師玄奘奉詔譯/（首）。

4.2　大般若波羅蜜多經卷第一百九十四（尾）。

7.4　護首有經名“大般若經卷第一百九十四，廿”，經名上有經名號。

“廿”為本卷所屬袟次。

8　9～10 世紀。歸義軍時期寫本。

9.1　楷書。

10　此件原為日本大谷探險隊所得並托裱。護首為黄底雲龍織錦。卷端有題簽，作“大般若波羅蜜多經卷第一百九十四”。並鈐有藍色長方形印章，2.4×3.4 厘米；印文為作“圖書臺帳/登錄番號 1019”，數字係手寫。有千字文編號“墨”。尾有軸，人工水晶軸頭。下端軸頭粘有紙簽，上書“類別 8，番號 152”。

1.1　BD13952 號

1.3　大般若波羅蜜多經卷一九六

1.4　新 0152

2.1　770.8×24.6 厘米；17 紙；460 行，行 17 字。

2.2　01：45.0，26；　02：46.9，28；　03：46.7，28；
04：46.8，28；　05：47.1，28；　06：46.8，28；
07：46.6，28；　08：47.0，28；　09：46.9，28；
10：46.6，28；　11：46.8，28；　12：46.8，28；
13：46.8，28；　14：46.6，28；　15：46.5，28；
16：46.6，28；　17：24.3，14。

2.3　卷軸裝。首尾均全。有烏絲欄。近代已托裱。

3.1　首全→大正 0220，05/1048C11。

3.2　尾全→大正 0220，05/1054A08。

4.1　大般若波羅蜜多經卷第一百九十六，/初分難信解品第卅四之十五，三藏法師玄奘奉詔譯/（首）。

4.2　大般若波羅蜜多經卷第一百九十六（尾）。

8　9～10 世紀。歸義軍時期寫本。

9.1　楷書。

10　此件原為日本大谷探險隊所得並托裱。護首為黄底雲龍織錦。卷端有題簽，作“大般若波羅蜜多經卷第一百九十六”。並鈐有藍色長方形印章，2.4×3.4 厘米；印文為作“圖書臺帳/登錄番號 991”，數字係手寫。有千字文編號“悲”。尾有軸，人工水晶軸頭。下端軸頭粘有紙簽，上書“類別 8，番號 153”。第 1 紙第 2 行有鉛筆補寫“之”字。

1.1　BD13953 號

1.3　大般若波羅蜜多經卷二〇二

1.4　新 0153

2.1　92.7×26.6 厘米；2 紙；54 行，行 17 字。

2.2　01：46.5，26　02：46.2，28。

2.3　卷軸裝。首全尾斷。有烏絲欄。未入潢。近代已托裱。

3.1　首全→大正 0220，06/0006A19。

3.2　尾殘→大正 0220，06/0006C16。

4.1　大般若波羅蜜多經卷第二百二，/初分難信解品第卅四之廿一，三藏法師玄奘奉詔譯/（首）。

8　9～10 世紀。歸義軍時期寫本。

9.1　楷書。

10　此件原為日本大谷探險隊所得並托裱。護首為黄底雲龍織錦。卷端有題簽，作“大般若波羅蜜多經卷第二百二”。並鈐有藍色長方形印章，2.4×3.4 厘米；印文為作“圖書臺帳/登錄番 1018”，數字係手寫，有千字文編號“絲”。尾有軸，人工水晶軸頭。首紙裝裱時粘一紙簽，後撕去，留有殘痕。

1.1　BD13954 號

1.3　大般若波羅蜜多經卷二〇五

1.4　新 0154

2.1　（12.1＋722.9）×25.7 厘米；15 紙；406 行，行 17 字。

2.2　01：45.9，25；　02：49.3，28；　03：49.5，28；
04：49.5，28；　05：49.6，28；　06：49.5，28；
07：49.3，28；　08：49.4，28；　09：49.4，28；
10：49.4，28；　11：49.3，28；　12：49.2，28；
13：49.7，28；　14：49.2，28；　15：46.8，25（空 8）。

2.3　卷軸裝。首殘尾全。有烏絲欄。近代已托裱。

3.1　首 6 行中殘→大正 0220，06/0021C26～0022A01。

3.2　尾全→大正 0220，06/0026B29。

4.2　大般若波羅蜜多經卷第二百五（尾）。

8　8～9 世紀。吐蕃統治時期寫本。

9.1　楷書。

10　此件原為日本大谷探險隊所得並托裱。護首為黄底雲龍織錦。卷端有題簽，作“大般若波羅蜜多經卷第二百五”。並鈐有藍色長方形印章，2.4×3.4 厘米；印文為作“圖書臺帳/登錄番號 1023”，數字係手寫。有千字文編號“染”。尾有軸，人工水晶軸頭。下端軸頭粘有紙簽，上書“類別 8，番號 155”。首紙有鉛筆補字。

1.1　BD13955 號

1.3　大般若波羅蜜多經卷二〇七

1.4　新 0155

2.1　（7.6＋708.1）×24.9 厘米；16 紙；426 行，行 17 字。

2.2　01：26.5，15；　02：46.6，28；　03：46.6，28；
04：46.6，28；　05：46.5，28；　06：46.8，28；
07：46.6，28；　08：46.7，28；　09：46.6，28；
10：46.7，28；　11：46.6，28；　12：46.4，28；
13：46.3，28（空 2）；14：46.5，28；　15：47.7，28；
16：36.0，21（空 5）。

2.3　卷軸裝。首殘尾全。首紙及第 2 紙前部有殘洞、殘損，卷面有等距離霉點。有烏絲欄。近代已托裱。

3.1　首 4 行上下殘→大正 0220，06/0032B18～21。

3.2　尾全→大正 0220，06/0037B11。

4.2　大般若波羅蜜多經卷第二百七（尾）。
8　8~9世紀。吐蕃統治時期寫本。
9.1　楷書。
10　此件原為日本大谷探險隊所得並托裱。護首為黄底雲龍織錦。卷端有題簽，作"大般若波羅蜜多經卷第二百七"。並鈐有藍色長方形印章，2.4×3.4厘米；印文為作"圖書臺帳/登錄番號1144"，數字係手寫。有千字文編號"詩"。尾有軸，人工水晶軸頭。下端軸頭粘有紙簽，上書"2，156"。首紙裝裱時粘一紙簽，後撕去，留有殘痕。

1.1　BD13956號
1.3　大般若波羅蜜多經卷二〇八
1.4　新0156
2.1　（3.2+759.5）×25.7厘米；16紙；433行，行17字。
2.2　01：39.9，23；　02：49.1，28；　03：49.0，28；
04：49.3，28；　05：48.9，28；　06：48.9，28；
07：49.5，28；　08：48.9，28；　09：48.7，28；
10：49.5，28；　11：48.8，28；　12：49.2，28；
13：49.1，28；　14：49.1，28；　15：48.7，28；
16：36.1，21（空3）。
2.3　卷軸裝。首殘尾全。有烏絲欄。近代已托裱。
3.1　首2行中殘→大正0220，06/0037C18~19。
3.2　尾全→大正0220，06/0042C15。
4.2　大般若波羅蜜多經卷第二百八（尾）。
8　9~10世紀。歸義軍時期寫本。
9.1　楷書。
9.2　有行間校加字。
10　此件原為日本大谷探險隊所得並托裱。護首為黄底雲龍織錦。卷端有題簽，作"大般若波羅蜜多經卷第二百八"。並鈐有藍色長方形印章，2.4×3.4厘米；印文為作"圖書臺帳/登錄番號1000"，數字係手寫。有千字文編號"賛"。扉頁前下方有鉛筆所書"中唐末"3字。尾有軸，人工水晶軸頭。下端軸頭粘有紙簽，上書"類別8，番號157"。首紙裝裱時粘一紙簽，後撕去，留有殘痕。

1.1　BD13957號
1.3　大般若波羅蜜多經卷二一三
1.4　新0157
2.1　790×26.1厘米；17紙；466行，行17字。
2.2　01：47.1，26；　02：46.5，28；　03：46.5，28；
04：46.7，28；　05：46.6，28；　06：46.6，28；
07：46.4，28；　08：46.2，28；　09：46.6，28；
10：46.6，28；　11：46.5，28；　12：46.6，28；
13：46.6，28；　14：46.3，28；　15：46.4，28；
16：46.2，28；　17：45.6，28（空6）。
2.3　卷軸裝。首尾均全。首紙內有2殘洞。有烏絲欄。近代已托裱。
3.1　首全→大正0220，06/0065B19。
3.2　尾全→大正0220，06/0070B28。
4.1　大般若波羅蜜多經卷第二百一十三，/初分難信解品第卌四之卌二，三藏法師玄奘奉詔譯/（首）。
4.2　大般若波羅蜜多經卷第二百一十三（尾）。
7.1　第15紙尾部上方寫有5個勘記"兑"字，該紙係兑廢。第14紙與第16紙行文相接。
8　9~10世紀。歸義軍時期寫本。
9.1　楷書。
10　此件原為日本大谷探險隊所得並托裱。護首為黄底雲龍織錦。卷端有題簽，作"大般若波羅蜜多經卷第二百一十三"。並鈐有藍色長方形印章，2.4×3.4厘米；印文為作"圖書臺帳/登錄番號977"，數字係手寫。有千字文編號"恙"。扉頁前下方有鉛筆所書"晚唐"2字。尾有軸，人工水晶軸頭。下端軸頭粘有紙簽，上書"類別8，番號158"。首紙裝裱時粘一紙簽，後撕去，留有殘痕。

1.1　BD13958號1
1.3　大般若波羅蜜多經卷二二〇
1.4　新0158
2.1　792.3×25.7厘米；17紙；468行，行17字。
2.2　01：48.1，26；　02：48.1，28；　03：48.3，28；
04：46.3，28；　05：46.2，28；　06：46.2，28；
07：46.4，28；　08：46.3，28；　09：46.3，28；
10：46.3，28；　11：46.3，28；　12：46.3，28；
13：46.2，28；　14：46.3，28；　15：46.3，28；
16：46.2，28；　17：46.2，28（空6）。
2.3　卷軸裝。首尾均全。首紙前方有2殘洞。有烏絲欄。未入潢。兩個文獻紙張不同。近代已托裱。
2.4　本遺書包括2個文獻：（一）《大般若波羅蜜多經》卷二二〇，82行，今編為BD13958號1。（二）《大般若波羅蜜多經》卷四七，386行，今編為BD13958號2。
3.1　首全→大正0220，06/0102B02。
3.2　尾殘→大正0220，06/0103A29。
4.1　大般若波羅蜜多經卷第二百二十，/初分難信解品第卌四之卌九，三藏法師玄奘奉詔譯/（首）。
7.1　卷首背面下部有勘記"廿二"，為前3紙《大般若波羅蜜多經》卷二二〇所屬袟數。
7.3　卷首背面上部有雜寫兩處3字，不錄。背面文字近代裝裱時均被遮裱。
8　9~10世紀。歸義軍時期寫本。
9.1　楷書。
10　此件原為日本大谷探險隊所得並托裱。護首為黄底雲龍織錦。卷端有題簽，作"大般若波羅蜜多經卷第二百二十"。並鈐有藍色長方形印章，2.4×3.4厘米；印文為作"圖書臺帳/登錄番號1076"，數字係手寫。有千字文編號"羊"。第4紙前端上貼1紙條，有墨筆書"45百十長二"等字。尾有軸，人工水晶

軸頭。下端軸頭粘有紙簽，上書“類別 8，番號 159”。第 4 紙裝裱時粘一紙簽，上書“45，百十，二者（?）”。

1.1　BD13958 號 2
1.3　大般若波羅蜜多經卷四七
1.4　新 0158
2.4　本遺書由 2 個文獻組成，本文獻為第 2 個，386 行，餘參見 BD13958 號 1 第 2 項。
3.1　首殘→大正 0220，05/0264A08。
3.2　尾全→大正 0220，05/0268B16。
4.2　大般若波羅蜜多經卷第卌七（尾）。
8　9～10 世紀。歸義軍時期寫本。
9.1　楷書。

1.1　BD13959 號
1.3　大般若波羅蜜多經卷二二〇
1.4　新 0159
2.1　681.1×25.2 厘米；15 紙；393 行，行 17 字。
2.2　01：47.5，28；　02：47.2，28；　03：47.1，28；
04：47.0，28；　05：47.3，28；　06：47.4，28；
07：47.3，28；　08：47.3，28；　09：47.3，28；
10：47.2，28；　11：47.4，28；　12：47.8，28；
13：47.6，28；　14：47.9，28；　15：17.8，09（空 8）。
2.3　卷軸裝。首脫尾全。有烏絲欄。近代已托裱。
3.1　首殘→大正 0220，06/0102C02。
3.2　尾全→大正 0220，06/0107A22。
4.2　大般若波羅蜜多經卷第二百廿（尾）。
8　8～9 世紀。吐蕃統治時期寫本。
9.1　楷書。
10　此件原為日本大谷探險隊所得並托裱。護首為黃底雲龍織錦。卷端有題簽，作“大般若波羅蜜多經卷第二百二十”。並鈐有藍色長方形印章，2.4×3.4 厘米；印文為作“圖書臺帳/登錄番號 1052”，數字係手寫。有千字文編號“景”。尾有軸，人工水晶軸頭。下端軸頭粘有紙簽，上書“類別 8，番號 160”。

1.1　BD13960 號
1.3　大般若波羅蜜多經卷二二二
1.4　新 0160
2.1　761.9×26.6 厘米；17 紙；457 行，行 17 字。
2.2　01：44.9，28（空 4）；　02：45.4，26；　03：45.4，28；
04：45.1，28；　05：45.4，28；　06：45.4，28；
07：45.3，28；　08：44.7，28；　09：45.3，28；
10：45.9，28；　11：45.7，28；　12：45.5，28；
13：45.9，28；　14：45.8，28；　15：45.7，28；
16：45.4，28；　17：35.1，22（空 7）。
2.3　卷軸裝。首尾均全。首紙為重複抄寫，係兌廢。尾 2 紙上邊有殘損。本卷前後部分字體不同。有烏絲欄。未入潢。近代已托裱。
3.1　首全→大正 0220，06/0112A19。
3.2　尾全→大正 0220，06/0117A21。
4.1　大般若波羅蜜多經卷第二百廿二，/初分難信解品第卅四之卌一，三藏法師玄奘奉詔譯/（首）。
4.2　大般若波羅蜜多經卷第二百廿二（尾）。
8　9～10 世紀。歸義軍時期寫本。
9.1　楷書。
10　此件原為日本大谷探險隊所得並托裱。護首為黃底雲龍織錦。卷端有題簽，作“大般若波羅蜜多經卷第二百二十二”。並鈐有藍色長方形印章，2.4×3.4 厘米；印文為作“圖書臺帳/登錄番號 973”，數字係手寫。有千字文編號“行”。尾有軸，人工水晶軸頭。護首下端粘有紙簽，上書“類別 8，番號 161”。首紙裝裱時粘一紙簽，後撕去，留有殘痕。

1.1　BD13961 號
1.3　大般若波羅蜜多經卷二三〇
1.4　新 0161
2.1　90×26.6 厘米；2 紙；54 行，行 17 字。
2.2　01：44.0，26；　02：46.0，28。
2.3　卷軸裝。首全尾脫。首紙下邊殘破。有烏絲欄。未入潢。近代已托裱。
3.1　首全→大正 0220，06/0156A02。
3.2　尾殘→大正 0220，06/0156C02。
4.1　大般若波羅蜜多經卷第二百卅，/初分難信解品第卅四之卌九，三藏法師玄奘奉詔譯/（首）。
5　與《大正藏》本對照，首題品次有異。
8　8～9 世紀。吐蕃統治時期寫本。
9.1　楷書。
10　此件原為日本大谷探險隊所得並托裱。護首為黃底雲龍織錦。卷端有題簽，作“大般若波羅蜜多經卷第二百三十”。並鈐有藍色長方形印章，2.4×3.4 厘米；印文為作“圖書臺帳/登錄番號 1006”，數字係手寫。有千字文編號“賢”。尾有軸，人工水晶軸頭。護首下端粘有紙簽，上書“類別 8，番號 162”。首紙裝裱時粘一紙簽，後撕去，留有殘痕。

1.1　BD13962 號
1.3　大般若波羅蜜多經卷二三三
1.4　新 0162
2.1　（14+854）×25.7 厘米；18 紙；495 行，行 17 字。
2.2　01：41.8，24；　02：48.6，28；　03：48.6，28；
04：48.6，28；　05：48.5，28；　06：48.7，28；
07：48.5，28；　08：48.7，28；　09：48.5，28；
10：48.6，28；　11：48.7，28；　12：48.6，28；
13：48.5，28；　14：48.7，28；　15：48.6，28；
16：48.2，28；　17：49.0，28；　18：48.6，27（空 4）
2.3　卷軸裝。首殘尾全。首紙有殘洞。有烏絲欄。近代已托裱。

3.1　首8行上下殘→大正0220，06/0171C13~20。
3.2　尾全→大正0220，06/0177C07。
4.2　大般若波羅蜜多經卷第二百卅三（尾）。
8　8~9世紀。吐蕃統治時期寫本。
9.1　楷書。
10　此件原為日本大谷探險隊所得並托裱。護首為黄底雲龍織錦。卷端有題簽，作“大般若波羅蜜多經卷第二百三十三”。並鈐有藍色長方形印章，2.4×3.4厘米；印文為作“圖書臺帳/登錄番號1082”，數字係手寫。有千字文編號“克”。尾有軸，人工水晶軸頭。上端軸頭已脱落，下端軸頭粘有紙簽，上書“類別8，番號163”。首紙裝裱時粘一紙簽，後撕去，留有殘痕。

1.1　BD13963號
1.3　大般若波羅蜜多經卷二三六
1.4　新0163
2.1　830.8×25.2厘米；17紙；463行，行17字。
2.2　01：49.7，26；　02：49.3，28；　03：49.2，28；
04：49.2，28；　05：49.6，28；　06：49.2，28；
07：49.2，28；　08：49.4，28；　09：49.4，28；
10：49.3，28；　11：49.4，28；　12：49.6，28；
13：49.1，28；　14：49.5，28；　15：49.3，28；
16：49.3，28；　17：41.1，24（空7）。
2.3　卷軸裝。首尾均全。首紙之後半部分的文字，每隔一字，筆劃的粗細、輕重不同，呈現出裝飾性效果。有烏絲欄。未入潢。近代已托裱。
3.1　首全→大正0220，06/0188A06。
3.2　尾全→大正0220，06/0193B06。
4.1　大般若波羅蜜多經卷第二百卅六，/初分難信解品第卅四之五十五，三藏法師玄奘奉詔譯/（首）。
4.2　大般若波羅蜜多經卷第二百卅六（尾）。
8　9~10世紀。歸義軍時期寫本。
9.1　楷書。
10　此件原為日本大谷探險隊所得並托裱。護首為黄底雲龍織錦。卷端有題簽，作“大般若波羅蜜多經卷第二百三十六”。並鈐有藍色長方形印章，2.4×3.4厘米；印文為作“圖書臺帳/登錄番號1028”，數字係手寫。有千字文編號“念”。尾有軸，人工水晶軸頭。下端軸頭粘有紙簽，上書“類別8，番號164”。

1.1　BD13964號
1.3　大般若波羅蜜多經卷二三八
1.4　新0164
2.1　757.1×25.2厘米；16紙；446行，行17字。
2.2　01：47.6，26；　02：47.3，28；　03：47.3，28；
04：47.0，28；　05：47.3，28；　06：47.0，28；
07：47.1，28；　08：47.4，28；　09：47.2，28；
10：47.2，28；　11：47.4，28；　12：47.6，28；
13：47.3，28；　14：47.4，28；　15：47.7，28；
16：47.3，28；
2.3　卷軸裝。首全尾脱。有烏絲欄。未入潢。近代已托裱。
3.1　首全→大正0220，06/0198C24。
3.2　尾殘→大正0220，06/0204A04。
4.1　大般若波羅蜜多經卷第二百卅八，/初分難信解品第卅四之五十七，三藏法師玄奘［奉］詔譯/（首）。
8　9~10世紀。歸義軍時期寫本。
9.1　楷書。有武周新字“正”，使用不周遍；“地”，使用周遍。
10　此件原為日本大谷探險隊所得並托裱。護首為黄底雲龍織錦。卷端有題簽，作“大般若波羅蜜多經卷第二百三十八”。並鈐有藍色長方形印章，2.4×3.4厘米；印文為作“圖書臺帳/登錄番號1041”，數字係手寫。有千字文編號“作”。尾有軸，人工水晶軸頭。下端軸頭粘有紙簽，上書“類別8，番號165”。首紙裝裱時粘一紙簽，後撕去，留有殘痕。

1.1　BD13965號
1.3　大般若波羅蜜多經卷二三八
1.4　新0165
2.1　237.8×25.2厘米；5紙；138行，行17字。
2.2　01：45.0，26；　02：48.5，28；　03：48.4，28；
04：47.7，28；　05：48.2，28。
2.3　卷軸裝。首全尾脱。卷首上邊有污痕，疑為鳥糞。首紙有殘洞。有烏絲欄。近代已托裱。
3.1　首全→大正0220，06/0198C20。
3.2　尾殘→大正0220，06/0200B15。
4.1　大般若波羅蜜經卷第二百卅八，/初分難信解品第卅四之五十七，三藏法師玄奘奉詔譯/（首）。
5　與《大正藏》本對照，經名缺“多”字。
8　9~10世紀。歸義軍時期寫本。
9.1　楷書。
10　此件原為日本大谷探險隊所得並托裱。護首為黄底雲龍織錦。卷端有題簽，作“大般若波羅蜜多經卷第二百三十八”。並鈐有藍色長方形印章，2.4×3.4厘米；印文為作“圖書臺帳/登錄番號1042”，數字係手寫。有千字文編號“聖”。尾有軸，人工水晶軸頭。下端軸頭粘有紙簽，上書“類別8，番號166”。

1.1　BD13966號
1.3　大般若波羅蜜多經卷二四九
1.4　新0166
2.1　831.2×24.5厘米；17紙；464行，行17字。
2.2　01：45.9，26；　02：48.7，28；　03：48.2，28；
04：48.7，28；　05：48.8，28；　06：48.7，28；
07：48.7，28；　08：48.7，28；　09：48.6，28；
10：48.8，28；　11：51.6，28；　12：51.4，28；
13：51.8，28；　14：51.7，28；　15：51.7，28；
16：51.2，28；　17：38.0，21（空3）。
2.3　卷軸裝。首尾均全。第11及以下各紙與前紙字體不同。第

14 紙第 24 行第 2 字刮去未補，應為“智”。有烏絲欄。近代已托裱。
3.1　首全→大正 0220，06/0256A05。
3.2　尾全→大正 0220，06/0261B04。
4.1　大般若波羅蜜多經卷第二百卌九，/初分難信解品第卌四之六十八，三藏法師玄奘奉詔譯/（首）。
4.2　大般若波羅蜜多經卷第二百卌九（尾）。
7.1　卷尾有 1 行題記：“王昌寫，像海勘雨（兩）遍。”
8　9～10 世紀。歸義軍時期寫本。
9.1　楷書。
9.2　有行間校加字。
10　此件原為日本大谷探險隊所得並托裱。護首為黃底雲龍織錦。卷端有題簽，作“大般若波羅蜜多經卷第二百四十九”。並鈐有藍色長方形印章，2.4×3.4 厘米；印文為作“圖書臺帳/登錄番號 920”，數字係手寫。有千字文編號“德”。尾有軸，人工水晶軸頭。下端軸頭粘有紙簽，上書“類別 8，番號 167”。

1.1　BD13967 號
1.3　大般若波羅蜜多經卷二六六
1.4　新 0167
2.1　（1.7+781.4）×24.7 厘米；17 紙；444 行，行 17 字。
2.2　01：10.5，06；　02：48.1，28；　03：48.7，28；
04：48.2，28；　05：48.1，28；　06：48.1，28；
07：48.1，28；　08：48.1，28；　09：48.0，28；
10：48.1，28；　11：48.1，28；　12：48.6，28；
13：48.4，28；　14：48.5，28；　15：48.6，28；
16：48.5，28；　17：48.4，28（空 10）。
2.3　卷軸裝。首殘尾全。第 2 紙內有 2 殘洞。有烏絲欄。近代已托裱。
3.1　首行殘→大正 0220，06/0345C03。
3.2　尾全→大正 0220，06/0350C09。
4.2　大般若波羅蜜多經卷第二百六十六（尾）。
7.1　卷尾有題記“尼堅護經”。
8　8～9 世紀。吐蕃統治時期寫本。
9.1　楷書。
10　此件原為日本大谷探險隊所得並托裱。護首為黃底雲龍織錦。卷端有題簽，作“大般若波羅蜜多經卷第二百六十六”。並鈐有藍色長方形印章，2.4×3.4 厘米；印文為作“圖書臺帳/登錄番號 1044”，數字係手寫。有千字文編號“建”。尾有軸，人工水晶軸頭。上端軸頭及護首粘有紙簽，上書“部考，類別 8，番號 168”。

1.1　BD13968 號
1.3　大般若波羅蜜多經卷二六九
1.4　新 0168
2.1　583.9×24.7 厘米；13 紙；349 行，行 17 字。
2.2　01：47.1，28；　02：46.9，28；　03：46.6，28；
04：46.9，28；　05：46.9，28；　06：47.0，28；
07：47.2，28；　08：46.3，28；　09：46.6，28；
10：46.9，28；　11：46.4，28；　12：46.1，28；
13：23.0，14（空 1）。
2.3　卷軸裝。首脫尾全。首二紙裱補後蟲蛀，有殘洞 6 個。第 12 紙前下方有 1 處撕損；尾二紙上邊有等距離殘缺。有烏絲欄。近代已托裱。
3.1　首殘→大正 0220，06/0362A27。
3.2　尾全→大正 0220，06/0366A27。
4.2　大般若波羅蜜多經卷第二百六十九（尾）。
8　8～9 世紀。吐蕃統治時期寫本。
9.1　楷書。
10　此件原為日本大谷探險隊所得並托裱。護首為黃底雲龍織錦。卷端有題簽，作“大般若波羅蜜多經卷第二百六十九”。並鈐有藍色長方形印章，2.4×3.4 厘米；印文為作“圖書臺帳/登錄番號 979”，數字係手寫。有千字文編號“名”。尾有軸，人工水晶軸頭。下端軸頭粘有紙簽，上書“類別 8，番號 169”。首紙裝裱時粘一紙簽，後撕去，留有殘痕。

1.1　BD13969 號
1.3　大般若波羅蜜多經卷二七六
1.4　新 0169
2.1　753.1×25.8 厘米；16 紙；443 行，行 17 字。
2.2　01：48.3，26；　02：47.5，28；　03：47.8，28；
04：47.7，28；　05：47.6，28；　06：47.6，28；
07：46.8，28；　08：46.7，28；　09：46.7，28；
10：46.7，28；　11：46.5，28；　12：46.6，28；
13：46.7，28；　14：46.4，28（空 1）；
15：46.7，28；　16：46.8，29（空 4）。
2.3　卷軸裝。首尾均全。前二紙上有等距離殘洞。本卷前後部分字體不同。有烏絲欄。近代已托裱。
3.1　首全→大正 0220，06/0398A02。
3.2　尾全→大正 0220，06/0403A09。
4.1　大般若波羅蜜多經卷第二百七十六，/初分難信解品第卌四之九十五，三藏法師玄奘奉詔譯/（首）。
4.2　大般若波羅蜜多經卷第二百七十六（尾）。
7.1　卷尾有題記“道普寫”。
7.3　第 14 紙上邊有 1 個“行”字，近代裝裱時略被切。
8　8～9 世紀。吐蕃統治時期寫本。
9.1　楷書。
10　此件原為日本大谷探險隊所得並托裱。護首為黃底雲龍織錦。卷端有題簽，作“大般若波羅蜜多經卷第二百七十六”。並鈐有藍色長方形印章，2.4×3.4 厘米；印文為作“圖書臺帳/登錄番號 926”，數字係手寫。有千字文編號“端”。尾有軸，人工水晶軸頭。下端軸頭粘有紙簽，上書“類別 8，番號 190”。首紙裝裱時粘一紙簽，後撕去，留有殘痕。

1.1　BD13970 號
1.3　大般若波羅蜜多經卷二七九
1.4　新 0170
2.1　670×26.6 厘米；17 紙；403 行，行 17 字。
2.2　01：46.4，26；　02：46.2，28；　03：46.1，28；
04：34.2，21；　05：11.6，07；　06：46.0，28；
07：46.1，28；　08：46.1，28；　09：36.0，22；
10：09.5，06；　11：46.4，28；　12：46.1，28；
13：45.8，28；　14：46.3，28；　15：46.0，28；
16：46.7，28；　17：24.5，15（空 2）。
2.3　卷軸裝。首尾均全。有烏絲欄。近代已托裱。
3.1　首全→大正 0220，06/0414A24。
3.2　尾全→大正 0220，06/0418C25。
4.1　大般若波羅蜜多經卷第二百七十九，/初分難信解品第卌四之九十八，三藏法師玄奘奉詔譯/（首）。
4.2　大般若波羅蜜多經卷第二百七十九（尾）。
7.1　卷尾有題名“道普”2 字。
8　9～10 世紀。歸義軍時期寫本。
9.1　楷書。
9.2　有行間校加字。末紙第 7 行有刪除號，形似“丁”。
10　此件原為日本大谷探險隊所得並托裱。護首為黄底雲龍織錦。卷端有題簽，作“大般若波羅蜜多經卷第二百七十九”。並鈐有藍色長方形印章，2.4×3.4 厘米；印文為作“圖書臺帳/登錄番號 918”，數字係手寫。有千字文編號“表”。尾有軸，人工水晶軸頭。護首下端粘有紙簽，上書“類別 8，番號 171”。

1.1　BD13971 號
1.3　大般若波羅蜜多經卷二八四
1.4　新 0171
2.1　（14.6＋786.4）×25.2 厘米；18 紙；494 行，行 17 字。
2.2　01：41.9，26；　02：44.8，28；　03：44.7，28；
04：45.2，28；　05：45.6，28；　06：45.3，28；
07：45.5，28；　08：45.4，28；　09：45.4，28；
10：45.5，28；　11：45.4，28；　12：45.3，28；
13：45.4，28；　14：45.4，28；　15：45.3，28；
16：45.4，28；　17：45.5，28；　18：34.0，21（空 1）。
2.3　卷軸裝。首殘尾全。有烏絲欄。近代已托裱。
3.1　首 9 行下殘→大正 0220，06/0442B06～17。
3.2　尾全→大正 0220，06/0448A10。
4.1　大般若波羅蜜多經卷第二百八十四，/初分難信解品第卌四之一百三，三藏法師玄奘奉詔［譯］/（首）。
4.2　大般若波羅蜜多經卷第二百八十四（尾）。
8　9～10 世紀。歸義軍時期寫本。
9.1　楷書。
10　此件原為日本大谷探險隊所得並托裱。護首為黄底雲龍織錦。卷端有題簽，作“大般若波羅蜜多經卷第二百八十四”。並鈐有藍色長方形印章，2.4×3.4 厘米；印文為作“圖書臺帳/登錄番號 1072”，數字係手寫。有千字文編號“正”。尾有軸，人工水晶軸頭。下端軸頭粘有紙簽，上書“類別 8，番號 172”。首紙裝裱時粘一紙簽，後撕去，留有殘痕。

1.1　BD13972 號
1.3　大般若波羅蜜多經卷二八七
1.4　新 0172
2.1　756.1×25.2 厘米；17 紙；434 行，行 17 字。
2.2　01：21.1，01；　02：44.0，26；　03：46.6，28；
04：46.3，28；　05：46.9，28；　06：46.8，28；
07：46.5，28；　08：46.9，28；　09：46.8，28；
10：46.6，28；　11：47.0，28；　12：46.9，28；
13：46.8，28；　14：46.7，28；　15：46.9，28；
16：46.8，28；　17：36.5，21（空 6）。
2.3　卷軸裝。首尾均全。原卷有護首，近代裝裱時改裝為扉頁。有烏絲欄。近代已托裱。
3.1　首全→大正 0220，06/0458B07。
3.2　尾全→大正 0220，06/0463B12。
4.1　大般若波羅蜜多經卷第二百八十七，/初分讚清淨品第卌五之三，三藏法師玄奘奉詔譯/（首）。
4.2　大般若波羅蜜多經卷第二百八十七（尾）。
7.4　護首有“七”“廿九”3 字，為本經所屬袟數及袟内卷次。
8　9～10 世紀。歸義軍時期寫本。
9.1　楷書。
9.2　有倒乙。有行間校加字。
10　此件原為日本大谷探險隊所得並托裱。護首為黄底雲龍織錦。卷端有題簽，作“大般若波羅蜜多經卷第二百八十七”。並鈐有藍色長方形印章，2.4×3.4 厘米；印文為作“圖書臺帳/登錄番號 1043”，數字係手寫。有千字文編號“空”。尾有軸，人工水晶軸頭。下端軸頭粘有紙簽，上書“類別 8，番號 173”。

1.1　BD13973 號
1.3　大般若波羅蜜多經卷二八八
1.4　新 0173
2.1　719.4×26.6 厘米；16 紙；427 行，行 17 字。
2.2　01：46.9，26；　02：46.9，28；　03：46.8，28；
04：46.9，28；　05：46.7，28；　06：46.4，28；
07：46.7，28；　08：47.0，28；　09：46.6，28；
10：46.9，28；　11：46.9，28；　12：46.5，28；
13：46.9，28；　14：46.7，28；　15：47.1，28；
16：17.5，10（空 1）。
2.3　卷軸裝。首尾均全。第 2 紙左邊有墨筆塗劃。有烏絲欄。近代已托裱。
3.1　首全→大正 0220，06/0463B14。
3.2　尾全→大正 0220，06/0468B09。
4.1　大般若波羅蜜多經卷第二百八十八，/初分著不著相品第卌六之二，三藏法師玄奘奉詔譯/（首）。

4.2　大般若波羅蜜多經卷第二百八十八（尾）。
8　9～10 世紀。歸義軍時期寫本。
9.1　楷書。有武周新字"正"，使用不周遍。
10　此件原為日本大谷探險隊所得並托裱。護首為黄底雲龍織錦。卷端有題簽，作"大般若波羅蜜多經卷第二百八十八"。並鈐有藍色長方形印章，2.4×3.4 厘米；印文為作"圖書臺帳/登錄番號 1074"，數字係手寫。有千字文編號"谷"。尾有軸，人工水晶軸頭。護首題簽下部粘有紙簽，上書"8，174"。第 4 紙上邊裝裱時粘一紙簽，後撕去，留有殘痕。卷首背面左下有鉛筆"晚唐"兩字。

1.1　BD13974 號
1.3　大般若波羅蜜多經卷三〇〇
1.4　新 0174
2.1　（6.1＋653.7）×25.1 厘米；15 紙；397 行，行 17 字。
2.2　01：14.7，08；　02：46.3，28；　03：46.2，28；
04：46.6，28；　05：46.3，28；　06：46.4，28；
07：46.5，28；　08：45.7，28；　09：45.8，28；
10：45.9，28；　11：46.3，28；　12：46.4，28；
13：46.3，28；　14：46.5，28；　15：43.9，26（空 1）。
2.3　卷軸裝。首殘尾全。有烏絲欄。近代已托裱。
3.1　首 3 行上殘→大正 0220，06/0524B22～24。
3.2　尾全→大正 0220，06/0529A11。
4.2　大般若波羅蜜多經卷第三百（尾）。
8　8～9 世紀。吐蕃統治時期寫本。
9.1　楷書。
9.2　有行間校加字。
10　此件原為日本大谷探險隊所得並托裱。護首為黄底雲龍織錦。卷端有題簽，作"大般若波羅蜜多經卷第三百"。並鈐有藍色長方形印章，2.4×3.4 厘米；印文為作"圖書臺帳/登錄番號 1058"，數字係手寫。有千字文編號"聲"。尾有軸，人工水晶軸頭。下端軸頭粘有紙簽，上書"類別 8，番號 175"。首紙裝裱時粘一紙簽，後撕去，留有殘痕。

1.1　BD13975 號
1.3　大般若波羅蜜多經卷三二三
1.4　新 0175
2.1　812.5×27 厘米；18 紙；480 行，行 17 字。
2.2　01：46.7，26；　02：46.5，28；　03：46.3，28；
04：46.2，28；　05：46.3，28；　06：46.4，28；
07：46.3，28；　08：46.1，28；　09：46.0，28；
10：46.5，28；　11：46.3，28；　12：46.2，28；
13：46.3，28；　14：46.4，28；　15：46.3，28；
16：46.3，28；　17：46.1，28；　18：25.3，15（空 9）。
2.3　卷軸裝。首尾均全。有烏絲欄。未入潢。近代已托裱。
3.1　首全→大正 0220，06/0648B09。
3.2　尾全→大正 0220，06/0653C23。
4.1　大般若波羅蜜多經卷第三百廿三，/初分真如品第卌七之六，三藏法師玄奘奉詔譯/（首）。
4.2　大般若波羅蜜多經卷第三百廿三（尾）。
7.1　卷尾有 1 行題記"比丘明振寫"。卷首背面有墨書勘記"廿三"，為本卷所屬袟數。
8　9～10 世紀。歸義軍時期寫本。
9.1　楷書。
9.2　有行間校加字。
10　此件原為日本大谷探險隊所得並托裱。護首為黄底雲龍織錦。卷端有題簽，作"大般若波羅蜜多經卷第三百二十三"。並鈐有藍色長方形印章，2.4×3.4 厘米；印文為作"圖書臺帳/登錄番號 945"，數字係手寫。有千字文編號"虛"。尾有軸，人工水晶軸頭。下端軸頭粘有紙簽，上書"8，176"。

1.1　BD13976 號
1.3　大般若波羅蜜多經卷三二四
1.4　新 0176
2.1　792.4×26.6 厘米；18 紙；491 行，行 17 字。
2.2　01：45.8，26；　02：45.3，28；　03：45.1，28；
04：45.1，28；　05：44.8，28；　06：45.0，28；
07：45.0，28；　08：44.7，28；　09：44.8，28；
10：44.9，28；　11：44.8，28；　12：45.1，28；
13：44.8，28；　14：44.8，28；　15：45.4，28；
16：44.7，28；　17：38.1，28；　18：34.2，21（空 4）。
2.3　卷軸裝。首尾均全。有烏絲欄。近代已托裱。
3.1　首全→大正 0220，06/0654A02。
3.2　尾全→大正 0220，06/0659B26。
4.1　大般若波羅蜜多經卷第三百廿四，/初分真如品第卌七之七，三藏法師玄奘奉詔譯/（首）。
4.2　大般若波羅蜜多經卷第三百廿四（尾）。
8　9～10 世紀。歸義軍時期寫本。
9.1　楷書。
10　此件原為日本大谷探險隊所得並托裱。護首為黄底雲龍織錦。卷端有題簽，作"大般若波羅蜜多經卷第三百二十四"。並鈐有藍色長方形印章，2.4×3.4 厘米；印文為作"圖書臺帳/登錄番號 1038"，數字係手寫。有千字文編號"堂"。尾有軸，人工水晶軸頭。首紙裝裱時粘一紙簽，後撕去，留有殘痕。

1.1　BD13977 號
1.3　大般若波羅蜜多經卷三二八
1.4　新 0177
2.1　764.8×25.2 厘米；17 紙；445 行，行 17 字。
2.2　01：49.0，28；　02：48.7，28；　03：48.5，28；
04：48.3，28；　05：48.5，28；　06：48.5，28；
07：48.4，28；　08：48.5，28；　09：48.6，28；
10：48.4，28；　11：48.7，28；　12：48.3，28；
13：48.4，28；　14：48.6，28；　15：45.5，28；

16：45.9，27（空2）；　17：04.9，03（空3）。
2.3　卷軸裝。首殘尾全。首紙上方有1處殘損。有烏絲欄。近代已托裱。
3.1　首6行下殘→大正0220，06/0678A05～11。
3.2　尾全→大正0220，06/0683A06。
4.2　大般若波羅蜜多經卷第三百廿八（尾）。
8　8～9世紀。吐蕃統治時期寫本。
9.1　楷書。
9.2　有行間校加字。有倒乙。
10　此件原為日本大谷探險隊所得並托裱。護首為黄底雲龍織錦。卷端有題簽，作“大般若波羅蜜多經卷第三百二十八”。並鈐有藍色長方形印章，2.4×3.4厘米；印文為作“圖書臺帳/登錄番號1114”，數字係手寫。有千字文編號“習”。尾有軸，人工水晶軸頭。下端軸頭粘有紙簽，上書“類別8，番號178”。

1.1　BD13978號
1.3　大般若波羅蜜多經卷三六五
1.4　新0178
2.1　729.6×24.7厘米；25紙；446行，行17字。
2.2　01：43.8，26；　02：45.0，28；　03：07.9，05；
04：36.9，23；　05：45.0，28；　06：09.2，06；
07：35.5，22；　08：20.6，13；　09：24.2，15；
10：44.9，28；　11：35.4，22；　12；09.4，06；
13：45.4，28；　14：22.4，14；　15：22.5，14；
16：45.3，28；　17：06.3，04；　18：38.2，24；
19：22.2，14；　20：22.4，14；　21：12.8，08；
22：32.1，20；　23：45.5，28；　24：45.4，28（空1）；
25：11.3，07（空6）。
2.3　卷軸裝。首尾均全。卷面有黴斑。原卷有八處係粘接不合規格之小紙；拼湊成標準寫經紙。情況如下：第3紙、第4紙兩紙拼成1紙；第6紙、第7紙兩紙拼成1紙；第8紙、第9紙兩紙拼成1紙；第11紙、第12紙兩紙拼成1紙；第14紙、第15紙兩紙拼成1紙；第17紙、第18紙兩紙拼成1紙；第19紙、第20紙兩紙拼成1紙；第21紙、第22紙兩紙拼成1紙。有烏絲欄。近代已托裱。
3.1　首全→大正0220，06/0880A17。
3.2　尾全→大正0220，06/0885B03。
4.1　大般若波羅蜜多經卷第三百六十五，/初分實說品第六十二之三，三藏法師玄奘奉詔譯/（首）。
4.2　大般若波羅蜜多經卷第三百六十五（尾）。
8　9～10世紀。歸義軍時期寫本。
9.1　楷書。有武周新字“正”，使用周遍。
10　此件原為日本大谷探險隊所得並托裱。護首為黄底雲龍織錦。卷端有題簽，作“大般若波羅蜜多經卷第三百六十五”。並鈐有藍色長方形印章，2.4×3.4厘米；印文為作“圖書臺帳/登錄番號978”，數字係手寫。有千字文編號“禍”。尾有軸，人工水晶軸頭。下端軸頭粘有紙簽，上書“類別8，番號179”。首紙裝裱時粘一紙簽，後撕去，留有殘痕。

1.1　BD13979號
1.3　大般若波羅蜜多經卷三六八
1.4　新0179
2.1　801.6×25.2厘米；18紙；448行，行17字。
2.2　01：23.0，01；　02：48.0，26；　03：47.9，28；
04：48.1，28；　05：47.8，28；　06：48.2，28；
07：48.0，28；　08：48.2，28；　09：48.1，28；
10：48.1，28；　11：48.1，28；　12：48.1，28；
13：48.1，28；　14：47.9，28；　15：48.2，28；
16：47.8，28；　17：47.9，28；　18：10.1，04（空3）。
2.3　卷軸裝。首尾均全。原卷有護首，近代裝裱時改為扉頁。有烏絲欄。近代已托裱。
3.1　首全→大正0220，06/0895B16。
3.2　尾全→大正0220，06/0900B28。
4.1　大般若波羅蜜多經卷第三百六十八，/初分遍學道品第六十四之三，三藏法師玄奘奉詔譯/（首）。
4.2　大般若波羅蜜多經卷第三百六十八（尾）。
7.4　護首有經名“大般若波羅蜜多經卷第三百六十八，恩”，經名上有經名號。
“恩”為本經收藏寺院報恩寺的簡稱。
8　9～10世紀。歸義軍時期寫本。
9.1　楷書。
10　此件原為日本大谷探險隊所得並托裱。護首為黄底雲龍織錦。卷端有題簽，作“大般若波羅蜜多經卷第三百六十八”。並鈐有藍色長方形印章，2.4×3.4厘米；印文為作“圖書臺帳/登錄番號1008”，數字係手寫。有千字文編號“因”。尾有軸，人工水晶軸頭。下端軸頭粘有紙簽，上書“類別8，番號180”。

1.1　BD13980號
1.3　大般若波羅蜜多經卷三七二
1.4　新0180
2.1　775.2×26.2厘米；17紙；466行，行17字。
2.2　01：45.8，26；　02：45.8，28；　03：45.8，28；
04：46.1，28；　05：45.5，28；　06：45.8，28；
07：45.9，28；　08：46.0，28；　09：45.5，28；
10：45.7，28；　11：45.7，28；　12：45.5，28；
13：45.4，28；　14：45.3，28；　15：45.4，28；
16：44.8，28；　17：45.2，28（空8）。
2.3　卷軸裝。首尾均全。首紙内有殘洞，上邊有殘損。有烏絲欄。未入潢。近代已托裱。
3.1　首全→大正0220，06/0916C17。
3.2　尾全→大正0220，06/0922A25。
4.1　大般若波羅蜜多經卷第三百七十二，/初分遍學道品第六十四之七，三藏法師玄奘奉詔譯/（首）。
4.2　大般若波羅蜜多經卷第三百七十二（尾）。

8　9～10 世紀。歸義軍時期寫本。

9.1　楷書。

9.2　有行間校加字。

10　此件原為日本大谷探險隊所得並托裱。護首為黄底雲龍織錦。卷端有題簽，作“大般若波羅蜜多經卷第三百七十二”。並鈐有藍色長方形印章，2.4×3.4 厘米；印文為作“圖書臺帳/登錄番號 971”，數字係手寫。有千字文編號“惡”。尾有軸，人工水晶軸頭。下端軸頭粘有紙簽，上書“類別 8，番號 181”。首紙裝裱時粘一紙簽，後撕去，留有殘痕。

1.1　BD13981 號

1.3　大般若波羅蜜多經卷三八四

1.4　新 0181

2.1　813×26 厘米；18 紙；459 行，行 17 字。

2.2　01：20.0，01；　02：45.0，26；　03：47.0，28；
04：47.0，28；　05：47.0，28；　06：47.0，28；
07：47.0，28；　08：47.0，28；　09：47.0，28；
10：47.0，28；　11：47.0，28；　12：47.0，28；
13：47.0，28；　14：47.0，28；　15：47.0，28；
16：47.0，28；　17：47.0，28；　18：43.0，23（空 9）。

2.3　卷軸裝。首尾均全。原卷有護首，近代裝裱時改為扉頁。第 3 紙末留空 1 行，但前後文字相接；第 4 紙末留空 1 行，但前後文字相接。有烏絲欄。近代已托裱。

3.1　首全→大正 0220，06/0983A07。

3.2　尾全→大正 0220，06/0988B06。

4.1　大般若波羅蜜多經卷第三百八十四，/初分諸法平等品第六十九之二，三藏法師玄奘奉詔譯/（首）。

4.2　大般若波羅蜜多經卷第三百八十四（尾）。

7.4　護首有經名“大般若波羅蜜多經卷第三百廿一，卅三”，經名上有經名號。

“卅三”為本卷所屬袟次。該護首標註與本卷卷次不符，非本卷之原有護首。

8　9～10 世紀。歸義軍時期寫本。

9.1　楷書。

10　此件原為日本大谷探險隊所得並托裱。護首為黄底雲龍織錦。卷端有題簽，作“大般若波羅蜜多經卷第三百八十四”。並鈐有藍色長方形印章，2.4×3.4 厘米；印文為作“圖書臺帳/登錄番號 931”，數字係手寫。有千字文編號“福”。尾有軸，人工水晶軸頭。下端軸頭粘有紙簽，上書“類別 8，番號 182”。

1.1　BD13982 號

1.3　大般若波羅蜜多經卷三九四

1.4　新 0182

2.1　793.5×26 厘米；19 紙；486 行，行 17 字。

2.2　01：21.0，01；　02：41.0，26；　03：44.0，28；
04：44.0，28；　05：44.0，28；　06：44.0，28；
07：44.0，28；　08：44.0，28；　09：44.0，28；
10：44.0，28；　11：44.0，28；　12：44.0，28；
13：44.0，28；　14：44.0，28；　15：44.0，28；
16：43.5，28；　17：43.5，28；　18：44.0，28；
19：29.5，19（空 8）。

2.3　卷軸裝。首尾均全。原卷有護首，已殘破，近代裝裱時改為扉頁。首 2 紙下部有殘缺。有烏絲欄。近代已托裱。

3.1　首全→大正 0220，06/1036C09。

3.2　尾全→大正 0220，06/1042A29。

4.1　大般若波羅蜜多經卷第三百九十四，/初分嚴淨佛土品第七十二之二，三藏法師玄奘奉詔譯/（首）。

4.2　大般若波羅蜜多經卷第三百九十四（尾）。

7.1　尾題後有題記“索和子經，陰文文寫”1 行。

7.4　護首有經名“大般若波羅蜜多經卷第三百九十四”，經名上有經名號。

8　9～10 世紀。歸義軍時期寫本。

9.1　楷書。

10　此件原為日本大谷探險隊所得並托裱。護首為黄底雲龍織錦。卷端有題簽，作“大般若波羅蜜多經卷第三百九十四”。並鈐有藍色長方形印章，2.4×3.4 厘米；印文為作“圖書臺帳/登錄番號 1015”，數字係手寫。有千字文編號“緣”。尾有軸，人工水晶軸頭。下端軸頭粘有紙簽，上書“類別 8，番號 183”。

# 新舊編號對照表

## 新字頭號與北敦號對照表

| 新字頭號 | 北敦號 | 新字頭號 | 北敦號 | 新字頭號 | 北敦號 |
|---|---|---|---|---|---|
| 新 0142 | BD13942 號 | 新 0156 | BD13956 號 | 新 0169 | BD13969 號 |
| 新 0143 | BD13943 號 | 新 0157 | BD13957 號 | 新 0170 | BD13970 號 |
| 新 0144 | BD13944 號 | 新 0158 | BD13958 號 1 | 新 0171 | BD13971 號 |
| 新 0145 | BD13945 號 | 新 0158 | BD13958 號 2 | 新 0172 | BD13972 號 |
| 新 0146 | BD13946 號 | 新 0159 | BD13959 號 | 新 0173 | BD13973 號 |
| 新 0147 | BD13947 號 | 新 0160 | BD13960 號 | 新 0174 | BD13974 號 |
| 新 0148 | BD13948 號 | 新 0161 | BD13961 號 | 新 0175 | BD13975 號 |
| 新 0149 | BD13949 號 | 新 0162 | BD13962 號 | 新 0176 | BD13976 號 |
| 新 0150 | BD13950 號 | 新 0163 | BD13963 號 | 新 0177 | BD13977 號 |
| 新 0151 | BD13951 號 | 新 0164 | BD13964 號 | 新 0178 | BD13978 號 |
| 新 0152 | BD13952 號 | 新 0165 | BD13965 號 | 新 0179 | BD13979 號 |
| 新 0153 | BD13953 號 | 新 0166 | BD13966 號 | 新 0180 | BD13980 號 |
| 新 0154 | BD13954 號 | 新 0167 | BD13967 號 | 新 0181 | BD13981 號 |
| 新 0155 | BD13955 號 | 新 0168 | BD13968 號 | 新 0182 | BD13982 號 |